Manfred Dausmann, Ulrich Bröckl,
Joachim Goll

C als erste
Programmiersprache

Manfred Dausmann,
Ulrich Bröckl,
Joachim Goll,

C als erste Programmiersprache

Vom Einsteiger zum Profi

5., überarbeitete Auflage

Teubner

Bibliografische Information Der Deutschen Bibliothek
Die Deutsche Bibliothek verzeichnet diese Publikation in der Deutschen Nationalbibliografie;
detaillierte bibliografische Daten sind im Internet über <http://dnb.ddb.de> abrufbar.

Prof. Dr. Manfred Dausmann, Jahrgang 1951, ist seit 1996 Professor an der Fachhochschule Esslingen – Hochschule für Technik. Er lehrt im Fachbereich Informationstechnik die Fächer Programmiersprachen, Compilerbau, Software Engineering und Betriebssysteme. In seiner Industrielaufbahn befasste er sich vor allem mit dem Bau von Ada-Compilern und der Basis-Software für SAP R/3. Beim Steinbeis-Transferzentrum Softwaretechnik ist er zuständig für Programmiersprachen und die Standard-Software SAP R/3.

Prof. Dr. Ulrich Bröckl, Jahrgang 1961, ist seit 1999 Professor. Er lehrt die Fächer Mensch-Maschine-Interaktion und Datenbanken an der Hochschule Karlsruhe – Technik und Wirtschaft. Der Schwerpunkt seiner Tätigkeit in der Industrie war die Konzeption und Realisierung von verteilten objektorientierten Systemen. Beim Steinbeis-Transferzentrum Softwaretechnik ist er zuständig für Grafische Oberflächen und Mustererkennung.

Prof. Dr. Joachim Goll, Jahrgang 1947, unterrichtet seit 1991 im Fachbereich Informationstechnik der Fachhochschule Esslingen – Hochschule für Technik Programmiersprachen, Betriebssysteme, Software Engineering, Objektorientierte Modellierung und Sichere Systeme. Während seiner beruflichen Tätigkeit in der Industrie befasste er sich vor allem mit dem Entwurf von verteilten Informationssystemen.
Prof. Goll ist Leiter des Steinbeis-Transferzentrums Softwaretechnik Esslingen.

1. Auflage 1998
2., durchgesehene Auflage 1998
3., völlig überarbeitete Auflage 2000
4., überarbeitete u. erweiterte Auflage 2003
5., überarbeitete Auflage August 2005

Alle Rechte vorbehalten
© B. G. Teubner Verlag / GWV Fachverlage GmbH, Wiesbaden 2005

Lektorat: Ulrich Sandten / Kerstin Hoffmann

Der B. G. Teubner Verlag ist ein Unternehmen von Springer Science+Business Media.
www.teubner.de

Umschlaggestaltung: Ulrike Weigel, www.CorporateDesignGroup.de
Druck und buchbinderische Verarbeitung: Těšínská Tiskárna, Český Těšín
Gedruckt auf säurefreiem und chlorfrei gebleichtem Papier.
Printed in Czech Republic

ISBN 3-8351-0010-6

Vorwort

Zum Inhalt

Die Programmiersprache C hat seit ihrer Standardisierung im Jahre 1990 durch ANSI, bzw. ISO, einen rasanten Aufschwung erlebt. Sie steht heute in einheitlicher Weise auf praktisch allen Computern und Betriebssystemen zur Verfügung. C ist außerdem die Basis für weitere wichtige Programmiersprachen wie beispielsweise C++, C# und Java. Wissen, das man sich an Hand von C angeeignet hat, lässt sich in anderen Umgebungen weiternutzen.

Grundlage für dieses Buch ist der bereits erwähnte ANSI/ISO C Standard aus dem Jahre 1990 – kurz C90 genannt. Er wird von den allermeisten Compilern unterstützt und ist auch in der industriellen Praxis am weitesten verbreitet.

Das vorliegende Buch wendet sich an Studierende der Informatik und der ingenieurswissenschaftlichen Disziplinen, berufliche Umsteiger und Schüler, welche das Interesse haben, die Grundlagen der Programmiersprache C fundiert zu erlernen. Das Buch hat den Titel „C als erste Programmiersprache", weil es dem engagierten Neuling erlaubt, C ohne Vorkenntnisse anderer Programmiersprachen zu erlernen. Dabei hat dieses Buch das ehrgeizige Ziel, dem Leser die Sprachkonzepte von C so präzise wie möglich und dennoch in leicht verständlicher Weise vorzustellen. Es wird von den Autoren seit einigen Jahren erfolgreich im Unterricht im ersten Semester an der Fachhochschule und an Gymnasien eingesetzt.

Wegweiser durch das Buch

„Lernkästchen", auf die grafisch durch eine kleine Glühlampe (💡) aufmerksam gemacht wird, stellen eine Zusammenfassung eines Kapitels dar. Sie erlauben eine rasche Wiederholung des Stoffes. Ein fortgeschrittener Leser kann mit ihrer Hilfe gezielt bis zu der Stelle vorstoßen, an der für ihn ein detaillierter Einstieg erforderlich wird.

„Warnkästchen", die durch ein Vorsicht-Symbol (⚠) gekennzeichnet sind, zeigen Fallen und typische, gern begangene Fehler an, die in der Praxis oft zu langwierigem Fehlersuchen führen oder noch schlimmer, erst im Endprodukt beim Kunden erkannt werden.

Gerade als Anfänger in einer Programmiersprache macht man gerne den Fehler, sich beim Lesen an nicht ganz so wesentlichen Einzelheiten fest zu beißen. Um zu erkennen, welche Information grundlegend für das weitere Vorankommen ist und welche Information nur ein Detailwissen darstellt – und deshalb auch noch zu einem späteren Zeitpunkt vertieft werden kann – weist dieses Buch Kapitel oder Kapitelteile, die beim ersten Lesen übersprungen werden können, mit dem Symbol 🌀 aus.

Generell ist es empfehlenswert, ein oder mehrere Kapitel zu überfliegen, um sich einen Überblick zu verschaffen, und dann erst mit der Feinarbeit zu beginnen und gründlicher zu lesen. Dennoch gilt: Eine Vorgehensweise, die sich für den einen Leser als optimal erweist, muss noch lange nicht für alle Leser das Allheilmittel darstellen. Wenn Sie zu den Lesern gehören, die es gewohnt sind, von Anfang an möglichst detailliert zu lesen, um möglichst viel sofort zu verstehen, so sollten Sie zumindest darauf achten, dass Sie in den Kapiteln mit dem „Überspringe und komm zurück"-Zeichen beim ersten Durchgang nicht zu lange verweilen.

Bei all den guten Ratschlägen gilt: Programmieren hat man zu allen Zeiten durch Programmierversuche erlernt. „Do it yourself" heißt der rote Faden zum Erfolg. So wie ein Kleinkind beim Erlernen der Muttersprache einfach zu sprechen versucht, so sollten auch Sie möglichst früh versuchen, in der Programmiersprache zu sprechen – das heißt, eigene Programme zu schreiben. Gestalten Sie den Lernvorgang abwechslungsreich – lesen Sie einen Teil und versuchen Sie, das Erlernte im Programmieren gleich umzusetzen. Um die mühsame Tipparbeit am Anfang minimal zu halten, sind alle Beispielprogramme des Buches auf der CD zu finden.

Praktisch jedes Kapitel enthält Übungsaufgaben, die zum selbstständigen Programmieren auffordern. Lösungen wurden jedoch absichtlich nicht in das Buch aufgenommen, um nicht zum vorschnellen Nachschlagen zu verleiten. Sie finden die Lösungen auf der beigelegten CD. Auch die Übungsaufgaben sind mit auf der CD enthalten. Dadurch können Sie ohne große Tipparbeit mit Kopieren und Einfügen (Cut and Paste) sehr schnell zu einer C-Datei als Grundlage für Ihre Lösung kommen.

Schreibweisen

In diesem Buch sind der Quellcode und die Ein-/Ausgabe von ganzen Beispielprogrammen sowie einzelne Anweisungen in der Schriftart `Courier New` geschrieben. Dasselbe gilt für Programmteile wie Variablennamen, Funktionsnamen etc., die im normalen Text erwähnt werden. Einige Programmbeispiele enthalten Platzhalter wie `Anweisung` oder `Bedingung` für konkrete Anweisungen oder Ausdrücke in der Programmiersprache. Ihre Rolle als Platzhalter ist jedoch so offensichtlich, dass für sie keine eigene Schriftart verwendet wurde. Sie sind wie die Wörter der Sprache in `Courier New` geschrieben. Wichtige Begriffe im normalen Text sind **fett** gedruckt, um sie hervorzuheben.

Wichtige Hinweise zur CD

Die beigelegte CD enthält im Ordner `C_Buch` die Übungsaufgaben, die zugehörigen Lösungen sowie die Beispiele des Buches. Ebenfalls in diesem Ordner finden Sie die Bilder der einzelnen Kapitel als Unterstützung für Lehrende, die selber einen C-Kurs auf der Basis dieses Buches gestalten wollen.

Auf dieser CD wird ferner der Microsoft Visual C++ 6.0 Compiler in einer Evaluationsversion kostenlos mitgeliefert, damit sofort mit dem Programmieren begonnen werden kann. Wir danken der Microsoft GmbH für diese Unterstützung.

Hinweise zum Gebrauch der CD befinden sich im Hauptverzeichnis der CD in der Datei `Liesmich.txt`

Ihre Verbesserungsvorschläge

Ihre Verbesserungsvorschläge und kritischen Hinweise, die wir weiter gerne annehmen, erreichen uns unter der Adresse:

Prof. Dr. Manfred Dausmann
Fachhochschule Esslingen – Hochschule für Technik,
Fachbereich Informationstechnik
Flandernstraße 101
73732 Esslingen

oder via email:

Manfred.Dausmann@fht-esslingen.de

Danksagung

Unser Dank bei der 5. Auflage gilt Frau Anita Lampert und Herrn Volker Kugler, die unter anderem die Übungsbeispiele überprüften und durch eigene Vorschläge ergänzten. Herr Kugler hat außerdem in bewährter Weise das Configuration Management für alle Einzeldokumente des Buches ausgeübt. Nur so konnten wir unsere Änderungen so schnell und problemlos durchführen.

Zu den letzten Auflagen haben wir von Ihnen, liebe Leser, viele wertvolle Korrekturen und Anregungen erhalten, die wesentlich zur Qualitätssteigerung beigetragen haben. Viele Verbesserungsvorschläge konnten umgesetzt werden. Der Platz reicht hier leider nicht, alle namentlich zu würdigen, die so zum Gelingen des Buches beitrugen. Herrn Steffen Lang aus Wendlingen sei hier stellvertretend für alle herzlich gedankt.

Esslingen, im Juni 2005   M. Dausmann / U. Bröckl / J. Goll

Inhaltsverzeichnis

Kapitel 1

Grundbegriffe der Programmierung

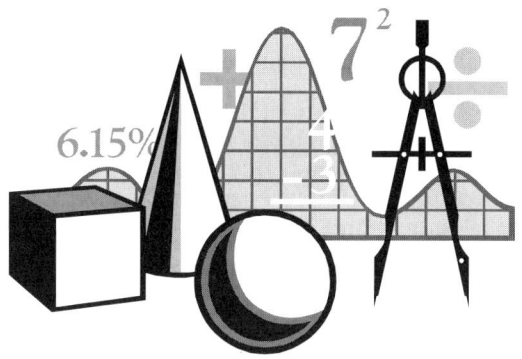

1 Grundbegriffe der Programmierung

Bevor man mit einer Programmiersprache umzugehen lernt, muss man wissen, was ein Programm prinzipiell ist und wie man Programme konstruiert. Damit wird sich das erste Kapitel befassen. Leser, die bereits eine höhere Programmiersprache erlernt haben, können dieses Kapitel „überfliegen" oder prüfen, ob sie tatsächlich die hier präsentierten Grundbegriffe (noch) beherrschen.

1.1 Vom Problem zum Programm

Der Begriff **Programm** ist eng mit dem Begriff **Algorithmus** verbunden. Algorithmen sind Vorschriften für die **Lösung eines Problems**, welche die Handlungen und ihre Abfolge – kurz, die Handlungsweise – beschreiben. Im Alltag begegnet man Algorithmen in Form von Bastelanleitungen, Kochrezepten und Gebrauchsanweisungen.

Abstrakt kann man sagen, dass die folgenden Bestandteile und Eigenschaften zu einem Algorithmus gehören:

1) eine **Menge von Objekten**, die durch den Algorithmus bearbeitet werden,
2) eine **Menge von Operationen**, die auf den Objekten ausgeführt werden,
3) ein definierter **Anfangszustand**, in dem sich die Objekte zu Beginn befinden,
4) und ein gewünschter **Endzustand**, in dem sich die Objekte nach der Lösung des Problems befinden sollen.

Dies sei am Beispiel Kochrezept erläutert:

1) Zutaten, Geschirr, Herd, ...
2) waschen, anbraten, schälen, passieren, ...
3) Zutaten im „Rohzustand", Teller leer, Herd kalt, ...
4) fantastische Mahlzeit auf dem Teller.

Was dann noch zur Lösung eines Problems gebraucht wird, ist eine Anleitung, ein Rezept oder eine Folge von Anweisungen und jemand, der es macht. Mit anderen Worten, man benötigt einen **Algorithmus** – also eine Rechenvorschrift – und einen **Prozessor**.

Während aber bei einem Kochrezept viele Dinge gar nicht explizit gesagt werden müssen, sondern dem Koch aufgrund seiner Erfahrung implizit klar sind – z.B. dass er den Kuchen aus dem Backofen holen muss, bevor er schwarz ist –, muss einem Prozessor alles explizit und eindeutig durch ein Programm, das aus Anweisungen einer **Programmiersprache** besteht, gesagt werden.

Ein Programm besteht aus einer Reihe von einzelnen **Anweisungen** an den Prozessor, die von dem Prozessor der Reihe nach – in anderen Worten **sequenziell** – ausgeführt werden.

Arbeitsspeicher des Rechners

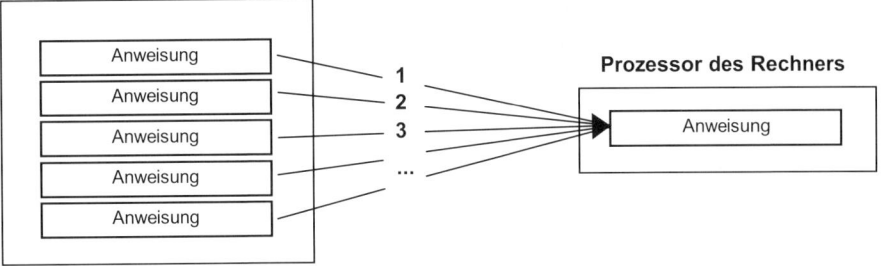

Bild 1-1 Der Prozessor bearbeitet eine Anweisung des Programms nach der anderen

1.1.1 Der Euklid'sche Algorithmus als Beispiel für Algorithmen

Als Beispiel wird der Algorithmus betrachtet, der von Euklid ca. 300 v. Chr. zur Bestimmung des **größten gemeinsamen Teilers (ggT)** zweier natürlicher Zahlen aufgestellt wurde. Der größte gemeinsame Teiler wird zum Kürzen von Brüchen benötigt:

$$\frac{x_{\text{ungekürzt}}}{y_{\text{ungekürzt}}} = \frac{x_{\text{ungekürzt}} / ggT}{y_{\text{ungekürzt}} / ggT} = \frac{x_{\text{gekürzt}}}{y_{\text{gekürzt}}}$$

$$\text{Beispiel}: \frac{24}{9} = \frac{24 / ggT(24,9)}{9 / ggT(24,9)} = \frac{24/3}{9/3} = \frac{8}{3}$$

Der Euklid'sche Algorithmus lautet:

Zur Bestimmung des größten gemeinsamen Teilers zwischen zwei natürlichen Zahlen x und y führe die folgenden Schritte aus:

Solange x ungleich y ist, wiederhole:
      Wenn x größer als y ist, dann:
            ziehe y von x ab und weise das Ergebnis x zu.
      Andernfalls:
            ziehe x von y ab und weise das Ergebnis y zu.
Wenn x gleich y ist, dann:
      x (bzw. y) ist der gesuchte größte gemeinsame Teiler.

Die Arbeitsweise dieses Algorithmus für die Zahlen x ist gleich 24 und y ist gleich 9 wird anhand von Tabelle 1-1 deutlich. Man erkennt in diesem Beispiel für einen Algorithmus Folgendes:

- Es gibt eine Menge von Objekten, mit denen etwas passiert: x und y. Diese Objekte x und y haben am Anfang irgendwelche definierten Werte, am Schluss enthalten sie den größten gemeinsamen Teiler.

- Es gibt gewisse Grundoperationen, die nicht weiter erläutert werden und implizit klar sind: vergleichen, abziehen und zuweisen.
- Es handelt sich um eine sequenzielle Folge von Anweisungen (Operationen), d.h. die Anweisungen werden der Reihe nach hintereinander ausgeführt.
- Es gibt aber auch bestimmte Konstrukte, welche die einfache sequenzielle Folge (Hintereinanderausführung) gezielt verändern: eine Auswahl zwischen Alternativen (Selektion) und eine Wiederholung von Anweisungen (Iteration).

Es gibt auch Algorithmen zur Beschreibung von **parallelen Aktivitäten**, die zum gleichen Zeitpunkt nebeneinander ausgeführt werden. Diese Algorithmen werden u.a. bei Betriebssystemen oder in der Prozessdatenverarbeitung benötigt. Im Folgenden werden bewusst nur **sequenzielle Abläufe** behandelt, bei denen zum selben Zeitpunkt nur eine einzige Operation durchgeführt wird.

1.1.2 Beschreibung sequenzieller Abläufe

Die Abarbeitungsreihenfolge von Anweisungen wird auch als **Kontrollfluss** bezeichnet.

Den Prozessor stört es überhaupt nicht, wenn eine Anweisung einen Sprungbefehl zu einer anderen Anweisung enthält. Solche Sprungbefehle werden beispielsweise mit dem Befehl GOTO und Marken wie z.B. 100 realisiert:

```
     IF(a > b) GOTO 100
     . . . . .
     GOTO 200
100  Anweisungen1
     GOTO 300
200  Anweisungen2
300  Anweisungen3
```

Will jedoch ein Programmierer ein solches Programm lesen, so verliert er durch die Sprünge sehr leicht den Zusammenhang und damit das Verständnis. Für den menschlichen Leser ist es am einfachsten, wenn ein Programm einen einfachen und überschaubaren Kontrollfluss hat. Während typische Programme der sechziger Jahre noch zahlreiche Sprünge enthielten, bemühen sich die Programmierer seit Dijkstras grundlegendem Artikel „Go To Statement Considered Harmful" [1], möglichst einen Kontrollfluss ohne Sprünge zu entwerfen. Beispielsweise kann der oben mit GOTO beschriebene Ablauf auch folgendermaßen realisiert werden:

```
IF(a > b)
   Anweisungen1
ELSE
   Anweisungen2
ENDIF
Anweisungen3
```

Unter einer **Kontrollstruktur** versteht man eine Anweisung, die die Abarbeitungsreihenfolge von Anweisungen beeinflusst, wie z.B. eine **Selektion** oder **Iteration**.

Betrachtet man nur sequenzielle Abläufe, so gibt es **Kontrollstrukturen** für

- die **Selektion**,
- die **Iteration**
- und die **Sequenz**.

Die Kontrollstruktur für die Sequenz ist der Block.

Diese Kontrollstrukturen werden später noch ausführlich erläutert.

Im Beispiel des Euklid'schen Algorithmus stellt

Solange x ungleich y ist, wiederhole:
    . . . .

eine **Iteration** dar, die in freier Sprache ausgedrückt ist.

Wenn x größer als y ist, dann:
    . . . .
Andernfalls:
    . . . .

stellt eine **Fallunterscheidung (Selektion)** in freier Sprache dar.

Die Ideen von Dijkstra und anderen fanden ihren Niederschlag in den Regeln für die **Strukturierte Programmierung**. Danach gilt, dass in einer **Sequenz** eine Anweisung nach der anderen, d.h. in einer linearen Reihenfolge, abgearbeitet wird. Man geht über einen einzigen Eingang (single entry), nämlich von der davor stehenden Anweisung in eine Anweisung hinein und geht über einen einzigen Ausgang (single exit) aus der Anweisung heraus und kommt automatisch direkt zur nächsten Anweisung.

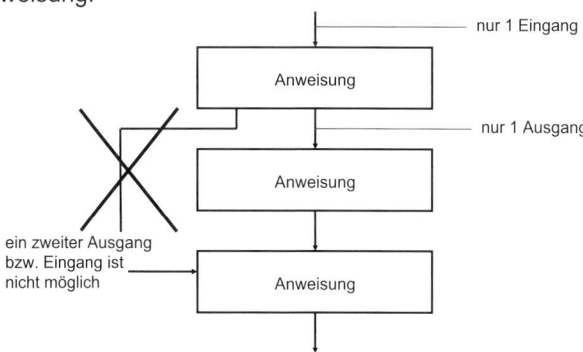

Bild 1-2 Single entry und single exit bei der Sequenz

Haben Kontrollstrukturen für die **Selektion** und **Iteration** die gleichen Eigenschaften wie einzelne Anweisungen (single entry, single exit), so erhält man für alle Anweisungen einen linearen und damit überschaubaren Programmablauf. Programme, die nur Kontrollstrukturen mit dieser Eigenschaft aufweisen, gehorchen den Regeln der **Strukturierten Programmierung** und können mit Hilfe von **Nassi-Shneiderman-Diagrammen** visualisiert werden (siehe Kapitel 1.2).

1.1.3 Variablen und Zuweisungen

Die von dem Euklid'schen Algorithmus behandelten Objekte sind natürliche Zahlen. Sie sollen jedoch nicht von vornherein festgelegt werden, sondern der Algorithmus soll für die Bestimmung des größten gemeinsamen Teilers beliebiger natürlicher Zahlen verwendbar sein. Anstelle der Zahlen werden daher Namen verwendet, die als **variable Größen** oder kurz **Variablen** bezeichnet werden. Den Variablen werden im Verlauf des Algorithmus konkrete Werte zugewiesen. Diese Wertzuweisung an Variablen ist eine der grundlegenden Operationen, die ein Prozessor ausführen können muss. Auf Variablen wird noch ausführlicher in Kapitel 1.5 eingegangen.

Der im obigen Beispiel beschriebene Algorithmus kann auch von einem menschlichen „Prozessor" ausgeführt werden – andere Möglichkeiten hatten die Griechen in der damaligen Zeit auch nicht. Als Hilfsmittel braucht man noch Papier und Bleistift, um die Zustände der Objekte – im obigen Beispiel der Objekte x und y – zwischen den Verarbeitungsschritten festzuhalten. Man erhält dann eine Tabelle, die auch **Trace-Tabelle** genannt wird und die für obiges Beispiel das folgende Aussehen haben könnte:

Verarbeitungsschritt	Werte von	
	x	y
Initialisierung $x = 24, y = 9$	24	9
$x = x - y$	15	9
$x = x - y$	6	9
$y = y - x$	6	3
$x = x - y$	3	3
Ergebnis: ggT = 3		

Tabelle 1-1 Trace der Variableninhalte für Initialwerte x ist gleich 24 und y ist gleich 9

Diese Tabelle zeigt sehr deutlich die Funktion der Variablen auf: sie repräsentieren über den Verlauf des Algorithmus hinweg unterschiedliche Werte. Zu Beginn werden den Variablen definierte Anfangs- oder Startwerte zugewiesen. Diesen Vorgang bezeichnet man als **Initialisierung** der Variablen. Die Werteänderung erfolgt wie oben beschrieben durch sogenannte Zuweisungen. Als Zuweisungssymbol wird das Gleichheitszeichen (=) benutzt, wie es in der Programmiersprache C üblich ist.

Für eine andere Ausgangssituation sieht die Trace-Tabelle beispielsweise so aus:

	Werte von	
Verarbeitungsschritt	x	y
Initialisierung		
x = 5, y = 3	5	3
x = x - y	2	3
y = y - x	2	1
x = x - y	1	1
Ergebnis: ggT = 1		

Tabelle 1-2 Trace der Variableninhalte für Initialwerte x ist gleich 5 und y ist gleich 3

Die Schreibweise x = x - y ist zunächst etwas verwirrend. Diese Schreibweise ist nicht als mathematische Gleichung zu sehen. Diese Schreibweise meint etwas ganz anderes: Auf der rechten Seite des Gleichheitszeichens steht ein arithmetischer Ausdruck, dessen Wert zuerst berechnet werden soll. Dieser so berechnete Wert wird dann in einem zweiten Schritt der Variablen zugewiesen, deren Namen auf der linken Seite steht. Im Beispiel also:

1. Nimm den aktuellen Wert von x. Nimm den aktuellen Wert von y.
2. Ziehe den Wert von y von x ab.
3. Der neue Wert von x ist die in Schritt 2 ermittelte Differenz von x und y.

Eine Zuweisung verändert den Wert der Variablen, also den Zustand der Variablen, die auf der linken Seite steht.

1.1.4 Vom Algorithmus zum Programm

Die Beispiele im vorangegangenen Kapitel zeigen, wie ein Algorithmus sequenzielle Abläufe und Zustandstransformationen seiner Objekte beschreibt. Wird derselbe Algorithmus zweimal durchlaufen, wobei die Objekte am Anfang unterschiedliche Werte haben, dann erhält man in aller Regel auch unterschiedliche Abläufe. Sie folgen aber ein und demselben Verhaltensmuster, das durch den Algorithmus beschrieben ist.

Wenn ein Algorithmus derart formuliert ist, dass seine Ausführung durch einen bestimmten Prozessor möglich ist, dann spricht man auch von einem **Programm** für diesen Prozessor. Bei einem Computerprogramm müssen alle Einzelheiten bis ins kleinste Detail festgelegt sein und die Sprachregeln müssen absolut eingehalten werden. Der Prozessor macht eben nur das, was durch das Programm festgelegt ist, und nicht das, was noch zwischen den Zeilen steht, oder das, was beispielsweise für einen Koch bei einem Rezept selbstverständlich ist.

Generell kann man bei Sprachen zwischen **natürlichen Sprachen** wie der Umgangssprache oder den Fachsprachen einzelner Berufsgruppen und **formalen Sprachen** unterscheiden.

Formale Sprachen sind beispielsweise die Notenschrift in der Musik, die Formelschrift in der Mathematik oder Programmiersprachen beim Computer. Nur das, was durch eine formale Sprache – hier die Programmiersprache – festgelegt ist, ist für den Prozessor verständlich.

1.2 Nassi-Shneiderman-Diagramme

Zur Visualisierung des Kontrollflusses von Programmen, das heißt, zur grafischen Veranschaulichung ihres Ablaufes, wurden 1973 von Nassi und Shneiderman [2] grafische Strukturen, die sogenannten **Struktogramme**, vorgeschlagen. Diese Struktogramme werden nach ihren Urhebern oftmals auch als **Nassi-Shneiderman-Diagramme** bezeichnet. Nassi-Shneiderman-Diagramme enthalten kein GOTO, sondern nur die Mittel der Strukturierten Programmierung, nämlich die Sequenz, Iteration und Selektion.

Die **Strukturierte Programmierung** ist eine Programmiermethode, bei der das vorgegebene Problem in Teilprobleme und in die Beziehungen zwischen diesen Teilproblemen zerlegt wird, so dass jede Teilaufgabe weitgehend unabhängig von den anderen Teilaufgaben gelöst werden kann. Dabei wird eine Programmiertechnik eingesetzt, bei der nur Kontrollstrukturen mit **einem** Eingang und **einem** Ausgang verwendet werden.

Mit der Anweisung GOTO MARKE, d.h. einer Sprunganweisung, wäre es möglich, die Ausführung eines Programmes an einer ganz anderen Stelle, nämlich an der Stelle, an der MARKE steht, fortzusetzen. Dies ist aber in der Strukturierten Programmierung nicht zulässig.

Entwirft man Programme mit Nassi-Shneiderman-Diagrammen, so genügt man also automatisch den Regeln der Strukturierten Programmierung. Nassi und Shneiderman schlugen ihre Struktogramme als Ersatz für die bis dahin üblichen Flussdiagramme (DIN 66001 [3]) vor. Traditionelle Flussdiagramme erlauben einen Kontrollfluss mit beliebigen Sprüngen in einem Programm. Spezifiziert und programmiert man strukturiert, so wird ein Programm leicht lesbar. Der Kontrollfluss eines solchen Programmes geht einfach von oben nach unten – eine Anweisung folgt der nächsten. Wilde Sprünge, die die Übersicht erschweren, sind nicht zugelassen.

Das wichtigste Merkmal der Struktogramme ist, dass jeder **Verarbeitungsschritt** durch ein rechteckiges Sinnbild dargestellt wird:

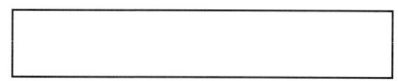

Bild 1-3 Sinnbild für Verarbeitungsschritt

Ein Verarbeitungsschritt kann dabei eine Anweisung oder eine Gruppe von zusammengehörigen Anweisungen sein. Die obere Linie des Rechtecks bedeutet den Beginn des Verarbeitungsschrittes, die untere Linie bedeutet das Ende des Verarbeitungsschrittes. Generell kann ein Sinnbild als erste Innenbeschriftung einen Namen (Namen des Sinnbildes) tragen.

Die Struktogramme sind genormt (DIN 66261 [4]). Im Folgenden wird die DIN-Empfehlung weitestgehend übernommen. Vorgeschlagene Abweichungen zur DIN 66261 werden begründet.

Der **Block**

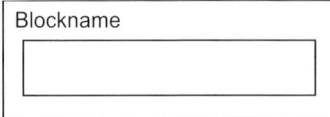

Bild 1-4 Sinnbild für Block

stellt eine Folge logisch zusammenhängender Verarbeitungsschritte dar. Er kann einem **Hauptprogramm** oder **Unterprogramm** entsprechen, kann aber auch nur einfach **mehrere Verarbeitungsschritte** unter einem Namen zusammenfassen.

Mit dem **Hauptprogramm** beginnt ein Programm seine Ausführung.

Ein Hauptprogramm kann **Unterprogramme** aufrufen. Ein Unterprogramm kann ebenfalls Unterprogramme aufrufen. Ein Unterprogramm ist eine Programmeinheit, die einen Namen trägt und über ihren Namen aufgerufen werden kann.

Ob ein Unterprogramm durch sogenannte Prozeduren bzw. Funktionen dargestellt wird, hängt von der Programmiersprache ab. C kennt keine Prozeduren, es kennt nur Funktionen. Für ein Nassi-Shneiderman Diagramm ist es irrelevant, ob die Umsetzung eines Blocks in eine Funktion oder eine Prozedur erfolgt. Es ist sprachunabhängig.

Ein **Unterprogramm** ist eine Folge von Anweisungen, die durch Hinschreiben des Unterprogramm-Namens aufgerufen werden kann.

Im Folgenden wird ein Beispiel für ein Hauptprogramm dargestellt, welches ein Unterprogramm aufruft und lokal drei verschiedene Verarbeitungsschritte durchführt.

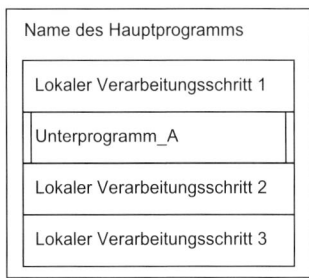

Bild 1-5 Struktogramm für ein Hauptprogramm

Warum werden überhaupt Unterprogramme eingeführt? Zum einen, weil ein Programm dadurch **übersichtlicher** wird, zum anderen, weil ein Unterprogramm an verschiedenen Stellen eines Programms aufgerufen werden kann und damit **wiederverwendbar** ist. Kann ein und dasselbe Unterprogramm mehrfach in einem Programm aufgerufen werden, so wird dieses kürzer und ist auch einfacher zu testen.

Im Gegensatz zur DIN-Richtlinie, die einen Unterprogrammaufruf (in Bild 1-5 Aufruf des Unterprogramms `Unterprogramm_A`) innerhalb eines Struktogramms als eine gewöhnliche Anweisung auffasst, empfiehlt es sich jedoch – wie in der Originalarbeit von Nassi und Shneiderman – Aufrufe von Unterprogrammen grafisch besonders zu kennzeichnen. In Anlehnung an die Schreibweise bei Flussdiagrammen (DIN 66001) wird hier als Sinnbild für Unterprogrammaufrufe ein Rechteck mit 2 zusätzlichen senkrechten Strichen verwendet. Dabei steht zwischen den senkrechten Strichen der Unterprogrammname.

Ein Struktogramm für eine Prozedur, eine Funktion oder eine Folge logisch zusammenhängender Verarbeitungsschritte sieht aus wie in Bild 1-5. Anstelle der Bezeichnung des Hauptprogramms tritt bei einem Unterprogramm die Bezeichnung der Prozedur bzw. der Funktion. Im Falle einer Sequenz von logisch zusammenhängenden Verarbeitungsschritten trägt diese Folge in der Programmiersprache keinen Namen. Damit jedoch – wie bereits erwähnt – eine Verbindung zwischen der Stelle hergestellt werden kann, an der diese Folge verfeinert dargestellt wird und der Stelle, an der sie in einem übergeordneten Struktogramm einzusetzen ist, muss man sich für diese Folge einen Namen ausdenken.

1.2.1 Schrittweise Verfeinerung

Beim Entwurf eines neuen Programmes geht man in der Regel top-down vor. Das bedeutet, dass man von groben Strukturen (top) ausgeht, die dann schrittweise in feinere Strukturen (bottom) zerlegt werden. Dies ist das **Prinzip der schrittweisen Verfeinerung**.

Im Folgenden wird ein einfaches Beispiel für ein Programm betrachtet, welches aus einem Hauptprogramm und drei Unterprogrammen besteht. Welche Unterprogramme vom Hauptprogramm aufgerufen werden, kann in einem Hierarchiediagramm grafisch dargestellt werden.

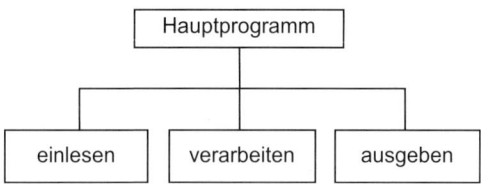

Bild 1-6 Aufrufhierarchie eines Programmes

Das Hierarchiediagramm wird folgendermaßen interpretiert: Das Hauptprogramm ruft die **Unterprogramme** (auch **Subroutinen** genannt) einlesen, verarbeiten und ausgeben auf. In welcher Reihenfolge die Unterprogramme aufgerufen werden und ob sie gegebenenfalls mehrmals aufgerufen werden, ist aus dieser Art der Darstellung nicht ersichtlich.

Struktogramme eignen sich zum **Top-Down-Design** von **Programmeinheiten (Hauptprogramm, Unterprogramme)**. Jedes Sinnbild nach Nassi-Shneiderman wird eindeutig mit seinem Anfang (obere Linie) und Ende (untere Linie) dargestellt, so dass jedes Sinnbild nach außen hin als abgeschlossene Einheit betrachtet, jedoch nach innen weiter zerlegt werden kann. Die Unterteilung von Verarbeitungsschritten erfolgt nur durch gerade Linien. Dabei führt jede Verfeinerung wieder zu den Symbolen für Verarbeitungsschritte (siehe Kapitel 1.2.2). Es ist möglich, Struktogramme bis auf die Programmcode-Ebene zu verfeinern. Dann entspricht jedem Verarbeitungsschritt eine Anweisung des Programms.

Im Folgenden wird das Unterprogramm einlesen top-down entworfen. Der Entwurf erfolgt in zwei Schritten. In Schritt 1 wird das Unterprogramm in die Verarbeitungsschritte „Daten von Tastatur einlesen" und „Daten auf Platte speichern" verfeinert. Dabei sollen solange Daten eingelesen und auf Platte gespeichert werden, bis ein vorgegebenes Abbruchkriterium eingegeben wird. Sollen z.B. positive ganze Zahlen eingegeben werden, so kann die Eingabe einer 0 als Abbruchkriterium betrachtet werden.

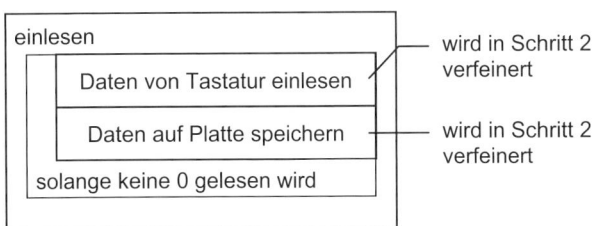

Bild 1-7 Schrittweise Verfeinerung: Schritt 1

In Schritt 2 werden die Verarbeitungsschritte „Daten von Tastatur einlesen" und „Daten auf Platte speichern" verfeinert.

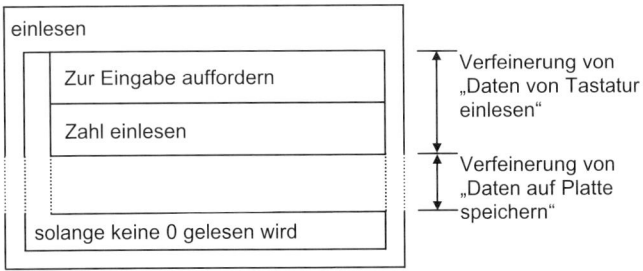

Bild 1-8 Schrittweise Verfeinerung: Schritt 2

Für den Verarbeitungsschritt „Daten von Tastatur einlesen" ist man schon bei Schritt 2 auf der Beschreibungsebene von Anweisungen in der Programmiersprache angelangt. Mit anderen Worten: Die Sinnbilder für einzelne Verarbeitungsschritte entsprechen bereits einzelnen Anweisungen.

Dies ist auch bei der Verfeinerung von „Daten auf Platte speichern" der Fall. Hier muss bei der Verfeinerung berücksichtigt werden, dass nur die Daten, nicht jedoch das eingelesene Abbruchkriterium in die Datei auf der Platte geschrieben werden soll.

Bei komplexen Programmen kommt man erst nach mehrfachen Verfeinerungen auf die Ebene einzelner Anweisungen. Generell ist es aber nicht wünschenswert, den Entwurf bis auf die Ebene einzelner Anweisungen voranzutreiben, da dann identische Informationen in zweierlei Notation (Struktogramm, Programmcode) vorliegen würden. Änderungen an einer einzelnen Anweisung würden dann jedes Mal Änderungen in der Spezifikation nach sich ziehen.

1.2.2 Nassi-Shneiderman-Diagramme für Sequenz, Selektion und Iteration

Im Folgenden werden Sequenz, Selektion und Iteration in abstrakter Form, d.h. ohne Notation in einer speziellen Programmiersprache, betrachtet. Die Kontrollstrukturen für Selektion und Iteration können wie von Nassi und Shneiderman vorgeschlagen in grafischer Form oder auch mit Hilfe eines Pseudocodes dargestellt werden.

Ein **Pseudocode** ist eine Sprache, die dazu dient, Anwendungen zu entwerfen. Pseudocode kann von einem freien Pseudocode bis zu einem formalen Pseudocode reichen. Freier Pseudocode oder formaler Pseudocode dient dazu, **Programmeinheiten (Hauptprogramme, Unterprogramme)** zu entwerfen. Bei einem **freien Pseudocode** formuliert man in einer Pascal-ähnlichen Sprache Schlüsselwörter für die Iteration, Selektion und Blockbegrenzer und fügt in diesen Kontrollfluss Verarbeitungsschritte ein, die in der Umgangssprache beschrieben werden.

Ein **formaler Pseudocode**, der alle Elemente enthält, die auch in einer Programmiersprache enthalten sind, ermöglicht eine automatische Codegenerierung für diese Zielsprache. Dennoch ist es das eigentliche Ziel eines Pseudocodes, eine Spezifikation zu unterstützen. Freie Pseudocodes sind für eine grobe Spezifikation vollkommen ausreichend.

Sequenz

Bei der Sequenz folgen zwei Verarbeitungsschritte (hier V1 und V2 genannt) hintereinander. Dies wird durch Nassi-Shneiderman-Diagramme folgendermaßen dargestellt:

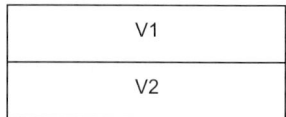

Bild 1-9 Nassi-Shneiderman-Diagramm für die Sequenz

Eine Kontrollstruktur für die Sequenz ist der Block, der bereits in Kapitel 1.2 vorgestellt wurde. Die einzelnen Verarbeitungsschritte eines Blocks werden sequenziell durchlaufen.

Selektion

Bei der Kontrollstruktur für die Selektion kann man zwischen der **einfachen Alternative** (Bild 1-10), der **bedingten Verarbeitung** (Bild 1-11) und der **mehrfachen Alternative** (Bild 1-12) unterscheiden.

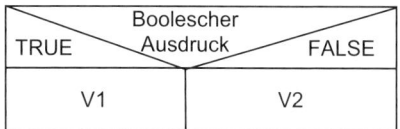

Bild 1-10 Struktogramm für die einfache Alternative

Bei der **einfachen Alternative** wird überprüft, ob ein **boolescher Ausdruck**[1] wie z.B. `a > b` wahr ist oder nicht.

Ein **boolescher Ausdruck** kann die Wahrheitswerte `TRUE` bzw. `FALSE` annehmen. Ein solcher boolescher Ausdruck wird auch als **Bedingung** bezeichnet.

Ist der Ausdruck wahr, so wird der Zweig für `TRUE` ausgewählt und der Verarbeitungsschritt V1 ausgeführt. Ist der Ausdruck nicht wahr, so wird der `FALSE`-Zweig ausgewählt und der Verarbeitungsschritt V2 durchgeführt. Jeder dieser Zweige kann einen Verarbeitungsschritt bzw. Block von Verarbeitungsschritten enthalten.

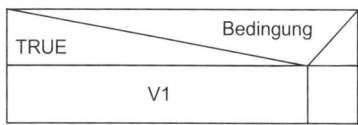

Bild 1-11 Struktogramm für die bedingte Verarbeitung

Bei der **bedingten Verarbeitung** wird der `TRUE`-Zweig ausgewählt, wenn der Ausdruck wahr ist. Ansonsten wird direkt der nach der bedingten Verarbeitung folgende Verarbeitungsschritt ausgeführt.

---

[1] Ein **Ausdruck** ist eine Verknüpfung von Operanden durch Operatoren und runde Klammern (siehe Kapitel 7).

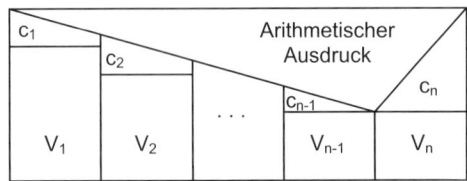

Bild 1-12 Struktogramm für die mehrfache Alternative

Bei der **mehrfachen Alternative** wird geprüft, ob ein **arithmetischer Ausdruck**[2] einen von n vorgegebenen Werten c_1 ... c_n annimmt. Ist dies der Fall, so wird der entsprechende Zweig angesprungen, ansonsten wird direkt zu dem nächsten Verarbeitungsschritt übergegangen.

Iteration

Bei der Iteration kann man drei Fälle von Kontrollstrukturen unterscheiden:

(handschriftlich: kopfgesteuerte)

a)   **Wiederholung mit vorheriger Prüfung (abweisende Schleife)**

*Bild 1-13 Struktogramm der Wiederholung mit
vorausgehender Bedingungsprüfung*

Das zugehörige Struktogramm ist in Bild 1-13 dargestellt. In einem Pseudocode kann man eine abweisende Schleife folgendermaßen darstellen:

```
WHILE (Bedingung) DO V
```

Ist zu Beginn der Schleife die `Bedingung` `TRUE`, so muss sie während der Bearbeitung verändert werden, sonst entsteht eine Endlos-Schleife[3].

Die FOR-Schleife (siehe auch Kapitel 8.3.2) ist ebenfalls eine abweisende Schleife. Sie stellt eine spezielle Ausprägung der WHILE-Schleife dar. FOR-Schleifen bieten eine syntaktische Beschreibung des Startzustandes und der Iterationsschritte (z.B. Hochzählen, Herunterzählen) bis zu einer vorgegebenen Grenze.

(handschriftlich: fussgesteuerte)

b)   **Wiederholung mit nachfolgender Prüfung (annehmende Schleife)**

*Bild 1-14 Struktogramm der Wiederholung mit
nachfolgender Bedingungsprüfung*

---

2   Bei einem arithmetischen Ausdruck werden arithmetische Operatoren auf die Operanden angewandt, wie z.B. der Minusoperator im Ausdruck 6 - 2 auf die Operanden 6 und 2.

3   Eine Endlos-Schleife ist eine Schleife, deren Ausführung nie abbricht.

Das zugehörige Struktogramm ist in Bild 1-14 dargestellt. Die annehmende Schleife kann man in einem Pseudocode folgendermaßen darstellen:

`DO V WHILE (Bedingung)`

Die annehmende Schleife wird mindestens einmal durchgeführt. Erst dann wird die Bedingung bewertet. Die `DO-WHILE`-Schleife wird typischerweise dann benutzt, wenn die Bedingung erst in der Schleife entsteht, beispielsweise wie in der folgenden Anwendung „Lies Zahlen ein, solange keine 0 eingegeben wird". Hier muss zuerst eine Zahl eingelesen werden. Erst dann kann geprüft werden, ob sie 0 ist oder nicht.

c)   **Wiederholung ohne Prüfung**

Bild 1-15 Struktogramm der Wiederholung ohne Bedingungsprüfung

Das zugehörige Struktogramm ist in Bild 1-15 dargestellt. In einem Pseudocode kann die Schleife ohne Wiederholungsprüfung folgendermaßen angegeben werden:

`LOOP V`

Die Schleife ohne Wiederholungsprüfung wird verlassen, wenn im Verarbeitungsschritt V eine **BREAK-Anweisung** ausgeführt wird. Bild 1-16 zeigt das Sinnbild für eine solche Abbruchanweisung.

Bild 1-16 Abbruchanweisung

Im Falle der Programmiersprache C sind die Kontrollstrukturen der Wiederholung mit vorheriger Prüfung, mit nachfolgender Prüfung und ohne Prüfung als Sprachkonstrukt vorhanden, d.h. es gibt in C Anweisungen für diese Schleifen.

Bild 1-17 stellt ein Beispiel für eine Schleife ohne Wiederholungsprüfung mit Abbruchanweisung dar.

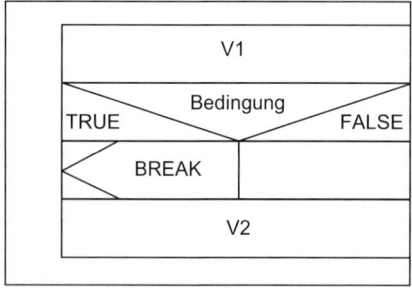

Bild 1-17 Struktogramm einer Schleife ohne Wiederholungsprüfung mit Abbruchbedingung

1.2.3 Euklid'scher Algorithmus als Nassi-Shneiderman-Diagramm

Mit den Mitteln der Struktogramme kann nun der Algorithmus von Euklid, der in Kapitel 1.1.1 eingeführt wurde, in grafischer Form dargestellt werden:

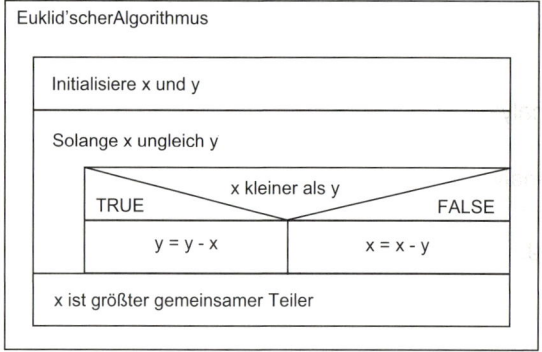

Bild 1-18 Struktogramm des Euklid'schen Algorithmus

1.3 Werkzeuge für die Programmierung

Im Folgenden wird die Funktionalität von Compilern, Linkern und Ladern besprochen. Ferner werden Debugger und integrierte Entwicklungsumgebungen vorgestellt.

1.3.1 Compiler

Die Aufgabe eines Compilers (Übersetzers) für die Programmiersprache C ist, den Quellcode eines Programmes in Maschinencode zu wandeln. Unter **Quellcode** (**Quelltext**, **Quellprogramm**, **Source-Code**, **Programmtext**) versteht man das in einer Programmiersprache geschriebene Programm. Der Quelltext eines Programms wird mit einem **Editor**, einem Werkzeug zur Erstellung von Texten, geschrieben und auf der Platte des Rechners unter einem Dateinamen als Datei abgespeichert. Da eine solche Datei Quellcode enthält, wird sie auch als **Quelldatei** bezeichnet.

Einfache Programme bestehen aus einer einzigen Quelldatei, komplexe aus mehreren Quelldateien.

Maschinencode kann ohne Übersetzung von einem Prozessor eines Rechners verarbeitet werden. Daher ist es notwendig, den Maschinencode binär zu codieren, d.h. durch eine Folge von Nullen und Einsen darzustellen.

Während die ersten Sprachen und Compiler in den 50er und 60er Jahren noch heuristisch entwickelt wurden, wurde die Spezifikation von Sprachen und der Bau von Compilern zunehmend formalisiert. ALGOL 60 war die erste Sprache, deren Syntax formal definiert wurde und zwar mit Hilfe der Backus-Naur-Form – einer Metasprache zur Beschreibung der Syntax einer Sprache. Für Compiler wurden mit der Zeit einheitliche Strukturen entwickelt. Unabhängig von der Art der höheren Programmiersprache kann ein Compiler – bei Einhaltung bestimmter Regeln bei der Definition einer Sprache – in eine Folge der folgenden **5 Bearbeitungsschritte** gegliedert werden:

- Lexikalische Analyse
- Syntaxanalyse
- Semantische Analyse
- Optimierungen
- Codeerzeugung

Die Zwischenergebnisse werden in Form von Zwischensprachen und ergänzenden Tabelleneinträgen weitergegeben.

Lexikalische Analyse

Bei der Lexikalischen Analyse (auch als **Scanner** oder **Symbolentschlüsselung** bekannt) wird versucht, in der Folge der Zeichen eines Programmes Wörter der Sprache – das sind die kleinsten Einheiten einer Sprache, die eine Bedeutung besitzen – zu erkennen. Die Wörter einer Sprache werden auch **Symbole** genannt. Beispiele für Symbole sind Namen, Schlüsselwörter, Operatoren.

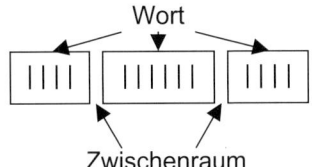

Bild 1-19 Erkennen von Wörtern

Zwischenräume und Kommentare dienen dem Compiler dazu, zu erkennen, an welcher Stelle ein Wort zu Ende ist. Ansonsten haben sie keine Bedeutung für den Compiler und werden überlesen.

Syntaxanalyse

Für alle modernen Sprachen existiert ein Regelwerk, die sogenannte Grammatik, welches formal die zulässigen Folgen von Symbolen (Wörtern) festlegt. Im Rahmen der Syntaxanalyse wird geprüft, ob die im Rahmen der lexikalischen Analyse ermittelte Symbolfolge eines zu übersetzenden Programms zu der Menge der **korrekten Symbolfolgen** gehört. Der Teil des Compilers, der die Syntaxanalyse durchführt, wird auch als **Parser** bezeichnet.

Semantische Analyse

Die Semantische Analyse versucht, die Bedeutung der Wörter herauszufinden und hält diese meist in Form eines Zwischencodes fest. Ein Zwischencode ist nicht mit dem Maschinencode einer realen Maschine vergleichbar, sondern auf einer relativ hohen Ebene angesiedelt. Er ist für eine hypothetische Maschine gedacht und dient einzig dazu, die gefundene Bedeutung eines Programms für die nachfolgenden Phasen eines Übersetzers festzuhalten.

Die Bedeutung in einem Programm bezieht sich im Wesentlichen auf dort vorkommende Namen, also muss die Semantische Analyse herausfinden, was bedeutet ein Name, der im Programm vorkommt. Der Name wird mit einer Bedeutung versehen, d.h. an eine Deklaration[4] gebunden. Grundlage hierfür sind die Sichtbarkeits-, Gültigkeits- und Typregeln einer Sprache: Neben der Überprüfung, ob **Namen im Rahmen ihrer Gültigkeitsbereiche**[5] verwendet werden, spielt die Überprüfung von **Typverträglichkeiten bei Ausdrücken** eine Hauptrolle. Ein wesentlicher Anteil der Semantischen Analyse befasst sich also mit der Erkennung von Programmfehlern, die durch die Syntaxanalyse nicht erkannt werden konnten, wie z.B. die Addition von zwei Werten mit unterschiedlichem und nicht verträglichem Typ.

Nicht alle semantischen Regeln einer Programmiersprache können durch den Übersetzer abgeprüft werden. Man unterscheidet zwischen der **statischen Semantik** (durch den Übersetzer prüfbar) und **dynamischen Semantik** (erst zur Laufzeit eines Programmes prüfbar). Die Prüfungen der dynamischen Semantik sind üblicherweise im sogenannten **Laufzeitsystem** (siehe unten) realisiert.

---

[4] Eine Deklaration gibt im Programm den Typ einer Variablen bekannt, z.B. ob es sich um einen ganzzahligen Typ oder um einen Gleitpunkt-Datentyp handelt. Variablen und Datentypen werden in Kapitel 1.5 erläutert.
[5] Siehe Kapitel 9.5.

Optimierungen

In der Optimierungsphase wird versucht, den Code zu verbessern, sowohl bezüglich des Speicherverbrauchs als auch bezüglich der benötigten Rechenzeit. Ein Compiler kann dabei beispielsweise nicht benutzte Variablen, nicht erreichbaren Code oder wiederholtes Vorkommen des gleichen Ausdrucks entdecken, sowie Prüfungen eliminieren, wenn der getestete Wert konstant ist und somit das Ergebnis der Prüfung bereits vorher feststeht. Es gibt relativ einfache Optimierungen, aber auch Optimierungen, die einen hohen Aufwand während der Übersetzung erfordern. Viele Compiler bieten daher Schalter an, mit denen Optimierungen vom Benutzer zu- bzw. abgeschaltet werden können.

Codeerzeugung

Während Lexikalische Analyse, Syntaxanalyse und Semantische Analyse sich nur mit der **Analyse** des zu übersetzenden Quellcodes befassen, kommen bei der Code-generierung die Rechnereigenschaften, nämlich der zur Verfügung stehende Maschinencode und Eigenschaften des Betriebssystems ins Spiel. Da bis zur Semantischen Analyse die Rechnereigenschaften nicht berücksichtigt wurden, kann man die Ergebnisse dieses Schrittes auf verschiedene Rechner übertragen (**portieren**). Im Rahmen der **Codeerzeugung** – auch **Synthese** genannt – wird der Zwischencode, der bei der Semantischen Analyse erzeugt wurde, in **Objectcode**, d.h. in die **Maschinensprache** des jeweiligen Zielrechners übersetzt. Dabei müssen die Eigenheiten des jeweiligen Zielbetriebssystems z.B. für die Speicherverwaltung berücksichtigt werden. Soll der erzeugte Objectcode auf einem anderen Rechnertyp als der Compiler laufen, so wird der Compiler als **Cross-Compiler** bezeichnet.

Laufzeitsystem

Das **Laufzeitsystem** enthält alle Routinen, die zur Ausführung irgendeines Program-mes der Programmiersprache notwendig sind, für die aber gar nicht oder nur sehr schwer direkter Code durch den Compiler erzeugt werden kann, oder für die direkt erzeugter Code sehr ineffizient wäre. Dazu gehören alle Interaktionen mit dem Betriebssystem, z.B. Speicheranforderungen oder Ein-/Ausgabe-Operationen, die durch Sprachkonstrukte erzwungen werden. In der Programmiersprache C liegen allerdings alle Ein-/Ausgabe-Operationen in Form von Bibliotheken vor. Sie gehören damit nicht zum eigentlichen Laufzeitsystem. Weiterhin gehören Speicherverwal-tungsroutinen für Heap und Stack (siehe Kapitel 13) dazu, falls letzterer nicht direkt durch die Zielmaschine unterstützt wird. Wie weiter oben schon erwähnt wurde, gehören zum Laufzeitsystem auch alle Prüfungen der dynamischen Semantik, kurz eine ganze Reihe von Fehlerroutinen mit der entsprechenden Anwenderschnittstelle (z.B. Fehlerausgabe, core-dump[6] schreiben). Besondere Sprachfeatures wie Threads (parallele Prozesse) oder Exceptions (Ausnahmen) werden in aller Regel ebenfalls im Laufzeitsystem realisiert.

---

[6] Ein **core-dump** ist ein Speicherabzug eines Programms. Im Andenken an die magnetischen Kern-speicher, die zu Beginn der Datenverarbeitung benutzt wurden, wird der Begriff core auch heute noch verwendet.

1.3.2 Linker

Aufgabe eines **Linkers (Binders)** ist es, den nach dem Kompilieren vorliegenden Objectcode in ein auf dem Prozessor **ausführbares Programm (executable program)** zu überführen.

Ist beispielsweise ein Programm getrennt in einzelnen **Dateien** geschrieben und übersetzt worden, so werden die Object-Dateien **vom Linker zusammengeführt**. Durch den Linker werden alle benötigten Teile zu einem ablauffähigen Programm gebunden. Hierzu gehört auch das **Laufzeitsystem**, das durch den jeweiligen Compiler zur Verfügung gestellt wird.

Ein Programm im Quellcode hat noch keine Adressen (siehe Kapitel 1.5). Die Speicherobjekte[7] (Variablen, Funktionen) einer Programmeinheit (Hauptprogramm, Unterprogramm) werden durch Namen bezeichnet. Programme werden dateiweise kompiliert. Dabei wandelt der Compiler eine Quelldatei in eine Object-Datei, die aus Maschinencode besteht. Natürlich bleibt die Quelldatei dabei erhalten. Sie wird weiterhin benötigt, z.B. um Fehler zu entfernen oder um Programmänderungen durchzuführen. Beim Kompilieren werden die Speicherobjekte an **relativen Adressen** innerhalb der jeweiligen Object-Datei abgelegt. Diese Adressen werden innerhalb einer Datei jeweils von einer – immer gleichen – Anfangsadresse ausgehend berechnet. Werden in der übersetzten Programmeinheit externe Variablen oder Funktionen, z.B. aus anderen Programmeinheiten oder aus Bibliotheken, verwendet, so kann der Übersetzer für diese Objekte noch keine Adressen einsetzen. Vielmehr vermerkt er im Objectcode, dass an bestimmten Stellen Querbezüge vorhanden sind, an denen noch die Adressen der externen Objekte eingefügt werden müssen. Das ist dann die Aufgabe des Linkers.

Der Linker fügt die einzelnen Adressräume der Object-Dateien, **aufgerufener Library-Dateien**[8] und von Funktionen des Laufzeitsystems so zusammen, dass sich die Adressen nicht überlappen, und löst die Querbezüge auf. Hierzu stellt er eine **Symbol-Tabelle**[9] her, welche alle Querbezüge (Adressen globaler Variablen, Einsprungadressen der Programmeinheiten) enthält. Damit können Referenzierungen von globalen Variablen oder von Routinen durch andere Routinen aufgelöst werden. Durch den Linkvorgang wird ein **einheitlicher Adressraum für das gesamte Programm** hergestellt (siehe Bild 1-20).

---

[7] Hier handelt es sich nicht um Objekte im Sinne der Objektorientierung, sondern um zusammenhängende Speicherbereiche.

[8] Routinen, die häufig verwendet werden, werden in Bibliotheken (Libraries) zusammengefasst. Library-Dateien enthalten die Routinen einer Library in einer bereits übersetzten Form, so dass sie der Linker direkt verarbeiten kann.

[9] Hier handelt es sich um Symbole des Linkers. Die Symbol-Tabelle kann als Linker-Map beim Linken in einer lesbaren Form ausgegeben werden.

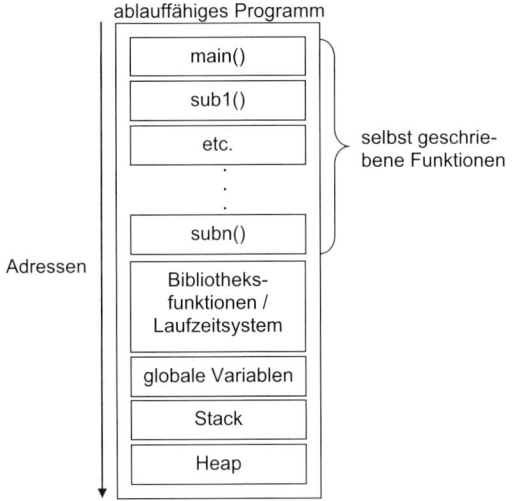

Bild 1-20 Adressraum eines ablauffähigen Programms

So bestehe beispielsweise ein Anwendungsprogramm in der Programmiersprache C aus den folgenden 3 Modulen (Dateien): MAIN.C, SUB1.C, SUB2.C (siehe Bild 1-21).

Die Bestandteile des Dateinamens hinter dem Punkt werden als **Extension (Dateinamenserweiterung)** bezeichnet. Die Extension C steht für C-Quellcode. Durch das Kompilieren entstehen 3 Dateien im Maschinencode: MAIN.OBJ, SUB1.OBJ, SUB2.OBJ. Beim Kompilieren werden benutzte Include-Dateien in den Quellcode vom Compiler eingefügt. Die Extension OBJ steht für Objectcode.

Der Maschinencode dieser Object-Dateien ist nicht ablauffähig, zum einen, weil die Library-Funktionen noch fehlen, zum anderen, weil die Adressen von externen Funktionen und Variablen aus anderen Dateien (Querbezüge) noch nicht bekannt sind. Der Linker bindet diese OBJ-Dateien, die aufgerufenen Library-Routinen und das Laufzeitsystem zu einer ablauffähigen Einheit zusammen, die hier BEI-SPIEL.EXE heißen soll. Die Extension EXE steht für **„executable program"**, auf Deutsch **„ablauffähiges Programm"**. In einem ablauffähigen Programm müssen alle Querbezüge aufgelöst sein.

1.3.3 Lader

Mit dem Lader (Loader) wird das Programm in den Arbeitsspeicher des Computers geladen, wenn es gestartet wird. Wenn der Linker für ein ablauffähiges Programm einen verschiebbaren Maschinencode erzeugt, dann besteht die Aufgabe des Laders darin, die verschiebbaren Adressen zu verändern und den Code sowie die Daten an die richtigen Stellen im Arbeitsspeicher abzulegen. Von einem verschiebbaren Maschinencode spricht man dann, wenn die Adressen einfach von 0 an durchgezählt werden, ohne festzulegen, an welcher Stelle das Programm im Arbeitsspeicher liegen soll.

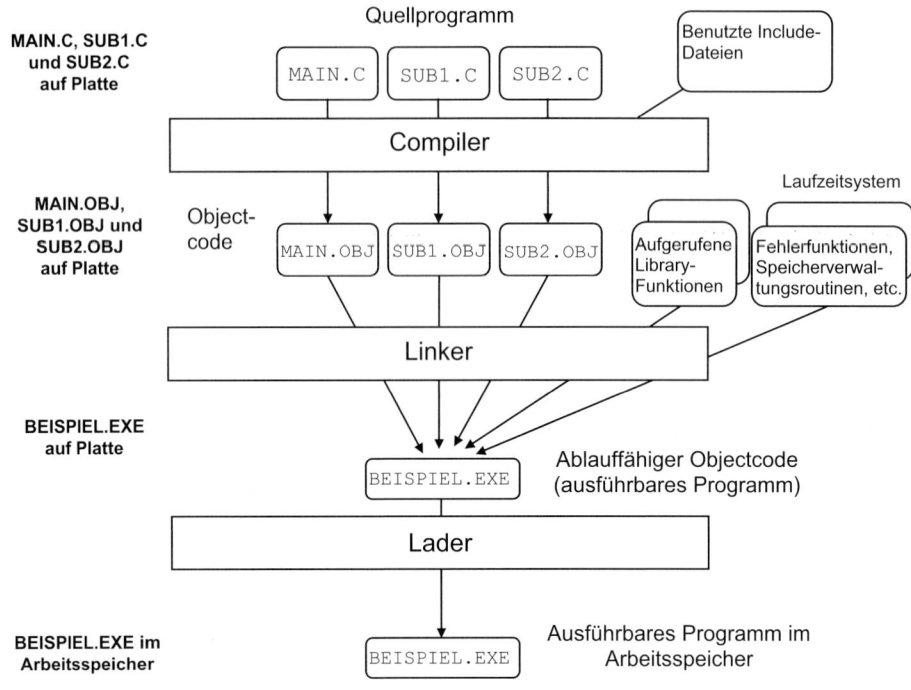

Bild 1-21 Ablauf und Erzeugnisse beim Kompilieren, Binden und Laden

1.3.4 Debugger

Nach dem Laden wird das erstellte Programm normalerweise direkt gestartet. Formal korrekte Programme können jedoch logische Fehler enthalten, die sich erst zur Laufzeit und leider oftmals erst unter bestimmten Umständen während des Betriebs eines Programmes herausstellen. Um diese Fehler analysieren und beheben zu können, möchte man den Ablauf des Programmes während der Fehleranalyse exakt beobachten. Dazu dienen Hilfsprogramme, die als **Debugger**[10] bezeichnet werden. Mit Hilfe eines Debuggers kann man Programme laden und gezielt starten, an beliebigen Stellen anhalten (sogenannte „Haltepunkte" setzen), Programme nach dem Anhalten fortsetzen, Programme Schritt für Schritt ausführen sowie Speicherinhalte anzeigen und gegebenenfalls verändern. Debugger helfen dabei, Fehler eines erstellten Programmes zu analysieren. Sie ersetzen jedoch nicht den systematischen Entwurf von Programmen.

---

[10] to debug (engl.) = entwanzen, entlausen. Bei Programmen im Sinne von Fehler suchen und entfernen.

1.3.5 Integrierte Entwicklungsumgebungen

Um die Programmentwicklung komfortabler zu gestalten, werden für die Erstellung von Programmen sogenannte **integrierte Entwicklungsumgebungen** zur Verfügung gestellt. Diese enthalten innerhalb eines Programmsystems **Compiler**, **Linker**, **Lader**, **Debugger** sowie einen **Editor** zur Eingabe der Programmtexte. Darüber hinaus sind in den integrierten Entwicklungsumgebungen sogenannte **Projektverwaltungen** integriert. Dabei kann ein Projekt aus mehreren Programmmodulen (Dateien) bestehen, welche getrennt entwickelt werden. Um das ausführbare Programm zu erzeugen, müssen alle Module getrennt übersetzt und gebunden werden (siehe Compiler und Linker). Die Projektverwaltung sorgt dafür, dass bei Änderungen eines einzigen Moduls nur dieses Modul übersetzt und mit den anderen, nicht geänderten Modulen neu gebunden wird. Auf der Buch-CD finden Sie eine solche Entwicklungsumgebung in Form von VISUAL C++ 6.0 als Evaluationsversion.

1.4 Zeichen

Ein **Zeichen** ist ein von anderen Zeichen unterscheidbares Objekt, welches in einem bestimmten Zusammenhang eine definierte Bedeutung trägt. Solche Zeichen können beispielsweise Symbole, Bilder oder Töne sein. Zeichen derselben Art sind **Elemente** eines **Zeichenvorrats**. So sind beispielsweise die Zeichen I, V, X, L, C, D, M Elemente des Zeichenvorrats der römischen Zahlen.

Eine **Ziffer** ist ein Zeichen, das die Bedeutung einer Zahl hat. Von einem **Alphabet** spricht man, wenn der Zeichenvorrat eine strenge Ordnung aufweist. So stellt beispielsweise die geordnete Folge der Elemente

0, 1	das Binäralphabet,
a, b, c ... z	die Kleinbuchstaben ohne Umlaute und ohne ß,
0, 1, ... 9	das Dezimalalphabet

dar.

Rechnerinterne Darstellung von Zeichen

Zeichen sind zunächst **Buchstaben**, **Ziffern** oder **Sonderzeichen**. Zu diesen Zeichen können auch noch **Steuerzeichen** hinzukommen (siehe unten). Rechnerintern werden die Zeichen durch Bits dargestellt. Ein **Bit**[11] kann den Wert 0 oder 1 annehmen. Das bedeutet, dass man mit einem Bit 2 verschiedene Fälle darstellen kann. Mit einer Gruppe von 2 Bits hat man 2 * 2 = 4 Möglichkeiten, mit einer Gruppe von 3 Bits kann man 2 * 2 * 2 = 8 verschiedene Fälle darstellen, und so fort. Mit 3 Bits sind die Kombinationen

000   001   010   011   100   101   110   111

möglich. Jeder dieser Bitgruppen kann man nun je ein Zeichen zuordnen. Das heißt, jede dieser Bitkombinationen kann ein Zeichen repräsentieren. Man braucht nur eine

---

[11]   Abkürzung für: binary digit (engl.) = Binärziffer.

eindeutig umkehrbare Zuordnung (z.B. erzeugt durch eine Tabelle) und dann kann man jedem Zeichen eine Bitkombination und jeder Bitkombination ein Zeichen zuordnen. Mit anderen Worten, man bildet die Elemente eines Zeichenvorrats auf die Elemente eines anderen Zeichenvorrats ab. Diese Abbildung bezeichnet man als **Codierung**.

Begriff eines Codes

Nach DIN 44300 ist ein **Code** eine Vorschrift für die **eindeutige Zuordnung** oder **Abbildung** der Zeichen eines Zeichenvorrats zu denjenigen eines anderen Zeichenvorrats, der sogenannten Bildmenge. Der Begriff des Codes ist nicht eindeutig. Oftmals wird unter Code auch der Zeichenvorrat der Bildmenge verstanden.

Relevante Codes für Rechner

Für die Codierung von Zeichen im Binäralphabet gibt es viele Möglichkeiten. Für Rechner besonders relevant sind Codes, die ein Zeichen durch 7 bzw. 8 Bits repräsentieren. Mit 7 Bits kann man 128 verschiedene Zeichen codieren, mit 8 Bits 256 Zeichen. Zu den am häufigsten verwendeten Zeichensätzen gehören:

- Der ASCII[12]-Zeichensatz mit 128 Zeichen – die US-nationale Variante des ISO-7-Bit-Code (ISO 646), die aber weit verbreitet ist.
- Der erweiterte ASCII-Zeichensatz mit 256 Zeichen.
- Der EBCDI-Zeichensatz mit 256 Zeichen, der vor allem auf IBM Großrechnern verwendet wird. Der EBCDI-Code (EBCDIC) wird hier nicht näher betrachtet.
- Der Unicode, der jedem Zeichen aller bekannten Schriftkulturen und Zeichensysteme einen Code zuordnet. In der aktuellen Version 4 des Unicode gibt es Codierungen verschiedener Länge. Java verwendet für Unicode-Zeichen die ursprüngliche UTF-16-Repräsentation, bei der jedes Zeichen einer Bitkombination einer Gruppe von 16 Bits entspricht. Die ersten 128 Zeichen dieses Codes sind die Zeichen des 7-Bit ASCII-Zeichensatzes.

Auf UNIX-Rechnern wird der eingeschränkte ASCII-Zeichensatz (7-Bit-Code) verwendet. Damit kann das 8. Bit als Paritätsbit verwendet werden. Eine weitere nationale Ausprägung des ISO-7-Bit-Codes ist der nach DIN 66003 spezifizierte deutsche Zeichensatz, bei dem die Zeichen Ä, Ö, Ü, ä, ö, ü und ß berücksichtigt wurden. Im DIN-Zeichensatz sind gegenüber dem ASCII-Zeichensatz folgende Änderungen vorgenommen worden:

ISO	[	\	]	{			}	~
DIN	Ä	Ö	Ü	ä	ö	ü	ß

Tabelle 1-3 DIN-Zeichensatzänderung

Bei manchen Rechnern wie z.B. beim IBM-PC wird aber ein erweiterter ASCII-Zeichensatz eingesetzt, bei dem alle 8 Bits verwendet werden. Die ersten 128 Zeichen stimmen dabei mit dem 7-Bit ASCII-Code überein. Die Sonderzeichen Ä, Ö, Ü, ä, ö, ü und ß befinden sich dabei im Bereich 128-255. Wie aus Tabelle 1-4

---

[12] ASCII = American Standard Code for Information Interchange.

ersichtlich ist, enthält der ASCII-Zeichensatz Buchstaben, Ziffern, Sonderzeichen und Steuerzeichen. In der Spalte Strg-Ch. werden Tastenkombinationen für Steuerzeichen angegeben.

Dez	Hex	Strg-Ch.	Char	Dez	Hex	Char	Dez	Hex	Char	Dez	Hex	Char	Dez	Hex	Char	Dez	Hex	Char
0	00	^@		43	2B	+	86	56	V	129	81	ü	172	AC	¼	215	D7	╫
1	01	^A	☺	44	2C	,	87	57	W	130	82	é	173	AD	¡	216	D8	╪
2	02	^B	☻	45	2D	-	88	58	X	131	83	â	174	AE	«	217	D9	┘
3	03	^C	♥	46	2E	.	89	59	Y	132	84	ä	175	AF	»	218	DA	┌
4	04	^D	♦	47	2F	/	90	5A	Z	133	85	à	176	B0	░	219	DB	█
5	05	^E	♣	48	30	0	91	5B	[	134	86	å	177	B1	▒	220	DC	▄
6	06	^F	♠	49	31	1	92	5C	\	135	87	ç	178	B2	▓	221	DD	▌
7	07	^G	•	50	32	2	93	5D	]	136	88	ê	179	B3	│	222	DE	▐
8	08	^H	◘	51	33	3	94	5E	^	137	89	ë	180	B4	┤	223	DF	▀
9	09	^I	○	52	34	4	95	5F	_	138	8A	è	181	B5	╡	224	E0	α
10	0A	^J	◙	53	35	5	96	60	'	139	8B	ï	182	B6	╢	225	E1	β
11	0B	^K	♂	54	36	6	97	61	a	140	8C	î	183	B7	╖	226	E2	Γ
12	0C	^L	♀	55	37	7	98	62	b	141	8D	ì	184	B8	╕	227	E3	π
13	0D	^M	♪	56	38	8	99	63	c	142	8E	Ä	185	B9	╣	228	E4	Σ
14	0E	^N	♫	57	39	9	100	64	d	143	8F	Å	186	BA	║	229	E5	σ
15	0F	^O	☼	58	3A	:	101	65	e	144	90	É	187	BB	╗	230	E6	µ
16	10	^P	►	59	3B	;	102	66	f	145	91	æ	188	BC	╝	231	E7	τ
17	11	^Q	◄	60	3C	<	103	67	g	146	92	Æ	189	BD	╜	232	E8	φ
18	12	^R	↕	61	3D	=	104	68	h	147	93	ô	190	BE	╛	233	E9	θ
19	13	^S	‼	62	3E	>	105	69	i	148	94	ö	191	BF	┐	234	EA	Ω
20	14	^T	¶	63	3F	?	106	6A	j	149	95	ò	192	C0	└	235	EB	δ
21	15	^U	§	64	40	@	107	6B	k	150	96	û	193	C1	┴	236	EC	∞
22	16	^V	▬	65	41	A	108	6C	l	151	97	ù	194	C2	┬	237	ED	∅
23	17	^W	↨	66	42	B	109	6D	m	152	98	ÿ	195	C3	├	238	EE	ε
24	18	^X	↑	67	43	C	110	6E	n	153	99	Ö	196	C4	─	239	EF	∩
25	19	^Y	↓	68	44	D	111	6F	o	154	9A	Ü	197	C5	┼	240	F0	≡
26	1A	^Z	→	69	45	E	112	70	p	155	9B	¢	198	C6	╞	241	F1	±
27	1B	^[	←	70	46	F	113	71	q	156	9C	£	199	C7	╟	242	F2	≥
28	1C	^\	∟	71	47	G	114	72	r	157	9D	¥	200	C8	╚	243	F3	≤
29	1D	^]	↔	72	48	H	115	73	s	158	9E	Pts	201	C9	╔	244	F4	⌠
30	1E	^^	▲	73	49	I	116	74	t	159	9F	ƒ	202	CA	╩	245	F5	⌡
31	1F	^_	▼	74	4A	J	117	75	u	160	A0	á	203	CB	╦	246	F6	÷
32	20			75	4B	K	118	76	v	161	A1	í	204	CC	╠	247	F7	≈
33	21		!	76	4C	L	119	77	w	162	A2	ó	205	CD	═	248	F8	°
34	22		"	77	4D	M	120	78	x	163	A3	ú	206	CE	╬	249	F9	•
35	23		#	78	4E	N	121	79	y	164	A4	ñ	207	CF	╧	250	FA	·
36	24		$	79	4F	O	122	7A	z	165	A5	Ñ	208	D0	╨	251	FB	√
37	25		%	80	50	P	123	7B	{	166	A6	ª	209	D1	╤	252	FC	ⁿ
38	26		&	81	51	Q	124	7C			167	A7	º	210	D2	╥	253	FD	²
39	27		'	82	52	R	125	7D	}	168	A8	¿	211	D3	╙	254	FE	■
40	28		(	83	53	S	126	7E	~	169	A9	⌐	212	D4	╘	255	FF	
41	29		)	84	54	T	127	7F	⌂	170	AA	¬	213	D5	╒			
42	2A		*	85	55	U	128	80	Ç	171	AB	½	214	D6	╓			

Tabelle 1-4 Der erweiterte ASCII-Zeichensatz (256 Zeichen)

1.5 Variablen und Datentypen

Bei imperativen Sprachen – zu dieser Klasse von Sprachen gehört C (siehe Kapitel 2.4) – besteht ein Programm aus einer Folge von Befehlen, wie z.B. „Wenn x größer als y ist, dann:" oder „Ziehe y von x ab und weise das Ergebnis x zu". Wesentlich an diesen Sprachen ist das Variablenkonzept: Eingabewerte werden in Variablen gespeichert und weiterverarbeitet.

Eine **Variable** ist eine benannte Speicherstelle. Über den **Variablennamen** kann der Programmierer auf die entsprechende Speicherstelle zugreifen.

Eine Variable hat vier Kennzeichen:

- Variablennamen,
- Datentyp,
- Wert,
- Adresse.

Der **Datentyp** ist der Bauplan für eine Variable. Der Datentyp legt fest, welche Operationen auf einer Variablen möglich sind und wie die Darstellung (Repräsentation) der Variablen im Speicher des Rechners erfolgt. Mit der Darstellung wird festgelegt, wie viele Bytes[13] die Variable im Speicher einnimmt und welche Bedeutung ein jedes Bit dieser Darstellung hat.

Variablen braucht man, um in ihnen Werte abzulegen. Im Gegensatz zu einer Konstanten ist eine Variable eine veränderliche Größe. In ihrem Speicherbereich kann bei Bedarf der Wert der Variablen verändert werden. Der **Wert** einer Variablen muss der Variablen explizit zugewiesen werden. Ansonsten ist ihr Wert undefiniert. Da im Arbeitsspeicher die Bits immer irgendwie ausgerichtet sind, hat jede Variable automatisch einen Wert, auch wenn ihr noch kein definierter Wert zugewiesen wurde. Ein solcher Wert ist jedoch rein zufällig und führt zu einer Fehlfunktion des Programmes. Daher darf es der Programmierer nicht versäumen, den Variablen die gewünschten **Startwerte** (**Initialwerte**) zuzuweisen, d.h. die Variablen zu **initialisieren**.

Variablen liegen in Speicherzellen des Arbeitsspeichers. Die Speicherzellen des Arbeitsspeichers sind durchnummeriert. Diese Nummern werden **Adressen** genannt.

Eine Variable kann natürlich mehrere Speicherzellen einnehmen. In der Programmiersprache C besteht der Speicherbereich einer Variablen aus einer zusammenhängenden Folge von Speicherzellen. Die Adresse der Variablen ist dabei die Adresse der Speicherzelle, in der die Variable beginnt.

---

[13] Ein Byte stellt eine Folge von 8 zusammengehörigen Bits dar.

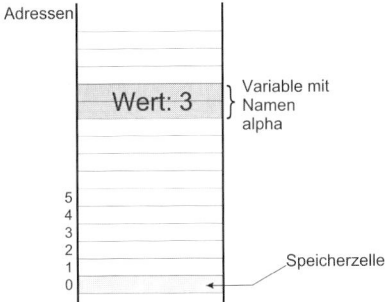

Bild 1-22 Variable im Arbeitsspeicher

Der C-Compiler stellt selbst standardmäßig einige Datentypen bereit, wie z.B. die Standardtypen

- `int` zur Darstellung von ganzen Zahlen
- oder `float` zur Darstellung von Gleitkommazahlen.[14]

Der Benutzer kann diese Datentypnamen in der vorgesehenen Bedeutung ohne weitere Maßnahmen verwenden.

Neben den Standardtypen kann man in modernen Programmiersprachen auch selbst definierte Datentypen einführen. Solche selbst definierten Datentypen sind dem Compiler standardmäßig nicht bekannt. Ein Programmierer kann eigene Datentypen erfinden, die für seine Anwendung von Bedeutung sind, und kann diese dem Compiler bekannt machen. Ein Beispiel für einen selbst definierten Datentyp in C ist der Aufzählungstyp oder der Strukturtyp.

1.5.1 Datentyp int

Der Datentyp `int` vertritt in C-Programmen die ganzen Zahlen (Integer-Zahlen). Es gibt in C jedoch noch weitere Integer-Datentypen. Sie unterscheiden sich vom Datentyp `int` durch ihre Repräsentation und damit auch durch ihren Wertebereich.

Die `int`-Zahlen umfassen auf dem Computer einen endlichen Zahlenbereich, der nicht überschritten werden kann. Dieser Bereich ist in Bild 1-23 dargestellt.

---

[14] Eine Gleitkommazahl dient zur näherungsweisen Darstellung von reellen Zahlen auf Rechenanlagen.

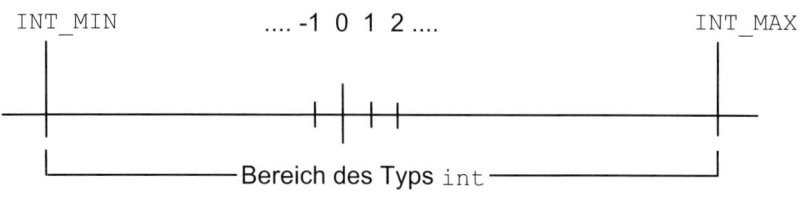

Bild 1-23 int-Zahlen

`INT_MIN` und `INT_MAX` sind die Grenzen der `int`-Werte auf einer Maschine[15]. Somit gilt für jede beliebige Zahl x vom Typ `int`:

x ist eine ganze Zahl, $\texttt{INT\_MIN} \leq x \leq \texttt{INT\_MAX}$

Die Zahl x darf bei Berechnungen nicht jeden Wert aus ihrem Wertebereich annehmen. Wird beispielsweise $2 * x$ berechnet und ist $2 * x$ größer als `INT_MAX` oder kleiner als `INT_MIN`, so kommt es bei der Multiplikation zu einem Fehler, dem sogenannten **Zahlenüberlauf**. Hierauf muss der Programmierer selbst achten. Der Zahlenüberlauf wird nämlich in C nicht durch einen Fehler oder eine Warnung angezeigt. Meist wird in der Praxis so verfahren, dass ein Datentyp gewählt wird, der offensichtlich einen ausreichend großen Wertebereich hat. Allerdings kann der Ansatz "Wir nehmen immer den größten Wertebereich" zum einen auch nicht ausreichen und zum anderen Laufzeitprobleme heraufbeschwören. Für nicht ausreichende Wertebereiche bietet sich dann beispielsweise die Lösung an, auf einen Gleitkomma-Datentyp (siehe Kapitel 1.5.2) auszuweichen.

Die Variablen vom Typ `int` haben als Werte ganze Zahlen. Umfasst die interne Darstellung von `int`-Zahlen 32 Bit, so entspricht dies einem Zahlenbereich von -2^{31} bis $+2^{31} - 1$. Wird eine `int`-Zahl durch 16 Bit dargestellt, so wird ein Wertebereich von -2^{15} bis $+2^{15} - 1$ aufgespannt.

1.5.2 Datentyp float

`float`-Zahlen entsprechen den rationalen und reellen Zahlen der Mathematik. Im Gegensatz zur Mathematik ist auf dem Rechner jedoch der Wertebereich endlich und die Genauigkeit der Darstellung begrenzt. `float`-Zahlen werden auf dem Rechner in der Regel als Exponentialzahlen in der Form Mantisse * Basis^{Exponent} dargestellt, so wie bei großen Zahlen bei Taschenrechnern üblich (siehe auch Kapitel 5.2.3). Dabei wird sowohl die Mantisse als auch der Exponent mit Hilfe ganzer Zahlen dargestellt, wobei die Basis auf dem jeweiligen Rechner eine feste Zahl wie z.B. 2 oder 16 ist. Während in der Mathematik die reellen Zahlen unendlich dicht auf dem Zahlenstrahl liegen, haben die `float`-Zahlen, die die reellen Zahlen auf dem Rechner vertreten, tatsächlich diskrete Abstände voneinander. Es ist im Allgemeinen also nicht möglich, Brüche, Dezimalzahlen, transzendente Zahlen oder die übrigen nicht-rationalen Zahlen wie z.B. die Quadratwurzel aus 2, $\sqrt{2}$, exakt darzustellen.

---

[15] `INT_MIN` und `INT_MAX` sind in der Header-Datei `limits.h` festgelegt – siehe auch Kapitel 5.2.

Werden `float`-Zahlen benutzt, so kommt es also in der Regel zu Rundungsfehlern. Wegen der Exponentialdarstellung werden die Rundungsfehler für große Zahlen größer, da die Abstände zwischen den im Rechner darstellbaren `float`-Zahlen zunehmen. Addiert man beispielsweise eine kleine Zahl `y` zu einer großen Zahl `x` und zieht anschließend die große Zahl `x` wieder ab, so erhält man meist nicht mehr den ursprünglichen Wert von `y`.

Die Variablen vom Typ `float` haben als Werte reelle Zahlen. Außer dem Typ `float` gibt es in C noch weitere Typen von reellen Zahlen wie z.B. den Typ `double` mit erhöhter Rechengenauigkeit.

1.5.3 Operationen auf einem Datentyp

Allgemein ist ein einfacher Datentyp wie `int` oder `float` definiert durch seine **Wertemenge** und die **zulässigen Operationen** auf Ausdrücken dieses Datentyps. Im Folgenden soll der Datentyp `int` betrachtet werden:

Der Wertebereich erstreckt sich über alle ganzen Zahlen von `INT_MIN` bis `INT_MAX`. Die für `int`-Zahlen möglichen Ganzzahl-Operationen sind:

Vorzeichenoperationen `+, - (unär)`	`int` ➔	`int`
binäre arithmetische Operationen `+, -, *, /, %`	`(int, int)` ➔	`int`
Vergleichsoperationen `==, <, <=, >, >=, !=`	`(int, int)` ➔	`int (Wahrheitswert)`

Tabelle 1-5 Operationen für den Typ `int`

Die Bedeutung von Tabelle 1-5 wird am Beispiel

`+ (binär)`	`(int, int)` ➔ `int`

erklärt. Dieses Beispiel ist folgendermaßen zu lesen:

Der **binäre Operator** `+` verknüpft zwei `int`-Werte zu einem `int`-Wert als Ergebnis.

In Tabelle 1-5 ist `/` der Operator der ganzzahligen Division, `%` der **Modulo-Operator**, der den Rest bei der ganzzahligen Division angibt, `==` der Vergleichsoperator „ist gleich" und `!=` der Operator „ist ungleich". Das **unäre** `+` und das **unäre** `-` sind Vorzeichenoperatoren.

1.6 Entwicklung der höheren Programmiersprachen

Bild 1-24 zeigt einen Stammbaum verschiedener höherer Programmiersprachen:

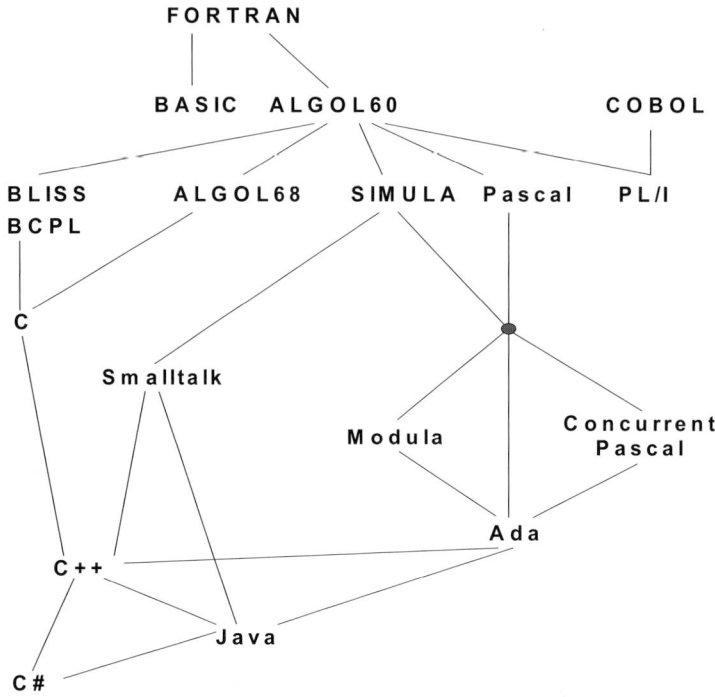

Bild 1-24 C in der Verwandtschaftstafel einiger höherer Programmiersprachen

Bei der Entwicklung der Programmiersprachen kann man im Nachhinein feststellen, dass es drei große Fortschritte im Abstraktionsgrad gab [5]. Abstraktion ist immer damit verbunden, dass man unwesentliche Dinge nicht sehen will, sondern sich mit dem Wesentlichen befasst. Das heißt, Abstraktion kann man sich veranschaulichen als eine höhere Schicht, die das Unwesentliche verbirgt und das Wesentliche sichtbar macht.

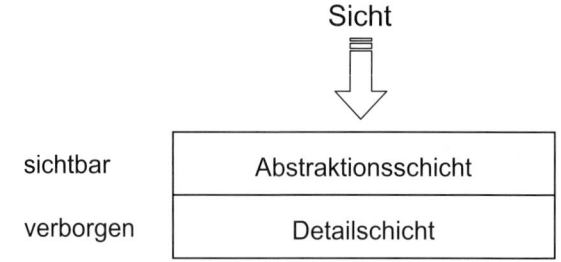

Bild 1-25 Durch Abstraktion wird Unwesentliches verborgen

Mit zunehmender Weiterentwicklung der Sprachen und Compiler werden immer mehr für die Gestaltung eines Programmes unnötige Details vom Compiler übernommen. Damit sieht sie der Programmierer nicht mehr.

Abstraktion bei Ausdrücken

Den ersten Fortschritt in der Abstraktion brachte **FORTRAN (FORmula TRANslation)**. Während man in Assembler noch direkt auf die Maschinenregister zugreifen musste, um Ausdrücke zu berechnen, war es in FORTRAN schon möglich, als Programmierer direkt Ausdrücke wie z.B. `3 * x + y/z` anzuschreiben. Die Umsetzung auf die Maschinenregister wurde durch den Compiler vorgenommen und blieb dem Programmierer verborgen.

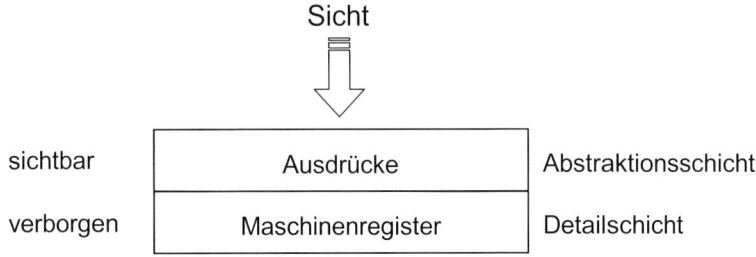

Bild 1-26 Verbergen der Maschinenregister

Abstraktion bezüglich Kontrollstrukturen (Strukturierte Programmierung)

Den nächsten großen Fortschritt brachte ALGOL 60. In ALGOL 60 (**ALGO**rithmic **L**anguage 60) wurde zum ersten Mal die Iteration und Selektion in abstrakter Form zur Verfügung gestellt, ohne dass man einzelne Punkte im Programmablauf mit Marken benennen und dorthin springen musste.

Während man beispielsweise ursprünglich in FORTRAN noch schrieb:

```
        IF (A-B) 100, 200, 300
100     . . . . .
        GOTO 400
200     . . . . .
        GOTO 400
300     . . . . .
400     . . . . .
```

und dabei bei negativen Werten von `A-B` zur Marke `100`, bei Null zur Marke `200` und bei positiven Werten von `A-B` zur Marke `300` sprang, schreibt man im Rahmen der Strukturierten Programmierung als Programmierer eine Anweisung der folgenden Form:

```
IF (A-B.LT.0) THEN
   BEGIN
      . . . . .
   END
ELSE IF (A-B.EQ.0) THEN
   BEGIN
      . . . . .
   END
ELSE
   BEGIN
      . . . . .
   END
ENDIF
```

Zu beachten ist, dass .LT. für „less than" und .EQ. für „equal to" steht.

Das `BEGIN` und `END` kennzeichnet einen **Block**, auch **zusammengesetzte Anweisung** oder **Verbundanweisung** genannt. Ein Block entspricht syntaktisch einer einzigen Anweisung. Damit kann ein Block syntaktisch auch dort stehen, wo nur eine einzige Anweisung zugelassen ist. Das Konzept der Blöcke stand auch bereits in ALGOL 60 zur Verfügung.

Der Compiler bildet aus den Anweisungen der Strukturierten Programmierung selbst die Marken, an denen er die Codeblöcke ablegt, sowie die erforderlichen GOTOs.

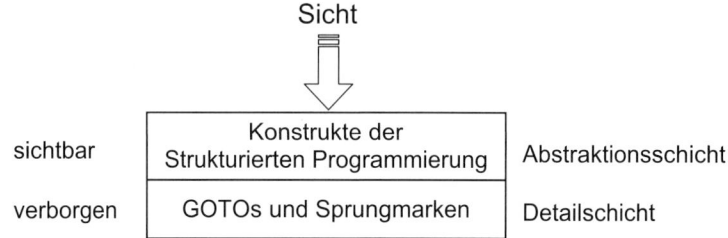

Bild 1-27 Verbergen der GOTOs und Sprungmarken

Datenabstraktion

Der dritte große Fortschritt ist die Datenabstraktion. Mit Pascal wurde es möglich, eigene Datentypen in einem Programm selbst einzuführen. Die Definition der Operationen musste jedoch noch separat erfolgen. Damit wurde ein gewisser Grad an Datenabstraktion erreicht.

Mit dem Konzept der Module wie in Modula wurden Daten und die Operationen, die diese Daten bearbeiten, in einem Modul zusammengefasst. Dabei stellte jedoch ein solches Modul noch keinen Datentyp dar, von dem Variablen gebildet werden können.

Ein **abstrakter Datentyp** entspricht dem Konzept der Datenabstraktion in vollem Maße. Ein abstrakter Datentyp wird spezifiziert durch die Festlegung seiner

Operationen, die öffentlich bekannt sind. Die Darstellung des Typs und die Implementierung der Operationen kennt nur der Ersteller des Typs, dem Benutzer des Typs sind sie verborgen.

Bertrand Meyer [6] symbolisiert einen abstrakten Datentyp (ADT) durch einen Eisberg, von dem man nur den Teil über Wasser – sprich die Aufrufschnittstellen der Operationen – sieht. „Unter Wasser" und damit im Verborgenen liegt die Repräsentation des Typs und die Implementierung der Operationen.

Bild 1-28 Verbergen der Implementierung eines abstrakten Datentyps

Erst die **Klassen** in objektorientierten Programmiersprachen erlauben es, dass Daten und die Operationen, die mit diesen Daten arbeiten, zu **Datentypen** zusammengefasst werden können. Dabei spricht man bei Klassen nicht von Operationen, sondern von Methoden.

Eine Klasse implementiert einen abstrakten Datentyp. Die Klasse implementiert die Operationen des abstrakten Datentyps in ihren Methoden.

Objekte sind die Variablen dieser Klassen. Ein Ersteller eines objektorientierten Programms konzipiert Klassen, die seine Anwendungswelt widerspiegeln.

Im Falle von Klassen – wie bei C++ – kann ein Programmierer im Idealfall auf die Daten eines Objektes nicht direkt zugreifen, sondern nur über die Methoden eines Objektes. Zu einer Klasse gehören die Methoden, die beschreiben, was man mit einem Objekt der Klasse tun kann. Dabei kann man nur auf diejenigen Daten zugreifen, für die explizit eine Methode zur Verfügung gestellt wird. Daten, für die es keine Methode gibt, dienen zu internen Berechnungen und bleiben nach außen verborgen.

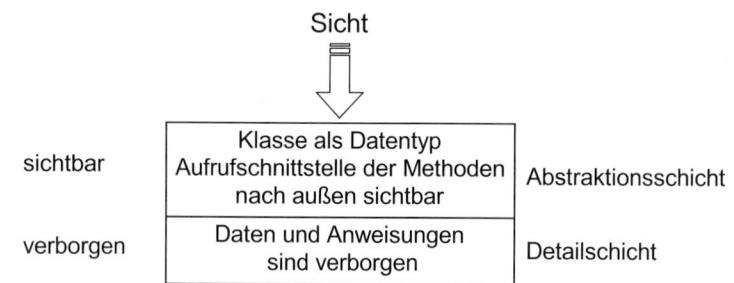

Bild 1-29 Verbergen von Daten und Anweisungen

Eine **Klasse** wird vom Programmierer festgelegt. Sie **unterstützt** die **Modellierung von Anwendungen**. Für eine Klasse gibt es einen Satz von zulässigen Methoden. Grundsätzlich werden nach außen hin die Daten und die Anweisungen des Datentyps verborgen, nur die Aufrufschnittstellen von Methoden werden nach außen hin sichtbar gemacht.

1.7 Übungsaufgaben

Aufgabe 1.1: Ein Programm mit dem Namen "Quadratzahlen"

Vervollständigen Sie das unten angegebene Nassi-Shneiderman-Diagramm für ein Programm, das in einer **(äußeren) Schleife** ganze Zahlen in eine Variable n einliest.

Ist die eingelesene Zahl n größer als Null, so soll in einer inneren Schleife ausgegeben werden:

```
Zahl              Quadratzahl
1                      1
2                      4
.                      .
.                      .
.                      .
n                     n*n
```

Ist die eingelesene Zahl n kleiner als Null, so soll ausgegeben werden:

```
Negative Zahl
```

Ist die eingegebene ganze Zahl n gleich Null, so soll das Programm (**die äußere Schleife**) abbrechen.

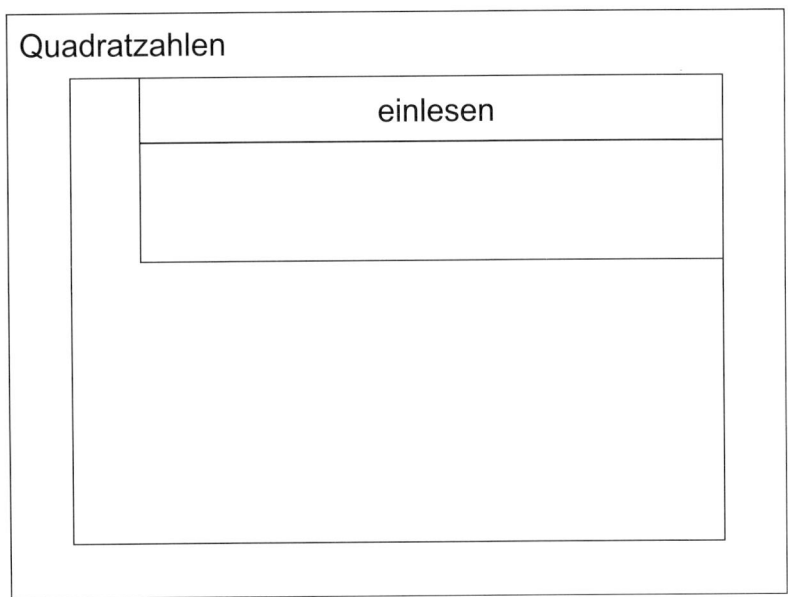

Bild 1-30 Nassi-Shneiderman-Diagramm für das Programm quadratzahlen

Kapitel 2

Einführung in die Programmiersprache C

2 Einführung in die Programmiersprache C

2.1 Ursprung von C

Das Betriebssystem UNIX wurde bei den Bell Laboratorien der Fa. AT&T entwickelt. Die erste Version von UNIX lief auf einer PDP-7, einem Rechner der Fa. DEC. UNIX war zunächst in Assembler geschrieben. Um das neue Betriebssystem auf andere Rechnertypen portieren zu können, sollte es in einer höheren Programmiersprache neu geschrieben werden. Gesucht war eine Programmiersprache von der Art eines **„Super-Assemblers"**, der in Form einer höheren Programmiersprache die folgenden Merkmale haben sollte:

- Unterstützung der Sprachmittel der **Strukturierten Programmierung**,
- Möglichkeiten einer **hardwarenahen Programmierung** vergleichbar mit Assembler,
- **Performance** des Laufzeitcodes vergleichbar mit Assembler.

Eine solche Programmiersprache stand damals nicht zur Verfügung. Deshalb entwarf und implementierte Thompson, einer der Väter von UNIX, die Programmiersprache B, beeinflusst von der Programmiersprache BCPL. B war eine interpretative Sprache ohne Datentypen. Um diese Schwächen zu beseitigen, entwickelte Ritchie 1971/72 sie zu C weiter, einer Sprache mit Codegenerator und Datentypen. Im Jahre 1973 wurde UNIX dann neu in C realisiert, nur rund 1/10 blieb in Assembler geschrieben.

Die Sprache C wurde dann in mehreren Schritten von **Kernighan** und **Ritchie** festgelegt. Mit dem Abschluss ihrer Arbeiten erschien 1978 das von vielen Anwendern als „Sprach-Bibel" betrachtete grundlegende Werk „The C Programming Language" [7].

2.2 Standardisierung von C

Wie bei UNIX selbst, so entwickelten sich auch bei C-Compilern viele verschiedenartige Dialekte, was zu einer erheblichen Einschränkung der Portabilität von C-Programmen führte. Die Standardisierung von C im Jahre 1989 durch das ANSI-Komitee X3J11 hatte zum Ziel, die Portabilität von C zu ermöglichen. Programme, die nach ANSI-C (X3.159-1989) geschrieben wurden, können von jedem Compiler auf jedem Rechner kompiliert werden, vorausgesetzt, der Compiler ist ein ANSI-C-Compiler oder enthält ANSI-C als Teilmenge. Der ANSI-Standard normiert nicht nur die Sprache C, sondern auch die Standard-Bibliotheken, ohne die C nicht auskommt, da C selbst z.B. keine Einrichtungen für die Ein- und Ausgabe hat. Diese Fähigkeiten werden durch **Bibliotheksfunktionen** (**Library-Funktionen**) zur Verfügung gestellt, die auch durch ANSI standardisiert sind.

In der Folgezeit wurde der ANSI X3.159-1989 Standard zurückgezogen und durch den internationalen Standard ISO/IEC 9899 [8] ersetzt. Diese Sprachversion wird nach dem Veröffentlichungsjahr C90 genannt. In einer weiteren Überarbeitung wurden dann noch Sprachkonzepte aus C++ übernommen. Diese zweite Version des Standards ISO/IEC 9899 [9] erschien 1999 und wird als C99 bezeichnet.

C99 wird allerdings nur von wenigen Compilern unterstützt und hat daher in der Industrie kaum Aufmerksamkeit gefunden. Aus diesen Gründen wird für das vorliegende Buch C90 als Basis verwendet.

2.3 Eigenschaften von C

Die Sprache C unterstützt eine **getrennte Kompilierbarkeit von Programm-einheiten**. Es ist möglich, dass der in C geschriebene **Quellcode** eines Programms aus mehreren Dateien bestehen kann (siehe Bild 1-21). Der Aufbau eines Programms aus getrennten Dateien wird in Kapitel 13, Speicherklassen, behandelt. Alle Beispielprogramme bis zu diesem Kapitel können mit Hilfe einer einzigen Quelldatei realisiert werden.

Die separate Kompilierung bietet große Vorteile, zum einen für das Configuration Management, zum anderen für den Vorgang des Kompilierens:

- Bei erforderlichen Änderungen muss der Configuration Manager[16] an den Entwickler nur die zu ändernden Dateien herausgeben, die anderen Dateien bleiben also stabil.
- Bei komplexen Programmen kann der Kompilierlauf des gesamten Programms wesentlich länger als der Kompilierlauf einzelner Dateien dauern. Es ist also günstig, wenn man nur einzelne Dateien neu kompilieren muss.

C ist eine relativ „maschinennahe" Sprache. C arbeitet mit denselben Objekten wie der Prozessor, nämlich mit **Zahlen** und **Adressen**. Auch Zeichen werden als Zahlen gesehen, boolesche Variablen[17] gibt es nicht und die Aufzählungskonstanten von Aufzählungstypen entsprechen ganzen Zahlen. Letztlich arbeitet C mit

- verschiedenen Integer-Datentypen,
- verschiedenen Gleitpunkt-Datentypen,
- zusammengesetzten Datentypen (siehe Kapitel 11) wie
  - Strukturen,
  - Unionen,
  - Bitfeldern (spezielle Strukturen oder Unionen),
- sowie Zeigern (Pointern).

Die Sprache C erlaubt eine **hardwarenahe Programmierung** unter anderem durch direkte Zugriffe auf Adressen im Speicher oder durch Bitoperationen. C-Compiler unterstützen oftmals auch – in nicht standardisierter Weise – den Zugriff auf Hardware-Register z.B. durch die Bibliotheksfunktionen `inport` und `outport` in

---

[16] Der Configuration Manager verwaltet in einem Projekt die erzeugten Produkte wie z.B. die verschiedenen Versionen des Quellcodes des Gesamtsystems.

[17] Boolesche Variablen können die Wahrheitswerte `TRUE` und `FALSE` beinhalten.

Borland-C bzw. `_inp()` und `_outp()` beim VCC. Diese Funktionen wirken wie die Assembler-Befehle `in` und `out` für einen 80x86.

C enthält die Elemente der **Strukturierten Programmierung**. C hat ein **Typkonzept**, das allerdings **nicht streng** ist (siehe auch Kapitel 5.1). Der Compiler führt selbst viele **implizite Typwandlungen (implizite Typkonvertierungen)** u.a. bei Zuweisungen durch. Bei unverträglichen Datentypen werden allerdings keine automatischen Umwandlungen durchgeführt, sondern eine Fehlermeldung erzeugt. Bei einem strengen Typkonzept müssten die an einer Operation beteiligten Operanden exakt zusammenpassen.

2.4 Einordnung der Programmiersprache C

C wird zu den **imperativen Sprachen** gezählt. Imperative Sprachen sind geprägt durch die von-Neumann-Architektur eines Rechners, bei der Befehle im Speicher die Daten im gleichen Speicher bearbeiten. Bei imperativen Sprachen besteht ein Programm aus Variablen, die die Speicherstellen darstellen, und einer Folge von Befehlen, die die Daten verarbeiten. Der Algorithmus ist also der zentrale Ansatzpunkt: Die Verarbeitungsschritte und ihre Reihenfolge müssen im Detail festgelegt werden, um zu einem gewünschten Ergebnis zu gelangen. Weitere Beispiele für imperative Sprachen sind FORTRAN, COBOL, Pascal, Modula-2.

Im Gegensatz dazu stehen die **deklarativen Sprachen**. Bei ihnen werden nicht mehr die Verarbeitungsschritte angegeben, sondern das gewünschte Ergebnis wird direkt beschrieben, also „deklariert". Ein Übersetzer muss daraus die Verarbeitungsschritte ableiten. Will man beispielsweise mit Hilfe der Sprache NATURAL eine Liste ausdrucken, so muss man lediglich die Gestalt der Liste festlegen und nicht angeben, wie ein Rechner diese Liste erzeugt. NATURAL zählt zu den anwendungsorientierten Sprachen. Weitere Klassen von deklarativen Sprachen sind:

- funktionale Sprachen wie zum Beispiel LISP,
- Logik-basierte Sprachen wie PROLOG,
- Regel-basierte Sprachen wie OPS5.

Bei den imperativen Sprachen unterscheidet man die

- maschinenorientierten Sprachen wie Assembler,
- prozeduralen Sprachen wie FORTRAN, ALGOL, Pascal, C,
- objektorientierten Sprachen wie Smalltalk, EIFFEL, C++ und Java.

Jeder dieser Klassen liegt ein eigenes konzeptionelles Muster (Paradigma) zugrunde. Bei der Programmiersprache C ist es also das **Paradigma der prozeduralen Programmierung**. Häufig wiederkehrende Aufgabenstellungen werden mit Hilfe einer Prozedur[18] gelöst. Eine Prozedur stellt eine Befehlsfolge dar. Über Parameter kann die Prozedur auch an modifizierte Aufgabenstellungen

---

[18]   Hier im Sinne eines Unterprogramms.

angepasst werden. Prozedurale Sprachen stellen daher Techniken für die Definition von Prozeduren und deren Parametrisierung sowie für den Aufruf von Prozeduren, die Argumentübergabe an die Parameter und die Rückgabe von Ergebnissen bereit.

2.5 C und C++

C++ ist eine Weiterentwicklung von C. C++ wurde entworfen, um zusätzlich zum klassischen C-Programmierstil

- ein objektorientiertes Programmieren zu unterstützen
- und ein **strenges Typkonzept** (siehe auch Kapitel 5.1) **für selbst definierte Datentypen, die Klassen**, zu realisieren, bei dem für einen Datentyp nur definierte Operationen zulässig sind. Hierbei darf der Compiler nur sehr eingeschränkte implizite Typwandlungen durchführen, ansonsten muss er Typverletzungen anzeigen.

Während C als „Super-Assembler" für hardwarenahe Software entwickelt wurde, liegt die Zielrichtung bei der Entwicklung von C++ darin, dem Programmierer neue Sprachmittel wie z.B. Klassen in die Hand zu geben, um die Anwendungsprobleme zu formulieren.

Der ANSI-C Standard revidierte ursprüngliche Inkompatibilitäten von C++ zu C, so dass C++ so nahe an C ist wie möglich. Eine hundertprozentige Kompatibilität ist jedoch nicht das Ziel, weil C++ eine höhere Typsicherheit anstrebt als C.

Kapitel 3

Lexikalische Konventionen

3 Lexikalische Konventionen

„Lexikalisch" bedeutet „ein Wort (eine Zeichengruppe) betreffend", ohne den Text-
zusammenhang (Kontext), in dem dieses Wort steht, zu berücksichtigen. Dies bedeutet, dass im Folgenden die Konventionen, um Wörter in der Programmiersprache
C zu bilden, besprochen werden. Die Wörter oder Zeichengruppen, aus denen ein
Programmtext aufgebaut ist, werden auch als **lexikalische Einheiten** bezeichnet.

3.1 Zeichenvorrat von C

Der Quelltext eines C-Programms wird vom Programmierer in Form von Zeilen[19]
geschrieben. Der Quelltext besteht aus lexikalischen Einheiten und Trennern, wie
z.B. Leerzeichen. Jede lexikalische Einheit darf nur Zeichen aus dem **Zeichenvorrat
(Zeichensatz)** der Sprache umfassen.

Der Zeichenvorrat für einen Quelltext in C umfasst:

- **Buchstaben**[20]
  ```
  A B C D E F G H I J K L M N O P Q R S T U V W X Y Z
  a b c d e f g h i j k l m n o p q r s t u v w x y z
  ```
  _ (Unterstrich)
- **Ziffern**
  ```
  0 1 2 3 4 5 6 7 8 9
  ```
- das **Leerzeichen** (englisch **blank**)
- die **Steuerzeichen**
  Zeilenendezeichen, Seitenvorschub, horizontaler und vertikaler Tabulator
- das **Semikolon**
  ;
  als Satzzeichen, z.B. als Ende einer Anweisung
- den **Punkt**
  .
  z.B. für die Darstellung von **Gleitpunktkonstanten** oder als **Selektionsoperator**
  bei Strukturen
- die **Sonderzeichen** für die **Operatoren** und teilweise auch für die **Satzzeichen**
  (englisch **punctuators**)
  ```
  ( ) [ ] < > + - * / % ^ ~ & | = ! ? , :
  ```
- die **Sonderzeichen** für die Darstellung von **Zeichen** und **Zeichenketten (Strings)**
  ' "
- die **geschweiften Klammern** zur Begrenzung von **Blöcken** und von
  Initialisierungslisten
  { }
- für **Ersatzdarstellungen** das **Sonderzeichen**
  \
- und für **Präprozessor-Anweisungen** das **Nummernzeichen**
  #

---

[19] Eine Zeile wird dabei vom Programmierer durch Betätigen der <RETURN>-Taste abgeschlossen.
[20] Umlaute (ä,ö,ü...) und ß sind also nicht erlaubt.

In C gehört der Unterstrich _ mit zu den Buchstaben. Das Semikolon ; dient als Satzzeichen und dabei hauptsächlich zum Abschluss einer Anweisung. Die Sonderzeichen für die Operatoren werden gebraucht, um Operatoren darzustellen wie z.B. den Zuweisungsoperator = oder das logische UND, welches durch den Operator && dargestellt wird. Verschiedene Sonderzeichen finden sich sowohl bei den Operatoren, als auch bei den Satzzeichen. Ein Beispiel hierfür sind die runden Klammern, die als Operator für einen Funktionsaufruf, als Satzzeichen beispielsweise zum Einschließen der Bedingung bei einer Selektion Verwendung finden. Einzelne Zeichen werden begrenzt durch einfache Hochkommata, wie z.B. 'a'. Zeichenketten werden begrenzt durch Anführungszeichen, wie z.B. "Zeichenkette". Das Sonderzeichen \ wird für die Ersatzdarstellungen benötigt, die im Folgenden vorgestellt werden. Dieses Sonderzeichen \ wird als Backslash (Gegenschrägstrich) bezeichnet. Mit dem Nummernzeichen # beginnen die Anweisungen an den Präprozessor.

Die aufgeführten Zeichen lassen sich mit einem 7-Bit-Code darstellen. Mit anderen Worten, ein **Zeichen** wird durch **1 Byte** dargestellt. Die hier vorgestellten Zeichen reichen für Nordamerika und Europa vollkommen aus.

Im Zuge der zunehmenden Internationalisierung wollte man jedoch die Möglichkeit schaffen, für die Darstellung von Namen auch Zeichen von Landessprachen darzustellen. Dies betrifft hauptsächlich die asiatischen Sprachen. Daher wurde in ANSI-C für die Darstellung von Zeichen der Datentyp wchar_t (Wide Character Type) zusätzlich aufgenommen. Um z.B. chinesische Schriftzeichen als Zeichen verarbeiten zu können, werden **Multibyte-Zeichen** als Zeichen zugelassen, die auf den Datentyp wchar_t abgebildet werden, der genügend große Ganzzahlen zulässt, damit alle verschiedenen Zeichen abgebildet werden können. Dieser **erweiterte Zeichensatz** ist eine Obermenge des ursprünglichen.

Bei Java, einer Nachfolgesprache von C und C++, war natürlich diese Problematik bereits bekannt. Deshalb basiert Java auf der UTF-16 Codierform des Unicode, die es erlaubt, 2^{16} verschiedene Zeichen darzustellen.

3.2 Lexikalische Einheiten

Ein Programm besteht für einen Compiler zunächst nur aus einer Folge von Bytes. Die ersten Phasen des Kompilierlaufes werden in C vom sogenannten Präprozessor durchgeführt. Der Präprozessor hat unter anderem zur Aufgabe, Zeichengruppen zu finden. Zeichengruppen werden gefunden, indem man nach den Trennern sucht. Stehen zwischen zwei Trennern noch weitere Zeichen, die keine Trenner enthalten, so ist eine **lexikalische Einheit** oder **Token** gefunden. Diese lexikalischen Einheiten werden dann vom **Parser**, der ebenfalls ein Bestandteil des Compilers ist, auf die Einhaltung der Syntax geprüft.

Wenn der Präprozessor, der zu Beginn des Kompilierlaufs ein Quellprogramm bearbeitet, fertig ist, so liegt das Programm in Form der folgenden **lexikalischen Einheiten** vor:

- **Namen,**
- **reservierte Wörter,**
- **literale Konstanten,**
- **konstante Zeichenketten,**
- **Operatoren,**
- **Satzzeichen.**

Groß- und Kleinschreibung

C ist case sensitive. Das bedeutet, dass Groß- und Kleinbuchstaben in C streng unterschieden werden. Alle reservierten Wörter müssen klein geschrieben werden. Namen, die sich nur durch Groß- bzw. Kleinschreibung unterscheiden, stellen verschiedene Namen dar. So ist beispielsweise der Name `alpha` ein anderer Name als `Alpha`.

Namen werden in Kapitel 3.2.1, reservierte Wörter in Kapitel 3.2.2, Konstanten in Kapitel 3.2.3, konstante Zeichenketten in Kapitel 3.2.4, Operatoren in Kapitel 3.2.5 und Satzzeichen in Kapitel 3.2.6 behandelt.

Trenner

Eine lexikalische Einheit wird gefunden, indem man die Trenner, die sie begrenzen, findet.

Trenner sind **Zwischenraum (Whitespace-Zeichen)**, Operatoren und Satzzeichen.

Für den Compiler ist `A&&B` lesbar – `&&` ist das logische UND zwischen `A` und `B` – da Operatoren ja Trenner sind. Für den menschlichen Leser empfiehlt es sich stets, nicht die Trenner-Eigenschaft der Operatoren und Satzzeichen zu verwenden, sondern nach jeder lexikalischen Einheit Leerzeichen einzugeben, damit das Programm leichter lesbar ist. Im genannten Beispiel also besser `A && B` schreiben!

Zu den Whitespace-Zeichen gehören **Leerzeichen, Horizontaltabulator, Vertikal-tabulator, Zeilentrenner, Seitenvorschub** sowie **Kommentare.** Kommentare zählen auch zu den Whitespace-Zeichen. Das ist zunächst etwas verwirrend, denn in einem Kommentar steht ja tatsächlich etwas auf dem Papier. Nach dem Präprozessorlauf sind die Kommentare jedoch entfernt und an ihre Stellen wurden Leerzeichen eingesetzt.

Zwischen zwei aufeinander folgenden lexikalischen Einheiten kann eine beliebige Anzahl an Whitespace-Zeichen eingefügt werden. Damit hat man die Möglichkeit, ein Programm optisch so zu gestalten, dass die Lesbarkeit verbessert wird. Üblicherweise wird vor jeder Funktion mindestens eine Leerzeile eingefügt und innerhalb eines Blocks, begrenzt durch die Blockbegrenzer `{` und `}`, etwas eingerückt.

Kommentare

Ein Kommentar wird durch die Zeichen `/*` eingeleitet und durch die Zeichen `*/` beendet wie im folgenden Beispiel:

```
/* Dies ist ein Kommentar                    */
```

Kommentare dürfen **nicht verschachtelt** werden, d.h. im Kommentar darf kein Kommentar stehen. Da sie Trenner sind, dürfen sie nicht innerhalb von Zeichenkonstanten oder konstanten Zeichenketten auftreten.

3.2.1 Namen

Namen (**Bezeichner**) bezeichnen in C :

- Variablen,
- Funktionen,
- Etiketten (tags) von Strukturen (siehe Kapitel 11), von Unionen (siehe Kapitel 11), von Bitfeldern (siehe Kapitel 11) und von Aufzählungstypen (siehe Kapitel 3.2.3.4),
- Komponenten von Strukturen,
- Alternativen von Unionen,
- Aufzählungskonstanten,
- Typnamen (`typedef`-Namen),
- Marken,
- Makronamen
- und Makroparameter.

Interne Namen sind Namen, die innerhalb einer Datei verwendet werden. Zu den internen Namen gehören zum einen die Makronamen in den Präprozessor-Anweisungen (siehe Kapitel 18), zum anderen alle anderen Namen, die keine externe Bindung besitzen.

Externe Namen sind Namen mit externer Bindung wie z.B. die Namen von externen Variablen und Funktionen (siehe Kapitel 13), die für mehrere **Übersetzungs-einheiten** (Dateien) gültig sind. Sie haben also auch eine Bedeutung außerhalb der betrachteten Datei. Externe Namen haben damit auch eine Bedeutung für den Linker, der unter anderem die Verbindungen zwischen Namen in separat bearbeiteten Übersetzungseinheiten herstellen muss.

Namen mit interner Bindung existieren eindeutig für jede Übersetzungseinheit. Namen mit externer Bindung existieren eindeutig für das ganze Programm.

Ein Name besteht aus einer Zeichenfolge aus Buchstaben und Ziffern, die mit einem Buchstaben beginnt. In C zählt auch der Unterstrich _ zu den Buchstaben.

Nach ISO-C sind **mindestens 31 Zeichen für interne Namen** und mindestens **6 Zeichen für externe Namen** relevant. Das heißt, dass ein Compiler in der Lage sein muss, mindestens so viele Zeichen eines Namens bewerten zu können. Bei internen Namen wird prinzipiell zwischen Groß- und Kleinschreibung unterschieden. Ob bei externen Namen Klein- und Großbuchstaben als gleichwertig betrachtet werden können, hängt von der Implementierung, d.h. vom jeweiligen Compiler, ab. Externe Namen werden erst ab Kapitel 13 relevant, in welchem Programme, die aus mehreren Dateien bestehen, betrachtet werden. Bis dahin werden nur Programme aus einer einzigen Datei betrachtet. Namen, die mit einem Unterstrich _ oder zwei Unterstrichen beginnen, sollten nicht verwendet werden, da viele Bibliotheksfunktionen mit diesen Zeichen beginnen und somit Konflikte entstehen könnten.

Beispiele für zulässige Namen sind:	Beispiele für unzulässige Namen sind:	
`summe`	`1x`	(beginnt mit Ziffer)
`x_quadrat`	`x-quadrat`	(Sonderzeichen -)
	`ärger`	(kein zulässiges Zeichen: ä)

Ein nicht empfohlener Name ist z.B.:

`__tmap`   (beginnt mit 2 Unterstrichen)

Styleguide

Als Programmierstil hat sich durchgesetzt, alle Namen klein zu schreiben. Nur die symbolischen Konstanten, die mit Hilfe der Präprozessor-Anweisung `#define` oder als Aufzählungskonstanten (siehe Kapitel 3.2.3.4) eingeführt werden, werden zur besseren Unterscheidung konventionsgemäß groß geschrieben. `typedef`-Namen (siehe Kapitel 12.3) werden oftmals auch groß geschrieben.

3.2.2 Reservierte Wörter

Die folgenden 32 Schlüsselwörter sind nach ISO-C reserviert. Sie müssen stets klein geschrieben werden. Die Bedeutung dieser Schlüsselwörter ist festgelegt und kann nicht verändert werden. Eine vollständige Erklärung dieser Schlüsselwörter kann erst in späteren Kapiteln erfolgen. Im Folgenden werden diese Schlüsselwörter kurz erläutert:

`auto`	Speicherklassenbezeichner
`break`	Zum Herausspringen aus Schleifen oder der `switch`-Anweisung
`case`	Auswahl-Fall in `switch`-Anweisung
`char`	Typ-Bezeichner
`const`	Attribut für Typangabe
`continue`	Fortsetzungsanweisung
`default`	Standardeinsprungmarke in `switch`-Anweisung
`do`	Teil einer Schleifen-Anweisung
`double`	Typ-Bezeichner
`else`	Teil einer Einfach- oder Mehrfachalternative
`enum`	Aufzählungstyp-Bezeichner
`extern`	Speicherklassenbezeichner

float	Typ-Bezeichner
for	Schleifenanweisung
goto	Sprunganweisung
if	Teil einer Alternative oder bedingten Anweisung
int	Typ-Bezeichner
long	Typ-Modifizierer bzw. Typ-Bezeichner
register	Speicherklassen-Bezeichner
return	Rücksprung-Anweisung
short	Typ-Modifizierer bzw. Typ-Bezeichner
signed	Typ-Modifizierer bzw. Typ-Bezeichner
sizeof	Operator zur Bestimmung der Größe von Variablen
static	Speicherklassenbezeichner
struct	Strukturvereinbarung
switch	Auswahlanweisung
typedef	Typnamenvereinbarung
union	Datenstruktur mit Alternativen
unsigned	Typ-Modifizierer bzw. Typ-Bezeichner
void	Typ-Bezeichner
volatile	Attribut für Typangabe
while	Schleifenanweisung

Tabelle 3-1 Reservierte Wörter

3.2.3 Literale und symbolische Konstanten

In C gibt es zwei Arten von Konstanten:

- literale Konstanten
- und symbolische Konstanten.

Symbolische Konstanten – auch benannte Konstanten genannt – haben einen Namen, der ihren Wert repräsentiert. **Literale Konstanten** – oft auch nur **Konstanten** oder **Literale** genannt – haben keinen Namen, sie werden durch ihren Wert dargestellt.

Symbolische Konstanten können mit dem Präprozessor-Befehl `#define` eingeführt werden wie im folgenden Beispiel:

`#define PI 3.1415`   Mit dem Präprozessor-Befehl `#define` wird hier eine symbolische Konstante mit dem Namen `PI` eingeführt, die als Wert die literale Konstante `3.1415` hat.

Symbolische Konstanten sind wichtig, wenn in einem Programm konstante Parameter verwendet werden sollen. Äußerst ungeschickt wäre es, diese Parameter als literale Konstanten, d.h. als „nackte" Zahlen, und womöglich noch an verschiedenen Stellen im Programm anzuschreiben. Ein solches Programm wäre nicht einfach in korrekter Weise abzuändern, wenn sich der Parameter ändern sollte. Sehr leicht könnte eine der zu ändernden Stellen vergessen werden. Wird eine symbolische Konstante verwendet, so erfolgt eine Änderung eines Parameters an einer einzigen zentralen Stelle.

Überall, wo von der Syntax her Konstanten erlaubt sind, können auch **konstante Ausdrücke** stehen. Dies liegt daran, dass ein konstanter Ausdruck ein Ausdruck ist, an dem nur Konstanten beteiligt sind. Deshalb werden solche Ausdrücke vom Compiler und nicht zur Laufzeit bewertet.

Überall, wo von der Syntax Konstanten oder konstante Ausdrücke erlaubt sind, kann man literale Konstanten oder symbolische Konstanten einsetzen.

Es gibt verschiedene Arten von literalen Konstanten:

- Ganzzahlige Konstanten,
- Zeichenkonstanten,
- Gleitpunktkonstanten,
- Aufzählungskonstanten.

Jede dieser Konstanten hat einen definierten Datentyp. Diese Konstanten werden im Folgenden genauer betrachtet.

3.2.3.1 Ganzzahlige Konstanten

Ganzzahlige Konstanten wie `1234`, die nicht zu groß sind, sind vom Typ `int`.

Zahlensysteme

Ganzzahlige Konstanten lassen sich in drei Zahlensystemen darstellen. Außer der gewöhnlichen Abbildung im **Dezimalsystem** (Basis 10), gibt es in C noch die Darstellungsform im **Oktalsystem** (Basis 8) und im **Hexadezimalsystem** (Basis 16). Die Binärdarstellung (Basis 2) ist nicht vorhanden. Die genannten Zahlensysteme und die Vorgehensweise bei der Umrechnung von einer Darstellung in eine andere werden im Anhang C ausführlich erklärt.

Eine dezimale Konstante beginnt mit einer von `0` verschiedenen Dezimalziffer. Dezimale Ziffern sind `0`, `1`, ... `9`. Beginnt die Konstante mit einer `0` und folgt als zweite Ziffer kein `x` oder `X`, so wird die Zahl als Oktalzahl interpretiert. Oktalzahlen haben die Ziffern `0`, `1`, `2` ... `7`. Beginnt die Konstante mit `0X` oder `0x`, also einer Null gefolgt von einem großen oder einem kleinen `x`, so wird die Zahl hexadezimal interpretiert. Hexadezimale Ziffern sind: `0` ... `9`, `a` ... `f` oder `A` ... `F`. Dabei ist der Wert von `a` oder `A` gleich `10`, der Wert von `b` oder `B` gleich `11`, usw. bis `f` oder `F` mit dem Wert `15`.

Ganzzahlige Konstanten sind in C also stets positiv. Benötigt man einen negativen Wert, so schreibt man in C einfach den Minus-Operator davor, wie z.B. `-85`.

Datentypen

Wird an eine ganzzahlige Konstante der Buchstabe `u` oder `U` angehängt, z.B. `12u`, so ist die Konstante vom Typ `unsigned`, einem Integer-Typ ohne Vorzeichen. Wird der Buchstabe `l` oder `L` an eine ganzzahlige Konstante angehängt, z.B. `123456L`, so ist sie vom Typ `long`, d.h. sie wird im `long`-Format dargestellt. Die Endungen `l`, `L`, `u` und `U` werden als **Suffixe** bezeichnet. Es ist auch möglich, einer ganzzahligen Konstanten beide Suffixe anzuhängen, z.B. `123ul`. Diese Zahl ist dann vom Typ `unsigned long`. Die verschiedenen Datentypen von C werden in Kapitel 5 besprochen.

Ist der Wert einer ganzzahligen Konstanten größer als der Wertebereich von `int`, so erhält die Konstante implizit einen Datentyp mit einem breiteren Wertebereich. So nimmt eine Konstante in Dezimalschreibweise (ohne Suffix) den ersten möglichen der Datentypen

`int → long int → unsigned long int`

an, eine Konstante in Oktal-/Hexadezimalschreibweise (ohne Suffix) den ersten möglichen der Datentypen

`int → unsigned int → long int → unsigned long int`

Beispiele für ganzzahlige Konstanten sind:

`14`	`int`-Konstante in Dezimaldarstellung mit dem Wert 14 dezimal
`014`	`int`-Konstante in Oktaldarstellung[21] mit dem Wert 12 dezimal
`0x14`	`int`-Konstante in Hexadezimaldarstellung[22] mit dem Wert 20 dezimal
`14L`	`long`-Konstante in Dezimaldarstellung mit dem Wert 14
`14U`	`unsigned`-Konstante in Dezimaldarstellung mit dem Wert 14

Ist ein Suffix angegeben, so wird das obige Regelwerk für die Typzuordnung nur teilweise, d.h. dem Suffix entsprechend, außer Kraft gesetzt. Wird für eine Konstante beispielsweise der Suffix `L` angegeben, so hängt es von der Größe der Konstanten und dem vom Compiler abhängigen Wertebereich der Datentypen ab, ob die Konstante den Typ `long int` oder `unsigned long int` hat.

3.2.3.2 Zeichenkonstanten

Eine **Zeichenkonstante** ist ein Zeichen eingeschlossen in einfachen Hochkommas. Der Wert einer Zeichenkonstanten ist gegeben durch den numerischen Wert des Zeichens im Zeichensatz der jeweiligen Maschine.

Obwohl eine Zeichenkonstante vom Compiler im Arbeitsspeicher als `char`-Typ, d.h. als ein Byte, abgelegt wird, ist der Typ einer Zeichenkonstanten, auf die der Programmierer in seinem Programm zugreift, der Typ `int`.

Mit Zeichenkonstanten kann man rechnen wie mit ganzen Zahlen. So hat beispielsweise das Zeichen `'0'` im ASCII-Zeichensatz den Wert 48. Zeichenkonstanten werden aber meist gebraucht, um Zeichen zu vergleichen. Schreibt man

---

[21] Siehe Anhang C.1.
[22] Siehe Anhang C.1.

die Zeichen als Zeichenkonstanten und nicht als ganze Zahlen, so ist man bei den Vergleichen unabhängig vom verwendeten Zeichensatz des Rechners.

Eine Konstante des erweiterten Zeichensatzes mit Zeichen vom Typ `wchar_t` hat ein vorangestelltes `L`, wie z.B. `L'a'`. Hierzulande kommen solche Konstanten des erweiterten Zeichensatzes selten vor.

Es gibt auch Zeichenkonstanten mit mehreren Zeichen innerhalb der einfachen Hochkommas, z.B. `'abcdef'`. Diese haben jedoch keine praktische Bedeutung, da ihr Wert implementierungsabhängig ist, d.h. vom jeweiligen Compiler abhängt.

Ersatzdarstellungen

Zeichenkonstanten dürfen das Zeichen ' sowie Zeilentrenner nicht enthalten. Mit Hilfe von **Ersatzdarstellungen** kann man u.a. das Zeichen ' und auch nicht darstellbare Zeichen wie z.B. einen **Zeilentrenner (Zeilenendezeichen)** aufschreiben. Die Ersatzdarstellung für einen Zeilentrenner ist `'\n'` – das n ist von new-line abgeleitet. Ersatzdarstellungen wie \n können **in Zeichenkonstanten und in konstanten Zeichenketten** (siehe Kapitel 3.2.4) verwendet werden.

Ersatzdarstellungen werden stets mit Hilfe eines Backslash \ (Gegenschrägstrich) konstruiert. Mit solchen Ersatzdarstellungen kann man Steuerzeichen oder Zeichen, die auf dem Eingabegerät nicht vorhanden oder nur umständlich zu erhalten sind, angeben. Dieser Mechanismus wird beispielsweise verwendet, um die **Steuerzeichen** für den Bildschirmtreiber oder den Drucker darzustellen. \n ist ein Steuerzeichen, welches eine Positionierung auf den Beginn der nächsten Zeile auslöst.

\n sorgt dafür, dass die Ausgabe am linken Rand und auf einer neuen Zeile fortgesetzt wird.

Steuerkommandos nach dem ANSI-Standard für Bildschirmtreiber und Drucker bestehen aus mehreren Zeichen und beginnen mit dem Zeichen ESC (dezimal 27), das durch `\033` und `\x1b` dargestellt werden kann (siehe Tabelle 3-2). Solche Steuerkommandos werden als **Escape-Sequenzen** bezeichnet. Oftmals wird der Begriff der Escape-Sequenz auch in anderer Weise, nämlich gleichbedeutend mit Ersatzdarstellung verwendet.

Ein Beispiel für eine Escape-Sequenz ist:

`\033[2J`

Wird diese Escape-Sequenz mit Hilfe der Funktion `printf()`, die in Kapitel 4 vorgestellt wird, auf dem Bildschirm ausgegeben durch:

```
printf ("\033[2J");
```

so wird der Bildschirm gelöscht (clear screen), vorausgesetzt, der Bildschirm ist ein ANSI-Device, d.h. er versteht die ANSI-Steuerzeichen, da ein entsprechender Bildschirmtreiber geladen ist.

Die in Tabelle 3-2 dargestellten **Ersatzdarstellungen** werden zwar als zwei Zeichen oder mehr im Programmcode hingeschrieben, werden aber vom Compiler wie ein Zeichen behandelt. Das erste Zeichen muss immer ein Backslash sein. Das zweite bzw. die weiteren Zeichen legen die Bedeutung fest.

Mit der Ersatzdarstellung \' kann man das Zeichen einfaches Hochkomma durch '\'' darstellen. Will man in einer Zeichenkette ein Anführungszeichen haben, so dient dazu die Ersatzdarstellung \". So stellt beispielsweise "\"" eine Zeichenkette dar, die nur ein Anführungszeichen enthält.

		ASCII-Zeichensatz	
		Char	Dezimal
\n	Zeilenendezeichen	NL(LF)	10
\t	Tabulatorzeichen	HT	9
\v	Vertikal-Tabulator	VT	11
\b	Backspace	BS	8
\r	Wagenrücklauf	CR	13
\f	Seitenvorschub (Form Feed)	FF	12
\a	Klingelzeichen	BEL	7
\\	Gegenschrägstrich (Backslash)	\	92
\?	Fragezeichen	?	63
\'	Einfaches Hochkomma	'	39
\"	Anführungszeichen (doppeltes Hochkomma)	"	34
\ooo	oktale Zahl	ooo[23]	
\xhh	hexadezimale Zahl	hh[24]	

Tabelle 3-2 Ersatzdarstellungen

Die Ersatzdarstellung \ooo besteht aus einem Gegenschrägstrich \ gefolgt von 1, 2 oder 3 Oktalziffern, die als Wert des gewünschten Zeichens interpretiert werden. Auf diese Art kann eine Zeichenkonstante direkt über ihre oktale Zahlendarstellung angegeben werden. So entspricht etwa '\033' dem Escape-Zeichen (ASCII-Code 27 (oktal 33)). Ein häufiges Beispiel dieser Konstruktion ist das **Nullzeichen** '\0'.

Die Zeichenkonstante '\0' steht für das **Zeichen mit dem Wert 0**.

Mit der Schreibweise '\0' statt 0 wird betont, dass man sich mit Zeichen befasst.

---

[23] Ein o soll eine oktale Ziffer symbolisieren.
[24] Ein h soll eine hexadezimale Ziffer symbolisieren.

Die Ersatzdarstellung `\xhh` besteht aus einem Gegenschrägstrich `\` gefolgt von `x` und hexadezimalen Ziffern. Diese hexadezimalen Ziffern werden als Hexadezimalzahl bewertet. Auch wenn die Anzahl der Ziffern formal nicht beschränkt ist, so muss dennoch darauf geachtet werden, dass der Wert der Hexadezimalzahl nicht größer wird als der Wert des größten Zeichens, da ansonsten das Ergebnis nicht definiert ist.

3.2.3.3 Gleitpunktkonstanten

Gleitpunktkonstanten (Fließkommakonstanten) haben einen . (Dezimalpunkt) oder ein `E` bzw. `e` oder beides. Entweder der ganzzahlige Anteil vor dem Punkt oder der Dezimalbruch-Anteil nach dem Punkt darf fehlen, aber nicht beide zugleich. Beispiele für Gleitpunktkonstanten sind:

```
300.0      3e2        3.E2       .3E3
```

Der Teil einer Fließkommazahl vor dem `E` bzw. `e` ist die **Mantisse**, der Teil dahinter der **Exponent**. Wird ein Exponent angegeben, so ist die Mantisse mit $10^{Exponent}$ zu multiplizieren.

> Eine Gleitpunktkonstante hat den Typ `double`. Durch die Angabe eines **optionalen Typ-Suffixes** `f`, `F`, `l` oder `L` wird der Typ der Konstanten zu `float` (`f` oder `F`) bzw. zu `long double` (`L` oder `l`) festgelegt.

So ist `10.3` vom Typ `double`, `10.3f` vom Typ `float`.

3.2.3.4 Aufzählungskonstanten

Es gibt noch eine andere Art von Konstanten, die **Aufzählungskonstanten**. Aufzählungskonstanten werden definiert, wenn man einen sogenannten Aufzählungstyp definiert, wie im folgenden Beispiel:

```
enum boolean {FALSE, TRUE};
```

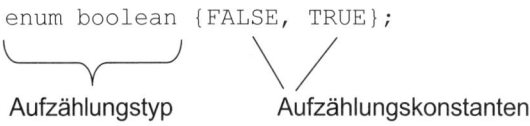

Aufzählungstyp   Aufzählungskonstanten

Definiert werden hier der neue Datentyp `enum boolean` und die Aufzählungskonstanten `FALSE` und `TRUE`. Der neue Aufzählungstyp ist dabei durch die Liste der Aufzählungskonstanten in den geschweiften Klammern definiert. **Aufzählungskonstanten** haben einen **konstanten ganzzahligen Wert**. Der **Typ einer Aufzählungskonstanten** ist `int`. Der Typname des soeben definierten Typs ist – wie schon gesagt – `enum boolean`. Hierbei ist `enum` ein Schlüsselwort, welches anzeigt, dass es sich um einen Aufzählungstyp handelt. `boolean` ist das sogenannte Etikett. Der Name des Etiketts kann vom Programmierer frei vergeben werden.

Zulässige Werte für Variablen eines Aufzählungstyps sind die Werte der Aufzählungskonstanten in der Liste der Definition des Aufzählungstyps. Es ist üblich, dass Aufzählungskonstanten groß geschrieben werden.

Die erste Aufzählungskonstante in der Liste hat den Wert 0, die zweite den Wert 1 und so fort. Es ist aber auch möglich, für jede Aufzählungskonstante einen Wert explizit anzugeben. Werden einige Werte in der Liste nicht explizit belegt, so wird der Wert ausgehend vom letzten explizit belegten Wert jeweils um 1 bis zum nächsten explizit angegebenen Wert hochgezählt. Dies ist in den folgenden Beispielen zu sehen:

```
enum test {ALPHA, BETA, GAMMA};             /* ALPHA = 0, BETA = 1,
                                               GAMMA = 2           */
enum test {ALPHA = 5, BETA = 3, GAMMA = 7}; /* ALPHA = 5, BETA = 3,
                                               GAMMA = 7           */
enum test {ALPHA = 4, BETA, GAMMA = 3};     /* ALPHA = 4, BETA = 5,
                                               GAMMA = 3           */
```

Aufzählungskonstanten in verschiedenen Aufzählungstypen müssen voneinander verschiedene Namen haben, wenn sie im selben Gültigkeitsbereich[25] verwendet werden. Sie dürfen auch nicht denselben Namen wie Variablen im selben Gültigkeitsbereich tragen. Aufzählungstypen sind geeignet, um Konstanten zu definieren. Sie stellen damit eine Alternative zu der Definition von Konstanten mit Hilfe der Präprozessor-Anweisung #define dar (#define, siehe Kapitel 3.2.3 und Kapitel 18.3). Geschickt ist, dass bei der Definition von Aufzählungskonstanten Werte implizit generiert werden können, wie im folgenden Beispiel:

```
enum Monate {JAN = 1, FEB, MAE, APR, MAI, JUN,
             JUL, AUG, SEP, OKT, NOV, DEZ};
```

Hier wird vollkommen automatisch der Februar (FEB) zum Monat 2, der März (MAE) zum Monat 3, usw.

Wird das Etikett weggelassen, so muss wie im folgenden Beispiel

```
enum {FALSE, TRUE} b;
```

sofort die Variablendefinition erfolgen, da später der Typ nicht mehr zur Verfügung steht. Man kann jedoch mit

```
enum {A, B, C};
```

drei im Code verwendbare Konstanten mit den Werten A = 0, B = 1 und C = 2 anlegen.

Typdefinition und Variablendefinition kann in einer einzigen Vereinbarung erfolgen wie in folgendem Beispiel:

```
enum boolean {FALSE, TRUE} b;
```

---

[25] Siehe Kapitel 9.5.

Hier ist b eine Variable vom Typ `enum boolean`. Sie kann die Werte `TRUE` oder `FALSE` annehmen.

Man kann in C zwar Variablen eines Aufzählungstyps definieren. Dennoch wird von einem C-Compiler nicht verlangt, zu prüfen, ob einer Variablen ein zulässiger Wert (eine Aufzählungskonstante) zugewiesen wird. Es findet hier also **keine Typprüfung** statt. Um das folgende Beispiel komplett verstehen zu können, müssten Sie schon die Beispiele von Kapitel 4 kennen. Das ist jedoch nicht notwendig. Entscheidend für das Verständnis ist die fett gedruckte Anweisung.

```c
/* Datei: bool.c */
#include <stdio.h>

enum boolean {FALSE, TRUE};

int main (void)
{
    enum boolean b;         /* Definition einer Variablen b         */
                            /* vom Typ enum boolean                 */
    b = TRUE;               /* Zuweisung der Aufzaehlungskonstanten */
                            /* TRUE an b                            */
    printf ("%d\n", b);     /* Ausgabe des Wertes von b             */
    b = FALSE;              /* Zuweisung der Aufzaehlungskonstanten */
                            /* FALSE an b                           */
    printf ("%d\n", b);     /* Ausgabe des Wertes von b             */
    b = 5;                  /* hier wird der Variablen b vom Typ    */
                            /* enum boolean ein Wert zugewiesen,    */
                            /* der nicht mit einer Aufzaehlungs-    */
                            /* konstanten uebereinstimmt            */
    printf ("%d\n", b);     /* Ausgabe des Wertes von b             */
    return 0;
}
```

 Hier das Protokoll des Programm-Laufs:

```
1
0
5
```

Es ist vollkommen klar, dass **b = 5** eine schwere Typverletzung darstellt! In C++ muss im Gegensatz zu C der Fehler vom Compiler festgestellt werden.

3.2.4 Konstante Zeichenketten

Konstante Zeichenketten (**Strings**) sind Folgen von Zeichen, die in Anführungszeichen eingeschlossen sind. Die **Anführungszeichen** sind nicht Teil der Zeichenketten, sondern **begrenzen** sie nur. Beispiele für konstante Zeichenketten sind etwa `"Kernighan"` oder `"Ritchie"`.

Eine konstante Zeichenkette wird intern dargestellt als ein Vektor[26] von Zeichen. Dabei wird am Schluss vom Compiler ein zusätzliches Zeichen, das Zeichen `'\0'` (**Nullzeichen**) angehängt, um das Stringende zu charakterisieren.

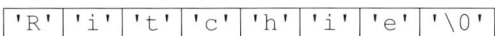

| `'R'` | `'i'` | `'t'` | `'c'` | `'h'` | `'i'` | `'e'` | `'\0'` |

Bild 3-1 Interne Darstellung der Zeichenkette "Ritchie"

Stringverarbeitungsfunktionen benötigen das Zeichen `'\0'`, damit sie das Stringende erkennen. Deshalb muss bei der Speicherung von Zeichenketten stets ein Speicherplatz für das Nullzeichen vorgesehen werden. So stehen in der Zeichenkette

`"konstante Zeichenkette"`

zwischen den Anführungszeichen 22 Zeichen (inklusive Leerzeichen). Für die Speicherung dieser Zeichenkette werden 23 Zeichen benötigt (22 Zeichen + Nullzeichen).

Eine **Zeichenkonstante `'a'` und eine Zeichenkette `"a"`** mit einem einzelnen Zeichen sind zwei ganz verschiedene Dinge. `"a"` ist ein Array aus den Zeichen `'a'` und einem Nullzeichen `'\0'`.

Befindet sich das Zeichen `'\0'` innerhalb der Zeichenkette, so wird von einer Stringverarbeitungsfunktion an dieser Stelle das Stringende erkannt und der Rest der Zeichenkette wird nicht gelesen.

Stehen in einem Quellprogramm mehrere Zeichenketten hintereinander, wie z.B. `"konstante " "Zeichenkette"`, so erzeugt der Compiler daraus durch Verkettung eine einzige Zeichenkette. Dabei ist dann nur am Ende das Zeichen `'\0'` angehängt. Damit kann man bequem Zeichenkettenkonstanten konstruieren, die sich über mehrere Zeilen im Programm erstrecken.

Hat man eine konstante Zeichenkette, die länger als eine Programmzeile ist, so kann man mit einem Backslash \ und anschließendem <RETURN> am Zeilenende der ersten Zeile die erste Zeile mit der zweiten Zeile verknüpfen, wie im Folgenden gezeigt wird:

```
printf ("\nDiese Zeile ist soooooooooooooooooooooooooooooooooo\
oooooooooo lang!");
```

jedoch besser ist die erwähnte Verknüpfung :

```
printf ("\nDiese Zeile ist soooooooooooooooooooooooooooooooooo"
        "oooooooooo lang!");
```

Es wird in beiden Fällen die gesamte Zeichenkette am Stück am Bildschirm ausgegeben.

---

[26] Vektor = eindimensionales Array, siehe Kapitel 6.3.

Ersatzdarstellungen

Innerhalb einer Zeichenkette dürfen alle Zeichen, die von der Tastatur eingegeben werden, sowie Ersatzdarstellungen stehen. So enthält beispielsweise die Zeichenkette "\n\n\n" drei Zeilentrenner. Mit printf ("\n\n\n"); werden zwei Leerzeilen ausgegeben und der Cursor wird zu Beginn einer weiteren neuen Zeile positioniert.

Will man in einer Zeichenkette oktale oder hexadezimale Ersatzdarstellungen ausgeben (siehe Kapitel 3.2.3.2), so sollte man darauf achten, dass drei Oktal- bzw. zwei Hexadezimalziffern hinter dem Backslash stehen. Damit vermeidet man eine Fehlinterpretation, die dadurch entsteht, dass eine zufälligerweise in der Zeichenkette unmittelbar nach der Oktal- bzw. Hexadezimalzahl stehende Ziffer mit zu dieser Zahl gezählt wird. Im Folgenden wird ein Beispiel für Oktalziffern angegeben:

```
printf ("\012 ...");   /* So ist das Line Feed stets korrekt   */
printf ("\12 ...");    /* So ist das Line Feed nicht korrekt,  */
                       /* falls eine Oktalziffer folgt         */
```

3.2.5 Operatoren

Operatoren werden auf Operanden angewandt, um Operationen durchzuführen. Operanden können beispielsweise Konstanten, Variablen oder komplexe Ausdrücke sein. Durch Operationen werden in der Regel Werte gebildet, aber auch sogenannte Nebeneffekte (siehe Kapitel 7.3) durchgeführt[27]. In C gibt es die folgenden Operatoren:

```
()   []   ->   .
!    ~    ++   --   +    -    *    &    (Typname)  sizeof
/    %    <<   >>   <    <=   >    >=   ==   !=   ^    |    &&
||   ?:   =    +=   -=   *=   /=   %=   &=   ^=   |=   <<=  >>=   ,
```

Tabelle 3-3 Operatoren der Sprache C

Operatoren wirken als Trenner. Operatoren werden detailliert in Kapitel 7 besprochen.

---

[27] Mit Hilfe des Dereferenzierungsoperators * (siehe Kapitel 6.1) ist es ferner möglich, sich aus einem Pointer auf eine Variable (Funktion) die Variable (Funktion) selbst zu beschaffen.

3.2.6 Satzzeichen

Ein Satzzeichen ist ein Symbol, das keine Operation spezifiziert. Es hat eine unabhängige syntaktische und semantische Bedeutung. Dasselbe Symbol kann auch als Operator oder Teil eines Operators vorkommen. In C gibt es die folgenden Satzzeichen:

$$[]\quad ()\quad \{\}\quad *\quad ,\quad :\quad =\quad ;\quad ...\quad \#$$

Tabelle 3-4 Satzzeichen der Sprache C

Die Satzzeichen [], () und {} treten dabei stets in Paaren auf. So werden die eckigen Klammern etwa für die Definition der Größe eines Arrays, die runden Klammern beispielsweise für das Aufnehmen einer Bedingung in einer if-Anweisung und die geschweiften Klammern als Blockbegrenzer und für Initialisierungslisten gebraucht. Das Symbol * wird beispielsweise benötigt für die Definition von Pointern, das Komma als Trenner von Listenelementen etwa in der Parameterliste von Funktionen, der Doppelpunkt bei der Definition von Bitfeldern, der Strichpunkt als Ende einer Anweisung oder in for-Schleifen als Trenner von Ausdrücken und die Ellipse . . . als Auslassungssymbol in der Definition einer Parameterliste mit einer variablen Anzahl von Parametern. Das Symbol # kennzeichnet eine Präprozessor-Anweisung.[28] Satzzeichen wirken als Trenner.

---

[28] Der Präprozessor und seine Anweisungen werden in Kapitel 18 vorgestellt.

Kapitel 4

Erste Beispielprogramme

4 Erste Beispielprogramme

Da formale Beschreibungen etwas trocken sind, wird nun an dieser Stelle die systematische Darstellung der Sprache C unterbrochen, um einfache Beispielprogramme vorzustellen. Dabei werden Sprachmittel wie Präprozessor-Anweisungen, Funktionen und Variablen eingeführt, die erst an späterer Stelle ausführlich behandelt werden. Es ist jedoch in C möglich, bereits mit wenigen einfachen Mitteln sinnvolle Programme zu schreiben.

4.1 Aufbau eines C-Programms

Ein C-Programm besteht im Wesentlichen aus **Definitionen** von **Funktionen** und von **externen Variablen**.

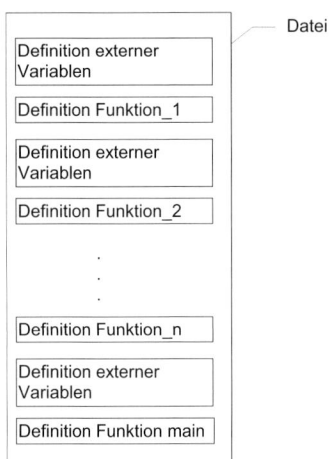

Bild 4-1 Struktur eines Programms aus einer einzigen Datei

Bild 4-1 zeigt die prinzipielle Struktur einer Datei. Aus Gründen der Übersichtlichkeit werden externe Variablen oft am Anfang einer Datei konzentriert.

Externe Variablen sind extern zu allen Funktionen. Das Attribut „extern" wird im Gegensatz zu „intern" benutzt. Intern sind Variablen, die innerhalb von Funktionen definiert sind. Solche Variablen werden in der Regel als **lokale Variablen** bezeichnet.

Funktionen

Funktionen in C haben die Rolle von Haupt- und von Unterprogrammen. **Funktionen** haben die Aufgabe, **Teile eines Programms unter einem eigenen Namen** zusammenzufassen.

Mit Hilfe des Funktionsnamens kann man eine solche Funktion aufrufen. Dabei ist es möglich, den Funktionen beim Aufruf Parameter mitzugeben. Funktionen können auch Ergebnisse zurückliefern. Die Programmausführung wird nach Abarbeitung der Funktion an der Stelle des Aufrufs fortgesetzt.

Funktionen sind ein Mittel zur Strukturierung eines Programmes. Ziel darf es nicht sein, ein einziges riesengroßes Programm zu schreiben, da dies schwer zu überblicken wäre. Gefordert ist hingegen eine Modularität. Jede Programmeinheit (Hauptprogramm, Unterprogramm) soll in großen Projekten höchstens 100 Zeilen Code umfassen. Dabei soll das Hauptprogramm so weit wie möglich nur Unterprogramme aufrufen, damit es leicht verständlich ist. Je nach Rückgabewert einer Funktion können die Folgeaktionen verschieden sein.

Führt man in einem Programm Funktionen ein, so kann man sie natürlich mehrfach verwenden, wobei sie mit wechselnden aktuellen Parametern aufgerufen werden können. Dies kann den Programmtext erheblich verkürzen, da die betreffenden Programmteile nur einmal angeschrieben werden müssen.

Funktionen können in C **nicht geschachtelt** definiert werden. Dies bedeutet, dass es in C nicht möglich ist, eine Funktion innerhalb einer Funktion zu definieren. Da also in C Funktionen nicht innerhalb von Funktionen definiert werden können, sind Funktionen selbst immer extern zu anderen Funktionen.

Funktionen sind **extern**. Variablen können **extern** oder **intern** sein. Funktionsinterne Variablen heißen **lokale Variablen**.

Eine Funktion enthält die Definition **lokaler**, d.h. **funktionsinterner** Variablen und Anweisungen.

Zu den Funktionen und externen Variablen eines Programms können noch **Präprozessoranweisungen** hinzukommen und ferner noch sogenannte **Funktionsprototypen**.

Funktionsprototypen sind Vorwärtsdeklarationen der Aufruf-Schnittstellen der Funktionen (siehe Kapitel 9.3).

Wie in Kapitel 13 behandelt, kann ein Programm aus verschiedenen Dateien bestehen. Eine Funktion darf sich allerdings nicht über mehrere Dateien erstrecken, sondern muss komplett in **einer** Datei enthalten sein. Eine solche Datei wird als **Quelldatei**, das Programm als **Quellprogramm** bezeichnet.

Funktionen können andere Funktionen – und auch sich selbst – aufrufen. Diese Aufrufbeziehungen kann man wie im folgenden Beispiel grafisch darstellen:

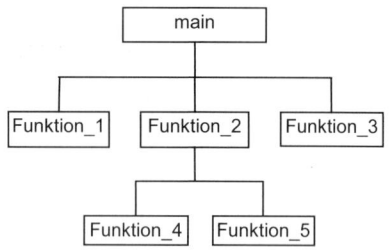

Bild 4-2 Beispiel für eine Aufrufhierarchie

main in Bild 4-2 ruft Funktion_1, Funktion_2 und Funktion_3 auf. Funktion_2 ruft Funktion_4 und Funktion_5 auf.

Ein **Hauptprogramm** muss immer vorhanden sein. Mit dem Hauptprogramm **beginnt das Programm seine Ausführung.** In C heißt das Hauptprogramm stets `main()`.

Andere Funktionen kann man mit selbst gewählten Namen bezeichnen, wobei gewisse Konventionen für die Bildung von Namen einzuhalten sind. Der Name `main()` ist natürlich exklusiv für das Hauptprogramm reserviert und darf in einem C-Programm nicht ein zweites Mal verwendet werden.

4.2 Das berühmte Programm „hello, world"

Es soll ein C-Programm geschrieben werden, das `"hello, world"` auf den Bildschirm ausgibt. Hier das Programm:

```
/* Datei: hello.c */
#include <stdio.h>

int main (void)
{
   printf ("hello, world\n");
   return 0;
}
```

Die Bestandteile dieses Programms werden im Folgenden Schritt für Schritt vorgestellt und erläutert.

Die Funktion main()

Nach dem ISO-Standard ist der Funktionskopf der Funktion `main()` folgendermaßen aufgebaut:

```
int main (void)
```

Der Rückgabetyp `int` der Funktion `main()` kennzeichnet, dass die Funktion `main()` einen ganzzahligen Wert an den Aufrufer zurückgeben soll. Die Funktion `main()` soll an den Aufrufer den Status in Form einer ganzen Zahl zurückliefern, ob bei ihrer Abarbeitung alles glatt gegangen ist oder ob gewisse Fehler aufgetreten sind. Üblicherweise wird der Wert 0 zurückgegeben, wenn das Programm fehlerfrei abgearbeitet werden konnte.

Wird ein Programm von der Kommandozeile durch Aufruf des Programmnamens gestartet, z.B. durch

```
c:\>programmname<RETURN>
```

so wird der Rückgabewert nicht abgeholt.

Ruft man ein Programm beispielsweise von einer Kommando- prozedur unter Windows oder UNIX aus auf, so macht es Sinn, den Rückgabewert von `main()` in der Kommandoprozedur abzuholen und je nach Ergebnis entsprechend zu reagieren.

Das Schlüsselwort `void` **in Klammern** bedeutet, dass **keine Übergabeparameter** existieren, d.h. an `main()` werden keine Parameter beim Programmstart übergeben.

Es ist auch möglich, beim Aufruf eines Programms Parameter an `main()` zu übergeben. Dies wird in Kapitel 15.1 behandelt.

In C sind die Klammern der Parameterliste bei allen Funktionen erforderlich, selbst wenn es keine Parameter gibt. Dies liegt daran, dass es in C kein Schlüsselwort für eine Funktion wie etwa `function` gibt. In C charakterisieren die runden Klammern eine Funktion.

Generell sieht der **Funktionskopf einer Funktion nach ISO** folgendermaßen aus:

```
Rückgabetyp Funktionsname (Parameterliste mit
                          Datentypen)
```

Der Funktionskopf enthält die Schnittstelle einer Funktion, wie sie sich nach außen, d.h. gegenüber ihrem Aufrufer, verhält. Der Funktionskopf enthält den Namen der Funktion, die Liste der Übergabeparameter und den Rückgabetyp. So stellt beispiels- weise:

```
double square (double v)
```

den Kopf einer Funktion mit dem Funktionsnamen `square` dar, die einen
Rückgabewert (ein **Ergebnis**) vom Typ `double` und einen **(formalen) Parameter** `v`
ebenfalls vom Typ `double` hat.

Der Teil der Funktion innerhalb der geschweiften Klammern enthält die Anweisungen
der Funktion. Er wird als **Funktionsrumpf** bezeichnet. Die Aufteilung einer Funktion
in einen Funktionskopf und einen Funktionsrumpf wird am Beispiel des bereits
bekannten Programms „hello, world" in folgendem Bild visualisiert:

```
int main (void)                                    Funktionskopf

{
    printf ("hello, world\n");                     Funktionsrumpf
    return 0;
}
```

Bild 4-3 Funktionskopf und Funktionsrumpf einer Funktion

Include von Bibliotheksfunktionen

Die Sprache C selbst besitzt keine eingebauten Funktionen für die Ein- und Ausgabe
am Bildschirm. In C gibt es hierfür standardisierte Bibliotheken. Durch das Einbinden
der entsprechenden Bibliotheksfunktionen in ein Programm wird dem Programmierer
die Ein- und Ausgabe ermöglicht.

Mit Hilfe der `#include`-Anweisung an den Präprozessor

`#include <....>`

ist es möglich, eine externe **Definitionsdatei** (auch **Header-
Datei, h-Datei** oder **header file** genannt) für die Dauer des
Übersetzungslaufes in die eigene Quelldatei zu kopieren. Eine
Definitionsdatei enthält z.B. Deklarationen von Standard-
funktionen, die in einer Bibliothek enthalten sind. Damit ist es
möglich, Standardfunktionen im Programm zu verwenden.

Definitionsdateien dienen der Modularisierung. Ihr Inhalt steht
zentral in einfacher Form zur Verfügung und kann in alle
Quelldateien bei Bedarf mit `#include` aufgenommen werden.

Dabei wird so vorgegangen, dass der **Präprozessor**, der zu Beginn eines
Kompilierlaufes den Quelltext bearbeitet, den Quelltext nach einer `#include`-
Anweisung durchsucht. Stößt der Präprozessor auf diese Anweisung, so wird die
zwischen den spitzen Klammern angegebene Datei aus der Bibliothek in die aktuelle
Datei für die Dauer des Übersetzungslaufes kopiert.

Ein typisches Beispiel ist die Anweisung `#include <stdio.h>`. Damit wird die Header-Datei `stdio.h` der Standard-Ein-/Ausgabe-Bibliothek eingefügt, in welcher unter anderem die Standardfunktion `printf()` deklariert ist. Erst dadurch wird ein `printf()`-Aufruf möglich.

Eine Quelldatei mit ihren Include-Files stellt eine **Übersetzungseinheit** dar, die getrennt kompiliert werden kann.

Da vor einem Aufruf einer Bibliotheksfunktion immer die Deklaration der Funktion stehen muss[29], sollte man die benötigten Definitionsdateien am Anfang der Quelldatei anschreiben. Außer Deklarationen (Funktionsprototypen, siehe Kapitel 9.4) enthalten Definitionsdateien auch Vereinbarungen über Konstanten, Typdefinitionen und weitere mögliche Include-Anweisungen. Es ist also möglich, Include-Anweisungen zu verschachteln.

Geschweifte Klammern

Innerhalb der geschweiften Klammern { } des Funktionsrumpfes stehen die Anweisungen einer Funktion.

In obigem Beispiel stehen dort nur zwei Anweisungen, nämlich

```
printf ("hello, world\n");
return 0;
```

Im Allgemeinen enthält die Funktion `main()` die Definition lokaler Variablen, Deklarationen[30] und Anweisungen. Schreibt man Programme aus mehreren Funktionen, so ruft die Funktion `main()` auch andere Funktionen auf.

Die Funktion printf()

Mit der Funktion `printf()`, einer Standardfunktion aus der Bibliothek `<stdio.h>`, wird eine Bildschirmausgabe erzeugt. Beim Funktionsaufruf wird der Funktion als Argument die konstante Zeichenkette `"hello world\n"` übergeben. Innerhalb der Zeichenkette steht das Steuerzeichen `\n`. Mit diesem Steuerzeichen wird die Schreibmarke (der Cursor) des Bildschirms an den Beginn der nächsten Bildschirmzeile positioniert. Steuerzeichen wurden bereits gesondert in Kapitel 3 besprochen.

---

[29] Es gibt auch Ausnahmen zu dieser Regel (siehe Kapitel 9.4).
[30] Siehe Kapitel 9.4 und Kapitel 13.

Strichpunkt

Ein Semikolon ist in C ein Satzzeichen. Es wird insbesondere dazu verwendet, das Ende einer Anweisung anzuzeigen.

Eine Anweisung kann sich über mehrere Zeilen erstrecken.

4.3 Programm zur Zinsberechnung

Das folgende Beispiel berechnet die jährliche Entwicklung eines Grundkapitals über eine vorgegebene Laufzeit. Die Zinsen sollen nicht ausgeschüttet, sondern mit dem Kapital wieder angelegt werden. Es wird eine Tabelle mit folgenden Angaben erzeugt: laufendes Jahr und angesammeltes Kapital (in EUR). Gegeben sei die Laufzeit (10 Jahre), das Grundkapital (1000 EUR) und der Zins (5%).

Laufzeit, Grundkapital und Zins werden als konstante Parameter angesehen. Sie werden nicht als literale Konstanten in das Programm „fest verdrahtet", sondern als symbolische Konstanten mit `#define` eingeführt. Als lokale Variablen in `main()` werden die `int`-Variable `jahr`, die die Anlagedauer widerspiegelt, und die `double`-Variable `kapital`, die die Wertentwicklung des Grundkapitals zeigt, definiert. Die Definitionen der Variablen müssen vor den Anweisungen stehen. Es ist möglich, die Variablen bei ihrer Definition gleich zu initialisieren, d.h. mit einem Wert zu belegen.

Hier das Programm:

```
/* Datei: zins.c */
#include <stdio.h>

#define LAUFZEIT      10
#define GRUNDKAPITAL 1000.00
#define ZINS          5.0

int main (void)
{
   int jahr;               /* Vereinbarung von jahr als int-Variable */
   double kapital = GRUNDKAPITAL;

   printf ("Zinstabelle fuer Grundkapital %7.2f EUR\n",
           GRUNDKAPITAL);
   printf ("Kapitalstand zum Jahresende:\n");
   for (jahr = 1; jahr <= LAUFZEIT; jahr = jahr + 1)
   {
      printf ("\nJahr: %2d\t", jahr);
      kapital = kapital * (1 + ZINS/100.);
      printf ("Kapital: %7.2f EUR", kapital);
   }
   printf ("\n\nAus %7.2f EUR Grundkapital\n", GRUNDKAPITAL);
   printf ("wurden in %d Jahren %7.2f EUR\n", LAUFZEIT, kapital);
   return 0;
}
```

Man beachte hierbei die folgenden Punkte:

- Die Variable `jahr` ist vom Datentyp `int` und kann nur ganze Zahlen aufnehmen. `kapital` ist eine Variable vom Datentyp `double`. Hat man Variablen, die außer den ganzen Zahlen auch noch Fließkommazahlen (Gleitpunktzahlen) aufnehmen sollen, sind Gleitpunkttypen wie `double` nötig[31].

- In der `for`-Schleife stellt `jahr = 1` den Beginn der Schleife dar, `jahr <= LAUFZEIT` die Bedingung, wie lange die Schleife durchzuführen ist, und `jahr = jahr + 1` den nächsten Wert, für den die Schleife durchgeführt wird. Die Variable `jahr`, die hier dazu verwendet wird, um die Zahl der Schleifendurchläufe zu zählen, wird als **Laufvariable** bezeichnet.

- Der Zuweisungsoperator ist das Zeichen `=`. Als Vergleichsoperator "ist gleich" wird in C der Operator `==` verwendet[32].

- Die Zeichenkette, die an `printf()` übergeben wird, muss nicht immer nur Text beinhalten, der von `printf()` ausgegeben werden soll, wie im Falle von `"hello, world\n"`. Im allgemeinen Fall kann die Zeichenkette auszugebenden Text und **Formatelemente** für die Ausgabe von Ausdrücken, die als Argumente an `printf()` übergeben werden, enthalten. Da die Formatelemente die Ausgabe steuern oder kontrollieren, heißt die zu übergebende Zeichenkette oftmals auch **kontrollierende Zeichenkette** oder **Formatstring** oder **Steuerstring**. Der Formatstring kann auch nur Formatelemente ohne auszugebenden Text enthalten.

- Die **Formatelemente** bestehen alle aus dem `%`-Zeichen und weiteren Angaben wie `2d`. Dabei steht `d` für eine Ausgabe als Dezimalzahl und `2` für eine Feldbreite von 2 Zeichen.

- In obigem Beispiel enthält der Formatstring Formatelemente, auszugebenden Text und Steuerzeichen. Das Formatelement `%2d` im Formatstring `"\nJahr: %2d\t"` sagt der Funktion `printf()`, dass ein `int`-Ausdruck – hier die Variable `jahr` – in Dezimaldarstellung mit einer Breite von 2 Stellen **rechtsbündig** auszugeben ist. Dabei wird von links mit Leerzeichen aufgefüllt, wenn die volle Breite von 2 Stellen für den auszugebenden Wert nicht benötigt wird. Anschließend folgt dann ein Tabulator-Steuerzeichen `'\t'`. Sollte die Ausgabe **linksbündig** gewünscht sein, so müsste das Formatelement ein Minuszeichen bekommen: `%-2d`.

- Beachten Sie die Reihenfolge: `printf()` muss als ersten Parameter den Formatstring und dann anschließend die anderen auszugebenden Ausdrücke erhalten.

- Für jeden auszugebenden Ausdruck außer dem Steuerstring muss eins-zu-eins ein Formatelement im Steuerstring existieren. Dabei müssen die Formatelemente und die auszugebenden Ausdrücke im Typ übereinstimmen.

- Es besteht ein grundsätzlicher Unterschied zwischen der Ausgabe auf dem Bildschirm und dem Einlesen von der Tastatur. **Einlesen** kann man **nur in Variablen**, die benannte Speicherstellen darstellen. Das Einlesen von der Tastatur

---

[31] Datentypen und Variablen werden in Kapitel 5 behandelt.
[32] Operatoren werden in Kapitel 7 behandelt.

mit Hilfe der Funktion `scanf()` wird im nächsten Beispiel erläutert. Mit der Funktion `printf()` kann man **Werte ausgeben**. Ein Wert kann der Wert einer Variablen oder Konstanten sein, aber auch der Wert eines komplizierten Ausdrucks. In obigem Beispiel wurde der Wert der symbolischen Konstanten `GRUNDKAPITAL` und `LAUFZEIT` sowie der Variablen `jahr` und `kapital` ausgegeben.

- Infolge des Formatelements `%7.2f` wird die Variable `kapital` mit einer Stellenbreite von **7 Stellen, davon 2 hinter dem Punkt, 1 für den Punkt und 4 vor dem Punkt** ausgegeben. `%f` steht für die Ausgabe von Gleitpunktzahlen ohne Exponent. Wird nur `%f` ohne weitere Zusätze verwendet, erfolgt die Ausgabe in dem Default-Format des Compilers für Gleitpunktzahlen. Bei der Ausgabe erfolgt eine Wandlung in den Typ `double`, da `%f` dies so vorsieht. Generell kann `%f` zur Ausgabe von `double`- oder `float`-Werten verwendet werden.

Dieses Programm gibt aus:

```
Zinstabelle fuer Grundkapital 1000.00 EUR
Kapitalstand zum Jahresende:

Jahr:  1          Kapital: 1050.00 EUR
Jahr:  2          Kapital: 1102.50 EUR
Jahr:  3          Kapital: 1157.62 EUR
Jahr:  4          Kapital: 1215.51 EUR
Jahr:  5          Kapital: 1276.28 EUR
Jahr:  6          Kapital: 1340.10 EUR
Jahr:  7          Kapital: 1407.10 EUR
Jahr:  8          Kapital: 1477.46 EUR
Jahr:  9          Kapital: 1551.33 EUR
Jahr: 10          Kapital: 1628.89 EUR

Aus 1000.00 EUR Grundkapital
wurden in 10 Jahren 1628.89 EUR
```

4.4 Euklid'scher Algorithmus als Programm

Der Euklid'sche Algorithmus soll nun von dem Nassi-Shneidermann-Diagramm in Kapitel 1.2.3 in ein Programm überführt werden. Dabei soll zum einen die Initialisierung von `x` und `y` durch das Einlesen von der Tastatur erfolgen, zum anderen sollen der Startwert von `x`, der Startwert von `y` sowie der größte gemeinsame Teiler ausgegeben werden.

Das Programm hat die Form:

```
/* Datei: euklid.c */
#include <stdio.h>

int main (void)
{
    int x;
    int y;
```

```
printf ("\nGeben Sie bitte einen Wert fuer x ein: ");
scanf ("%d", &x);
printf ("Geben Sie bitte einen Wert fuer y ein: ");
scanf ("%d", &y);
printf ("Der ggT von %d und %d ist: ", x, y);
while (x != y)
{
    if (x < y)
        y = y - x;
    else
        x = x - y;
}
printf ("%d\n", x);
return 0;
}
```

Man beachte hierbei die folgenden Punkte:

- Mit Hilfe der Bibliotheksfunktion `scanf()` kann man Werte einlesen. So kann man beispielsweise auf die Ausgabe

  `Geben Sie bitte einen Wert fuer x ein:`

  antworten durch die Eingabe

  `72 <RETURN>`

  Dabei bedeutet <RETURN> den Anschlag der Return-Taste (⏎). Dieser Wert wird dann von `scanf()` in der Variablen `x` abgelegt. Eine Besonderheit von `scanf()` ist, dass diese Funktion als Argument nicht die Variable selbst, in die ein Wert eingelesen werden soll, haben möchte, sondern die Adresse dieser Variablen. Im Vorgriff auf Kapitel 6 wird hier einfach angegeben, dass die Adresse einer Variablen `x` ermittelt wird, indem man vor diese Variable den Adressoperator `&` schreibt.

- Die Funktion `scanf()` hat wie die Funktion `printf()` als erstes Argument einen **Formatstring (Steuerstring)**. Da in eine `int`-Variable eingelesen wird, wird das Formatelement `%d` benutzt.

- Da der Wert der Variablen `x` bzw. `y` durch den Algorithmus verändert wird, ist es erforderlich, den eingegebenen Anfangswert von `x` und `y` frühzeitig auszugeben.

- Die Funktion `scanf()` ist ebenfalls wie `printf()` in der Bibliothek `<stdio.h>` zu finden.

Ein möglicher Dialog mit diesem Programm ist:

```
Geben Sie bitte einen Wert fuer x ein: 72
Geben Sie bitte einen Wert fuer y ein: 45
Der ggT von 72 und 45 ist: 9
```

4.5 Übungsaufgaben

Aufgabe 4.1: Das berühmte Programm "hello, world"

a) Schreiben Sie mit einem Editor das "hello, world"-Programm.

```
#include <stdio.h>

int main (void)
{
    printf ("hello, world\n");
    return 0;
}
```

Hinweise:

- Die Anweisung `#include <stdio.h>` ist eine Anweisung an den Präprozessor. Sie wird für den Aufruf der Bibliotheksfunktion `printf()` benötigt.

- Das `\n` in der Zeichenkette `"hello, world\n"`, die von `printf()` ausgegeben werden soll, stellt ein Steuerzeichen dar, welches die Schreibmarke (den Cursor) auf den Beginn einer neuen Zeile positioniert.

b) In Editoren gibt es die Möglichkeit des Ausschneidens, Kopierens und Einfügens von Text mit Hilfe von Tastenkombinationen. Dies erfolgt in der Regel mit der Steuerungstaste („Strg" oder „Ctrl") und der Taste „x" für Ausschneiden, „c" für Kopieren und „v" für Einfügen.

Fügen Sie nun folgenden Header vor Zeile1 des obigen Programms ein:

```
/* header.h
Version: 01
Change History:
--------------

Aenderungsgrund    durchgefuehrte Aenderung    Autor   Datum
------------------------------------------------------------

Programmbeschreibung:
---------------------

Interaktive Eingabe:
----------------------------

Interaktive Ausgabe:
----------------------------

Fehlerausgaenge:
---------------
*/
```

c) Kopieren Sie den Header und fügen ihn am Ende der Datei erneut ein.
d) Markieren Sie den Header am Ende und löschen Sie ihn.
e) Bringen Sie das Programm mit ihrem C-Compiler zum Laufen.
f) Füllen Sie den Header aus und prüfen Sie anschließend nochmals das Programm.

Aufgabe 4.2: Textausgaben auf dem Bildschirm

a) Schreiben Sie ein Programm, das mit Hilfe der Funktion `printf()` den folgenden Text auf dem Bildschirm ausgibt:

```
Die main()-Funktion ist eine besondere Funktion. Wird ein
Programm gestartet, so wird zuerst die Funktion main()
ausgefuehrt.
```

b) Welche Ausgabe erwarten Sie von dem folgenden Programm?

```c
#include <stdio.h>

int main (void)
{
    printf ("\nZeile1");
    printf (" Zeile 2");
    printf (" Zeile 3");
    printf (" Letzte Zeile\n");
    return 0;
}
```

Schreiben Sie die genaue Bildschirmausgabe auf und verwenden Sie dann den Compiler, um Ihre Lösung zu überprüfen.

c) Sorgen Sie dafür, dass die vom Programmtext auf den ersten Blick geweckte Erwartung tatsächlich eingehalten wird.

Aufgabe 4.3: Schreibweise für literale Konstanten

a) Prüfen Sie die Syntax der folgenden literalen Konstanten:

```c
#define ALPHA   -1e-0
#define BETA    -e12
#define GAMMA    .517
#define DELTA   3+
```

b) Erklären Sie in Kommentaren, was die Fehlerquelle ist und wie die syntaktisch richtige Schreibweise aussieht.

c) Welche dieser Konstanten ist vom Typ `double` und welche ist vom Typ `int`?

d) Führen Sie in Ihrem Programm eine `int`-Variable `i` ein und eine `double`-Variable `x`. Versuchen Sie, die eingeführten symbolischen Konstanten entsprechend ihres Typs der Variablen `i` bzw. `x` zuzuweisen.

Aufgabe 4.4: Programm zur Temperaturumwandlung mit int-Zahlen

Unter Verwendung der Formel

Grad Celsius = (5/9) * (Grad Fahrenheit - 32)

soll eine Temperaturtabelle in Fahrenheit und Celsius in folgender Form auf dem Bildschirm ausgegeben werden:

```
Fahrenheit    Celsius

         0                -17
        20                 -6
        40                  4
        60                 15
. . . .               . . . .
       300                148
```

Hinweis: Schreiben Sie die Formel in der folgenden Form:

Grad Celsius = (5 * (Grad Fahrenheit - 32))/9,

Der Grund ist, dass bei der Division zweier Ganzzahlen der Rest vernachlässigt wird, der Nachkommateil des Ergebnisses also abgeschnitten wird. Würden Sie (5/9) schreiben, so käme immer 0 heraus!

a) Erstellen Sie das Programm und verwenden Sie hierzu die `while`-Schleife und `int`-Variablen. Zeichnen Sie vor dem Programmieren zuerst das Nassi-Shneiderman-Diagramm.

b) Verwenden Sie eine `for`-Schleife und `int`-Variablen.

Aufgabe 4.5: Programm zur Temperaturumwandlung mit double-Zahlen

Schreiben Sie das Temperaturwandlungsprogramm um. Die Temperatur in Fahrenheit soll durch eine `int`-Variable, die Temperatur in Celsius durch eine `double`-Variable dargestellt werden. Die Ausgabe von Grad Celsius soll mit einer Stelle hinter dem Komma erfolgen.

Aufgabe 4.6: Einlesen von Zeichen mit getchar()

Der einfachste Eingabemechanismus besteht darin, ein einzelnes Zeichen von der Standard-Eingabe – normalerweise von der Tastatur – mit Hilfe von `getchar()` zu lesen. Die Syntax von `getchar()` ist:

```
int getchar (void)
```

Die Standardeingabe ist zeilengepuffert, das heißt, `getchar()` wartet, bis eine Zeile mit der Return-Taste abgeschlossen wird. Der Rückgabewert ist nicht vom Typ `char`, sondern vom Typ `int`. Das folgende Beispiel veranschaulicht den Umgang mit `getchar()`:

```
int c;

c = getchar ();  /* hiermit wird das eingelesene Zeichen an  */
                 /* die Variable c zugewiesen                 */
```

Tritt ein Fehler auf oder wird das Dateiende erreicht, so liefert `getchar()` den Wert
EOF[33]. EOF ist eine ganze Zahl, die in `<stdio.h>` vereinbart ist. c ist vom Typ
`int`. Damit kann c auch negative Werte aufnehmen. Die Konstante EOF hat in der
Regel den Wert -1.

a)   Schreiben Sie unter Verwendung von `getchar()` ein Programm in C, das zählt,
     wie viele Zeichen vom Terminal eingelesen wurden.

b)   Schreiben Sie ein Programm, das die eingegebenen Zeilen zählt.

c)   Schreiben Sie ein Programm, das die interaktiv eingegebenen Zeichen zählt und
     zwar die Zeichen pro Zeile und die Anzahl Zeilen.

Aufgabe 4.7: Konstante EOF

Schreiben Sie ein Programm, das den Zahlenwert von EOF ausgibt.

Aufgabe 4.8: Ausgabe von Zahlen

Geben Sie die ganze Zahl 111 auf verschiedene Weise aus:

a)   dezimal,

b)   oktal,

c)   hexadezimal,

d)   als Zeichen.

Hinweis:

Wichtige Formatelemente von `printf()` für die Ausgabe sind:

`%d` als dezimale ganze Zahl
`%c` als Zeichen
`%x` hexadezimal
`%o` oktal

---

[33]   Abkürzung für **E**nd **O**f **F**ile (engl. für Dateiende).

Aufgabe 4.9: Ausgabe von ASCII-Zeichen

Schreiben Sie ein Programm, das von der Tastatur einliest und die folgende Ausgabe erzeugt:

a) Wird ein horizontales Tabulatorzeichen (`'\t'`) erkannt, so wird am Bildschirm ausgegeben:

```
\t
Die Nummer im ASCII-Zeichensatz ist ....
```

Dabei soll an .... die entsprechende Nummer stehen, die bestimmt werden muss.

b) Wird ein Backslash (`'\'`) erkannt, so wird am Bildschirm ausgegeben:

```
\\
Die Nummer im ASCII-Zeichensatz ist ....
```

Dabei soll an .... die entsprechende Nummer stehen, die bestimmt werden muss.

c) Wird ein Zeilenendezeichen (`'\n'`) erkannt, so wird am Bildschirm ausgegeben:

```
\n
Die Nummer im ASCII-Zeichensatz ist ....
```

Dabei soll an .... die entsprechende Nummer stehen, die bestimmt werden muss.

d) In allen anderen Fällen soll das eingegebene Zeichen ausgegeben werden.

Aufgabe 4.10: Quadratzahlen

Erzeugen Sie eine Tabelle der Quadratzahlen von 1 bis n. Geben Sie in einer Zeile jeweils die entsprechende Zahl und ihre Quadratzahl aus. Schreiben Sie dazu ein Programm, das die Zahl n einliest (Hinweise siehe Kapitel 4.4) und die Tabelle ausgibt.

Aufgabe 4.11: Variablen und Konstanten

Schreiben Sie ein Programm, das die symbolische Konstante `PI` mit dem Wert 3.1415 zur Berechnung der Fläche eines Kreises enthält. Führen Sie die Variablen `radius` für den Kreisradius und `flaeche` für die Fläche ein. `radius` soll vom Typ `int` und `flaeche` soll vom Typ `double` sein.

Geben Sie eine Tabelle mit den Spalten `radius` und `flaeche` für die Radiuswerte 1, 2, 3, ... 10 am Bildschirm aus. Benutzen Sie für die Tabelle eine `for`-Schleife.

Kapitel 5

Datentypen und Variablen

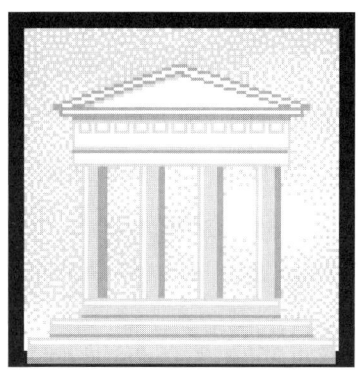

5 Datentypen und Variablen

5.1 Typkonzept

In C wird verlangt, dass alle Variablen einen genau definierten, vom Programmierer festgelegten Typ haben. Der Typ bestimmt, welche Werte eine Variable annehmen darf und welche nicht.

Hat eine Programmiersprache ein strenges Typkonzept, so können Werte eines Typs nicht Variablen eines anderen Typs zugewiesen werden. In C ist dies jedoch in definierter, aber sehr großzügiger Weise möglich. Betrachten Sie den folgenden Programmausschnitt:

```
....
float x = 3.9f;
int y;
y = x;                  /* Einer int-Variablen kann ein */
                        /* float-Wert zugewiesen werden */
printf ("%d", y);       /* Die Ausgabe ist: 3           */
....
```

`x` ist eine `float`-Variable, `y` eine `int`-Variable. Bei einem strengen Typkonzept könnte man einer `int`-Variablen keinen Ausdruck vom Typ `float` zuweisen. Der Compiler würde eine Fehlermeldung generieren. Es macht ja auch keinen Sinn, einer Integer-Größe einen Gleitpunkt-Wert zuzuweisen. Das geht auch in C nicht, aber die Zuweisung funktioniert über eine implizite Typumwandlung (siehe Kapitel 7.7), wobei der Nachkomma-Anteil weggeschnitten wird.

Wenn man mit Hilfe von `scanf()` einen Wert in eine `int`-Variable einlesen will, passiert folgendes: Gibt man versehentlich eine Gleitpunktzahl ein, so wird dies akzeptiert. Der `int`-Variablen wird einfach die `int`-Zahl bis zum Dezimalpunkt zugewiesen.

5.2 Einfache Datentypen

Der Datentyp einer Variablen legt die Darstellung einer Variablen durch den Compiler fest. Durch die Darstellung (Repräsentation) wird zum einen

- der **Speicherbedarf** festgelegt, d.h., durch wieviele Bits die Variable dargestellt wird,
- zum anderen aber auch der **Wertebereich**
- und die **Genauigkeit** (bei Gleitpunktzahlen).

Hierzu muss definiert werden, wie die einzelnen Bits bzw. Bitgruppen interpretiert werden müssen. So wird beispielsweise der Typ `unsigned char` dargestellt durch 1 Byte ohne Vorzeichenbit, d.h. alle 8 Bits stehen für die Darstellung des Wertes einer ganzen Zahl, die größer gleich Null ist, zur Verfügung:

Bild 5-1 Repräsentation des Datentyps unsigned char

Der Wert der Zahl in Bild 5-1 berechnet sich zu:

$1*2^7 + 0*2^6 + 1*2^5 + 1*2^4 + 0*2^3 + 1*2^2 + 0*2^1 + 0*2^0 = 128 + 32 + 16 + 4 = 180$

Elementare (einfache) Datentypen sind alles arithmetische Typen. Sie umfassen:

- Ganzzahltypen (Integertypen)
- und Gleitpunkttypen.

Darüber hinaus gibt es auch abgeleitete Typen (siehe Kapitel 5.5).

Integertypen

Integertypen sind:

- char	mit dem Integertyp char (character) werden Zeichen aus dem Zeichensatz abgelegt. Zeichen werden intern als ganzzahlige Werte gespeichert.
- int	üblicher Standardtyp für ganzzahlige Werte
- short int	für kleine ganzzahlige Werte
- long int	für große ganzzahlige Werte

- Aufzählungstypen

Statt short int reicht es auch, short zu schreiben, und statt long int entsprechend long. Für die elementaren ganzzahligen Datentypen char, short, int und long stehen die **Modifizierer** signed bzw. unsigned zur Verfügung.

Vorzeichenbehaftet, d.h. von einem signed-Typ, sind default-mäßig alle ganzzahligen Datentypen außer char. Bei char gibt es keinen Defaultwert.

Defaultmäßig bedeutet, dass, wenn keine speziellen Angaben gemacht werden, eine automatische Grundeinstellung vorgenommen wird. Werden hier keine speziellen Angaben zum Typ-Modifizierer gemacht, also weder unsigned noch signed angegeben, so ist für alle ganzzahligen Datentypen außer char die Voreinstellung

automatisch `signed`. Bei `char` hängt es vom Compiler ab, ob dieser Typ vorzeichenbehaftet ist oder nicht.

Mit dem Voranstellen des Modifizierers `signed` vor einen Integer-Datentyp, z.B.
`signed char`, wird erreicht, dass eine vorzeichenbehaftete Darstellung erzwungen
wird. So wird bei `signed char` – die `char`-Datenbreite ist 8 Bits – der Wertebereich
von -128 bis +127 dargestellt.

`unsigned` (nicht vorzeichenbehaftet) wird vor den Integertyp vorangestellt, wenn
man erzwingen will, dass der entsprechende Wertebereich größer gleich 0 ist. So
kann z.B. bei `unsigned short int` – mit einer `short int`-Datenbreite von 16
Bits – ein Wertebereich von 0 bis 65535 dargestellt werden.

Im übrigen kann es bei Datentypen mit dem `unsigned`-Schlüsselwort keinen
Überlauf (Overflow) geben. Wird nämlich der Wertebereich überschritten, wird mit
modulo 2^n weitergerechnet (**Modulo-Arithmetik**), ohne dass man es merkt, daher
Vorsicht bei der Überschreitung des Wertebereichs! n stellt dabei die Datenbreite des
Typs in Bits dar.

Eine Zahl modulo 2^n bedeutet, dass von dieser Zahl der Rest bei
der ganzzahligen Division durch 2^n gebildet wird.

So ist beispielsweise die größte Zahl, die in `unsigned char` passt, die Zahl 255.
Addiert man 2 dazu, so wird mit 1 weitergerechnet, da 257 modulo 256 den Wert 1
ergibt (1 ist der Rest bei der ganzzahligen Division von 257 durch 256). Zieht man
eine große Zahl vom Typ `unsigned int` von einer kleinen `unsigned int`-Zahl
ab, so muss das Ergebnis ebenfalls vom Typ `unsigned int` sein. Der Compiler hat
damit kein Problem. Er rechnet einfach mit seiner **Modulo-Arithmetik** weiter.

Bei `signed`-Typen kann es einen **Überlauf** geben. Der Standard setzt jedoch
voraus, dass der Programmierer es nicht soweit kommen lässt. Der Compiler muss
auf Überläufe des Wertebereichs nicht reagieren. Addiert der Programmierer zur
größten positiven Zahl eine 1 dazu, so befindet er sich bei der Zweierkomplementdarstellung (siehe Kapitel 5.2.2) plötzlich im negativen Zahlenbereich.

Gleitpunkttypen

Gleitpunkttypen sind:

- `float`	Gleitpunktzahl (Fließkommazahl)	
- `double`	Gleitpunktzahl mit einer höheren Genauigkeit der Darstellung	
- `long double`	Gleitpunktzahl mit einer noch höheren Genauigkeit der Darstellung (extended precision)	

Die Größe der Gleitpunktobjekte ist implementierungsabhängig. Für `float`, `double` und `long double` kann es 3 verschiedene Darstellungen, aber auch nur 2 oder gar nur 1 Darstellung geben.

Übersicht über alle Standard-Datentypen

Die folgende Tabelle enthält eine Übersicht aller in C verfügbaren Standardtypen. Zu jedem Typ ist der Typname, die Länge der internen Darstellung und der Wertebereich angegeben.

Datentyp	Anzahl Bytes	Wertebereich (dezimal)
char	1	-128 bis +127 oder 0 bis +255 (maschinenabhängig)
unsigned char	1	0 bis +255 (erweiterter ASCII-Zeichensatz)
signed char	1	-128 bis +127 (alle ASCII-Zeichen bis 127)
int	4 in der Regel	-2 147 483 648 bis +2 147 483 647
unsigned int	4 in der Regel	0 bis +4 294 967 295
short int	2 in der Regel	-32 768 bis +32 767
unsigned short int	2 in der Regel	0 bis +65 535
long int	4 in der Regel	-2 147 483 648 bis +2 147 483 647
unsigned long int	4 in der Regel	0 bis +4 294 967 295
float	4 in der Regel	$-3.4*10^{38}$ bis $+3.4*10^{38}$
double	8 in der Regel	$-1.7*10^{308}$ bis $+1.7*10^{308}$
long double	10 in der Regel	$-1.1*10^{4932}$ bis $+1.1*10^{4932}$

Tabelle 5-1 Übersicht über die elementaren Datentypen in C

Jeder Compilerhersteller kann für die entsprechende Zielmaschine sinnvolle Größen wählen mit den folgenden Einschränkungen:

* `short` und `int` müssen wenigstens 16 Bits haben, `long` mindestens 32 Bits,
* `short` darf nicht länger als `int` und `int` darf nicht länger als `long` sein.

Die Größe der ganzzahligen Datentypen ist also bis auf diese kleinen Ein-schränkungen nicht eng festgelegt, jedoch muss die nachfolgende Vorgabe stets eingehalten werden:

```
long   >=   int   >=   short   >   char
```

d.h. `long` muss größer gleich `int` sein, und so fort.

Die Zahl der Bytes für die Darstellung eines Datentyps ist bis auf den Datentyp `char` compilerabhängig. Der ISO-Standard schreibt vor, dass die Wertebereichsgrenzen für ganzzahlige Typen in der Datei `<limits.h>` und für Gleitpunkttypen in `<float.h>` als symbolische Konstanten abgelegt sind. Für Gleitpunkttypen ist dort auch die Genauigkeit der Darstellung angegeben.

Die folgende Tabelle zeigt alle ganzzahligen Datentypen unter Einschluss der Modifizierer `signed` und `unsigned`.

Kurzname	sonstige Namen
`unsigned char`	je nach Rechner `char`
`signed char`	je nach Rechner `char`

`short`	`signed short`
	`short int`
	`signed short int`

`unsigned short`	`unsigned short int`
`int`	`signed` `signed int`
`unsigned`	`unsigned int`

`long`	`long int`
	`signed long int`
	`signed long`

`unsigned long`	`unsigned long int`

Tabelle 5-2 Ganzzahlige Datentypen

5.2.1 Der Datentyp char

Die Größe einer Variablen vom Typ `char`, `unsigned char` oder `signed char` ist 1 Byte.

Das Wort `char` ist die Abkürzung von character (Schriftzeichen). Gewöhnlich wird der Datentyp `char` dafür verwendet, um einzelne Zeichen aus dem Zeichensatz zu verarbeiten, wie z.B. `'c'`, oder Steuerzeichen, wie `'\n'`. Der Wert eines Zeichens ist eine ganze Zahl entsprechend dem Zeichensatz auf der Maschine. Ein gespeichertes Zeichen kann als Zeichen ausgegeben werden, sein Wert kann aber auch zu Berechnungen herangezogen werden. Genauso kann man einer `char`-Variablen ein Zeichen oder eine kleine Zahl zuweisen, z.B. `char_var = 48`. Damit eignet sich der Datentyp `char` zur Darstellung bzw. zur Verarbeitung von ganzen Zahlen mit einem kleinen Wertebereich.

Die **Interpretation,** ob Zahl oder Zeichen, hat **durch den Anwender** zu erfolgen. Will man beispielsweise den Wert 48 einer `char`-Variablen als Zahl in **Dezimalnotation** ausgeben, gibt man bei `printf()` das Formatelement `%d` an. Will man den Wert 48 als **Zeichen** ausgeben, so gibt man das Formatelement `%c` an.

Durch den Modifizierer `signed` bzw. `unsigned` wird der Wertebereich des Typs festgelegt.

Es ist Compiler-abhängig, ob `char` dem Datentyp `unsigned char` oder `signed char` entspricht.

5.2.2 Die Datentypen int, short und long

Der Datentyp `int` dient zur Darstellung von ganzzahligen Werten. Bei 16-Bit-Rechnern werden für `int` 2 Bytes im Speicher reserviert (wie für `short`). Somit kann eine Variable vom Typ `int` 2^{16} verschiedene Zustände annehmen. Bei den heute gängigen 32-Bit-Rechnern werden für `int` dementsprechend 4 Bytes bereitgestellt. Für den Datentyp `long` werden mindestens 4 Bytes im Speicher reserviert. Mit 4 Bytes kann man 2^{32} verschiedene Zustände darstellen.

Wie schon gesagt, können für den Datentyp `long` die Schreibweisen `long` oder `long int` verwendet werden. Beide Schreibweisen sind äquivalent. Genauso sind `short` und `short int` äquivalent.

Die Modifizierer `signed` und `unsigned` legen, wie schon bereits besprochen, den Wertebereich der Datentypen fest.

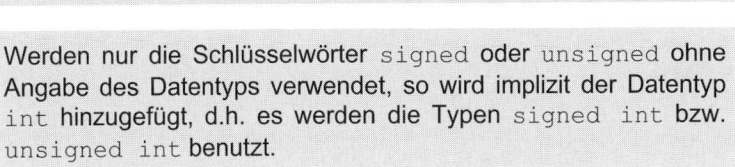

Standardmäßig, d.h. ohne zusätzliche Angabe von Modifizierern, sind `int`, `short` und `long` vorzeichenbehaftete Datentypen.

Werden nur die Schlüsselwörter `signed` oder `unsigned` ohne Angabe des Datentyps verwendet, so wird implizit der Datentyp `int` hinzugefügt, d.h. es werden die Typen `signed int` bzw. `unsigned int` benutzt.

Zweierkomplement

Ganze Zahlen werden meist im sogenannten **Zweierkomplement** gespeichert. Das höchste Bit der Zweierkomplement-Zahl gibt das Vorzeichen an. Ist es Null, so ist die Zahl positiv, ist es 1, so ist die Zahl negativ. Zur Erläuterung soll folgendes Beispiel einer Zweierkomplement-Zahl von der Größe 1 Byte dienen:

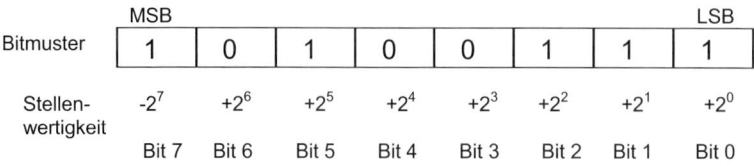

Bild 5-2 Zweierkomplementdarstellung

Beachten Sie, dass Bit 0 das sogenannte least significant bit (LSB) ist. Das höchste Bit wird als most significant bit (MSB) bezeichnet.

Der Wert dieses Bitmusters errechnet sich aufgrund der Stellenwertigkeit zu:

$-1*2^7 + 0*2^6 \quad + 1*2^5 + 0*2^4 + 0*2^3 \quad + 1*2^2 \ + 1*2^1 \ + 1*2^0 \ =$
$-128 \qquad\qquad + 32 \qquad\qquad\qquad\qquad\quad + 4 \quad\ + 2 \quad\ + 1 \quad = -89$

Die dem Betrag nach größte positive Zahl in dieser Darstellung ist:

$(0111\ 1111)_2 = 64 + 32 + 16 + 8 + 4 + 2 + 1 = 127$

Die dem Betrag nach größte negative Zahl in dieser Darstellung ist:

$(1000\ 0000)_2 = -128$

Die tief gestellte 2 bedeutet, dass es sich bei der Zahl um eine Binärzahl, welche die Basis 2 hat, handelt.

Eine andere (äquivalente) Rechenvorschrift zur Berechnung des Wertes negativer Zahlen ist:

Schritt 1: Da das höchste Bit 1 ist, ist die Zahl negativ.
Schritt 2: Invertiere alle Bits (daher der Name Zweierkomplement).
Schritt 3: Addiere die Zahl 1.
Schritt 4: Berechne die Zahl in der üblichen Binärdarstellung mit den Stellenwerten $2^7 \dots 2^0$ und füge anschließend das negative Vorzeichen (von Schritt 1) hinzu.

Wendet man diese Rechenvorschrift auf das obiges Beispiel an, so erhält man:

Schritt 1: Zahl ist negativ
Schritt 2: 01011000
Schritt 3: 01011001
Schritt 4: $-(2^6 + 2^4 + 2^3 + 1) = -(64 + 16 + 8 + 1) = -89$

5.2.3 Die Datentypen float und double

Gleitpunktzahlen sind das computergeeignete Modell der in der Mathematik vorkommenden reellen Zahlen. Nach IEEE 754 [10] werden die folgenden internen Darstellungen für `float`- und `double`-Zahlen verwendet:

`float`:   1 Vorzeichenbit (Bit 31)
         8 Bits für Exponenten (Bit 23 - 30)
         23 Bits für Mantisse (Bit 0 - 22)

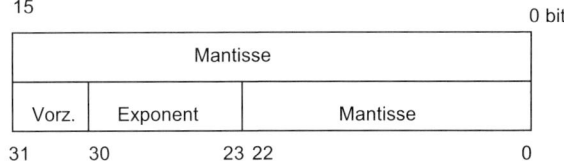

Bild 5-3 Darstellung einer `float`-Zahl (IEEE-Format)

`double`: 1 Vorzeichenbit
         11 Bits für Exponenten
         52 Bits für Mantisse

Das **Vorzeichenbit** hat für negative Zahlen den Wert 1, sonst den Wert 0.

Im Folgenden wird die Darstellung einer `float`-Zahl betrachtet. Dabei wird die **Genauigkeit der Darstellung** und die **kleinst- bzw. größtmögliche positive Zahl** diskutiert:

- **Betrachtung der Mantisse – Genauigkeit der Darstellung**

  Die Mantisse ist normalisiert, d.h. die erste Ziffer vor dem Komma ist gleich 1. Die 1 vor dem Komma wird nicht gespeichert. Für die Mantisse stehen 23 Bits zur Verfügung. Für jedes Bit hat man 2 Möglichkeiten (0 oder 1). Daraus resultieren 2^{23} Möglichkeiten. Eine einfache Umformung ergibt:

  $$2^{23} = 2^3 * 2^{10} * 2^{10}$$

  Nähert man $2^3 = 8$ durch 10 und $2^{10} = 1024$ durch 1000, so erhält man: 10^7

  Damit sind **mit 23 Bits rund 10^7 Zustände darstellbar**. In der Dezimaldarstellung hat man für die Mantisse die folgenden Möglichkeiten:

  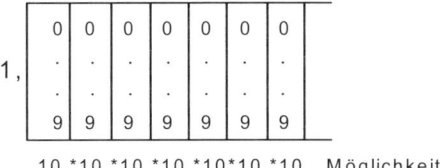

  10 *10 *10 *10 *10*10 *10   Möglichkeiten

  Bild 5-4 Genauigkeit der Darstellung

Man sieht, dass 10^7 Zuständen 7 Stellen hinter dem Komma entsprechen. Dies bedeutet, dass die Genauigkeit der Darstellung rund 7 Dezimalstellen beträgt.

- **Betrachtung des Exponenten – kleinste und größte positive Zahl**

  Mit 8 Stellen kann man die Zahlen -128 bis +127 im Rahmen der Zweier-komplementdarstellung erzeugen. IEEE 754 verwendet für den Exponenten keine Zweierkomplementdarstellung, sondern die Zahlen 0 bis 255 und die Rechnerhardware führt dann automatisch eine Verschiebung durch, wenn eine Gleitpunktzahl aus Vorzeichenbit, Mantisse und gespeichertem Exponenten berechnet wird. Auf den ersten Blick würde man sagen, die Verschiebung (Bias) müsste 128 betragen. Dies wäre vollkommen richtig, wenn es nur "normale" Zahlen und keine Sonderfälle geben würde.

  Es muss jedoch auch möglich sein, Sonderfälle anzugeben, wie z.B. die Zahl 0 oder dass es sich um plus oder minus Unendlich handelt, oder dass versucht wurde, Null durch Null zu dividieren. Für Null geteilt durch Null sieht IEEE 754 die Bezeichnung Not-a-Number (NaN) vor. NaN ist also bei `float`-Zahlen das Ergebnis bei der Division `0.0f / 0.0f`. Damit kann man nicht alle Zahlen von 0 bis 255 im Exponenten zur Berechnung von Gleitpunktzahlen bestehend aus Vorzeichen, Mantisse und Exponent heranziehen. Hierfür stehen nach IEEE 754 nur die Exponenten 1 bis 254 zur Verfügung. Da also der Bereich der gültigen Exponenten wegen der Sonderfälle von 0 bis 255 auf 1 bis 254 eingeschränkt wird, ist es klar, dass der Exponent mit einer Verschiebung von +127 gespeichert wird. Beim Rechnen zieht dann die Rechner-Hardware automatisch vom gespeicherten Exponenten stets die Verschiebung von +127 ab.

  Nach IEEE 754 ist die Basis stets 2. Damit ist $2^{1-127}=2^{-126}$ vom Betrag her der kleinste Exponential-Anteil, $2^{254-127}=2^{127}$ der größte Exponential-Anteil. Wegen des getrennt geführten Vorzeichens ist der Wertebereich für positive und negative Zahlen identisch. Im Folgenden wird deshalb die Betrachtung des Zahlenbereichs nur für positive Zahlen durchgeführt:

  Kleinste positive von Null verschiedene Zahl = kleinste Mantisse * kleinster Exponential-Anteil

  = 1.$\boxed{000 \ldots 0000}$ * 2^{-126}
       Mantisse

  = 2^{-126}

  Größte positive Zahl = größte Mantisse * größter Exponent

  = 1.$\boxed{111 \ldots 1111}$ * 2^{127}
       Mantisse

  = $(1 + {}^1/_2 + {}^1/_4 + {}^1/_8 + \ldots + {}^1/({2^{23}})) * 2^{127}$

  Dies ist ungefähr 2^{128}.

Nun ist:

$$2^{128} = \underbrace{2^{10} * 2^{10} * \ldots * 2^{10}}_{12 \text{ mal } 2^{10}} * 2^{8}$$

Dies ist ungefähr:

$$\underbrace{10^{3} * 10^{3} * \ldots * 10^{3}}_{12 \text{ mal } 10^{3}} * 100 = 10^{38}$$

Damit wird – grob abgeschätzt – der Bereich zwischen

$$1/_{4} * 10^{-38} \text{ und } 10^{38}$$

von der kleinsten positiven bis zur größten positiven Zahl erschlossen.

Lässt man in einer Überschlagsrechnung die Sonderfälle außer acht, so sind insgesamt im Bereich von -10^{38} bis 10^{38} durch den Rechner 2^{32} Zustände darstellbar, da mit 32 Bits 2^{32} verschiedene Zahlen dargestellt werden können.

Nach dem ISO-Standard muss der Wertebereich für den Typ float mindestens den Bereich 10^{-37} bis 10^{37}, die 0 und den Bereich zwischen -10^{37} und -10^{-37} umfassen. Ist ein Gleitpunktwert dem Betrag nach kleiner als die kleinste darstellbare positive Zahl, so verwendet der Compiler üblicherweise die 0. Die Genauigkeit soll mindestens 10^{-5} sein.

Beispiel für die Speicherung einer float-Zahl im IEEE 754-Format

Als Beispiel für die Speicherung von float-Zahlen im IEEE-Format soll hier die float-Zahl -2.5 betrachtet werden. Um eine Eindeutigkeit der Darstellung zu erreichen, wird die Mantisse durch folgende Vorschrift normalisiert:

Die betrachtete Zahl – hier -2.5 – ist so umzuformen, dass die erste Ziffer der Mantisse stets 1 ist:

Zahl = Vorzeichen * Mantisse * 2^{Exponent} mit 1.0 <= Mantisse < 2 oder Mantisse = 0

Damit wird -2.5 umgeformt zu:

$$- 2.5 = - 1.25 * 2^{1}$$

Da die erste Ziffer der Mantisse stets 1 ist, wird sie nicht gespeichert. Abzuspeichern ist 0.25. Da die Zahl -2.5 negativ ist, wird das Vorzeichenbit gesetzt: Vorzeichen = 1.

Der Exponent wird mit einer Verschiebung (Bias) gespeichert. Bei float beträgt die Verschiebung 127. Der Exponent 1 wird also durch Addition von 127 auf 128 gesetzt:

$$128_{10} = (10000000)_{2}$$

Die Mantisse ist $0.25_{10} = 0.01000000_2$. Beachten Sie hierbei die Stellenwerte hinter dem Dezimalpunkt:

> .0   1   0   0

Stellenwert 2^{-1} 2^{-2} 2^{-3} 2^{-4} usw.

Damit hat Bit 31, das Vorzeichenbit, den Wert 1. Im Exponenten, d.h. von Bit 23 bis Bit 30, wird das Bitmuster 10000000 und in der Mantisse, d.h. von Bit 0 bis Bit 22, das Bitmuster 0100000000000000000000 gespeichert.

5.3 Variablen

In C gibt es zwei verschiedene Arten von Vereinbarungen[34], Definitionen und Deklarationen.

> Der Begriff der **Vereinbarung** umfasst sowohl die **Definition** als auch die **Deklaration**.

> **Definitionen**
> - legen die **Art der Variablen**
>   - nämlich den **Typ**,
>   - aber auch die Speicherklasse
>   - und **Typ-Attribute** (type qualifier) wie `const` und `volatile` fest
> - und sorgen gleichzeitig für die **Reservierung des Speicherplatzes**.

Deklarationen von Variablen werden in Kapitel 13 und Deklarationen von Funktionen in Kapitel 9 behandelt.

> Deklarationen legen nur die **Art der Variablen** bzw. die **Schnittstelle der Funktionen**, d.h. die Funktionsköpfe, fest. Während Definitionen von Variablen und Funktionen dazu dienen, Datenobjekte bzw. Funktionen im Speicher anzulegen, machen Deklarationen Datenobjekte bzw. Funktionen bekannt, die in anderen Übersetzungseinheiten definiert werden oder in derselben Übersetzungseinheit erst nach ihrer Verwendung definiert werden.

---

[34] Im Englischen gibt es den Begriff „Vereinbarung" nicht. Dort wird anstelle von „Vereinbarung" das Wort „Declaration" verwendet. Eine Deklaration, die auch das Anlegen eines Speicherplatzes bewirkt, wird im Englischen als „Definition" bezeichnet. An dieser Stelle wird also nicht wortgetreu übersetzt. Wir folgen hier A.T. Schreiner und E. Janich im Vorwort zu [7].

Eine **Deklaration** umfasst stets den Namen eines Objektes und seinen Typ. Damit weiß der Compiler, mit welchem Typ er einen Namen verbinden muss.

Kurz und bündig ausgedrückt, bedeutet dies:

Definition = Deklaration + Reservierung des Speicherplatzes.

5.3.1 Definition einfacher Variablen

Eine einzige Variable wird definiert durch eine Vereinbarung der Form

```
datentyp name;
```

also beispielsweise durch

```
int x;
```

Vom selben Typ können **mehrere Variablen in einer einzigen Vereinbarung definiert** werden, indem man die Variablennamen durch Kommata trennt wie in folgendem Beispiel:

```
int x, y, z;
```

Die Namen der Variablen müssen den Namenskonventionen (siehe Kapitel 3.2.1) genügen. Natürlich darf ein Variablenname nicht identisch mit einem Schlüsselwort sein. Jede Variable in einer Folge von Definitionen von Variablen muss selbstverständlich ihren eigenen, eindeutigen Namen erhalten.

Die oben angeführte Syntax gilt nur für **einfache Variablen**. Man beachte bereits hier, dass in der Programmiersprache C eine Variable `array` des Datentyps

```
int [8]
```

d.h. ein Array aus 8 `int`-Komponenten vereinbart wird durch:

```
int array [8];
```

und **nicht durch**

```
int [8] array;
```

5.3.2 Externe und interne Variablen

Ein C-Programm besteht aus Funktionen. Funktionen sind zueinander extern, da in C keine Funktion in einer Funktion definiert werden kann. Variablen können entweder innerhalb von Funktionen als **funktionsinterne Variablen** oder außerhalb der Funktionen als **externe Variablen** definiert werden.

Funktionsinterne Variablen sind lokal zu einer Funktion. Sie haben nur innerhalb ihrer Funktion eine Bedeutung. Sie werden üblicherweise als **lokale Variablen** bezeichnet. **Externe Variablen** haben die Bedeutung von **globalen Variablen**.

Globale Variablen

Globale Variablen können grundsätzlich allen Funktionen eines Programms zur Verfügung stehen.

Globale Variablen sollte man so wenig wie möglich verwenden, da sie leicht zu schwer erkennbaren Fehlern führen. Um zu verstehen, warum externe Variablen globale Variablen sind, muss man zuerst den Begriff der Sichtbarkeit verstehen.

Sichtbarkeit einer Variablen

Die **Sichtbarkeit** einer Variablen bedeutet, dass man von einer Programmstelle aus die Variable sieht, das heißt, dass man auf sie über ihren Namen zugreifen kann.

Die Sichtbarkeit bezieht sich auf den Namen der Variablen. Die Sichtbarkeit wird beim Kompilieren vom Compiler überprüft.

Ein anderer Begriff, der damit nicht verwechselt werden sollte, ist der Begriff der **Lebensdauer** einer Variablen.

Lebensdauer

Die Lebensdauer ist die Zeitspanne, während der vom Laufzeitsystem der Variablen ein Platz im Speicher zur Verfügung gestellt wird. Mit anderen Worten, während ihrer Lebensdauer besitzt eine Variable einen Speicherplatz.

Bei der Lebensdauer handelt es sich also um einen dynamischen Vorgang während des Programmlaufs.

Lokale Variable

Eine lokale Variable wird angelegt, wenn ihre Funktion aufgerufen wird und wird vernichtet, wenn die Funktion beendet wird. Sie lebt nur während der Zeitspanne des Ablaufs ihrer Funktion. Sichtbar ist sie nur von Programmstellen innerhalb ihrer Funktion. Dies bedeutet, dass sie von Programmstellen außerhalb ihrer Funktion nicht verwendet werden kann.

Externe Variablen[35]

Externe Variablen leben so lange wie das ganze Programm. Sie werden zu Programmbeginn angelegt und werden erst vernichtet, wenn das Programm beendet wird.

> Externe Variablen sind von allen Funktionen sichtbar, die in derselben Quelldatei nach den externen Variablen definiert werden.

Da sie sichtbar sind, können sie von all diesen Funktionen verwendet und gelesen oder beschrieben werden. Die externen Variablen stehen also diesen Funktionen **gemeinsam**, in anderen Worten **global**, zur Verfügung, daher auch der Name globale Variablen. Arbeiten mehrere Funktionen auf einer globalen Variablen, so ist der Verursacher eines Fehlers schwer zu finden. Deshalb sollten globale Variablen nur in zwingenden Fällen verwendet werden, wenn es aus Performance-Gründen nicht mehr ratsam ist, mit Übergabeparametern zu arbeiten.

Im folgenden Beispiel wird eine globale Variable `alpha` eingeführt:

```
/* Datei: globvar.c */
#include <stdio.h>

int alpha = 3;                                      /* alpha wird 3 */

void f (void)
{
   int a;
   a = alpha;              /* a wird der Inhalt von alpha zugewiesen */
   printf ("a hat den Wert %d\n", a);
}

int main (void)
{
   int b = 4;                                       /* b wird 4      */
   printf ("alpha hat den Wert %d\n", alpha);
   alpha = b;                                       /* alpha wird 4  */
   printf ("alpha hat den Wert %d\n", alpha);
   f ();                                       /* Funktion f() aufrufen */
   return 0;
}
```

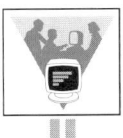

Die Ausgabe des Programmes ist:

```
alpha hat den Wert 3
alpha hat den Wert 4
a hat den Wert 4
```

---

[35] Externe Variablen sollten nicht mit der `extern`-Deklaration (siehe Kapitel 13.1) verwechselt werden.

Mit der Vereinbarung `int alpha = 3;` wird die globale Variable `alpha` zu Programmbeginn angelegt. Damit ist die Variable `alpha` in den Funktionen `f()` und `main()` sichtbar. Man kann in diesen zwei Funktionen auf sie lesend oder schreibend zugreifen. Die Lebensdauer der externen Variable `alpha` erstreckt sich bis zum Programmende. Erst nach Ablauf des Programmes wird der Speicherplatz dieser Variablen freigegeben.

5.3.3 Initialisierung von Variablen

Jede einfache Variable kann bei ihrer **Definition** initialisiert werden, indem man einfach den Zuweisungsoperator = gefolgt von einer Konstanten des passenden Typs an den Namen der Variablen anhängt[36]. Im folgenden Beispiel werden einige `int`- und `char`-Variablen bei ihrer Definition initialisiert:

```
int main (void)
{
    /* Initialisierung lokaler Variablen */
    int a = 9;
    int b = 1, c = 2;      /* b wird 1, c wird 2                    */
    int d, e = 3;          /* Wert von d nicht festgelegt, e wird 3 */

    char c1 = 'c', c2 = 'd';
    ....
}
```

Da diese Initialisierung von Hand durch Zuweisung eines Wertes vorgenommen wird, wird sie auch **manuelle Initialisierung** genannt. Globale Variablen werden zu Beginn eines Programmes automatisch mit 0 initialisiert. Diese **automatische Initialisierung** kann der Programmierer – wie im Falle von `alpha` im Beispiel `globvar.c` von Kapitel 5.3.2 – durch eine manuelle Initialisierung ersetzen.

> Lokale Variablen werden nicht automatisch initialisiert.

Da Initialisierungen gerne vergessen werden, sollte man diszipliniert programmieren und prinzipiell alle Variablen – interne und externe – stets manuell initialisieren.

5.4 Typ-Attribute

Die Idee der Typ-Attribute wurde in die Programmiersprache C von C++ übernommen. Jeder Datentyp kann bei einer Vereinbarung durch ein Typ-Attribut modifiziert werden.

---

[36] Eine Initialisierung, bei der der Initialisierungswert in geschweiften Klammern steht wie z.B. `int x = {3};` ist möglich, aber nicht üblich.

Es gibt 2 Typ-Attribute:

- `const`

- und `volatile`.

Das Attribut `volatile` wird gebraucht, wenn eine Variable implementierungs-abhängige Eigenschaften hat und der Compiler keine Optimierung durchführen soll. Dies ist z.B. bei Memory-Mapped-Input/Output der Fall. Hier werden Register auf einer Karte durch Memory-Adressen angesprochen und nicht über Ports (Kanäle). Hier müssen die entsprechenden Variablen stets an denselben Adressen stehen, der Compiler darf die Variablen nicht aus Optimierungsgründen woandershin verschieben.

Mit dem Schlüsselwort `const` ist es möglich, eine Variable anzulegen, die nur einmal initialisiert werden kann und anschließend vom Compiler vor Schreibzugriffen geschützt wird.

So schreibt man – beispielsweise wegen der höheren Typsicherheit – besser

```
const double PI = 3.1415927;
```

statt durch `#define PI 3.1415927` mit Hilfe des Präprozessors eine symbolische Konstante einzuführen.

5.5 Typen in C

In der Programmiersprache C gibt es nach ISO drei Klassen von Typen:

- **Objekttypen (Datentypen)**
- **Funktionstypen**
- **unvollständige Typen**

Objekttypen beschreiben Variablentypen. Funktionstypen beschreiben Funktionen.

Unvollständige Typen beschreiben Variablen, die noch nicht alle Informationen zur Festlegung ihrer Größe haben.

Ein Beispiel für einen Datentyp ist `int`, für einen Funktionstyp `int f (void)`.

Der Typ `void` ist ein unvollständiger Typ, der nicht vollständig gemacht werden kann. Er bezeichnet eine leere Menge und wird beispielsweise verwendet, wenn eine Funktion keinen Rückgabewert oder keinen Übergabeparameter hat. Ein Beispiel für einen unvollständigen Datentyp, der vervollständigt werden kann, ist das offene Array (siehe Kapitel 10.1.3).

5.6 Klassifikation von Datentypen

Die Datentypen von Variablen in C können, wie in Bild 5-5 dargestellt, klassifiziert werden. Typ-Modifizierer werden dabei nicht berücksichtigt.

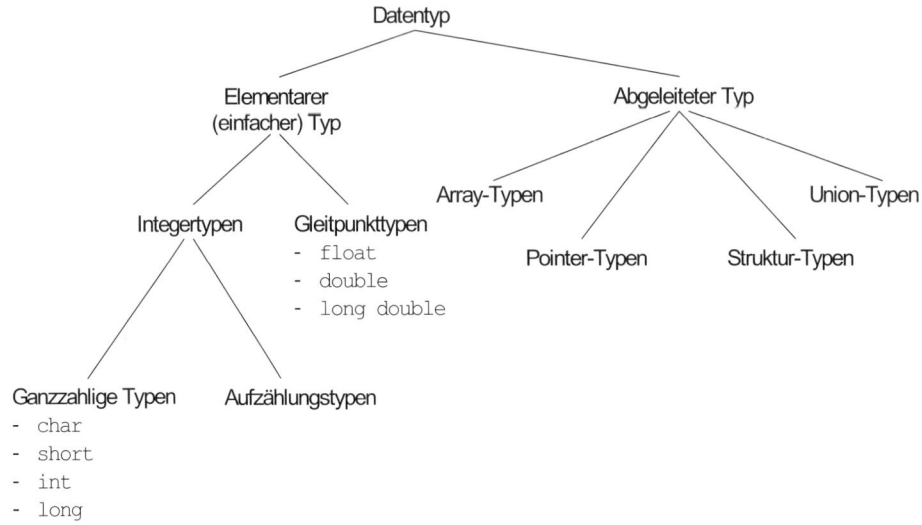

Bild 5-5 Klassifikation der Datentypen

Arrays, die Elemente eines bestimmten Typs enthalten, werden in Kapitel 6.3, **Pointer**, die auf Speicherobjekte eines bestimmten Typs zeigen, in Kapitel 6.1, **Strukturen**, die eine Reihe verschiedener Komponenten enthalten, in Kapitel 11.1 und **Unionen**, die immer nur eine einzige Alternative aus einer Folge verschiedener Alternativen enthalten, in Kapitel 11.2 behandelt.

Die elementaren Datentypen werden auch als **arithmetische Typen** bezeichnet, da ihre Variablen numerische Werte darstellen. Elementare Typen und Zeigertypen werden auch als **skalare Typen**, Array-Typen und Struktur-Typen als **zusammengesetzte Typen (Aggregat-Typen)** bezeichnet.

5.7 Übungsaufgaben

Aufgabe 5.1: Initialisierung von lokalen Variablen

Erstellen Sie ein Programm, in welchem jeweils eine lokale Variable der Typen `int`, `float`, `double`, `short`, `long` und `char` definiert, aber nicht initialisiert wird. Geben Sie den Inhalt der Variablen aus. Beobachten Sie das Ergebnis und beantworten Sie, weshalb Variablen immer initialisiert werden sollten.

Aufgabe 5.2: Initialisierung von globalen Variablen

Ändern Sie das vorherige Programm, indem Sie die lokalen Variablen zu globalen machen. Beobachten Sie erneut das Ergebnis. Was ist festzustellen?

Aufgabe 5.3: Programm Geheimschrift

Schreiben Sie ein Verschlüsselungsprogramm, das eine Datei einliest und in eine andere Datei verschlüsselt ausgibt. Realisieren Sie dieses Programm für die Standard-Eingabe und Standard-Ausgabe und verwenden Sie für Dateien die Umlenkungsoperatoren > und <.

Das Programm soll folgendermaßen funktionieren: Solange das Ende der Datei nicht erreicht ist, sollen mit `getchar()` Zeichen gelesen werden. Wenn das gelesene Zeichen ungleich `EOF` ist, soll ein Zeilentrenner ausgegeben werden, falls ein Zeilentrenner gelesen wurde. Ansonsten soll der Wert des Zeichens um 3 erhöht und ausgegeben werden.

Verschlüsseln Sie den Quellcode Ihres Programms und entschlüsseln Sie es mit dem passenden Entschlüsselungsprogramm.

Hinweis:

Mit der Anweisung `Programm < Datei1 > Datei2` als Kommando liest das Programm aus `Datei1` statt von Tastatur und schreibt in die `Datei2` statt auf den Bildschirm. Mit anderen Worten, der Umlenkungsoperator > lenkt die Standardausgabe von ihrem voreingestellten Wert (Defaultwert), dem Bildschirm, in die `Datei2` um. Entsprechendes gilt für den Umlenkungsoperator < (Siehe dazu auch Kapitel 14).

Kapitel 6

Einführung in Pointer und Arrays

6 Einführung in Pointer und Arrays

6.1 Pointertypen und Pointervariablen

Der Arbeitsspeicher eines Rechners ist in Speicherzellen eingeteilt. Jede Speicherzelle trägt eine Nummer.

> Die Nummer einer Speicherzelle wird als Adresse bezeichnet.

Ist der Speicher eines Rechners byteweise (1 Byte = 8 Bits) ansprechbar, so sagt man, er sei byteweise adressierbar. Umgekehrt bedeutet dies aber auch, dass man pro Byte des Speichers eine Adresse verbraucht. Über Adressen sind dann einzelne Bytes ansprechbar, einzelne Bits können nicht adressiert werden.

> Ein **Pointer (Zeiger)** ist eine Variable, die die Adresse eines im Speicher befindlichen Objektes aufnehmen kann. Damit verweist eine Pointervariable (Zeigervariable) mit ihrem Variablenwert auf die jeweilige Adresse.

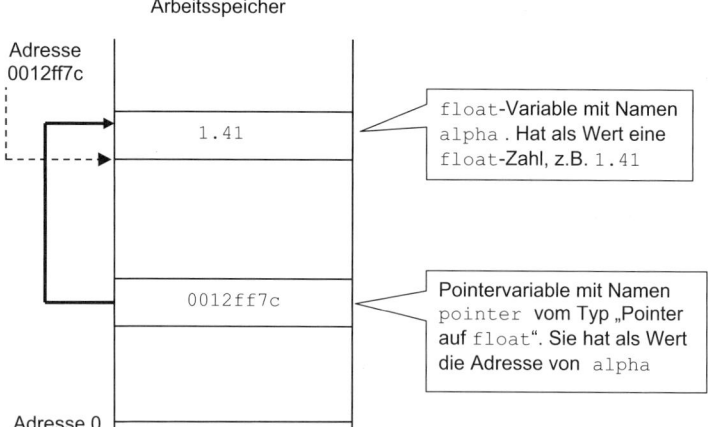

Bild 6-1 Pointervariablen können auf Speicherobjekte zeigen

Sowohl die `float`-Variable `alpha` als auch die Pointervariable `pointer` in Bild 6-1 ist ein **Speicherobjekt**. Da Pointervariablen und Funktionen Speicherobjekte sind, gibt es auch die Möglichkeit, dass Pointervariablen auf Pointervariablen bzw. auf Funktionen zeigen. Pointer auf Pointer und Pointer auf Funktionen werden in Kapitel 10 noch behandelt.

Um zwischen Pointern, die Variablen sind, und anderen Variablen verbal zu unterscheiden, werden im Folgenden „normale" Variablen als **Datenobjekte** bezeichnet.

Speicherobjekte sind:

- Datenobjekte
- Pointervariablen
- Funktionen

Pointer können auf

- Datenobjekte
- Pointervariablen
- Funktionen

zeigen.

Datenobjekte und Pointer haben einen Datentyp. Will man mit einem Pointer auf ein Datenobjekt zeigen, so muss der Typ des Pointers dem Typ des Datenobjektes entsprechen.

Pointer und Speicherobjekte sind vom Typ her **gekoppelt.** Ist das Objekt vom Typ Typname, so braucht man einen Pointer vom Typ „Pointer auf Typname", um auf dieses Objekt zeigen zu können.

Es ist also z.B. nicht erlaubt, einen Pointer auf `int` auf eine `double`-Variable zeigen zu lassen. Daher ist es nötig, den Datentyp anzugeben, den der Pointer referenzieren soll – d.h. auf den er zeigen bzw. verweisen soll.

Definition von Pointervariablen

Ein Pointer wird formal wie eine Variable definiert – dem Pointernamen ist lediglich ein Stern vorangestellt:

`Typname *`   `Pointername;`

`Typname *` ist der **Datentyp des Pointers**

`Pointername` ist der **Name des Pointers.**

Diese Definition wird von rechts nach links gelesen, dabei liest man den `*` als „ist Pointer auf". Die Definition wird also gelesen zu:

„`Pointername` ist Pointer auf `Typname`".

Der Datentyp des Pointers heißt: „Pointer auf `Typname`".

Durch diese Definition wird eine Variable `Pointername` vom Typ „Pointer auf `Typname`" definiert, wobei der Compiler für diese Variable Platz reservieren muss. Beispiele für die Definition von Pointervariablen sind:

```
int   * pointer1;
float * pointer2;
```

`pointer1` ist ein Pointer auf `int`, `pointer2` ist ein Pointer auf `float`. Der Datentyp dieser Pointervariablen ist `int *` bzw. `float *`. Durch die Vereinbarung sind Pointer und zugeordneter Typ miteinander verbunden.

Beachten Sie, dass

```
int * pointer, alpha;      gleichbedeutend ist mit    int * pointer;
                                                       int alpha;
```

wohingegen

```
int * pointer1, * pointer2;    gleichbedeutend ist mit
int * pointer1; int * pointer2;
```

> Eine Variable sollte immer in einer separaten Zeile definiert werden. Damit lassen sich Fehler vermeiden, wenn Pointer-variablen definiert werden. Außerdem ist es möglich, jede definierte Variable mit einem spezifischen Kommentar zu versehen.

Wertebereich von Pointern. NULL-Pointer

Der **Wertebereich** einer Pointervariablen vom Typ „Pointer auf `Typname`" ist die Menge aus allen Pointern, die auf Speicherobjekte vom Typ `Typname` zeigen können, und dem `NULL`-Pointer. Der Pointer `NULL` ist ein vordefinierter Pointer, dessen Wert sich von allen regulären Pointern unterscheidet. Der `NULL`-Pointer zeigt auf die Adresse 0 und damit auf kein gültiges Speicherobjekt[37]:

```
int * pointer = NULL;
/* pointer zeigt auf die Adresse NULL */
```

Die Konstante `NULL` ist in der Header-Datei `<stddef.h>` definiert als `0`. Generell kann man einem Pointer keine ganze Zahlen zuweisen. Mit der Konstanten `NULL` wurde jedoch eine Ausnahme geschaffen. Ein solcher Pointer mit dem Wert `NULL` wird `NULL`-Pointer genannt.

Durch die Definition der Pointervariablen wird noch kein Speicherplatz für ein Objekt vom Typ `Typname` reserviert. Der Compiler reserviert für eine Pointervariable lediglich soviel Speicher, wie zur Darstellung einer Adresse in der Pointervariablen nötig ist. Da Objekte vom Typ `Typname` prinzipiell an jeder beliebigen Stelle des Adressraumes bis auf die Adresse 0 liegen können, müssen mit einem Pointer letztendlich alle Adressen dargestellt werden können. Daher werden zur Speicherung eines Pointers genau so viele Bytes verwendet, wie es die interne Darstellung einer Adresse erfordert. Bei einer 32-Bit-Adresse sind dies 4 Bytes. Man könnte nun meinen, diese 4 Bytes würden nicht ausreichen, da man ja auch den `NULL`-Pointer

---

[37] In C ist nämlich festgelegt, dass Variablen und Funktionen immer an Speicherplätzen abgelegt werden, deren Adressen von 0 verschieden sind.

berücksichtigen muss. Der NULL-Pointer zeigt jedoch auf die Adresse 0 und ist damit in den Adressen, die durch 4 Bytes dargestellt werden können, bereits enthalten.

Funktionen, die einen Pointer liefern, können den NULL-Pointer verwenden, um eine erfolglose Aktion anzuzeigen. Liegt kein Fehler vor, so haben sie als Rückgabewert stets die Adresse eines Speicherobjektes, die von 0 verschieden ist.

Ebenso wie bei jeder anderen Variablen ist der Wert eines Pointers im Falle von lokalen Variablen nach der Variablendefinition zunächst unbestimmt. Der Wert ist noch nicht definiert! Der Pointer referenziert also irgendeine Speicherstelle im Adressraum des Programms. Im Falle von externen Variablen zeigt der Pointer – bedingt durch die automatische Initialisierung – auf die Adresse 0. D.h. in beiden Fällen wird kein konkretes Objekt referenziert.

Wertzuweisung an einen Pointer. Adressoperator

Durch den Ausdruck pointer2 = pointer1 wird einem Pointer pointer2 der Wert des Pointers pointer1 zugewiesen. Nach der Zuweisung haben beide Pointer denselben Inhalt und zeigen damit beide auf das Objekt, auf das zunächst von pointer1 verwiesen wurde.

Bild 6-2 Kopieren von Adressen

Die einfachste Möglichkeit, einen Pointer auf ein Objekt zeigen zu lassen, besteht darin, auf der rechten Seite des Zuweisungsoperators den **Adressoperator &** auf eine Variable anzuwenden, denn es gilt:

Ist x eine Variable vom Typ Typname, so liefert der Ausdruck &x einen Pointer auf das Objekt x vom Typ „Pointer auf Typname".

Im folgenden Beispiel wird eine int-Variable alpha definiert und ein Pointer pointer auf eine int-Variable:

Durch die folgende Zuweisung `alpha = 1` wird der `int`-Variablen `alpha` der Wert 1 zugewiesen, d.h. an der Stelle des Adressraums des Rechners, an der `alpha` gespeichert wird, befindet sich nun der Wert 1. Zu diesem Zeitpunkt ist der Wert des Pointers noch undefiniert, denn ihm wurde noch nichts zugewiesen:

`alpha = 1;`

Erst durch die Zuweisung `pointer = &alpha` erhält der Pointer `pointer` einen definierten Wert, nämlich die Adresse der Variablen `alpha`.

`pointer = &alpha;`

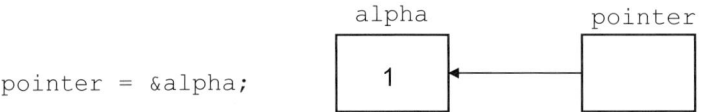

Mit Hilfe des Adressoperators kann man also Pointer auf bereits vorhandene Speichervariablen konstruieren. Eine Ausnahme bilden hierbei die `register`-Variablen (siehe Kapitel 13.5.1). Da sie gegebenenfalls vom Computer in Registern des Prozessors abgelegt werden, kann der Adressoperator hier nicht verwendet werden.

Dereferenzierung. Zugriff auf ein Objekt über einen Pointer

Wurde einem Pointer ein Wert zugewiesen, so will man natürlich auch auf das referenzierte Objekt, d.h. auf das Objekt, auf das der Pointer zeigt, zugreifen können. Dazu gibt es in C den **Inhaltsoperator ***. Wird er auf einen Pointer angewandt, so greift er auf das Objekt zu, auf das der Pointer verweist. Statt Inhaltsoperator sagt man oft auch **Dereferenzierungsoperator**. Ein Pointer referenziert ein Objekt – mit anderen Worten, er verweist auf das Objekt. Mit Hilfe des Dereferenzierungsoperators erhält man aus einem Pointer, also einer Referenz auf ein Objekt, das Objekt selbst.

Ist

```
int alpha = 1;
```

und

```
int * pointer = &alpha;
```

dann wird mit

```
*pointer = 2;   /* Dereferenzierung */
```

der Variablen `alpha` der Wert 2 zugewiesen.

Dasselbe lässt sich erreichen durch

```
*&alpha = 2;
```

`*&alpha` ist äquivalent zu `alpha`.

Referenzieren heißt, dass man mit einer Adresse auf ein Speicherobjekt zeigt. Eine vorhandene Variable referenziert man mit Hilfe des Adressoperators. So liefert z.B. `&x` die Adresse der Variablen `x`. Möchte man über einen Pointer auf ein Objekt zugreifen, so muss man den Pointer dereferenzieren. So bewirkt beispielsweise

```
*pointer = 5;
```

dass das Objekt, auf das der Pointer `pointer` zeigt, die Zahl 5 zugewiesen bekommt.

Bild 6-3 visualisiert nochmals die Verwendung des Adress- und Dereferenzierungsoperators.

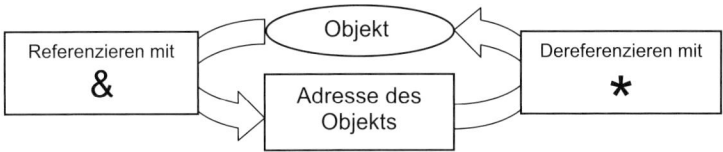

*Bild 6-3 Vom Objekt zu seiner Adresse und zurück mit Hilfe der Operatoren & und ***

Bild 6-4 zeigt ein konkretes Beispiel für die Verwendung des Adress- und Dereferenzierungsoperators.

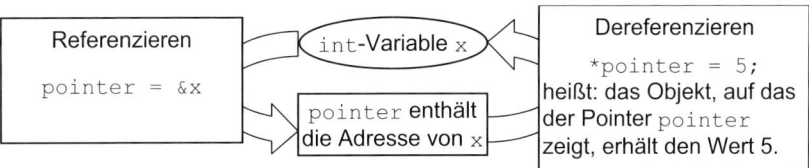

Bild 6-4 Beispiel für das Referenzieren und Dereferenzieren

Zusammenfassung

Zum Arbeiten mit Pointern stehen die beiden **Operatoren** `&` und `*` zur Verfügung:

- `&` wird als **Adressoperator** bezeichnet. Mit ihm erhält man die **Adresse eines Objekts**.
- `*` wird als **Dereferenzierungsoperator** bezeichnet. Mit ihm erhält man den **Inhalt des Objektes**, auf das ein Pointer zeigt.

Andere Namen für den Dereferenzierungsoperator sind **Inhaltsoperator**, **Dereferenzierungssymbol** oder **indirection symbol**.

Generell gilt:

Zeigt der Pointer `pointer` auf das Objekt `alpha`, so kann für `alpha` der äquivalente Ausdruck `*pointer` verwendet werden. Mit anderen Worten: `*pointer` **ist das Objekt, auf das der Pointer** `pointer` **zeigt**.

Gilt beispielsweise `pointer = &alpha`, so ist

```
*pointer = *pointer + 1;
```

äquivalent zu

```
alpha = alpha + 1;
```

Beispiele

Und hier noch weitere Beispiele für das Referenzieren und Dereferenzieren. Das erste Beispiel zeigt, dass das Dereferenzieren die inverse Operation zum Referenzieren ist.

```
/* Datei: pointer1.c */
#include <stdio.h>

int main (void)
{
   float zahl = 3.5f;
   printf("Adresse von zahl: %p\n", &zahl);
   printf("Wert von zahl: %f\n", *&zahl);
   printf("*&*&*&*&*&zahl = %f\n", *&*&*&*&*&zahl);
   return 0;
}
```

Hier die Ausgabe des Programms:

```
Adresse von zahl: 0012ff7c
Wert von zahl: 3.500000
*&*&*&*&*&zahl = 3.500000
```

Das zweite Programm demonstriert verschiedene fundamentale Mechanismen für Pointer wie z.B. das Kopieren von Pointern:

```
/* Datei: ptr_op.c */
#include <stdio.h>

int main (void)
{
   int alpha;
   int * pointer1;
```

```
  int * pointer2;
  pointer1 = &alpha;            /* pointer1 wird initialisiert  */
                               /* und zeigt auf alpha          */
  *pointer1 = 5;               /* alpha wird 5 zugewiesen       */
  printf ("\n%d", *pointer1);  /* 5 wird ausgegeben             */
  *pointer1 = *pointer1 + 1;   /* alpha wird um 1 inkrementiert */
  pointer2 = pointer1;         /* pointer2 wird initialisiert   */
                               /* und zeigt auch auf alpha      */
  printf ("\n%d", *pointer2);  /* 6 wird ausgegeben             */
  return 0;
}
```

Hier die Ausgabe des Programms:

```
5
6
```

Ein häufiger Fehler ist im folgenden Beispiel zu sehen:

```
int * pointer;
*pointer = 6;
```

Wurde einem Pointer `pointer` noch nicht die Adresse einer Programmvariablen zugewiesen, so hat `pointer` keinen definierten Wert. Daher darf der Speicherzelle, auf die `pointer` zeigt, kein Wert zugewiesen werden.

6.2 Pointer auf void

Wenn bei der Definition des Pointers der Typ der Variablen, auf die der Pointer zeigen soll, noch nicht feststeht, wird ein **Pointer auf den Typ void** vereinbart. Der Pointer auf den Typ `void` darf selbst nicht zum Zugriff auf Objekte verwendet werden, d.h. er **darf nicht dereferenziert werden**, da er ja noch nicht auf richtige Objekte zeigt. Später kann dann der Pointer in einen Pointer auf einen bestimmten Typ umgewandelt werden.

Der Pointer auf `void` ist ein **untypisierter** (typfreier, generischer) **Pointer**. Dieser ist zu allen anderen Pointertypen kompatibel und kann insbesondere in Zuweisungen mit **typisierten Pointern** gemischt werden. Ein Pointer auf `void` umgeht also bei einer Zuweisung die Typüberprüfungen des Compilers.

Abgesehen von `void *` darf ohne explizite Umwandlungsoperation (siehe Kapitel 7.6.7) kein Pointer auf einen Datentyp an einen Pointer auf einen anderen Datentyp zugewiesen werden. Jeder Pointer kann durch Zuweisung in den Typ `void *` und zurück umgewandelt werden, ohne dass Information verloren geht.

6.3 Eindimensionale Arrays

Außer einfachen Variablen lassen sich auch Arrays von Variablen gleichen Typs vereinbaren. Die allgemeine Form der Definition eines eindimensionalen Arrays ist:

```
Typname Arrayname [GROESSE]; /* GROESSE ist die Anzahl der Array- */
                            /* Elemente                          */
```

Konkrete Beispiele hierfür sind:

```
int alpha [5];          /* Array aus 5 Elementen vom Typ int    */
char beta [6];          /* Array aus 6 Elementen vom Typ char   */
```

Bild 6-5 visualisiert die Speicherbelegung eines Arrays aus 5 `int`-Elementen. Alle Elemente des Arrays werden vom Compiler direkt hintereinander im Arbeitsspeicher angelegt.

Bild 6-5 Das Array `alpha` – ein Aggregat aus
5 Komponentenvariablen desselben Typs

Vor dem Datentyp `Typname` kann optional auch eine Speicherklasse stehen – siehe Kapitel 13. Außer eindimensionalen Arrays gibt es in C auch mehrdimensionale Arrays. Diese werden in Kapitel 10.1.4 besprochen.

Die Namensgebung Array ist nicht einheitlich. In der Literatur findet man die synonyme Verwendung der Namen **Feld**, **Reihung** und **Array**. Ein eindimensionales Array wird oft auch als **Vektor** bezeichnet, aber auch für mehrdimensionale Arrays ist die Bezeichnung Vektor zu finden.

In C gibt es im Gegensatz zu anderen Sprachen **kein Schlüsselwort array**. Der C-Compiler erkennt ein Array an den eckigen Klammern, die bei der Definition die Anzahl der Elemente enthalten. Die **Anzahl der Elemente** muss immer eine positive ganze Zahl sein. Sie kann gegeben sein durch eine Konstante oder einen konstanten Ausdruck, **nicht aber durch eine Variable**. Dies bedeutet, dass die Größe nicht dynamisch geändert werden kann, d.h. ein dynamisches Array kann nicht vereinbart werden. Dennoch lassen sich dynamische Arrays mit Hilfe der Funktion `malloc()` oder `calloc()` konstruieren (siehe Kapitel 16).

Der Zugriff auf ein Element eines Arrays erfolgt über den Array-Index. Hat man ein **Array mit n Elementen** definiert, so ist darauf zu achten, dass in C die **Indizierung der Arrayelemente mit 0 beginnt und bei n-1 endet.**

Das folgende Beispiel zeigt ein Array aus 5 `int`-Elementen:

```
int alpha [5];   /* Arraydefinition                               */

alpha[0] = 1;   /* das 1. Element alpha[0] hat den Index   0     */
alpha[1] = 2;   /* das 2. Element alpha[1] hat den Index   1     */
alpha[2] = 3;   /* das 3. Element alpha[2] hat den Index   2     */
alpha[3] = 4;   /* das 4. Element alpha[3] hat den Index   3     */
alpha[4] = 5;   /* das letzte Element hat den Index 4           */
```

alpha[0] int	alpha[1] int	alpha[2] int	alpha[3] int	alpha[4] int
1	2	3	4	5

Bild 6-6 Namen, Typen und Werte der Komponenten des Arrays `alpha`

Eine tückische Besonderheit von Arrays in C ist, dass beim Überschreiten des zulässigen Indexbereiches kein Kompilier- bzw. Laufzeitfehler erzeugt wird. So würde die folgende Anweisung einfach die Speicherzelle direkt nach `alpha[4]` mit dem Wert 6 überschreiben:

Vorsicht!

```
alpha[5] = 6;
/* Achtung, Bereichsueberschreitung!                */
```

Das Werkzeug `lint`, welches auf UNIX-Rechnern in der Regel mit dem C-Compiler ausgeliefert wird und erweiterte Prüfungen des C-Quellcodes durchführt, erkennt diesen Fehler jedoch sofort. Auf eine korrekte Indizierung muss der Programmierer jedoch selbst achten.

Der Vorteil von Arrays gegenüber mehreren einfachen Variablen ist, dass Arrays sich leicht mit Schleifen bearbeiten lassen. Im Gegensatz zur Größe des Arrays, die konstant ist, kann der Index einer Array-Komponente eine Variable sein.

So kann man die Werte der Elemente des oben eingeführten Arrays `alpha` ausgeben durch:

```
/*....*/
int index;
for (index = 0; index < 5; index = index + 1)
{
    printf ("\n%d", alpha[index]);
}
/*....*/
```

oder den Durchschnitt aller Werte des Arrays berechnen durch

```
/*....*/
int index;
float summe = 0.f;
for (index = 0; index < 5; index = index + 1)
{
    summe = summe + alpha [index];
}
printf ("\nDer Durchschnitt ist: %f", summe / index);
/*....*/
```

Das folgende Beispiel zeigt das Speichern von Daten in einem `int`-Array:

```
/* Datei: array.c */

#include <stdio.h>
#define MAX 40
int main (void)
{
    int fahrenheit [MAX+1];                              /* 1 */
    int index;
    /* Tabelle für Fahrenheitwerte von 0 bis 40 Grad Celsius */
    for (index = 0; index <= MAX; index = index + 1)
    {
        fahrenheit[index] = ((9 * index) / 5) + 32;      /* 2 */
    }
    for (;;)                                             /* 3 */
    {
        printf ("Geben Sie bitte eine Temperatur zwischen");
        printf (" 0 und %d Grad Celsius ein ", MAX);
        printf ("(Abbruch durch Eingabe von -1):\n");
        scanf ("%d", &index);
        if (index < 0 || index > MAX) break;             /* 4 */
        printf ("\n\nDas sind %d Grad Fahrenheit\n",
                fahrenheit [index]);
    }
    return 0;
}
```

Eine mögliche Programmausgabe ist:

```
Geben Sie bitte eine Temperatur zwischen 0 und 40
Grad Celsius ein (Abbruch durch Eingabe von -1):
35

Das sind 95 Grad Fahrenheit
```

Das Programm `array.c` speichert Gradzahlen von 0 bis `MAX` Grad Celsius umgerechnet in Fahrenheit in einem `int`-Array `fahrenheit` ab (Kommentar `(2)`). Um
den Zugriff auf diese Tabelle einfacher zu gestalten, entspricht die Gradzahl dem

Index des Fahrenheit-Arrays. So kann z.B. durch `fahrenheit[37]` auf den Fahrenheitwert für 37 Grad Celsius zugegriffen werden. Wenn die Tabelle gefüllt ist, wird in einer Endlosschleife bei Kommentar `(3)` der Benutzer nach einem Temperaturwert gefragt. Wenn ein negativer oder zu großer Wert (Kommentar `(4)`) eingegeben wird, so wird die Endlosschleife mit `break` beendet. Ansonsten wird der schon zuvor berechnete Fahrenheit-Wert aus dem Array `fahrenheit` ausgegeben und der nächste Schleifendurchlauf beginnt.

Man beachte, dass bei Kommentar `(1)` ein Array für 41 `int`-Einträge geschaffen wird, da ja der größtmögliche Index gleich Größe - 1 – in diesem Falle 40 – sein soll.

Auf jeden Fall sollte man es sich bei Arrays zur Gewohnheit machen, immer mit symbolischen Konstanten wie z.B. in `#define MAX 40` und nie mit literalen Konstanten wie z.B. in `int fahrenheit [40]` zu arbeiten. Soll nämlich das vorliegende Programm in einer nächsten Version bis 100 Grad Celsius arbeiten, so müsste man doch an vielen Stellen (z.B. auch in den Eingabeaufforderungen, Kommentaren ...) Änderungen vornehmen, von denen leider gerne welche vergessen werden.  Vorsicht!

Natürlich kann man bei diesem einfachen Beispiel fragen, ob sich hier der Einsatz eines Arrays für die einfache Umrechnungsformel lohnt. Aber diese Technik wird oft herangezogen, wenn es um Programme geht, bei denen immer wieder dieselben Werte zu berechnen sind. Gerade in der Computer-Grafik und Übertragungstechnik ist es ein Trend, alles was im Voraus berechnet werden kann (zum Beispiel Normalenvektoren), auch vorzuberechnen, um dann zur Laufzeit möglichst kurze Antwortzeiten zu erreichen. Dies geht natürlich auf Kosten des Hauptspeichers, der aber zunehmend kostengünstiger wird. Dieses Problem (gute Antwortzeit oder wenig Speicherverbrauch) wird im Englischen auch als **time-space-tradeoff** bezeichnet.

Weitere Erläuterungen zur Definition eines Arrays

Es ist erlaubt, innerhalb einer einzigen Vereinbarung sowohl einfache Variablen, als auch Arrays zu definieren, z.B.

```
float alpha [10], beta, gamma [5];
```

Hierdurch wird definiert:

ein Array `alpha` mit 10 Elementen vom Typ `float`, eine einfache `float`-Variable mit Namen `beta`, ein Array namens `gamma` mit 5 Elementen vom Typ `float`.

Da lokale Variablen einer Funktion auf dem Stack abgelegt werden, kann es bei der Definition sehr großer lokaler Arrays zum Stacküberlauf kommen.  Vorsicht!

Der Adressraum eines Programmes bestehend aus den Segmenten Code, Daten, Stack und Heap wird in Kapitel 13.1 behandelt.

Zeichenketten

Zeichenketten (engl. **strings**) sind formal betrachtet nichts anderes als Arrays von Zeichen (`char`-Arrays). Eine Zeichenkette wird vom Compiler intern als ein Array von Zeichen dargestellt. Dabei wird am Schluss ein zusätzliches Zeichen, das Zeichen `'\0'` (**Nullzeichen**) angehängt, um das Stringende zu markieren.

Stringverarbeitungsfunktionen benötigen unbedingt dieses Zeichen, damit sie das Stringende erkennen. Deshalb muss bei der Speicherung von Zeichenketten stets ein Speicherplatz für das Nullzeichen vorgesehen werden. So hat beispielsweise

```
char vorname [15];
```

nur Platz für 14 Buchstaben einer Zeichenkette und das abschließende `'\0'`-Zeichen.

Wenn Zeichenketten-Arrays mit Schleifen bearbeitet werden, die als Abbruchbedingung das `'\0'`-Zeichen nutzen, dann wird dieses Zeichen bei Kopiervorgängen nicht mehr mitkopiert. Man muss das `'\0'`-Zeichen dann durch eine separate Anweisung noch anhängen. Das Vergessen dieses Zeichens ist ein häufiger Fehler.

Vorsicht!

Das folgende Beispiel durchsucht ein `char`-Array nach dem Buchstaben `'a'`:

```c
/* Datei: char_array.c */
/* Entscheiden, ob eine Zeichenkette ein 'a' enthält           */
#include <stdio.h>
#include <string.h>
#define MAX 40

int main (void)
{
   int index;
   char eingabe [MAX+1];
   printf ("Bitte String eingeben (max. %d Zeichen): ", MAX);
   gets (eingabe);                                          /* 1 */
   for (index = 0; eingabe[index] != '\0'; index = index + 1)
   {
      if (eingabe[index] == 'a')                            /* 2 */
      {
         break;                                             /* 3 */
      }
   }
   if (eingabe[index] == '\0')                              /* 4 */
   {
      printf ("\nIhr String enthaelt kein 'a'\n");
   }
```

```
    else                                                      /* 5 */
    {
        printf ("\nDas a befand sich an der %d. Stelle\n", index + 1);
    }
    return 0;
}
```

Eine mögliche Programmausgabe ist:

Bitte String eingeben (max. 40 Zeichen): Hallo

Das a befand sich an der 2. Stelle

Das Programm char_array.c liest mit Hilfe der Funktion gets() (siehe Kapitel 14.7.6) einen String von der Tastatur ein und weist ihn dem char-Array eingabe zu (Kommentar (1)). Dieser String wird dann in der for-Schleife Buchstabe für Buchstabe durchlaufen und mit dem gesuchten Buchstaben 'a' verglichen (Kommentar (2)). Wird ein 'a' gefunden, dann wird die Schleife mit break verlassen (Kommentar (3)), ansonsten wird der gesamte String durchsucht. Um festzustellen, ob ein 'a' enthalten war, wird nach dem Verlassen der for-Schleife der Buchstabe an der Stelle eingabe[index] mit dem Zeichen '\0' verglichen (Kommentar (4)). Ist der Buchstabe gleich '\0', dann wurde der String bis zum Ende durchsucht, ohne ein 'a' zu finden. Ansonsten wurde ein 'a' an der Stelle index + 1 gefunden (Kommentar (5)).

6.4 Übungsaufgaben

Aufgabe 6.1: Pointer und Adressoperator

Schreiben Sie ein einfaches Programm, das die folgenden Definitionen von Variablen und die geforderten Anweisungen enthält:

- Definition einer Variablen `i` vom Typ `int`,
- Definition eines Pointers `ptr` vom Typ `int *`,
- Zuweisung der Adresse von `i` an den Pointer `ptr`,
- Zuweisung des Wertes 1 an die Variable `i`,
- Ausgabe des Wertes des Pointers `ptr`,
- Ausgabe des Wertes von `i`,
- Ausgabe des Wertes des Objekts, auf das der Pointer `ptr` zeigt, mit Hilfe des Dereferenzierungsoperators,
- Zuweisung des Wertes 2 an das Objekt, auf das der Pointer `ptr` zeigt, mit Hilfe des Dereferenzierungsoperators
- und Ausgabe des Wertes von `i`.

Hinweis:

Pointer werden bei `printf()` mit dem Formatelement `%p` ausgegeben.

Aufgabe 6.2: Arrays

a) Überlegen Sie, was das folgende Programm ausgibt. Überzeugen Sie sich durch einen Programmlauf.

```
#include <stdio.h>
int main (void)
{
    int i, ar [100];

    printf ("\n\n\n");
    for (i = 0; i < 100; i = i + 1) ar[i] = 1;
    ar[11] = -5;
    ar[12] = ar[12] + 1;
    ar[13] = ar[0] + ar[11] + 4;

    for (i = 10; i <= 14; i = i + 1)
        printf ("ar[%2d] = %4d\n", i, ar[i]);
    return 0;
}
```

b) Weisen Sie einem Array aus 128 Zeichen die Zeichen des ASCII-Zeichensatzes zu. Geben Sie die Zeichen mit dem ASCII-Code 48 bis 57 am Bildschirm aus.

c) Lesen Sie in ein Array aus 3 `int`-Elementen von der Tastatur die Werte ein. Ermitteln Sie, welches Element den größten Wert hat und geben Sie die Nummer des Elements und seinen Wert am Bildschirm aus.

d) Lesen Sie in das Array a aus 3 int-Elementen (a1, a2, a3) von der Tastatur die
    Werte ein. Lesen Sie in das Array b aus 3 int-Elementen (b1, b2, b3) von der
    Tastatur die Werte ein. Bestimmen Sie das Skalarprodukt (a1*b1 + a2*b2 +
    a3*b3) und geben Sie dessen Wert am Bildschirm aus.

Aufgabe 6.3: Fehlende Überprüfung auf Überschreitung der Feldgrenzen bei Arrays

Führen Sie einen Programmlauf mit dem folgenden Programm durch. Analysieren
Sie das Ergebnis!

```
#include <stdio.h>

long int i;
long int j;
long int ar [100];
long int k;
long int l;
long int p;
long int q;

int main (void)
{
   for (i = 0; i < 100; i = i + 1)
      ar[i] = 27;

   i = 16;
   k = 21;
   l = 22;
   p = 23;
   q = 24;

   printf ("\n\ni ist %ld\n", i);
   printf ("ar[-1] ist %ld\n", ar[-1]);
   printf ("ar[0] ist %ld\n", ar[0]);
   printf ("ar[100] ist %ld\n", ar[100]);
   printf ("ar[101] ist %ld\n", ar[101]);
   printf ("ar[102] ist %ld\n", ar[102]);
   printf ("ar[103] ist %ld\n", ar[103]);
   printf ("ar[-2] ist %ld\n", ar[-2]);
   printf ("ar[-3] ist %ld\n", ar[-3]);
   printf ("k ist %ld\n", k);
   printf ("l ist %ld\n", l);
   printf ("p ist %ld\n", p);
   printf ("q ist %ld\n", q);
   return 0;
}
```

Generieren Sie eine Linker Map (ueberlauf.map).
Beachten Sie, dass die Variablen i, j, ar, j, k, l, p, q extern sein müssen, damit
ihre Adressen in der Linker Map sichtbar gemacht werden können.

Hinweis: Vorgehensweise in MS-VCC V6.0

Gehen Sie dazu über die Menüpunkte „Projekt" und „Einstellungen" zu den Einstellungen für den Linker. Aktivieren Sie dort die Option „Map File generieren". Der Linker erzeugt dann im Verzeichnis „Debug" des entsprechenden Projektes die Linker Map.

Öffnen Sie mit einem Texteditor oder dem VCC diese Datei. Die Variablennamen besitzen in der Linker Map einen führenden Unterstrich.

Kapitel 7

Anweisungen, Ausdrücke und Operatoren

$$(A + B) * C = ????$$

7 Anweisungen, Ausdrücke und Operatoren

Ein Ausdruck ist in C im einfachsten Fall der Bezeichner (Name) einer Variablen oder einer Funktion, eine Konstante oder eine Zeichenkette. Meist interessiert der Wert eines Ausdrucks. So hat eine Konstante einen Wert, eine Variable kann einen Wert liefern, aber auch der Aufruf einer Funktion. Durch Verknüpfungen von Operanden – ein Operand ist selbst ein Ausdruck – durch Operatoren und gegebenenfalls auch runde Klammern entstehen komplexe Ausdrücke.

Runde Klammern beeinflussen dabei die Auswertungsreihenfolge. Der Wert und Typ eines Ausdrucks ändert sich nicht, wenn er in Klammern gesetzt wird. So sind beispielsweise die beiden Zuweisungen `a = b` und `(a) = (b)` identisch.

Die Ziele dieser Verknüpfungen von Operatoren und Operanden zu **Ausdrücken** sind:

- Die Berechnung neuer Werte. Der Wert eines Ausdrucks wird oft auch als **Rückgabewert** des Ausdrucks bezeichnet. Alles das, was auf der rechten Seite einer Zuweisung stehen kann, hat einen Wert und stellt einen Ausdruck dar.
- Das Erzeugen von gewollten Nebeneffekten (siehe Kapitel 7.3).
- Ein Speicherobjekt, d.h. eine Variable oder eine Funktion, zu erhalten[38].

7.1 Operatoren und Operanden

In C gibt es die folgenden Operatoren:

```
()    []   ->   .
!    ~    ++   --   +    -    *    &    (Typname)   sizeof
/    %    <<   >>   <    <=   >    >=   ==   !=   ^    |    &&
||   ?:   =    +=   -=   *=   /=   %=   &=   ^=   |=   <<=  >>=   ,
```

Tabelle 7-1 Operatoren der Sprache C

Die meisten dieser Operatoren werden in dem vorliegenden Kapitel besprochen. Die runden Klammern des Funktionsaufrufs und die eckigen Klammern für die Selektion einer Array-Komponente sind bereits bekannt, der Pfeil- und der Punktoperator (d.h. die Operatoren `->` und `.`) werden in Kapitel 11.1 bei den Strukturen behandelt. Einige dieser Operatoren haben eine doppelte Bedeutung, z.B. + als unäres und binäres Plus.

Stelligkeit der Operatoren

Ein einstelliger (unärer) Operator hat einen einzigen Operanden wie z.B. der Minusoperator als Vorzeichenoperator, der auf einen einzigen Operanden wirkt und

---

[38] So kann eine Variable oder eine Funktion, auf die man nur einen Pointer hat, mit Hilfe des Dereferenzierungsoperators beschafft werden.

das Vorzeichen dessen Wertes ändert. So ist in −3 das − ein Vorzeichenoperator, der auf die positive Konstante 3 angewandt wird.

Benötigt ein Operator 2 Operanden für die Verknüpfung, so spricht man von einem **zweistelligen (binären) Operator**. Ein vertrautes Beispiel für einen binären Operator ist der Additionsoperator, der hier zur Addition der beiden Zahlen 3 und 4 verwendet werden soll:

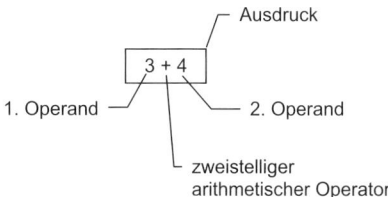

Bild 7-1 Ein binärer Operator verbindet zwei Operanden zu einem Ausdruck

Es gibt in C die folgenden Klassen von Operatoren:

- einstellige (unäre, monadische)
- zweistellige (binäre, dyadische)
- und einen einzigen dreistelligen (ternären, tryadischen), nämlich den Bedingungsoperator ? :

Postfix- und Präfixoperatoren

Postfix-Operatoren sind unäre Operatoren, die hinter (post) ihrem Operanden stehen. Präfix-Operatoren sind unäre Operatoren, die vor (prä) ihrem Operanden stehen.

Der Ausdruck

```
i++
```

stellt die Anwendung des **Postfix-Operators** ++ auf seinen Operanden i dar, siehe folgendes Beispiel:

```
int i = 3;
printf ("%d", i++);   /* Der Rueckgabewert von i++ ist 3     */
                      /* 3 wird ausgegeben                   */
                      /* i wird im Nebeneffekt auf 4 erhoeht */
printf ("%d", i);     /* 4 wird ausgegeben                   */
```

Ein Beispiel für einen **Präfix-Operator** ist das unäre Minus (Minus als Vorzeichen), ein anderes Beispiel ist der Präfix-Operator ++, siehe folgendes Beispiel:

```
++i
```

Der Rückgabewert des Ausdrucks `++i` ist `i+1`. Als Nebeneffekt wird die Variable `i` inkrementiert und erhält den Wert `i+1`.

Dies ist im folgenden Beispiel zu sehen:

```
int i = 3;
printf ("%d", ++i);    /* Der Rueckgabewert von ++i ist 4    */
                       /* 4 wird ausgegeben                  */
                       /* i wird im Nebeneffekt auf 4 erhoeht */
printf ("%d", i);      /* 4 wird ausgegeben                  */
```

Operatoren kann man auch nach ihrer Wirkungsweise klassifizieren. So gibt es beispielsweise außer den arithmetischen Operatoren auch logische Operatoren, Zuweisungsoperatoren oder Vergleichsoperatoren (relationale Operatoren). Eine vollständige Auflistung der Operatoren finden Sie in Kapitel 7.6.

7.2 Ausdrücke und Anweisungen

Anweisungen und Ausdrücke sind nicht das Gleiche. Sie unterscheiden sich durch den Rückgabewert:

> Ausdrücke haben immer einen Rückgabewert. Sie können damit Teil eines größeren Ausdrucks sein.
>
> Anweisungen können keinen Rückgabewert haben. Sie können damit nicht Teil eines größeren Ausdrucks sein.

Was ist aber nun genau der Rückgabewert? Das soll anhand des Ausdrucks `3 + 4.5` erklärt werden. Durch die Anwendung des Additionsoperators `+` auf seine Operanden `3` und `4.5` ist der Rückgabewert des Ausdrucks `3 + 4.5` eindeutig festgelegt. Aus den Typen der Operanden ergibt sich immer eindeutig der **Typ des Rückgabewertes**. Werden wie in diesem Beispiel unterschiedliche Datentypen in einem Ausdruck verwendet, so ist der Typ des Rückgabewertes für einen C-Unkundigen nicht von selbst zu erkennen. In einem solchen Fall führt der Compiler eine sogenannte implizite Typumwandlung nach vorgegebenen Regeln durch.

Als erstes prüft der Compiler die Typen der Operanden. Der eine Operand ist vom Typ `int`, der andere vom Typ `double`. Damit ist eine Addition zunächst nicht möglich. Es muss zuerst vom Compiler eine für den Programmierer unsichtbare sogenannte **implizite Typumwandlung** der `3` in den Typ `double` – also zu `3.0` – durchgeführt werden. Erst dann ist die Addition möglich. Der Rückgabewert der Addition ist die Zahl `7.5` vom Typ `double`.

> Der Wert eines Ausdrucks wird auch als sein **Rückgabewert** bezeichnet. Jeder Rückgabewert hat auch einen Typ.

In C gibt es

• Selektionsanweisungen,
• Iterationsanweisungen,
• Spranganweisungen.

Darüberhinaus gibt es

• Ausdrucksanweisungen.

Selektionsanweisungen werden in Kapitel 8.2 behandelt, Iterationsanweisungen in Kapitel 8.3 und Sprunganweisungen in Kapitel 8.4. Auf Ausdrucksanweisungen wird im Folgenden direkt eingegangen.

In C kann man einfach durch Anhängen eines Semikolons an einen Ausdruck erreichen, dass ein Ausdruck zu einer Anweisung wird. Man spricht dann von einer sogenannten **Ausdrucksanweisung**. In einer solchen Ausdrucksanweisung wird der Rückgabewert eines Ausdruckes nicht verwendet. Lediglich wenn Nebeneffekte zum Tragen kommen, ist eine Ausdrucksanweisung sinnvoll.

Das folgende Beispiel illustriert die Verwendung von Ausdrucksanweisungen:

In C kann jeder **Ausdruck** eine **Anweisung** werden.

```
int i = 0;
5 * 5;       /* zulaessig, aber nicht sinnvoll              */
             /* Der Rueckgabewert von 5 * 5 wird nicht weiter- */
             /* verwendet, ein Nebeneffekt liegt nicht vor. */
i++;         /* Sinnvoll, da der Postfix-Inkrementoperator ++ */
             /* einen Nebeneffekt hat, siehe dazu auch Kapitel 7.3 */
```

7.3 Nebeneffekte

Nebeneffekte werden auch als **Seiteneffekte** oder als **Nebenwirkungen** bezeichnet.

In der Programmiersprache C gibt es Operatoren, die eine schnelle und kurze Programmierschreibweise erlauben. Es ist nämlich möglich, während der Auswertung eines Ausdrucks Programmvariablen nebenbei zu verändern. Ein Beispiel hierzu ist:

```
int i = 1;
int j;
j = i++;
```

Der Rückgabewert des Ausdrucks `i++` ist hier der Wert `1`. Mit dem Zuweisungsoperator wird der Variablen `j` der Rückgabewert von `i++`, d.h. der Wert `1`, zugewiesen. Wie in Kapitel 7.6.3 gezeigt wird, ist die Zuweisung `j = i++` ebenfalls ein Ausdruck, `j = i++;` stellt also eine Ausdrucksanweisung dar. Als Nebeneffekt des Operators `++` wird die Variable `i` inkrementiert und hat nach der Ausdrucksanweisung den Wert `2`.

Vor der Auswertung eines Ausdrucks darf ein Nebeneffekt nicht stattfinden. Wenn die Berechnung des Ausdrucks einer Ausdrucksanweisung abgeschlossen ist, muss der Nebeneffekt eingetreten sein.

Nach dem ISO-Standard sind alle Nebeneffekte der vorangegangenen Berechnungen an definierten **Sequenzpunkten** (**sequence points**) durchgeführt, wobei noch keine Nebeneffekte der folgenden Berechnungen stattgefunden haben. Siehe hierzu Kapitel 7.8.

Der Inkrementoperator `++` wird in Kapitel 7.6.1 genauer behandelt. An dieser Stelle wird er nur zur Illustration eines Nebeneffektes aufgeführt.

Man sollte mit Nebeneffekten sparsam umgehen, da sie leicht zu unleserlichen und fehlerträchtigen Programmen führen.

In C kann es zwei Sorten von Nebeneffekten geben:

- Nebeneffekte von Operatoren (wie hier besprochen),
- Nebeneffekte, indem Funktionen die Werte globaler Variablen abändern.

Im zweiten Fall haben globale Variablen nach dem Aufruf einer Funktion andere Werte. Ihre Werte wurden von der Funktion nebenbei verändert.

7.4 Auswertungsreihenfolge

Wie in der Mathematik spielt es bei C eine wichtige Rolle, in welcher Reihenfolge ein Ausdruck berechnet wird. Genau wie in der Mathematik gilt auch in C die Regel "Punkt vor Strich", weshalb 5 + 2 * 3 gleich 11 und nicht 21 ist. Allerdings gibt es in C sehr viele Operatoren. Daher muss für alle Operatoren festgelegt werden, welcher im Zweifelsfall Priorität hat.

7.4.1 Einstellige und mehrstellige Operatoren

Hat man einen Ausdruck aus mehreren Operatoren und Operanden, so stellt sich die Frage, in welcher Reihenfolge die einzelnen Operatoren bei der Auswertung „dran kommen". Hierfür gibt es die folgenden **Regeln**:

1. Wie in der Mathematik werden als erstes **Teilausdrücke in Klammern** ausgewertet.

2. Dann werden **Ausdrücke mit unären Operatoren** ausgewertet.

   Unäre Operatoren werden von rechts nach links angewendet. Dies bedeutet, dass
   2.1 zuerst die **Postfix-Operatoren** auf ihre Operanden
   2.2 und dann die **Präfix-Operatoren** auf ihre Operanden angewendet werden.

3. Abschließend werden Teilausdrücke mit **mehrstelligen Operatoren** ausgewertet.

Unäre Operatoren haben alle dieselbe Priorität (siehe Kapitel 7.6.8). Die Abarbeitung mehrstelliger Operatoren erfolgt nach der Prioritätstabelle der Operatoren (siehe Kapitel 7.6.8)[39], wenn Operatoren verschiedener Prioritäten nebeneinander stehen. Bei Operatoren verschiedener Priorität erfolgt zuerst die Abarbeitung der Operatoren mit höherer Priorität. Bei gleicher Priorität entscheidet die Assoziativität (siehe Kapitel 7.4.2) der Operatoren, ob die Verknüpfung von links nach rechts oder von rechts nach links erfolgt.

Durch das Setzen von Klammern (Regel 1) kann man von der festgelegten Reihenfolge abweichen.

Als Beispiel zur Verdeutlichung der Vorgehensweise wird der Ausdruck

```
*p++
```

betrachtet. Bei der Auswertung dieses Ausdrucks wird nach den genannten Regeln (Regel 2) erst `p++` berechnet, dann wird der Operator `*` auf den Rückgabewert des Ausdrucks `p++` angewandt.

`*p++` ist also gleichbedeutend mit `* (p++)` und nicht mit `(*p) ++` .

Der Rückgabewert von `p++` ist `p`. Auf diesen Rückgabewert wird der Dereferenzierungsoperator `*` angewandt. Als Nebeneffekt wird der Pointer `p` um 1 erhöht (siehe Kapitel 10.1.1, Pointerarithmetik). Da der Operator `*` auf den Rückgabewert `p` von `p++` angewandt wird, ist der Rückgabewert von `*p++` das

---

[39] Im Anhang ganz am Ende des Buches ist die Tabelle nochmals zu finden, um einen schnellen Zugriff auf diese wichtige Tabelle zu ermöglichen.

Speicherobjekt, auf das der Pointer `p` zeigt, wobei nach der Auswertung von `p++`, wenn der Nebeneffekt stattgefunden hat, der Pointer `p` um 1 weiter zeigt.

Will man hingegen den Wert des Objektes `*p` durch den Nebeneffekt des Postfixoperators `++` erhöhen, so muss man klammern: `(*p)++`. Diese Klammern werden häufig vergessen[40].

7.4.2 Mehrstellige Operatoren gleicher Priorität

Unter **Assoziativität** versteht man die Reihenfolge, wie Operatoren und Operanden **verknüpft** werden, wenn mehrstellige Operatoren der **gleichen Priorität (Vorrangstufe)** über ihre Operanden miteinander verkettet sind.

Die Vorrangstufen sind in der Vorrangtabelle festgelegt (siehe Kap 7.6.8).

Ist ein Operator in C rechtsassoziativ, so wird eine Verkettung von Operatoren dieser Art von rechts nach links abgearbeitet, bei Linksassoziativität dementsprechend von links nach rechts.

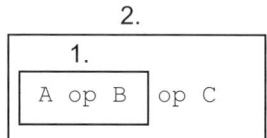

Bild 7-2 Verknüpfungsreihenfolge bei einem linksassoziativen Operator `op`

Im Beispiel von Bild 7-2 wird also zuerst der linke Operator `op` auf die Operanden `A` und `B` angewandt, als zweites wird dann die Verknüpfung `op` mit `C` durchgeführt.

Beachten Sie aber bitte, dass die **Reihenfolge der Verknüpfung** nichts mit der **Reihenfolge der Auswertung der Operanden** zu tun hat.

Wird beispielsweise `A + B + C` berechnet, so erfolgt wegen der Linksassoziativität des binären `+` die **Verknüpfung** von links nach rechts. Dennoch bleibt dem Compiler die Reihenfolge der Auswertung der Operanden `A`, `B` und `C` freigestellt. Er kann z.B. erst `C` auswerten, dann `A`, dann `B`. Deshalb ist beispielsweise der Wert eines Ausdrucks

```
n++ - n
```

nicht definiert. Wird vom Compiler erst der linke Operand bewertet und dessen Nebeneffekt durchgeführt, so ist der Wert dieses Ausdrucks `-1`, wird erst der rechte Operand bewertet, so ist der Wert dieses Ausdrucks gleich `0`.

---

[40] Weitere häufig gemachte Fehler im Zusammenhang mit Operatorprioritäten sind in einer Tabelle am Ende des Buches aufgelistet.

Da Additions- und Subtraktionsoperator linksassoziativ sind und dieselbe Priorität haben, wird beispielsweise der Ausdruck `a - b + c` wie `(a - b) + c` verknüpft und nicht wie `a - (b + c)`.

Dies soll kurz erläutert werden. Es gibt **zwei Möglichkeiten** für die Verknüpfung von `a - b + c`:

Fall 1:   `a - b + c` wird verknüpft wie `(a - b) + c`.
Also erst `a` und `b` verknüpfen zu `a - b`, dann `(a - b)` und `c` verknüpfen zu `(a - b) + c`. Damit kam der linke Operator vor dem rechten an die Reihe. Die Linksassoziativität wurde nicht verletzt.

Fall 2:   `a - b + c` wird verknüpft wie `a - (b + c)`.
Damit müssen die Klammern als erstes ausgewertet werden, wobei bereits ein Widerspruch entsteht. Die Linksassoziativität ist verletzt, da als erstes der Operator `-` hätte dran kommen müssen.

Einige der in C vorhandenen mehrstelligen Operatoren wie z.B. der Zuweisungsoperator sind nicht links-, sondern rechtsassoziativ.

7.5 L-Werte und R-Werte

Ausdrücke haben eine unterschiedliche Bedeutung, je nachdem, ob sie links oder rechts vom Zuweisungsoperator stehen. Im Beispiel

```
a = b
```

steht der Ausdruck auf der rechten Seite für einen Wert, während der Ausdruck auf der linken Seite die Stelle angibt, an der der Wert zu speichern ist. Wenn wir das Beispiel noch etwas modifizieren, wird der Unterschied noch deutlicher:

```
a = a + 5
```

Der Name `a`, der ja auch einen einfachen Ausdruck darstellt, wird hier in unterschiedlicher Bedeutung verwendet. Rechts vom Zuweisungsoperator ist der Wert gemeint, der in der Speicherzelle `a` gespeichert ist, und links ist die Adresse der Speicherzelle `a` gemeint, in der der Wert des Gesamtausdrucks auf der rechten Seite gespeichert werden soll.

Aus dieser Stellung links oder rechts des Zuweisungsoperators wurden auch die Begriffe L-Wert und R-Wert abgeleitet.

Ein Ausdruck stellt einen **L-Wert** (**lvalue** oder **left value**) dar, wenn er sich auf ein Speicherobjekt bezieht. Ein solcher Ausdruck kann links und rechts des Zuweisungsoperators stehen.

Ein Ausdruck, der keinen L-Wert darstellt, stellt einen **R-Wert** (**rvalue** oder **right value**) dar. Er darf nur rechts des Zuweisungsoperators stehen. Einem R-Wert kann man also nichts zuweisen.

Ein Ausdruck, der einen L-Wert darstellt, darf auch rechts vom Zuweisungsoperator stehen, er hat dann aber, wie oben erwähnt, eine andere Bedeutung. Steht ein L-Wert rechts neben dem Zuweisungsoperator, so wird dessen Namen bzw. Adresse benötigt, um an der entsprechenden Speicherstelle den Wert der Variablen abzuholen. Links des Zuweisungsoperators muss immer ein L-Wert stehen, da man den Namen bzw. die Adresse einer Variablen braucht, um an der entsprechenden Speicherstelle den zugewiesenen Wert abzulegen.

Des Weiteren wird zwischen modifizierbarem und nicht modifizierbarem L-Wert unterschieden. Ein nicht modifizierbarer L-Wert ist z.B. der Name eines Arrays. Dem Namen entspricht zwar eine Adresse. Diese ist jedoch konstant und kann nicht modifiziert werden[41].

Auf der linken Seite einer Zuweisung darf also nur ein modifizierbarer L-Wert stehen, jedoch nicht ein R-Wert oder ein nicht modifizierbarer L-Wert.

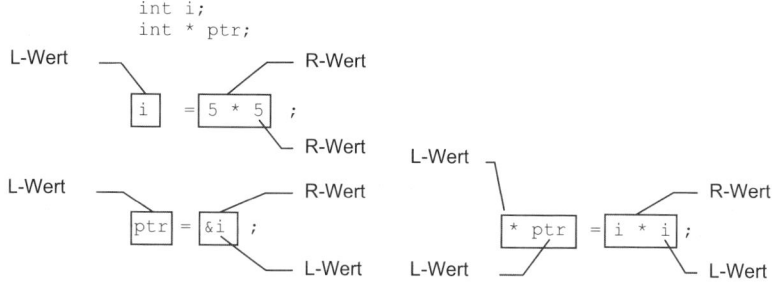

Bild 7-3 Beispiele für L- und R-Werte

Bestimmte Operatoren können nur auf L-Werte angewandt werden. So kann man den Inkrementoperator `++` oder den Adressoperator `&` nur auf L-Werte anwenden.

`5++` ist falsch, `i++`, wobei `i` eine Variable darstellt, ist korrekt. Der Dereferenzierungsoperator `*` kann auf L- und R-Werte angewandt werden, wie in Kapitel 6.1 bereits implizit vorgestellt wurde.

---

[41] Nicht modifizierbare L-Werte liegen dann vor, wenn es sich bei dem L-Wert um einen Arraytyp, einen unvollständigen Typ, einen mit dem Typ-Attribut `const` versehenen Typ oder um einen Struktur- oder Uniontyp handelt, von dem eine seiner Komponenten – einschließlich aller rekursiv in einer Komponente enthaltenen Strukturen und Unionen – einen mit dem Typ-Attribut `const` versehenen Typ hat.

Im Beispiel

```
int * pointer;
int alpha;
pointer = &alpha;
```

ist `&alpha` ein R-Wert. `(&alpha)++` ist nicht möglich, aber `pointer++`. Jedoch ist sowohl `*pointer = 2` als auch `*&alpha = 2` zugelassen.

Alle kombinierten Zuweisungsoperatoren, wie beispielsweise `+=` und `-=` oder auch `<<=` und `>>=`, benötigen einen L-Wert als linken Operanden.

Konvertierung eines L-Werts

Ein L-Wert ist ein Ausdruck, der ein Datenobjekt bezeichnet. Außer dem schon besprochenen Fall eines L-Wertes auf der rechten Seite einer Zuweisung gibt es viele weitere Fälle, bei denen ein L-Wert in den Wert, der in dem entsprechenden Objekt gespeichert ist, gewandelt wird.

Ein L-Wert, der nicht von einem Array-Typ ist, wird stets in den Wert, der in dem entsprechenden Objekt gespeichert ist, gewandelt und ist damit kein L-Wert mehr, es sei denn, das Objekt ist:

- Operand des `sizeof`-Operators
- Operand des Adress-Operators `&`
- Operand des Inkrement-Operators `++`
- Operand des Dekrement-Operators `--`
- der linke Operand des Punktoperators `.` bei Strukturen
- der linke Operand des Zuweisungsoperators `=`

Der `sizeof`-Operator wird in Kapitel 7.6.7, Strukturen werden in Kapitel 11.1 behandelt.

7.6 Zusammenstellung der Operatoren

7.6.1 Einstellige arithmetische Operatoren

Im Folgenden werden die einstelligen (unären) **Operatoren**

- positiver Vorzeichenoperator: `+A`
- negativer Vorzeichenoperator: `-A`
- Postfix-Inkrementoperator: `A++`
- Präfix-Inkrementoperator: `++A`
- Postfix-Dekrementoperator: `A--`
- Präfix-Dekrementoperator: `--A`

anhand von Beispielen vorgestellt.

Positiver Vorzeichenoperator: +A

Der positive Vorzeichenoperator wird selten verwendet, da er lediglich den Wert seines Operanden wiedergibt. Es gibt keine Nebeneffekte.

Beispiel:

```
+a
```

`+a` hat denselben Rückgabewert wie `a`.

Negativer Vorzeichenoperator: -A

Will man den Wert des Operanden mit umgekehrtem Vorzeichen erhalten, so ist der negative Vorzeichenoperator von Bedeutung. Es gibt keine Nebeneffekte.

Beispiel:

```
-a
```

`-a` hat vom Betrag denselben Rückgabewert wie `a`. Der Rückgabewert hat aber das umgekehrte Vorzeichen.

Postfix-Inkrementoperator: A++

Der Rückgabewert ist der unveränderte Wert des Operanden. Als **Nebeneffekt** wird der Wert des Operanden um 1 inkrementiert. Bei Pointern wird um eine Objektgröße inkrementiert. Der Inkrementoperator kann nur auf **modifizierbare L-Werte** – nicht jedoch auf nicht modifizierbare L-Werte und R-Werte – angewandt werden.

Beispiele:

```
a = 1;
b = a++;              /* Erg.: b = 1, Nebeneffekt: a = 2     */
ptr++;
```

Präfix-Inkrementoperator: ++A

Der Rückgabewert ist der um 1 inkrementierte Wert des Operanden. Als **Nebeneffekt** wird der Wert des Operanden um 1 inkrementiert. Eine Erhöhung um 1 bedeutet bei Pointern eine Erhöhung um eine Objektgröße. Der Inkrementoperator kann nur auf **modifizierbare L-Werte** angewandt werden.

Beispiele:

```
a = 1;
b = ++a;              /* Erg.: b = 2, Nebeneffekt: a = 2     */
++ptr;
```

Postfix-Dekrementoperator: A--

Der Rückgabewert ist der unveränderte Wert des Operanden. Als **Nebeneffekt** wird der Wert des Operanden um 1 dekrementiert. Bei Pointern wird um eine Objektgröße dekrementiert. Der Dekrementoperator kann nur auf **modifizierbare L-Werte** angewandt werden.

Beispiele:

```
a = 1;
b = a--;                 /* Erg.: b = 1, Nebeneffekt: a = 0     */
ptr--;
```

Präfix-Dekrementoperator: --A

Der Rückgabewert ist der um 1 dekrementierte Wert des Operanden. Als **Nebeneffekt** wird der Wert des Operanden um 1 dekrementiert. Bei Pointern wird um eine Objektgröße dekrementiert. Der Dekrementoperator kann nur auf **modifizierbare L-Werte** angewandt werden.

Beispiele:

```
a = 1;
b = --a;                 /* Erg.: b = 0, Nebeneffekt: a = 0     */
--ptr;
```

7.6.2 Zweistellige arithmetische Operatoren

Im Folgenden werden die zweistelligen **Operatoren**:

- Additionsoperator: A + B
- Subtraktionsoperator: A - B
- Multiplikationsoperator: A * B
- Divisionsoperator: A / B
- Restwertoperator: A % B

anhand von Beispielen vorgestellt.

Additionsoperator: A + B

Wendet man den zweistelligen Additionsoperator auf seine Operanden an, so ist der Rückgabewert die Summe der Werte der beiden Operanden. Wie oben schon erwähnt, können Operanden Variablen, Konstanten, Funktionsaufrufe oder komplizierte Ausdrücke sein. Es gibt hier keine Nebeneffekte.

Beispiele:

```
6 + (4 + 3)
a + 1.1E1
PI + 1
f(....) + 1  /* falls f(....) einen arithm. Wert zurueckgibt*/
```

Subtraktionsoperator: A - B

Wendet man den zweistelligen Subtraktionsoperator auf die Operanden A und B an, so ist der Rückgabewert die Differenz der Werte der beiden Operanden. Es gibt keine Nebeneffekte.

Beispiele:

```
6 - 4
PI - KONST_A
g(....) - f(....)  /* falls g(....) und f(....) arithm.    */
                   /* Werte zurueckgeben                    */
```

Multiplikationsoperator: A * B

Es wird die Multiplikation des Wertes von A mit dem Wert von B durchgeführt. Natürlich gelten hier die „üblichen" Rechenregeln, d.h. Klammerung vor Punkt und Punkt vor Strich. Deshalb wird im Beispiel 3 * (5 + 3) zuerst der Ausdruck (5 + 3) ausgewertet, der dann anschließend mit 3 multipliziert wird. Es gibt keine Nebeneffekte.

Beispiele:

```
3 * 5 + 3       /*  Erg.: 18                                */
3 * (5 + 3)     /*  Erg.: 24                                */
```

Divisionsoperator: A / B

Bei der Verwendung des Divisionsoperators mit ganzzahligen Operanden ist das Ergebnis wieder eine ganze Zahl. Der Nachkommateil des Ergebnisses wird abgeschnitten. Eine Division durch 0 ist bei int-Zahlen nicht erlaubt. Die ganzzahlige Division sollte man nicht für negative Operanden verwenden, da dann das Ergebnis implementierungsabhängig ist. So kann beispielsweise bei $-7/2$ das Ergebnis -3 mit dem Rest -1 oder -4 mit dem Rest $+1$ sein. Ist mindestens ein Operand eine double- oder float-Zahl, so ist das Ergebnis eine Gleitpunktzahl. Es gibt keine Nebeneffekte.

Beispiele:

```
5 / 5           /* Erg.: 1                                  */
5 / 3           /* Erg.: 1                                  */
5 / 0           /* dieser Ausdruck ist nicht zulaessig      */
11.0 / 5        /* Erg.: 2.2                                */
```

Restwertoperator: A % B

Der Restwertoperator gibt den Rest bei der ganzzahligen Division des Operanden A durch den Operanden B an. Er ist nur für ganzzahlige Operanden anwendbar[42]. Eine Division mit 0 ist nicht erlaubt. Den Restwertoperator sollte man nicht für negative Zahlen verwenden, da ansonsten das Ergebnis vom Compiler abhängig ist.

Beispiele:

```
5  % 3        /* Erg.: 2                                    */
10 % 5        /* Erg.: 0                                    */
3  % 7        /* Erg.: 3                                    */
2  % 0        /* dieser Ausdruck ist nicht zulaessig        */
```

7.6.3 Zuweisungsoperatoren

Zu den Zuweisungsoperatoren gehören

* der einfache Zuweisungsoperator: A =   B

sowie die kombinierten Zuweisungsoperatoren

* Additions-Zuweisungsoperator: A += B
* Subtraktions-Zuweisungsoperator: A -= B
* Multiplikations-Zuweisungsoperator: A *= B
* Divisions-Zuweisungsoperator: A /= B
* Restwert-Zuweisungsoperator: A %= B
* Bitweises-UND-Zuweisungsoperator: A &= B
* Bitweises-ODER-Zuweisungsoperator: A |= B
* Bitweises-Exklusives-ODER-Zuweisungsoperator: A ^= B
* Linksschiebe-Zuweisungsoperator: A <<= B
* Rechtsschiebe-Zuweisungsoperator: A >>= B

Dabei darf zwischen den beiden Zeichen eines kombinierten Zuweisungsoperators kein Leerzeichen stehen.

Zuweisungsoperator A = B

Der Zuweisungsoperator wird in C als binärer Operator betrachtet und liefert als **Rückgabewert** den **Wert des rechten Operanden** – es handelt sich bei einer **Zuweisung** also um einen **Ausdruck**. Dieses Konzept ist typisch für C. In Sprachen wie Pascal ist eine Zuweisung kein Ausdruck, sondern eine Anweisung. In C können Zuweisungen wiederum in Ausdrücken weiter verwendet werden. Bei einer Zuweisung wird zusätzlich zur Erzeugung des Rückgabewertes – und das ist der

---

[42] Für `double`-Variablen gibt es die Funktion `fmod()` in `math.h`.

Nebeneffekt – dem linken Operanden der Wert des rechten Operanden zugewiesen. Sonst wäre es ja auch keine Zuweisung! Im Übrigen muss der linke Operand `A` ein L-Wert sein, also ein Speicherobjekt.

Wie zu sehen ist, sind dadurch in der Programmiersprache C auch **Mehrfach-zuweisungen** möglich. Dies ist in Sprachen wie Pascal unvorstellbar. Da der Zuweisungsoperator rechtsassoziativ ist, wird der Ausdruck `a = b = c` von rechts nach links verknüpft. Er wird also abgearbeitet wie `a = (b = c)`.

1. Schritt:

`a` `=` `(b` `=` `c)`

Rückgabewert `c`
Nebeneffekt: in der Speicherstelle `b` wird der Wert von `c` abgelegt, d.h. `b` nimmt den Wert von `c` an

2. Schritt:

`a` `=` `c`

Rückgabewert `c`
Nebeneffekt: in der Speicherstelle `a` wird der Wert von `c` abgelegt

Zuweisungsoperatoren haben eine geringe Priorität (siehe Kapitel 7.6.8), so dass man beispielsweise bei einer Zuweisung `b = x + 3` den Ausdruck `x + 3` nicht in Klammern setzen muss. Erst erfolgt die Auswertung des arithmetischen Ausdrucks, dann erfolgt die Zuweisung.

> Generell wird der Ausdruck rechts des Zuweisungsoperators in den Typ der Variablen links des Zuweisungsoperators gewandelt, falls möglich, es sei denn, die Typen sind identisch.

Beispiele:

```
b = 1 + 3;
c = b = a;           /* Mehrfachzuweisung              */
```

Additions-Zuweisungsoperator: A += B

Der Additions-Zuweisungsoperator ist – wie der Name schon verrät – ein zusammengesetzter Operator. Zum einen wird die Addition `A + (B)` durchgeführt. Der Rückgabewert dieser Addition ist `A + (B)`. Zum anderen erhält die Variable `A` als Nebeneffekt den Wert dieser Addition zugewiesen. Damit entspricht der Ausdruck `A += B` semantisch genau dem Ausdruck `A = A + (B)`. Die Klammer ist nötig, da `B` selber ein Ausdruck wie z.B. `b > 3` sein kann[43]. Es wird also zuerst der Ausdruck

---

[43] `b>3` stellt einen Vergleich dar, der als Rückgabewert den Wert 0 oder 1 haben kann.

B ausgewertet, bevor `A + (B)` berechnet wird. Außer der kurzen Schreibweise kann der Additions-Zuweisungsoperator gegenüber der konventionellen Schreibweise noch einen Vorteil bringen: Da der Compiler zur Laufzeit des ausführbaren Programms die Adresse der Variablen A nur einmal zu ermitteln braucht, kann ein schnellerer Maschinencode erzeugt werden. In der Anfangszeit von C war dies unter Umständen schon von Bedeutung. Heutzutage optimieren die Compiler von selbst bereits vieles und greifen gegebenenfalls auch bei `A = A + B` nur einmal auf die Speicherstelle A zu.

Beispiel:

```
a += 1                    /* hat den gleichen Effekt wie ++a    */
```

Sonstige kombinierte Zuweisungsoperatoren

Für die sonstigen kombinierten Zuweisungsoperatoren gilt das Gleiche wie bei dem Additions-Zuweisungsoperator. Außer der konventionellen Schreibweise:

```
A = A op (B)
```

gibt es die zusammengesetzte kurze Schreibweise:

```
A op= B
```

Beispiele:

```
a -= 1           /*  a = a - 1                  */
b *= 2           /*  b = b * 2                  */
c /= 5           /*  c = c / 5                  */
d %= 5           /*  d = d % 5                  */
a &= 8           /*  a = a & 8  Bitoperator     */
b |= 4           /*  b = b | 4  Bitoperator     */
c ^= d           /*  c = c ^ d  Bitoperator     */
a <<= 1          /*  a = a << 1 Bitoperator     */
b >>= 1          /*  b = b >> 1 Bitoperator     */
```

Bit-Operatoren werden in Kapitel 7.6.6 besprochen.

7.6.4 Relationale Operatoren

Im Folgenden werden die zweistelligen **Operatoren**

- Gleichheitsoperator: ==
- Ungleichheitsoperator: !=
- Größeroperator: >
- Kleineroperator: <
- Größergleichoperator: >=
- Kleinergleichoperator: <=

anhand von Beispielen vorgestellt.

Relationale Operatoren werden auch als **Vergleichsoperatoren** bezeichnet. Die Priorität der Operatoren == und != (manchmal auch Äquivalenzoperatoren genannt) ist kleiner als die der Operatoren >, >=, < und <=. Besitzen die Operanden unterschiedliche Datentypen, werden implizite Typumwandlungen durchgeführt. Nebeneffekte treten bei Vergleichsoperationen nicht auf.

Der Rückgabewert von Vergleichsoperationen ist immer vom Datentyp `int`. Wenn ein Vergleich falsch ist, ist der Rückgabewert 0, wenn er wahr ist, ist der Rückgabewert 1. Vergleichsoperationen für Pointer liefern dieselben Rückgabewerte. In Kapitel 10.1.1 wird behandelt, welche Vergleiche für Pointer definiert sind.

Gleichheitsoperator: A == B

Mit dem Gleichheitsoperator wird überprüft, ob der Wert des linken Operanden mit dem Wert des rechten Operanden übereinstimmt. Ist das der Fall – sprich, ist der Vergleich wahr – hat der Rückgabewert den Wert 1. Andernfalls, d.h., wenn der Vergleich falsch ist, hat der Rückgabewert den Wert 0. Hierfür ein Beispiel:

```
....
printf ("Der Wert des Ausdruckes 1 + 2 == 3 ist: %d", 1 + 2 == 3);
....
```

Die Ausgabe am Bildschirm ist:

```
Der Wert des Ausdruckes 1 + 2 == 3 ist: 1
```

Ein folgenschwerer Fehler ist in C, statt des Gleichheitsoperators == versehentlich den Zuweisungsoperator = anzuschreiben. Ein solches Programm ist oft kompilier- und lauffähig, erzeugt aber andere Ergebnisse als erwartet. Schreibt man bei einem Vergleich einer Konstanten mit einer Variablen die Konstante stets links und die Variable rechts, also z.B.

```
3 == a
```

so merkt der Compiler den Fehler, da einer Konstanten kein Wert zugewiesen werden kann, da sie kein L-Wert ist.

Vorsicht!

Weitere Beispiele:

```
1 + 2 == 3            /* Erg.: 1 (wahr)              */
2 - 2 == 1            /* Erg.: 0 (falsch)            */
```

Ungleichheitsoperator: A != B

Mit dem Ungleichheitsoperator wird überprüft, ob der Wert des linken Operanden verschieden vom Wert des rechten Operanden ist. Bei Ungleichheit hat der Rückgabewert den Wert 1. Andernfalls hat der Rückgabewert den Wert 0.

Beispiele:

```
5 != 5              /*  Erg.:  0 (falsch)           */
3 != 5              /*  Erg.:  1 (wahr)             */
```

Größeroperator: A > B

Mit dem Größeroperator wird überprüft, ob der Wert des linken Operanden größer als der Wert des rechten Operanden ist. Ist der Vergleich wahr, hat der Rückgabewert den Wert 1. Andernfalls hat der Rückgabewert den Wert 0.

Beispiele:

```
5 > 3               /* Erg.: 1 (wahr)              */
4 > 1 + 3           /* Erg.: 0 (falsch)            */
```

Kleineroperator: A < B

Mit dem Kleineroperator wird überprüft, ob der Wert des linken Operanden kleiner als der Wert des rechten Operanden ist. Ist der Vergleich wahr, hat der Rückgabewert den Wert 1. Andernfalls hat der Rückgabewert den Wert 0.

Beispiele:

```
(3 < 4) < 5         /* Erg.: 1, (wahr)             */
1 < 3 == 1          /* Erg.: 1, wahr wegen Vorrang- */
                    /* reihenfolge der Operatoren   */
```

Der Kleineroperator ist linksassoziativ, die Auswertung erfolgt also von links nach rechts. Damit sind in obigem Beispiel (3 < 4) < 5 die Klammern unnötig.

Größergleichoperator: A >= B

Der Größergleichoperator ist ein zusammengesetzter Operator aus den Zeichen > und =. Beachten Sie, dass das Zeichen = hier die Funktion des Vergleichsoperators (==) hat und nicht die des Zuweisungsoperators. Der Größergleichoperator liefert genau dann den Rückgabewert 1 (wahr), wenn entweder der Wert des linken Operanden größer als der Wert des rechten Operanden ist oder der Wert des linken Operanden dem Wert des rechten Operanden entspricht. Ansonsten ist der Rückgabewert 0 (falsch).

Beispiele:

```
2 >= 1              /*  Erg.: 1 (wahr)             */
1 >= 1              /*  Erg.: 1 (wahr)             */
```

Kleinergleichoperator: A <= B

Der Kleinergleichoperator ist ein zusammengesetzter Operator und zwar aus den Zeichen < und =. Beachten Sie, dass das Zeichen = hier die Funktion des Vergleichsoperators (==) hat und nicht die des Zuweisungsoperators. Der Kleinergleichoperator liefert genau dann den Rückgabewert 1 (wahr), wenn entweder der Wert des linken Operanden kleiner als der Wert des rechten Operanden ist oder der Wert des linken Operanden dem Wert des rechten Operanden entspricht. Ansonsten ist der Rückgabewert 0 (falsch).

Beispiele:

```
10 <= 11                 /*  Erg.: 1 (wahr)                        */
11 <= 11                 /*  Erg.: 1 (wahr)                        */
```

7.6.5 Logische Operatoren

Im Folgenden werden die drei **logischen Operatoren**

- Operator für das logische UND: &&
- Operator für das logische ODER: ||
- Logischer Negationsoperator: !

anhand von Beispielen vorgestellt.

Die Operatoren für das logische UND/ODER sind zweistellig, der logische Negationsoperator ist einstellig. Mit diesen Operatoren lassen sich logische Verknüpfungen von Ausdrücken durchführen. Wie schon beschrieben, können die Operanden selber zusammengesetzte Ausdrücke sein. Von den logischen Operatoren hat der Negationsoperator die höchste Priorität, der ODER-Operator die geringste (siehe Prioritätentabelle in Kapitel 7.6.8).

> **Boolesche Werte**
>
> C kennt keine eigenen Datentypen für boolesche Werte (Wahrheitswerte). Statt der boolschen Werte „wahr" und „falsch" oder „true"und „false" werden einfach Zahlen verwendet. Die 0 gilt als „falsch", jede Zahl ungleich 0 wie z.B. 1, 3, -17 oder 0.1 gilt als „wahr".

Ist also der Wert eines Operanden eine von 0 verschiedene Zahl, so ist sein Wahrheitswert **wahr**. Ansonsten ist sein Wahrheitswert **falsch**. Der Rückgabewert eines logischen Ausdrucks ist vom Typ `int`. Es gibt keine Nebeneffekte.

Operator für das logische UND: A && B

Der Operator für das logische UND liefert genau dann den Rückgabewert 1 (wahr), wenn der linke und der rechte Operand einen von 0 verschiedenen Wert – d.h. beide den Wahrheitswert wahr – haben. Ansonsten ist der Rückgabewert 0 (falsch). Die

Operanden können verschiedene Typen besitzen, aber es muss ein skalarer Typ sein. Mit anderen Worten, ein Operand muss einen arithmetischen Typ oder einen Pointertyp haben.

A	B	A&&B
falsch	falsch	falsch
falsch	wahr	falsch
wahr	falsch	falsch
wahr	wahr	wahr

Tabelle 7-2 Wahrheitstabelle für das logische UND

Die Wahrheitstabelle wird folgendermaßen interpretiert: Der logische Ausdruck A && B ist nur dann wahr, wenn der Ausdruck A **und** der Ausdruck B wahr ist. Dabei können die Operanden A und B Kombinationen von beliebigen Ausdrücken sein:

Beispiele:

```
0 && 1                  /*  Erg.:  0 (falsch)                    */
5 && 6                  /*  Erg.:  1 (wahr)                      */
3 < 5 && 5 > 3          /*  Erg.:  1 (wahr)                      */
```

Operator für das logische ODER: A || B

Der Operator für das logische ODER liefert genau dann den Rückgabewert 1 (wahr), wenn der linke oder der rechte Operand oder beide Operanden einen von 0 verschiedenen Wert, d.h. den Wahrheitswert wahr, haben. Ansonsten ist der Rückgabewert 0 (falsch). Die Operanden können verschiedene Typen besitzen, aber es muss ein skalarer Typ sein. Mit anderen Worten, ein Operand muss einen arithmetischen Typ oder einen Pointertyp haben.

A	B	A||B
falsch	falsch	falsch
falsch	wahr	wahr
wahr	falsch	wahr
wahr	wahr	wahr

Tabelle 7-3 Wahrheitstabelle für das logische ODER

Die Wahrheitstabelle wird folgendermaßen interpretiert: Der logische Ausdruck A || B ist nur dann wahr, wenn der Ausdruck A **oder** der Ausdruck B oder beide Ausdrücke wahr sind.

Beispiele:

```
0 || 1                 /* Erg.: 1 (wahr)                     */
0 || (1 && 0)          /* Erg.: 0 (falsch)                   */
'b' == 'a' + 1 || 0    /* Erg.: 1 (wahr)                     */
```

Bei der Auswertung des letzten Beispiels ist die Priorität der Operatoren zu beachten. Es gilt die Reihenfolge: Additionsoperator, Vergleichsoperator, dann ODER-Operator.

Logischer Negationsoperator: !A

Mit dem einstelligen Negationsoperator werden Wahrheitswerte negiert, d.h. aus wahr wird falsch (Rückgabewert 0) und aus falsch wird wahr (Rückgabewert 1). Wird der Negationsoperator zweimal auf seinen Operanden angewandt, bleibt der Wahrheitswert unverändert.

A	!A
wahr	falsch
falsch	wahr

Tabelle 7-4 Wahrheitstabelle für die Negation

Die Wahrheitstabelle wird folgendermaßen interpretiert: Der logische Ausdruck !A ist nur dann wahr, wenn der Ausdruck A falsch ist.

Beispiele:

```
!0              /*  Erg.: 1 (wahr)                    */
!!5             /*  Erg.: 1 (wahr)                    */
!0 == 1         /*  Erg.: 1 (wahr)                    */
```

Priorität

Die Operatoren für das logische UND/ODER haben eine sehr geringe Priorität. Die Vergleichsoperatoren haben eine höhere Priorität als die logischen Operatoren. Deshalb sind Klammern für die Bewertung der Ausdrücke oft nicht notwendig. So entspricht (a < b) && (c == d) dem Ausdruck a < b && c == d. Die Klammern erhöhen lediglich die Übersichtlichkeit der Programme.

Verknüpfungsreihenfolge

Ausdrücke, die durch UND-Operatoren && verknüpft sind, werden von links nach rechts zusammengefasst. Dasselbe gilt für Ausdrücke, die durch ODER-Operatoren || verknüpft sind. Dies gilt natürlich nicht, wenn && und ||-Operatoren gemischt sind, da der Operator && eine höhere Priorität hat als der ||-Operator.

Reihenfolge der Bewertung der Operanden

Während beispielsweise bei a + b nicht festgelegt ist, ob erst a oder erst b ausgewertet wird, muss der Compiler bei A && B sowie bei A || B erst den Ausdruck A auswerten.

Nebeneffekte des linken Operanden werden damit auch
ausgeführt, bevor die weiteren Operanden ausgewertet werden.
Die Auswertung wird abgebrochen, wenn das Ergebnis schon
feststeht.

Das kann dazu führen, dass Nebeneffekte der weiter rechts stehenden Ausdrücke
nicht mehr ausgeführt werden:

```
1 < 0 && 2 < a++      /* a++ wird nie ausgefuehrt, da vorher */
                      /* die Auswertung abgebrochen wird.    */
```

7.6.6 Bit-Operatoren

Im Gegensatz zu anderen Programmiersprachen besitzt die Programmiersprache C
Operatoren zur Bitmanipulation. Mit solchen Operatoren wird eine hardwarenahe
Programmierung unterstützt. Im Folgenden werden die vier **logischen Bit-
Operatoren:**

- UND-Operator für Bits: &
- ODER-Operator für Bits: |
- Exklusives-ODER-Operator für Bits: ^
- Negationsoperator für Bits: ~

und die beiden **Shift-Operatoren** für Bits:

- Rechtsshift-Operator: >>
- Linksshift-Operator: <<

anhand von Beispielen vorgestellt.

7.6.6.1 Logische Bit-Operatoren

Die logischen Bit-Operatoren dürfen nur für ganzzahlige Datentypen benutzt werden.
Vorsicht ist geboten bei der Verwendung von vorzeichenbehafteten Datentypen, da
hier implementierungsabhängige Aspekte auftreten. Bei vorzeichenlosen Datentypen
ist die Verwendung der Bitoperatoren problemlos.

Bitoperationen finden auf allen Bits der Operanden statt. Bei den
Bitoperationen werden jeweils die Bits der entsprechenden
Position miteinander verknüpft.

Bits können bekanntermaßen zwei Zustände annehmen: 0 oder 1. Die 1 wird in C als
wahr interpretiert, die 0 als falsch. Nebeneffekte treten bei den logischen Bit-
Operatoren nicht auf.

UND-Operator für Bits: A & B

Die Operation bitweises UND findet auf allen Bits der Operanden statt. Dabei werden jeweils die Bits der entsprechenden Position miteinander verknüpft.

Bit n von A	Bit n von B	Bit n von A&B
0	0	0
0	1	0
1	0	0
1	1	1

Tabelle 7-5 Wahrheitstabelle für das bitweise UND

Die Wahrheitstabelle wird folgendermaßen interpretiert: Bei der UND-Verknüpfung ist die 0 dominant, d.h. ist mindestens eines der Bits (Bit n von A oder Bit n von B) eine 0, so ist das Ergebnis 0 (falsch). Damit kann man Bits in Bitmustern ausblenden.

Der logische UND-Operator für Bits hat eine höhere Priorität als der logische ODER-Operator für Bits.

Beispiele:

```
0 & 1         /*  0 & 1 = 0                      */
14 & 1        /*  1110 & 0001 = 0000             */
var & var     /*  var & var = var               */
```

ODER-Operator für Bits: A | B

Die Operation bitweises ODER findet auf allen Bits der Operanden statt. Dabei werden jeweils die Bits der entsprechenden Position miteinander verknüpft.

Bit n von A	Bit n von B	Bit n von A|B
0	0	0
0	1	1
1	0	1
1	1	1

Tabelle 7-6 Wahrheitstabelle für das bitweise ODER

Die Wahrheitstabelle wird folgendermaßen interpretiert: Bei der ODER-Verknüpfung ist die 1 dominant, d.h. ist mindestens eines der Bits (Bit n von A oder Bit n von B) eine 1, so ist das Ergebnis 1 (wahr). Damit kann man Bits in Bitmustern einblenden.

Beispiele:

```
0 | 1         /*  0 | 1 = 1                      */
14 | 1        /*  1110 | 0001 = 1111             */
var | 0       /*  var | 0 = var                  */
```

Exklusives-ODER-Operator für Bits: A ^ B

Die Operation bitweises Exklusives-ODER findet auf allen Bits der Operanden statt. Dabei werden jeweils die Bits der entsprechenden Position miteinander verknüpft.

Bit n von A	Bit n von B	Bit n von A^B
0	0	0
0	1	1
1	0	1
1	1	0

Tabelle 7-7 Wahrheitstabelle für das bitweise Exklusives-ODER

Die Wahrheitstabelle wird folgendermaßen interpretiert: Bei der Exklusives-ODER-Verknüpfung ist das Ergebnis 1 (wahr), wenn entweder Bit n von Operand A oder Bit n von Operand B eine 1 ist, aber nicht beide gleichzeitig. Damit kann man Bits invertieren.

Beispiele:

```
0 ^ 1      /*  0 ^ 1 = 1                                          */
14 ^ 1     /*  1110 ^ 0001 = 1111                                 */
var ^ 0    /*  var ^ 0 = var                                      */
14 ^ 3     /*  Bit 0 und Bit 1 der Zahl 14 werden invertiert */
           /*  1110 ^ 0011 = 1101                                 */
```

Negationsoperator für Bits: ~A

Die Operation bitweise Negation findet auf allen Bits des Operanden statt.

Bit n von A	Bit n von ~A
0	1
1	0

Tabelle 7-8 Wahrheitstabelle für die bitweise Negation

Die Wahrheitstabelle wird folgendermaßen interpretiert: Bei der Negation für Bits wird einfach jedes Bit invertiert (Einer-Komplement). Aus der 0 wird durch Negation eine 1 und aus der 1 eine 0.

Beispiel:

```
unsigned char a, b;
a = 9;                  /*  a = 0000 1001                         */
b = ~a;                 /*  b = 1111 0110                         */
```

7.6.6.2 Shift-Operatoren für Bits

Mit den Shift-Operatoren werden Bits nach links << oder nach rechts >> verschoben (engl. shift). Es darf nur um ganzzahlige positive Stellen von Bits verschoben werden. Shift-Operationen wirken wie Multiplikationen bzw. Divisionen mit Potenzen von 2.

Rechtsshift-Operator: A >> B

Mit dem Rechtsshift-Operator `A >> B` werden die Bits von `A` um `B` Bitstellen nach rechts geschoben. Dabei gehen die `B` niederwertigen Bits von `A` verloren. Wenn der Operand `A` von einem `unsigned`-Typ ist, werden die höherwertigen Bits mit Nullen aufgefüllt, was einer Division durch 2^B entspricht. Bei einem Operanden `A` eines `signed`-Typs mit einem negativen Wert ist das Ergebnis vom Compiler abhängig – beim VCC bleibt das Vorzeichenbit erhalten.

Beispiel:

```
unsigned char a;
                                                      verloren
a = 8;                      /* 0000 1000 Bitmuster von 8   */

a = a >> 3;                 /* 0000 0001 Bitmuster von 1   */
                 aufgefüllt
```

Die Verschiebung um 3 Bits nach rechts entspricht einer Division durch 2^3.

Linksshift-Operator: A << B

Bei dem Linksshift-Operator `A << B` werden `B` Bitstellen von `A` nach links geschoben. Dabei gehen die `B` höherwertigen Bits von `A` verloren. Die nach-rückenden niederwertigen Bits werden mit Nullen aufgefüllt. Falls kein Überlauf eintritt – siehe Beispiel unten – entspricht dies bei einem `unsigned`-Operanden einer Multiplikation mit 2^B. Im Falle eines Überlaufs wird mit der Modulo-Arithmetik weitergerechnet.

Beispiel:

```
unsigned char a = 128;     /* 1000 0000 Bitmuster von 128 */
a = a << 1;                /* Overflow. Ergebnis:         */
                           /* 0000 0000                   */
a = 8;                     /* 0000 1000 Bitmuster von 8   */
                 verloren
a = a << 3;                /* 0100 0000 Bitmuster von 64  */
                                        aufgefüllt
```

Die Verschiebung um 3 Bits nach links entspricht einer Multiplikation mit 2^3.

7.6.7 Sonstige Operatoren

Der sizeof-Operator

Der Operator `sizeof` dient zur Ermittlung der Größe von Daten-
objekten im Hauptspeicher.

Der Operator `sizeof` darf dabei sowohl auf einen **Ausdruck**, d.h. einen L-Wert wie
einen Variablennamen oder einen R-Wert, als auch auf einen **Typbezeichner**
(einfacher Typ oder abgeleiteter Typ wie Struktur oder Pointer) angewandt werden[44].

Die Syntax ist:

`sizeof Ausdruck` bzw. `sizeof (Typname)`

Der Rückgabewert ist dabei jeweils eine ganze Zahl, nämlich die Größe des
angegebenen Operanden gemessen in Bytes.

Die Anzahl der Bytes wird angegeben in dem Typ `size_t`, der extra für den
`sizeof`-Operator geschaffen wurde. Wie in Kapitel 12.3 vorgestellt wird, ist es
möglich, durch die `typedef`-Vereinbarung einem bekannten Typ einen neuen
Namen zu geben. Dem Typnamen `size_t` wird durch `typedef` in `stddef.h` ein
existierender Datentyp zugewiesen und zwar so, dass der Wertebereich von `size_t`
ausreichend ist, eine beliebige Speichergröße aufzunehmen. In der Regel entspricht
`size_t` dem Typ `unsigned` oder `unsigned long`.

Besonders oft wird der `sizeof`-Operator zur Berechnung der Größe von Strukturen
verwendet. Strukturen sind zusammengesetzte Datentypen, deren Komponenten
verschiedene Datentypen haben können. Da es dem Compiler unbenommen ist,
Komponenten der Struktur auf bestimmten Wortgrenzen beginnen zu lassen, kann
die Struktur ungenutzten, namenlosen Platz enthalten. Damit lässt sich die Größe
einer Struktur nicht durch Addition der Größen der Komponenten ermitteln.

Bild 7-4 zeigt ein Speicherabbild einer Struktur für zwei verschiedene Compiler. Ein
Compiler legt Objekte eines bestimmten Typs stets auf Speicheradressen, die ein
gegebenes Vielfaches einer Byte-Adresse sind. Eine solche Anordnung von
Objekten im Speicher wird als **Alignment** bezeichnet. Der Compiler in Bild 7-4a legt
`int`-Objekte auf Wortgrenzen (1 Wort = 2 Bytes), `long int`-Objekte auf Langwort-
Grenzen (1 Langwort = 4 Bytes). Der Compiler in Bild 7-4b legt `int`- und `long int`-
Variablen auf Langwortgrenzen. `char`-Variablen werden in beiden Fällen auf Byte-
Adressen gelegt.

---

[44] Nicht jedoch auf ein Bitfeld-Objekt, einen Funktionstyp oder einen unvollständigen Typ.

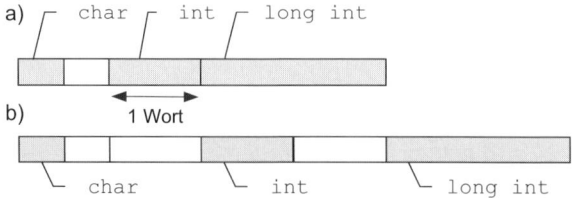

Bild 7-4 Speicherabbild für eine Struktur

Der `sizeof`-Operator wird vor allem angewandt, um Programme portabler zu machen. So ist es beispielsweise oft nötig, unter Verwendung der Library-Funktion `memcpy()` Objekte direkt im Speicher zu kopieren oder zu verschieben. Dazu benötigt diese Funktion unter anderem die Größe des zu bearbeitenden Objektes. Statt diesen Wert nun als Konstante im Programm einzuführen, was nur für einfache Datentypen überhaupt geht, ist es bezüglich der Portierbarkeit auf andere Maschinen besser, dem Compiler die Ermittlung der Größe des Objektes zu überlassen. Sollte das Objekt auf einer anderen Maschine aufgrund der internen Darstellung eine andere Größe haben, so wird dieses Problem über den `sizeof`-Operator vom Compiler erledigt. Ein manueller Eingriff in das Programm ist also nicht erforderlich.

Der `sizeof`-Operator wertet einen Ausdruck, der ihm übergeben wurde, nicht aus. Er bestimmt lediglich den Typ des Ausdrucks und dann die Größe dieses Typs.

Beispiele:

```
int zahl = 1;
sizeof 534;            /* Erg.:  4 (Bytes)                         */
sizeof (int);          /* Erg.:  4 (Bytes)                         */
sizeof zahl++;         /* Erg.:  4 (Bytes)                         */
```

Der Wert von `zahl` wird also durch `sizeof zahl++` nicht verändert, da der Ausdruck `zahl++` gar nicht ausgewertet wird, sondern nur sein Typ bestimmt wird.

Im folgenden Programm werden einige Anwendungsfälle vorgestellt:

```
/* Datei: sizeof.c */
#include <stdio.h>

int main (void)
{
   int zahl1 = 1;
   int array[20] = {0};
   double zahl2 = 1.;

   printf ("size of integer:   %2d Bytes\n", sizeof zahl1);
   printf ("size of float:     %2d Bytes\n", sizeof (float));
   printf ("size of double:    %2d Bytes\n", sizeof zahl2);
   printf ("size of array:     %2d Bytes\n", sizeof array);
   printf ("size of array[10]: %2d Bytes\n", sizeof array [10]);
   return 0;
}
```

Hier das Protokoll des Programmlaufs:

```
size of integer:     4 Bytes
size of float:       4 Bytes
size of double:      8 Bytes
size of array:      80 Bytes
size of array[10]:   4 Bytes
```

Die Anzahl der Elemente eines Arrays lässt sich mit `sizeof` wie folgt portabel bestimmen:

```
int a[10];
size_t len = sizeof (a) / sizeof(a[0]);
```

Der Komma-Operator: A, B

Der Komma-Operator wird in der Praxis selten eingesetzt.

Ein Ausdruck A, B wird von links nach rechts bewertet. Erst wird der Ausdruck A ausgewertet, dann der Ausdruck B. Nebeneffekte des linken Ausdrucks sind nach dessen Auswertung eingetreten.

Der Rückgabewert und -typ ist der Wert und der Typ von B, d.h. des rechten Operanden[45]. Wozu kann dies gut sein? Beispielsweise kann man damit in einer `for`-Anweisung 2 Indizes gleichzeitig bearbeiten, um eine Zeichenkette mit einem herabzuzählenden Index und einem hochzuzählenden Index umzudrehen:

```
/* Datei: revers.c */
#include <stdio.h>

int main (void)
{
   char text1 [4] = "EIN";
   char text2 [4];
   int index1, index2;
   for (index2 = 0, index1 = 2; index1 >= 0; index2++, index1--)
   {
      text2 [index2] =  text1 [index1];
   }
   text2 [index2] = '\0';
   printf ("\n%s\n%s\n", text1, text2);
   return 0;
}
```

Das Programm gibt aus:

```
EIN
NIE
```

---

[45] Ein Komma-Operator liefert keinen L-Wert.

Der Bedingungsoperator: A ? B : C

Eine echte 'Rarität' in der Programmiersprache C ist der Bedingungsoperator. Er ist nämlich der einzige Operator, der drei Operanden verarbeitet. In einem **bedingten Ausdruck** A ? B : C wird zuerst der Ausdruck A ausgewertet. Ist der Rückgabewert von Ausdruck A ungleich 0, also wahr, so wird der Ausdruck B ausgewertet. Das Ergebnis von B ist dann der Rückgabewert des Bedingungsoperators. Ist jedoch der Ausdruck A gleich 0, also falsch, so wird der Ausdruck C ausgewertet.

Beispiele:

```
1 == 1 ? 0 : 1              /*  Rückgabewert: 0              */
0 ? 0 : 1                   /*  Rückgabewert: 1              */
```

Eine Funktion kann (siehe Kapitel 9.3.4) mit der return-Anweisung einen Wert an den Aufrufer zurückliefern. Soll je nach dem Wahrheitswert von A der Wert von B bzw. C zurückgegeben werden, so kann statt

```
if (A) return B;
else return C;
```

knapper

```
return A ? B : C;
```

geschrieben werden.

Der Typ des bedingten Ausdrucks A ? B : C ist – unabhängig davon, ob der Rückgabewert dieses Ausdrucks B oder C ist – stets der höhere Typ (siehe Kapitel 7.7.1) der beiden Ausdrücke B und C. So ist beispielsweise der Rückgabetyp von

```
(3 > 4) ? 5.0 : 6
```

vom Typ double und der Rückgabewert ist 6.0.

> Zu beachten ist, dass beim Bedingungsoperator zuerst die Bedingung ausgewertet wird. Nebeneffekte des linken Operanden werden damit auch ausgeführt, bevor die weiteren Operanden ausgewertet werden.

Bedingte Ausdrücke enthalten Ausdrücke, die selbst wieder bedingt sein können. Die Abarbeitungsreihenfolge ist von rechts her (Rechtsassoziativität). So wird

```
A ? B : C ? D : E ? F : G
```

abgearbeitet wie

```
A ? B : (C ? D : (E ? F : G))
```

Der Typumwandlungs-Operator: (Typname) Ausdruck

Eine **explizite Typumwandlung** eines beliebigen Ausdrucks kann man mit dem **cast-Operator (Typkonvertierungsoperator)** durchführen. Das englische Wort cast heißt u.a. „in eine Form gießen".

Durch

```
(Typname) Ausdruck
```

wird der Wert des Ausdrucks in den Typ gewandelt, der in der Klammer angegeben ist. Der Typumwandlungs-Operator hat **einen** Operanden und ist damit ein unärer Operator.

So erwartet beispielsweise die Bibliotheksfunktion `cos()`, die in `math.h` deklariert ist, einen Ausdruck vom Typ `double`. Sie liefert sinnlose Resultate, wenn versehentlich etwas anderes übergeben wird. Ist `n` ein ganzzahliger Wert, dann kann mit `cos((double)n)` der Wert von `n` in `double` umgewandelt werden, bevor er als Parameter an `cos()` übergeben wird.

Es kann nicht jeder Typ in einen beliebigen anderen Typ gewandelt werden. Möglich sind Wandlungen zwischen skalaren Typen und von einem skalaren Typ in den Typ `void`:

- Wandlungen zwischen Integer-Typen
- Wandlungen zwischen Gleitpunkt-Typen
- Wandlungen zwischen Integer- und Gleitpunkttypen
- Wandlungen zwischen Pointern auf Variablen
- Wandlungen zwischen Pointern und Integer-Typen
- die Wandlung eines Pointers auf einen Typ von Funktionen in einen Pointer auf einen anderen Typ von Funktionen
- Wandlungen zwischen Pointern und dem Typ `void *`
- die Wandlung eines Ausdrucks in den Typ `void`, aber nicht umgekehrt.

Skalare Typen sind elementare Typen und Pointertypen (siehe Kapitel 5.6). Die Wandlungen zwischen Pointern und Integer-Typen sind implementierungsabhängig.

Eine Umwandlung in den Typ `void` kann beispielsweise verwendet werden, um **explizit** darzustellen, dass der Rückgabewert einer Funktion nicht verwendet wird, wie z.B. bei `(void) printf ("%d", x);`

Ein Pointer auf ein Objekt kann in einen Pointer auf ein anderes Objekt gewandelt werden. Der resultierende Pointer kann ungültig sein, wenn das Alignment für den Typ, auf den er zeigt, nicht stimmt, wie im folgenden Beispiel:

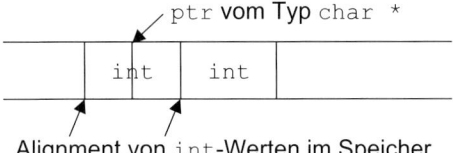

Alignment von `int`-Werten im Speicher

Bild 7-5 Bedeutung des Alignments von Pointern bei Typumwandlungen

Wird der Pointer `ptr` in Bild 7-5 in einen Pointer auf `int` gewandelt, so stimmt das Alignment nicht und der gewandelte Pointer zeigt auf einen unbrauchbaren Wert.

7.6.8 Prioritätentabelle der Operatoren

Die folgende Vorrangtabelle enthält die Priorität (Rangfolge) und die Assoziativität der Operatoren:

Priorität	Operatoren		Assoziativität
Priorität 1	`( )`	Funktionsaufruf	links
	`[ ]`	Array-Index	links
	`-> .`	Komponentenzugriff	links
Priorität 2	`! ~`	Negation (logisch, bitweise)	rechts
	`++ --`	Inkrement, Dekrement	rechts
	`sizeof`		rechts
	`+ -`	Vorzeichen (unär)	rechts
	`(Typname)`	cast	rechts
	`* &`	Dereferenzierung, Adresse	rechts
Priorität 3	`* /`	Multiplikation, Division	links
	`%`	modulo	links
Priorität 4	`+ -`	Summe, Differenz (binär)	links
Priorität 5	`<< >>`	bitweises Schieben	links
Priorität 6	`< <=`	Vergleich kleiner, kleiner gleich	links
	`> >=`	Vergleich größer, größer gleich	links
Priorität 7	`== !=`	Gleichheit, Ungleichheit	links
Priorität 8	`&`	bitweises UND	links
Priorität 9	`^`	bitweises Exklusives-ODER	links
Priorität 10	`|`	bitweises ODER	links
Priorität 11	`&&`	logisches UND	links
Priorität 12	`||`	logisches ODER	links
Priorität 13	`?:`	bedingte Auswertung	rechts
Priorität 14	`=`	Wertzuweisung	rechts
	`+=, -=,` `*=, /=,` `%=, &=,` `^=, |=,` `<<=, >>=`	kombinierte Zuweisungs- operatoren	rechts
Priorität 15	`,`	Komma-Operator	links

Tabelle 7-9 Priorität und Assoziativität der Operatoren von C

Priorität 1 ist die höchste Priorität. Beispielsweise hat der Multiplikations- bzw. der Divisionsoperator eine höhere Priorität als der Additions- bzw. der Subtraktionsoperator. Durch gezielte Klammerungen `( )` lassen sich Rangfolgen von Operatorprioritäten ändern. Siehe hierzu die folgenden Beispiele:

```
5 * (3 + 4)              das Ergebnis ist 35
A && (B || C)            dieser Ausdruck ist wahr, wenn die Bedingung A UND B
                         erfüllt ist, oder wenn A UND C erfüllt ist.
```

Grau hinterlegt in Tabelle 7-9 sind die unären Operatoren. Sie haben alle dieselbe Priorität.

Wie man der obigen Tabelle entnehmen kann, gilt die folgende Aussage bezüglich der Assoziativität:

Rechts-assoziativ sind: Zuweisungsoperatoren, der Bedingungs-operator und unäre Operatoren. Alle anderen Operatoren sind links-assoziativ.

Implementierungsabhängige Aspekte

Bei der Berechnung des Rückgabewertes eines Ausdrucks mit mehreren Operatoren ist zwar die Reihenfolge der Verknüpfung der Operanden festgelegt durch Priorität und Assoziativität, jedoch nicht die Reihenfolge der Bewertung der Operanden. Diese ist vom Compiler abhängig, es sei denn, es handelt sich um das logische UND bzw. logische ODER, den Komma-Operator oder den Bedingungsoperator.

Im folgenden Beispiel

```
int a, b = 1, c = 2;
a = (b + c) + (c + c) + 1;
```

ist zwar das Ergebnis eindeutig (Ergebnis = 8), jedoch ist im Standard nicht definiert, ob zuerst der Teilausdruck (b + c) oder der Teilausdruck (c + c) bewertet wird. Da der Additionsoperator linksassoziativ ist, wird nach der Bewertung die Addition von links nach rechts durchgeführt. Bei diesem einfachen Beispiel ist das Endergebnis jeweils dasselbe – nicht aber unbedingt im folgenden Beispiel:

```
a = f1(....)  *  f2(....);
```

Problematisch wird es, wenn die Funktionen f1() und f2() auf dieselben globalen Variablen zugreifen und diese verändern. Dann ist das Ergebnis nicht definiert.

Genausowenig ist festgelegt, in welcher Reihenfolge aktuelle Parameter bei einem Funktionsaufruf bewertet werden.

Wird bei einem Funktionsaufruf beispielsweise als erster Parameter `par++` und als zweiter `par++` verwendet:

```
a = f1 (par++, par++);    /* Ergebnis ist undefiniert !!!     */
```

so ist nicht festgelegt, welcher der beiden Parameter als erster berechnet wird.

> Im Standard wird lediglich festgelegt, dass Nebeneffekte **vor** dem Funktionsaufruf ausgewertet werden.

7.7 Implizite Typumwandlung

In C ist es nicht notwendig, dass die Operanden eines Ausdrucks vom selben Typ sind. Genauso wenig muss bei einer Zuweisung der Typ der Operanden übereinstimmen. Auch bei der Übergabe von Werten an Funktionen und bei Rückgabewerten von Funktionen (siehe Kapitel 9) können übergebene Ausdrücke bzw. der rückzugebende Ausdruck von den formalen Parametern bzw. dem Rückgabetyp verschieden sein. In solchen Fällen kann der Compiler selbsttätig **implizite (automatische) Typumwandlungen** durchführen, die nach einem von der Sprache vorgeschriebenen Regelwerk ablaufen. Diese Regeln sollen in diesem Kapitel vorgestellt werden.

Wenn man selbst dafür sorgt, dass solche Typverschiedenheiten nicht vorkommen, braucht man sich um die implizite Typumwandlung nicht zu kümmern. Insbesondere kann dieses Kapitel beim ersten Studium dieses Buchs überschlagen werden und erst bei Bedarf als Nachschlagewerk dienen.

Implizite Typumwandlungen erfolgen in C prinzipiell nur zwischen verträglichen Datentypen. Zwischen unverträglichen Datentypen gibt es keine impliziten Umwandlungen. Hier muss der Compiler einen Fehler melden.

Implizite Typumwandlungen gibt es

- bei einem Pointer auf `void` (siehe Kapitel 6.2),
- bei Operanden von arithmetischem Typ,
- bei Zuweisungen, Rückgabewerten und Übergabeparametern von Funktionen.

Bei Funktionsaufrufen gilt hierbei für den Fall, dass die Funktion nach ISO-C und nicht im alten Kernighan-Ritchie-Stil deklariert wurde, dass die aktuellen Parameter wie bei einer Zuweisung in die Typen der zugehörigen formalen Parameter umgewandelt werden. Auch bei Rückgabewerten von Funktionen wird der Ausdruck, der mit `return` zurückgegeben wird, wie bei einer Zuweisung in den Resultattyp der Funktion umgewandelt. Deshalb muss sich Kapitel 7.7.2 nur mit der impliziten Typumwandlung bei Zuweisungen befassen.

Aktuelle Parameter werden in den Typ des formalen Parameters wie im Falle einer Zuweisung gewandelt. Ebenso wird der `return`-Wert in den Rückgabetyp wie bei einer Zuweisung gewandelt.

Wird für eine Funktionsdeklaration der alte Kernighan-Ritchie-Stil verwendet (siehe Kapitel 9.6), so erfolgt die Integer-Erweiterung (siehe Kapitel 7.7.1) für alle aktuellen Parameter vom Integer-Typ und jeder aktuelle Parameter vom Typ `float` wird in `double` umgewandelt. Der erweiterte Typ des aktuellen Parameters wird dann mit dem erweiterten Typ des formalen Parameters verglichen.

Welche Wandlung wann vorgenommen wird, hängt davon ab, ob es sich um eine Typumwandlung von arithmetischen Operanden bei binären Operatoren oder bei einer Zuweisung handelt. Das Ergebnis einer bestimmten Typwandlung, die sowohl bei arithmetischen Operanden als auch bei Zuweisungen vorkommt, ist in beiden Fällen dasselbe.

Bei arithmetischen Operanden gilt generell, dass der „kleinere" Datentyp in den „größeren" Datentyp umgewandelt wird. Bei Zuweisungen kommen neben diesen Umwandlungen auch Wandlungen vom „größeren" in den „kleineren" Datentyp vor.

Es soll nicht unerwähnt bleiben, dass auch für die **explizite Typkonvertierung** mit Hilfe des cast-Operators (siehe Kapitel 7.6.7)

```
(Typname) Ausdruck
```

genau dieselben Konvertierungsvorschriften gelten wie für die implizite Typkonvertierung.

Auch die explizite Typumwandlung mit dem `cast`-Operator wird nach den Konvertierungsregeln für eine Zuweisung durchgeführt.

7.7.1 Gewöhnliche arithmetische Konversionen

Diese Typumwandlungen werden bei binären Operatoren **mit Ausnahme der Zuweisung und dem logischen && und ||** durchgeführt[46]. Sie werden auch beim ternären Bedingungsoperator `?:` durchgeführt. Das Ziel ist, einen gemeinsamen Typ der Operanden des binären Operators zu erhalten, der auch der Typ des Ergebnisses ist. Diese Typumwandlungen werden auch als **gewöhnliche arithmetische Konversionen** bezeichnet.

---

[46] Wie in Kapitel 7.6.5 besprochen, können die Operanden des logischen UND-Operators `&&` und des logischen ODER-Operators `||` von verschiedenem Typ sein. Sie müssen aber von einem skalaren Typ sein.

Wird beispielsweise die Celsius-Temperatur `celsius` aus der Temperatur in Grad Fahrenheit, `fahr`, die in diesem Beispiel eine `int`-Größe sein soll, gemäß folgender Rechenvorschrift

```
celsius = (5.0 / 9) * (fahr - 32);
```

ermittelt, so wird bei der Berechnung der rechten Seite der Zuweisung automatisch die `int`-Konstante 9 und der Ausdruck `(fahr - 32)` in `double`-Darstellung gewandelt, da `5.0` eine `double`-Zahl ist.

Dieses Beispiel ist eine Anwendung der folgenden Regel:

Verknüpft ein binärer Operator einen ganzzahligen und einen Gleitpunktoperanden, so erfolgt eine Umwandlung des ganzzahligen Operanden in einen Gleitpunktwert. Anschließend wird eine Gleitpunktoperation durchgeführt.

Die Integer-Erweiterung

Mit `signed char-`, `unsigned char-`, `short-` und `unsigned short`-Werten werden in C keine Verknüpfungen zu Ausdrücken durchgeführt. Sie werden vor der Verknüpfung konvertiert und zwar:

- `signed char`, `unsigned char` und `short` in `int`
- `unsigned short` in `unsigned int`, falls die Datentypen `short` und `int` äquivalent sind
- `unsigned short` in `int`, falls die Datentypen `short` und `int` nicht äquivalent sind

Dieser Vorgang wird als **Integer-Erweiterung (integral promotion)** bezeichnet.

Dies bedeutet, dass in C immer mit Integer-Werten gerechnet wird, die mindestens den Datentyp `int` haben. In anderen Worten, gerechnet wird nur mit den Integer-Typen

- `int`
- `long`
- `unsigned int`
- `unsigned long`

Allgemeines Regelwerk

Bei binären Operatoren werden arithmetische Operanden in einen gemeinsamen Typ umgewandelt. D.h. in

```
Ausdruck1 Operator Ausdruck2
```

werden `Ausdruck1` und `Ausdruck2` auf den gleichen Typ gebracht. Von diesem Typ ist auch das Ergebnis. Die Umwandlung erfolgt in den höheren Typ der folgenden Hierarchie:

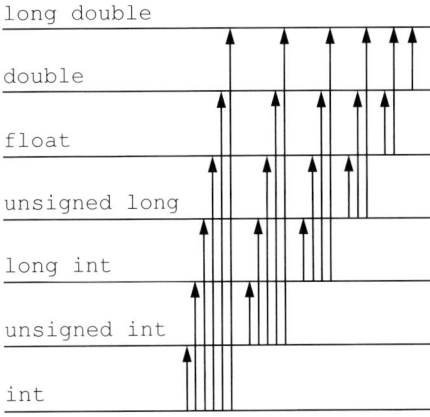

Bild 7-6 Hierarchie der Datentypen

Das allgemeine Regelwerk für diese Konvertierung lautet dabei:

Zunächst wird geprüft, ob einer der beiden Operanden vom Typ `long double` ist. Ist einer von diesem Typ, dann wird der andere ebenfalls in `long double` umgewandelt.

Ist dies nicht der Fall, so wird, wenn einer der beiden Operanden vom Typ `double` ist, der andere in `double` umgewandelt.

Ist dies nicht der Fall, so wird, wenn einer der beiden Operanden vom Typ `float` ist, der andere in `float` umgewandelt.

Ist dies nicht der Fall, so werden beide der Integer-Erweiterung unterworfen. Ist dann einer der beiden Operanden vom Typ `unsigned long int`, so wird der andere in `unsigned long int` umgewandelt.

Ist dies nicht der Fall, so wird, wenn einer der beiden Operanden vom Typ `long int` ist und der andere vom Typ `unsigned int` ist, folgendermaßen vorgegangen: Wenn `long int` alle Werte von `unsigned int` darstellen kann, wird der eine Operand von `unsigned int` in `long int` umgewandelt. Andernfalls werden beide in `unsigned long int` umgewandelt.

Ist dies nicht der Fall, so wird, wenn einer der beiden Operanden vom Typ `long int` ist, der andere in `long int` umgewandelt.

Ist dies nicht der Fall, so wird, wenn einer der beiden Operanden vom Typ `unsigned int` ist, der andere in `unsigned int` umgewandelt.

Ist dies nicht der Fall, so haben beide den Typ `int`.

Beispiel:

```
2 * 3L + 1.1
```

Die Multiplikation wird vor der Addition ausgeführt. Bevor die Multiplikation durchgeführt wird, wird die `2` in den Typ `long` gewandelt. Das Ergebnis der Multiplikation wird in den Typ `double` gewandelt und anschließend wird die Addition ausgeführt.

7.7.2 Implizite Typumwandlung bei Zuweisungen, Rückgabewerten und Übergabeparametern von Funktionen

Stimmt der Typ der Variablen links des Zuweisungsoperators = nicht mit dem Typ des Ausdrucks auf der rechten Seite des Zuweisungsoperators überein, so findet eine implizite Konvertierung statt, wenn die Typen links und rechts „verträglich" sind. Ansonsten wird eine Fehlermeldung generiert. Arithmetische Typen sind verträgliche Typen.

Bei der Zuweisung wird der rechte Operand in den Typ des linken Operanden umgewandelt, d.h. der Resultattyp einer Zuweisung ist der des linken Operanden.

Implizite Typumwandlungen sind sehr gefährlich, da man sie oft nicht richtig einschätzt (siehe Kapitel 7.7.3). Sorgen Sie am besten selbst dafür, dass die Typen rechts und links des Zuweisungsoperators übereinstimmen!

7.7.3 Konvertiervorschriften

Im Folgenden werden die Wandlungsvorschriften zwischen verschiedenen Typen behandelt.

Umwandlungen zwischen Integer-Typen bei gewöhnlichen arithmetischen Konversionen und Zuweisungen

Wird ein Integer-Wert in einen größeren `signed` Integer-Typ gewandelt, so bleibt sein Wert unverändert. Es wird dabei links mit Nullen aufgefüllt und das Vorzeichenbit wird passend gesetzt.

Wird ein Integer-Wert in einen `unsigned` Integer-Typ gewandelt, wobei beide Typen gleich breit sind, so bleibt das Bitmuster erhalten, jedoch nicht die Bedeutung des Bitmusters. Dies bedeutet, dass eine negative Zahl als positive Zahl interpretiert wird. Ist der `unsigned` Typ breiter, so wird von links mit Null-Bits aufgefüllt und das Vorzeichen propagiert. Da sich die Interpretation ändert, bleibt der Wert einer negativen Zahl nicht erhalten.

Umwandlungen zwischen Integer-Typen nur bei Zuweisungen

Wird ein Integer-Wert in einen kleineren `signed` Integer-Typ gewandelt, so bleibt sein Wert erhalten, wenn er in den Wertebereich des neuen Typs passt. Ansonsten ist das Resultat implementierungsabhängig.

Wird ein Integer-Wert in einen `unsigned` Integer-Typ umgewandelt, so werden, wenn der neue Typ schmäler ist, bei Darstellung im Zweierkomplement die höheren Bits abgeschnitten. Damit ist ein korrektes Resultat nicht gegeben.

Umwandlungen zwischen Integer- und Gleitpunkttypen bei gewöhnlichen arithmetischen Konversionen und Zuweisungen

- **Integer nach Gleitpunkt**

Wenn ein Wert aus einem Integer-Typ in einen Gleitpunkttyp umgewandelt wird, so werden im Prinzip als Nachkommastellen Nullen eingesetzt. In der Realität kann eine solche Zahl in der Regel nicht exakt dargestellt werden. Das Resultat ist dann entweder der nächst höhere oder der nächst niedrigere darstellbare Wert.

Umwandlungen zwischen Integer- und Gleitpunkttypen nur bei Zuweisungen

- **Integer nach Gleitpunkt**

  Liegt das Resultat nicht im Wertebereich der Gleitpunktzahl, so ist der Effekt der Umwandlung nicht definiert. In der Regel, d.h. bei den üblichen Compilern, liegt das Resultat im Wertebereich der Gleitpunktzahl. Das Resultat ist dann entweder der nächst höhere oder der nächst niedrigere darstellbare Wert.

- **Gleitpunkt nach Integer**

  Bei der Wandlung einer Gleitpunktzahl in eine Integerzahl, werden die Stellen hinter dem Komma abgeschnitten. Ist die Zahl zu groß und kann nicht im Wertebereich der Integerzahl dargestellt werden, so ist der Effekt der Umwandlung nicht definiert. Sollen negative Gleitpunktzahlen in `unsigned` Integer-Werte umgewandelt werden, so ist der Effekt nicht definiert.

Umwandlungen zwischen Gleitpunkttypen bei gewöhnlichen arithmetischen Konversionen und Zuweisungen

Wenn ein Gleitpunktwert mit niedrigerer Genauigkeit in einen Gleitpunkttyp mit einer gleichen oder höheren Genauigkeit umgewandelt wird, so gibt es keine Probleme. Der Wert bleibt selbstverständlich unverändert.

Umwandlungen zwischen Gleitpunkttypen nur bei Zuweisungen

Wenn ein Gleitpunktwert mit höherer Genauigkeit in einen Gleitpunktwert mit geringerer Genauigkeit umgewandelt wird, so ist das Ergebnis nicht definiert, wenn der Wert nicht im zulässigen Wertebereich des Typs mit der geringeren Genauigkeit liegt.

Liegt der Wert im zulässigen Wertebereich, so kann wegen der unterschiedlichen Genauigkeit der beteiligten Typen der neue Wert der nächst höhere oder der nächst niedrigere darstellbare Wert sein.

7.7.4 Zwei Beispiele

Beispiel 1:

```c
/* Datei: truncate.c */
#include <stdio.h>

int main (void)
{
   double x = 4.2;
   int zahl;

   zahl = x;
   printf ("zahl = %d\n", zahl);
   return 0;
}
```

Hier wird abgeschnitten. Darauf weist eine Warnung des Compilers hin. Wenn das Programm dennoch ausgeführt wird, ist die Ausgabe:

```
zahl = 4
```

Beispiel 2:

```c
/* Datei: typ_konv.c */
#include <stdio.h>

int main (void)
{
   int i = -1;    /* Bits: 1111 1111 1111 1111 1111 1111 1111 1111 */
   unsigned int u = 2; /* 0000 0000 0000 0000 0000 0000 0000 0010 */
   printf ("\n%u", u * i);
                  /* Das Bitmuster von u * i =              */
                  /* 1111 1111 1111 1111 1111 1111 1111 1110 */
                  /* wird unsigned interpretiert als        */
                  /* 4294967294.                            */
   i = u * i;     /* 4294967294 wird bei Zuweisung als      */
                  /* signed interpretiert zu -2.            */
   printf ("\n%d\n", i);
   return 0;
}
```

Die Ausgabe des Programmes ist:

```
4294967294
-2
```

Gemäß der Regel

„Ist einer der beiden Operanden vom Typ `unsigned int`, wird der andere in `unsigned int` umgewandelt".

wird vor der Produktbildung `i * u` der Operand `i` in `unsigned int` umgewandelt. Bei der Zuweisung `i = i * u` ist der Operand rechts des Zuweisungszeichens vom Typ `unsigned int`. Er muss in den Typ links des Gleichheitszeichens, d.h. in `int` gewandelt werden.

7.8 Sequenzpunkte bei Nebeneffekten

Die Berechnung von Ausdrücken kann mit Nebeneffekten verbunden sein. Der ISO-Standard schreibt jedoch nicht genau vor, wann ein Nebeneffekt eintritt. Er gibt jedoch **Punkte in der Ausführungssequenz** eines Programmes an – **Sequenzpunkte (sequence points)** genannt – an denen die Nebeneffekte vorangegangener Ausdrücke alle eingetreten sein müssen. An einem solchen Sequenzpunkt dürfen andererseits Nebeneffekte von Ausdrücken, die im Programm nach einem Sequenzpunkt stehen, auf keinen Fall stattgefunden haben.

Sequenzpunkte liegen an folgenden Stellen vor:

- Nach der Berechnung der Argumente eines Funktionsaufrufs und bevor die Funktion aufgerufen wird.
- Nach der Auswertung des ersten Operanden der folgenden Operatoren und bevor der jeweils zweite Operand ausgewertet wird:
  - eines Operators für das logische UND `&&`,
  - eines Operators für das logische ODER `||`,
  - eines Bedingungsoperators, d.h. der Bedingung A in A ? B : C,
  - eines Komma-Operators.
- Am Ende der Auswertung der folgenden Ausdrücke:
  - eines Initialisierungsausdrucks einer manuellen Initialisierung,
  - eines Ausdrucks in einer Ausdrucksanweisung,
  - der Bedingung in einer `if`-Anweisung,
  - des Selektionsausdrucks in einer `switch`-Anweisung,
  - der Bedingung einer `while`- oder `do while`-Schleife,
  - eines jeden der drei Ausdrücke einer `for`-Anweisung,
  - des Ausdrucks einer `return`-Anweisung.

Wird ein Objekt zwischen zwei aufeinanderfolgenden Sequenzpunkten mehrmals verändert, so ist das Ergebnis nicht definiert. So ist beispielsweise das Ergebnis eines Ausdrucks wie etwa

```
i++ * i++
```

nicht definiert, da beim Multiplikationsoperator kein Sequenzpunkt zwischen den Operanden vorliegt und damit der Compiler frei ist, die Reihenfolge, in der Operanden berechnet und Nebeneffekte stattfinden, selbst festzulegen. Bei einem Funktionsaufruf wird ebenfalls nur gefordert, dass Nebeneffekte von Argumenten stattgefunden haben müssen, bevor die Funktion selbst aufgerufen wird, aber die Reihenfolge, in der Parameter ausgewertet werden und wann deren Nebeneffekte stattfinden, ist ebenfalls wieder Sache des Compilers.

7.9 Übungsaufgaben

Aufgabe 7.1: Ungleichheitsoperator A != B

Lesen Sie zwei `int`-Zahlen ein. Wenn die beiden Zahlen nicht gleich sind, soll folgender Text ausgegeben werden:

```
Die Zahlen sollten GLEICH sein!
```

Aufgabe 7.2: Operator && für das logische UND

Gegeben sei das folgende Programm:

```c
#include <stdio.h>

int main (void)
{
   int kontonummer, pin;
   printf ("\nBitte geben Sie Ihre Kontonummer ein: ");
   scanf ("%d", &kontonummer);
   printf ("\nBitte geben Sie Ihre PIN ein: ");
   scanf ("%d", &pin);
   if (kontonummer == 13017)
   {
      if (pin != 10037)
         printf ("\nFalsche Eingabe!");
      else
         printf ("Sie wurden erfolgreich angemeldet.");
   }
   else
      printf ("\nFalsche Eingabe!");
   return 0;
}
```

Nun soll das Programm von Ihnen so modifiziert werden, dass nur noch eine `if`-`else`-Anweisung verwendet wird. Die Funktionalität des Programms soll dabei erhalten bleiben. Verwenden Sie dabei den Operator `&&` für das logische UND.

Aufgabe 7.3: Wandlung von hexadezimal in dezimal

Im Dialog soll der Benutzer aufgefordert werden, eine gültige Hexadezimalzahl (ohne Vorzeichen!), beispielsweise `FFA` einzugeben. Für die Eingabe sollen kleine und große Buchstaben zugelassen sein. Das Programm soll die zugehörige Dezimalzahl ausgeben. Gibt der Benutzer eine ungültige Hexadezimalzahl ein, so soll die Fehlermeldung `"Keine Hexadezimalzahl"` am Bildschirm erscheinen.

Hinweis:

Um die eingelesenen Zeichen in Zahlenwerte umzuwandeln, muss vom eingegebenen ASCII-Zeichenwert ein Basiswert abgezogen werden. Dieser Basiswert ist natürlich für Zahlen, Kleinbuchstaben und Großbuchstaben unterschiedlich:

1. Fall: `(c >= '0') && (c <= '9')`:   `c - '0';`
   Der Wert von `'0'` ist 48.
   So hat das Zeichen `'1'` den Wert $49 - 48 = 1$

2. Fall: `(c >= 'A') && (c <= 'F')`:   `c - 'A' + 10;`
   So hat das Zeichen `'A'` den Wert `'A'` − `'A'` + 10 = 10

3. Fall: `(c >= 'a') && (c <= 'f')`:   `c - 'a' + 10;`
   So hat das Zeichen `'a'` den Wert `'a'` - `'a'` + 10 = 10

Aufgabe 7.4: Bedingungsoperator

Schreiben Sie das folgende Programm um:

```
#include <stdio.h>

int main (void)
{
    int i, x, y;
    x = 1;
    y = 2;
    x == y ? (i = 1) : (i = 0);
    printf ("\ni = %d", i);
    return 0;
}
```

Ersetzen Sie hierbei den Bedingungsoperator durch eine `if`-Anweisung mit `else`-Teil.

Aufgabe 7.5: Der Subtraktions-Zuweisungsoperator

Erläutern Sie, was das folgende Programm tut. Überzeugen Sie sich durch einen Programmlauf.

```
#include <stdio.h>

int main (void)
{
    int a;
    int b;
    printf ("Gib zwei ganze positive Zahlen ein: ");
    scanf ("%d %d", &a, &b);
    while (a >= b) a -= b;
    printf ("\n??????? ist : %d\n", a);
    return 0;
}
```

Aufgabe 7.6: do-while-Schleife. else if. Operator || für das logische ODER

a) Analysieren Sie das nachfolgende Programm. Ersetzen Sie die `else if`-Anweisung durch den Operator `||` für das logische ODER, sodass nur eine `if-else`-Anweisung im Programm steht.

```c
#include <stdio.h>

#define SPITZE          1
#define GUT             2
#define BEFRIEDIGEND    3
#define AUSREICHEND     4
#define DURCHGEFALLEN   5
#define JA              1
#define NEIN            0

int main (void)
{
    unsigned int note, bestanden;

    printf ("\nGeben Sie bitte eine Note (1-5) ein: ");
    scanf ("%u", &note);

    if (note == SPITZE) bestanden = JA;
    else if (note == GUT) bestanden = JA;
    else if (note == BEFRIEDIGEND) bestanden = JA;
    else if (note == AUSREICHEND) bestanden = JA;
    else bestanden = NEIN;
    bestanden ? printf ("\nJA, ") : printf( "\nNICHT ");
    printf ("WEITER SO !\n");
    return 0;
}
```

b) Erweitern Sie jetzt das Programm aus Teilaufgabe a:
Solange keine gültigen Eingabewerte, d.h. Werte kleiner 1 oder größer 5, eingegeben werden, soll `scanf()` wiederholt werden. Benutzen Sie dafür eine `do while`-Schleife.

Hinweise:

Die `do while`-Schleife ist eine annehmende bzw. nicht abweisende Schleife. Das bedeutet: die Schleife wird mindestens einmal durchlaufen. Die `while`-Bedingung wird dann nach jedem Schleifendurchlauf geprüft. Es ist darauf zu achten, dass in der `do while`-Schleife nach der `while`-Bedingung – anders als bei der `while`-Schleife – ein Strichpunkt steht.

Aufgabe 7.7: Gebrauch verschiedener Operatoren

Gegeben sei:

```c
int a = 2, b = 1;      /* Diese Anweisungen sind Grundlage */
int * ptr = &b;        /* fuer jede der Aufgaben a) bis o) */
```

Finden Sie ohne C-Compiler heraus, welcher Wert der Variablen a in den einzelnen Anweisungen a) bis o) zugewiesen wird. Beachten Sie dabei genau die Priorität der entsprechenden Operatoren. Erläutern Sie, wie Sie auf das Ergebnis kommen. Verifizieren Sie ihr theoretisch ermitteltes Ergebnis gegebenenfalls durch einen Programmlauf.

```
a)  a  = b = 2;
b)  a  = 5 * 3 + 2;
c)  a  = 5 * (3 +   2);
d)  a *= 5 + 5;
e)  a %= 2 * 3;
f)  a  = !(--b == 0);
g)  a  = 0 && 0 + 2;
h)  a  = b++ * 2;
i)  a  = - 5 - 5;
j)  a  = -(+b++);
k)  a  = 5 == 5 && 0 || 1;
l)  a  = ((((((b + b) * 2) + b) && b  || b)) == b);
m)  a  = b ? 5 - 3 : b;
n)  a  = 5 ** ptr;
o)  a  = b + (++b);
```

Kapitel 8

Kontrollstrukturen

8 Kontrollstrukturen

Die sequenzielle Programmausführung kann durch Kontrollstrukturen beeinflusst werden. In Abhängigkeit von der Bewertung von Ausdrücken können Anweisungen übergangen oder ausgeführt werden.

8.1 Blöcke – Kontrollstrukturen für die Sequenz

Erfordert die Syntax genau eine Anweisung, wie beispielsweise bei der Selektion, so können dennoch mehrere Anweisungen geschrieben werden, wenn man sie in Form eines Blockes zusammenfasst:

```
{
    Anweisung_1
    Anweisung_2
    Anweisung_3
        .
        .
        .
    Anweisung_n
}
```

Die geschweiften Klammern { und } stellen die Blockbegrenzer dar. Die Anweisungen zwischen den Blockbegrenzern werden sequenziell abgearbeitet.

Ein **Block** (eine **zusammengesetzte** oder **geblockte Anweisung**) kann an jeder Stelle eingesetzt werden, an der eine beliebige Anweisung stehen kann.

Ein Block zählt syntaktisch als eine einzige Anweisung.

Blöcke werden in Kapitel 9.1 behandelt.

8.2 Selektion

Von **Selektion** spricht man zum einen, wenn man eine Anweisung nur dann ausführen will, wenn eine bestimmte Bedingung zutrifft. Zum anderen möchte man mit Selektionsanweisungen zwischen zwei Möglichkeiten (entweder.../oder...) oder zwischen mehreren Möglichkeiten (wie z.B. entweder.../oder.../oder.../ansonsten...) genau eine auswählen.

8.2.1 Einfache Alternative – if und else

Die Syntax der **einfachen Alternative** ist:

```
if (Ausdruck)
    Anweisung1
else
    Anweisung2
```

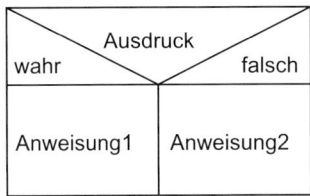

Bild 8-1 Struktogramm von if-else

Der `Ausdruck` in Klammern wird berechnet. Trifft die Bedingung zu (hat also `Ausdruck` einen von 0 verschiedenen Wert), so wird `Anweisung1` ausgeführt. Trifft die Bedingung nicht zu (hat also `Ausdruck` den Wert 0), so wird `Anweisung2` ausgeführt, falls ein `else`-Zweig vorhanden ist.

Soll mehr als eine einzige Anweisung ausgeführt werden, so ist ein Block zu verwenden, der syntaktisch als eine einzige Anweisung zählt.

Der `else`-Zweig ist optional. Entfällt der `else`-Zweig, so spricht man von einer **bedingten Anweisung**.

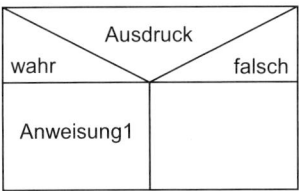

Bild 8-2 Struktogramm der bedingten Anweisung

Bei einer **bedingten Anweisung** wird die Anweisung nur ausgeführt, wenn die Bedingung zutrifft.

`if` prüft immer den numerischen Wert des Ausdrucks in Klammern, ob er 0 oder eine von 0 verschiedene Zahl ist. Der Rückgabewert eines Vergleiches wie z.B. `a == 0` ist 0 (falsch) bzw. 1 (wahr). Somit kann man bei der Prüfung eines Ausdrucks `a` auf den Wahrheitswert wahr statt

```
if (a != 0) ....
```

auch abgekürzt

```
if (a) ....
```

schreiben.

0 gilt als falsch und eine von 0 verschiedene Zahl als wahr.

Geschachtelte if- und else-Anweisungen

Da der `else`-Zweig einer `if-else`-Anweisung optional ist, entsteht eine Mehr-deutigkeit, wenn ein `else`-Zweig in einer verschachtelten Folge von `if-else`-Anweisungen fehlt. Dem wird dadurch begegnet, dass der `else`-Zweig immer mit dem letzten `if` verbunden wird, für das noch kein `else`-Zweig existiert. So gehört im folgenden Beispiel

```
/*....*/

if (a)
    if (b > c)
        printf ("%d\n", b);
    else
        printf ("%d\n", c);

/*....*/
```

der `else`-Zweig – wie die Regel oben aussagt – zum letzten, inneren `if`. Eine von Programmierern eventuell versuchte Umgehung der Zuordnung der `if`- und `else`-Zweige durch Einrücken (z.B. mit Tabulator) kann der Compiler nicht erkennen, da für ihn Whitespace-Zeichen nur die Bedeutung von Trennern haben, aber sonst vollkommen bedeutungslos sind. Um eine andere Zuordnung zu erreichen, müssen entsprechende geschweifte Klammern gesetzt und somit Blöcke definiert werden wie im folgenden Beispiel:

```
/*....*/

if (a)
{
    if (b > c) printf ("%d\n", b);
}
else
    printf ("%d\n", c);

/*....*/
```

8.2.2 Mehrfache Alternative – else if

Die `else if`-Anweisung ist die allgemeinste Möglichkeit für eine **Mehrfach-Selektion**, d.h. um eine Auswahl unter verschiedenen Alternativen zu treffen. Die Syntax dieser Anweisung ist:

```
if (Ausdruck_1)
   Anweisung_1
else if (Ausdruck_2)
   Anweisung_2
else if (Ausdruck_3)
   Anweisung_3
      .
      .
      .
else if (Ausdruck_n)
   Anweisung_n
else                       /* der else-Zweig                       */
   Anweisung_else          /* ist optional                         */
```

In der angegebenen Reihenfolge wird ein Vergleich nach dem anderen durchgeführt. Bei der ersten Bedingung, die wahr ist, wird die zugehörige Anweisung abgearbeitet und die Mehrfach-Selektion abgebrochen. Dabei kann statt einer einzelnen Anweisung stets auch ein Block von Anweisungen stehen, da ein Block syntaktisch einer einzigen Anweisung gleichgestellt ist.

Der letzte `else`-Zweig ist optional. Hier können alle anderen Fälle behandelt werden, die in der `if-else-if`-Kette nicht explizit aufgeführt sind. Ist dies nicht notwendig, so kann der `else`-Zweig entfallen.

Dieser `else`-Zweig wird oft zum Abfangen von Fehlern, z.B. bei einer Benutzereingabe, verwendet. Betätigt der Benutzer eine ungültige Taste, kann er in diesem `else`-Teil „höflichst" auf sein Versehen hingewiesen werden.

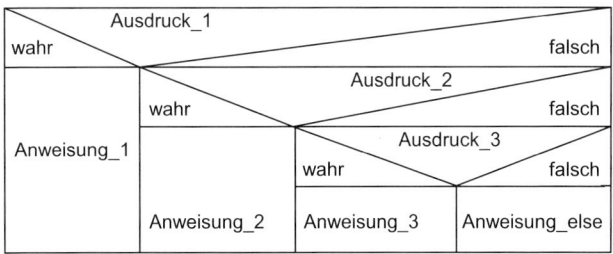

Bild 8-3 Beispiel für ein Struktogramm der `else if`-Anweisung

8.2.3 Mehrfache Alternative – switch

Für eine Mehrfach-Selektion, d.h. eine Selektion unter mehreren Alternativen, kann auch die `switch`-Anweisung verwendet werden, falls die Alternativen ganzzahligen

Werten eines Ausdrucks von einem Integer-Typ entsprechen. Die Syntax der `switch`-Anweisung lautet:

```
switch (Ausdruck)
{
   case k1:
      Anweisungen_1
      break;                              /* ist optional         */
   case k2:
      Anweisungen_2
      break;                              /* ist optional         */
      .
      .
      .
   case kn:
      Anweisungen_n
      break;                              /* ist optional         */
   default:                               /* ist                  */
      Anweisungen_default                 /* optional             */
}
```

Jeder Alternative geht eine – oder eine Reihe – von `case`-Marken mit ganzzahligen Konstanten `k1, ..., kn` oder konstanten Ausdrücken voraus.

Ein Beispiel für eine `case`-Marke ist:

```
case 5:
```

Ein Beispiel für eine Reihe von `case`-Marken ist:

```
case 1:   case 3:   case 5:
```

Die vorangegangene `switch`-Anweisung wird durch das folgende Struktogramm visualisiert:

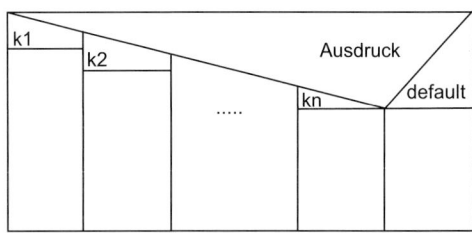

Bild 8-4 Struktogramm einer `switch`-Anweisung

Hat der Ausdruck der `switch`-Anweisung den gleichen Wert wie einer der konstanten Ausdrücke der `case`-**Marken**, wird die Ausführung des Programms mit der Anweisung hinter dieser `case`-Marke weitergeführt. Stimmt keiner der konstanten Ausdrücke mit dem `switch`-Ausdruck überein, wird zu `default` gesprungen. `default` ist optional. Benötigt die Anwendung keinen `default`-Fall, kann dieser entfallen und das Programm würde beim Nichtzutreffen aller aufgeführten konstanten Ausdrücke nach der `switch`-Anweisung fortgeführt. Die Reihenfolge der `case`-Marken ist beliebig. Auch die `default`-Marke muss nicht als letzte stehen. Am übersichtlichsten ist es, wenn die `case`-Marken nach aufsteigenden Werten geordnet sind und `default` am Schluss steht.

Eine wichtige Bedingung für die `switch`-Anweisung ist, dass – eigentlich selbstverständlich – alle `case`-Marken unterschiedlich sein müssen. Vor einer einzelnen Befehlsfolge können – wie schon erwähnt – jedoch mehrere verschiedene `case`-Marken stehen (siehe nachfolgendes Beispiel).

Wird durch die `switch`-Anweisung eine passende `case`-Marke gefunden, werden die anschließenden Anweisungen bis zum `break` ausgeführt. `break` springt dann an das Ende der `switch`-Anweisung (siehe auch Kapitel 8.4.1).

Fehlt die `break`-Anweisung, so werden die nach der nächsten `case`-Marke folgenden Anweisungen abgearbeitet. Dies geht so lange weiter, bis ein `break` gefunden wird oder bis das Ende der `switch`-Anweisung erreicht ist.

Die folgenden Unterschiede zur `else if`-Anweisung bestehen:

a) `switch` prüft nur auf die Gleichheit von Werten im Gegensatz zur `else if`-Anweisung, bei der logische Ausdrücke ausgewertet werden.
b) Der Bewertungsausdruck der `switch`-Anweisung kann nur ganzzahlige Werte oder Zeichen verarbeiten. Zeichen stellen ja kleine ganze Zahlen dar.
c) Die Effizienz von `switch` ist gegenüber `else if` in der Regel besser, da bedingt durch die konstanten `case`-Marken der Compiler bessere Optimierungsmöglichkeiten hat. Im Falle der `else if`-Bedingungen kann die Auswertung normalerweise erst zur Laufzeit erfolgen.
d) Die Übersichtlichkeit bzw. Erweiterbarkeit ist bei `switch` besser als bei `else if`.

Statt umfangreicher `else if`-Konstruktionen sollte – falls möglich – bevorzugt die mehrfache Alternative `switch` benutzt werden.

Hier zwei Beispiele:

```c
/* Datei: switch1.c */
#include <stdio.h>

int main (void)
{
    int zahl;
    printf ("\nEingabe: ");
    scanf ("%d",&zahl);
```

```
switch (zahl)
{
    case 2:
    case 4:
        printf ("\nEs war eine gerade Zahl zwischen 1 und 5\n");
        break;
    case 1:
    case 3:
    case 5:
        printf ("\nEs war eine ungerade Zahl zwischen 1 und 5\n");
        break;
    default:
        printf ("\nEs war keine Zahl zwischen 1 und 5\n");
}
return 0;
}
```

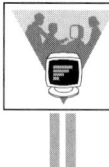

Der folgende Dialog wurde geführt:

```
Eingabe: 4
Es war eine gerade Zahl zwischen 1 und 5
```

Besonders schön lesbar wird der Code, wenn man die ganzzahligen Konstanten im switch durch symbolische Konstanten ersetzt, deren Bedeutung dem Leser sofort klar ist. Das Definieren der symbolischen Konstanten kann durch #define oder noch besser durch enum, wie im folgenden Beispiel, realisiert werden:

```
/* DATEI: switch2.c */
#include <stdio.h>
int main (void)
{
    enum color {RED, GREEN, BLUE};                              /*(1)*/
    enum color col = GREEN;                                     /*(2)*/
    switch (col)
    {
    case RED:
        printf(" RED");
        break;
    case GREEN:                                                 /*(3)*/
        printf(" GREEN");
        break;
    case BLUE:
        printf(" BLUE");
        break;
    default:
        printf(" undefined color!");
    }
    return 0;                                                   /*(4)*/
}
```

Die Ausgabe am Bildschirm ist:

```
GREEN
```

Das Programm `switch2.c` nutzt zur Aufzählung den Datentyp `enum color`. Bei Kommentar `(1)` werden den Konstanten `RED`, `GREEN` und `BLUE` die Integerwerte 0, 1 und 2 zugewiesen. Nun wird bei Kommentar `(2)` eine Variable `col` vom Typ `enum color` angelegt und der Wert `GREEN` zugewiesen. In der folgenden `switch`-Anweisung werden aufgrund des Wertes `GREEN` von `col` die Anweisungen bei `case GREEN:` ausgeführt. Die `break`-Anweisung bewirkt schließlich ein Verlassen der `switch`-Anweisung. Das heißt, dass die nächste, auf die `switch`-Anweisung folgende Anweisung, die durch den Kommentar `(4)` gekennzeichnet ist, ausgeführt wird.

Würde man in diesem Beispiel die `break`-Anweisungen vergessen, so würde auf dem Bildschirm ausgegeben: `GREEN BLUE undefined color!`.

8.3 Iteration

8.3.1 Abweisende Schleife mit while

Die Syntax der `while`-Schleife lautet:

```
while (Ausdruck)
    Anweisung
```

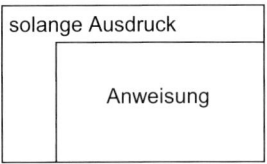

Bild 8-5 Struktogramm der `while`-Schleife

In einer `while`-Schleife kann eine Anweisung in Abhängigkeit von der Bewertung eines Ausdrucks wiederholt ausgeführt werden. Da der Ausdruck vor der Ausführung der Anweisung bewertet wird, spricht man auch von einer **„abweisenden" Schleife**. Der Ausdruck wird berechnet und die Anweisung nur dann ausgeführt, wenn der Ausdruck wahr ist. Danach wird die Berechnung des Ausdrucks und die eventuelle Ausführung der Anweisung wiederholt. Um keine Endlos-Schleife zu erzeugen, muss daher ein beliebiger Teil des Bewertungsausdrucks im Schleifenrumpf, d.h. in der `Anweisung`, manipuliert werden. Sollen mehrere Anweisungen ausgeführt werden, so ist ein Block zu verwenden.

Das folgende Beispiel zeigt die Manipulation des Wertes der Abbruchbedingung im Schleifenrumpf:

```
/* DATEI: while1.c */
#include <stdio.h>
int main (void)
{
    int lv = 0;
    while (lv < 10)                                                    /*(1)*/
    {                                                                  /*(2)*/
        printf ("%d", lv);
        if (lv < 9)
        {
            printf (", ");
        }
        lv++;          /* Manipulation des Werts der Abbruchbedingung */
    }                                                                  /*(3)*/
    return 0;                                                          /*(4)*/
}
```

Die Ausgabe am Bildschirm ist:

0, 1, 2, 3, 4, 5, 6, 7, 8, 9

Das Programm `while1.c` wertet vor jeder Ausführung des **Schleifenrumpfes** (Kommentar `(2)` bis `(3)`) die Bedingung im **Schleifenkopf** (`lv < 10` – bei Kommentar `(1)`) aus. Ist diese Bedingung ungleich 0 (wahr), dann wird der Anweisungsblock ausgeführt. Dies wiederholt sich solange, wie die Bedingung erfüllt ist. Sobald die Laufvariable `lv` den Wert `10` annimmt, ist die Bedingung nicht mehr erfüllt (falsch) und der Schleifenrumpf wird nicht mehr ausgeführt. Das Programm arbeitet dann mit der ersten Anweisung nach der Schleife weiter (bei Kommentar `(4)`). Die bedingte Anweisung in der Schleife dient dazu, beim letzten Durchlauf der Schleife kein Komma mehr auszugeben.

8.3.2 Abweisende Schleife mit for

Die `for`-Schleife ist wie die `while`-Schleife eine abweisende Schleife, da erst geprüft wird, ob die Bedingung für ihre Ausführung zutrifft.

Die Syntax der `for`-Schleife lautet:

```
for (Ausdruck_1; Ausdruck_2; Ausdruck_3)
    Anweisung
```

Die `for`-Anweisung ist äquivalent zu[47]

```
Ausdruck_1;
while (Ausdruck_2)
{
   Anweisung
   Ausdruck_3;
}
```

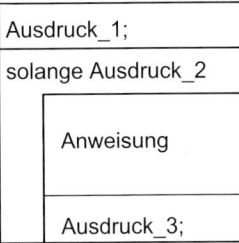

Bild 8-6 Struktogramm der `for`-Schleife

Die `for`-Schleife enthält 3 Schritte:

- **Initialisierung einer Laufvariablen**[48], welche die Anzahl der Schleifendurchläufe zählt, in `Ausdruck_1`,
- **Prüfung der Schleifenbedingung**[49] `Ausdruck_2`,
- gegebenenfalls Ausführung von Anweisung und **Erhöhung des Wertes der Laufvariablen** in `Ausdruck_3`, falls kein Abbruch erfolgte.

In einer gebräuchlichen Form wird die `for`-Schleife so verwendet, dass die Ausdrücke `Ausdruck_1` und `Ausdruck_3` Zuweisungen an die Laufvariable sind. In den folgenden Beispielen wird dies veranschaulicht:

```
/* Datei: for1.c */
#include <stdio.h>

int main (void)
{
   int lv;
   for (lv = 0;
        lv < 10;                                            /*(1)*/
        lv = lv + 1)                                        /*(2)*/
   {                                                        /*(3)*/
      printf ("%d", lv);
```

---

[47] Vorausgesetzt, der bei der `for`-Schleife optionale `Ausdruck_2` ist tatsächlich vorhanden. Die Äquivalenz ist auch gegeben, wenn die optionalen Ausdrücke `Ausdruck_1` bzw. `Ausdruck_3` fehlen.

[48] Statt **Laufvariable** ist auch der Begriff **Schleifenindex** gebräuchlich.

[49] Statt **Schleifenbedingung** wird auch der Begriff **Abbruchbedingung** verwendet.

```
      if (lv < 9)
      {
          printf (", ");
      }
  }                                                          /*(4)*/
      return 0;
}
```

Die Ausgabe am Bildschirm ist:

```
0, 1, 2, 3, 4, 5, 6, 7, 8, 9
```

Die Laufvariable `lv` wird zu Beginn der Schleife mit dem Wert 0 initialisiert. Ist die Bedingung bei Kommentar (1) wahr, dann wird der **Schleifenrumpf (Schleifenkörper)** (Kommentar (3) bis (4)) ausgeführt. Anschließend wird die Laufvariable bei Kommentar (2) um eins erhöht und geprüft, ob die Schleifenbedingung (bei Kommentar (1)) einen weiteren Durchlauf durch den Schleifenrumpf zulässt. Ist dies der Fall, so erfolgt der Ablauf des Schleifenrumpfes und **wieder** die Erhöhung der Laufvariablen. Das Ganze wird solange wiederholt, wie die Laufvariable kleiner als 10 ist. Da immer nach der Ausführung des Anweisungsblocks der Schleifenzähler erhöht wird, ist sein Wert am Ende um eins größer als Durchläufe des Anweisungsblocks erfolgt sind. Bei obigem Programm ist also `lv == 10`.

Das nächste Beispiel zeigt eine Schleife, bei der der Wert der Laufvariablen in jedem Durchgang verringert wird:

```
/* Datei: for2.c */
#include <stdio.h>
int main (void)
{
    int lv;
    for (lv = 2; lv > -1; lv = lv - 1)
    {
        printf ("%d", lv);
        if (lv > 0)
        {
            printf (", ");
        }
    }
    return 0;
}
```

Die Ausgabe am Bildschirm ist:

```
2, 1, 0
```

Diese Schleife wird ausgeführt, solange die Laufvariable `lv` größer als −1 ist. Nach jedem Durchlauf wird die Laufvariable `lv` um eins verringert.

Das folgende Programm `for3.c` addiert zur Variablen `summe` bei jedem Durchlauf den aktuellen Wert der Laufvariablen:

```
/* Datei: for3.c */
#include <stdio.h>
int main (void)
{
   int lv;
   int summe = 0;
   for (lv = 1; lv < 10; lv = lv + 1)
   {
      summe = summe + lv;                                    /*(1)*/
   }
   printf ("Die Gesamtsumme ist: %d\n", summe);
   return 0;
}
```

Die Ausgabe am Bildschirm ist:

```
Die Gesamtsumme ist: 45
```

Bei Kommentar (1) wird – von rechts nach links gelesen – zuerst die Laufvariable zum aktuellen Wert der Variablen `summe` addiert und dann diese Summe der Variablen `summe` zugewiesen.

Das folgende Programm zeigt, wie Arrays mit Hilfe von Schleifen elegant bearbeitet werden können:

```
/* Datei: for4.c */
int main (void)
{
   int index;
   int array1 [20];
   int array2 [20];
   for (index = 0; index < 20; index = index + 1)
   {
      array1[index] = index;
      array2[index] = array1[index] * 2;
   }
   return 0;
}
```

Das Programm weist dem Array-Element `array1[index]` immer den aktuellen Wert von `index` zu. Danach wird dem Array-Element `array2[index]` der doppelte Wert von `array1[index]` zugewiesen.

Die Laufvariable `index` in diesem Beispiel zählt die Zahl der Schleifendurchläufe hoch. Für die Erhöhung des Wertes der Laufvariablen kann statt `index = index + 1` auch genau so gut `index++` oder `++index` geschrieben werden. Alle drei Schreibweisen sind hier äquivalent. Entscheidend ist nur, dass die Laufvariable erhöht wird. Der Rückgabewert des Ausdrucks wird nicht abgeholt.

Natürlich ist es von der Syntax her möglich, dass statt `index++` beispielsweise auch `a = index++` geschrieben wird, wobei `a` eine bereits definierte Variable sein soll. Dann wird ebenfalls **die Laufvariable (der Schleifenindex)** erhöht, aber darüber hinaus noch der Wert der Variablen `a` verändert. Solche Kunststücke können leicht übersehen werden und machen deshalb das Programm schlecht lesbar.

Die Laufvariable der `for`-Schleife hat nach dem Verlassen der Schleife den in der Schleife zuletzt berechneten Wert. D.h. in dem obigen Beispiel hat die Variable `index` nach der `for`-Schleife den Wert 20. Der aktuelle Wert der Laufvariablen ist auch außerhalb der Schleife gültig, wenn die `for`-Schleife mit der `break`-Anweisung (siehe Kapitel 8.4.1) verlassen wurde.

Beispiele mit höherem Schwierigkeitsgrad

Um die `for`-Schleifen noch etwas eingehender zu behandeln, hier noch ein paar Beispiele mit etwas höherem Schwierigkeitsgrad.

Das folgende Programm `for5.c` verwendet u.a. 2er-Schritte in einer Schleife:

```c
/* Datei: for5.c */
#include <stdio.h>
int main (void)
{
    int lv;
    for (lv = 12; lv >= 0; lv = lv - 2)        /* 12 bis 0        */
    {                                          /* in 2er-Schritten */
        printf ("%d",lv);
        if (lv > 0)
        {
            printf (", ");
        }
    }
    printf ("\n");
    for (lv = -1; lv >= -13;
            lv = lv - 2)                       /* -1 bis -13      */
    {                                          /* in 2er-Schritten */
        printf ("%d", lv);
        if (lv > -12)
        {
            printf (", ");
        }
    }
    printf ("\n");
    for (lv = 0; lv <= 6; lv = lv + 1)         /* 0 bis 6         */
    {                                          /* quadrieren      */
        printf ("%d", lv * lv);
        if (lv < 6)
        {
            printf (", ");
        }
    }
```

```
    printf ("\n");
    return 0;
}
```

Die Ausgabe am Bildschirm ist:

```
12, 10, 8, 6, 4, 2, 0
-1, -3, -5, -7, -9, -11, -13
0, 1, 4, 9, 16, 25, 36
```

Zum Abschluss der `for`-Schleifen noch ein Beispiel mit verschachtelten Schleifen.
Es sollen die Primzahlen aufgezählt werden:

```
/* Datei: for6.c Primzahlen */
#include <stdio.h>
int main (void)
{
    int lv1;
    int lv2;
    int teiler;
    printf ("Primzahlen:\n");
    for (lv1 = 2, teiler = 0;    /* Beachten Sie den Komma-Operator */
         lv1 <= 101;
         lv1 = lv1 + 1, teiler = 0)                          /*(1)*/
    {
        for (lv2 = 2; lv2 < lv1; lv2 = lv2 + 1)              /*(2)*/
        {
            if (lv1 % lv2 == 0)                             /*(3)*/
            {
                teiler = 1;                                 /*(4)*/
            }
        }
        if (teiler == 0)                                    /*(5)*/
        {
            printf ("%d", lv1);
            if (lv1 < 101)
            {
                printf (", ");
            }
        }
    }
    return 0;
}
```

Die Ausgabe am Bildschirm ist:

```
Primzahlen:
2, 3, 5, 7, 11, 13, 17, 19, 23, ..., 101
```

Das Programm `for6.c` berechnet die Primzahlen bis 101. Dazu wird in einer
äußeren `for`-Schleife (Kommentar `(1)`) die Laufvariable `lv1` von 2 bis 101

hochgezählt[50] . Dann prüft die innere Schleife, die nach Teilern von `lv1` sucht, ob `lv1` modulo `lv2` (modulo ist in C der `%`-Operator) Null ergibt (Kommentar (3)), also ob `lv1` durch `lv2` ohne Rest teilbar ist. Ist das der Fall, dann ist `lv1` keine Primzahl, da sie ja in zwei Faktoren ohne Rest zerlegt werden kann. Diese Prüfung läuft solange, als `lv2` kleiner als `lv1` ist. Falls `lv1` beim gesamten Durchlaufen der inneren Schleife nicht durch `lv2` ohne Rest teilbar ist, liegt eine Primzahl vor (`teiler == 0`). Dann wird bei Kommentar (5) die Primzahl auf dem Bildschirm ausgegeben. Beachten Sie, dass im Schleifenkopf der äußeren Schleife nach dem Schleifendurchlauf `teiler` auf 0 gesetzt wird.

Hier noch eine etwas verbesserte Variante:

```c
/* Datei: for7.c Primzahlen optimiert */
#include <stdio.h>
int main (void)
{
    int lv1;
    int lv2;
    int teiler;
    printf ("Primzahlen:\n");
    for (lv1 = 2, teiler = 0;              /* Komma-Operator beachten */
         lv1 <= 101;
         lv1 ++, teiler = 0)
    {
        for (lv2 = 2;
             lv2 * lv2 <= lv1 && teiler == 0;                    /* (1) */
             lv2++)
        {
            if (lv1 % lv2 == 0)
            {
                teiler = 1;
            }
        }
        if (teiler == 0)
        {
            printf ("%d",lv1);
            if (lv1 < 101)
            {
                printf (", ");
            }
        }
    }
    return 0;
}
```

---

[50] Es wird erst bei 2 begonnen, da 0 und 1 keine Primzahlen sind.

Die Ausgabe am Bildschirm ist:

```
Primzahlen:
2, 3, 5, 7, 11, 13, 17, 19, 23, ..., 101
```

Im Unterschied zum Programm `for6.c` wird nun in der inneren Schleife schon abgebrochen, wenn `lv2 * lv2 > lv1` ist. Denn wenn eine Zahl n in zwei ganzzahlige Faktoren p, q zerlegbar ist, dann ist mindestens einer der beiden Faktoren kleiner oder gleich der Wurzel von n. Da beim Primzahltest ja nicht beide Faktoren bekannt sein müssen, sondern der kleinere Faktor als Teiler schon sicher sagt, dass eine Zahl nicht prim ist, reicht es, nur solange zu suchen, wie `lv2 * lv2 <= lv1` ist. Außerdem muss natürlich nur so lange in der inneren Schleife ein Teiler gesucht werden, bis ein Teiler gefunden wird (`&& teiler == 0` bei Kommentar `(1)`).

Endlos-Schleife

Jeder der drei Ausdrücke kann bei der `for`-Anweisung entfallen. Die Strichpunkte müssen aber trotz fehlendem Ausdruck stehen bleiben. Fehlt `Ausdruck_1`, so entfällt die Initialisierung. Fehlt `Ausdruck_3`, so fehlt die Inkrementierung der Laufvariablen. Fehlt `Ausdruck_2`, so gilt die Bedingung immer als wahr und die Schleife wird nicht mehr automatisch beendet.

Durch Weglassen von `Ausdruck_2` kann somit in einfacher Weise eine Endlos-Schleife programmiert werden. Die geläufigste Form ist dabei, alle drei Ausdrücke wegzulassen, wie im folgenden Beispiel:

```
for ( ; ; )        /* Endlosschleife */
{
    /*. . . .*/
}
```

Eine andere Möglichkeit ist, die `while`-Schleife zu verwenden und die Bedingung auf `true`, also z.B. 1, zu setzen:

```
while (1)          /* Endlosschleife */
{
    /*. . . .*/
}
```

Endlosschleifen ohne eine Abbruchbedingung sind in der Regel nicht sinnvoll. Man findet diese meist mit einer `break`-Anweisung im Schleifenrumpf, so dass die Schleife verlassen werden kann.

Die `break`-Anweisung wird in Kapitel 8.4 beschrieben.

Leere Anweisung

Die Grammatikregeln von C verlangen, dass zum Beispiel von `for` grundsätzlich eine Anweisung abhängt. Diese Anweisung kann auch eine sogenannte **leere Anweisung** sein, die nur aus einem leeren Block besteht, wie im folgenden Beispiel:

```
/*....*/
long zahl;
/* primitive Warteschleife des Programms */
for (zahl = 0; zahl < 100000; zahl++)
{
}
/*....*/
```

Als leere Anweisung ist außer dem leeren Block auch der Strichpunkt möglich.

Ist an einer von der Syntax für eine Anweisung vorgesehenen Stelle in einem Programm ausnahmsweise keine Anweisung notwendig, so muss trotzdem dort eine leere Anweisung, d.h. ein ; oder ein besser ein leerer Block { } stehen, um die Syntax zu erfüllen.

Die Erfahrung lehrt, dass früher oder später anstelle einer leeren Anweisung oftmals doch noch Programmanweisungen eingefügt werden. Wurde nun anstatt des Blockes ein Strichpunkt verwendet, so kann leicht übersehen werden, dass nur die erste Zeile, die anstelle des Strichpunkts eingefügt wurde, zur Schleife gehört, während die 2., 3. ... neu eingefügte Zeile nicht zum `for` gehört, sondern als normale, der Schleife folgende Anweisungen genau einmal ausgeführt werden.

Vorsicht!

8.3.3 Annehmende Schleife mit do while

Die Syntax der `do while`-Schleife ist:

```
do
   Anweisung
while (Ausdruck);
```

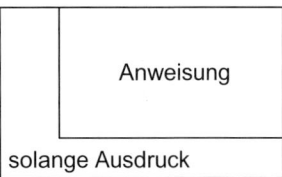

Bild 8-7 Struktogramm der `do while`*-Schleife*

Die do while-Schleife ist eine „**annehmende Schleife**". Zuerst wird die Anweisung der Schleife einmal ausgeführt. Danach wird der Ausdruck bewertet. Die Anweisung und die Bewertung des Ausdrucks werden solange fortgeführt, wie der Ausdruck wahr ist.

Die do while-Schleife wird also genau so wie die while-Schleife und die for-Schleife beendet, wenn der Ausdruck falsch wird. Allerdings wird die Anweisung der do while-Schleife auf jeden Fall mindestens einmal durchlaufen, da die Bewertung von Ausdruck erst am Ende der Schleife erfolgt. Das ist bei der while-Schleife und der for-Schleife anders: diese können durchaus ihre Anweisung auch überhaupt nicht ausführen, nämlich dann, wenn die Schleifenbedingung von Anfang an falsch ist.

Im folgenden Beispiel werden ganze Zahlen eingelesen und aufaddiert, bis eine 0 eingegeben wird. Da eine Zahl erst eingelesen werden muss, ehe sie geprüft werden kann, bietet sich hier eine annehmende Schleife an.

```
/*....*/
int zahl;
long summe = 0;

do
{
   scanf ("%d", &zahl);
   summe += zahl;
} while (zahl);              /* Hier muss ein Strichpunkt stehen ! */
/*....*/
```

Im Gegensatz zu allen anderen Schleifen, wird bei der do while-Schleife ein Semikolon nach der Schleifenbedingung verlangt, weil hier das Ende der Anweisung erreicht ist.

Vorsicht!

In diesem Beispiel wird eine Zahlenreihe von 0 bis 9 ausgegeben:

```
/* Datei: dowhile1.c */
#include <stdio.h>
int main (void)
{
   int lv = 0;
   do
   {
      printf ("%d",lv);
      if (lv < 9)
      {
         printf (", ");
      }
      lv ++;
   } while (lv < 10);
   return 0;
}
```

Die Ausgabe am Bildschirm ist:

```
0, 1, 2, 3, 4, 5, 6, 7, 8, 9
```

Diese do while-Schleife wird bearbeitet, solange lv < 10 ist.

8.4 Sprunganweisungen

Mit der break-Anweisung (Kapitel 8.4.1) kann eine do while-, while-, for-Schleife und switch-Anweisung abgebrochen werden. Die continue-Anweisung (Kapitel 8.4.2) dient zum Sprung in den nächsten Schleifendurchgang bei einer while-, do while- und for-Schleife. Mit der goto-Anweisung (Kapitel 8.4.3) kann man innerhalb einer Funktion an eine Marke springen. Zu den Sprunganweisungen zählt auch die return-Anweisung. Mit return springt man aus einer Funktion an die aufrufende Stelle zurück. Die return-Anweisung wird in Kapitel 9.3.4 behandelt.

8.4.1 break

Bisher wurde eine Schleife erst beendet, wenn ein Ausdruck einen bestimmten Wert annahm. Einen anderen Weg, eine Schleife bzw. eine switch-Anweisung zu beenden, ist die Anweisung break. Mit der break-Anweisung kann eine do while-, while- und for-Schleife und eine switch-Anweisung abgebrochen werden. Abgebrochen wird aber immer nur die aktuelle Schleife bzw. switch-Anweisung. Sind mehrere Schleifen (switch-Anweisungen) geschachtelt, wird lediglich die innerste verlassen. Das folgende Beispiel zeigt das Verlassen einer Schleife mit break:

```
/*....*/
char eingabe;

for ( ; ; ) /* Schleife */
{
   /* Die Funktion getchar() liest ein einzelnes Zeichen von der  */
   /* Tastatur ein                                                 */

   eingabe = getchar();   /* (siehe Kapitel 14.7.5)                */
   if (eingabe == 'Q')
   {
      break;
   }
   /* hier koennen weitere Anweisungen folgen                      */
}
/*....*/
```

8.4.2 continue

Die `continue`-Anweisung ist wie die `break`-Anweisung eine Sprung-Anweisung. Im Gegensatz zu `break` wird aber eine Schleife nicht verlassen, sondern der Rest der Anweisungsfolge der Schleife übersprungen und ein neuer Schleifendurchgang gestartet.

Die `continue`-Anweisung kann auf die `do while`-, die `while`- und die `for`-Schleife angewandt werden. Bei `do while` und `while` wird nach `continue` direkt zum Bedingungstest der Schleife gesprungen. Bei der `for`-Schleife wird zuerst noch der `Ausdruck_3` (siehe Kapitel 8.3.2) ausgeführt.

Angewandt wird die `continue`-Anweisung zum Beispiel, wenn an einer gewissen Stelle des Schleifenrumpfes mit einem Test festgestellt werden kann, ob der „umfangreiche" Rest noch ausgeführt werden muss bzw. darf.

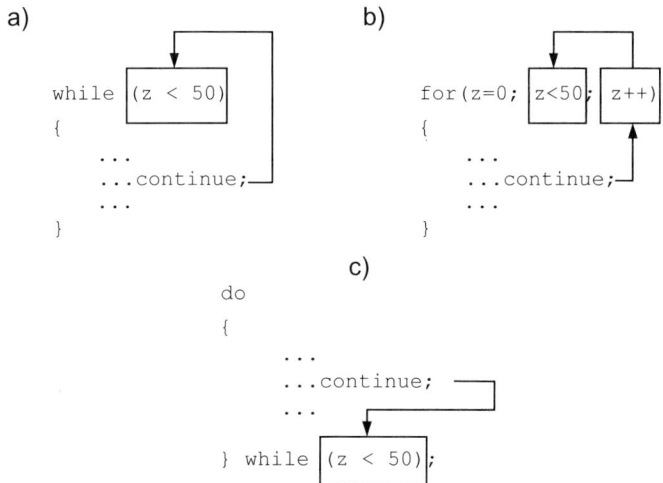

Bild 8-8   Kontrollfluss bei der `continue`-Anweisung für eine `while`-Schleife (a), eine `for`-Schleife (b) und eine `do while`-Schleife (c)

Das folgende Beispiel zeigt die Verwendung von `continue` in einer `while`-Schleife. Die `continue`-Anweisung führt hier dazu, dass nur positive Zahlen angezeigt werden.

```
/* Datei: continue.c */
#include <stdio.h>

int main (void)
{
    int lv = 0;
    int zahl;
    do
    {
        printf ("Geben Sie bitte eine positive Integer-Zahl ein: ");
        lv = lv + 1;
```

```
      scanf ("%d", &zahl);
      if (zahl <= 0)
      {
          continue;
      }
      printf ("Die Zahl war: %d\n", zahl);
   } while (lv < 5);
   return 0;
}
```

Ein Beispiel für einen Programmlauf ist:

```
Geben Sie bitte eine positive Integer-Zahl ein: 1
Die Zahl war: 1
Geben Sie bitte eine positive Integer-Zahl ein: 2
Die Zahl war: 2
Geben Sie bitte eine positive Integer-Zahl ein: -10
Geben Sie bitte eine positive Integer-Zahl ein: 2
Die Zahl war: 2
Geben Sie bitte eine positive Integer-Zahl ein: 7
Die Zahl war: 7
```

8.4.3 goto und Marken

Will man strukturiert programmieren, so benötigt man die goto-Anweisung eigentlich nicht. Dennoch gibt es Programme, welche die goto-Anweisung verwenden.

Mit goto wird an eine vom Programmierer angegebene Marke ohne Prüfung eines Ausdrucks gesprungen. Eine Marke wird direkt hinter dem goto angegeben. Sie wird nicht vorher deklariert. Eine Marke wird definiert durch einen Namen, der mit einem Doppelpunkt abgeschlossen ist – für alle Assembler-Programmierer eine Selbstverständlichkeit. Stehen darf eine Marke vor jeder beliebigen Anweisung und die Gültigkeit einer Marke erstreckt sich über die ganze Funktion. Damit kann nicht aus einer Funktion herausgesprungen werden.

Beispiel:

```
while (....)
{
   while (....)
   {
      ....
      if (Abbruch)
      {
          goto Weiter_nach_Schleife;
      }
   }
   ....
}
Weiter_nach_Schleife: Anweisung                              /*(1)*/
....
```

Der Streit um die `goto`-Anweisung ist legendär: Viele Aufsätze und Gegenaufsätze um das Thema „Goto considered harmful" (engl., etwa: „Goto ist gefährlich", siehe z.B. [1]) wurden verfasst. Sicher ist der Einsatz der `goto`-Anweisung zum Zwecke der regulären Kontrollflusssteuerung – zum Beispiel zum Bau einer Schleife – zu verdammen. Anders sehen die Dinge im Fehlerfall aus. So ist das Herausspringen aus mehrfach geschachtelten Schleifen im Fehlerfall eine sinnvolle Anwendung. Es wären ansonsten hier mehrere `break`-Anweisungen mit vorheriger Bedingungsabfrage notwendig, um dasselbe Ergebnis zu erreichen – dem Erreichen der Anweisung nach den verschachtelten Schleifen bei Kommentar (1). Der Code würde sehr unleserlich, alleine um hoffentlich recht selten vorkommende Ausnahmen wie Abbrüche zu behandeln. Weiterentwicklungen der Programmiersprache C wie C++ und Java haben sich dieses Problems angenommen und zur Ausnahmebehandlung das Sprachkonzept der Exception eingeführt und damit der `goto`-Anweisung ihre letzte Lebensberechtigung genommen.

8.5 Übungsaufgaben

Aufgabe 8.1: Reihenentwicklung der Exponentialfunktion

Die Exponentialfunktion e^z soll mit Hilfe einer Reihenentwicklung berechnet werden. Schreiben Sie ein Programm in C, welches die ersten N Glieder der Reihenentwicklung:

$$e^z \quad = \quad \underset{\text{1. Glied}}{1} \quad \underset{\text{2. Glied}}{+ \frac{z}{1!}} \quad \underset{\text{3. Glied}}{+ \frac{z^2}{2!}} + \quad .... \quad \underset{\text{N. Glied}}{+ \frac{z^{N-1}}{(N-1)!}} + \quad ....$$

aufsummiert. z soll reell und N soll ganzzahlig sein. z und N sollen im Dialog eingelesen und das Ergebnis am Terminal ausgegeben werden.

Hinweis:

Die Terme der Reihe sind in einer Schleife aufzusummieren. Dabei soll die Fakultät in der Schleife selbst berechnet werden (keine Bibliotheksfunktion!).

Aufgabe 8.2: Ein- und Ausgabe mit Hilfe der Funktion scanf()

a) Schreiben Sie ein Programm, das zwei Fließkommazahlen über die Tastatur mit Hilfe der Funktion `scanf()` einliest und dann Summe, Differenz und Produkt auf dem Bildschirm ausgibt. Eine Überprüfung der Eingabe ist hier nicht verlangt.

b) Testen Sie das im Folgenden angegebene Beispiel. Dieses Programm gibt nur noch dann den Wert einer Variablen aus, wenn dieser erfolgreich eingelesen werden konnte und die Variable somit einen definierten Inhalt hat.

```c
#include <stdio.h>

int main (void)
{
    int i, j;
    float x;

    printf ("Eingabe: ");
    j = scanf ("%d %e", &i, &x);
    switch (j)
    {
        case 2:
            printf ("x = %e\n", x);
        case 1:
            printf ("i = %d\n", i);
            break;
        default:
            printf ("Keine gueltigen Werte\n");
    }
    return 0;
}
```

c) Erweitern Sie das Programm aus Aufgabe a) um eine Überprüfung, ob alle Werte erfolgreich eingelesen wurden.

Erläuterungen zur Funktion scanf()[51]

Es kann passieren, dass bei einem Programm keine korrekten Eingaben von der Tastatur erfolgen. Sollen eine ganze Zahl `i` und eine Fließkommazahl `x` über die Tastatur eingelesen werden (`scanf ("%d %e", &i, &x);`), so kann es beispielsweise vorkommen, dass fälschlicherweise `13 abc` eingegeben wird. Das offensichtliche Problem bei dieser Eingabe ist, dass `abc` nicht dem erlaubten Format einer `float`-Zahl entspricht. In diesem Fall wird zwar in der Variablen `i` der erwartete Wert `13` stehen, der Inhalt von `x` ist jedoch undefiniert. Um solche Fälle aufzudecken, gibt `scanf()` als Rückgabewert die Anzahl der erfolgreich gelesenen Werte zurück. Der Rückgabewert von `scanf()` muss daher immer überprüft werden, wenn nicht ausgeschlossen werden kann, dass unpassende Eingaben kommen.

---

[51] Die Funktion `scanf()` wird ausführlich in Kapitel 14.7.4 beschrieben.

Kapitel 9

Blöcke und Funktionen

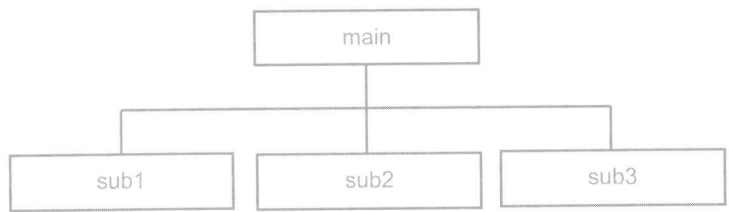

9 Blöcke und Funktionen

9.1 Struktur eines Blockes

Ein **Block** ist eine Folge von Anweisungen, die sequenziell hintereinander ausgeführt werden. Mit anderen Worten, ein Block ist eine **Kontrollstruktur für die Sequenz**.

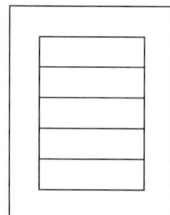

Bild 9-1 Ein Block ist eine Sequenz von Anweisungen

Die Anweisungen eines Blockes werden durch Blockbegrenzer – in C, C++ und Java sind dies die geschweiften Klammern – zusammengefasst. Statt Block ist auch die Bezeichnung **zusammengesetzte Anweisung** üblich.

Einen Block benötigt man aus folgenden Gründen:

- zum einen ist der Rumpf einer Funktion ein Block,
- zum anderen gilt ein Block syntaktisch als eine einzige Anweisung. Daher kann ein Block auch da stehen, wo von der Syntax her nur eine einzige Anweisung zugelassen ist, wie z.B. im `if`- oder `else`-Zweig einer `if`-Anweisung,
- drittens zum logischen Gliedern von Anweisungsfolgen.

Ein Block hat den folgenden Aufbau:

```
{
    Vereinbarungen
    Anweisungen
}
```

Damit müssen in C die Vereinbarungen[52] immer vor den Anweisungen stehen.

Nach dem Blockbegrenzer, der schließenden geschweiften Klammer, kommt kein Strichpunkt.

Vereinbarungen umfassen **Definitionen** von Variablen und **Deklarationen**.

---

[52] Im Englischen gibt es den Begriff „Vereinbarung" nicht. Daher wird dort anstelle von „Vereinbarung" das Wort „Deklaration" verwendet. Eine Deklaration, die auch das Anlegen eines Speicherplatzes bewirkt, wird im Englischen als „Definition" bezeichnet. An dieser Stelle wird also nicht wortgetreu übersetzt. Wir folgen hier A.T. Schreiner und E. Janich im Vorwort zu [5].

Deklarationen sind:

- Definition eines Datentyps (Aufzählungstyp, Struktur, Union),
- Vorwärtsdeklaration eines Datentyps (siehe Kap. 16.3.1),
- Definition eines neuen Typnamens mit `typedef` (siehe Kap. 12.3),
- Deklaration von Variablen (siehe Kap. 13.3),
- Deklaration von Funktionen (siehe Kap. 13.3).

Generell können Definitionen und Deklarationen von Variablen an folgenden Stellen vorgenommen werden:

- außerhalb von Funktionen,
- innerhalb von Funktionen und Blöcken vor der ersten Anweisung der Funktion bzw. des Blocks.

9.2 Sichtbarkeit und Lebensdauer

Da eine Anweisung eines Blocks selbst wieder ein Block sein kann, können Blöcke geschachtelt werden.

```
{
   . . . .
   {
      . . . .    | Innerer   | Äußerer
   }             | Block     | Block
   . . . .
}
```

Bild 9-2 Schachtelung von Blöcken

Vereinbarungen, die innerhalb eines Blockes festgelegt werden, sind lokal für diesen Block.

Lokal definierte Variablen und deklarierte Namen sind nur innerhalb dieses Blockes sichtbar, in einem umfassenden Block sind sie unsichtbar.

In C können in jedem Block – auch in inneren Blöcken – Vereinbarungen durchgeführt werden.

Dies ist auch in dem folgenden Beispiel zu sehen, bei dem in den inneren Blöcken des TRUE- und FALSE-Zweiges der `if`-Anweisung lokale Variable eingeführt werden[53]:

```c
/* Datei: sichtbar.c */
#include <stdio.h>

void eingabe (int * alpha)
{
   printf ("Gib a ein: ");
   scanf ("%d", alpha);
}

int main (void)
{
   int x = 5;
   int a;
   eingabe (&a);
   if (a > 0)
   {
      int y = 4;
      printf ("\ny hat den Wert %d", y);
      printf ("\nx hat den Wert %d", x);
   }
   else
   {
      int x = 4;
      printf ("\nx hat den Wert %d", x);
   }
   printf ("\nDer Wert von a ist %d", a);
   return 0;
}
```

Beispiele für einen Programmlauf sind:

```
Gib a ein: 1
y hat den Wert 4
x hat den Wert 5
Der Wert von a ist 1
```

und

```
Gib a ein: -1
x hat den Wert 4
Der Wert von a ist -1
```

---

[53] `scanf()` ist im Kapitel 14.7.4 erklärt.

Generell gilt für die Sichtbarkeit von Variablen:

- Variablen in inneren Blöcken sind nach außen nicht sichtbar.
- Globale Variablen und Variablen in äußeren Blöcken sind in inneren Blöcken sichtbar.
- Werden lokale Variablen mit demselben Namen wie eine globale Variable oder wie eine Variable in einem umfassenden Block definiert, so ist innerhalb des Blockes nur die lokale Variable sichtbar. Die globale Variable bzw. die Variable in dem umfassenden Block wird durch die Namensgleichheit verdeckt.

Dieses Blockkonzept für die Sichtbarkeit ist eine grundlegende Eigenschaft blockorientierter Sprachen seit ALGOL 60. Es hat den Vorteil, dass man bei der Einführung lokaler Namen in der Namenswahl vollkommen frei ist, es sei denn, man möchte auf eine globale Variable oder eine Variable eines umfassenden Blockes zugreifen. Dann darf man ihren Namen nicht verdecken.

Alle Variablennamen sind im gleichen Namensraum[54].

Für die Lebensdauer von Variablen gilt:

- Globale Variablen leben solange wie das Programm.
- Lokale Variablen werden beim Aufruf des Blockes angelegt und beim Verlassen des Blockes wieder ungültig.

Der freigegebene Speicherbereich bleibt mit den alten Werten belegt! Falls beim Verlassen des Blockes neue Variablen im gleichen Speicherbereich angelegt werden, kann es passieren, dass diese Variablen mit scheinbar „sinnvollen" Werten initialisiert sind. Und das, obwohl sie im Programm noch gar nicht initialisiert wurden. Deshalb sollte man immer auf eine Initialisierung seiner Variablen achten, da dabei die von der Variablen genützten Speicherbereiche mit den gewünschten Werten korrekt überschrieben werden.

In Bild 9-3a zeigt der große graue Balken die Lebensdauer der globalen Variablen x. Sie lebt solange wie das Programm. Sichtbar ist sie im gesamten Programm ab der Stelle ihrer Definition. Im Beispiel bedeutet dies: x ist sichtbar in sub1() und in sub2(), nicht aber in main(). Die lokale Variable alpha lebt nur solange, wie die Funktion sub1() lebt, das heißt, während ihrer Abarbeitung. Sichtbar ist sie nur innerhalb der Funktion sub1() ab der Stelle ihrer Definition.

---

[54] Siehe Kapitel 12.4 (Namensräume).

In Bild 9-3b ist die globale Variable `x` innerhalb von `sub1()` nicht sichtbar, da sie in `sub1()` durch den Namen `x` der lokalen Variablen `x` verdeckt wird.

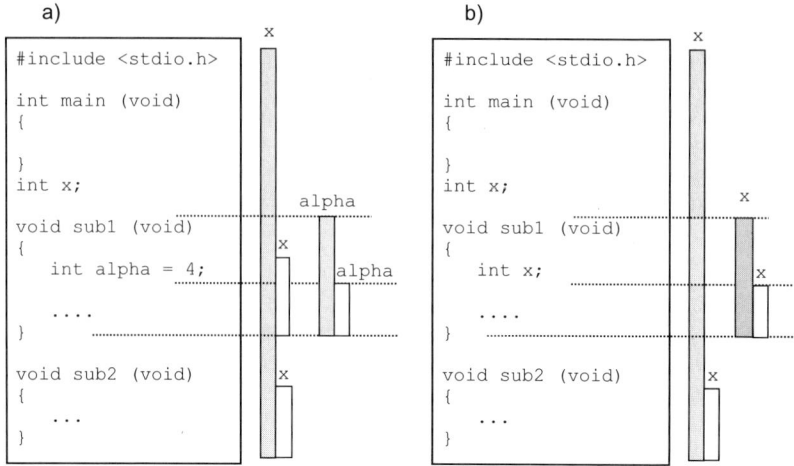

Bild 9-3 Sichtbarkeit und Lebensdauer (grauer Balken: Lebensdauer, weißer Balken: Sichtbarkeit)

Die folgende Tabelle fasst die Sichtbarkeit, die Gültigkeitsbereiche und die Lebensdauer für lokale und externe (globale) Variablen zusammen.

Variable	Sichtbarkeit	Gültigkeitsbereich	Lebensdauer
lokal	im Block, einschließlich der inneren Blöcke	im Block, einschließlich der inneren Blöcke	Block
extern (global)	im Programm ab Definition bzw. ab `extern`-Deklaration (siehe Kapitel 13.3)	im Programm ab Definition bzw. ab `extern`-Deklaration (siehe Kapitel 13.3)	Programm

Tabelle 9-1 Sichtbarkeit[55] und Lebensdauer.

Eine etwas schärfere Definition von **Gültigkeitsbereich** und **Sichtbarkeit** trennt beide Begriffe. Sichtbarkeit einer Variablen bedeutet stets, dass auf eine Variable zugegriffen werden kann. Eine Variable kann aber gültig sein und von einer Variablen desselben Namens verdeckt werden und deshalb nicht sichtbar sein. In C++ ist es im Gegensatz zu C möglich, auf eine durch eine lokale Variable gleichen Namens verdeckte globale Variable mit Hilfe eines speziellen Operators zuzugreifen.

---

[55] Bei der Sichtbarkeit ist angenommen, dass ein Name nicht verdeckt wird.

Dieser neue Operator in C++ ermöglicht es also, eine gültige, jedoch unsichtbare globale Variable sichtbar zu machen.

Lokale Variablen wie auch formale Parameter verbergen externe Variablen mit gleichem Namen. Sie verbergen sogar nicht nur die Namen externer Variablen, sondern auch die Namen von Funktionen, da Funktionen denselben Namensraum wie Variablen haben.

Dies ist im folgenden Beispiel zu sehen:

```c
/* Datei: quadrat.c */
#include <stdio.h>

double quadrat (double n)
{
   return n * n;
}

int main (void)
{
   int resultat;
   int quadrat;
   double x = 5;
   resultat = quadrat (x);
   printf ("%d", resultat);
   return 0;
}
```

Hier wird durch die lokale Variable `quadrat` die Funktion `quadrat()` verborgen[56]. Der Compiler beschwert sich bei

```c
resultat = quadrat (x);
```

und der Borland-Compiler z.B. gibt die Fehlermeldung `'call of non-function'` aus. Im Visual C-Compiler wird `'error C2063: 'quadrat' : Keine Funktion'` ausgegeben.

9.3 Definition und Aufruf von Funktionen

Funktionen haben die Aufgabe, Teile eines Programms unter eigenem Namen zusammenzufassen. Mit Hilfe seines Namens kann man diesen Programmteil aufrufen. Dabei kann man den Funktionen beim Aufruf Parameter mitgeben. Funktionen können Ergebnisse zurückliefern.

Funktionen sind Mittel zur Strukturierung eines Programms. Ziel darf es nicht sein, ein einziges riesengroßes Programm zu schreiben, da dies schwer zu überblicken

---

[56]   Siehe Kapitel 12.4 (Namensräume).

ist. Gefordert ist hingegen eine Modularität, da kleinere Module (hier Funktionen) leichter zu überschauen sind als ein großes Programm.

Funktionen kann man natürlich auch mehrfach verwenden, wobei sie mit wechselnden Parametern aufgerufen werden können. Dies verkürzt den Programmtext erheblich, da die betreffenden Programmteile nur einmal angeschrieben werden müssen. Natürlich wird dadurch nicht nur der Programmtext verkürzt, sondern auch die Größe des ausführbaren Programmes.

Funktionen stellen also Anweisungsfolgen dar, die unter einem Namen aufgerufen werden können. Eine Funktion, die unter ihrem Namen aufgerufen werden soll, muss definiert sein.

9.3.1 Definition von Funktionen

Die Definition einer Funktion besteht in C aus dem Funktionskopf und dem Funktionsrumpf. Der Funktionskopf legt die Aufruf-Schnittstelle der Funktion fest. Der Funktionsrumpf enthält lokale Vereinbarungen und die Anweisungen der Funktion.

Die Aufgabe einer Funktion ist es, aus Eingabedaten Ausgabedaten zu erzeugen.

Eingabedaten für eine Funktion können

- Werte globaler Variablen
- oder aber an die Parameterliste übergebene Werte

sein.

Ausgabedaten einer Funktion können

- Änderungen an globalen Variablen,
- der Rückgabewert der Funktion
- oder Änderungen an Variablen, deren Adresse an die Funktion über die Parameterliste übergeben wurde

sein.

Rückgabewerte mit `return` oder über die Parameterliste werden in Kapitel 9.3.4 und Kapitel 9.3.6 behandelt.

Dass Funktionen globale Variablen verwenden, wird aus dem Blickwinkel des Software Engineerings nicht gerne gesehen, da bei der Verwendung globaler Variablen leicht die Übersicht verloren geht und es unter Umständen zu schwer zu findenden Fehlern kommen kann. Wenn man sauber arbeitet, verwendet man Übergabeparameter.

Dennoch kann es – vor allem bei der hardwarenahen Programmierung – zu Situationen kommen, wo man aus Performance-Gründen gezwungen ist, globale Variablen zu verwenden.

Die Syntax der Definition einer Funktion sieht folgendermaßen aus:

```
rueckgabetyp funktionsname (typ_1 formaler_parameter_1,
                            typ_2 formaler_parameter_2,      Funktions-
                               . . . . .          ,         kopf
                            typ_n formaler_parameter_n)
{                                                            Funktions-
    . . .                                                    rumpf
}
```

Wird der Rückgabetyp weggelassen, was man sich nicht angewöhnen sollte, so wird als Default-Wert vom Compiler der Rückgabetyp `int` verwendet.

Der **Funktionskopf** beschreibt, wie eine Funktion aufgerufen werden kann, mit anderen Worten die **Aufrufschnittstelle** der Funktion. Der **Funktionsrumpf** in den geschweiften Klammern stellt einen Block dar und enthält die Anweisungen der Funktion. Werden in einem Block lokale Variablen definiert oder Deklarationen durchgeführt, so müssen diese generell vor den Anweisungen stehen.

In C gibt es nicht nur Parameterlisten mit einer **fest definierten Anzahl von Parametern**. Es gibt auch Parameterlisten mit einer **variablen Anzahl** von Parametern. Solche Parameterlisten können mit Hilfe einer sogenannten Auslassung oder **Ellipse**, das sind drei Punkte am Ende der Parameterliste (. . .) konstruiert werden. Ein Beispiel dafür ist die Funktion `printf()`, die so viele Argumente ausdrucken muss, wie man ihr übergibt. Auf variable Parameterlisten wird in Kapitel 9.7 eingegangen.

Hat eine Funktion **keinen Übergabeparameter**, so wird an den Funktionsnamen bei der Definition ein Paar runder Klammern angehängt, welches den Datentyp `void` enthält. Ansonsten folgen dem Funktionsnamen in den Klammern die Übergabeparameter, getrennt durch Kommata. Wird der Typ `void` als Rückgabewert angegeben, so kann zwar mit `return` die Funktion verlassen werden, ein `return` ist aber nicht notwendig. Ansonsten muss immer ein Wert mit `return` zurückgegeben werden (siehe Kapitel 9.3.4). Funktionen mit Rückgabewert `void` werden in vielen anderen Sprachen wie z.B. Pascal als Prozedur bezeichnet. Diese `void`-Funktionen (Prozeduren also) werden manchmal eingesetzt, wenn eine Funktion nichts berechnet sondern lediglich auf dem Bildschirm oder Drucker Ausgaben durchführt. In der Praxis sind die `void`-Funktionen trotzdem eher selten, da in der Regel der Rückgabewert zum Weiterreichen von Fehlercodes verwendet wird.

Es ist möglich, verschiedene Funktionen eines Programmes auf verschiedene Dateien zu verteilen. Eine Funktion muss dabei jedoch stets am Stück in einer Datei enthalten sein. Vorerst werden nur Programme betrachtet, die aus einer Datei bestehen. In Kapitel 13 werden Programme, die aus mehreren Dateien bestehen, behandelt.

9.3.1.1 Parameterlose Funktionen

Parameterlose Funktionen wie z.B.

```
double berechneSinus (void)
{
   double zahl;
   double ergebnis;
   printf ("\nGeben Sie bitte eine double-Zahl ein: ");
   scanf ("%lf", &zahl);   /* siehe Kapitel 14.7.4             */
   ergebnis = sin (zahl);  /* sin () benötigt #include <math.h>  */
   return ergebnis;
}
```

werden definiert mit einem Paar von runden Klammern hinter dem Funktionsnamen, die anstelle von Übergabeparametern und ihren Datentypen den Datentyp `void` enthalten.

Der Aufruf erfolgt durch Anschreiben des Funktionsnamens, gefolgt von einem Paar runder Klammern, z.B.

```
alpha = berechneSinus ();    /*Aufruf                              */
```

9.3.1.2 Funktionen mit Parametern

Hat eine Funktion **formale Parameter** – das sind die Parameter in den runden Klammern der Definition der Funktion – so muss der Aufruf mit **aktuellen Parametern** erfolgen. Als Beispiel für eine Funktion mit Parametern wird die Funktion `ausgebenPLZ()` betrachtet, die die ihr übergebene Postleitzahl auf dem Bildschirm ausgeben soll:

```
void ausgebenPLZ (int plz)
{
   printf ("Die Postleitzahl ist: ");
   printf ("%05d\n", plz) /* Ausgabe 5 Stellen, links mit 0en     */
                          /* aufgefüllt                           */
}
```

Der Aufruf für dieses Beispiel kann erfolgen mit

```
ausgebenPLZ (aktPlz);   /* Aufruf mit dem Parameter aktPlz    */
```

Hier ist `aktPlz` der aktuelle Parameter. Er ist die Postleitzahl, die auf dem Bildschirm ausgegeben werden soll.

Anstelle der Begriffe **formaler Parameter** und **aktueller Parameter** wird oft auch das Begriffspaar **Parameter** und **Argument** verwendet. Dabei entspricht das Argument dem aktuellen und der Parameter dem formalen Parameter.

9.3.2 Formale und aktuelle Parameter

Beim Aufruf einer Funktion mit Parametern finden **Zuweisungen** statt. Ein formaler Parameter wird als lokale Variable angelegt und mit dem Wert des entsprechenden aktuellen Parameters initialisiert. D.h. der Wert des aktuellen Parameters wird **kopiert**:

```
typ_n formaler_parameter_n = aktueller_parameter_n;
```

Im Falle des oben aufgeführten Funktionsaufrufs `ausgebenPLZ (aktPlz)` wird beim Aufruf der Funktion eine lokale Kopie von `aktPlz` im formalen Parameter `plz` angelegt. Die Funktion arbeitet nur mit der lokalen Kopie `plz` und kann den aktuellen Parameter `aktPlz` nicht beeinflussen. Werden Parameter als Kopie ihres Werts übergeben, so nennt man das **call by value**.

Wird der Wert eines Parameters an eine Funktion übergeben, so nennt man das **call by value**. Dabei kann man den aktuellen Parameter der aufrufenden Funktion nicht ändern, da man ja mit einer Kopie arbeitet. Ist Ändern aber nötig, so muss stattdessen mit Pointern als Übergabeparametern gearbeitet werden.

Der aktuelle Parameter braucht keine Variable zu sein. Er kann ein beliebiger **Ausdruck** sein.

Ein formaler Parameter ist eine spezielle lokale Variable. Deshalb darf ein formaler Parameter nicht denselben Namen wie eine andere lokale Variable tragen. So ist beispielsweise

```
void nichtgut (int x)
{
    int x;
    . . . . .      /* Anweisungen */
}
```

falsch, da der Name x zweimal für eine lokale Variable verwendet wird.

9.3.3 Syntax eines Funktionsaufrufs

Wird **kein Parameter** übergeben, so ist die Syntax des Funktionsaufrufs

```
funktionsname();
```

beispielsweise also

```
berechneSinus();
```

In C gibt es kein Schlüsselwort für Funktionen. Funktionen erkennt man deshalb immer daran, dass nach dem Funktionsnamen ein Paar runder Klammern folgt.

Gibt eine Funktion einen Wert zurück, so kann er – muss aber nicht (siehe Kapitel 9.3.4) – abgeholt werden, indem man den Rückgabewert beispielsweise einer Variablen zuweist:

```
alpha = berechneSinus();
```

Hat eine Funktion **formale Parameter**:

```
rueckgabetyp funktionsname (
               typ_1 formaler_parameter_1,
               typ_2 formaler_parameter_2,
               . . . . .            ,
               typ_n formaler_parameter_n)
{
    . . . .
}
```

so muss beim Aufruf an jeden formalen Parameter ein aktueller Parameter übergeben werden:

```
funktionsname (aktueller_parameter_1,
               aktueller_parameter_2,
               . . . .
               aktueller_parameter_n)
```

Erlaubt ist, dass der Typ eines aktuellen Parameters verschieden ist vom Typ des formalen Parameters, wenn zwischen diesen Typen implizite Typwandlungen möglich sind. Diese impliziten Typumwandlungen finden dann beim Aufruf statt. Da implizite Typwandlungen oft nicht auf Anhieb verständlich sind, ist es immer besser, wenn der Typ des aktuellen mit dem Typ des formalen Parameters übereinstimmt. Das Regelwerk für die implizite Typumwandlung (siehe Kapitel 7.7) ist dasselbe wie bei einer Zuweisung, da beim Aufruf tatsächlich eine Zuweisung des Werts des aktuellen Parameters an den formalen Parameter stattfindet.

9.3.4 Rücksprung mit oder ohne Rückgabewert – die return-Anweisung

Eine Funktion muss keinen Resultatwert liefern. Sie hat dann den Rückgabetyp `void`. Soll ein **Resultatwert** geliefert werden, so erfolgt dies mit Hilfe der `return`-**Anweisung**, es sei denn, globale Variablen werden geändert oder der in Kapitel 9.3.6 vorgestellte Mechanismus der Rückgabe von Werten über die Parameterliste mit Hilfe von Pointern wird benutzt.

Hat eine Funktion einen von `void` verschiedenen Rückgabetyp, so muss sie mit `return` einen Wert zurückgeben[57].

Nach `return` kann ein beliebiger Ausdruck stehen:

```
return ausdruck;
```

Auch wenn man es oft sieht, so ist es dennoch nicht notwendig, den rückzugebenden Ausdruck in runde Klammern einzuschließen.

Wenn der Typ von `ausdruck` nicht mit dem Resultattyp der Funktion übereinstimmt, führt der Compiler eine implizite Typumwandlung durch. Das Regelwerk für die implizite Typumwandlung (siehe Kapitel 7.7) ist dasselbe wie bei einer Zuweisung. Ist die implizite Typumwandlung nicht möglich, resultiert eine Fehlermeldung.

Steht hinter `return` kein Ausdruck:

```
return;
```

so wird die Funktion verlassen, ohne einen Wert zurückzugeben[58]. Dies ist möglich, wenn die Funktion den Rückgabetyp `void` hat. Enthält ein Funktionsrumpf einer Funktion mit dem Rückgabetyp `void` keine `return`-Anweisung, so wird die Funktion beim Erreichen der den Funktionsrumpf abschließenden geschweiften Klammer beendet, wobei ebenfalls kein Ergebnis an den Aufrufer zurückgeliefert wird.

Gibt eine Funktion mit `return` einen Wert zurück, so kann dieser Rückgabewert abgeholt werden, indem er in Ausdrücken weiter verwendet wird. So kann der

---

[57] Der Standard lässt es zu, dass eine Funktion mit einem von `void` verschiedenen Rückgabetyp auch mit `return;` die Kontrolle an den Aufrufer zurückgibt. Allerdings ist das Verhalten implementierungsabhängig, wenn der Aufrufer den Rückgabewert abholen will. Eine solche Vorgehensweise ist nicht empfehlenswert.

[58] Im aufrufenden Programm wird dann die Abarbeitung mit der Anweisung direkt hinter dem Funktionsaufruf fortgesetzt. `return` gehört zu den Sprunganweisungen.

Rückgabewert in die Berechnung komplexer Ausdrücke einfließen, er kann einer Variablen zugewiesen werden oder an eine andere Funktion übergeben werden, z.B.:

```
alpha = berechneSinus();
```

oder

```
printf ("Der Sinus war: %f", berechneSinus());
```

Es ist aber nicht zwingend notwendig, dass der Rückgabewert einer Funktion abgeholt wird.

So ist es möglich, eine solche Funktion `f(....)`, die einen Rückgabewert liefert, durch das Anhängen eines Strichpunktes zu einer Ausdrucksanweisung (siehe Kapitel 7.2) zu machen:

```
f(....);
```

Damit wird der Rückgabewert von `f(....)` nicht abgeholt.

Funktionen, die **keinen Rückgabewert** haben, können nicht in Ausdrücken weiterverwendet werden. Sie können nur als Ausdrucksanweisung – wie im obigen Beispiel zu sehen – angeschrieben werden.

9.3.5 Call by reference-Schnittstelle

Manche Programmiersprachen wie z.B. C++ kennen außer der **call by value**-Schnittstelle auch eine **call by reference**-Schnittstelle. Eine call by reference-Schnittstelle ermöglicht es, über Übergabeparameter nicht nur Werte in eine Funktion hinein, sondern auch aus ihr heraus zu bringen. In C++ gibt es also nicht nur **Werteparameter**, die mit call by value übergeben werden, sondern auch **Referenzparameter**, die per call by reference übergeben werden.

Bei einem Referenzparameter passiert das Folgende: Jede Operation auf einem Referenzparameter der Parameterliste erfolgt tatsächlich auf dem zugehörigen aktuellen Parameter.

Mit anderen Worten, der Name des Referenzparameters ist nur ein Aliasname für die referenzierte Variable, den aktuellen Parameter. Jede Operation auf dem formalen Parameter findet tatsächlich auf dem aktuellen Parameter statt.

Ein Aliasname ist einfach ein zweiter Name für dasselbe Objekt. Ein Objekt kann sowohl über seinen eigentlichen als auch über seinen Aliasnamen angesprochen werden.

9.3.6 Übergabe und Ändern von Werten über die Parameterliste mit Hilfe von Pointern

In C ist eine call by reference-Schnittstelle als Sprachmittel nicht vorgesehen. Man kann das Verhalten einer call by reference-Schnittstelle, nämlich Werte über die Parameterliste an den Aufrufer zu übergeben, auch mit der call by value-Schnittstelle erreichen, indem man einen Pointer auf den aktuellen Parameter mit call by value übergibt wie im folgenden Beispiel:

```c
/* DATEI: ref.c */
#include <stdio.h>

void init (int * alpha)
{
    *alpha = 10;
}

int main (void)
{
    int a;
    init (&a);
    printf ("Der Wert von a ist %d", a);
    return 0;
}
```

Die Ausgabe am Bildschirm ist:

```
Der Wert von a ist: 10
```

Beim Aufruf von `init (&a)` wird die lokale Variable `alpha` angelegt. Sie wird mit dem Wert des aktuellen Parameters initialisiert, also mit der Adresse von `a`. Man kann sich das als Kopiervorgang vorstellen:

```c
int * alpha = &a
```

Damit steht in `alpha` die Adresse der Variablen `a`.

In der Anweisung

```c
*alpha = 10;
```

wird dem Objekt, auf das der Pointer `alpha` zeigt, `*alpha` eben, der Wert 10 zugewiesen. `alpha` zeigt aber auf `a`. Also wird der Variablen `a` der Wert 10 zugewiesen.

1)

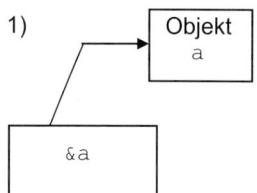

Vor dem Funktionsaufruf von `init()` wird der aktuelle Parameter von `init()` berechnet.

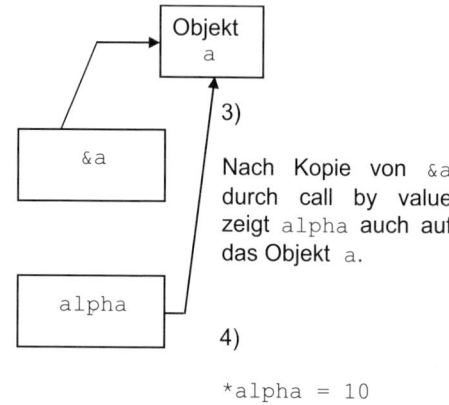

3)

Nach Kopie von `&a` durch call by value zeigt `alpha` auch auf das Objekt `a`.

2)

Der Wert des aktuellen Parameters `&a` wird an den formalen Parameter, den Pointer `alpha` zugewiesen. In anderen Worten, `alpha` wird mit der Adresse von `a` initialisiert.

4)

```
*alpha = 10
```

Dem Objekt, auf das `alpha` zeigt, wird der Wert 10 zugewiesen.

9.4 Deklaration von Funktionen

Im Rahmen der Standardisierung von C durch das ANSI-Komitee wurde festgelegt, dass die Konsistenz zwischen Funktionskopf und Funktionsaufrufen vom Compiler überprüft werden soll. Wenn der Compiler aber prüfen soll, ob eine Funktion richtig aufgerufen wird, dann muss ihm beim Aufruf der Funktion die Schnittstelle der Funktion, d.h. der Funktionskopf, bereits bekannt sein.

Steht aber die Definition einer Funktion im Programmcode erst nach ihrem Aufruf, so muss eine **Vorwärtsdeklaration** der Funktion erfolgen, indem vor dem Aufruf die Schnittstelle der Funktion deklariert wird. Mit der Vorwärtsdeklaration wird dem Compiler der Name der Funktion, der Typ ihres Rückgabewerts und der Aufbau ihrer Parameterliste bekannt gemacht. Stimmen die Vorwärtsdeklaration – der sogenannte **Funktionsprototyp** –, der Aufruf der Funktion und die Definition der Funktion nicht überein, so resultiert ein Kompilierfehler.

Im folgenden Beispiel wird `init()` in `main()` aufgerufen. Die Definition von `init()` erfolgt jedoch erst nach dem Aufruf. Aus diesem Grunde wurde der Funktionsprototyp

```
void init (int * beta);    /* das ist der Funktionsprototyp  */
```

angegeben, der die Vorwärtsdeklaration darstellt.

```
/* Datei: fktproto.c */
#include <stdio.h>

void init (int * beta);          /* das ist der Funktionsprototyp   */

int main (void)
{
   int a;
   init (&a);
   printf ("Der Wert von a ist %d", a);
   return 0;
}

void init (int * alpha)          /* das ist die Funktionsdefinition */
{
   *alpha = 10;
}
```

Ein Funktionsprototyp entspricht vom Aufbau her einem Funktionskopf. Dabei sind aber die folgenden Abweichungen zum Funktionskopf zugelassen:

- Der Name des formalen Parameters im Prototyp muss nicht mit dem Namen des formalen Parameters im Funktionskopf übereinstimmen.
- Der Name eines formalen Parameters kann im Prototyp auch weggelassen werden, entscheidend aber ist, dass der Typ des formalen Parameters angegeben wird.

Identisch zwischen Prototyp und Funktionskopf müssen der Rückgabetyp, sowie Anzahl, Datentypen und Reihenfolge der formalen Parameter sein.

Der default-Wert bei fehlendem Rückgabetyp ist bei Prototyp und Funktionskopf der Datentyp `int`.

Header-Dateien

Will man Library-Funktionen aufrufen, so müssen ihre Prototypen bekannt sein. Diese befinden sich – neben Makros und Konstanten – in den Header-Dateien. Durch das Einbinden der Header-Dateien werden die Funktionsprototypen der Library-Funktionen eingefügt (siehe Anhang A).

Was passiert, wenn man den Prototyp vergisst ?

Im folgenden Beispiel stößt der Compiler auf `quadrat()`. `quadrat()` ist ihm nicht bekannt. Da `quadrat()` runde Klammern hat, ist es eine Funktion. Da sie nicht deklariert ist, ist ihr Rückgabewert vom Typ `int`, eine Überprüfung der Parameter findet nicht statt. Mit anderen Worten:

Fehlt der Prototyp ganz, so wird die Funktion implizit deklariert. Ihr Rückgabetyp wird als `int` angenommen und die Überprüfung der Parameter ausgeschaltet.

Der Compiler betrachtet dann das Programm als im alten C von Kernighan und Ritchie geschrieben (siehe Kapitel 9.6).

Wird eine selbst geschriebene Funktion aufgerufen, für die ein Prototyp nicht angegeben ist, so erzeugt ein guter Compiler eine Warnung, dass der Prototyp fehlt. Bei der Verwendung von Bibliotheksfunktionen ist es möglich, dass eine solche Warnung nicht erfolgt, da eine häufig benutzte Bibliothek wie `<stdio.h>` vom Compiler unter Umständen automatisch eingebunden wird.

Stößt der Compiler im folgenden Beispiel auf die Definition von `quadrat()`, so beanstandet er einen `type mismatch` bei der Redeklaration von `quadrat()`, da in der Definition von `quadrat()` der Rückgabewert mit `double` vereinbart ist:

```
/* Datei: quadrat1.c */
#include <stdio.h>

int main (void)
{
    int resultat;
    double x = 5;
    resultat = quadrat (x);/* Rueckgabetyp int wird angenommen     */
    printf ("%d", resultat);
    return 0;
}

double quadrat (double n) /* Compiler hat nun 2 Versionen von     */
{                         /* quadrat(), die nicht uebereinstimmen */
    return n * n;
}
```

Im nächsten Beispiel stellt der Compiler keinen Fehler bei der Redeklaration fest, da `quadrat()` [59] in einer separaten Datei definiert ist, die getrennt kompiliert wird.

```
/*Datei: quadrat2.c*/
#include <stdio.h>

int main (void)
{
    int resultat;
    double x = 5;
    resultat = quadrat (x);
```

---

[59] Um den Aufruf der Funktion `quadrat()`, die in der Datei `quadrat3.c` definiert ist, durch die Funktion `main()`, die in der Datei `quadrat2.c` definiert ist, zu verstehen, müssen Sie zuerst Kapitel 13.2 nachlesen. Beachten Sie insbesondere das Lernkästchen am Ende von Kapitel 13.3.

```
    printf ("%d", resultat);
    return 0;
}

/*Datei: quadrat3.c*/
#include <stdio.h>

double quadrat (double n)
{
    return n * n;
}
```

Zur Laufzeit liefert das Programm in der Regel Unfug. Es gibt beim VCC aus:

```
-858993460
```

da der zurückgegebene `double`-Wert hier als `int`-Wert interpretiert wird.

Das ist mitnichten das Quadrat von 5. Bei Verwendung eines Funktionsprototypen wäre dieser Fehler natürlich nicht passiert.

Eigene Header-Dateien

Bei einem Programm, das in mehrere Quelldateien aufgeteilt ist, muss man bei der Übersetzung jeder Datei, in der man eine Funktion aufruft, einen Prototypen zur Verfügung stellen, will man die Konsistenzprüfungen des Compilers haben. Fügt jeder Programmierer in seiner Datei einen eigenen Prototypen ein, dann kann leicht ein Wildwuchs entstehen. Der Übersetzer kann dann nicht gänzlich prüfen, ob alle Prototypen zur Funktionsdefinition passen, ob alle Funktionsprototypen für die gleiche Funktion untereinander verträglich sind etc. Aus Gründen der Projektorganisation ist es günstig, nur einen Prototypen für eine Funktion zu haben, der überall da benutzt wird, wo die Funktion aufgerufen wird.

Die folgenden Regeln haben sich als zweckmäßig herausgestellt und ermöglichen größtmögliche Konsistenz über Dateigrenzen hinweg:

1. Jede Funktion, die außerhalb der Datei benutzt werden soll, in der sie definiert ist, erhält einen Prototypen in einer Header-Datei.
2. Jede Datei, die einen Aufruf einer Funktion enthält, inkludiert die entsprechende Header-Datei.
3. Die Quelldatei, die die Definition einer Funktion enthält, soll die Header-Datei ebenfalls inkludieren.

Regel 1 gewährleistet, dass nur ein einziger Funktionsprototyp für eine Funktion existiert. Regel 2 erlaubt es dem Übersetzer, die aufrufende Funktion zu überprüfen, ob sie verträglich mit dem Prototypen ist. Regel 3 schließlich stellt sicher, dass der Compiler prüfen kann, ob der Prototyp zur Definition passt. Auf die Verwendung eigener Header-Dateien wird in Kapitel 19 noch ausführlich eingegangen.

9.5 Gültigkeitsbereiche von Namen

Der Compiler kompiliert dateiweise. Er kennt nur die Namen in der aktuell bearbeiteten Datei. Namen in anderen Dateien sind ihm nicht bekannt.

In einer Datei gibt es vier Gültigkeitsbereiche (Scopes) von Namen

- Datei,
- Funktion,
- Block,
- Funktionsprototyp.

Innerhalb einer Datei gelten die folgenden Regeln für die Gültigkeit von Namen:

- Namen externer Variablen sind ab ihrer Deklaration, d.h. ab der Definition einer externen Variablen bzw. einer `extern`-Deklaration (siehe Kapitel 13.3) bekannt. Die Gültigkeit erstreckt sich bis zum Ende der Datei.
- Namen, die in Blöcken eingeführt werden, verlieren am Blockende ihre Bedeutung.
- Namen der formalen Parameter von Funktionen gelten nur innerhalb der entsprechenden Funktion. Da formale Parameter den Stellenwert von lokalen Variablen haben und der Funktionsrumpf einen Block darstellt, spricht man auch hier vom Gültigkeitsbereich eines Blocks.
- Namen von formalen Parametern in Prototypen sind nur dort bekannt. Sie haben aber – siehe Kapitel 9.4 – keine Bedeutung und können auch weggelassen werden.
- Der Name einer Marke kann in einer `goto`-Anweisung an einer beliebigen Stelle einer Funktion, in der er auftritt, benutzt werden. Der Gültigkeitsbereich ist die Funktion.

9.6 Alte Funktionsdefinition und -deklaration nach Kernighan und Ritchie

Im alten C von Kernighan und Ritchie – also noch vor ANSI-C – wurden bei der **Definition einer Funktion** in der Parameterliste nur die Namen der formalen Parameter angegeben. Die Typen wurden nach der Parameterliste und noch vor der öffnenden geschweiften Klammer des Funktionsrumpfes aufgeführt. So hätte man beispielsweise die Funktion `quadratzahl()` folgendermaßen definiert:

```
/* Funktionsdefinition von quadratzahl() in altem Stil    */
quadratzahl (n)
int n;
{
    return n * n;
}
```

Es war möglich, die Typen der Übergabeparameter bei der Funktionsdefinition nicht anzugeben. Sie waren dann defaultmäßig vom Typ `int`.

Vom Compiler wurde damals noch keine Überprüfung der Typen der Übergabeparameter in der Definition gegen den Prototyp durchgeführt. Nur der Rückgabetyp wurde gegen den Prototyp verglichen. Deshalb konnten im **Prototyp** keine Übergabeparameter angegeben werden. Die Deklaration von `quadratzahl()` am Anfang des Programms hatte die folgende Form:

```
int quadratzahl();
```

Da der Defaultwert für den Rückgabetyp einer Funktion `int` ist – dies gilt auch heute noch –, ließ man den Funktionsprototyp in der Regel weg, wenn eine Funktion mit Rückgabetyp `int` definiert wurde.

Der Funktionsrumpf wurde durch die ANSI-Standardisierung nicht verändert.

Kompatibilität zu alten Programmen

Wenn man heute im Funktionsprototyp die Übergabeparameterliste leer lässt, so wird die Überprüfung der Parameterliste ausgeschaltet. Dies stellt eine Übergangslösung dar, um ältere Programme mit neuen Compilern zu bearbeiten.

Arbeitet man nach ISO-C, so muss man bei der Definition einer Funktion und beim Prototyp in der Parameterliste immer den Datentyp `void` angeben, wenn kein Übergabeparameter vorhanden ist, damit die Typprüfung nicht ausgeschaltet wird.

Bei neuen Programmen sollte unbedingt im neuen Stil programmiert werden, um Fehler zu vermeiden.

9.7 Die Ellipse ... – ein Mittel für variable Parameteranzahlen

Die Programmiersprache C bietet neben den Funktionen mit fester Parameteranzahl auch eine Möglichkeit, Funktionen so zu definieren, dass eine beliebige Anzahl von Parametern übergeben werden kann. Die Kennzeichnung einer solchen Funktion erfolgt mit der **Ellipse** oder **Auslassung** in der formalen Parameterliste. Die Ellipse besteht aus drei Punkten ..., die nach dem letzten explizit angeschriebenen formalen Parameter in der Parameterliste angegeben werden können. Dabei muss die Funktion mindestens einen explizit angegebenen Parameter enthalten. Beim Aufruf muss die Anzahl der aktuellen Parameter mindestens so groß sein wie die Anzahl der explizit angeschriebenen formalen Parameter. Folgendes Beispiel zeigt die Definition einer Funktion mit variabler Parameterliste:

```
int var_func (int zahl1, double zahl2, ...);
```

Beispiele zum Aufruf der Funktion `var_func()` sind:

```
....
int z1 = 3;
double z2 = 5.4;

var_func (z1, z2, "String"); /* 1 zusaetzlicher String       */
var_func (z1, z2, 19, 27);   /* 2 zusaetzliche Integerwerte   */
var_func (z1, z2);           /* keine zusaetzlichen Parameter */
var_func (z1);               /* !! Fehler: nur 1 Parameter !! */
....
```

Da die Parameter des variablen Anteils nicht als feste formale Parameter definiert werden können, kann der Compiler für den variablen Anteil natürlich keine Typüberprüfung der aktuellen Übergabeparameter gegen die formalen Parameter durchführen. Die Funktion mit der variabel langen Parameterliste muss jedoch erfahren, wie viele Werte und von welchem Typ an sie übergeben werden, damit sie die ihr übergebenen Daten richtig auswertet. Die einfachste Möglichkeit ist gegeben, wenn die aktuellen Parameter alle vom selben Typ sind. Dann kann man als letzten aktuellen Parameter einen Wert, der als Endekennung dient, übergeben wie im folgenden Beispiel.

Im Rumpf einer Funktion muss der Programmierer nun Zugriff auf die aktuellen Parameterwerte bekommen. Im Normalfall hat er diesen Zugriff über den Namen eines formalen Parameters, bei der Ellipse aber gibt es keine Namen. C stellt daher ein Hilfsmittel zur Verfügung, nämlich Typen und Funktionen, die in der Datei `stdarg.h` definiert sind und mit denen dieser Zugriff auf die einzelnen Parameter möglich wird. Das folgende Beispiel zeigt die Handhabung auf.

Die Funktion `qualitaet()` in diesem Beispiel erhält als ersten Parameter einen Schwellwert zur Bewertung einer Messreihe, um mit Hilfe des Schwellwertes den prozentualen Ausschuss einer Menge von Prüflingen zu ermitteln. Die nächsten Parameter stellen die aktuellen Messwerte der Prüflinge dar, die mit dem Schwellwert zu vergleichen sind. Der Wert `ENDE`, der mit keinem gültigen Messwert übereinstimmen darf, zeigt das Ende der Messreihe an. Hier das Programm:

```
/* Datei: ellipse.c */
#include <stdio.h>
#include <stdarg.h>

const double ENDE = -1;

double qualitaet (double, ...);

int main (void)
{
   const double SCHWELLE = 3.0;
   printf ("\n\nDer Ausschuss betraegt %5.2f %%", 100 *
           qualitaet (SCHWELLE, 2.5, 3.1, 2.9, 3.2, ENDE));
```

```
    printf ("\nDer Ausschuss betraegt %5.2f %%", 100 *
            qualitaet (SCHWELLE, 4.2, 3.8, 3.4, 2.9, 2.7, ENDE));
    /* Beachten Sie, dass das %-Zeichen bei printf()            */
    /* als %% angegeben wird                                    */
    return 0;
}

double qualitaet (double schwellwert, ...)
{
    int anzahl_Schlechter_Teile = 0;
    double wert;
    int lv = 0;
    va_list listenposition;

    for (va_start (listenposition, schwellwert);
         (wert = va_arg (listenposition, double)) != ENDE; lv ++)
    {
        if (wert > schwellwert) anzahl_Schlechter_Teile++;
    }
    va_end (listenposition);
    return (double)anzahl_Schlechter_Teile / lv;
}
```

Die Ausgabe des Programmes ist:

```
Der Ausschuss betraegt 50.00 %
Der Ausschuss betraegt 60.00 %
```

Der Zugriff auf die aktuellen Parameter erfolgt mit Hilfe der Funktion `va_start()`. `va_start()` benötigt als erstes aktuelles Argument eine Variable vom Typ `va_list`, hier `listenposition` genannt, als zweiten aktuellen Parameter erhält `va_start()` den letzten festen Parameter der Parameterliste – hier die Variable `schwellwert`. Die Variable `listenposition` wird von `va_start()` so initialisiert, dass sie auf den ersten variablen Parameter zeigt. Die Variable `listenposition` wird anschließend von `va_arg()` benutzt.

Die Funktion `va_arg()` liefert als Ergebniswert den Wert des aktuellen Parameters, auf den `listenposition` aktuell zeigt. Der Typ dieses Parameters wird als zweites Argument an `va_arg()` übergeben. Mit jedem weiteren Aufruf von `va_arg()` zeigt `listenposition` auf den nächsten Parameter. Der Abschluss ist erreicht, wenn `listenposition` auf ENDE zeigt.

`va_end()` ist vor dem Rücksprung aus der Funktion mit der variablen Parameterliste aufzurufen und dient zur Freigabe des Speichers auf den `listenposition` zeigt.

`va_start()` und `va_arg()` sind tatsächlich Makros mit Parametern (Makros, siehe Kapitel 18), `va_end()` kann ein Makro oder eine Funktion sein. Ihre Prototypen sind in der Datei `stdarg.h` definiert.

9.8 Rekursive Funktionen

9.8.1 Iteration und Rekursion

Ein Algorithmus heißt **rekursiv**, wenn er Abschnitte enthält, die sich selbst direkt oder indirekt aufrufen. Er heißt **iterativ**, wenn bestimmte Abschnitte des Algorithmus innerhalb einer einzigen Ausführung des Algorithmus mehrfach durchlaufen werden.

Iteration und Rekursion sind Prinzipien, die oft als Alternativen für die Programmkonstruktion erscheinen. Theoretisch sind Iteration und Rekursion äquivalent, weil man jede Iteration in eine Rekursion umformen kann und umgekehrt. In der Praxis gibt es allerdings oftmals den Fall, dass die iterative oder rekursive Lösung auf der Hand liegt, dass man aber auf die dazu alternative rekursive bzw. iterative Lösung nicht so leicht kommt.

Die Rekursion eignet sich, wie man noch sehen wird, zunächst einmal gut zum Umkehren von Reihenfolgen z.B. von 1, 2, 3, 4 in 4, 3, 2, 1. Zum anderen wird die Rekursion jedoch meist angewandt, um Wachstumsvorgänge (z.B. Zellwachstum in der Biologie) einfach zu modellieren oder um Lösungsalgorithmen von „Rätseln", zum Beispiel dem Finden eines Weges im Labyrinth, mit Backtracking zu programmieren. Auch beim Implementieren von „Teile-und-Beherrsche-Algorithmen" (engl. divide and conquer) leistet die Rekursion wertvolle Dienste. Beispiele für diese beiden Ansätze werden in Kapitel 17 erklärt.

Bei Algorithmen, die „nach einer Problemlösung suchen", ist es bei einer schrittweisen „Suche" nach solch einer Lösung erforderlich, nicht erfolgreiche Ansätze zu verwerfen und an einer vorherigen Stelle der Lösungssuche erneut fortzufahren. Diese Vorgehensweise führt zum Begriff Backtracking:

Backtracking ist bei einer baumartigen Lösungsuche die Rückkehr aus einer Sackgasse zu einer vorhergehenden Stelle im Lösungsbaum, von der aus ein erneuter Lösungversuch gestartet werden soll.

Programmtechnisch läuft eine Iteration auf eine Schleife, eine **direkte Rekursion** auf den Aufruf einer Funktion durch sich selbst hinaus. Es gibt aber auch eine indirekte Rekursion. Eine **indirekte Rekursion** liegt beispielsweise vor, wenn zwei oder mehr Funktionen sich wechselseitig oder im Kreis aufrufen. Da dies schnell unübersichtlich werden kann, wird in der Praxis versucht, eine indirekte Rekursion zu vermeiden bzw. durch eine direkte Rekursion zu ersetzen. In der Praxis tritt die indirekte Rekursion eher als unbeabsichtigter Programmierfehler auf.

Das Prinzip der Iteration und der Rekursion von Funktionen soll an dem folgenden Beispiel der Berechnung der Fakultätsfunktion veranschaulicht werden.

Iterative Berechnung der Fakultätsfunktion

Iterativ ist die Fakultätsfunktion definiert durch

n! = 1 * 2 * ... * n

Damit ist:

2! = 1! * 2
3! = 2! * 3
4! = 3! * 4

Iterativ kann man dann n! folgendermaßen berechnen:

Schritt 1:	Da 1! = 1 ist, startet man mit
	fakuneu = 1
Schritt 2:	fakualt = fakuneu
	fakuneu = fakualt * 2

...

| Schritt n: | fakualt   = fakuneu |
| | fakuneu = fakualt * n |

Damit hat man durch wiederholtes Anwenden desselben Algorithmus von Schritt 1 bis Schritt n die Fakultät berechnet. Die Schritte wurden durchnummeriert. Bezeichnet man die Schrittnummer als Laufvariable lv, dann hat man Folgendes getan:

Schritt 1:   Initialisierung:
               faku bekommt einen Anfangswert (Startwert) zugeordnet, d.h. faku = 1.
               Die Laufvariable lv wird auf 1 gesetzt: lv = 1.
Schritt 2 bis n:
               Prüfe, ob lv kleiner gleich n.
               Falls diese Bedingung erfüllt ist, tue das Folgende:
               {
                 Nehme den Wert von faku, der im letzten Schritt
                 berechnet wurde. Multipliziere ihn mit der Laufvariablen. Das so
                 gebildete Produkt ist der Wert von faku im aktuellen Schritt.
                 Erhöhe nun die Laufvariable um 1.
               }

Iterative Berechnung der Fakultätsfunktion als Programm

Der oben gefundene Algorithmus lässt sich leicht programmieren:

```
/* Datei: it_faku.c */
#include <stdio.h>

int main (void)
{
   unsigned int n;
   unsigned int lv;
   long faku;
```

```
    printf ("\nEingabe: n = ");
    scanf ("%d", &n);
    for (faku = 1L, lv = 1; lv <= n; lv = lv + 1)
    {
        faku = faku * lv;
    }
    printf ("\nFakultaet(%d) = %ld\n",
            --lv,        /* --lv, da die for-Schleife ja am      */
            faku);       /* Ende noch die Laufvariable erhoeht    */
    return 0;
}
```

Rekursive Berechnung der Fakultätsfunktion

Rekursiv ist die Fakultätsfunktion definiert durch

n! = n * (n-1)!
1! = 1

Im Gegensatz zur Iteration schaut man jetzt auf eine Funktion f(n) und versucht, diese Funktion durch sich selbst, aber mit anderen Aufrufparametern, darzustellen. Die mathematische Analyse ist im Beispiel der Fakultätsfunktion ziemlich leicht, denn man sieht sofort, dass

f(n) = n * f (n-1)

ist. Damit hat man das Rekursionsprinzip bereits gefunden. Dies ist jedoch nur die eine Seite der Medaille, denn die Rekursion darf nicht ewig gehen! Das Abbruchkriterium wurde bereits oben erwähnt. Es heißt:

1! = 1

Durch n! = n * (n-1)! lässt sich also die Funktion f(n) auf sich selbst zurückführen, d.h. f(n) = n * f(n-1). f(n-1) ergibt sich wiederum durch f(n-1) = (n-1) * f(n-2). Nach diesem Algorithmus geht es jetzt solange weiter, bis das Abbruchkriterium erreicht ist. Das Abbruchkriterium ist bei 1! erreicht, da dort der Wert der Fakultät, 1 eben, bekannt ist.

Dieser Algorithmus lässt sich leicht programmieren. Die Funktion `faku()` enthält zwei Zweige:

* Der eine Zweig wird verwendet, wenn die **Abbruchbedingung nicht erreicht** ist. Hier ruft die Funktion sich selbst wieder auf.

  Hierbei ist zu beachten, dass die Anweisung, in der die Funktion aufgerufen wird, gar nicht abgearbeitet werden kann, solange die aufgerufene Funktion kein Ergebnis zurückliefert, sondern selbst wiederum nur die Funktion mit einem anderen Argument aufruft. Das bedeutet, dass das Programm sich merken muss, wo es steht. Anschließend wird die Kontrolle an die aufgerufene Funktion übergeben. Diese bleibt auch beim Aufruf der Funktion stehen und die Kontrolle geht an die aufgerufene Funktion über und so weiter.

- Der andere Zweig wird angesprungen, wenn die **Abbruchbedingung erreicht** ist.

  Ist die Abbruchbedingung erreicht, so hat die Funktion zum erstenmal einen Rückgabewert. Damit kann die aufrufende Funktion an der Stelle weiterarbeiten, an der sie stehen geblieben ist und kann bis zum Ende ablaufen und wieder einen Rückgabewert für die ihr übergeordnete Funktion erzeugen usw.

Rekursive Berechnung der Fakultätsfunktion als C-Programm

```c
/* Datei: rek_faku.c */
#include <stdio.h>

long faku (unsigned int n)
{
   printf ("\nn: %d", n);
   if (n > 1)
   {
      return n * faku (n-1);
   }
   else
   {
      return 1;
   }
}

int main (void)
{
   unsigned int n;
   long z;
   printf ("\nEingabe: n = ");
   scanf ("%d", &n);
   z = faku (n);
   printf ("\nFakultaet(%d) = %ld\n", n, z);
   return 0;
}
```

Die folgende Skizze in Bild 9-4 veranschaulicht am Beispiel der Berechnung von `faku (3)` den rekursiven Aufruf von `faku()` bis zum Erreichen des Abbruchkriteriums und die Beendigung aller wartenden `faku()`-Funktionen nach Erreichen des Abbruchkriteriums.

Fakultät von 3 rekursiv berechnen:

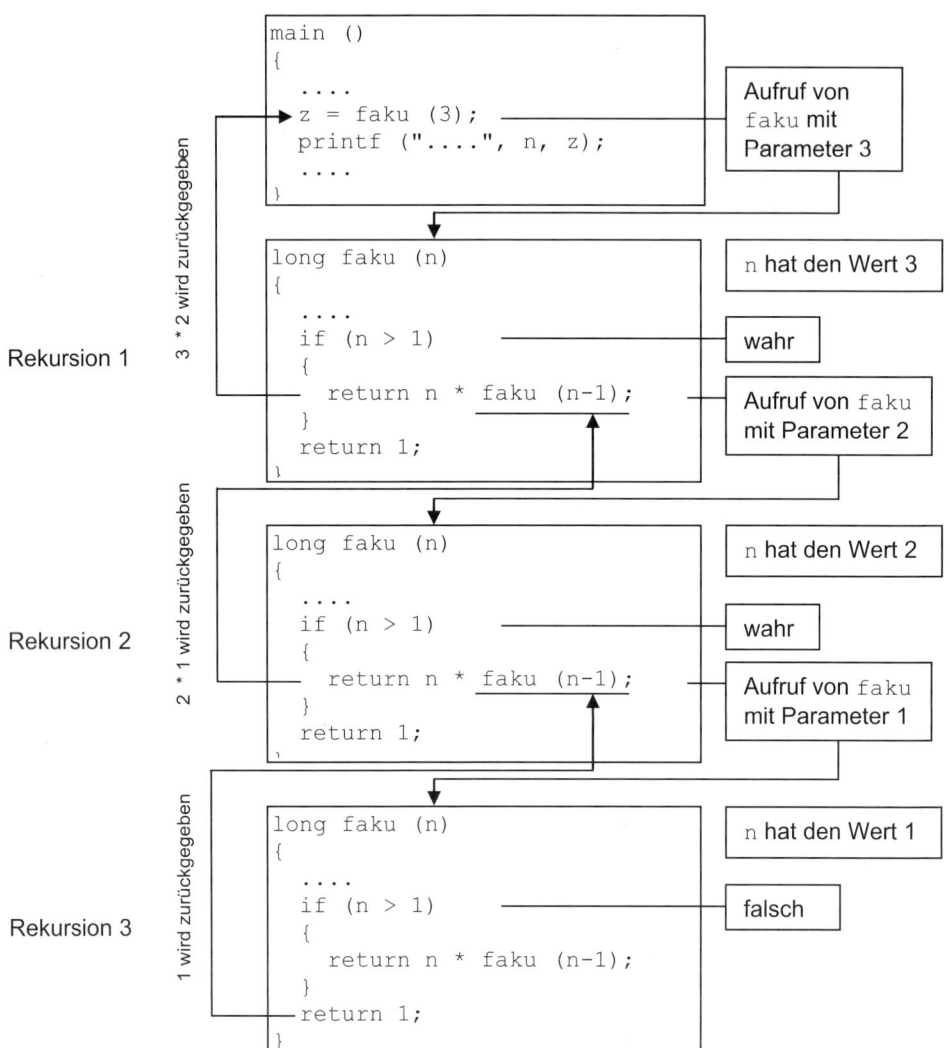

Bild 9-4 Verfolgung der rekursiven Aufrufe für `faku(3)`

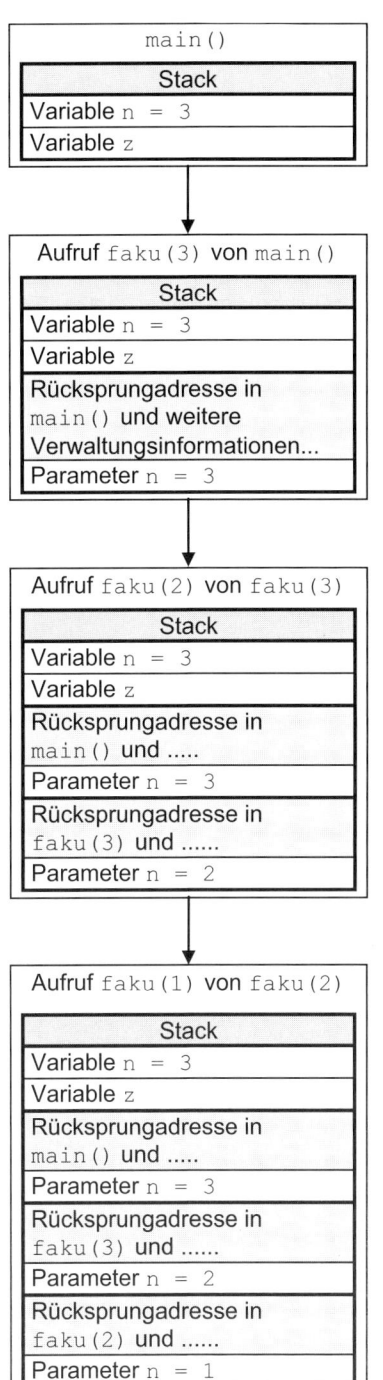

Aufbau des Stacks für `faku (3)`:

Bei jedem Aufruf von `faku()` werden die Rücksprungadresse und weitere Verwaltungsinformationen auf einem Stack abgelegt, der durch das Laufzeitsystem verwaltet wird. Auch die übergebenen Parameter (hier nur einer) werden auf diesem Stack abgelegt. Dabei wächst der Stack mit der Rekursionstiefe der Funktion.

Der letzte Aufruf von `faku()` mit dem Parameter `n = 1` bewirkt keine weitere Rekursion, da ja die Abbruchbedingung erfüllt ist.

Der Abbau des Stacks geschieht in umgekehrter Reihenfolge, wie aus dem folgenden Bild ersichtlich wird.

Bild 9-5 Aufbau des Stacks für `faku (3)`

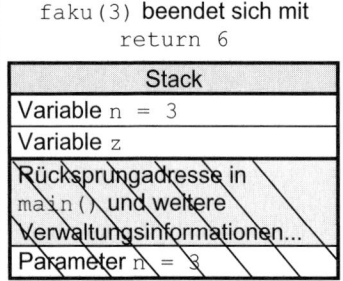

```
faku(1) beendet sich mit
        return 1
```

Stack
Variable n = 3
Variable z
Rücksprungadresse in main() und .....
Parameter n = 3
Rücksprungadresse in faku(3) und ......
Parameter n = 2
Rücksprungadresse in faku(2) und .....
Parameter n = 1

↓ Übergabe des Rückgabewertes über Register

```
faku(2) beendet sich mit
        return 2
```

Stack
Variable n = 3
Variable z
Rücksprungadresse in main() und .....
Parameter n = 3
Rücksprungadresse in faku(3) und .....
Parameter n = 2

↓ Übergabe des Rückgabewertes über Register

```
faku(3) beendet sich mit
        return 6
```

Stack
Variable n = 3
Variable z
Rücksprungadresse in main() und weitere Verwaltungsinformationen...
Parameter n = 3

↓ Übergabe des Rückgabewertes über Register

```
            main()
```

Stack
Variable n = 3
Variable z = 6

Bild 9-6 Abbau des Stacks für `faku (3)`

Abbau des Stacks für `faku (3)`:

Beim Beenden der aufgerufenen Funktion werden auf dem Stack die lokalen Variablen (übergebene Parameter) freigegeben und die Rücksprungadresse und sonstigen Verwaltungsinformationen abgeholt. Der Rückgabewert wird in diesem Beispiel über ein Register an die aufrufenden Funktionen zurückgegeben. Der Rückgabewert kann auf verschiedene Weise an die aufrufende Funktion zurückgegeben werden, beispielsweise auch über den Stack. Dies ist vom Compiler abhängig.

Wird `faku()` von der `main()`-Funktion mit dem Parameter 3 aufgerufen, so wird `faku(3)` abgearbeitet, bis zur Zeile `return n * faku(n - 1)`. Der Rückgabewert von `faku(n - 1)` fehlt, da ja `faku(n - 1)` noch nicht ausgeführt wurde. An dieser Stelle wird `faku()` mit dem neuen Parameter 2 erneut aufgerufen. `faku(3)` wird aber noch nicht beendet, sondern wartet auf den Rückgabewert von `faku(2)`. Um bei dem erneuten Aufruf von `faku()` den lokalen Parameter n nicht zu überschreiben, wird dieser auf dem Stack abgelegt[60]. Damit das Programm nach Beendigung von `faku(2)` wieder an die richtige Stelle zurückspringen kann, wird die Rücksprungadresse ebenfalls auf dem Stack abgelegt.

`faku(2)` wird wieder bis zur Stelle `faku(n - 1)` abgearbeitet, an der nun der Rückgabewert von `faku(1)` fehlt. Die lokale Variable n von `faku(2)` und die Rücksprungadresse werden wieder auf dem Stack abgelegt und `faku(1)` aufgerufen. `faku(1)` beendet nun die Rekursion, da hier die Bedingung falsch ist und so kein erneuter Aufruf von `faku()` erfolgt, sondern nun `faku(1)` den Wert 1 an `faku(2)` zurückgibt. Bei diesem Rücksprung an die auf dem Stack befindliche Rücksprungadresse wird auch n von `faku(2)` wieder vom Stack geholt und nun kann `faku(2)` die Berechnung von `n * faku(1)` durchführen und den Wert 2 an `faku(3)` zurückgeben. `faku(3)` kann jetzt die Berechnung `n * faku(2)` durchführen und den Wert 6 an z in der `main()`-Funktion zurückgeben. Damit sind alle auf den Stack abgelegten Daten wieder abgeholt und alle Aufrufe beendet.

> Eine zu hohe Zahl von rekursiven Aufrufen führt zum Überlauf des Stacks.  Vorsicht!

Auch wenn es nicht zum Stacküberlauf kommen sollte, so ist dennoch zu berücksichtigen, dass die Rekursion mehr Speicherplatz und Rechenzeit erfordert als die entsprechende iterative Formulierung. Wenn man den zu einem rekursiven Algorithmus entsprechenden iterativen Algorithmus kennt, so ist dem iterativen Algorithmus der Vorzug zu geben.

Hier noch zwei Beispiele für den Unterschied zwischen Iteration und Rekursion:

Es soll die in Kapitel 1.4 eingeführte Dualdarstellung einer Zahl berechnet werden. Bei diesem Beispiel wird wieder deutlich, welche Vorteile die Rekursion bieten kann.

```
/* Datei: binaerit.c */
#include <stdio.h>
void binaerZahlIter (unsigned int zahl1)
{
    /* Anzahl Bytes des Typs int * 8 Bit je Byte */
    int array [sizeof(int)*8];
    int zahl2;
    int index;
```

---

[60] Siehe Kapitel 13.1.

```
   for (index = 0; index < (sizeof(int) * 8); index++)
   {
      array[index] = 0;
   }
   for (zahl2 = 0; zahl1; zahl2++, zahl1 /= 2)
   {
      array[zahl2] = zahl1 % 2;
   }
   for (--zahl2; zahl2 >= 0; zahl2--)
   {
      printf ("%d ", array[zahl2]);
   }
}

int main()
{
   unsigned int rueck;
   unsigned int zahl;
   printf ("Binaerdarstellung:\n");
   do
   {
      printf ("\nBitte geben Sie eine Zahl ein: ");
      rueck = scanf ("%d", &zahl);
      binaerZahlIter (zahl);
   }
   while (rueck != 0);
   return 0;
}
```

Beispiel für einen Programmablauf:

```
Binaerdarstellung:
Bitte geben Sie eine Zahl ein: 35
1 0 0 0 1 1
```

Das Programm `binaerit.c` berechnet aus einer gegebenen Dezimalzahl die zugehörige Dualzahl (siehe auch Anhang C). Dies geschieht durch Iteration. Wird eine Dezimalzahl durch 2 geteilt, so ist der Rest (also 0 oder 1) die letzte Stelle der zugehörigen Dualzahl. Teilt man nun das Ergebnis des Teilvorganges wieder durch 2, so ist der Rest die vorletzte Stelle der Dualzahl usw. Da aber nun die letzte Stelle der Dualzahl an erster Stelle im Array `array` steht, muss dieses Array mit einer `for`-Schleife rückwärts ausgegeben werden. Deshalb wird der Schleifenzähler `zahl2` dekrementiert, damit die erste Stelle der Dualzahl als letzte ausgegeben wird.

Rechen-schritt	array						Ergebnis	Rest
	[5]	[4]	[3]	[2]	[1]	[0]		
35 / 2	0	0	0	0	0	1	17	1
17 / 2	0	0	0	0	1	1	8	1
8 / 2	0	0	0	0	1	1	4	0
4 / 2	0	0	0	0	1	1	2	0
2 / 2	0	0	0	0	1	1	1	0
1 / 2	1	0	0	0	1	1	0	1
							Dualzahl 1 0 0 0 1 1	

Tabelle 9-2 Umwandeln der Zahl 35 dezimal in eine Dualzahl mit dem modulo-Operator

Da die Umkehr der Reihenfolge mit einer Rekursion einfacher auszuführen ist, jetzt zum Vergleich noch die rekursive Lösung:

```c
/* Datei: binaerre.c */
#include <stdio.h>
void binaerZahlReku (unsigned int zahl)
{
    if (zahl > 0)
    {
        binaerZahlReku (zahl / 2);
        printf ("%d ", zahl % 2);
    }
}

int main()
{
    unsigned int rueck;
    unsigned int zahl;
    printf ("Binaerdarstellung:\n");
    do
    {
        printf ("\nBitte geben Sie eine Zahl ein: ");
        rueck = scanf ("%d", &zahl);
        binaerZahlReku (zahl);
    }
    while (rueck != 0);
    return 0;
}
```

Da die Rekursion hier vor der Ausgabe der Dualzahlenstelle durchgeführt wird, beginnt das Programm mit der Ausgabe der Dualziffer erst, wenn die letzte modulo-Operation durchgeführt wurde. Dies ist aber gerade die erste Stelle der Dualzahl. Dann werden rückwärts alle weiteren Stellen mit `zahl % 2` ausgegeben. Wie man sieht, ist die Realisierung einer „Reihenfolgeumkehr" rekursiv mit weniger Aufwand zu realisieren als iterativ. Das liegt daran, dass der Programm-Stack als Zwischenspeicher zum Umkehren der Reihenfolge verwendet werden kann und dies im Gegensatz zur iterativen Lösung sogar ohne zu wissen, wie viele Binärziffern die Zahl letztendlich hat.

9.9 Übungsaufgaben

Aufgabe 9.1: Blöcke

Welche Zahlenwerte werden von dem folgenden Programm ausgegeben?

Analysieren Sie das Programm und ersetzen Sie die ? in der im Folgenden dargestellten Ausgabe durch die entsprechenden Ausgabewerte. Starten Sie das Programm erst nach Ihrer Analyse.

```
main - der Wert von x ist ?
f2 - der Wert von x ist ?
f1 - der Wert von x ist ?
main - der Wert von x ist ?
```

Hier das Programm:

```c
#include <stdio.h>

int x = 5;

void f1 (int * u)
{
    int x = 4;
    *u = 6;
    printf ("\nf1   - der Wert von x ist %d", x);
}

void f2 (int x)
{
    printf ("\nf2   - der Wert von x ist %d", x);
}

int main (void)
{
    printf ("\n\nmain - der Wert von x ist %d", x);
    f2 (7);
    f1 (&x);
    printf ("\nmain - der Wert von x ist %d", x);
    return 0;
}
```

Aufgabe 9.2: Funktionen

Das folgende Programm soll den Ersatzwiderstand R einer Parallelschaltung aus 2 Widerständen R1 und R2 bestimmen. Die Formel lautet:

1/R = 1/R1 + 1/R2 oder R = (R1 * R2) / (R1 + R2)

Die Werte von R1 und R2 sollen im Dialog eingegeben werden. Wird einer der beiden Widerstände R1 bzw. R2 zu 0 eingegeben, so soll solange erneut zur Eingabe aufgefordert werden, bis beide Widerstände von 0 verschieden sind. Hierfür ist eine do while-Schleife zu verwenden.

Ausgegeben werden soll der Wert der beiden Widerstände und der berechnete Ersatzwiderstand.

Ergänzen Sie die fehlenden Stellen des folgenden Programms. Fehlende Stellen sind durch . . . . gekennzeichnet.

```c
#include <stdio.h>

....
....
....

int main (void)
{
    float r1;
    float r2;
    float r;
    ....
    berechnung (r1, r2, &r);
    ausgabe (r1, r2, r);
    return 0;
}

void eingabe (float * u, float * v)
{
    ....
}

void berechnung (float x, float y, float * z)
{
    ....
}

void ausgabe (float a, float b, float c)
{
    printf ("\nDer Ersatzwiderstand von %f und %f ist %f",
            a, b, c);
}
```

Aufgabe 9.3: Rückgabe mit return und über die Parameterliste

Das folgende Programm dient zur Berechnung des Durchschnitts von 10 `int`-Zahlen, die im Dialog eingegeben werden. Der berechnete Durchschnitt wird von der Funktion `durchschnitt1()` über die Parameterliste und von der Funktion `durchschnitt2()` mit `return` zurückgegeben. Schreiben Sie die Funktionen `einlesen()`, `durchschnitt1()` und `durchschnitt2()`. Fehlende Teile sind mit . . . . gekennzeichnet. Es wird mit dem globalen Array `a` gearbeitet.

```c
#include <stdio.h>
#define MAX 10
/* Globale Variable    */
int a [MAX];
```

```
/* Funktionsprototypen */
void einlesen (void);
void durchschnitt1 (float *);
float durchschnitt2 (void);

int main (void)
{
   float erg;
   einlesen ();
   durchschnitt1 (&erg);      /* Rueckgabe ueber die Parameterliste */
   printf ("\nDer Durchschnitt der eingegebenen Zahlen ist: %f",
           erg);
   erg = durchschnitt2 ();   /* Rueckgabe mit return            */
   printf ("\nDer Durchschnitt der eingegebenen Zahlen ist: %f",
           erg);
   return 0;
}

void einlesen (void)
{
   int lv;
   for (lv = 0; lv < MAX; lv ++)
   {
      printf ("\nGib den Wert des Elementes mit dem Index %d ein: ",
              lv);
      scanf (....);
   }
}

....
```

Aufgabe 9.4: Simulation von call by reference. Funktionsprototyp

Das folgende Programm soll zwei `float`-Zahlen a und b einlesen und ihren Wert am Bildschirm ausgeben. Für das Einlesen wird die Funktion `einlesen()` verwendet. Fehlende Stellen im Programm sind mit .... gekennzeichnet. Bringen Sie das Programm zum Laufen!

```
#include <stdio.h>

void einlesen (float *, float *); /* Funktionsprototyp */

int main (void)
{
   float a, b;
   einlesen (...., ....);
   printf ("\na ist %6.2f", a);
   printf ("\nb ist %6.2f", b);
   return 0;
}
```

```
void einlesen (float * x, float * y)
{
   printf ("\nGib einen float-Wert für a ein: ");
   scanf ("%e", ....);
   printf ("\nGib einen float-Wert für b ein: ");
   scanf ("%e", ....);
}
```

Aufgabe 9.5: Übergabeparameter

Schreiben Sie eine Funktion `rechne_kreisdaten()`, die den Umfang und die Fläche eines Kreises aus dem Radius berechnet.

Die Funktion erhält drei Übergabeparameter: Den Radius und zwei Zeiger auf `double`-Variablen, in welche die Funktion `rechne_kreisdaten()` die Fläche und den Umfang des Kreises zurückschreibt.

Die Ein- und Ausgabe erfolgt in `main()`.

Für einen Kreis mit Radius R gilt:

Fläche = PI * R * R
Umfang = 2 * PI * R

Hinweis:

Zur Definition der Konstante `PI` siehe Kapitel 5.4.

Aufgabe 9.6: Rekursion

Welche Ausgabe erwarten Sie von dem folgenden Programm, wenn Sie

`123<RETURN>`

eingeben. Was wird auf dem Stack abgelegt?

Schreiben Sie das Ergebnis auf. Testen Sie anschließend das Programm.

```
#include <stdio.h>

void spiegle (void)
{
   int c;
   c = getchar ();
   if (c != '\n') spiegle ();
   putchar (c);
}

int main (void)
{
   printf ("\n\n\n");
   spiegle ();
   return 0;
}
```

Aufgabe 9.7: Potenzen iterativ berechnen

Die Potenz $(a+b)^n$ soll für ganzzahliges positives n iterativ berechnet werden. Hierzu dient das folgende Programm. Fehlende Teile sind durch .... gekennzeichnet. Ergänzen Sie die fehlenden Teile der Funktion iter(), welche $(a+b)^n$ iterativ berechnen soll.

```c
#include <stdio.h>

.... iter (....)
{
    ....
}

void eingabe (float * ptr_alpha, float * ptr_beta, int * ptr_hoch)
{
    printf ("\nGib einen Wert fuer a ein [float]: ");
    scanf ("%f", ptr_alpha);
    printf ("\nGib einen Wert fuer b ein [float]: ");
    scanf ("%f", ptr_beta);
    printf ("\nGib einen positiven Wert fuer n ein [int]: ");
    scanf ("%d", ptr_hoch);
}

int main (void)
{
    float a;
    float b;
    float resultat_iterativ;
    int n;

    eingabe (&a, &b, &n);
    printf ("\n\n a %6.2f, b %6.2f, n %d", a, b, n);
    resultat_iterativ = iter (a, b, n);
    printf ("\nErgebnis iterativ: %14.6f", resultat_iterativ);
    return 0;
}
```

Aufgabe 9.8: Potenzen rekursiv berechnen

Die Potenz $(a+b)^n$ soll für ganzzahliges positives n rekursiv berechnet werden. Hierzu dient das folgende Programm. Fehlende Teile sind durch .... gekennzeichnet. Ergänzen Sie die fehlenden Teile der Funktion reku(), welche $(a+b)^n$ rekursiv berechnen soll.

```c
#include <stdio.h>

.... reku (....)
{
    ....
}
```

```
void eingabe (float * ptr_alpha, float * ptr_beta, int * ptr_hoch)
{
   printf ("\nGib einen Wert fuer a ein [float]: ");
   scanf ("%f", ptr_alpha);
   printf ("\nGib einen Wert fuer b ein [float]: ");
   scanf ("%f", ptr_beta);
   printf ("\nGib einen positiven Wert fuer n ein [int]: ");
   scanf ("%d", ptr_hoch);
}

int main (void)
{
   float a;
   float b;
   float resultat_rekursiv;
   int n;
   eingabe (&a, &b, &n);
   printf ("\n\n a %6.2f, b %6.2f, n %d", a, b, n);
   resultat_rekursiv = reku (a, b, n);
   printf ("\nErgebnis rekursiv: %14.6f", resultat_rekursiv);
   return 0;
}
```

Aufgabe 9.9: Reihe iterativ berechnen

Gegeben sei die Reihe:

$$y = \quad a \quad + \quad (a + 1 * x) + (a + 2 * x) + \dots \quad (a + (n-1) * x) + \dots$$

    1. Glied   2. Glied   3. Glied   n. Glied

Die Reihe soll bei n = N abgebrochen werden (das N-te Glied wird noch aufsummiert). Die Werte für a, x und N werden im Dialog eingegeben. y soll iterativ berechnet und ausgegeben werden. Hierzu dient das folgende C-Programm. Ergänzen Sie die mit . . . . gekennzeichneten fehlenden Teile:

```
#include <stdio.h>

void einlesen (....)
{
   printf ("\nGib einen ganzzahligen Wert für a ein: ");
   scanf ("%d", u);
   printf ("\nGib einen reellen Wert für x ein: ");
   scanf ("%f", v);
   printf ("\nGib einen ganzzahligen Wert für N ein: ");
   scanf ("%d", w);
}

float iter (int p1, float p2, int p3)
{
   ....
}

void ausgeben (float z)
{
   printf ("\nDie Summe der Reihe ist: %f", z);
}
```

```
int main (void)
{
    int a;
    float x;
    int N;
    float summe_it;
    einlesen (&a, &x, &N);
    summe_it = iter (a, x, N);
    ausgeben (summe_it);
    return 0;
}
```

Aufgabe 9.10: Reihe rekursiv berechnen

Gegeben sei die Reihe:

$$y = \quad a \quad + \quad (a + 1 * x) + (a + 2 * x) + \ldots \quad (a + (n-1) * x) + \ldots$$
$$\quad \text{1. Glied} \qquad \text{2. Glied} \quad \text{3. Glied} \qquad\qquad \text{n. Glied}$$

Die Reihe soll bei n = N abgebrochen werden (das N-te Glied wird noch aufsummiert). Die Werte für a, x und N werden im Dialog eingegeben. y soll rekursiv berechnet und ausgegeben werden. Hierzu dient das folgende C-Programm. Ergänzen Sie die fehlenden Teile:

```
#include <stdio.h>

void einlesen (....)
{
    printf ("\nGib einen ganzzahligen Wert für a ein: ");
    scanf ("%d", u);
    printf ("\nGib einen reellen Wert für x ein: ");
    scanf ("%f", v);
    printf ("\nGib einen ganzzahligen Wert für N ein: ");
    scanf ("%d", w);
}

float reku (int p1, float p2, int p3)
{
    ....
}

void ausgeben (float z)
{
    printf ("\nDie Summe der Reihe ist: %f", z);
}

int main (void)
{
    int a;
    float x;
    int N;
    float summe_rek;
    einlesen (&a, &x, &N);
    summe_rek = reku (a, x, N);
    ausgeben (summe_rek);
    return 0;
}
```

Kapitel 10

Fortgeschrittene Programmierung mit Pointern

10 Fortgeschrittene Programmierung mit Pointern

10.1 Arrays

Wie aus Kapitel 6 bereits bekannt, wird ein eindimensionaler Vektor (ein-dimensionales Array) folgendermaßen definiert:

```
int alpha [5];   /* Definition des Arrays alpha.          */
                 /* Das Array hat Platz für 5 int-Zahlen  */
```

Eine einfache Möglichkeit, einen Pointer auf ein Arrayelement zeigen zu lassen, besteht darin, auf der rechten Seite des Zuweisungsoperators den **Adressoperator** **&** wie folgt zu verwenden:

```
int * pointer;          /* Definition des Pointers pointer  */
                        /* vom Typ Pointer auf int          */
pointer = &alpha[i-1];  /* pointer zeigt auf das i-te       */
                        /* Arrayelement                     */
```

Hat `i` den Wert 1, so zeigt der Pointer `pointer` auf das 1. Element des Arrays. Dieses hat den Index 0. In der Sprache C wird der Arrayname (hier `alpha`) als konstante Anfangsadresse des Arrays betrachtet[61].

Äquivalenz von Array- und Pointernotation

Der Name eines Arrays kann als konstanter Zeiger auf das erste Element des Arrays verwendet werden.

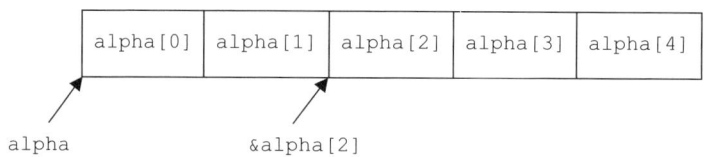

| alpha[0] | alpha[1] | alpha[2] | alpha[3] | alpha[4] |

alpha   &alpha[2]

Bild 10-1 Pointer auf ein Array

Damit gibt es für das erste Element zwei gleichwertige Schreibweisen:

- `alpha[0]`
- und mit Verwendung des in Kapitel 6 behandelten Dereferenzierungsoperators auch `*alpha`.

---

[61] Wenn er nicht als Argument des `sizeof`-Operators oder des Adressoperators `&` verwendet wird.

Zugriffe auf das `i`-te Element kann man bekanntlich mit `alpha[i-1]` bewerkstelligen – möglich ist aber auch der Ausdruck `*(alpha + i-1)`. Wird nämlich ein Pointer um 1 erhöht, so zeigt er um ein Element des Arrays weiter. Die Erhöhung um 1 bedeutet, dass der Pointer immer um ein Speicherobjekt vom Typ, auf den der Pointer zeigt, weiterläuft (siehe Kapitel 10.1.1, Pointerarithmetik).

`alpha` sei ein Vektor. Dann gilt: `alpha[i] = *(alpha+i)`. Dies bedeutet, dass die **Arraynotation äquivalent** ist **zu einer Pointernotation** bestehend aus Dereferenzierungsoperator, Pointer und Abstand.

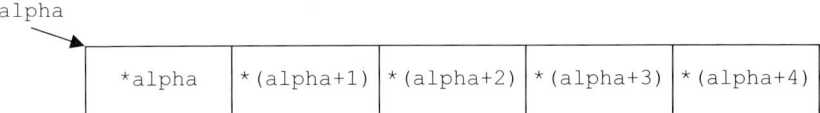

Bild 10-2 Arrayelemente in Pointernotation

Diese Äquivalenz gilt auch in der anderen Richtung: So wie ein Array durch Pointer dargestellt werden kann, gilt umgekehrt die Aussage, dass die **Pointernotation gleichbedeutend** ist **zur Arraynotation**.

`pointer` sei ein Pointer. Dann kann man statt

`*(pointer + i)`

auch

`pointer[i]`

schreiben.

Der Compiler arbeitet intern nicht mit Arrays. Erhält er eine Array-Komponente, so rechnet er den Index sofort in einen Pointer um.

Vergleich von Arrays

In C ist es mit dem Vergleichsoperator nicht möglich, zwei Vektoren auf identischen Inhalt zu überprüfen, wie z.B. durch `arr1 == arr2`. Der Grund dafür ist, dass die Vektornamen äquivalent sind zur Speicheradresse des ersten Vektorelements. Es wird mit `arr1 == arr2` also nur verglichen, ob `arr1` und `arr2` auf dieselbe Adresse zeigen.

Für einen solchen Vergleich gibt es allerdings zwei Möglichkeiten. Die eine Möglichkeit ist die Überprüfung der einzelnen Vektorelemente in einer Schleife. Die andere, elegantere Möglichkeit wird mit der standardisierten Funktion `memcmp()` durchgeführt (siehe Kapitel 10.6.2.3). Die Library-Funktion `memcmp()` führt den byteweisen Vergleich einer Anzahl von Speicherstellen durch, die an vorgegebenen Positionen im Adressraum des Computers liegen.

Arrayname als nicht modifizierbarer L-Wert

Ein Array – spezifiziert durch seinen Arraynamen – wird in einen konstanten Pointer auf seinen Komponententyp gewandelt, es sei denn, es ist der Operand des `sizeof`-Operators oder des Adressoperators `&`. Sieht man von dem `sizeof`-Operator und dem Adressoperator `&` ab, so gibt es in C keine Operation, die auf einem Array als Ganzes ausgeführt werden kann.

Beachten Sie, dass die Aussage zum Adressoperator beinhaltet, dass sowohl der Arrayname selbst als auch der Adressoperator angewandt auf den Arraynamen einen konstanten Pointer auf das erste Element des Arrays darstellt.

Beide Möglichkeiten sind gleichwertig, wie das folgende Beispiel zeigt:

```
int alpha [5];
int * pointer;
pointer = alpha;   /* pointer zeigt auf das 1. Array-Element */
pointer = &alpha;  /* pointer zeigt auf das 1. Array-Element */
```

Ausdrücke wie `alpha++` oder `alpha--` sind nicht erlaubt, da der Arrayname hier in einen konstanten Pointer, also einen nicht modifizierbaren L-Wert, gewandelt wird, der Inkrement- und der Dekrementoperator aber modifizierbare L-Werte voraussetzen. Ein Arrayname kann auch nicht auf der linken Seite einer Zuweisung stehen, da er hier in einen konstanten Pointer gewandelt wird, die Zuweisung links vom Zuweisungsoperator aber einen modifizierbaren L-Wert erfordert.

Einer Pointervariablen kann ein Wert zugewiesen werden, einem Arraynamen nicht.

10.1.1 Pointerarithmetik

Bevor die Möglichkeiten der Pointerarithmetik erläutert werden, soll der in Kapitel 6.1 vorgestellte `NULL`-Pointer eingehender betrachtet werden.

Der einzige Fall in C, bei dem es gleichgültig ist, ob eine Konstante oder ein Pointer verwendet wird, ist die Konstante `NULL`. Diese Konstante ist in `<stddef.h>` als `0` definiert. Sie kann gleichbedeutend verwendet werden mit einem typfreien Pointer auf die Adresse 0, d.h. gleichbedeutend mit `(void *) 0`. Der Compiler akzeptiert beide Möglichkeiten. Dies wird im folgenden Beispielprogramm demonstriert:

```
/* Datei: null_ptr.c */
#include <stdio.h>

int main (void)
{
   int * pointer;
   pointer = 0;      /* Das ist der Wert der Konstante NULL        */
   printf ("\n%p", pointer);
   pointer = (void *) 0;
   printf ("\n%p", pointer);
   return 0;
}
```

Die Ausgabe des Programmes ist:

```
00000000
00000000
```

Unter dem Begriff **Pointerarithmetik** fasst man die Menge der zulässigen Operationen mit Pointern zusammen:

- **Zuweisung**

  Pointern vom Typ `void *` dürfen Pointer eines anderen Datentyps zugewiesen werden und Pointern eines beliebigen Datentyps dürfen Pointer vom Typ `void *` zugewiesen werden. Der `NULL`-Pointer kann – da er gleichwertig zu `(void *)0` ist – natürlich ebenfalls jedem anderen Pointer zugewiesen werden.

  > Bei Zuweisungen, an denen ein Pointer auf `void` rechts oder links vom Zuweisungsoperator = steht, wird die Typüberprüfung des Compilers aufgehoben und Adresswerte können kopiert werden. Pointer verschiedener Datentypen dürfen einander nicht zugewiesen werden.

- **Addition und Subtraktion**

  Pointer können unter bestimmten Voraussetzungen (z.B. Verweis auf Elemente desselben Vektors) voneinander abgezogen werden. Zu einem Pointer kann eine ganze Zahl addiert oder von ihm abgezogen werden, `float`-Zahlen dürfen hierzu nicht verwendet werden.

- **Vergleiche**

  Zwei Pointer können auf Gleichheit bzw. Ungleichheit verglichen werden, wenn beide Pointer denselben Typ haben oder einer der beiden der `NULL`-Pointer ist. Ein „größer" oder „kleiner" ist unter bestimmten Voraussetzungen (z.B. Verweis auf Elemente desselben Vektors) möglich.

- **Andere Operationen**

  Andere Operationen sind nicht erlaubt.

Im Folgenden soll auf Zuweisungen, Additionen, Subtraktionen und Vergleiche, an denen Pointer beteiligt sind, genauer eingegangen werden.

Zuweisungen

In C können Pointervariablen während des Programms beliebig oft mit neuen gültigen Variablenadressen belegt werden.

Addition und Subtraktion

Wird ein Pointer vom Typ `int *` um 1 erhöht, so zeigt er um ein `int`-Objekt weiter. Wird ein Pointer vom Typ `float *` um 1 erhöht, so zeigt er um ein `float`-Objekt weiter. Die Erhöhung um 1 bedeutet, dass der Pointer immer um ein Speicherobjekt vom Typ, auf den der Pointer zeigt, weiterläuft.

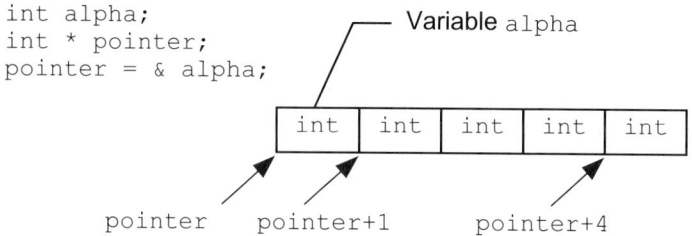

Bild 10-3 Pointerarithmetik in Längeneinheiten von Speicherobjekten

> Verweist ein Pointer auf eine Variable des falschen Typs, so interpretiert der Dereferenzierungsoperator den Inhalt der Speicherzelle, auf die der Pointer zeigt, gemäß dem Typ des Pointers und nicht gemäß dem Typ der Variablen, die an der Speicherstelle abgelegt wurde.

Wenn ein Pointer um 1 erhöht wird, so bedeutet dies, dass er nun um eine Speicherzelle, auf deren Typ er verweist, weiter zeigt. Nach der Variablen `alpha` in obigem Bild können Variablen eines anderen Typs liegen. Der Pointer lässt sich nicht beirren, er läuft im `int`-Raster.

Genauso können Pointer dekrementiert werden. Während jedoch `pointer + 1` und `1 + pointer` äquivalent sind, ist `1 - pointer` nicht möglich, wohl aber `pointer - 1`.

> Generell gilt:
>
> Ein Pointer, der auf ein Element in einem Vektor zeigt, und ein ganzzahliger Wert dürfen addiert werden. Zeigt die Summe nicht mehr in den Vektor und auch nicht auf die erste Position nach dem Vektor, dann ist das Resultat undefiniert.

Dass man auf die erste Position nach einem Vektor zeigen kann, ist zunächst etwas verwirrend. Man weiß ja nicht, auf welche Variable der Pointer nun zeigt. Dies wurde eingeführt, um Programme der folgenden Art zu legalisieren:

```
/* Datei: ptr_add.c */
#include <stdio.h>

int main (void)
{
   int alpha [5] = {1,2,3,4,5};
   int * pointer;
   int lv = 0;
   pointer = alpha;
   while (lv < 5)
   {
      printf ("\n%d", *pointer);
      pointer++;
      lv++;
   }
   return 0;
}
```

Damit nimmt hier beispielsweise beim letzten Schleifendurchgang `pointer` den Wert `alpha + 5` an.

Ist `pointer1` ein Pointer auf das `i`-te Element und `pointer2` ein Pointer auf das `j`-te Element des Vektors `vektor`, so gilt bekanntlich:

```
pointer1  ==  (vektor + i - 1)  und
pointer2  ==  (vektor + j - 1)
```

Dann erhält man – wenn $j > i$ ist – mit `(vektor + j - 1) - (vektor + i - 1)` die Anzahl der Elemente zwischen den Pointern, da das Ergebnis ja $j - i$ ist. Dies bedeutet: durch `pointer2 - pointer1` ergibt sich die Anzahl der Elemente zwischen den Pointern. Falls $j < i$, ist das Ergebnis negativ.

Vergleiche

Für Pointer, die nicht auf Elemente des gleichen Vektors (Arrays) oder auf die Komponenten derselben Struktur zeigen, gibt es kein „grösser" (>) oder „kleiner" (<), es sei denn, einer der beiden Pointer zeigt im Falle eines Vektors auf das Element direkt nach dem Vektorende.

Wenn zwei Pointer auf dasselbe Speicherobjekt zeigen oder beide `NULL` sind, so ergibt der Test auf Gleichheit (==) den booleschen Wert „wahr".

10.1.2 Beispielprogramm zur Pointerarithmetik

Das folgende Beispiel demonstriert die Verwendung von Pointern auf void. Die beiden Studenten Fischer und Friederich waren in den Übungen zur C-Vorlesung unterfordert und dachten sich deshalb eine Zusatzaufgabe aus. Sie wollten dabei auf eine Speicherstelle, an die sie einen short int-Wert schreiben wollten, auch mit einem Pointer auf unsigned char zugreifen, um das low und das high byte der short int-Variablen abzugreifen. Sie arbeiteten dabei auf einem Rechner, bei dem der Datentyp short int 2 Bytes umfasste. Dazu mussten natürlich die beiden Pointer pointer1, ein Pointer auf eine short int-Variable, und pointer2, ein Pointer auf eine unsigned char-Variable, zu Beginn auf dieselbe Adresse zeigen.

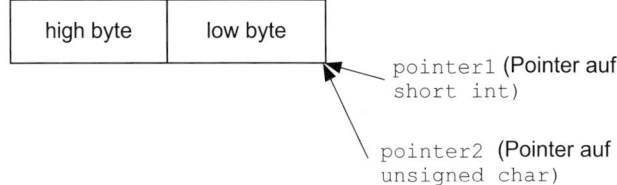

Bild 10-4 Pointer verschiedener Typen auf dieselbe Adresse

Eine direkte Zuweisung

```
pointer2 = pointer1;
```

ist nicht möglich, da beide Pointer von einem verschiedenen Typ sind. Deshalb wurde dummy, ein Pointer vom Typ Pointer auf void, eingeführt und über

```
dummy = pointer1;
pointer2 = dummy;
```

in zwei Schritten die Adresse von pointer1 in die Variable pointer2 kopiert. Hier nun das Programm von Fischer und Friederich:

```
/* Datei: ptrarith.c */
/* Programm zur Zerlegung einer short int-Zahl in das        */
/* niederwertige und das höherwertige Byte                   */
#include <stdio.h>

int main (void)
{
   short int zahl, * pointer1; /* pointer1 ist ein Pointer    */
                               /* auf short int               */
   void * dummy;               /* untypisierter Pointer       */
   unsigned char * pointer2;   /* pointer2 ist ein Pointer    */
                               /* auf unsigned char           */

   zahl = 0x7FED;              /* Wertzuweisung an Variable zahl */
   printf ("Zahl ist: %x \n", zahl);
```

```
pointer1 = &zahl;            /* pointer1 auf                    */
                             /* short int-Variable zahl setzen  */
printf ("\npointer1 zeigt auf die Adresse: ");
printf ("%p \n", pointer1);
printf ("Der Inhalt an der Adresse pointer1 ist: %x \n",
        *pointer1);

/* Pointertyp-Konvertierung                                     */
dummy = pointer1;            /* Adresse von pointer1 in dummy    */
                             /* kopieren                         */
pointer2 = dummy;            /* Adresse von dummy nach           */
                             /* pointer2 kopieren                */
                             /* Direkte Zuweisung                */
                             /* pointer2 = pointer1              */
                             /* ist nicht moeglich, da           */
                             /* unterschiedliche Typen           */

/* Ausgabe des niederwertigen Bytes                             */
printf ("\nAusgabe des niederwertigen Bytes:\n");
printf ("\npointer2 zeigt auf die Adresse: %p \n",
        pointer2);
printf ("Der Inhalt an der Adresse pointer2 ist: %x \n",
        *pointer2);

pointer2 = pointer2 + 1;     /* pointer2 wird um 1 erhoeht       */
printf ("\n\npointer2 wurde um 1 erhoeht\n");

/* Ausgabe des hoeherwertigen Bytes                             */
printf ("\nAusgabe des hoeherwertigen Bytes:\n");
printf ("\npointer2 zeigt jetzt auf die Adresse: ");
printf ("%p \n", pointer2);
printf ("Der neue Inhalt an der Adresse pointer2");
printf (" ist: %x \n\n", *pointer2);
return 0;
}
```

Hier das Protokoll des Programm-Laufs:

```
Zahl ist: 7fed

pointer1 zeigt auf die Adresse: 0012FF7C
Der Inhalt an der Adresse pointer1 ist: 7fed

Ausgabe des niederwertigen Bytes:

pointer2 zeigt auf die Adresse: 0012FF7C
Der Inhalt an der Adresse pointer2 ist: ed


pointer2 wurde um 1 erhoeht

Ausgabe des hoeherwertigen Bytes:

pointer2 zeigt jetzt auf die Adresse: 0012FF7D
Der neue Inhalt an der Adresse pointer2 ist: 7f
```

Beachten Sie, dass die Adressausgabe bei Angabe des Formatelements `%p` (p steht für pointer) implementierungsabhängig ist. Beim VCC erfolgt die Ausgabe hexadezimal. Ersetzen Sie in obigem Programm die Formatelemente `%p` durch `%d`, so werden die Adressen dezimal ausgegeben. Aber beachten Sie, dass die Ausgabe mit `%d` beim VCC zwar funktioniert, vom Compiler aber unsauber ist, da `%d` das Formatelement für ganze Zahlen in Dezimalnotation ist, nicht aber für Pointer auf ganze Zahlen.

Je nach Rechnerarchitektur kann das High-Byte an der um 1 höheren oder an der um 1 niedrigeren Adresse liegen als das Low-Byte. Diese beiden Anordnungsmöglichkeiten werden als **Big-Endian-** bzw. **Little-Endian-Anordnung** bezeichnet.

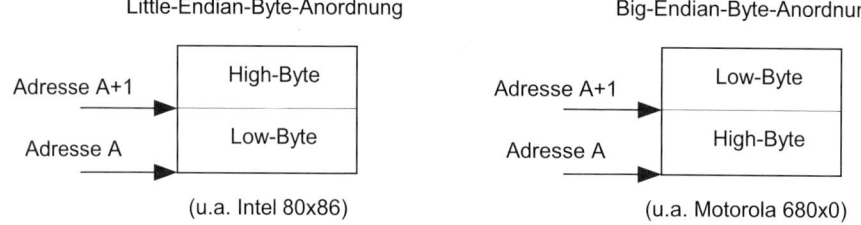

Bild 10-5 Byte-Anordnungen

Das Beispiel von Fischer und Friederich wurde für einen Rechner mit Little-Endian-Anordnung geschrieben.

10.1.3 Initialisierung von Arrays

Die Initialisierung von Arrays kann **automatisch** oder **manuell** erfolgen.

Automatische Initialisierung

Wie einfache globale Variablen werden auch **globale Arrays mit 0 initialisiert**, d.h. alle Elemente eines globalen Arrays bekommen beim Starten automatisch den Wert 0 zugewiesen. **Lokale Arrays** werden **nicht automatisch initialisiert**.

Manuelle Initialisierung

Bei der manuellen Initialisierung eines Arrays ist nach der eigentlichen Definition des Arrays ein Zuweisungsoperator gefolgt von einer **Liste von Initialisierungswerten (Initialisierungsliste)** anzugeben. Diese Liste ist begrenzt durch geschweifte Klammern. Sie enthält die einzelnen Werte getrennt durch Kommata. Als Werte können Konstanten oder Ausdrücke aus Konstanten angegeben werden wie im folgenden Beispiel:

```
int alpha [3] = {1, 2 * 5, 3};
```

Diese Definition ist gleichwertig zu

```
int alpha [3];

alpha[0] = 1;
alpha[1] = 2 * 5;
alpha[2] = 3;
```

Spezialregel für Arrays

Da es mit der oben beschriebenen Methode sehr mühsam ist, Arrays zu initialisieren, gibt es die folgende Regel für Arrays:

Werden bei der Initialisierung von Arrays weniger Werte angegeben als das Array Elemente hat, so werden die restlichen, nicht initialisierten Elemente mit **dem Wert 0 belegt**. Dies gilt nach dem Standard für externe, statische und automatische[62] Vektoren. So werden im Folgenden durch:

```
short alpha [200] = {3, 105, 17};
```

die ersten 3 Arrayelemente explizit mit Werten belegt und die restlichen 197 Elemente haben den Wert 0.

Generell ist es nicht möglich, ein Element in der Mitte eines Vektors zu initialisieren, ohne dass die vorangehenden Elemente auch initialisiert werden. Enthält die Initialisierungsliste mehr Werte als das Array Elemente hat, so meldet der Compiler einen Fehler.

Initialisierung mit impliziter Längenbestimmung

Bei der Initialisierung mit impliziter Längenbestimmung wird die Größe des Feldes – also die Anzahl seiner Elemente – nicht bei der Definition angegeben, d.h. die eckigen Klammern bleiben leer. Die Größe wird vom Compiler durch Abzählen der Anzahl der Elemente in der Initialisierungsliste festgelegt. So enthält das Array

```
int alpha [] = {1,2,3,4};    /*  implizite Initialisierung  */
```

4 Elemente. Natürlich hätte man die Größe 4 auch in den eckigen Klammern explizit angeben können. Das Array `int alpha []` wird als **offenes Array** oder **Array ohne Längenangabe** bezeichnet[63]. Zunächst ist die Größe des Arrays unbestimmt oder offen. Erst durch die Initialisierung wird die Größe des Arrays festgelegt.

Das Sprachmittel der Initialisierung mit impliziter Längenbestimmung wird vor allem bei Zeichenketten verwendet (siehe Kapitel 10.1.6). Bei langen Zeichenketten ist das Abzählen fehlerträchtig. Es wird besser dem Compiler überlassen.

---

[62] Siehe Kapitel 13, Speicherklassen.
[63] Es stellt einen sogenannten unvollständigen Typ dar. Nach dem Ende der Initialisierungsliste ist der Typ nicht mehr unvollständig.

10.1.4 Mehrdimensionale Arrays

In C ist es wie in anderen Programmiersprachen möglich, mehrdimensionale Arrays zu verwenden. **Mehrdimensionale Arrays** entstehen durch das Anhängen zusätzlicher eckiger Klammern, wie im folgenden Beispiel:

```
int alpha [3][4];
```

Interpretiert man `alpha[3][4]` in Gedanken als einen Vektor (siehe Bild 10-6),

alpha [0]
alpha [1]
alpha [2]

Bild 10-6 `alpha` *als eindimensionaler Vektor mit 3 Zeilen*

so hat jedes dieser Vektorelemente selbst wieder 4 Elemente:

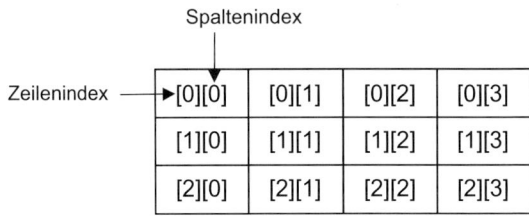

Bild 10-7 Indizierung der Array-Elemente von `alpha`

Damit kann man `alpha` als ein zweidimensionales Array aus 3 Zeilen und 4 Spalten interpretieren. Da der Index stets bei 0 beginnt, wird das Element des Arrays `alpha` in der Zeile 2 und Spalte 4 bezeichnet durch:

```
alpha[1][3]
```

In obiger Abbildung wird dieses Element gekennzeichnet durch seinen Index `[1][3]`. Dieses Element kann durch eine Zuweisung wie z.B.

```
alpha[1][3] = 6;
```

initialisiert werden. Wie ein eindimensionales Array kann auch ein mehrdimensionales Array bereits bei seiner Definition initialisiert werden, beispielsweise:

```
int alpha [3][4] = {
                    {1, 3, 5, 7},
                    {2, 4, 6, 8},
                    {3, 5, 7, 9},
                    }
```

Dabei wird durch {1,3,5,7} die erste Zeile, durch {2,4,6,8} die zweite Zeile, usw. initialisiert. Das folgende Bild zeigt die Werte der einzelnen Arrayelemente:

1	3	5	7
2	4	6	8
3	5	7	9

Bild 10-8 Werte der einzelnen Elemente des Arrays `alpha`

Allgemein kann ein n-dimensionales Array als ein eindimensionales Array, dessen Komponenten (n-1)-dimensionale Arrays sind, interpretiert werden. Diese Interpretation ist rekursiv, da ein Array auf ein Array mit einer um 1 geringeren Dimension zurückgeführt wird. Daher ist es offensichtlich, dass die Initialisierungsliste eines mehrdimensionalen Arrays geschachtelte Klammern enthält.

Wenn also ein Array Elemente hat, die selbst ebenfalls Arrays sind, so gelten die Initialisierungsregeln rekursiv. Ist ein Element eines Arrays selbst ein Array und beginnt seine Initialisierung mit einer linken geschweiften Klammer, dann initialisiert die anschließende Liste von Initialisierungswerten die Elemente des inneren Arrays. Natürlich dürfen nicht mehr Initialisierungswerte als Elemente vorhanden sein.

Es ist möglich, geschweifte Klammern bei der Initialisierung auch auszulassen. Beginnt die Initialisierung des inneren Arrays nicht mit einer linken geschweiften Klammer, dann werden nur genügend Initialisierungen für die Bestandteile des inneren Arrays aus der Liste entnommen. Sind noch Initialisierungswerte übrig, so werden sie für das nächste Element des äußeren Arrays herangezogen. So ist beispielsweise:

```
float a [3][4] ={
                 {  1,        3,        5,        7 },
         /* a[0]:  a[0][0]  a[0][1]  a[0][2]  a[0][3]       */
                 {  2,        4,        6,        8 },
         /* a[1]:  a[1][0]  a[1][1]  a[1][2]  a[1][3]       */
                 {  3,        5,        7,        9 }
         /* a[2]:  a[2][0]  a[2][1]  a[2][2]  a[2][3]       */
               };
```

äquivalent zu

```
float a [3][4] = {1, 3, 5, 7, 2, 4, 6, 8, 3, 5, 7, 9};
```

Die Initialisierung von a beginnt im Falle der 2. Möglichkeit mit einer linken geschweiften Klammer, nicht aber die Initialisierung von a[0]. Deshalb werden 4 Elemente für die Initialisierung von a[0] benutzt, die nächsten 4 für die Initialisierung von a[1] und die letzten 4 für die Initialisierung von a[2].

Unvollständige Initialisierung bei mehrdimensionalen Arrays

Ebenso wie bei einem eindimensionalen Array ist auch bei einem mehrdimensionalen Array mit festgelegten Dimensionen eine unvollständige Initialisierung
möglich. Dabei dürfen sowohl Zeilen fehlen als auch Spalten innerhalb einer Zeile
unvollständig initialisiert sein. Alle nicht initialisierten Elemente werden mit 0
initialisiert. Natürlich können Initialisierungen nur am Ende einer Zeile bzw. die
letzten Zeilen ganz weggelassen werden, da ansonsten eine eindeutige Zuordnung
der Werte zu den Elementen nicht möglich wäre. So wird durch

```
int alpha [3][4] = {
                        {1},
                        {1,1}
                    };
```

die folgende Matrix von Werten erzeugt:

```
1  0  0  0
1  1  0  0
0  0  0  0
```

10.1.5 Konstante Zeichenketten – Arrays aus Zeichen

Eine **konstante Zeichenkette**[64] besteht aus einer Folge von Zeichen, die in Anführungszeichen eingeschlossen sind, wie z.B. `"hello"`. Eine konstante Zeichenkette
wird vom Compiler intern als ein Array von Zeichen gespeichert. Dabei wird am
letzten Element des Arrays automatisch ein zusätzliches Zeichen, das Zeichen `'\0'`
(**Nullzeichen**) angehängt, um das Stringende anzuzeigen. Bibliotheksfunktionen, die
Strings ausgeben oder bearbeiten, benötigen dieses Zeichen, damit sie das
Stringende erkennen. Deshalb kann das Nullzeichen nicht als normales Zeichen
innerhalb eines Strings verwendet werden. Braucht man es aus irgendeinem Grund,
so muss man mit Einzelzeichen (Zeichenkonstanten) arbeiten, da die Bibliotheksfunktionen für die Stringverarbeitung beim ersten Nullzeichen ihre Arbeit einstellen.

Speichert man Zeichenketten in `char`-Arrays, so muss stets ein Speicherplatz für
das Nullzeichen vorgesehen werden, wenn man Bibliotheksfunktionen für die
Stringverarbeitung verwenden will. Tut man dies nicht, so muss man die Länge einer
Zeichenkette selbst feststellen, sich diese merken und dann eine zeichenweise
Verarbeitung bis zum Erreichen des letzten Zeichens durchführen. Natürlich ist dies
viel zu umständlich.

Wie jede andere Konstante auch, stellt eine konstante Zeichenkette einen Ausdruck
dar.

> Der Rückgabewert einer konstanten Zeichenkette ist ein Pointer
> auf das erste Zeichen der Zeichenkette. Der Typ des
> Rückgabewertes ist `char *`.

---

[64] Eine Zeichenkette wird auch als String bezeichnet.

10.1.6 char-Arrays

Arrays aus `char`-Elementen, beispielsweise

```
char buffer [20];
```

werden verwendet, um Zeichenfolgen abzuspeichern. Als Arrayname wurde hier das Wort `buffer` verwendet.

Als **Puffer** (engl. **buffer**) wird ein Speicher bezeichnet, der Daten vorübergehend zwischenspeichert, die von einer Funktion bereitgestellt und von einer anderen Funktion zu einer späteren Zeit verwendet werden sollen.

Definiert man eine solche Puffer-Variable als ein Array von Zeichen, so kann man in diesem Puffer Zeichen einzeln mit Werten belegen, z.B. durch:

```
buffer[0] = 'a';
```

Initialisiert man ein `char`-Array manuell sofort bei seiner Definition, so kann – wie bei jedem eindimensionalen Array – eine Initialisierungsliste in geschweiften Klammern verwendet werden. Die einzelnen Werte der Liste – hier die Zeichen – werden durch Kommata getrennt wie im folgenden Beispiel:

```
char buffer [20] = {'Z', 'e', 'i', 'c', 'h', 'e', 'n',
                    'k', 'e', 't', 't', 'e', '\0'};
```

Da das Anschreiben der Initialisierungsliste mit den vielen Hochkommas sehr mühsam ist, kann man ein `char`-Array auch mit einer Zeichenkette initialisieren. Dies würde im Falle des obigen Beispiels dann folgendermaßen aussehen:

```
char buffer [20] = "Zeichenkette";
```

Beide manuellen Initialisierungen **sind vom Speicherinhalt her äquivalent**. Die zweite Formulierung stellt eine Abkürzung für die erste, längere Schreibweise dar. Die zweite Form der Initialisierung stellt allerdings einen **Sonderfall** dar, den es nur für Vektoren von Zeichen gibt. Die Zeichen der Zeichenkette initialisieren die Elemente des Vektors der Reihe nach und fügen das abschließende Zeichen '\0' an.

Auch eine Initialisierung

```
char buffer [20] = {"Zeichenkette"};
```

ist möglich, aber nicht üblich.

Eine direkte Zuweisung einer Zeichenkette an einen Vektor kann nur bei der Initialisierung erfolgen. Im weiteren Programmablauf sind spezielle Bibliotheksfunktionen für diese Zwecke notwendig. Eine Zuweisung einer Zeichenkette mit Hilfe des Zuweisungsoperators ist im weiteren Programmverlauf nicht möglich.

10.2 Übergabe von Arrays und Zeichenketten

10.2.1 Übergabe von Arrays

Bei der Übergabe eines Arrays an eine Funktion wird als aktueller Parameter der Arrayname übergeben. Der Arrayname stellt dabei einen Pointer auf das erste Element des Arrays dar.

Der formale Parameter für die Übergabe eines eindimensionalen Arrays kann ein offenes Array sein – oder wegen der Pointereigenschaft des Arraynamens – auch ein Pointer auf den Komponententyp des Arrays.

Beide Möglichkeiten sind im folgenden Beispiel zu sehen. Natürlich kann auch ein Teil-Array übergeben werden, indem einfach ein Pointer auf das erste Element des Teil-Arrays und die Anzahl der Komponenten übergeben wird.

```
/* Datei: arraypar.c */
#include <stdio.h>
#define GROESSE 3

void init (int * alpha, int);
void ausgabe (int i [], int);

int main (void)
{
   int i [GROESSE];
   init (i, GROESSE);
   ausgabe (i, GROESSE);
   return 0;
}

void init  (int * alpha, int dim)
{
   int lv;
   for (lv = 0; lv < dim; lv++)
   {
      printf ("Eingabe Komponente mit Index %d von i: ", lv);
      scanf ("%d", alpha++);
   }
}

void ausgabe (int alpha[], int dim)
{
   int lv;
   for (lv = 0; lv < dim; lv++)
   {
      printf ("\ni[%d] hat den Wert: %d", lv, alpha[lv]);
   }
}
```

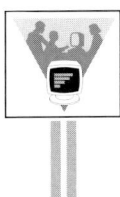

Ein Beispiel für einen Programmlauf ist:

```
Eingabe Komponente mit Index 0 von i: 1
Eingabe Komponente mit Index 1 von i: 2
Eingabe Komponente mit Index 2 von i: 3
i[0] hat den Wert: 1
i[1] hat den Wert: 2
i[2] hat den Wert: 3
```

10.2.2 Übergabe von Zeichenketten

Da Zeichenketten vom Compiler intern als `char`-Arrays gespeichert werden, ist die Übergabe von Zeichenketten identisch mit der Übergabe von `char`-Arrays. Der formale Parameter einer Funktion, die eine Zeichenkette übergeben bekommt, kann vom Typ `char *` oder `char[]` sein.

10.2.3 Ausgabe von Zeichenketten und char-Arrays

Der Rückgabewert einer Zeichenkette ist ein Pointer auf das erste Element der Zeichenkette. Damit ist klar, was bei der Übergabe einer Zeichenkette an die Funktion `printf()` wie im folgenden Beispiel

```
printf ("hello, world\n");
```

passiert. An die Funktion `printf()` wird ein Pointer auf die konstante Zeichenkette `"hello, world\n"` übergeben. Diese Zeichenkette ist vom Compiler als Zeichen-Array abgespeichert. Da `printf()` den Pointer auf das erste Zeichen des Zeichen-Arrays erhält, ist `printf()` in der Lage, den Inhalt des Arrays auszudrucken. Die Funktion `printf()` druckt beginnend vom ersten Zeichen alle Zeichen des Arrays aus, bis sie ein Nullzeichen `'\0'` findet.

Stringvariablen

Soll an `printf()` keine konstante Zeichenkette sondern eine **Stringvariable** als Parameter übergeben werden, so erwartet `printf()` als Formatelement dabei `%s`. Das Umwandlungszeichen `s` des Formatelements steht für String. Eine Stringvariable ist ein Pointer auf ein Array von Zeichen mit `'\0'` als letztem Zeichen.

Stringvariablen als Argumente werden von `printf()` mit Hilfe des Formatelements `%s` ausgegeben.

Im Folgenden werden einige Beispiele gezeigt, in denen an `printf()` keine konstanten Zeichenketten sondern Stringvariablen übergeben werden.

Erstes Beispiel:

```
char buffer [] = {'h', 'e', 'l', 'l', 'o', '\0'};
printf ("\n%s", buffer);
```

Hier ist `buffer` ein Vektor, der gerade groß genug ist, um die Folge von Zeichen aufzunehmen, mit denen er initialisiert wird. Damit die Funktion `printf()` das Ende des `char`-Arrays findet, wird das Nullzeichen als Steuerzeichen nach dem letzten Nutzzeichen in der Initialisierungsliste angehängt. Die Initialisierung hätte natürlich genauso gut durch die Zeichenkette `"hello"` erfolgen können. Der Arrayname `buffer` ist – wie bereits bekannt – ein konstanter Pointer auf das erste Element des Arrays.

Im nächsten Beispiel

```
char * pointer = "hello";
printf ("\n%s", pointer);
```

ist `pointer` ein Pointer, der so initialisiert ist, dass er auf die konstante Zeichenkette `"hello"` zeigt, d.h. `pointer` zeigt auf das erste Zeichen des Zeichen-Arrays, in dem die Zeichenkette vom Compiler intern abgelegt ist.

10.3 Vergleich von char-Arrays und Pointern auf Zeichenketten

Prinzipiell hat man zur Speicherung von konstanten Zeichenketten zwei Möglichkeiten. Zum einen kann man ein `char`-Array definieren und dort die konstante Zeichenkette ablegen wie im folgenden Beispiel:

```
char buffer [] = "hello";
```

Zum anderen kann man die Speicherung der konstanten Zeichenkette, die ja eine Konstante darstellt, dem Compiler überlassen und sich nur durch den Rückgabewert der Zeichenkette einen Pointer auf das erste Element der Zeichenkette geben lassen, z.B. durch

```
char * pointer = "hello";
```

Hier wird der Pointer auf das 'h' von `"hello"` dem Pointer `pointer` zugewiesen. An dieser Operation sind nur Pointer beteiligt.

Eine **Stringvariable** kann also durch die Pointernotation `char * pointer` oder als offenes Array `char buffer[]` bzw. als Array mit ausreichend festgelegter Größe definiert werden. Die wesentlichen Unterschiede der Pointer- und der Arraynotation werden im Folgenden diskutiert.

Im Falle der Pointernotation zeigt der Pointer `pointer` auf eine konstante Zeichenkette, einen R-Wert. Die Komponenten des Arrays sind dagegen L-Werte.

Im Falle des Arrays ist es damit möglich, Elemente des Arrays neu mit Werten zu belegen, z.B. durch

```
buffer[1] = 'a';
```

Dann lautet der gespeicherte String "hallo". Jedoch ist es nicht möglich, den Pointer `buffer`, der ein konstanter Pointer auf das erste Element des Arrays ist, woanders hinzeigen zu lassen.

Eine Änderung der konstanten Zeichenkette ist von der Sprache nicht vorgesehen, d.h. nicht erlaubt. Wie der Name sagt, soll eine konstante Zeichenkette ja konstant sein. Das Resultat einer solchen Änderung ist also nicht definiert. Der Compiler kann solche Änderungen allerdings zulassen. Mit Hilfe des Schlüsselworts `const` (siehe Kapitel 10.4) können sie jedoch unterbunden werden. Eine konstante Zeichenkette soll also nicht abgeändert werden. Dafür hat man im Falle der Pointernotation die Freiheit, seinen Pointer ganz woanders hin zeigen zu lassen. Während `buffer` einen konstanten Pointer und keinen L-Wert darstellt, stellt `pointer` einen L-Wert dar und kann eine neue Adresse als Wert zugewiesen bekommen.

Bei einem `char`-Array `buffer` kann der in ihm gespeicherte String verändert werden. `buffer` ist ein konstanter Pointer auf das erste Element des Arrays und kann auf keine andere Adresse zeigen.

Zeigt eine Stringvariable vom Typ `char *` auf eine konstante Zeichenkette, so führt der Compiler die Speicherung der Zeichenkette selbst durch. Die Zeigervariable vom Typ `char *` kann eine neue Adresse zugewiesen bekommen.

10.4 Das Schlüsselwort const bei Pointern und Arrays

Mit Hilfe des Schlüsselworts `const` können seit ANSI-C benannte Konstanten wie Variablen vereinbart werden, indem man einer normalen Definition mit Initialisierung das Schlüsselwort `const` (siehe Kapitel 5.4) voranstellt.

Die sofortige Initialisierung der Konstanten ist verbindlich! Wie soll sie auch sonst einen Wert bekommen? Sie ist ja eine Konstante und kann später nicht verändert werden!

Die mit `const` definierten Variablen besitzen – genau wie gewöhnliche Variablen – sowohl einen Wert, einen Typ, einen Namen und auch eine Adresse. Sie liegen also im adressierbaren Speicherbereich. Sie können z.B. beim Debuggen wie gewöhnliche Variablen behandelt werden. Als Konstanten dürfen sie natürlich nicht auf der linken Seite von Zuweisungen auftreten.

Die Formulierung mit `const` hat gegenüber der Formulierung mit `#define` unter anderem den Vorteil, auch auf zusammengesetzte Datentypen anwendbar zu sein. So bedeutet

```
const int feld [ ] = {1, 2, 3};
```

dass alle Feldelemente `feld[0]`, `feld[1]` und `feld[2]` Konstanten sind.

Aufpassen muss man bei der Anwendung des Schlüsselwortes `const` im Zusammenhang mit Pointern. So bedeutet

```
const char * text = "Er will es blicken";
```

nicht, dass der Pointer konstant ist, sondern dass der Pointer auf eine konstante Zeichenkette zeigt. Demnach ist

```
text[1] = 's';
```

nicht möglich, wohl aber kann der Pointer auf eine andere konstante Zeichenkette zeigen, beispielsweise:

```
text = "Jetzt blicke auch ich durch";
```

Soll ein konstanter Pointer eingeführt werden, so muss `const` vor dem Pointernamen stehen wie im folgenden Beispiel:

```
char * const hugo = "Ich liebe Lili";
```

Man kann sich diese Notation leicht merken, indem man `char * const hugo` von rechts nach links liest mit den Worten „`hugo` ist ein konstanter (`const`) Pointer (`*`) auf `char`".

Dann kann

```
hugo[13] = 'o';
```

vom Compiler aus gegebenenfalls möglich sein, wird allerdings vielleicht der Lili nicht gefallen. Der Sprache C gefällt es auf jeden Fall nicht, da konstante Zeichenketten als Konstanten nicht verändert werden sollten.

```
hugo = "Ich liebe Susi";
```

ist allerdings jetzt nicht mehr möglich. Bei

```
const char * const hugo = "Ich liebe Lili";
```

bleibt `hugo` stets unzertrennlich mit `Lili` verbunden, da zum einen der Pointer `hugo` konstant ist und auch die Zeichenkette als Konstante geschützt ist.

Der Schutz eines `const`-Werts gilt auch für Übergabeparameter, beispielsweise

```
void f (const int * pointer)
{
   pointer[3] = 15;            /* Fehler !                    */
   ...
}
```

In diesem Kontext wird `const` in erster Linie zum Schutz von Variablen oder konstanten Zeichenketten, deren Adressen als Parameter übergeben werden, benutzt. Damit kann man auf eine solche Variable oder Zeichenkette nur lesend zugreifen. Im folgenden Beispiel

```
printf ("Hier bin ich\n");
```

bekommt die Funktion `printf()` einen Pointer auf die konstante Zeichenkette `"Hier bin ich\n"` als Argument übergeben.

Der Funktionsprototyp von `printf()` zeigt durch den formalen Parameter

```
const char * formatstring
```

in der Definition von `printf()`:

```
int printf (const char * formatstring, ...);
```

dass nur lesend und nicht schreibend auf die konstante Zeichenkette zugegriffen werden kann.

> Strings als aktuelle Parameter können von einer Funktion nicht verändert werden, wenn der entsprechende formale Parameter vom Typ `const char *` ist.

Eine Funktion kann auch ein `const` Ergebnis liefern, z.B. einen Pointer auf eine konstante Zeichenkette. Hierzu muss beim Rückgabetyp der Modifikator `const` angegeben werden.

10.5 Kopieren von Zeichenketten

Natürlich verwendet man zum Kopieren von Zeichenketten in der Praxis Standardfunktionen zur Stringverarbeitung (siehe Kapitel 10.6.1). Im Folgenden jedoch soll eine Zeichenkette „von Hand" von einem Puffer `alpha` in einen Puffer `beta` kopiert werden, um die Möglichkeiten der Pointertechnik zu demonstrieren.

Die entsprechende Programmstelle könnte folgendermaßen aussehen:

```
char alpha [30]   = "zu kopierender String";
char beta [30]    = "";

int lv = 0;
....
while (alpha[lv] != '\0')      /* alle Zeichen bis auf das '\0'-  */
{                              /* Zeichen werden in der Schleife  */
   beta[lv] = alpha[lv];       /* kopiert                         */
   lv++;
}
beta[lv] = '\0';              /* '\0'-Zeichen wird von Hand       */
                             /* angehaengt                       */
```

Die Anweisungen zum Kopieren könnte man verkürzen zu:

```
int lv = 0;
while ((beta[lv] = alpha[lv]) != '\0')
{
    lv++;
}
```

da der Rückgabewert von (beta[lv] = alpha[lv]) der Wert von alpha[lv] ist und die Belegung von beta[lv] mit dem Wert von alpha[lv] als Nebeneffekt erfolgt. Wenn alpha[lv] == '\0' ist, wird die Zuweisung noch ausgeführt, die Laufvariable jedoch nicht mehr erhöht.

Noch knapper kann man schreiben:

```
int lv = 0;
while (beta[lv] = alpha[lv])
{
    lv++;
}
```

da der Wert von '\0' gleich 0 ist und damit dem Wahrheitswert falsch, der Wert aller anderen Zeichen aber einer positiven Zahl und damit dem Wahrheitswert wahr entspricht.

Während hier das Kopieren mit Hilfe von Array-Komponenten durchgeführt wurde, soll im Folgenden das Kopieren mit Hilfe von Pointern demonstriert werden. In der Pointerschreibweise muss man berücksichtigen, dass alpha und beta konstante Pointer sind, die auf das jeweilige erste Zeichen der Zeichenkette zeigen. Im Folgenden werden aber L-Werte als Pointer benötigt, daher müssen im Vereinbarungsteil die Pointer

```
char * ptralpha = alpha;
char * ptrbeta  = beta;
```

vereinbart werden. ptralpha zeigt auf alpha[0] und ptrbeta zeigt auf beta[0]. Damit kann man nun schreiben:

```
while (*ptralpha != '\0')
{
   *ptrbeta = *ptralpha;
   ptralpha++; /* der Pointer zeigt jetzt auf das naechste */
               /* zu kopierende Zeichen                     */
   ptrbeta++;  /* der Pointer zeigt jetzt auf das naechste  */
               /* Zeichen des Puffers beta[30]              */
}
*ptrbeta = '\0';
```

Eine knappere Formulierung ist:

```
while (*ptralpha != '\0')
{
   *ptrbeta++ = *ptralpha++;
}
*ptrbeta = '\0';
```

Der Rückgabewert von `ptralpha++` ist `ptralpha`. Damit wird `ptralpha` dereferenziert, d.h. das Zeichen, auf das `ptralpha` zeigt, wird kopiert. Entsprechendes gilt für `ptrbeta++`. Nach der Ausdrucksanweisung muss der Nebeneffekt stattgefunden haben, d.h. vor dem nächsten Kopiervorgang zeigen `ptralpha` und `ptrbeta` jeweils um ein Zeichen weiter.

Noch kürzer wäre

```
while (*ptrbeta++ = *ptralpha++);
```

Wie diese Beispiele zeigen, benötigt man im Gegensatz zur Array-Schreibweise bei der Formulierung mit Pointern keine Laufvariable mehr.

10.6 Standardfunktionen zur Stringverarbeitung und Speicherbearbeitung

Im Folgenden werden zwei Gruppen von Standardfunktionen vorgestellt, die es dem Programmierer erlauben, Strings oder allgemein die Inhalte bestimmter Speicherstellen zu bearbeiten. Die erste Gruppe hat Namen, die mit **str** beginnen, die Namen der zweiten Gruppe beginnen mit **mem**. Die erste Gruppe dient zur Stringverarbeitung. Diese Funktionen erkennen das Stringende-Zeichen '\0'. Die andere Gruppe berücksichtigt das Nullzeichen nicht. Sie arbeitet auf Puffern und erwartet von Programmierern die Angabe der entsprechenden Pufferlänge. Beide Gruppen stellen unter anderem Funktionen zum Kopieren, Vergleichen oder Anhängen zur Verfügung.

10.6.1 Einige Stringverarbeitungsfunktionen

Im Folgenden werden aus der Menge der Stringverarbeitungsfunktionen die Funktionen

- `strcpy()`,   `/* Zum Kopieren von Strings                    */`
- `strcat()`,   `/* Zum Anhängen eines Strings an einen anderen*/`
- `strcmp()`,   `/* Zum Vergleichen von Strings                  */`
- `strncmp()`   `/* Zum Vergleichen von Strings                  */`
- und `strlen()` `/* Zum Ermitteln der Stringlänge                */`

vorgestellt.

Alle Funktionen werden im Folgenden nach dem Schema

- Syntax,
- Beschreibung,
- Rückgabewert
- und Beispiel

besprochen. Unter der Überschrift Syntax werden der Prototyp einer Funktion und die für die Verwendung der Funktion erforderlichen Include-Files angegeben.

Jede dieser Funktionen erhält als aktuelle(n) Parameter zwei bzw. einen Pointer auf einen String. Ein solcher Pointer kann dabei ein Pointer auf eine konstante Zeichenkette oder ein Pointer auf eine Arrayvariable (`char`-Array) sein, in der ein String gespeichert ist.

Nach dem ISO-Standard wird als Include-Datei für die Funktionen zur Stringbearbeitung die Datei `string.h` benötigt.

10.6.1.1 Die Funktion strcpy()

Syntax:
```
#include <string.h>
char * strcpy (char * dest, const char * src);
```

Beschreibung:
Die Funktion `strcpy()` kopiert den Inhalt des Strings, auf den `src` zeigt, an die Adresse, auf die `dest` zeigt. Kopiert wird der gesamte Inhalt einschließlich des Stringende-Zeichens `'\0'`. Die Funktion `strcpy()` überprüft dabei nicht, ob der Puffer, dessen Adresse übergeben wurde, genügend Platz zur Verfügung stellt. Hierfür muss der Programmierer selbst Sorge tragen. Wenn zwischen zwei sich überlappenden Objekten kopiert wird, ist das Verhalten undefiniert.

Ist der zu kopierende Puffer größer als der Zielpuffer, dann werden nachfolgende Speicherobjekte überschrieben!

Vorsicht!

Rückgabewert:
Die Funktion `strcpy()` gibt als Rückgabewert den Pointer `dest` zurück.

Beispiel:
```c
/* Datei: strcpy.c */
#include <stdio.h>
#include <string.h>

int main (void)
{
   char string1 [25];
   char string2 [] = "Zu kopierender String";
   printf ("Der kopierte String ist: %s\n", strcpy (string1,
           string2));
   return 0;
}
```

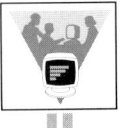

Die Ausgabe ist:

```
Der kopierte String ist: Zu kopierender String
```

10.6.1.2 Die Funktion strcat()

Syntax:
```c
#include <string.h>
char * strcat (char * dest, const char * src);
```

Beschreibung:
Die Funktion `strcat()`[65] hängt an den String, auf den `dest` zeigt, den String an, auf den `src` zeigt. Dabei wird das Stringende-Zeichen `'\0'` des Strings, auf den `dest` zeigt, vom ersten Zeichen des Strings, auf den `src` zeigt, überschrieben. Angehängt wird der gesamte String, auf den `src` zeigt, einschließlich des Zeichens `'\0'`. Die Funktion `strcat()` prüft dabei nicht, ob genügend Speicher im String, auf den `dest` zeigt, vorhanden ist. Die Kontrolle des zur Verfügung stehenden Speichers steht ganz in der Verantwortung des Programmierers. Wenn zwischen zwei sich überlappenden Objekten kopiert wird, ist das Verhalten undefiniert.

---

[65] cat von concatenate (engl.) = zusammenfügen.

Reicht der Puffer nicht aus, werden nachfolgende Speicherobjekte überschrieben.

Vorsicht!

Rückgabewert:
Der Rückgabewert der Funktion `strcat()` ist ein Pointer auf den zusammen-
gefügten String, also der Pointer `dest`.

Beispiel:
```c
/* Datei: strcat.c */
#include <stdio.h>
#include <string.h>

int main (void)
{
   char string [50] = "concatenate";
   printf ("%s\n", string);
   printf ("%s\n", strcat (string, " = zusammenfuegen"));
   return 0;
}
```

Die Ausgabe ist:

```
concatenate
concatenate = zusammenfuegen
```

10.6.1.3 Die Funktion strcmp()

Syntax:
```c
#include <string.h>
int strcmp (const char * s1, const char * s2);
```

Beschreibung:
Die Funktion `strcmp()` führt einen zeichenweisen Vergleich der beiden Strings, auf
die `s1` und `s2` zeigen, durch. Die beiden Strings werden solange verglichen, bis ein
Zeichen unterschiedlich oder bis ein Stringende-Zeichen `'\0'` erreicht ist.

Rückgabewert:
Die Funktion `strcmp()` gibt folgende Rückgabewerte zurück:

< 0   wenn der String, auf den `s1` zeigt, lexikografisch kleiner ist als der String, auf
       den `s2` zeigt,

== 0   wenn der String, auf den `s1` zeigt, lexikografisch gleich dem String ist, auf den
       `s2` zeigt,

> 0   wenn der String, auf den `s1` zeigt, lexikografisch größer ist als der String, auf
       den `s2` zeigt.

Die Werte < 0 bzw. > 0 entstehen durch den Vergleich zweier unterschiedlicher `unsigned char`-Zeichen.

> Der Vergleich von zwei Strings erfolgt durch einen Vergleich der einzelnen Zeichen an den äquivalenten Positionen in den beiden Strings, und zwar von links nach rechts.

Beim Vergleich werden die entsprechenden Zeichen voneinander subtrahiert. Sobald das Ergebnis der Subtraktion eine Zahl ungleich 0 ist, wird der Vergleich abgebrochen. Sind die Strings ungleich lang und bis zum letzten Zeichen des kürzeren Strings gleich, so wird das entsprechende Zeichen des längeren Strings mit dem Stringbegrenzungszeichen `'\0'` des kürzeren Strings verglichen.

Beispiel:
```c
/* Datei: strcmp.c */
#include <stdio.h>
#include <string.h>

int main (void)
{
   printf ("%d\n", strcmp ("abcde", "abCde"));
   printf ("%d\n", strcmp ("abcde", "abcde"));
   printf ("%d\n", strcmp ("abcd", "abcde"));
   return 0;
}
```

Die Ausgabe beim MS Visual C++ Compiler ist:
```
1
0
-1
```

Die Ausgabe beim Borland-C Compiler ist:
```
32
0
-101
```

Im ASCII-Zeichensatz haben `'c'`, `'C'` und `'e'` die folgenden Werte: `'c'` = 99, `'C'` = 67, `'e'` = 101. Beim Borland-C Compiler wird als Rückgabewert die Differenz der beiden ersten unterschiedlichen Zeichen im Zeichensatz des entsprechenden Rechners zurückgegeben. Daher ist `'c'` - `'C'` = 99 - 67 = 32 und `'\0'` - `'e'` = 0 - 101 = -101

10.6.1.4 Die Funktion strncmp()

Syntax:
```c
#include <string.h>
int strncmp (const char * s1, const char * s2, size_t n);
```

Beschreibung:
Die Funktion `strncmp()` führt einen zeichenweisen Vergleich der Strings, auf die `s1` und `s2` zeigen, durch. Die Funktionsweise entspricht der Funktion `strcmp()`. Hinzu kommt aber noch das zusätzliche Abbruchkriterium `n`. Spätestens nach `n` Zeichen oder gegebenenfalls schon früher beim Erkennen eines Nullzeichens `'\0'` oder zweier unterschiedlicher Zeichen in den beiden Strings wird der Vergleich beendet.

Rückgabewert:
Der Rückgabewert der Funktion `strncmp()` entspricht dem der Funktion `strcmp()`:

< 0   wenn der String, auf den `s1` zeigt, kleiner ist als der String, auf den `s2` zeigt,
== 0 wenn beide Strings bis zum ersten Abbruchkriterium (`n` oder `'\0'`) gleich sind,
> 0   wenn der String, auf den `s1` zeigt, größer ist als der String, auf den `s2` zeigt.

Beispiel:
```c
/* Datei strncmp.c */
#include <stdio.h>
#include <string.h>

int main (void)
{
   printf ("%d\n", strncmp ("abcdef", "abcdE", 4));
   printf ("%d\n", strncmp ("abCd", "abcd", 4));
   return 0;
}
```

 Die Ausgabe ist Compiler-abhängig. Beim MS Visual C++ Compiler ist die Ausgabe:

```
0
-1
```

10.6.1.5 Die Funktion strlen()

Syntax:
```c
#include <string.h>
size_t strlen (const char * s);
```

Beschreibung:
Die Funktion `strlen()` bestimmt die Anzahl der Zeichen des Strings, auf den `s` zeigt.

Rückgabewert:
Die Funktion `strlen()` liefert als Rückgabewert die Anzahl der Zeichen des Strings, auf den `s` zeigt. Das Stringende-Zeichen `'\0'` wird dabei nicht mitgezählt.

Beispiel:
```c
/* Datei: strlen.c */
#include <stdio.h>
#include <string.h>
```

```
int main (void)
{
   char string [100] = "So lang ist dieser String:";
   printf ("So gross ist das char-Array: %d\n", sizeof (string));
   printf ("%s %d\n", string, strlen (string));
   return 0;
}
```

Die Ausgabe ist:

```
So gross ist das char-Array: 100
So lang ist dieser String: 26
```

10.6.2 Funktionen zur Speicherbearbeitung

Im Folgenden werden aus der Menge der Funktionen zur Speicherbearbeitung, die mit „mem" beginnen, die Funktionen

- memcpy(),
- memmove(),
- memcmp(),
- memchr()
- und memset()

vorgestellt.

Zwischen diesen Funktionen und den „str"-Funktionen bestehen die folgenden Unterschiede:

- Die formalen Parameter sind vom Typ void * statt char * und erlauben damit die Übergabe beliebiger Speicherobjekte. Diese Objekte werden von den „mem"-Funktionen byteweise, d.h. wie ein Zeichen-Array, behandelt.
- Diese Funktionen prüfen nicht selbstständig auf das Vorliegen des Nullzeichens '\0', da sie für beliebige Objekte gedacht sind. Sie erhalten daher stets als aktuellen Parameter die Anzahl der jeweils zu bearbeitenden Bytes.

Wenn die Grenzen eines Objektes überschritten werden, ist das Verhalten der Funktionen undefiniert. Nach dem ISO-Standard wird als Include-Datei für die Funktionen zur Speicherbearbeitung die Datei string.h benötigt.

10.6.2.1 Die Funktion memcpy()

Syntax:
```
#include <string.h>
void * memcpy (void * dest, const void * src, size_t n);
```

Beschreibung:
Die Funktion `memcpy()` kopiert n Bytes aus dem Puffer, auf den der Pointer `src` zeigt, in den Puffer, auf den der Pointer `dest` zeigt. Handelt es sich bei den Puffern, auf die `src` und `dest` zeigen, um überlappende Speicherbereiche, so ist das Ergebnis der Kopieraktion undefiniert.

Ist der zu kopierende Puffer größer als der Zielpuffer, dann werden nachfolgende Speicherobjekte überschrieben!

Vorsicht!

Rückgabewert:
Der Rückgabewert der Funktion `memcpy()` ist der Pointer `dest`.

Beispiel:
```
/* Datei: memcpy.c */
#include <stdio.h>
#include <string.h>

int main (void)
{
   char string1 [20] = "**********";
   char string2 [] = "####";
   memcpy (string1+3, string2, strlen (string2));
   printf ("Ergebnis: %s\n", string1);
   return 0;
}
```

Die Ausgabe ist:

```
Ergebnis: ***####***
```

10.6.2.2 Die Funktion memmove()

Syntax:
```
#include <string.h>
void * memmove (void * dest, const void * src, size_t n);
```

Beschreibung:
Die Funktion `memmove()` kopiert n Bytes aus dem Puffer, auf den `src` zeigt, in den Puffer, auf den `dest` zeigt. Im Gegensatz zur Funktion `memcpy()` ist bei der Funktion `memmove()` sichergestellt, dass bei überlappenden Speicherbereichen das korrekte Ergebnis erzielt wird. Die Funktion `memmove()` liest bei der Kopieraktion zuerst alle Zeichen und beginnt dann erst zu schreiben. Der Puffer, auf den `src` zeigt, kann dabei überschrieben werden.

Ist der zu kopierende Puffer größer als der Zielpuffer, dann werden nachfolgende Speicherobjekte überschrieben!  Vorsicht!

Rückgabewert:
Der Rückgabewert der Funktion `memmove()` ist der Pointer `dest`.

Beispiel:
```
/* Datei: memmove.c */
#include <stdio.h>
#include <string.h>

int main (void)
{
   char string [] = "12345678";
   memmove (string + 2, string, strlen (string) - 2);
   printf ("Ergebnis: %s\n", string);
   return 0;
}
```

Ausgabe:

Ergebnis: 12123456   statt wie eventuell bei `memcpy()` 12121212

10.6.2.3 Die Funktion memcmp()

Syntax:
```
#include <string.h>
int memcmp (const void * s1, const void * s2, size_t n);
```

Beschreibung:
Die Funktion `memcmp()` führt einen byteweisen Vergleich der ersten `n` Bytes der an `s1` und `s2` übergebenen Puffer durch. Die Puffer werden solange verglichen, bis entweder ein Byte unterschiedlich oder die Anzahl `n` Bytes erreicht ist.

Rückgabewert:
Die Funktion `memcmp()` gibt folgende Rückgabewerte zurück:

< 0   wenn das erste Byte, das in beiden Puffern verschieden ist, im Puffer, auf den `s1` zeigt, einen kleineren Wert hat,

== 0   wenn `n` Bytes der beiden Puffer gleich sind,

> 0   wenn das erste in beiden Puffern verschiedene Byte im Puffer, auf den `s1` zeigt, einen größeren Wert hat.

Beispiel:
```
/* Datei: memcmp.c */
#include <stdio.h>
#include <string.h>

int main (void)
{
   char string1 [] = {0x01, 0x02, 0x03, 0x04, 0x05, 0x06};
   char string2 [] = {0x01, 0x02, 0x03, 0x14, 0x05, 0x06};
   printf ("Vergleich String1 mit String2 ergibt: %d \n",
           memcmp (string1, string2, sizeof (string1)));
   return 0;
}
```

Die Ausgabe beim VCC Compiler ist:

```
Vergleich String1 mit String2 ergibt: -1
```

Die Bildung des Rückgabewertes ist Compiler-abhängig. Der VCC-Compiler gibt bei einem Unterschied der Zeichen lediglich eine positive oder negative Zahl aus, was nach dem ISO-Standard genügt. Hingegen wird beim Borland-C Compiler der Rückgabewert durch die byteweise Subtraktion gebildet. Die Zeichen werden als `unsigned char` interpretiert und subtrahiert. Der Rückgabewert ist die Differenz der ersten beiden unterschiedlichen Zeichen.

10.6.2.4 Die Funktion memchr()

Syntax:
```
#include <string.h>
void * memchr (const void * s, int c, size_t n);
```

Beschreibung:
Die Funktion `memchr()` durchsucht nach einer Konversion von `c` in den Datentyp `unsigned char` die ersten n Bytes des Puffers, auf den s zeigt, nach dem Wert c. Dabei werden alle n Bytes des Puffers als `unsigned char` interpretiert.

Rückgabewert:
Wird der Wert `c` gefunden, so gibt die Funktion `memchr()` einen Pointer auf das erste Vorkommen im Puffer, auf den s zeigt, zurück. Ist der Wert `c` in den ersten n Bytes nicht enthalten, so wird der `NULL`-Pointer zurückgegeben.

Beispiel:
```
/* Datei: memchr.c */
#include <stdio.h>
#include <string.h>

int main (void)
{
   char str1 [] = "Zeile1: Text";
   char * str2;
```

```
    if((str2 = memchr (str1, ':', strlen (str1))) != NULL)
    {
        /* memchr() liefert einen Pointer str2 auf das Zeichen ':'   */
        /* str2 + 2 zeigt um 2 Zeichen nach dem ':' weiter, also      */
        /* auf das 'T'                                                 */
        printf ("%s\n", str2 + 2);
    }
    return 0;
}
```

Die Ausgabe ist:

```
Text
```

10.6.2.5 Die Funktion memset()

Syntax:
```
#include <string.h>
void * memset (void * s, int c, size_t n);
```

Beschreibung:
Die Funktion memset() setzt n Bytes des Puffers, auf den der Pointer s zeigt, auf den Wert des Zeichens c, das nach unsigned char konvertiert wurde.

Rückgabewert:
Der Rückgabewert der Funktion memset() ist der Pointer s.

Beispiel:
```
/* Datei: memset.c */
#include <stdio.h>
#include <string.h>

int main (void)
{
    char string [20] = "Hallo";
    printf ("Ergebnis: %s\n", memset (string, '*', 5));
    return 0;
}
```

Die Ausgabe ist:

```
Ergebnis: *****
```

10.7 Vektoren von Pointern und Pointer auf Pointer

10.7.1 Vektoren von Pointern

Ein Pointer ist eine Variable, in der die Adresse eines anderen Speicherobjektes (Variable, Funktion) gespeichert ist. Entsprechend einem eindimensionalen Vektor von gewöhnlichen Variablen kann natürlich auch ein eindimensionaler Vektor von Pointervariablen gebildet werden, wie im folgenden Beispiel eines Vektors aus 3 Pointern auf `char` zu sehen ist:

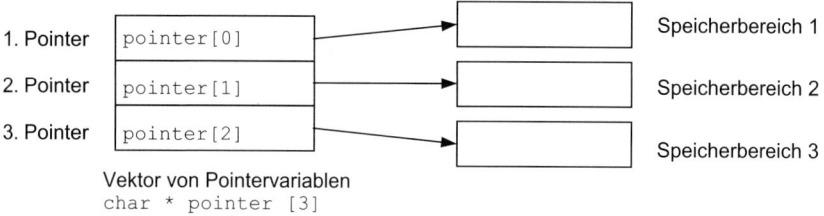

Bild 10-9 Vektor aus drei Pointervariablen

In der Praxis wird häufig mit Vektoren von Pointern im Zusammenhang mit Strings von unterschiedlicher Länge gearbeitet.

Arbeitet man mit einem String fester Länge, so legt man ein Zeichenarray einer festen Größe an, wie z.B. `char a [20]`. Ist die Länge eines Strings von vornherein nicht fest definiert, so verwendet man meist einen Pointer auf eine konstante Zeichenkette wie z.B. `char * pointer` und lässt den Pointer auf die konstante Zeichenkette zeigen.

Arbeitet man mit mehreren Zeichenketten, deren Länge nicht von vornherein bekannt ist, so verwendet man ein Array von Pointern auf `char`.

Im folgenden Beispiel stellt `char * pointer [3]` einen Vektor von drei Pointern auf `char` dar, die auf drei Zeichenketten (Strings) zeigen:

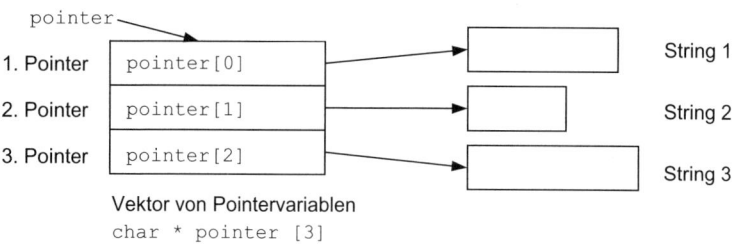

Bild 10-10 Vektor aus 3 Pointern auf Zeichenketten

Will man beispielsweise diese Strings sortieren, so muss dies nicht mit Hilfe von aufwändigen Kopieraktionen für die Strings durchgeführt werden. Es werden lediglich die Pointer so verändert, dass die geforderte Sortierung erreicht wird.

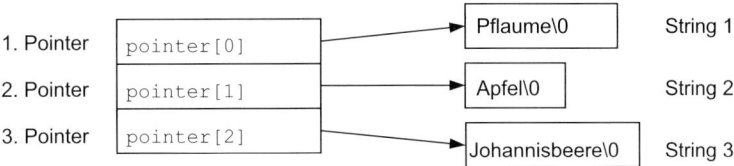

Bild 10-11 Pointer vor dem Sortieren

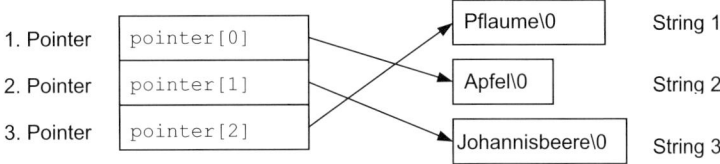

Bild 10-12 Pointer nach dem Sortieren

Ein weiteres Beispiel ist die folgende Funktion:

```
void textausgabe (char * textPointer[], int anz_Zeilen)
{
   int zahl;
   for (zahl = 0; zahl < anz_Zeilen; zahl++)
      printf ("%s\n", textPointer[zahl]);
}
```

Die Funktion `textausgabe()` gibt zeilenweise einen Text auf dem Bildschirm aus. Als Parameter werden

a) ein Vektor aus Pointern auf `char` und
b) die Anzahl an Zeilen

übergeben.

In Kapitel 10.2.1 wurde erläutert, dass der formale Parameter für die Übergabe eines Arrays in der Notation eines offenen Arrays ohne Längenangaben geschrieben werden kann. Damit ist die Notation `textPointer[]` verständlich. Sie bedeutet, dass ein Vektor übergeben wird. Der Vektor besteht aus Pointern auf `char`, darum `char * textPointer[]`.

10.7.2 Pointer auf Pointer

Die Variable `pointer` aus Kapitel 10.7.1 ist ein Vektor aus drei Elementen. Jedes Element ist ein Pointer auf einen `char`-Wert. Das Vektorelement `pointer[i]` zeigt auf die (i+1)-te Zeichenkette. Wird dieser Pointer dereferenziert durch `*pointer[i]`, so erhält man das erste Zeichen dieser Zeichenkette. Der Name eines Arrays ist der Pointer auf das erste Element des Arrays. Also zeigt `pointer` auf das erste Element des Arrays von Pointern.

Im Folgenden soll nun das Beispiel `textausgabe` etwas anders formuliert werden:

```
void textausgabe (char ** textPointer, int anz_Zeilen)
{
   while (anz_Zeilen-- > 0)
      printf ("%s\n", * textPointer++);
}
```

Die Schreibweisen `char ** textPointer` und `char * textPointer[]` sind bei formalen Parametern gleichwertig. Bei der Übergabe eines Arrays wird als aktueller Parameter ein Pointer auf das erste Element des Arrays übergeben, daher sind bei Übergabeparametern sowohl `* textPointer` als auch `textPointer[]` zugelassen. Das folgende Bild soll einen Pointer auf einen Pointer veranschaulichen:

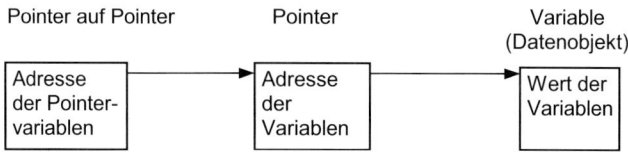

Bild 10-13 Pointer auf Pointer

Der formale Parameter `char ** textPointer` bekommt beim Aufruf `textausgabe (&pointer[0], 3);` als aktuellen Parameter die Adresse des ersten Elements des Arrays übergeben. Zu Beginn der Funktion zeigt `textPointer` also auf das erste Element des Vektors. `* textPointer` ist der Pointer `pointer[0]`. Da `pointer[0]` ein Pointer auf `char` ist, erhält man mit `**textPointer` das erste Zeichen des Strings, auf den `pointer[0]` zeigt. Mit `*(*textPointer)++` erhält man natürlich auch das erste Zeichen dieses Strings. Nach dem Durchführen des Nebeneffektes zeigt `*textPointer` jedoch auf das nächste Zeichen. Mit `textPointer++` hingegen wird um ein Objekt, auf das der Pointer `textPointer` zeigt, weitergegangen, d.h. `textPointer` zeigt nun auf `pointer[1]`.

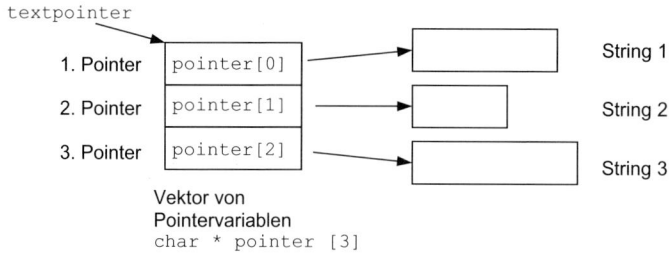

Bild 10-14 `textPointer` *zeigt auf einen Vektor von Pointern auf Strings*

10.7.3 Initialisierung von Vektoren von Pointern

Es soll eine Funktion `fehlertext()` geschrieben werden, die bei der Übergabe eines Fehlercodes einen Pointer auf den entsprechenden Fehlertext zurückliefert.

Die Funktionsdeklaration ist:

```
/* fehlertext: liefert Text der entsprechenden Fehler-Nr. n */
char * fehlertext (int n);
```

Im Funktionsrumpf werden die Fehlertexte initialisiert:

```
{
    static char * err_desc[] = {
        "Fehlercode existiert nicht",
        "Fehlertext 1",
        "Fehlertext 2",
        "Fehlertext 3",
        "Fehlertext 4",
        "Fehlertext 5",
        "Fehlertext 6" };

    return (n < 1 || n > 6) ? err_desc[0] : err_desc[n];
}
```

Der Vektor von Pointern auf `char` (`char * err_desc[]`) muss als `static` angelegt werden, da hier eine lokale Pointervariable aus der Funktion zurückgegeben wird (siehe auch Kapitel 13.5.2). Ohne `static` wäre der Rückgabewert der Funktion nach dem Funktionsende undefiniert, da nach Ablauf einer Funktion ihre normalen lokalen Variablen ungültig werden. Mit dem Schlüsselwort `static` bleiben die Fehlertexte als private, permanente Speicher über die gesamte Laufzeit des Programmes existent.

10.7.4 Vektoren von Pointern und mehrdimensionale Arrays

Der Unterschied zwischen einem eindimensionalen Vektor von Pointern und einem mehrdimensionalen Array ist, dass bei mehrdimensionalen Arrays die Anzahl der Elemente fest vorgegeben ist, bei Vektoren von Pointern hingegen nur die Anzahl an Pointern.

So ist

```
int vektor_2d [5][10];
```

ein Vektor mit insgesamt 50 `int`-Elementen und

```
int * pointer_vektor [5];
```

ein Vektor von 5 Pointern auf `int`.

Der Vorteil des `pointer_vektor` besteht darin, das die '2-te Dimension' der einzelnen Elemente des Vektors unterschiedlich groß sein kann. D.h. im Gegensatz zum `vektor_2d` muss nicht jedes Element 10 `int`-Werte haben.

Die häufigste Anwendung besteht deshalb darin, einen Vektor unterschiedlich langer Strings zu bilden (entsprechend der Funktion `fehlertext` in Kapitel 10.7.3):

```
char * err_desc [] = {
     "Fehlercode existiert nicht",      /* 27 Bytes */
     "Fehlertext 1",                    /* 13 Bytes */
     "Fehlertext 2" };                  /* 13 Bytes */
```

Mit dieser Definition werden insgesamt 53 Bytes für die Zeichen der Zeichenketten und 3 * `sizeof(char *)` Bytes für die Pointer benötigt, d.h. in der Regel 6 bzw. 12 Bytes.

Zum Vergleich:

```
char err_desc1 [][27] = {
       "Fehlercode existiert nicht",    /* 27 Bytes */
       "Fehlertext 1",                  /* 27 Bytes */
       "Fehlertext 2" };                /* 27 Bytes */
```

Hier muss die Anzahl an Elementen reserviert werden, die der längste String benötigt. Dies sind 27 Bytes für `"Fehlercode existiert nicht"`. Die restlichen Strings benötigen zwar nur je 13 Zeichen, für sie sind aber ebenfalls 27 Zeichen reserviert. Somit benötigt `err_desc1` insgesamt 81 Bytes[66].

10.8 Pointer auf Funktionen

Ein Pointer auf eine Funktion kann wie eine normale Pointervariable irgendeines anderen Datentyps verwendet werden, beispielsweise auf der rechten oder linken Seite einer Zuweisung.

> Das Besondere an Pointern auf Funktionen ist, dass man durch Dereferenzierung des Pointers die entsprechende Funktion auch aufrufen kann, d.h. es wird die Funktion gestartet, auf die der Pointer zeigt. Pointer auf Funktionen ermöglichen somit, dass erst dynamisch zur Laufzeit bestimmt wird, welche Funktion ausgeführt werden soll.

---

[66] Diese Zahlen sind nur als grobes Maß zu betrachten. Da Speicherobjekte eines gegebenen Typs immer an bestimmten Adressen beginnen (Alignment), ist zumindest im Falle der Pointerlösung der Speicherverbrauch infolge des Alignments etwas größer als hier berechnet.

Über einen Pointer können Funktionen auch als Parameter an andere Funktionen übergeben werden.

Damit kann von Aufruf zu Aufruf eine unterschiedliche Funktion als Argument übergeben werden. Ein bekanntes Beispiel für die Anwendung ist die Übergabe unterschiedlicher Funktionen an eine Integrationsfunktion, um die Integrale der Funktionen berechnen zu lassen.

Ein weiteres Einsatzgebiet von Pointern auf Funktionen ist die **Interrupt-Programmierung**, bei der man einen Interrupt-Vektor setzt, indem man in die Vektortabelle des Betriebssystems den Pointer auf die Interrupt-Service-Routine schreibt. Bei einem Interrupt wird dann die entsprechende Interrupt-Service-Routine (ISR) aufgerufen.

Pointer auf ISR n
. . .
. . .
Pointer auf ISR 2
Pointer auf ISR 1

Bild 10-15 Die Vektortabelle – eine Tabelle von Pointern auf Funktionen

Vereinbarung eines Pointers auf eine Funktion

Ein Funktionsname ist in C nichts anderes als eine Adresskonstante. So wie bei den Arrays der Arrayname auf das erste Element zeigt, zeigt hier der Funktionsname auf die erste Anweisung (genauer gesagt auf den ersten Maschinenbefehl) der Funktion. Vereinbart man einen Pointer, der auf eine Funktion zeigt, so spricht man auch von einem **Pointer auf eine Funktion**. Die Syntax einer solchen Vereinbarung sieht auf den ersten Blick etwas kompliziert aus, wie im folgenden Beispiel:

```
int (*ptr) (char);
```

`ptr` ist hierbei ein Pointer auf eine Funktion mit einem Rückgabewert vom Typ `int` und einem Übergabeparameter vom Typ `char`. Das erste Klammernpaar ist unbedingt nötig, da es sich sonst an dieser Stelle um einen gewöhnlichen Funktionsprototypen handeln würde. Infolge der Klammern muss man lesen „`ptr` ist ein Pointer auf". Dann kommen entsprechend der Operatorpriorität die runden Klammern. Also ist „`ptr` ein Pointer auf eine Funktion mit einem Übergabeparameter vom Typ `char`". Als letztes wird das `int` gelesen, d.h. die Funktion hat den Rückgabetyp `int`.

Wie funktioniert aber nun das Arbeiten mit einem Pointer auf eine Funktion? Als erstes muss dem noch nicht gesetzten Pointer eine Adresse einer bekannten Funktion desselben Typs zugewiesen werden, beispielsweise so:

```
ptr = funktionsname;
```

Der Standard lässt bei der Ermittlung der Adresse einer Funktion statt `funktionsname` auch `&funktionsname` zu, was in der Praxis auch häufiger genutzt wird.

Aufruf einer Funktion

Da nun `ptr` (Pointer auf eine Funktion) die Adresse der Funktion `funktionsname` enthält, kann der Aufruf der Funktion auch durch die Dereferenzierung des Pointers erfolgen – man beachte dabei auch hier die Klammerung um den dereferenzierten Pointer:

```
...                                          ...
int main (void)          ←→       int main (void)
{                                 {
                                      ptr = funktionsname;
   ...                 äquivalent      ...
   int a;                            int a;
   a = funktionsname ('A');         a = (*ptr) ('A');
   ...                               ...
}                                 }
```

Für einen Funktionsaufruf kann ein Pointer auf eine Funktion auch gleichwertig mit dem Funktionsnamen selbst verwendet werden. Daher wäre im obigen Beispiel statt des Aufrufs `a = (*ptr) ('A')` auch der Aufruf `a = ptr ('A')` möglich, bei dem `ptr` wie ein Funktionsname benutzt wird.

Übergabe als Parameter

Manche Problemstellungen lassen sich durch den Einsatz von Pointern auf Funktionen elegant lösen, besonders wenn man diese als Übergabeparameter beim Aufruf einer anderen Funktion nutzt.

Das folgende Programm zeigt einen Einsatz von Pointern auf Funktionen. Die Funktion `eval_time` ist durch die Übergabe eines Pointers auf eine Funktion in der Lage, die Durchlaufzeit jeder übergebenen Funktion passenden Typs elegant zu berechnen:

```
/* Datei: fkt_ptr.c */
#include <stdio.h>
#include <time.h>
#include <math.h>

void f1 (void)
{
   /* Algorithmus 1 */
   ...
}
```

```
void f2 (void)
{
   /* Algorithmus 2 */
   ...
}
/* Pointer auf eine Funktion als Uebergabeparameter */
double eval_time (void (*ptr)(void))
/* nach dem Standard ist double eval_time (void ptr (void)) */
/* hierzu aequivalent                                       */
{
   time_t begin, end;
   begin = time (NULL);
   (*ptr)();            /* Hier wird eine Funktion aufgerufen, */
                        /* die an der Adresse ptr beginnt      */
                        /* aequivalent hierzu ist: ptr();      */
   end = time (NULL);
   return difftime (end, begin);
}

int main (void)
{
   ...
   printf ("\nZeit Fkt. f1: %3.0f sec", eval_time (f1));
   printf ("\nZeit Fkt. f2: %3.0f sec\n", eval_time (f2));
   return 0;
}
```

Die Funktion `time()` liefert als Rückgabewert die aktuelle Kalenderzeit in einer Darstellung, die von der Compiler-Implementation abhängig ist. Die Funktion `difftime()` berechnet die Zeit zwischen zwei Zeitangaben in Sekunden. Der Typname `time_t` ist beim VCC-Compiler als `long` in `time.h` definiert. Die Prototypen der Funktionen `time()` und `difftime()` sind ebenfalls in `time.h` definiert.

Nullstellenbestimmung mit Hilfe des Newtonschen Iterationsverfahrens

Als ein weiteres Beispiel für den Einsatz von Pointern auf Funktionen ist nachfolgend ein Programm zur Nullstellenbestimmung einer beliebigen Funktion f(x) aufgeführt. Die Nullstellenbestimmung wird mit Hilfe des Newtonschen Iterationsverfahrens durchgeführt.

Als ein Beispiel für f(x) soll die Funktion

$$f(x) = x - \cos(x)$$

verwendet werden. Das Iterationsverfahren nach Newton lautet:

$$x(i+1) = x(i) - f(x(i)) / f'(x(i))$$

i ist dabei die Nummer des Iterationsschrittes, f '(x) stellt die erste Ableitung von f(x) dar. Der Abbruch der Iteration soll erfolgen, wenn die Differenz für die Nullstelle abs(x(i+1)-x(i)) zwischen zwei Iterationsschritten geringer als Epsilon ist.

Für das angegebene Beispiel ist f '(x) gegeben durch 1 + sin(x).

Die Funktion berechne_nullstelle() des folgenden Programms kann Nullstellen beliebiger Funktionen f(x) ermitteln. In das Programm kann interaktiv der Rohwert für die Nullstelle und die Genauigkeit (Epsilon) eingegeben werden.

```c
/* Datei: newton.c */
#include <stdio.h>
#include <math.h>

double f (double x)
{
    return (x - cos(x));
}

double fstrich (double x)
{
    return (1 + sin(x));
}

double berechne_nullstelle (double x, double genauigkeit,
                            double (*f) (double),
                            double (*fstrich) (double))
/* aequivalent hierzu ist:                                 */
/* double berechne_nullstelle (double x, double genauigkeit,  */
/*                      double f (double),                  */
/*                      double fstrich (double))            */
{
    double z = x;        /* Naeherungswert fuer die Nullstelle bei */
                         /* der Iteration                          */
    do
    {
        x = z;
        z = x - (*f)(x) / (*fstrich)(x);
        /* aequivalent hierzu ist:                          */
        /* z = x - f(x) / fstrich(x);                       */
    } while (fabs (z - x) > genauigkeit);
    /* Die Funktion fabs() gibt den Betrag einer ihr uebergebenen */
    /* Gleitpunktzahl zurueck.                              */

    return z;
}

int main (void)
{
    double rohwert;      /* Rohwert fuer die Nullstelle           */
    double epsilon;      /* Genauigkeit der Nullstellenbestimmung */
```

```
    printf ("\nGib den Rohwert fuer die Nullstelle ein: ");
    scanf ("%lf", &rohwert);

    printf ("\nGib den Wert fuer Epsilon ein: ");
    scanf ("%lf", &epsilon);

    printf ("\nDie Nullstelle ist bei: %10.2f\n",
            berechne_nullstelle (rohwert, epsilon, f, fstrich));
    return 0;
}
```

Hier ein Beispiel für die Ausgabe des Programms:

```
Gib den Rohwert für die Nullstelle ein: 1

Gib den Wert für epsilon ein: 0.01

Die Nullstelle ist bei:      0.74
```

Ein weiteres Beispiel für Funktionspointer im Zusammenspiel mit der Bibliotheksfunktion `qsort()` ist in Kapitel 17.1.3 zu finden.

10.9 Übungsaufgaben

Aufgabe 10.1: Scannen eines Zeichenstroms

Das folgende Programm hat die Aufgabe, einen am Terminal eingegebenen Zeichenstrom in ein `char`-Array zu speichern, solange bis entweder ein `'$'` eingegeben wird oder bis 60 Zeichen erreicht sind. Danach soll das Eingabe-Array in ein Ausgabe-Array kopiert werden, wobei jedes im Zeichenstrom eingegebene Zeichen `'%'` in ein Zeichen `'*'` konvertiert (umgewandelt) werden soll. Die Zahl der durchgeführten Konvertierungen ist zu berechnen. Am Bildschirm ausgegeben werden soll das eingegebene Array, das konvertierte Array, sowie die Zahl der Konvertierungen.

Fehlende Teile des Programms sind durch . . . . gekennzeichnet.

a) Ergänzen Sie die fehlenden Teile für die Eingabe.

b) Ergänzen Sie die fehlenden Teile für die Konvertierung.

c) Geben Sie das eingegebene Array, das konvertierte Array, sowie die Zahl der Konvertierungen mit Hilfe der `printf()`-Funktion aus.

Hier das Programm:

```
#include <stdio.h>
#include <stdlib.h>

int main (void)
{
   char eingabe_string [61];
   char ausgabe_string [61];
   int  zaehler;
   int  subst_zahl;
   ....

   /*    Initialisierung    */
   subst_zahl = 0;

   /*    Eingabe            */

   ....

   /*    Konvertierung      */
   ....

   /*    Ausgabe            */
   ....

   return 0;
}
```

Aufgabe 10.2: Vektoren in C

Geben Sie an, was das folgende Programm auf dem Bildschirm ausgibt. Leerzeichen (blanks) sind durch das Zeichen ⎵ darzustellen.

```c
#include <stdio.h>

int main (void)
{
   int lv;
   char * text = "Dichter und Denker";
   char spruch [20] = "alles weise Lenker";
   printf ("\n");
   for (lv = 1; lv <= 3; lv++) printf ("%c", text[lv]);
   printf ("%c", spruch[5]);
   spruch[9] = 's';
   spruch[10] = 's';
   spruch[11] = spruch[5];
   spruch[12] = '\0';
   printf ("%s", spruch + 6);
   *(spruch +5) = '\0';
   printf ("%s\n", spruch);
   return 0;
}
```

Aufgabe 10.3: Ausgabe von Zeichenketten mit printf()

Testen Sie folgende Programme:

Erläuterungen:

Zeichenketten (Pointer auf `char`) werden mit Hilfe des Formatelements `%s` mit der Funktion `printf()` ausgegeben, wie in folgenden Beispielen gezeigt:

```c
#include <stdio.h>

int main (void)
{
   char hello [] = {'h', 'e', 'l', 'l', 'o', '\0'};
   printf ("\n%s", hello);
   return 0;
}
```

Hier ist `hello` ein Vektor, der gerade groß genug ist, um die Folge von Zeichen aufzunehmen, mit denen er initialisiert wird.

Und nun das nächste Beispiel:

```c
#include <stdio.h>

int main (void)
{
   char hello [] = "hello";
   printf ("\n%s", hello);
   return 0;
}
```

Hier ist `hello` ein Vektor, der gerade groß genug ist, um die Folge von Zeichen und das Nullzeichen `'\0'` aufzunehmen, mit denen er initialisiert wird. Die Initialisierung mit einer Zeichenkette ist äquivalent mit einer Initialisierung durch einen Vektor von Zeichen und dem Nullzeichen `'\0'`.

Und nun ein Beispiel mit Pointern:

```
#include <stdio.h>

int main (void)
{
   char * ptrhello = "hello";
   printf ("\n%s", ptrhello);
   return 0;
}
```

`ptrhello` ist ein Pointer, der so initialisiert ist, dass er auf die konstante Zeichenkette "`hello`" zeigt.

Aufgabe 10.4: Pointer und Arrays bei Zeichenketten

Ergänzen Sie die fehlenden Teile im Programm, die durch .... gekennzeichnet sind:

```
#include <stdio.h>
/* strcpy1(): t nach s kopieren; Version mit Vektorindex       */

void strcpy1 (char * s, char * t)
{
    int i = 0;
    while (.... != '\0') i++;
}
/* Anmerkung: das i-te Element von t wird an das i-te Element von */
/* s zugewiesen. Dann wird geprueft, ob der Inhalt dieses        */
/* Elementes gleich '\0' ist. Solange diese Bedingung nicht      */
/* erfuellt ist, wird i hochgezaehlt.                            */

/* strcpy2(): t nach s kopieren; Version mit Pointern            */
void strcpy2 (char * s, char * t)
{
   while ((....) != '\0')
   {
      s++;
      t++;
   }
}

/* Anmerkung: in der Bedingung wird nun das Objekt, auf das      */
/* der Pointer s und der Pointer t zeigt, verwendet. Uebergeben  */
/* wird beim Aufruf der Pointer auf das 0-te Element. Das 0-te   */
/* Element von t wird nun an das 0-te Element von s zugewiesen,  */
/* und es wird ueberprueft, ob das Element gleich '\0'ist. Ist   */
/* dies nicht der Fall, so werden die Pointer s und t jeweils um */
/* 1 erhoeht.                                                    */
```

Aufgabe 10.5: Kopieren von Strings

Überprüfen Sie die Implementierungen `strcpy1()` und `strcpy2()` der Stringcopy-Funktion von Aufgabe 10.4 durch folgendes Testprogramm:

```c
#include <stdio.h>

int main (void)
{
   char text [80];
   char bufneu [80] = "Guten Tag";
   char buffer [80] = "How do you do";

   printf("\n\n\n Gib einen String <80 Zeichen ein: ");
   scanf("%s", text);

   printf("\n Jetzt kommt der Inhalt des Buffers text: %s", text);
   printf ("\n Jetzt kommt der Inhalt des Buffers bufneu: %s",
           bufneu);

   strcpy1 (bufneu, text);
   printf ("\n Inhalt des Puffers bufneu nach ");
   printf ("strcpy1 (bufneu, text): %s", bufneu);
   printf ("\n In Puffer buffer steht: %s", buffer);

   strcpy2 (bufneu, buffer);
   printf ("\n Inhalt des Puffers bufneu nach ");
   printf ("strcpy2 (bufneu, buffer): %s", bufneu);

   return 0;
}
```

Aufgabe 10.6: Das Schlüsselwort const

Ersetzen Sie den Protoyp von `dangerous_print()` durch einen passenden Prototypen mit dem Funktionsnamen `secure_print()`. Die Funktion `secure_print()` soll einen Pointer vom Typ `int *` übergeben bekommen. Sorgen Sie dafür, dass der Programmierer von `secure_print()` keine unerlaubten Änderungen an dem Objekt durchführen kann, auf das er eine Referenz erhält.

Hier das gefährliche Programm:

```c
void dangerous_print (int *);

int main (void)
{
   int alpha = 6;
   printf ("\nmain - Der Wert von alpha ist %d", alpha);
   dangerous_print (&alpha);
   printf ("\nmain - Der Wert von alpha ist %d", alpha);
   return 0;
}

void dangerous_print (int * ptr)
{
   printf ("\ndangerous_print - Der Wert von alpha ist %d",
           (*ptr)++);
}
```

Aufgabe 10.7: Übergabe von char-Arrays

Schreiben Sie eine C-Funktion `string_index()`, die ein bestimmtes Zeichen in einem String sucht und den Index des ersten Auftretens im String bestimmt. Der String und das zu suchende Zeichen sollen dabei im Dialog eingelesen werden. Die Ein- und Ausgabe soll in `main()` erfolgen.

Die Funktion `string_index()` soll zwei Übergabeparameter für den String und das Zeichen enthalten.

Als return-Wert von `string_index()` soll die Position des ersten Auftretens des Zeichens im String zurückgegeben werden, bzw. −1, falls das Zeichen nicht vorkommt. Beachten Sie, dass das erste Zeichen im String die Position 0 erhält.

Aufgabe 10.8: Zeichenkettenverarbeitung

Implementieren Sie eine Funktion mit dem Funktionskopf

```
void isHexadezimal (void)
```

Die Funktion `isHexadezimal()` liest Zeichenketten von der Tastatur ein, bis eine leere Zeichenkette eingegeben wird. Für jede Zeichenkette soll eine Ein- und Ausgabe in der folgenden Form erfolgen:

```
Bitte Zeichenkette eingeben: aBrt12
a: Ist eine Hex-Ziffer
B: Ist eine Hex-Ziffer
r: Ist keine Hex-Ziffer
t: Ist keine Hex-Ziffer
1: Ist eine Hex-Ziffer
2: Ist eine Hex-Ziffer
```

Implementieren Sie als nächstes ein Programm, mit dem die Funktion `isHexadezimal()` getestet werden kann.

Aufgabe 10.9: Zeichenketten aneinander fügen

a) Entwickeln Sie ein Programm, das zwei Zeichenketten einliest, die zweite an die erste Zeichenkette hängt und die daraus resultierende Zeichenkette wieder ausgibt. Gehen Sie von folgendem Programm für die Funktion `main` aus:

```
#include <stdio.h>
#define MAXLENGTH 80+1

int main (void)
{
   void einlesen (int, char[]);
   void verarbeiten (char[], char[]);
   void ausgeben (char[]);

   char s1 [MAXLENGTH];
   char s2 [MAXLENGTH];
```

```
        einlesen (1, s1);
        einlesen (2, s2);
        verarbeiten (s1, s2);
        ausgeben (s1);
        return 0;
    }
```

Ein typischer Dialog könnte dann folgendermaßen aussehen:

```
Geben Sie eine maximal 40 Zeichen lange Zeichenkette_1 ein:
aaa
Geben Sie eine maximal 40 Zeichen lange Zeichenkette_2 ein:
bbb
Die zusammengesetzte Zeichenkette lautet: aaabbb
```

b) Programmieren Sie die Funktion `einlesen()`. Beachten Sie dazu den oben aufgeführten Bildschirmdialog!

c) Programmieren Sie die Funktion `verarbeiten()`, die die Zeichenkette `s2` an die Zeichenkette `s1` anfügt und die nun um `s2` verlängerte Zeichenkette `s1` zurückliefert.

d) Programmieren Sie die Funktion `ausgeben()`, die die verbundene Zeichenkette ausgibt.

e) Warum darf der Anwender Ihres Programms keine beliebig lange Zeichenkette eingeben?

Aufgabe 10.10: Zeichenkettenverarbeitung

Programmieren Sie eine Funktion mit dem Prototyp

```
int check (const char * str1, const char * str2);
```

Die Funktion `check()` gibt die erste Position in `str1` an, an der der Teilstring `str2` im String `str1` beginnt. Tritt `str2` in `str1` nicht auf, so wird -1 zurückgegeben.

Hinweise: `<string.h>` soll hier nicht zur Verfügung stehen.

a) Schreiben Sie sich deshalb die Funktion

```
int laenge (const char * str);
```

Die Funktion `laenge()` gibt die Länge des Strings `str` zurück.

b) Schreiben Sie ein Programm, mit dem die Funktion `check()` getestet werden kann.

Aufgabe 10.11: Typumwandlungsoperator

Weisen Sie im Beispielprogramm von Fischer und Friederich (siehe Kapitel 10.1.2) dem Pointer `pointer2` den Wert des Pointers `pointer1` nicht mit Hilfe des Umwegs über einen Pointer auf `void`, sondern mit Hilfe des cast-Operators zu.

Kapitel 11

Strukturen, Unionen und Bitfelder

11 Strukturen, Unionen und Bitfelder

11.1 Strukturen

Eine Datenstruktur mit einer festen Anzahl von Komponenten, die verschiedene Typen haben können, wurde zum ersten Mal von N. Wirth in Pascal als Datentyp eingeführt und dort **Record** genannt. Der Name Record wurde von N. Wirth nach dem Satz in einer Datei auf der Platte gewählt, der im Englischen „record" heißt. Ein „record" auf der Platte kann Komponenten von verschiedenem Typ enthalten. Im Falle einer Angestelltendatei kann ein solcher Satz folgendermaßen aussehen:

Personal-nummer	Nachname	Vorname	Straße	Haus-nummer	Postleit-zahl	Wohnort	Gehalt

Bild 11-1 Felder eines Satzes einer Datei

Die einzelnen Felder dieses Beispiels können die folgenden Typen haben:

int	char[20]	char[20]	char[20]	int	int	char[20]	float

Bild 11-2 Datentypen der Felder eines Satzes

Ein Record in einer Programmiersprache stellt eine zusammengesetzte Variable dar, die wie ein Satz auf der Platte Komponenten von verschiedenem Typ enthalten kann. Records sind in der deutschen Literatur auch unter dem Begriff **Verbund** bekannt. In C werden sie **Struktur** genannt. In Anlehnung an den Plattensatz werden die Komponenten eines Records oder einer Struktur oft auch **Feld** genannt.

Die Einheiten für das Lesen von der Platte bzw. das Schreiben auf die Platte sind Datensätze. Einzelne Felder kann man nicht auf die Platte schreiben oder von ihr lesen.

Eine Variable vom Typ einer Struktur kann eins-zu-eins als Datensatz auf die Platte geschrieben werden. Umgekehrt kann ein Satz von der Platte eins-zu-eins in einer Strukturvariablen abgelegt werden.

Ein weiterer Vorzug einer Struktur ist, dass es mit einer Struktur möglich ist, logisch zusammengehörige Daten in einem Datentyp zusammenzufassen.

11.1.1 Definition von Strukturtypen und Strukturvariablen

Ein **Strukturtyp** ist ein **selbst definierter zusammengesetzter Datentyp**, welcher aus einer festen Anzahl von Komponenten besteht. Im Unterschied zu einem Array können die Komponenten verschiedenartige Typen haben. Der Zugriff auf eine Komponente kann jedoch nicht mit Hilfe eines Index erfolgen.

In der Typdefinition muss für jede **Komponente** deren **Namen** und **Typ** angegeben werden.

Zur **Definition eines Strukturtyps** wird das Schlüsselwort `struct` verwendet. Die allgemeine Form für die Definition eines Strukturtyps ist:

```
struct name { komponententyp_1 komponente_1;
              komponententyp_2 komponente_2;
              . . . .
              komponententyp_n komponente_n;
            };
```

Der hier selbst definierte **Typname** ist `struct name`. Dieser Datentyp ist definiert durch den Inhalt der geschweiften Klammern. `struct` ist ein Schlüsselwort, `name` ist ein frei vergebbarer Bezeichner, das sogenannte **Etikett** (engl. structure tag), welches den Strukturtyp kennzeichnet.

Als Komponententypen dürfen keine Funktionen oder unvollständige Typen[67] auftreten. Im Gegensatz zu C sind bei C++ auch Funktionen als Komponenten zugelassen. Eine Komponente einer Struktur heißt im Englischen **Member**, daher kommt auch die Bezeichnung **Membervariable**, die gleichbedeutend mit **Komponentenvariable** ist. In Anlehnung an die Records auf Platte ist statt Komponente oder Member auch der Begriff **Datenfeld** üblich. Vor allem in der Java-Literatur wird der Begriff Datenfeld bevorzugt, während in C Komponente und Member gängige Begriffe sind.

Definition einer Strukturvariablen mit Hilfe eines Strukturtyps

Eine Variable eines Strukturtyps ist eine **zusammengesetzte Variable**, die aus **Komponentenvariablen** besteht. Eine solche zusammengesetzte Variable wird auch **Strukturvariable** genannt.

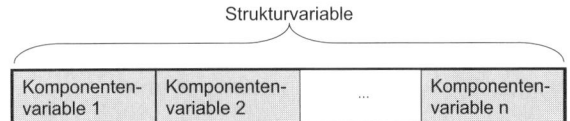

Bild 11-3 Symbolische Darstellung einer Struktur- und einer Komponentenvariablen

Hat man eine Strukturvariable `a`, die aus zwei Komponenten mit den Namen `x` und `y` aufgebaut ist, so erfolgt der Zugriff auf eine Komponente über den Punktoperator. Mit anderen Worten: `a.x` und `a.y` stellen die Komponentenvariablen dar.

---

[67] Siehe offenes Array in Kapitel 10.1.3 und Vorwärtsdeklaration einer Struktur in Kapitel 16.3.1.

Ist ein Strukturtyp `struct name` bereits definiert, so definiert man eine entsprechende Strukturvariable durch

```
struct name strukturvariable;
```

Beispiele für **Typdefinitionen** von Strukturen sind:

```
struct adresse { char strasse [20];
                 int  hausnummer;
                 int  postleitzahl;
                 char stadt [20];
               };

struct student { int matrikelnummer;
                 char name [20];
                 char vorname [20];
                 struct adresse wohnort;
               };
```

Beispiele für die **Definition von Strukturvariablen** sind:

```
struct student meyer, mueller;

struct student semester [50];  /* ein Array aus 50 Studenten*/
```

Hierzu die folgenden Erläuterungen:

- `meyer` ist eine Strukturvariable. Sie hat vier Komponenten `matrikelnummer`, `name`, `vorname`, `wohnort`.
- Die Komponenten können von beliebigem Typ sein, also auch selbst wieder eine Struktur, wie hier der `wohnort` beim Datentyp `struct student`.
- Die Definition des Strukturtyps `struct adresse` muss seiner Verwendung im Datentyp `struct student` vorausgehen.
- Auch die Komponenten eines Arrays können wie beim Array `semester` vom Typ einer Struktur sein.
- Alle Komponentennamen einer Struktur müssen verschieden sein.
- In verschiedenen Strukturen dürfen Komponenten gleichen Namens auftreten.

Beispiele für die Verwendung von **Komponentenvariablen** sind:

```
meyer.matrikelnummer = 716347;
```

Hier wurde die Komponentenvariable `matrikelnummer` initialisiert. Man kann durch mehrfaches Verwenden des Punktoperators auch Komponentenvariablen von Komponentenvariablen ansprechen. Dies zeigt das Beispiel:

```
meyer.wohnort.postleitzahl = 73733;
```

Einzelheiten zum Punktoperator folgen noch.

Das Initialisieren von Komponentenvariablen, die Zeichenketten darstellen (im Beispiel `name` und `vorname`) kann nicht durch einfache Zuweisung mit "=" erfolgen, sondern es muss stattdessen die Stringverarbeitungsfunktion `strcpy()` aus Kapitel 10.6.1.1 verwendet werden.

```
strcpy (meyer.vorname, "Karlheinz");
strcpy (meyer.name, "Meyer");
```

Natürlich können die Werte von Komponentenvariablen auch ausgegeben werden:

```
printf ("%6d %5d %s\n",
        meyer.matrikelnummer,
        meyer.wohnort.postleitzahl,
        meyer.name);
```

Verschiedene Möglichkeiten zur Definition von Strukturvariablen

Es ist möglich, gleichzeitig den Typ einer Struktur sowie Variablen dieses neuen Typs zu definieren. Hierzu ein Beispiel:

```
struct kartesische_koordinaten { float x;
                                 float y;
                               } punkt1;
```

Hier wird eine Strukturvariable `punkt1` vom Typ `kartesische_koordinaten` definiert. Weitere Variablen dieses Typs können später über den Typnamen `struct kartesische_koordinaten` definiert werden, wie z.B.:

```
struct kartesische_koordinaten punkt2, punkt3;
```

Man beachte, dass der Name eines Etiketts, der Name einer Komponente und der Name einer Strukturvariablen identisch sein dürfen[68]. Dies macht dem Compiler keine Probleme, da er aus dem Kontext schließt, um welche Größe es sich handelt. Für den menschlichen Leser ist eine solche Namensgleichheit nicht zu empfehlen, da sie leicht zu Missverständnissen führen kann.

Das Weglassen des Etiketts wie beim folgenden Beispiel

```
struct { float x;
         float y;
       } punkt1, punkt2, punkt3;
```

macht nur Sinn, wenn sofort alle Variablen eines Typs definiert werden, da ohne einen Typnamen später keine Variablen dieses Typs mehr vereinbart werden können.

---

[68] Sie liegen in verschiedenen Namensräumen (siehe Kapitel 12.4).

11.1.2 Zulässige Operationen

Operationen auf Strukturvariablen

Auf Strukturvariablen gibt es 4 Operationen:

- die Zuweisung,
- die Selektion einer Komponente,
- die Ermittlung der Größe einer Struktur mit Hilfe des `sizeof`-Operators,
- die Ermittlung der Adresse der Strukturvariablen.

Liegen zwei Strukturvariablen `a` und `b` vom gleichen Strukturtyp vor, so kann der Wert der einen Variablen der anderen zugewiesen werden, z.B. durch

```
a = b;
```

Liegt eine Strukturvariable vor, so wird eine Komponente über den Punktoperator selektiert (siehe Kapitel 11.1.1). Liegt ein Pointer auf eine Strukturvariable vor, so kann man sich die entsprechende Komponente mit Hilfe des Pfeiloperators `->` beschaffen (siehe Kapitel 11.1.3).

Die Größe einer Strukturvariablen im Arbeitsspeicher kann nicht aus der Größe der einzelnen Komponenten berechnet werden, da Compiler die Komponenten oft auf bestimmte Wortgrenzen (**Alignment**) legen. Zur Ermittlung der Größe einer Struktur im Arbeitsspeicher muss der Operator `sizeof` verwendet werden, z.B. `sizeof punkt` oder `sizeof (struct kartesische_koordinaten)`.

Die Adresse einer Strukturvariablen `a` wird wie bei Variablen von einfachen Datentypen mit Hilfe des Adressoperators ermittelt, d.h. durch `&a`.

Strukturen muss man komponentenweise vergleichen. Ein Vergleich von zwei Strukturvariablen mit Vergleichsoperatoren ist nicht möglich.

Operationen auf Komponentenvariablen

Auf Komponentenvariablen sind diejenigen Operationen zugelassen, die für den entsprechenden Komponententyp möglich sind.

11.1.3 Selektion der Komponenten

Zum Zugriff auf Komponenten stehen der **Punktoperator** und der **Pfeiloperator** zur Verfügung. Am einfachsten erfolgt die Erläuterung an einem Beispiel. Gegeben sei ein Punkt `punkt1` durch:

```
struct kartesische_koordinate { float x;
                                float y;
                              } punkt1;
```

Im Folgenden werde ein Pointer `pointer_auf_punkt` auf Variablen des Datentyps `struct kartesische_koordinate` definiert:

```
struct kartesische_koordinate * pointer_auf_punkt;
```

Dieser Pointer `pointer_auf_punkt` soll nun auf den Punkt `punkt1` zeigen. Dies wird erreicht, indem dem Pointer `pointer_auf_punkt` die Adresse `&punkt1` zugewiesen wird:

```
pointer_auf_punkt = &punkt1;
```

Dann kann auf die Komponenten des Punktes `punkt1` zugegriffen werden über:

```
punkt1.x    bzw.    pointer_auf_punkt->x
punkt1.y    bzw.    pointer_auf_punkt->y
```

So können etwa die Koordinaten dieses Punktes initialisiert werden durch:

```
punkt1.x = 3;
pointer_auf_punkt->y = 4;
```

Damit hat der Punkt `punkt1` die Koordinaten (3,4).

Es ist auch möglich, die Initialisierung über

```
(*pointer_auf_punkt).y = 4;
```

durchzuführen. Die runden Klammern sind wegen der Vorrangreihenfolge der Operatoren erforderlich.

Der Pfeiloperator `->` wird an der Tastatur durch ein Minuszeichen und ein Größerzeichen erzeugt. Beide Selektionsoperatoren (Auswahloperatoren) `.` und `->` haben die gleiche Vorrangstufe. Sie werden von links nach rechts abgearbeitet.

Beachten Sie, dass zwar der Operand des Punktoperators `.` ein L-Wert sein muss, nicht aber unbedingt der Operand des Pfeil-Operators `->` (siehe folgendes Beispiel):

```
/* Datei: struct.c */
#include <stdio.h>

int main (void)
{
   struct kartesische_koordinaten { float x;
                                    float y;
                                  } punkt;
```

```
(&punkt)-> x = 3;        /* &punkt ist ein R-Wert              */
punkt.y = 4;             /* punkt ist ein L-Wert               */
printf ("\n%f   %f", punkt.x, (&punkt)-> y);
return 0;
}
```

> Hat man eine Strukturvariable `punkt`, so erhält man die Komponente `x` über den **Punktoperator** durch `punkt.x`.

> Hat man einen Pointer `ptr` auf eine Strukturvariable `punkt`, so erhält man die Komponente `x` von `punkt` über den **Pfeiloperator** durch `ptr->x`.

Geschachtelte Strukturen

Im Folgenden werden Strukturvariablen als Komponenten eines Datentyps betrachtet. Mit anderen Worten, es sollen **geschachtelte Strukturen** eingeführt werden. Als Anwendungsbeispiel soll ein Vektor in einer Ebene dienen, der durch seinen Anfangs- und Endpunkt bestimmt ist. Der Datentyp eines solchen Vektors sei

```
struct vector { struct kartesische_koordinaten anfang;
                struct kartesische_koordinaten ende;
              };
```

Implizit wurde angenommen, dass der Vektor von `anfang` auf `ende` zeigt.

`vec` sei die Vektorvariable

```
struct vector vec;
```

Dann erhält man die `x`-Koordinate des Anfangpunktes `anfang` durch:

```
vec.anfang.x
```

Gleichbedeutend damit ist:

```
(vec.anfang).x
```

11.1.4 Übergabe von Strukturvariablen an Funktionen und Rückgabe durch return

Strukturen werden als zusammengesetzte Variablen komplett an Funktionen übergeben. Es gibt hier keinen Unterschied zu Variablen von einfachen Datentypen wie `float` oder `int`. Man muss nur einen formalen Parameter vom Typ der Struktur einführen und als aktuellen Parameter eine Strukturvariable dieses Typs übergeben.

Auch die Rückgabe einer Strukturvariablen unterscheidet sich nicht von der Rückgabe einer einfachen Variablen. Der Rückgabetyp der Funktion muss selbstverständlich vom Typ der Strukturvariablen sein, die zurückgegeben werden soll.

11.1.5 Initialisierung einer Struktur mit einer Initialisierungsliste

Eine Initialisierung einer Strukturvariablen kann direkt bei der Definition der Strukturvariablen mit Hilfe einer Initialisierungsliste durchgeführt werden wie im folgenden Beispiel:

```
struct student Maier =
{
    66202,
    "Maier",
    "Herbert",
    {
       "Schillerplatz",
        20,
        73730,
        "Esslingen"
    }
};
```

Natürlich muss der Datentyp `struct student` (siehe Kapitel 11.1.1) bereits bekannt sein. Die Initialisierungsliste enthält die Werte für die einzelnen Komponenten getrennt durch Kommata. Da die Komponentenvariable `wohnort` selbst eine Struktur ist, erfolgt die Initialisierung von `wohnort` wieder über eine Initialisierungsliste.

Array- und Strukturtypen[69] werden in C auch als Aggregattypen bezeichnet. Ein **Aggregattyp** ist ein anderes Wort für zusammengesetzter Typ. Wegen dieser Gemeinsamkeit erfolgt die Initialisierung von Strukturen und Arrays analog.

Automatische[70] Strukturvariablen können auch durch die Zuweisung einer Strukturvariablen des gleichen Typs oder durch einen Funktionsaufruf, der eine Strukturvariable zurückliefert, initialisiert werden.

11.1.6 Stringvariablen in Strukturen

Stringvariablen in Strukturen können `char`-Arrays oder Pointervariablen vom Typ `char *` sein wie im folgenden Beispiel:

```
struct name { char name [20];
              char * vorname;
            };
```

---

[69] Eine Union ist kein Aggregattyp, da sie nur **eine** Komponente zu einem Zeitpunkt enthält.
[70] Siehe Kapitel 13.6.

Im Falle des `char`-Arrays „gehören" alle Zeichen zu der entsprechenden Struktur-variablen, im Falle der Pointervariablen vom Typ `char` `*` steht in der ent-sprechenden Komponente nur ein Pointer auf einen String, d.h. auf ein `char`-Array, das sich nicht in der Struktur befindet. Oftmals wird für dieses „Struktur-externe" Array eine konstante Zeichenkette verwendet.

In beiden Fällen kann die Initialisierung mit einer konstanten Zeichenkette erfolgen wie im folgenden Beispiel:

```
struct name Maier = { "Maier", "Herbert"};
```

Bei Änderungen des Strings ist im Falle des `char`-Arrays die Funktion `strcpy()` (siehe Kapitel 10.6.1.1) zu verwenden, im Falle der Pointervariablen kann durch eine Zuweisung ein neuer Pointer, z.B. auf eine andere konstante Zeichenkette, zugewiesen werden.

11.1.7 Anwendungsmöglichkeiten von Strukturen

Strukturen werden verwendet, um logisch zusammengehörende Daten „am Stück" weiterzugeben. Beispielsweise wird die Systemzeit eines Computers in der Regel als Anzahl der Sekunden seit Mitternacht des 1. Januars 1970 ausgegeben. Da sich aus der Anzahl der Sekunden sowohl die Uhrzeit, das Datum und weitere Zusatz-informationen ableiten lassen, müssten mehrere Funktionen geschrieben werden, die jeweils die gesuchte Information in einem bestimmten Format liefern. Um dies zu vermeiden, nützt man Strukturen, um dort alle zusammengehörigen Informationen abzuspeichern.

Viele Systemfunktionen liefern logisch zusammengehörige Daten in Form von Strukturen oder Pointern auf Strukturen zurück. Die benötigten Daten erhält man dann durch Zugriff auf die einzelnen Komponenten der Struktur.

So enthält die im Folgenden gezeigte Struktur `tm` (siehe `time.h`) alle wichtigen Daten, die sich aus der Sekundenanzahl berechnen lassen:

```
struct tm {    int tm_sec;       /* Sekunden  -              [0,59]      */
               int tm_min;       /* Minuten   -              [0,59]      */
               int tm_hour;      /* Stunden   -              [0,23]      */
               int tm_mday;      /* Tag       -              [1,31]      */
               int tm_mon;       /* Monat     -              [0,11]      */
               int tm_year;      /* Jahre seit 1900                      */
               int tm_wday;      /* Tage seit Sonntag -      [0,6]       */
               int tm_yday;      /* Tage seit 1. Januar -[0,365]        */
               int tm_isdst;     /* Daylight Saving Time                 */
          };
```

Dieser Datentyp wird von der Funktion `localtime()` genutzt, um die Sekunden-anzahl, die von der Funktion `time()` berechnet wird, strukturiert zurückzugeben.

Beispiel Systemzeit

Das folgende Beispiel zeigt die Verwendung der Struktur `tm` in Verbindung mit der Funktion `localtime()` und gibt für die Startzeit des Programmes die Uhrzeit, das Datum und den Wochentag auf dem Bildschirm aus.

```
/* Datei: datum.c */
#include <time.h>
#include <stdio.h>

int main (void)
{
   time_t sekunden;
   struct tm * ortszeit;
   char * tag [] = {"Sonntag", "Montag", "Dienstag", "Mittwoch",
                    "Donnerstag", "Freitag", "Samstag"};

   time (&sekunden);   /* Speichern der Sekundenanzahl beim     */
                       /* Programmstart in der Variablen sekunden */
   ortszeit = localtime (&sekunden); /* Umrechnen der Sekunden    */
                                     /* und speichern in Struktur */
   printf ("Inhalt der Struktur:\n\n");
   printf ("Stunden:Minuten:Sekunden \n");
   printf ("%02d:%02d:%02d\n\n", ortszeit->tm_hour,
          ortszeit->tm_min, ortszeit->tm_sec);           /* (1) */
   printf ("Tag.Monat.Jahr\n");
   printf ("%02d.%02d.%d \n\n", ortszeit->tm_mday,        /* (2) */
          ortszeit->tm_mon, (1900+(ortszeit->tm_year)));
   printf ("Wochentag: \t %s \n", tag[ortszeit->tm_wday]); /* (3) */
   return 0;
}
```

Eine mögliche Ausgabe des Programms ist:

```
Inhalt der Struktur:

Stunden:Minuten:Sekunden
12:20:48

Tag.Monat.Jahr
25.01.2002

Wochentag:        Montag
```

Das Programm `datum.c` ruft mit der Funktion `time()` die aktuelle Systemzeit in Sekunden ab. Dann wird die Sekundenanzahl durch die Funktion `localtime()` in Uhrzeit, Datum und vergangene Tage umgerechnet und in der Struktur `ortszeit` vom Typ `tm` gespeichert. Die einzelnen Werte der Struktur werden dann als Uhrzeit (Kommentar `(1)`) bzw. Datum (Kommentar `(2)`) oder als Wochentag ausgegeben. Da die Strukturvariable `tm_wday` die Anzahl der Tage seit Sonntag zurückliefert, kann man dies zur Ausgabe eines Wochentages nutzen, indem man `tm_wday` als Index eines `char`-Arrays benutzt.

Bei der Zeitermittlung mittels Sekunden seit 01.01.1970 ergibt sich im Jahr 2038 ein Problem, das **Jahr-2038-Problem**: Da `size_t` in der Regel eine 32-Bit `long int`-Zahl ist, ergibt sich daraus ein maximaler Wert von 2147483647 für die Anzahl der Sekunden. Dies entspricht einem Datum vom 19.01.2038 wie folgendes Beispiel zeigt:

```
/* Datei: maxdatum.c */
#include <limits.h>
#include <time.h>
#include <stdio.h>

int main (void)
{
   time_t maxDatum = LONG_MAX;                              /* (1) */
   struct tm * ptrMaxDatum;
   ptrMaxDatum = gmtime (&maxDatum); /* Umrechnen der Sekunden    */
                                     /* und speichern in Struktur */
   printf ("Die 32-Bit-Zeit laeuft ab: \n");
   printf ("am %02d.%02d.%d",ptrMaxDatum->tm_mday,
           (ptrMaxDatum->tm_mon+1), (1900+(ptrMaxDatum->tm_year)));
   printf ("\tum %02d:%02d:%02d Uhr\n\n",ptrMaxDatum->tm_hour,
           ptrMaxDatum->tm_min, ptrMaxDatum->tm_sec);

   return 0;
}
```

Als Sekundenanzahl wird hier einfach der größtmögliche Wert einer `long int`-Zahl verwendet. (Kommentar `(1)`). Dann wird mit diesem Wert das Datum und die Uhrzeit berechnet (siehe Beispiel `datum.c`).

Hier die Ausgabe des Programmes:

```
Die 32-Bit-Zeit laeuft ab:
am 19.1.2038      um 03:14:07 Uhr
```

Das dauert zwar noch eine ganze Zeit, aber die Probleme, die dann kommen werden, dürften denen des Jahr-2000-Problemes nur um wenig nachstehen...

Beispiel Dateiinfo

Auch beim Abfragen von Dateiinformationen werden die ermittelten Daten in Form einer Struktur zurückgegeben und zwar in der Struktur `stat` (siehe `stat.h`):

```
struct stat {   _dev_t st_dev; /* Laufwerksnummer              */
                _ino_t st_ino; /* INODE-Nr., nur bei UNIX genutzt */
                unsigned short st_mode;/* Modus, Berechtigungen   */
                short st_nlink;/* Nur bei NTFS genutzt           */
                short st_uid;  /* USER-ID, nur bei UNIX genutzt  */
                short st_gid;  /* GROUP-ID, nur bei UNIX genutzt */
                _dev_t st_rdev;/* Laufwerksnummer                */
                _off_t st_size;/* Dateigroesse in Bytes          */
```

```
                time_t st_atime;/* Datum des letzten Zugriffes   */
                time_t st_mtime;/* Datum der letzten Aenderung    */
                time_t st_ctime;/* Erstelldatum                   */
            };
```

Im folgenden Beispiel soll von einer existierenden Datei (bitte ändern Sie den Dateinamen entsprechend) die Größe und das Datum der letzten Änderung abgefragt werden:

```
/* Datei: stat.c */
#include <time.h>
#include <sys/types.h>
#include <sys/stat.h>
#include <stdio.h>

int main (void)
{
   struct stat dateiInfo;
   char * pfad = "C:\\dateiname";    /* Hier bitte eine vorhandene */
   int retWert;                      /* Datei eingeben             */

   retWert = stat (pfad, &dateiInfo);/* Strukturdaten einlesen     */

   if (retWert < 0)       /* Abbruch, falls keine Datei vorhanden */
   {
      printf ("\nProbleme beim Oeffnen oder Finden der Datei\n");
      return -1;
   }

   printf ("Die Struktur DateiInfo enthaelt:\n");
   printf ("Datei-Groesse: %ld\n", dateiInfo.st_size);
   printf ("Zeitpunkt des letzten Aenderns: %s\n",
           ctime(&dateiInfo.st_mtime));
   return 0;
}
```

Hier eine mögliche Ausgabe des Programmes:

```
Die Struktur DateiInfo enthaelt:
Datei-Groesse: 26855
Zeitpunkt des letzten Aenderns:
Thu Feb 14 20:13:56 2002
```

Das Programm `stat.c` ermittelt über die Funktion `stat()` die Dateiinformationen zur Datei mit dem in `pfad` gespeicherten Namen und speichert diese in der Struktur `dateiInfo` ab. Über die Komponenten der Struktur kann man die benötigten Daten abrufen.

Die Verwendung von Strukturen empfiehlt sich immer dann, wenn zu einem Objekt (Person, Datei, Zeit, etc.) mehrere Daten mit unterschiedlichen Datentypen existieren. Diese können dann wesentlich bequemer gehandhabt werden.

11.2 Unionen

Eine Union besteht wie eine Struktur aus einer Reihe von Komponenten mit unterschiedlichen Datentypen. Im Gegensatz zur Struktur werden bei einer Union die Komponenten nicht hintereinander im Speicher abgebildet, sondern alle Alternativen beginnen bei derselben Adresse. Der Speicherplatz wird vom Compiler so groß angelegt, dass der Speicherplatz auch für die größte Alternative reicht.

Bei einer Union ist zu einem bestimmten Zeitpunkt jeweils nur eine einzige Komponente einer Reihe von alternativen Komponenten gespeichert.

Als Beispiel wird hier eine Union vom Typ `union vario` eingeführt:

```
union vario { int   intnam;
              long  longnam;
              float floatnam;
            } variant;
```

Ein Wert aus dem Wertebereich eines jeden der drei in der Union enthaltenen Datentypen kann an die Variable `variant` zugewiesen und in Ausdrücken benutzt werden. Man muss jedoch aufpassen, dass die Benutzung konsistent bleibt.

Der Programmierer muss verfolgen, welcher Typ jeweils in der Union gespeichert ist. Der Datentyp, der entnommen wird, muss der sein, der zuletzt gespeichert wurde.

Für Unionen gibt es die gleichen Operationen wie für Strukturen:

- die Zuweisung,
- die Selektion einer Komponente,
- die Ermittlung der Größe einer Union mit Hilfe des `sizeof`-Operators
- und die Ermittlung der Adresse einer Union.

Die Auswahl von Komponenten erfolgt wie bei Strukturen über den Punkt- bzw. den Pfeiloperator:

```
int x;
variant.intnam = 123;
x = variant.intnam;
```

oder

```
union vario * ptr;
ptr = &variant;
x = ptr->intnam;
```

Unionen können in Strukturen und Vektoren auftreten und umgekehrt.

Wenn ein Pointer auf eine Union in den Typ eines Pointers auf eine Alternative umgewandelt wird, so verweist das Resultat auf diese Alternative. Dies ist u.a. im folgenden Beispiel zu sehen. Voraussetzung ist natürlich, dass diese Alternative die gerade aktuell gespeicherte Alternative darstellt.

```c
/* Datei: union.c */
#include <stdio.h>

int main (void)
{
   union zahl { int   intnam;
                long  longnam;
                float floatnam;
              };
   union zahl feld [2], * ptr;
   float * floatptr;

   /* Groesse einer Union und ihrer Alternativen            */
   printf ("\nGroesse der Union: %d", sizeof (union zahl));
   printf ("\nGroesse der Array-Komponenten: %d", sizeof (feld[1]));
   printf ("\nGroesse von int  : %d", sizeof (int));
   printf ("\nGroesse von long : %d", sizeof (long));
   printf ("\nGroesse von float: %d\n", sizeof (float));

   feld[0].longnam = 5L;
   printf ("\nInhalt von feld[0]: %ld", feld[0].longnam);
   feld[0].intnam = 10;
   printf ("\nInhalt von feld[0]: %d", feld[0].intnam);
   feld[0].floatnam = 100.0;
   printf ("\nInhalt von feld[0]: %6.2f", feld[0].floatnam);
   printf ("\n-----------------------------------");

   feld[1] = feld[0];                 /* Zuweisung einer Union       */
   printf ("\nInhalt von feld[1]: %6.2f", feld[1].floatnam);
   feld[1].floatnam += 25.;
   ptr = &feld[1];                    /* Adresse einer Union         */

   /* Umwandlung Zeiger auf Union in Zeiger auf Alternative        */
   floatptr = (float *) ptr;

   printf ("\nInhalt von feld[1]: %6.2f",
           ptr -> floatnam);                    /* Inhalt Alternative */
   printf ("\nInhalt von feld[1]: %6.2f",
           *floatptr);                           /* Inhalt Alternative */
   printf ("\ndas war's\n\n\n");

   return 0;
}
```

Hier die Ausgabe des Programms:

```
Groesse der Union: 4
Groesse der Array-Komponenten: 4
Groesse von int  : 4
Groesse von long : 4
Groesse von float: 4

Inhalt von feld[0]: 5
Inhalt von feld[0]: 10
Inhalt von feld[0]: 100.00
------------------------------------
Inhalt von feld[1]: 100.00
Inhalt von feld[1]: 125.00
Inhalt von feld[1]: 125.00
das war's
```

Das Programm wurde mit einem Compiler kompiliert, bei dem der Datentyp int 32 Bit und long ebenfalls 32 Bit Länge hat.

Bei einer Union kann nur eine **Initialisierung** der ersten Alternative erfolgen. Diese Initialisierung erfolgt durch einen in geschweiften Klammern stehenden konstanten Ausdruck. Eine Variable vom Typ union zahl aus obigem Beispiel kann also nur mit einem konstanten int-Ausdruck initialisiert werden.

Automatische[71] Variablen vom Typ einer Union können auch durch die Zuweisung eines Ausdrucks vom selben Typ initialisiert werden.

Am Ende des Kapitels soll in einem Beispiel eine sinnvolle Anwendung von Unionen gezeigt werden. Muss man etwa in einem Grafikpaket sowohl mit Punkten in kartesischen Koordinaten als auch mit Punkten in Radialkoordinaten umgehen können, kann man Unionen dazu einsetzen, die jeweils richtige Repräsentation und Benennung der Komponenten sicherzustellen. Dazu das folgende Beispiel-Programm:

```
/* Datei: union_bsp.c */
#include <stdio.h>
#include <math.h>        /* enthaelt die Wurzelfunktion sqrt() */

int main (void)
{
   int i;

   enum punktArt {KARTESISCH, RADIAL};               /*(1)*/

   struct kartesischerPunkt {                        /*(2)*/
                        double x, y;   /* Koordinaten */
                        } ;
```

---

[71] Siehe Kapitel 13.5.1.

```
struct radialPunkt {                                        /*(3)*/
                    double radius;   /* Radius ab Ursprung */
                    double phi;      /* Winkel in Grad      */
                };

struct punkt {                                              /*(4)*/
            enum punktArt art;
            union {                                          /*(5)*/
                    struct kartesischerPunkt kPunkt;
                    struct radialPunkt rPunkt;
                } u;
        };

struct punkt pts[2];                                        /*(6)*/

pts[0].art = KARTESISCH;                                    /*(7)*/
pts[0].u.kPunkt.x = 1.;
pts[0].u.kPunkt.y = 1.;
/* Unlogisch, aber moeglich: pts[0].u.rPunkt.phi = 45.;    */

pts[1].art = RADIAL;
pts[1].u.rPunkt.radius = sqrt (2.); /* sqrt() = Wurzel aus */
pts[1].u.rPunkt.phi = 45.;

for (i=0; i < sizeof pts / sizeof pts[0]; i++)          /*(8)*/
{
    switch (pts[i].art)                                 /*(9)*/
    {
    case KARTESISCH: printf ("(x,y)=(%f,%f)\n",
        pts[i].u.kPunkt.x, pts[i].u.kPunkt.y);
      break;
    case RADIAL: printf ("(r,phi)=(%f,%f)\n",
        pts[i].u.rPunkt.radius, pts[i].u.rPunkt.phi);
      break;
    }
}
return 0;
}
```

Bei Kommentar (1) wird ein Aufzählungstyp definiert, der die verschiedenen Möglichkeiten, Punkte darzustellen, aufzählt. Bei den Kommentaren (2) und (3) werden die Strukturtypen für die verschiedenen Koordinatentypen definiert. Der Strukturtyp struct punkt bei Kommentar (4) fasst nun die enum-Komponente art und eine innerhalb der Struktur namenlos definierte Union (Kommentar (5)) mit dem Komponentennamen u zusammen. Durch die Komponente art kann nun für jeden Punkt vom Strukturtyp struct punkt entschieden werden, um welche Art von Punkt es sich handelt. Unionen alleine können das nicht. Ab Kommentar (6) werden in einem Array von Punkten eine kartesische Koordinate und eine Radialkoordinate initialisiert. Hier ist es wichtig, dass die Komponente art jeweils korrekt gesetzt wird. Die Prüfung, ob die gesetzte art zu den folgenden Koordinateninitialisierungen (z.B. pts[0].u.kPunkt.x = 1.;) passt, wird weder vom Compiler noch vom Laufzeitsystem durchgeführt! Es wäre also auch möglich –

obgleich   nicht   zur   Komponente   `art`   passend   –   versehentlich   mit
`pts[0].u.rPunkt.phi = 45.;` zu initialisieren.

Bei Kommentar `(8)` werden dann in einer `for`-Schleife alle Punkte im Array `pts` der
Reihe nach ausgegeben. Der `switch` bei Kommentar `(8)` sorgt dafür, dass die
Punkte mit einem passenden Format gedruckt werden. Auch hier wird wieder die
Komponente `art` eines jeden Punktes verwendet.

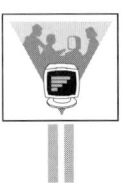

Hier die Ausgabe des Programmes:

```
(x,y)=(1.000000,1.000000)
(r,phi)=(1.414214,45.000000)
```

11.3 Bitfelder – Komponenten von Strukturen und Unionen

Bis zu dieser Stelle wurden lediglich die Bitoperationen `|` (bitweises ODER), `&`
(bitweises UND), `^` (Exklusives-ODER) und `~` (Einer-Komplement) als Möglichkeit
zur Bitmanipulation in der Programmiersprache C vorgestellt. Hierbei kann man
durch gezieltes Verknüpfen eines Bytes, Wortes oder Langwortes mit einem
entsprechenden Bitmuster Bits setzen oder löschen. Eine weitere Möglichkeit stellen
die Bitfelder dar. **Bitfelder** ermöglichen es, Bits zu gruppieren.

Ein Bitfeld besteht aus einer angegebenen Zahl von Bits
(einschließlich eines eventuellen Vorzeichenbits) und wird als
ganzzahliger Typ betrachtet. Ein Bitfeld kann eine Komponente
einer Struktur oder Union sein. Die Länge des Bitfeldes wird vom
Bitfeld-Namen durch einen Doppelpunkt getrennt.

Bitfelder können in der hardwarenahen Programmierung
eingesetzt werden. Dort werden Hardware-Bausteine in der
Regel über das Setzen von Bit-Masken programmiert.

Im Folgenden wird das Beispiel einer Struktur mit Bitfeldern als Komponenten
behandelt. Die Definition eines solchen Strukturtyps ist:

```
struct name { bitfeldtyp_1 bitfeld_1: bitanzahl_1;
              bitfeldtyp_2 bitfeld_2: bitanzahl_2;
                ....
              bitfeldtyp_n bitfeld_n: bitanzahl_n;
            };
```

Bitfelder sind von der jeweiligen Implementierung des Compilers abhängig. So sind z.B. die zulässigen Typen für ein Bitfeld und die physikalische Anordnung der verschiedenen Bitfelder im Speicher je nach Compiler unterschiedlich.

Die Datentypen, die in einem Bitfeld verwendet werden dürfen, sind eingeschränkt. Nach dem Standard dürfen lediglich die Typen `int`, `signed int` oder `unsigned int` verwendet werden. Bei manchen Compilern wie z.B. VCC sind auch die Typen `char`, `short` und `long` jeweils `signed` und `unsigned` erlaubt. Letztendlich ist der Datentyp eines Bitfeldes für die Interpretation der einzelnen Bits ausschlaggebend. Hierbei spielt auch eine entscheidende Rolle, ob das Bitfeld `signed` oder `unsigned` ist. Beim Typ `signed` wird das Most Significant Bit (MSB) – das ist das linke Bit des Bitfeldes – für die Darstellung des Vorzeichenbits in Zweierkomplement-Form benutzt[72]. Ist das MSB gleich 1, so wird die Zahl als negative Zahl interpretiert. Im folgenden Beispiel werden sowohl `signed`- als auch `unsigned`-Bitfelder gezeigt:

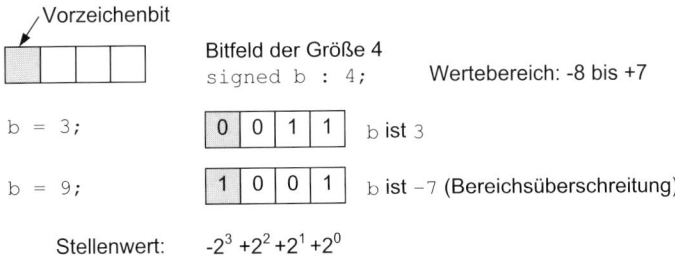

Bild 11-4 Zuweisungen an Bitfelder vom Typ `unsigned`

Werden einem `unsigned`-Bitfeld Werte zugewiesen, die außerhalb des Wertebereichs des Bitfeldes liegen, so wird mit der modulo-Arithmetik (siehe Kapitel 5.2) ein Überlauf vermieden.

Vorzeichenbit

Bitfeld der Größe 4
`signed b : 4;`   Wertebereich: -8 bis +7

b = 3; | 0 | 0 | 1 | 1 | b ist 3

b = 9; | 1 | 0 | 0 | 1 | b ist −7 (Bereichsüberschreitung)

Stellenwert: $-2^3 +2^2 +2^1 +2^0$

Bild 11-5 Zuweisungen an Bitfelder vom Typ `signed`

Ein weiteres Problem tritt auf, wenn wie in Bild 11-5 bei der Zuweisung der Zahl 9 in das Bitfeld `signed b:4` eine Bereichsüberschreitung auftritt. Das Bitfeld `b` hat

---

[72] Ob das höchste Bit eines `int`-Bitfeldes als Vorzeichenbit genommen wird, ist implementierungsabhängig.

eigentlich einen Zahlenbereich von -8 bis +7. Bei einer Zuweisung einer Zahl
außerhalb des Zahlenbereichs werden die Bits den Stellen entsprechend hart
zugewiesen, ohne dass vom Compiler auf einen Überlauf hingewiesen wird.
Entsprechend der Darstellung im Zweierkomplement wird bei 7+1 das höchste Bit
gesetzt, die anderen Bits sind 0. Daraus ergibt sich der Wert -8. Aus der Zahl 9 wird
dann in dem Bitfeld entsprechend eine -7, 10 entspricht -6, und so fort.

> Ein Bitfeld wird wie eine normale Komponente einer Struktur mit
> dem Punkt-Operator . angesprochen. Der Pfeil-Operator -> ist je
> nach Compilerhersteller zugelassen oder auch nicht, da ein
> Bitfeld nicht immer eine Adresse hat (siehe unten).

Speicherbelegung von Strukturen mit Bitfeldern

Die Belegung des Speichers ist abhängig von der jeweiligen Implementierung des
Compilerherstellers. In den meisten Fällen werden die verschiedenen Bitfelder
nahtlos aneinander gefügt, wie in Bild 11-6 zu sehen ist:

```
struct Bitfeld_Struktur_1 { unsigned a:3;
                            unsigned b:4;
                            unsigned c:2;
                            unsigned d:8;
                          };
```

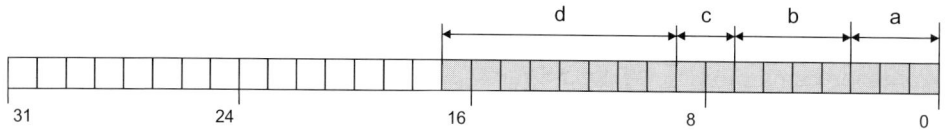

Bild 11-6 Speicherbelegung der Struktur `struct Bitfeld_Struktur_1`

Das Bitfeld d reicht in diesem Beispiel über die Grenze von 16 Bit hinaus.

Es ist auch erlaubt, ein Bitfeld ohne Namen einzuführen. Dies führt zu einer
Belegung der entsprechenden Bits, ohne dass man diese ansprechen kann. Dies
wird oft im Zusammenhang mit der Abbildung von Hardware-Registern benutzt, bei
denen in vielen Fällen solche ungenutzten oder reservierten Bits auftauchen. Das
Freilassen von Bits soll im folgenden Beispiel gezeigt werden:

```
struct Bitfeld_Struktur_2 { unsigned a:3;
                            unsigned b:4;
                            unsigned  :2;
                            unsigned d:8;
                          };
```

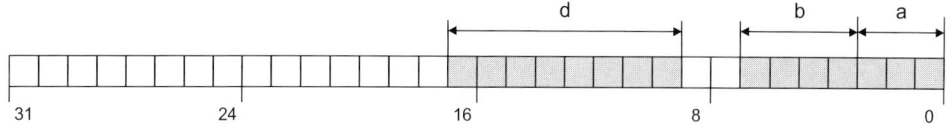

Bild 11-7 Speicherbelegung der Struktur `struct Bitfeld_Struktur_2`

Will man erzwingen, dass ein Bitfeld `d` an einer bestimmten relativen Adresse (z.B. Wortgrenze) beginnt (**Alignment**), so wird dies durch Einfügen eines namenlosen Bitfelds der Größe 0 erreicht, wie im folgenden Beispiel zu sehen ist:

```
struct Bitfeld_Struktur_3 { unsigned a:3;
                            unsigned b:4;
                            unsigned c:2;
                            unsigned  :0;
                            unsigned d:8;
                          };
```

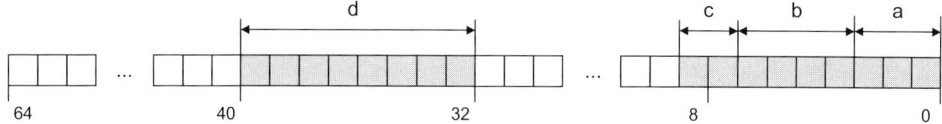

Bild 11-8 Speicherbelegung der Struktur `struct Bitfeld_Struktur_3`
am Beispiel eines 16-Bit Alignments

Durch den ISO-Standard – der zur Speicherbelegung von Bitfeldern nichts aussagt – ist es dem Compiler-Hersteller überlassen, wie der Speicher von mehreren aufeinanderfolgenden Bitfeldern belegt wird. So ist es z.B. möglich, dass zwei Bitfelder in demselben Byte, Wort oder Langwort untergebracht werden. Somit ist aber ein Ansprechen des Bitfeldes über einen Pointer in der Regel unmöglich, da über Adressen nur ganze Speicherzellen angesprochen werden können (siehe Kapitel 6).

> Das Ansprechen eines Bitfeldes über die Adresse oder das Anwenden des Adressoperators auf ein Bitfeld ist nur bei Compiler-Implementierungen möglich, die den Anfang eines Bitfeldes auf eine Byte-Adresse im Speicher legen. Werden aufeinanderfolgende Bitfelder direkt aneinander gehängt, so ist eine Adressierung unmöglich, da der Anfang eines Bitfeldes innerhalb eines Bytes im Speicher sein kann.

Hier nun ein Beispiel zum Einsatz von Bitfeldern. Neben der Verwendung in der hardwarenahen Programmierung kann man die Bitfelder auch in der Computergrafik einsetzen. Oft hat man nur wenige Farben, Schriftsätze, Schriftarten etc. zur Verfügung, so dass es wenig Sinn macht, für jeden Bildpunkt volle acht Bit für jede dieser Informationen zu verwenden.

Im folgenden Beispiel sollen Funktionen auf dem Textbildschirm mit Kennbuchstaben gezeichnet werden.

Hier zunächst die Ausgabe des folgenden Programmes:

```
ccc              *****                        xxxxx        ccc
|  ccc  ss*        *ss                    x       x    ccc
|    cs x          x s                   x         x  c
|   ssc*           x ss                 x          *c
|   s xx c         xx s            xx              c xx
|   s x      c      x s         x              c      x
|   s x       c     x s       x             c         x
|s x         c      x s     x             c           x
*xx---------c----------xx*xx----------c----------xx*
|            c             s            c            s
|             c            s             c           s
|              c           s             c          s
|               c          s            c          s
|               cc        sscc                    ss
|                c         cs             s
|                ccc   ccc  sss      sss
|                   ccccc        sssss
|
s: sin(x)
c: cos(x)
x: sin(x)*sin(x)
```

Es werden also drei Funktionen und ein Achsensystem gezeichnet. Wenn ein Punkt von mehreren Funktionen gebraucht wird, so wird ein '*' gezeichnet. Das Diagramm wird von folgendem Programm erzeugt:

```c
/* Datei: bitfeld.c */
#include <stdio.h>
#include <math.h>

#define HOEHE  17
#define BREITE 53
int main (void)
{
   /* Struktur für einen Plot-Punkt:                       (1) */
   static struct plotPunkt{
          unsigned char fnktNr:2;   /* Nummer der Funktion, zu  */
                                    /* der der Punkt gehört     */
          unsigned char xAchse:1;   /* Punkt gehoert zur X-Achse */
          unsigned char yAchse:1;   /* Punkt gehoert zur Y-Achse */
          unsigned char mehrfachGesetzt:1;
          /* Falls mehr als eine Funktion auf den Punkt trifft. */
   } ausgabeArray[HOEHE][BREITE];                       /* (2) */
                      /*D.h. 17 Zeilen x 53 Spalten        */

   const double PI = 4. * atan (1.);                    /* (3) */
   int i;                                  /* Laufendes x */
   int j;                                  /* Laufendes y */
```

```
/* Achsen in ausgabeArray eintragen:                        (4) */
for (i = 0; i < BREITE; i++)
   ausgabeArray[HOEHE/2][i].xAchse = 1;
for (j = 0; j < HOEHE; j++)
   ausgabeArray[j][0].yAchse = 1;

/* ausgabeArray mit Funktionsnummer je Funktion fuellen:    (5) */
for (i = 0; i < BREITE; i++)
{
   int f;
   double y [3]; /* Fuer die 3 Funktionswerte der 3 Funktionen */
   double x = (double) i / (BREITE-1) * 2. * PI;
   y[0] = sin (x);
   y[1] = cos (x);
   y[2] = y[0] * y[0];   /* == sin(x) * sin(x)                 */
   for (f = 0; f < sizeof (y) / sizeof (y[0]); f++)
   {
      j = (int) ((1. - y[f]) / 2. * (HOEHE-1) + 0.5);
      /* Schon eine Funktion in diesem Punkt?                (6) */
      if (ausgabeArray[j][i].fnktNr > 0)
         ausgabeArray[j][i].mehrfachGesetzt = 1;
      else
         ausgabeArray[j][i].fnktNr = f+1;
   }
}

/* ausgabeArray drucken:                                     (7) */
for (j = 0; j < HOEHE; j++)
{
   for (i = 0; i < BREITE; i++)
   {
      if (ausgabeArray[j][i].mehrfachGesetzt)  printf ("*");
      else if (ausgabeArray[j][i].fnktNr == 1) printf ("s");
      else if (ausgabeArray[j][i].fnktNr == 2) printf ("c");
      else if (ausgabeArray[j][i].fnktNr == 3) printf ("x");
      else if (ausgabeArray[j][i].xAchse)      printf ("-");
      else if (ausgabeArray[j][i].yAchse)      printf ("|");
      else                                     printf (" ");
   }
   printf ("\n");
}
printf ("s: sin(x)\n");
printf ("c: cos(x)\n");
printf ("x: sin(x)*sin(x)\n");
return 0;
}
```

Bei Kommentar (1) wird die Struktur für Punkte mit den Bitfeldern definiert. Für die Funktionsnummer (fnktNr) werden 2 Bit vergeben, was insgesamt das Zeichnen von drei Funktionen ermöglicht (punkt.fnktNr == 0 bedeutet, dass in diesem Punkt keine Funktion steht). Die anderen Komponenten werden mit jeweils einem Bit versehen, da sie Wahrheitswerte darstellen. Wenn zum Beispiel bei einem Punkt punkt.xAchse == 1 steht, so gehört dieser Punkt zur X-Achse.

Bei Kommentar (2) wird ein Array `ausgabeArray` mit 17 Zeilen x 53 Spalten zum Zeichnen der Funktionen angelegt. Die Konstante `PI` wird bei Kommentar (3) mit Hilfe der `atan()`-Funktion bestimmt. Ab Kommentar (4) werden die Punkte des Arrays, die zu den X- und Y-Achsen gehören, durch Setzen der Komponenten `xAchse` bzw. `yAchse` initialisiert.

Ab Kommentar (5) werden für alle benötigten X-Werte die Werte der drei Funktionen berechnet und in dem Punkt im Array `ausgabeArray` eingetragen, welcher durch die Funktion getroffen wird. Falls für einen Punkt schon eine Funktion eingetragen worden ist, so wird bei Kommentar (6) stattdessen diese Tatsache in der Komponente `mehrfachGesetzt` des Punktes vermerkt.

Ab Kommentar (7) schließlich werden in einer doppelten `for`-Schleife alle Punkte des `ausgabeArray` zeilenweise ausgegeben. Durch verkettete Fallunterscheidungen mit den Komponenten `mehrfachGesetzt`, `fnktNr`, `xAchse` und `yAchse` eines jeden Punktes wird der jeweils richtige Kennbuchstabe ausgegeben.

Hätte man ohne den Einsatz von Bitfeldern für jede Komponente der Struktur `plotPunkt` mindestens einen `unsigned char` angesetzt, so wären 4 Byte je Punkt benötigt worden. Durch den Einsatz von Bitfeldern konnte der Speicherbedarf je Punkt auf 1 Byte reduziert werden.

Zum Abschluss sei dennoch noch einmal erwähnt, dass Bitfelder sehr implementierungsabhängig sind, was durch den ISO-Standard gewünscht wurde. Dies führt dazu, dass bei der Portierung von Programmen, die Bitfelder enthalten, große Vorsicht angeraten ist.

Vorsicht!

11.4 Übungsaufgaben

Aufgabe 11.1: Initialisierung von Strukturen. Pointer auf Strukturen. Übergabe eines Pointers auf eine Strukturvariable an eine Funktion

a) Notieren Sie, was Sie als Ausgabe des folgenden Programms erwarten. Verifizieren Sie Ihr Ergebnis durch einen Programmlauf!

```
#include <stdio.h>

struct adresse { char          strasse [30];
                 char          ort [30];
                 unsigned long telefonnummer;
               };

struct person { unsigned long  personalnummer;
                char           nachname [20];
                char           vorname [20];
                struct adresse adr;
                double         gehalt;
              };

int main (void)
{
    struct person gross = { 123,
                            "Gross",
                            "Max",
                            {
                             "Muehlenweg 1",
                             "73732 Esslingen",
                             260633L
                            },
                            5000.00
                          };
    struct person * ptr1;
    struct adresse  * ptr2;
    ptr1 = &gross;
    ptr2 = &gross.adr;
    printf ("\nDaten von Herrn Gross:");
    printf ("\nPersonalnummer: %ld", gross.personalnummer);
    printf ("\nPersonalnummer: %ld", ptr1->personalnummer);
    printf ("\nNachname: %s", gross.nachname);
    printf ("\nNachname: %s", ptr1->nachname);
    printf ("\nVorname:  %s", gross.vorname);
    printf ("\nVorname:  %s", ptr1->vorname);
    printf ("\nStrasse:  %s", gross.adr.strasse);
    printf ("\nStrasse:  %s", ptr1->adr.strasse);
    printf ("\nStrasse:  %s", ptr2->strasse);
    printf ("\nOrt:      %s", ptr1->adr.ort);
    printf ("\nOrt:      %s", ptr2->ort);
    printf ("\nTelefon:  %ld", ptr1->adr.telefonnummer);
    printf ("\nTelefon:  %ld", ptr2->telefonnummer);
    printf ("\nGehalt:   %10.2f Euro", gross.gehalt);
    printf ("\nGehalt:   %10.2f Euro", ptr1->gehalt);
    return 0;
}
```

b) Ändern Sie das Programm um. Alle Daten von Herrn Gross sollen mit Hilfe der
    Funktion `drucke_ang()` ausgegeben werden. An die Funktion `drucke_ang()`
    soll ein Pointer auf das Objekt `gross` übergeben werden.

Aufgabe 11.2: Ringpuffer

Drei Messdaten-Telegramme werden in Form eines Ringpuffers im Arbeitsspeicher
abgelegt, wobei die Verkettung der Telegramme nur in einer Richtung erfolgt (siehe
Bild 11-9).

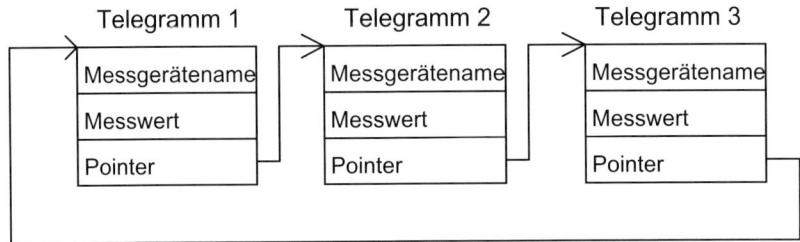

Bild 11-9 Als Ringpuffer verkettete Telegramme

Zur Realisierung des Ringbuffers dient das folgende Programm (fehlende Teile des
Programms sind durch . . . . gekennzeichnet):

```
#include <stdio.h>

struct messdaten {
               char *  messgeraetename;
               float   messwert;
               struct messdaten * ptr;
               };

void ausgabe (struct messdaten *);

int main (void)
{
   struct messdaten telegramm1, telegramm2, telegramm3;
   struct messdaten * ptr1, * ptr2, * ptr3;

   ptr1 = &telegramm1;
   ptr2 = &telegramm2;
   ptr3 = &telegramm3;

   /* Telegramme initialisieren      */

   /* Messgeraetenamen initialisieren */
   telegramm1.messgeraetename = "Sensor1";
   telegramm2.messgeraetename = "Sensor2";
   telegramm3.messgeraetename = "Sensor3";

   /* Messwerte initialisieren */
   telegramm1.messwert = 1.0;
   telegramm2.messwert = 2.0;
   telegramm3.messwert = 3.0;
```

```
    /* Pointer initialisieren:
       damit Verkettung des Ringpuffers erzeugen */
    telegramm1.ptr = ....;          /* zeigt auf Telegramm 2 */
    telegramm2.ptr = ....;          /* zeigt auf Telegramm 3 */
    telegramm3.ptr = ....;          /* zeigt auf Telegramm 1 */

    /*  Ausgabe */
    ausgabe (ptr1);
    return 0;
}

void ausgabe (....)
{
    struct messdaten * pointer2, * pointer3;

    /* Messgeraetenamen von Telegramm 1 ausgeben  */
    printf (....);
    /* Messwert von Telegramm 1 ausgeben          */
    printf (....);

    pointer2 = ....; /* Pointer2 berechnen        */
    /* Messgeraetenamen von Telegramm 2 ausgeben  */
    printf (....);
    /* Messwert von Telegramm 2 ausgeben          */
    printf (....);

    /* Pointer 3 berechnen */
    pointer3 = ....;
    /* Messgeraetenamen von Telegramm 3 ausgeben  */
    printf (....);
    /* Messwert von Telegramm 3 ausgeben          */
    printf (....);
}
```

a) Ergänzen Sie die fehlenden Teile des Hauptprogramms, das heißt, verketten Sie die Telegramme, wie im Bild angegeben.

b) Ergänzen Sie die fehlenden Teile der Funktion `ausgabe()`. Die Funktion `ausgabe()` gibt für alle drei Telegramme den Messgerätenamen und den Messwert am Bildschirm aus.

Aufgabe 11.3: gets(). strcpy(). Strukturen

Ergänzen Sie die fehlenden Teile des folgenden Programms. Fehlende Teile sind durch .... gekennzeichnet. Die Postleitzahl soll zunächst in einen lokalen Puffer eingelesen werden. Mit Hilfe von `strcpy()` ist in das Feld `plz` der Struktur `ang_typ` automatisch der String "D-" zu kopieren. In die Folgezeichen soll der Inhalt des lokalen Buffers kopiert werden.

```
#include <stdio.h>
#include <string.h>

struct ang_typ {
                char anrede [10];
                char name [30];
                char strasse [30];
                char plz [10];
                char ort [30];
                int geb_jahr;
                };

..... ang_daten_einlesen (void)
{
   struct ang_typ ang_satz;
   char buff [10];

   printf ("\nGib die Anrede ein: ");
   gets (....);

   printf ("\nGib den Namen ein: ");
   gets (....);

   printf ("\nGib die Strasse mit Hausnummer ein: ");
   gets (....);

   printf ("\nGib die Postleitzahl ein: ");
   gets (....);
   ......

   printf ("\nGib den Ort ein: ");
   gets (....);

   printf ("\nGib das Geburtsjahr ein: ");
   scanf ("%d", ....);
   return ....;
}

void ang_daten_ausgeben (struct ang_typ ang)
{
   printf("\nAnrede:                  %s\n", ....);
   printf("Name:                    %s\n", ....);
   printf("Strasse mit Hausnummer: %s\n",. ....);
   printf("PLZ/Ort:                 %s %s\n", ....);
   printf("Geboren:                 %4d\n", ....);
}

int main (void)
{
   struct ang_typ m_ang_satz;

   m_ang_satz = ang_daten_einlesen ();
   ang_daten_ausgeben (m_ang_satz);
   return 0;
}
```

Aufgabe 11.4: Vektoren von Pointern

Analysieren Sie das folgende Programm und schreiben Sie die Ausgabe auf.

Machen Sie anschließend einen Programmlauf und überprüfen Sie Ihre Resultate. Hier das Programm:

```c
#include <stdio.h>
#define N 10

int main (void)
{
   int lv;
   struct komplex {
                   float x;
                   float y;
                   } zahl [N] = {{1.,  10.},
                                 {2.,  20.},
                                 {3.,  30.},
                                 {4.,  40.},
                                 {5.,  50.},
                                 {6.,  60.},
                                 {7.,  70.},
                                 {8.,  80.},
                                 {9.,  90.},
                                 {10., 100.}
                                 };

   struct komplex * ptr [N];
   for (lv = 0; lv <= (N - 1); lv++) ptr[lv]  = &zahl[lv];

   for (lv = 0; lv <= (N - 1); lv++)
   {
      printf ("\n %6.2f   %6.2f", zahl[lv].x, zahl[lv].y);
      printf ("\n %6.2f   %6.2f", ptr[lv]->x, ptr[lv]->y);
   }
   return 0;
}
```

Aufgabe 11.5: strcpy() und strcat()

Das folgende Programm soll dazu dienen, eine Nachricht vom Typ `message_typ` im Dialog zu erstellen. Schreiben Sie die Funktionen `eingabe()`, `message_gen()` und `drucke()`. In der Funktion `eingabe()` sollen der Funktionscode, der Absender, der Adressat und der Nachrichtentext eingelesen werden. Die Funktion `message_gen()` soll daraus eine Nachricht generieren. Da alle Nachrichten von der Hochschule nach außen gehen sollen, soll mit Hilfe der Funktion `strcat()` der String "Hochschule::" vor den eingegebenen Absender in die Nachricht geschrieben werden. Die Funktion `drucke()` dient dazu, die Nachricht auf dem Bildschirm anzuzeigen, ehe sie versandt wird. Das Abschicken ist nicht Teil dieser Übungsaufgabe.

```c
#include <stdio.h>
#include <string.h>

struct messagekopf {
                    int functioncode;
                    char absender [20];
                    char adressat [10];
                    };

struct message_typ {
                    struct messagekopf header;
                    char messagetext [20];
                    };

int main (void)
{
   int fc;
   char absender [20];
   char adressat [10];
   char m_text [20];
   struct message_typ message;
   eingabe (&fc, absender, adressat, m_text);
   message = message_gen (fc, absender, adressat, m_text);
   drucke (message);
   return 0;
}
```

Kapitel 12

Komplexere Datentypen, eigene Typnamen und Namensräume

12 Komplexere Datentypen, eigene Typnamen und Namensräume

12.1 Komplexere Vereinbarungen

Vereinbarungen in C können i.a. nicht stur von links nach rechts gelesen werden. Stattdessen muss man die Vorrang-Reihenfolge der Operatoren (siehe Kapitel 7.6.8) beachten. Im Folgenden werden einige komplexere Datentypen vorgestellt, bei denen diese Reihenfolge eine Rolle spielt.

Array von Pointern

```
int * alpha [8]
```

Vereinbart wird eine Variable mit dem Namen `alpha`. Es ist zu beachten, dass der Klammer-Operator `[ ]` Vorrang vor dem `*`-Operator hat. Daher wird auf den Namen `alpha` als erstes der Operator `[8]` angewandt: `alpha` ist also ein Array mit 8 Komponenten. Der Typ einer Komponente ist `int *`, also Pointer auf `int`. Damit ist `alpha` ein Array (Vektor) von Pointern auf `int` mit 8 Arraykomponenten.

Wegen der Rangfolge der Operatoren ist `alpha` in

```
int * alpha [8];
```

ein Array aus 8 Komponenten, wobei jede Komponente den Typ `int *`, d.h. Pointer auf `int` hat.

Der Datentyp

```
int * [8]
```

ist ein Array von 8 Pointern auf `int`.

Pointer auf ein Array

`alpha` soll jetzt ein Pointer sein. Dies wird durch die Benutzung von Klammern erzwungen:

```
(* alpha)
```

Damit ist `alpha` ein „Pointer auf".

Er soll auf ein Array aus 8 `int`-Komponenten zeigen.

```
int (*alpha) [8] /* alpha ist ein Pointer auf ein  */
                 /* Array aus 8 int-Komponenten    */
```

Funktion mit Rückgabewert „Pointer auf"

```
int * func (....)
```

Die Klammern haben eine höhere Priorität als der `*`. Damit ist `func()` eine Funktion mit dem Rückgabewert Pointer auf `int`.

Pointer auf eine Funktion

```
int * (* pointer_Fkt) (....)
```

Wegen der Klammern wird zuerst ausgewertet:

```
(* pointer_Fkt)
```

Damit ist `pointer_Fkt` ein Pointer.

Wegen der runden Klammern `(....)`, die Vorrang vor dem Operator `*` von `int *` haben, ist

```
(* pointer_Fkt) (....)
```

ein Pointer auf eine Funktion. Der Rückgabetyp dieser Funktion ist `int *`. Also ist `pointer_Fkt` ein Pointer auf eine Funktion mit einem Rückgabewert vom Typ Pointer auf `int`.

Funktion mit einem Rückgabewert „Pointer auf ein Array von Pointern auf Zeichen"

```
char * (* delta (....))[10]
```

Betrachtet man den Ausdruck in Klammern

```
(* delta (....))
```

so erkennt man, dass `delta` eine Funktion ist, die einen Pointer zurückgibt.

Der `[]`-Operator hat Vorrang vor dem `*`-Operator von `char *`:

```
(* delta (....)) [10]
```

Es wird also ein Pointer auf ein Array von 10 Komponenten zurückgegeben.

Jede der Komponenten ist ein Pointer:

```
* (* delta (....)) [10]
```

und zwar ein Pointer auf `char`:

```
char * (* delta (....)) [10]
```

Da runde Klammern zuerst ausgewertet werden und der
Arrayindex-Operator `[]` höher prior als der `*`-Operator ist, ist
`delta` in

```
char * (* delta (....)) [10]
```

eine Funktion mit der Parameterliste `(....)` und dem
Rückgabetyp Pointer auf ein Array aus 10 Komponenten vom
Typ `char` `*`. Mit anderen Worten, der Rückgabewert von `delta`
ist ein Pointer auf ein Array aus 10 Strings.

12.2 Komplexere Typen

Lässt man den Bezeichner in einer Vereinbarung weg, so steht der Typ da. Beispiele
für Typen sind:

`int *`	Pointer auf `int`
`float[10]`	Array mit 10 `float`-Komponenten
`char * [20]`	Array von 20 Pointern auf `char`
`int (*) [10]`	Pointer auf ein Array von 10 `int`-Komponenten
`int (*) (char, char *)`	Pointer auf eine Funktion mit einer Parameterliste mit Argumenten vom Typ `char` und Pointer auf `char` und dem Rückgabetyp `int`

12.3 typedef zur Vereinbarung eigener Typnamen

Eigene **Typnamen** als Aliasnamen zu bestehenden Datentypnamen können in C mit Hilfe von `typedef` vereinbart werden.

Ein **Aliasname** ist ein zweiter gültiger Name. Eigene Typnamen (Aliasnamen) sind
besonders bei zusammengesetzten Datentypen nützlich – es funktioniert aber selbstverständlich auch für einfache Datentypen. Beispielsweise wird durch die
Vereinbarung

```
typedef int integer;
```

der Typname `integer` synonym zu `int`. Der Typ `integer` kann dann bei Vereinbarungen, Umwandlungsoperationen usw. genauso verwendet werden wie der Typ
`int`:

```
integer len, maxLen;
integer * array[8];
```

Man beachte, dass der in `typedef` vereinbarte Typname in der Typvereinbarung nicht direkt nach `typedef` steht, sondern nach dem Datentyp, zu dem er synonym ist.

> Es ist auch möglich, auf einmal sowohl einen neuen Datentyp als auch einen zusätzlichen Typnamen einzuführen.

Dies wird im folgenden Beispiel gezeigt:

```
typedef struct point { int x;
                        int y;
                      } punkt;
```

Innerhalb der geschweiften Klammern wird der neue Datentyp definiert. Sein Typname ist `struct point`. Der zusätzliche Typname ist `punkt`.

Damit kann man Punkte sowohl über

```
struct point p1;
```

als auch kürzer über

```
punkt p2;
```

definieren.

> Durch die `typedef`-Vereinbarung wird kein neuer Datentyp eingeführt. Es wird lediglich ein zusätzlicher Name für einen existenten Typ oder einen im Rahmen der `typedef`-Deklaration definierten Typ eingeführt.

> Von Bedeutung ist die `typedef`-Deklaration sowohl für die Einführung einfacher Typnamen bei zusammengesetzten Datentypen als auch aus Portabilitätsgründen.

Die Definition eigener Typnamen ist dann praktisch, wenn Programme portiert werden sollen, die maschinenabhängige Datentypen enthalten.

> Definiert man eigene Datentypen, so treten die nicht portablen Datentypen nur einmal im Programm auf, nämlich in der `typedef`-Vereinbarung. Ansonsten kommen sie im Programm nicht vor.

Auf dem anderen Rechner braucht man dann nur in der `typedef`-Vereinbarung den maschinenabhängigen Datentyp durch den entsprechenden maschinenabhängigen Datentyp des anderen Rechners zu ersetzen.

Vereinbart man beispielsweise auf einem Rechner einen eigenen Typnamen `INT` durch

```
typedef int INT;
```

so ist diese Vereinbarung auf einem anderen Rechner beispielsweise in

```
typedef short INT;
```

abzuändern, wenn man auf beiden Rechnern denselben Wertebereich für `INT` haben möchte.

Hier noch eine Eselsbrücke für den korrekten Einsatz der `typedef`-Vereinbarung:

In der `typedef`-Vereinbarung steht der neue Typname rechts vom vorgegebenen Datentyp – genau so wie bei einer Variablendefinition der Variablenname rechts vom vorgegebenen Datentyp steht.

Das folgende Beispiel führt einen neuen Typnamen für einen zusammengesetzten Datentyp ein:

```
struct student { int matrikelnummer;
                 char name [20];
                 char vorname [20];
                 struct adresse wohnort;
               };

typedef struct student STUDENT;

STUDENT semester [50];    /* Vektor mit 50 Strukturen  */
                          /* vom Typ STUDENT           */
```

Man hätte natürlich genauso

```
struct student semester [50];
```

schreiben können, spart sich jedoch durch das Schreiben von `STUDENT` das vielleicht lästige Schreiben von `struct student` und verbessert auch die Lesbarkeit eines Programmes.

Auch wenn man manchmal der Übersichtlichkeit wegen `typedef`-Namen groß schreibt, so besteht dennoch hierfür keine Konvention.

12.4 Namensräume

In Kapitel 11.1 wurde erwähnt, dass im selben Gültigkeitsbereich der Name eines Etiketts, der Name einer Komponente und der Name einer Strukturvariablen identisch sein dürfen, da sie in verschiedenen Namensräumen liegen. Nach dem ISO-Standard werden die folgenden Namensräume unterschieden:

- Ein Namensraum für Namen von Marken.
- Ein gemeinsamer Namensraum – nicht drei – für die Namen von Etiketten von Strukturen, Unionen, Aufzählungstypen.
- Namensräume für die Komponentennamen von Strukturen und Unionen. Dabei hat jede Struktur oder Union ihren eigenen Namensraum für ihre Komponenten.
- Ein Namensraum für alle anderen Bezeichner von Variablen, Funktionen, `typedef`-Namen, Aufzählungskonstanten.

Mit anderen Worten: Namen, die zu verschiedenen Namens-räumen gehören, dürfen auch innerhalb desselben Gültigkeits-bereichs gleich sein.

Generell gilt für die Sichtbarkeit von Namen:

- Namen in inneren Blöcken sind nach außen nicht sichtbar.
- Externe Namen und Namen in äußeren Blöcken sind in inneren Blöcken sichtbar.
- Namen in inneren Blöcken, die identisch zu externen Namen oder Namen in einem umfassenden Block sind, verdecken im inneren Block die externen Namen bzw. die Namen des umfassenden Blocks durch die Namensgleichheit, wenn sie im selben Namensraum sind.

Kapitel 13

Speicherklassen

Code	Daten	Stack	Heap
	Speicherklasse extern static	Speicherklasse auto register	

13 Speicherklassen

Bis zu dem hier vorliegenden Kapitel wurde generell unterschieden zwischen

- lokalen
- und externen Variablen.

Lokale Variablen werden zu Beginn eines Blockes angelegt und leben solange, bis der Block abgearbeitet ist. Sie sind nur innerhalb des Blockes sichtbar. Externe Variablen leben so lange wie das Programm. Sie sind für alle Funktionen sichtbar, die nach ihrer Definition in derselben Datei definiert werden.

Dieses Bild ist zum einen etwas zu grob, denn mit der Speicherklassenvereinbarung `static` lässt sich die Lebensdauer lokaler Variablen dramatisch ändern, zum anderen ist der Gebrauch von Speicherklassen bei externen Variablen unabdingbar, wenn Programme geschrieben werden sollen, die aus mehreren Dateien bestehen.

13.1 Adressraum eines Programms

Der Adressraum eines ablauffähigen C-Programms – also einer Datei `programm.exe` – besteht aus den vier Segmenten (Regionen): Code (Programmtext), Daten, Stack und Heap.

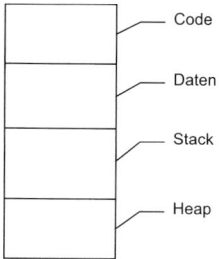

Bild 13-1 Adressraum eines Programms

Im **Code-Segment** liegt das Programm in Maschinencode. **Lokale Variablen**[73] werden vom C-Compiler auf dem **Stack**[74] angelegt, **globale (externe)** im **Daten-Segment** und **dynamische Variablen** im **Heap**[75]. Auf dem Stack wird ferner die Rücksprungadresse einer Funktion abgelegt, wenn sie durch den Aufruf einer anderen Funktion oder durch Aufruf von sich selbst unterbrochen wird.

Die Namen der Variablen sind zur Laufzeit nicht mehr vorhanden. Der Compiler errechnet für Variablen, wie viel Speicherplatz sie benötigen und welche relative Adresse sie haben. Zur Laufzeit wird mit den Adressen der Variablen und nicht mit ihren Namen gearbeitet. Typinformationen sind in C nur für den Compiler wichtig. Im

---

[73] **Lokale Variablen** sind Variablen, die in einer Funktion oder einem zusammengehörigen Abschnitt einer Funktion, einem sogenannten Block (siehe Kapitel 8.1) eingeführt werden.
[74] **Stack** (engl.) bedeutet Stapel.
[75] **Heap** (engl.) bedeutet Haufen.

ausführbaren Programm sind im Falle von C keine Informationen über die Typen enthalten.

Quelldateien werden getrennt übersetzt. Eine Quelldatei ist eine Übersetzungseinheit. Für jede Quelldatei wird eine Object-Datei mit Maschinencode erzeugt. Dieser Maschinencode ist nicht ablauffähig, zum einen, weil die Library-Funktionen noch fehlen, zum anderen, weil die Adressen von Funktionen und Variablen anderer Dateien noch nicht bekannt sind. Dies ist die Aufgabe des Linkers. Er bindet die erforderlichen Library-Routinen und das Laufzeitsystem hinzu und bildet einen Adressraum für das Gesamtprogramm, sodass jede Funktion und globale Variable an einer eindeutigen Adresse liegt. Der **Linker** baut damit einen virtuellen Adressraum des Programms auf, der aus virtuellen (logischen) Adressen besteht, die einfach der Reihe nach durchgezählt werden. In diesem virtuellen Adressraum hat jede Funktion und jede globale Variable ihre eigene Adresse. Überschneidungen, dass mehrere Funktionen oder globale Variablen an derselben Adresse liegen, darf es nicht geben. Der Linker erzeugt das ausführbare Programm.

Eine **extern-Deklaration** einer Variablen `alpha` in einer Datei `A` sorgt dafür, dass Name und Typ dieser Variablen, die in der Datei `B` definiert sein soll, beim Kompilieren der Datei `A` bekannt sind. Erst beim Linken wird für die Funktionen in der Datei `A` der Bezug zu der Adresse von `alpha` in der Datei `B` hergestellt.

Eine **lokale Variable** wird beim Betreten des Blocks, in dem sie definiert ist, auf dem **Stack** da angelegt, wo der **Stackpointer** gerade hinzeigt. Beim Verlassen des Blocks wird der Speicherplatz durch Verschieben des Stackpointers wieder freigegeben. Dadurch kann eine lokale Variable bei mehreren Aufrufen ein und derselben Funktion an verschiedenen Adressen liegen.

Eine **lokale Variable**, die mit der Speicherklasse `static` definiert ist, wird nicht auf dem Stack abgelegt, sondern in dem Adressbereich, der für die globalen Daten verwendet wird. Dennoch ist der Gültigkeitsbereich beschränkt auf den Block, in dem die Definition erfolgt ist.

Der Vollständigkeit halber soll hier auch auf die Speicherklasse `static` bei **externen Variablen** und bei **Funktionen** eingegangen werden. Eine `static`-Vereinbarung wird meist für Variablen benutzt, aber sie kann genauso für Funktionen verwendet werden. Wenn eine externe Funktion oder externe Variable `static` vereinbart ist, ist ihr Name außerhalb der Datei unsichtbar, in der sie definiert ist. Sie ist nur in der eigenen Datei ab ihrer Vereinbarung sichtbar. Der Name kollidiert auch nicht mit gleichen Namen in anderen Quelldateien desselben Programms.

Dynamische Variablen (siehe Kapitel 16) werden im **Heap** mit Hilfe der Library-Funktion `malloc()` angelegt. Sie können nicht über einen Namen angesprochen werden. Der Pointer, den die Funktion `malloc()` liefert, ist die einzige Möglichkeit, auf die dynamische Variable zuzugreifen. Lebensdauer und Gültigkeit einer dynamischen Variablen unterliegen nicht den Blockgrenzen der Funktion, innerhalb der sie geschaffen wurde. Dynamische Variablen sind gültig und sichtbar bis zu ihrer exfliziten Vernichtung durch die Library-Funktion `free()` bzw. bis zum Programmende.

13.2 Programme aus mehreren Dateien – Adressen

C unterstützt eine getrennte Kompilierung. Dies bedeutet, dass es möglich ist, ein großes Programm in Module zu zerlegen, die getrennt kompiliert werden.

Der Begriff **Modul** ist vieldeutig. Hier wird unter Modul eine **separat kompilierfähige Einheit**, mit anderen Worten eine **Übersetzungseinheit**, verstanden. Ein Modul entspricht einer Datei.

Eine Datei kann eine oder mehrere Funktionen enthalten. Der Übersichtlichkeit wegen legt man in großen Projekten meist pro Funktion eine eigene Datei an[76].

Im Folgenden soll betrachtet werden, was mit einem Programm beim Kompilieren und Linken passiert:

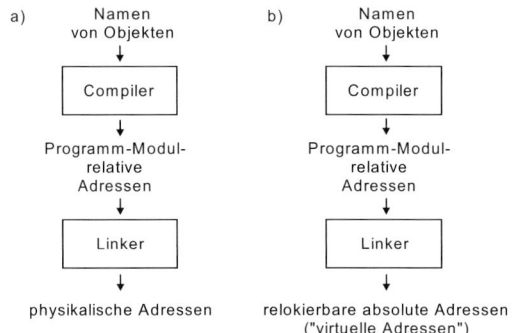

Bild 13-2   Adressen eines ausführbaren Programms
            a) physikalische Adressen
            b) virtuelle Adressen

Ein Programm im Quellcode hat noch keine Adressen. Die Objekte einer Programmeinheit (Hauptprogramm, Unterprogramm) werden durch Namen bezeichnet. Beim Kompilieren werden die Objekte an relativen Adressen innerhalb der jeweiligen Object-Datei abgelegt.

Die Bezüge zu anderen Programmeinheiten sind zunächst noch nicht gegeben. Sie werden durch den Linker hergestellt. Der Linker fügt die einzelnen Adressräume der Object-Dateien sowie erforderlicher Library-Files so zusammen, dass sich die Adressen nicht überlappen und dass die Querbezüge gegeben sind. Hierzu stellt er eine **Symbol-Tabelle** (**Linker Map**) her, welche alle Querbezüge (Adressen globaler Variablen, Einsprungadressen der Programmeinheiten, d.h. des Hauptprogramms

---

[76]   In Kapitel 19 werden Kriterien und Vorgehensweisen erläutert, nach denen die Aufteilung eines Programmes in Module bzw. Dateien erfolgen kann.

und der Funktionen) enthält. Der Linker bindet die kompilierten Object-Dateien, die aufgerufenen Bibliotheksfunktionen und das Laufzeitsystem (Fehlerfunktionen, Speicherverwaltungsroutinen, etc.) zu einem ablauffähigen Programm (executable program). Durch den Linkvorgang wird ein einheitlicher Adressraum für das gesamte Programm hergestellt.

Legt der Linker noch keine **physikalischen**, sondern nur **virtuelle Adressen** fest, so ist das Programm im Arbeitsspeicher verschiebbar. Die Zuordnung von virtuellen zu physikalischen Adressen führt dann die Komponente **Memory Management** des Betriebssystems durch. Wird beim Linken bereits eine physikalische Adresse vergeben, so ist das Programm im Arbeitsspeicher nicht verschiebbar (relokierbar). Es wird an die vom Linker berechnete Adresse geladen.

13.3 Programme aus mehreren Dateien – die Speicherklasse extern

Im Folgenden soll als Beispiel ein Programm aus zwei Dateien betrachtet werden.

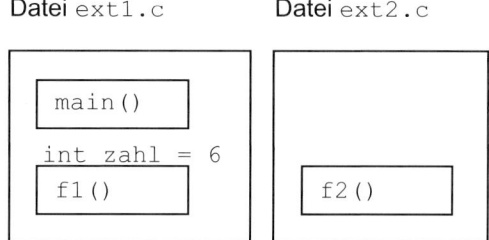

Bild 13-3 Programm aus mehreren Dateien

Die Datei `ext1.c` enthält die Funktionen `main()` und `f1()`, die Datei `ext2.c` enthält die Funktion `f2()`. Die Funktion `f2()` möchte dabei auf die in der Datei `ext1.c` definierte externe Variable `zahl` zugreifen. Deklariert man in der Datei `ext2.c` die Variable `zahl` vor ihrer Verwendung mit der Speicherklasse `extern` durch

```
extern int zahl;
```

so ist die Variable `zahl` dem Compiler an der Stelle ihrer Verarbeitung in `f2()` bereits bekannt. Ferner muss der Linker die Verbindung zwischen beiden Dateien herstellen, so dass der Zugriff auf die in der Datei `ext1.c` definierte externe Variable `zahl` erfolgt.

Eine **externe Variable** kann **nur in einer einzigen Datei definiert** werden, in den anderen Dateien wird sie nur mit Hilfe der `extern`-Deklaration referenziert. Die Definition legt die Adresse einer externen Variablen fest. Der Linker setzt in den anderen Dateien, die über die `extern`-Deklaration diese Variable referenzieren, die Adresse dieser Variablen ein.

Eine externe Variable kann nicht bei einer `extern`-Deklaration manuell initialisiert werden. Eine manuelle Initialisierung ist nur bei ihrer Definition möglich.

Externe Variablen werden vom Compiler an der Stelle ihrer Definition automatisch mit 0 initialisiert, falls sie nicht manuell initialisiert werden.

Formal sieht eine `extern`-Deklaration einer Variablen wie die Definition aus, es wird nur zusätzlich das Schlüsselwort `extern` vorangestellt.

Wie bereits bekannt ist, legen Deklarationen die **Art der Variablen** (**Typ**, **Speicherklasse**, **Typ-Attribute**) fest. Dies tun auch Definitionen. Bei der Definition kommt jedoch noch das Anlegen der Variablen im Arbeitsspeicher hinzu.

Will die Funktion `main()` auf die Funktion `f1()` zugreifen, so muss vor ihr der Funktionsprototyp für `f1()` notiert werden. Will die Funktion `main()` auf die Funktion `f2()` zugreifen, so muss vor ihr der Funktionsprototyp für `f2()` notiert werden. Da `f2()` in einer anderen Datei definiert ist, wird der Prototyp mit der Speicherklasse `extern` versehen.

Will `main()` auf die externe Variable `zahl` zugreifen, die in derselben Datei, aber erst nach `main()` definiert ist, so muss man die Variable `zahl` ebenfalls vor ihrer Verwendung als extern deklarieren durch

```
extern int zahl;
```

Die `extern`-Deklaration von `zahl` kann im Funktionsrumpf von `main()` bzw. `f2()` im Vereinbarungsteil oder kann extern vor der entsprechenden Funktion erfolgen.

Um die Übersicht zu wahren, werden `extern`-Deklarationen meist außerhalb aller Funktionen zu Beginn einer Datei angeschrieben. Die so deklarierten externen Variablen und Funktionen gelten dann in der ganzen Datei. Dabei werden sie oft in einer **Header-Datei** abgelegt, die zu Beginn der Datei mit `#include` eingefügt wird.

Das folgende Beispielprogramm illustriert die Verwendung der `extern`-Deklaration in den Dateien `ext1.c` und `ext2.c`[77] ohne und mit Header-Datei:

---

[77] Da jede der Dateien `ext1.c` und `ext2.c` getrennt kompiliert wird, muss jede dieser Dateien die Header-Datei `<stdio.h>` mit `#include` einfügen.

Zunächst einmal ohne die Header-Datei:

```
/* Datei ext1.c */
#include <stdio.h>

extern void f2 (void);
void f1 (void);
extern int zahl;

int main (void)
{
    printf ("\nhier ist main, zahl = %d", zahl);
    f1 ();
    f2 ();
    return 0;
}

int zahl = 6;

void f1 (void)
{
    printf ("\nhier ist f1, zahl = %d", zahl);
}
```

```
/* Datei ext2.c */
#include <stdio.h>

extern int zahl;

void f2 (void)
{
    printf ("\nhier ist f2, zahl = %d", zahl);
}
```

Und jetzt noch mit Header-Datei:

```
/* Datei ext.h */
extern void f1 (void);
extern void f2 (void);
extern int zahl;
```

```
/* Datei ext1.c */
#include <stdio.h>
#include "ext.h"  /* Die Anfuehrungszeichen sagen dem Compiler,    */
                  /* dass er mit der Suche der Header-Datei ext.h */
int main (void)   /* im aktuellen Verzeichnis beginnen soll        */
{
    printf ("\nhier ist main, zahl = %d", zahl);
    f1 ();
    f2 ();
    return 0;
}

int zahl = 6;
```

```
void f1 (void)
{
   printf ("\nhier ist f1, zahl = %d", zahl);
}
```

```
/* Datei ext2.c */
#include <stdio.h>
#include "ext.h"
```

```
void f2 (void)
{
   printf ("\nhier ist f2, zahl = %d", zahl);
}
```

Kompilieren und Linken auf der Kommandozeile kann man beispielsweise unter VCC durch das Kommando:

cl /Feext ext1.c ext2.c

Unter Borland-C lautet das Kommando:

```
bcc -eext ext1.c ext2.c
```

Die ablauffähige Einheit heißt in beiden Fällen dann `ext.exe`.

In der Regel geht man zum Kompilieren und Linken eines Programms aus mehreren Dateien nicht auf die Kommandoebene, sondern legt in einer integrierten Entwicklungsumgebung wie z.B. dem VCC-Compiler ein sogenanntes „Projekt" an, nimmt die einzelnen Quelldateien in das Projekt auf und kompiliert und linkt im Dialog.

Die Programmausgabe ist:

```
hier ist main, zahl = 6
hier ist f1, zahl = 6
hier ist f2, zahl = 6
```

Es wäre auch möglich gewesen, in der Datei `ext1.c` anstelle von

```
extern void f2 (void);
```

nur

```
void f2 (void);
```

zu schreiben, da der Compiler bei Funktionen defaultmäßig die Speicherklasse `extern` einsetzt.

Funktionen sind von Hause aus `extern` und damit für jede Datei eines Programms sichtbar. Man schreibt dennoch stets `extern` an, da Programme dadurch besser lesbar werden.

Die Größe eines Arrays muss bei der Definition des Arrays angegeben werden. Das Array kann natürlich auch als offenes Array mit Initialisierungsliste definiert werden, da dann die Größe vom Compiler berechnet wird. Als `extern`-Deklaration kann ein Array als offenes Array vereinbart werden.

Das folgende Beispiel demonstriert die `extern`-Deklaration für Arrays:

```
/* Datei ext_arr1.c */
#include <stdio.h>

extern void f2 (void);
void f1 (void);

int main (void)
{
   extern int array [];

   printf ("\nhier ist main, array[0] = %d", array [0]);
   printf ("\nhier ist main, array[1] = %d", array [1]);
   f1();
   f2();
   return 0;
}

int array[] = {6, 12};

void f1 (void)
{
   printf ("\nhier ist f1, array[0] = %d", array [0]);
   printf ("\nhier ist f1, array[1] = %d", array [1]);
}


/* Datei ext_arr2.c */
#include <stdio.h>

void f2 (void)
{
   extern int array[];
   printf ("\nhier ist f2, array[0] = %d", array [0]);
   printf ("\nhier ist f2, array[1] = %d", array [1]);
}
```

Natürlich hätte `extern int array []` nicht im Rumpf von `main()`, sondern genau so gut vor der Definition der `main()`-Funktion angeschrieben oder mittels einer Header-Datei inkludiert werden können. Entscheidend ist, dass vor dem Zugriff auf das Array `array` in `main()` dieses Array als `extern` deklariert wird.

Die Ausgabe ist:

```
hier ist main, array[0] = 6
hier ist main, array[1] = 12
hier ist f1, array[0] = 6
hier ist f1, array[1] = 12
hier ist f2, array[0] = 6
hier ist f2, array[1] = 12
```

Werden in einer Datei Funktionen benutzt, die erst später in der Datei definiert werden, so braucht man einen **Funktions-prototyp**. Werden externe Variablen benutzt, die erst später in derselben Datei definiert werden, so benötigt man eine `extern`-**Deklaration**.

Möchte man in einer Datei auf Funktionen oder externe Daten zugreifen, die in anderen Dateien definiert sind, so braucht man bei den Daten eine `extern`-**Deklaration**, bei den Funktionen einen **Prototyp** mit dem **Schlüsselwort** `extern`. Bei den Funktionen ist das Schlüsselwort `extern` jedoch nicht zwingend notwendig – der Compiler braucht es nicht, für den Leser des Programmes schafft es aber die Klarheit, dass diese Funktion sich nicht weiter unten in derselben Datei, sondern in einer anderen Datei befindet.

Es ist nicht sinnvoll, komplizierte Abhängigkeiten zu schaffen bzw. beliebig viele `extern`-Deklarationen für ein- und dieselbe Funktion bzw. Variable zu nutzen, da dies fehlerträchtig und aufwändig ist. Stattdessen sollte man Header-Dateien einsetzen.

Vorsicht!

13.4 Programme aus mehreren Dateien – die Speicher-klasse static

Generell kann ein Programmierer alle globalen Variablen und Funktionen aus einer anderen Datei benutzen, indem er in seiner Datei entsprechende `extern`-Deklarationen aufnimmt. Dies entspricht selten der Intention des Programmierers, der die Variablen und Funktionen definiert. Um seine Definitionen vor nicht erwünschter Benutzung zu schützen, ist es in C möglich, externe Daten und Funktionen innerhalb einer Datei so zu kapseln, dass diese nur innerhalb der eigenen Datei verwendet werden können. Hat man beispielsweise in einer Datei zwei Funktionen, die auf eine externe Variable dieser Datei zugreifen müssen und möchte aber den Funktionen der anderen Dateien den Zugriff auf die Variable verwehren, so kann man dies dadurch erreichen, dass man die externe Variable als `static` definiert. Dann nützt auch eine `extern`-Deklaration dieser Variablen in einer anderen Datei nichts. Die statische (`static`) externe Variable ist außerhalb ihrer eigenen Datei unsichtbar. Auf die gleiche Weise kann man auch verhindern, dass Funktionen der eigenen Datei missbräuchlich von Funktionen in anderen Dateien aufgerufen werden können.

Funktionen und externe Variablen, die als `static` definiert werden, sind nur in ihrer eigenen Datei sichtbar. Funktionen aus anderen Dateien können auf diese Funktionen und externe Variablen nicht zugreifen.

Das folgende Beispiel zeigt, dass es der Funktion `f2()` in der Datei `stat2.c` nicht möglich ist, auf die statische externe Variable `zahl` in der Datei `stat1.c` zuzugreifen und dass die Funktion `main()` in der Datei `stat1.c` nicht auf die statische Funktion `f2()` in der Datei `stat2.c` zugreifen kann:

```
/* Datei: stat1.c */
#include <stdio.h>

void f1 (void);
extern void f2 (void);

static int zahl = 6;

int main (void)
{
   printf ("\nhier ist main, zahl = %d", zahl);
   f1();
   f2();
   return 0;
}

void f1 (void)
{
   printf ("\nhier ist f1, zahl = %d", zahl);
}
/* Datei: stat2.c */
#include <stdio.h>

static void f2 (void)
{
   extern int zahl;
   printf ("\nhier ist f2, zahl = %d", zahl);
}
```

Dieses Programm kann mit dem VCC ohne Fehlermeldung übersetzt werden. Beim Linken erscheint jedoch die Fehlermeldung:

Linking...
stat1.obj: error LNK2001: `Nichtaufgeloestes externes Symbol _f2`

und wenn dieses Problem z.B. durch Entfernen von `static` bei `f2()` behoben ist, kommt die Fehlermeldung

Linking...
stat2.obj: error LNK2001: `Nichtaufgeloestes externes Symbol _zahl`

13.5 Speicherklassen bei lokalen Variablen

Bei lokalen Variablen gibt es drei verschiedene Speicherklassen:

- Speicherklasse `auto`,
- Speicherklasse `register` und
- Speicherklasse `static`.

13.5.1 Automatische Variablen

Automatische Variablen sind lokale Variablen **ohne Angaben einer Speicherklasse**, mit Angabe der **Speicherklasse** `auto`, sowie mit Angabe der **Speicherklasse** `register`.

Auch **formale Parameter ohne Angabe einer Speicherklasse**, sowie mit Angabe der **Speicherklasse** `register` stellen automatische Variablen dar.

Formale Parameter werden in Kapitel 13.5.1.1 und 13.5.1.3 behandelt.

Automatische Variablen ohne Angaben einer Speicherklasse sowie bei Angabe der Speicherklasse `auto` werden auf dem Stack angelegt.

Automatische Variablen werden so bezeichnet, weil sie automatisch angelegt werden und automatisch verschwinden. Sie sind nur innerhalb des Blockes sichtbar, in dem sie definiert sind, und leben vom Aufruf des Blockes bis zum Ende des Blockes. Wird ein Block betreten, so wird eine automatische Variable – sei es eine automatische Variable der Speicherklasse `auto` bzw. eine automatische Variable ohne Angabe einer Speicherklasse – auf dem Stack dort angelegt, wo der Stackpointer hinzeigt. Nach dem Verlassen des Blockes wird der Speicherplatz der Variablen auf dem Stack durch Modifikation des Stackpointers zum Überschreiben frei gegeben.

Es ist nicht möglich, mit automatischen Variablen Werte von einem Aufruf des Blockes oder der Funktion bis zum nächsten Aufruf zu retten. Eine automatische Variable wird bei jedem Blockeintritt erneut angelegt und initialisiert.

13.5.1.1 Automatische Variablen ohne Angabe einer Speicherklasse

Lokale Variablen und formale Parameter ohne Angabe einer Speicherklasse sind automatische Variablen. Bis zu dem hier vorliegenden Kapitel gab es nur solche lokale Variablen und formale Parameter.

Das folgende Beispiel demonstriert für lokale Variable ohne Angabe einer Speicherklasse, dass eine automatische Variable bei jedem Blockeintritt neu angelegt und initialisiert wird.

Beispiel:

```
/* Datei: auto1.c */
#include <stdio.h>

void beispiel (void)
{
   int zahl = 0;
   printf ("\nzahl = %d", zahl++); /* Das Inkrementieren hier   */
}                                  /* bleibt ohne Auswirkung    */

int main (void)
{
   int lv;
   for (lv = 0; lv <= 2; lv++) beispiel ();
   return 0;
}
```

Hier die Ausgabe des Programms:

```
zahl = 0
zahl = 0
zahl = 0
```

13.5.1.2 Speicherklasse auto

Lokale Variablen der Speicherklasse `auto` sind automatische Variable wie lokale Variable ohne Angabe einer Speicherklasse. Im folgenden Beispiel sind `term1` und `term2` Variable der Speicherklasse `auto`.

```
/* Datei: auto2.c */
#include <stdio.h>

float produkt (float faktor1,  float faktor2)
{
   return faktor1 * faktor2;
}

int main (void)
{
   auto float term1, term2;   /* Das Schluesselwort auto koennte */
   printf ("\nGib die Faktoren ein: ");   /* man auch weglassen   */
   scanf ("%f %f", &term1, &term2);
   printf("Das Produkt von %f und %f ist %f", term1, term2,
          produkt (term1, term2));
   return 0;
}
```

In der Regel lässt man das Schlüsselwort `auto` weg.

13.5.1.3 Speicherklasse register für lokale Variablen und formale Parameter

Mit Hilfe des Schlüsselwortes `register` kann man dem Compiler empfehlen, formale Parameter und lokale Variablen in Registern des Prozessors statt im Arbeitsspeicher abzulegen[78]. Hier ein Beispiel für die Verwendung des Schlüsselwortes `register`:

```
void beispiel (register long a)
{
   register int b;
   ....
}
```

Die Ablage in Registern ist nur für bestimmte Datentypen möglich. Der Compiler muss diesem Wunsch nicht nachkommen. Auf `register`-Variablen darf der Adressoperator `&` nicht angewandt werden.

> Die einzige Speicherklasse, die bei einem formalen Parameter explizit angegeben werden kann, ist `register`.

Die Speicherklasse `register` sollte nur für häufig benutzte Variablen eingesetzt werden, um die Zugriffszeit zu reduzieren. Gut optimierende Compiler erkennen jedoch solche Variablen durch geeignete Analyseverfahren und legen diese Variablen selbstständig – wenn immer möglich – in Registern ab. Daher ist die Verwendung von `register` in den meisten Fällen überflüssig.

13.5.2 Speicherklasse static für lokale Variablen

> **Statische lokale Variablen** werden vom Compiler nicht auf dem Stack angelegt, sondern im Speicherbereich der globalen Variablen. Sie werden dadurch **permanent** und behalten ihren Wert auch zwischen zwei Funktionsaufrufen bzw. Aufrufen eines Blockes bei. Eine **manuelle Initialisierung** wird **nur** beim **ersten Aufruf** ausgeführt. Bezüglich der **Sichtbarkeit** verhalten sie sich aber nach wie vor **wie lokale Variablen**.

Wird also eine lokale Variable mit dem Schlüsselwort `static` versehen, so erhält sie ein Gedächtnis. Sie kann als lokaler, aber permanenter Speicher innerhalb eines Blockes oder einer Funktion dienen. Eine manuelle Initialisierung wird nur beim ersten Aufruf durchgeführt. Dies zeigt das folgende Beispiel:

```
/* Datei: static.c */
#include <stdio.h>
void beispiel (void)
{
  static int a = 0;
  printf ("\na = %d", a++);
}
```

---

[78] Zugriffe auf Register des Prozessors sind schneller als Zugriffe auf den Arbeitsspeicher.

```
int main (void)
{
   int lv;
   for (lv = 0; lv <= 2; lv++) beispiel ();
   return 0;
}
```

Hier die Ausgabe des Programms:

```
a = 0
a = 1
a = 2
```

Statische lokale Variable werden wie globale Variable automatisch mit 0 initialisiert, wenn sie nicht manuell initialisiert werden. Gewöhnen Sie sich aus Sicherheitsgründen eine manuelle Initialisierung an!

Vorsicht!

Das folgende Beispiel zeigt, dass eine statische lokale Variable als permanenter Speicher während der Programmausführung dienen kann. In diesem Falle ist es die Variable summe, die den Kontostand enthält. Dieser wird zwar durch eine Buchung in dem Funktionsaufruf geändert, bleibt dann aber bis zur nächsten Buchung erhalten.

```
/* Datei: bank.c */
#include <stdio.h>

void bilanz (float);

int main (void)
{
   int status;
   float delta;
   printf ("\nGeben Sie bitte die Kontenbewegungen ein:\n ");
   while ((status = scanf ("%f", &delta)) != EOF)
   {
      bilanz (delta);
   }
   return 0;
}

void bilanz (float buchung)
{
   static float summe = 0.f;
   printf ("\n Zu Beginn ist der Kontenstand %f", summe);
   printf ("\n Gebucht wurde: %.2f", buchung);
   summe += buchung;
   printf ("\n Der neue Kontenstand ist: %.2f\n", summe);
}
```

Aufgerufen wurde das Programm bank.exe durch

```
bank < test.dat
```
[79]

---

[79] Der Umlenkoperator < wird in Kapitel 14.5 besprochen.

Dabei war die Datei `test.dat` gegeben durch:

```
+3
-6
+5
```

Die Ausgabe des Programms war:

```
Gib die Kontenbewegungen ein:

 Zu Beginn ist der Kontenstand 0.00
 Gebucht wurde: 3.00
 Der neue Kontenstand ist: 3.00

 Zu Beginn ist der Kontenstand 3.00
 Gebucht wurde: -6.00
 Der neue Kontenstand ist: -3.00

 Zu Beginn ist der Kontenstand -3.00
 Gebucht wurde: 5.00
 Der neue Kontenstand ist: 2.00
```

13.6 Initialisierung

In der Programmiersprache C werden externe und statische lokale Variablen bei der Initialisierung anders behandelt als automatische Variablen.

> Externe Variablen und statische lokale Variablen werden automatisch mit 0 initialisiert. Automatische Variablen werden nicht automatisch initialisiert. Ihr Wert ist undefiniert und entspricht dem zufälligen Bitmuster an ihrer Speicherstelle – ein natürlich sinnloser Wert.

Generell sollte man es sich jedoch angewöhnen, alle Variablen selbst manuell zu initialisieren.

> Im Falle einer manuellen Initialisierung werden externe und statische Variablen nur einmal initialisiert. Automatische Variablen, die manuell initialisiert werden, erhalten diesen Wert bei jedem Blockeintritt bzw. Funktionsaufruf.

> Externe und statische Variable werden manuell initialisiert durch **konstante Ausdrücke**, automatische Variable können durch Werte **beliebiger Ausdrücke** – auch Funktionsaufrufe – manuell initialisiert werden.

Bei automatischen Variablen stellt eine manuelle Initialisierung letztlich nichts anderes als eine Abkürzung für eine Zuweisung dar.

13.7 Interne und externe Bindung von Namen

Außer dem Gültigkeitsbereich hat ein Name auch eine Bindung. Externe Variablen und Funktionen haben eine **externe Bindung**. Dies bedeutet, dass unter dem gleichen Namen eine Funktion oder externe Variable aus allen Dateien des Programms ansprechbar ist und dass dieser Name eindeutig für das ganze Programm ist. Wie in Kap. 13.4 gezeigt wird, haben externe Variablen und Funktionen, die als `static` vereinbart werden, eine **interne Bindung**. Ihr Name ist nur innerhalb ihrer eigenen Datei sichtbar und kollidiert nicht mit demselben Namen mit interner Bindung in anderen Dateien.

Objekte mit interner Bindung existieren eindeutig in einer Datei, Objekte mit externer Bindung eindeutig für das ganze Programm.

In einer Datei kann es mehrere externe Vereinbarungen – außerhalb aller Funktionen – geben, wenn sie in Typ und Bindung übereinstimmen und es nur eine Definition für den Namen gibt. Mehrfache identische Deklarationen sind also möglich. Erscheint jedoch in derselben Übersetzungseinheit (Datei) derselbe Name mit externer und interner Bindung, dann ist das Verhalten undefiniert.

13.8 Tabellarischer Überblick über die Speicherklassen

Die folgende Tabelle zeigt die Gültigkeit und die Lebensdauer von Variablen der verschiedenen Speicherklassen.

Speicher-klasse	Gültigkeit	Lebensdauer	automat. Initialisierung	Segment
`register`	Block	Block	nein	Stack oder in Register
`auto`	Block	Block	nein	Stack
`static` lokale Variable	Block	Programm	mit 0	Daten
`static` externe Variable	in Datei ab Definition, in anderen Dateien nicht	Programm	mit 0	Daten
`extern` (nicht `static`)	in Programm ab Definition bzw. ab `extern`-Deklaration	Programm	mit 0	Daten

Tabelle 13-1 Überblick über die Speicherklassen

Tabelle 13-2 zeigt, welche Speicherklassen eingesetzt werden, wenn man einen bestimmten Gültigkeitsbereich von Variablen erzeugen möchte.

Gültigkeitsbereich	Speicherklasse

nur in Funktion oder Block	`auto`
	`auto static` (permanent lokal)
	`register`

externer Variablen nur in Datei	`static` bei Definition
externer Variablen im ganzen Programm	nicht `static` bei Definition und `extern` in anderen Dateien

Tabelle 13-2 Zuordnung des Gültigkeitsbereichs zu den Speicherklassen

13.9 Übungsaufgaben

Aufgabe 13.1: Speicherklassen. Programme aus mehreren Dateien

Schreiben Sie ein Programm, welches 2 `float`-Zahlen `a` und `b` einliest (Funktion `einlesen()`), den Durchschnitt ausrechnet (Funktion `durchschnitt()`), den Quotienten (Funktion `quotient()`), das Produkt (Funktion `produkt()`), die Summe (Funktion `summe()`) und die Differenz berechnet (Funktion `differenz()`).

Alle Funktionen sollen in `main()` aufgerufen werden. Jede Funktion steht in einer eigenen Datei:

Funktion	Datei
`main()`	`main.c`
`einlesen()`	`einlesen.c`
`durchschnitt()`	`durchschnitt.c`
`quotient()`	`quotient.c`
`produkt()`	`produkt.c`
`summe()`	`summe.c`
`differenz()`	`differenz.c`

Die Zahl `a` soll eine globale Variable sein und soll in der Datei `main.c` stehen. Die Zahlen `a` und `b` sollen über die Parameterliste von `einlesen()` an `main()` übergeben werden. Die Ergebnisse der arithmetischen Operationen sollen bei `durchschnitt()`, `quotient()` und `produkt()` über die Parameterliste, bei `summe()` und `differenz()` als Rückgabewert übergeben werden.

Hier die Datei `main.c`:

```
#include <stdio.h>

extern void einlesen (float *, float *);
extern void durchschnitt (float, float *);
extern void quotient (float, float *);
extern void produkt (float, float *);
extern float summe (float);
extern float differenz (float);

float a;

int main (void)
{
    float b;
    float mittel;
    float quot;
    float prod;
    float summ;
    float diff;

    einlesen (&a, &b);
    durchschnitt (b, &mittel);
```

```
     quotient (b, &quot);
     produkt (b, &prod);

     summ = summe (b);
     diff = differenz (b);
     printf ("\n a = %6.2f, b = %6.2f", a,b);
     printf ("\n der Mittelwert von a und b ist %6.2f", mittel);
     printf ("\n das Produkt a*b ist %6.2f", prod);
     printf ("\n der Quotient a/b ist %6.2f", quot);
     printf ("\n die Summe a + b ist %6.2f", summ);
     printf ("\n die Differenz ist %6.2f", diff);
     return 0;
}
```

Aufgabe 13.2: Speicherklassen

Schreiben Sie das Programm kalkulator, welches aus den Dateien main.c, einlesen.c und durchschnitt.c bestehen soll.

Die Datei einlesen.c soll die Funktion einlesen() enthalten, die Datei durchschnitt.c die Funktion durchschnitt(). Dabei soll die Funktion einlesen() zehn int-Werte vom Bediener anfordern und in das Array a in der Datei main.c schreiben. Die Funktion durchschnitt() soll den Durchschnitt aller Werte des Arrays berechnen.

Ergänzen Sie im folgenden Programm die durch .... gekennzeichneten fehlenden Teile.

```
/* Datei main.c */
#include <stdio.h>

int a [10];
....

int main (void)
{
   float erg;
   einlesen ();
   durchschnitt (&erg);
   printf ("\nDer Durchschnitt der eingegebenen Zahlen ist: %f "
            , erg);
   return 0;
}

/* Datei einlesen.c */
#include <stdio.h>

....

/* Datei durchschnitt.c */
#include <stdio.h>

....
```

Kapitel 14

Ein- und Ausgabe

14 Ein- und Ausgabe

Programme laufen fast immer nach dem Schema "Eingabe/Verarbeitung/Ausgabe" (EVA-Prinzip) ab. Schon daran ist die Wichtigkeit der Ein-/Ausgabe in Programmen zu erkennen. Ein gutes Ein-/Ausgabe-System ist für die Akzeptanz einer Programmiersprache von großer Bedeutung.

Die Ein-/Ausgabe in einem Programm kann zu unterschiedlichen Zwecken dienen. Die wichtigsten Fälle sind:

- Kommunikation mit einem Anwender über Tastatur, Bildschirm etc.
- und Zugriff auf Daten, die in einem Dateisystem auf einem Massenspeicher langfristig gespeichert sind.

Für die Ein- und Ausgabe stellt C die Bibliothek `<stdio.h>` zur Verfügung, die eine große Anzahl nützlicher Ein-/Ausgabe-Funktionen enthält, die auf dem Konzept von **Datenströmen** (**streams**) basieren.

Ein Datenstrom kann eine Datenquelle wie zum Beispiel eine Tastatur oder ein Datenziel wie zum Beispiel einen Bildschirm oder eine Datei als Datenquelle bzw. als Datenziel mit dem Programm verbinden. Dieses Architekturprinzip von UNIX, nämlich Dateien und Peripheriegeräte in gleicher Weise zu behandeln, ist also auch in C zu finden.

Dateien und Datenströme werden im Folgenden vorgestellt. Danach wird erläutert, wie Datenströme in C-Programme eingebunden werden. Datenströme vom Programm zum Bildschirm stellen in C die Standard-Ausgabe und Datenströme von der Tastatur zum Programm die Standard-Eingabe dar (siehe Kapitel 14.5). Kapitel 14.6 enthält eine Übersicht über die Funktionen der Bibliothek `<stdio.h>`. Die wichtigsten Funktionen werden anschließend im Rest des Kapitels vorgestellt.

Es muss hier noch angemerkt werden, dass die Sprache C keinen Standard für grafische Oberflächen mit verschiedenen Fenstern auf dem Bildschirm zur Interaktion mit dem Benutzer definiert, sondern den gesamten Bildschirm als ein Fenster behandelt und zeichenweise auf den Bildschirm ausgibt. Es gibt zahlreiche Bibliotheken für grafische Oberflächen auf dem Markt, die aber meist betriebssystem- und/oder compilerabhängig sind. Sie können im Rahmen dieses Buches nicht behandelt werden.

14.1 Speicherung von Daten in Dateisystemen

Zu Beginn der Datenverarbeitung war die automatische Verarbeitung von Daten mit Hilfe von Programmen das Hauptziel. Programme, die vom Prozessor bearbeitet werden sollen, müssen für die Dauer ihrer Abarbeitung in den Hauptspeicher geladen werden. Die dauerhafte Speicherung der Programme und ihrer Daten erfolgt auf Massenspeichern. Mit zunehmendem Einsatz wurde der Computer mehr und mehr zur Ablage und Verwaltung von großen Datenbeständen verwendet.

Massenspeicher wie z.B. eine Platte werden mit Hilfe des Betriebssystems angesprochen und verwaltet. Die Komponente des Betriebssystems, die dafür verantwortlich ist, ist das **Dateisystem (file system)**.

Nicht jedes Betriebssystem muss ein Dateisystem haben. In der Prozessdatenverarbeitung werden auch Betriebssysteme verwendet, die keine Massenspeicher verwalten.

Für die verschiedenartigen Massenspeicher wie Platte, Band, Diskette, etc. wurden durch die Betriebssysteme zunehmend komfortablere Dateisysteme bereitgestellt. Durch die Vielfalt der Geräte, ihre unterschiedlichsten Hardware-Eigenschaften und Verwaltungs-Mechanismen konnte der Zugriff auf Dateien auf den peripheren Speichern im Allgemeinen nicht direkt durch die Programmiersprache erfolgen, sondern wurde durch Programmschnittstellen des Dateisystems ausgeführt, die für die entsprechende Programmiersprache zur Verfügung gestellt wurden.

Eine **Datei (file)** ist eine Zusammenstellung von **logisch** zusammengehörigen Daten, die als eine Einheit behandelt werden und unter einem dem Betriebssystem bekannten **Dateinamen (file name)** abgespeichert werden. Dateien werden normalerweise auf einer Platte gespeichert.

Erst durch UNIX, das Geräte als Dateien behandelte, und durch das Konzept der Datenströme wurde es möglich, von der Programmiersprache direkt auf Peripheriegeräte zuzugreifen. Vor dem Programmierer bleibt dadurch das spezielle Dateisystem verborgen. Über einen Datenstrom kann er direkt auf die Platte schreiben oder von ihr lesen (siehe Kapitel 14.8).

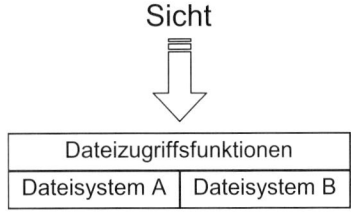

Bild 14-1 Dateizugriffsfunktionen verbergen das Dateisystem

Programme können damit leichter portiert werden, da sie nicht von den Interna des Dateisystems eines bestimmten Betriebssystems abhängen, sondern eine wohldefinierte Schnittstelle benutzen.

14.2 Dateien unter UNIX – das Streamkonzept

Die Programmiersprache C wurde geschrieben, um mit ihrer Hilfe das Betriebssystem UNIX zu implementieren. Die Architekturvorstellungen beim Entwurf von UNIX spiegeln sich deshalb auch in C wider.

Eine **Datei** unter UNIX ist ein einziger mit einem Namen versehener Datensatz beliebiger Länge, der aus Bytes besteht. Ein solcher Datensatz aus beliebig vielen Bytes wird im Englischen als **Datenstrom** (**stream**) bezeichnet.

Da das Dateisystem als Struktureinheit nur Bytes kennt, bietet es keine Unterstützung für Sätze aus Datenfeldern. Hierfür werden jedoch in C Library-Funktionen bereitgestellt.

Die Dateien des Dateisystems, die der Programmierer anspricht, sind in UNIX also Folgen von Bytes oder Byte-Arrays. Jedes Interpretieren dieses Stroms von Bytes beim Lesen oder Schreiben hat nicht durch das Dateisystem, sondern durch den Anwender zu erfolgen. Der Anwender nimmt die Interpretation des Zeichenstroms meist nicht selbst vor, sondern bedient sich hierzu der Bibliotheksfunktionen, die es beispielsweise erlauben, wie in einer Textdatei zeilenweise zu lesen oder zu schreiben oder wie in einer satzorientierten Datei Sätze fester Länge[80], die binär gespeichert werden, zu lesen oder zu schreiben.

Die Umsetzung auf das byteweise arbeitende Dateisystem nehmen die Bibliotheksfunktionen vor, die Umsetzung vom Dateisystem auf die eigentliche Gerätehardware der Gerätetreiber (device driver).

Ein Stream ist eine Folge von Zeichen. Die Bedeutung dieser Zeichen (Buchstaben, Zahlen, Bitmuster) spielt dabei für die Verarbeitung durch das Dateisystem keine Rolle.

14.3 Schichtenmodell für die Ein- und Ausgabe

Ein von einem Anwender geschriebenes Programm greift nicht direkt auf die Ein-/Ausgabegeräte zu, sondern auf **C-Bibliotheksfunktionen**, die für die Ein-/Ausgabe vorgesehen sind. Diese wiederum rufen **Systemfunktionen des Betriebssystems** auf. Das Besondere an UNIX ist, dass sämtliche Ein- und Ausgaben über ein **Dateisystem** im **Kernel** des Betriebssystems gehen – nicht nur die Ein-/Ausgaben von und zu der Platte, sondern generell für alle Peripheriegeräte wie Bildschirm, Tastatur, Band und so fort. Alle Ein-/Ausgaben eines Anwendungs-programms beziehen sich auf Dateien in diesem Dateisystem. Die Geräte-abhängigkeit ist bei UNIX durch das Dateisystem verborgen. Die Geräte selbst werden durch **Treiberprogramme** (**device driver**) angesteuert. Der Kernel ist derjenige Teil des Betriebssystems, der in einem besonders geschützten Modus (**Kernel-Modus**) läuft, damit beispielsweise Programmierfehler eines Anwenders keinen Schaden anrichten können. Der Kommandointerpreter – bei UNIX **Shell** genannt – und UNIX-Werkzeuge sind auch Teile des Betriebssystems. Sie werden jedoch nicht im Kernel-Modus, sondern im **User-Modus** ausgeführt und haben damit denselben Schutz wie normale Anwendungsprogramme.

---

[80] Bei einer Datei mit Sätzen fester Länge hat jeder Datensatz dieselbe Struktur. Ein Beispiel hierfür ist eine Angestelltendatei mit Sätzen wie in Bild 11-2 gezeigt.

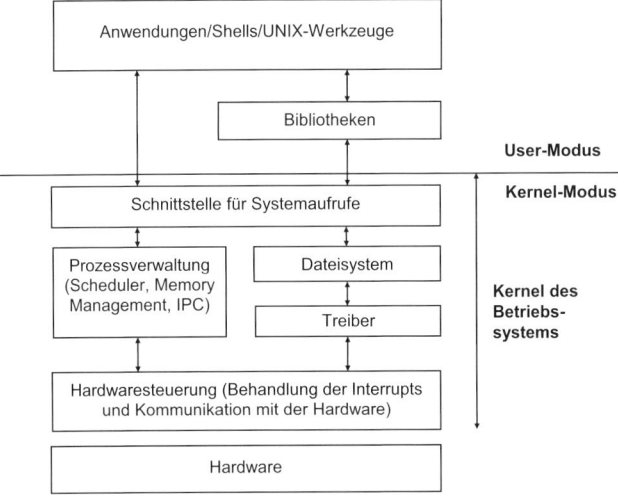

Bild 14-2 Architektur von UNIX [11]

In dieser Architektur lassen sich sowohl **blockorientierte Geräte** wie Platten und **zeichenorientierte Schnittstellen** wie Terminals oder Netzwerkschnittstellen in einfacher Weise einbinden. Jedes Gerät wird vom Nutzer durch einen Namen, der wie ein Dateiname aussieht, angesprochen und die Ein- und Ausgabe erfolgt durch das Lesen von Dateien bzw. Schreiben in Dateien, **als ob Geräte gewöhnliche Dateien auf einer Platte wären**.

Es ist sogar möglich und üblich, dass ein Gerät wie eine Platte oder ein Band zwei Gerätetreiber hat, eine Block- und eine Zeichenschnittstelle, aber so tief – bis zu den Gerätetreibern – muss der Programmierer nicht sehen. Er ruft seine C-Bibliotheksfunktionen auf, die auf das Dateisystem zugreifen. Was darunter liegt, ist verborgen.

14.4 Das Ein-/Ausgabe-Konzept von C

C bietet selbst keine Sprachmittel für die Ein- und Ausgabe. Für die Ein- und Ausgabe werden stattdessen Bibliotheksfunktionen verwendet, die jedoch wie die Sprache selbst inzwischen standardisiert sind. Sie sind in der Header-Datei `stdio.h` aufgeführt.

Auf eine Datei wird in einem C-Programm über eine Dateivariable wie z.B. einen sogenannten **File-Pointer** (siehe Kapitel 14.8.1.1) oder einen sogenannten **Handle** (siehe Anhang B) zugegriffen. Eine Datei liegt dabei normalerweise im Dateisystem und hat einen Namen, den das Dateisystem und auch der Nutzer versteht, z.B. den Namen `TEST.DAT`. Zur Laufzeit wird dann die Verknüpfung zwischen der Dateivariablen und der Datei auf der Platte hergestellt.

Der Nutzer muss in seinem Programm beim Öffnen einer Datei sagen, welche Dateivariable des Programms er mit welcher Datei des Dateisystems verknüpfen möchte.

Dies erfolgt z.B. durch eine Anweisung

```
fp = fopen ("TEST.DAT", "w");
```

Hier wird mit der Standardfunktion fopen() eine Datei TEST.DAT zum Schreiben (w für write) geöffnet und mit der Dateivariablen fp[81] verknüpft. fp stellt bildlich gesprochen den Kanal vom Programm zur Datei auf der Platte dar.

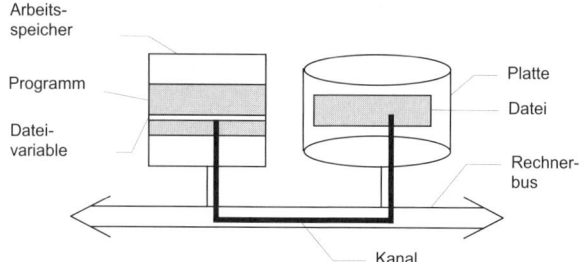

Bild 14-3 Der Kanal verbindet das Programm mit der Datei

Über diesen Kanal kann in dem oben skizzierten Fall ("w") nur geschrieben werden. Prinzipiell kann jedoch über einen Kanal gelesen oder geschrieben werden.

Physikalische und logische Ebene

Ein Nutzer sieht nur die logische Ebene einer Datei. Die Informationen einer Datei, die der Nutzer als eine logische Einheit sieht, können physikalisch auf zahlreiche Plattenblöcke aufgeteilt sein. Diese Plattenblöcke einer Datei müssen nicht unbedingt hintereinander auf der Platte liegen, sondern können über die Platte verteilt sein. Um die physikalischen Blöcke einer Platte braucht sich der Nutzer nicht zu kümmern.

Die logische Struktur einer Datei wird auf die physikalischen Strukturen auf einer Platte durch das Dateisystem umgesetzt.

Die einzige Stelle, an der man im Programm noch das Dateisystem sieht, ist die Verknüpfung einer Dateivariablen des Programms, die den (logischen) Kanal zum Peripheriegerät repräsentiert, mit dem Namen einer Datei, der dem Dateisystem bekannt ist. Der **Kanal zur Datei** wird vom Betriebssystem zur Verfügung gestellt.

---

[81] fp soll File-Pointer bedeuten.

14.5 Standardeingabe und -ausgabe

Vom Laufzeitsystem des C-Compilers werden die Standardkanäle für die

- **Standardeingabe**,
- **Standardausgabe**
- und **Standardfehlerausgabe**

in Form der globalen File-Pointer `stdin`, `stdout` und `stderr` zur Verfügung gestellt. Das Laufzeitsystem initialisiert diese File-Pointer vor dem Programmstart. Normalerweise stellen diese Standardkanäle Kanäle zum Bildschirm bzw. zur Tastatur dar. Sie können aber auch beim Programmstart mit Hilfe von Kommandos an das Betriebssystem auf Dateien oder andere Geräte umgelenkt werden. Diese File-Pointer stehen jedem C-Programm zur Verfügung und stellen ein wichtiges Hilfsmittel für die Ein-/Ausgabe dar.

Der Erfolg von UNIX hängt unter anderem auch mit seiner großen Flexibilität im Umgang mit Dateien zusammen. Hierbei haben sich zwei Konzepte als sehr nützlich erwiesen – weshalb sie auch von Windows übernommen wurden – nämlich

- die Umlenkung (Umleitung) der Ein- und Ausgabe
- und das Pipelining.

Das Umlenken der Standardein- und -ausgabe erfolgt auf der Kommandoebene des Betriebssystems unter Windows gleich wie unter UNIX, nämlich durch die **Umlenkoperatoren** > und <.

Die **Umlenkung der Standardausgabe** erfolgt wie im folgenden Beispiel:

```
myprog > test.out
```

Die vom Programm `myprog` an die Standardausgabe geleiteten Zeichen werden in die Datei `test.out` geschrieben. Zum Beispiel werden alle `printf()`-Ausgaben jetzt in die Datei `test.out` geschrieben.

> Von einer Umlenkung merkt ein Programm nichts.

Unter UNIX wird – wie oben gezeigt – einfach „`myprog > test.out<RETURN>`" in einer Shell abgesetzt. Danach steht die Datei `test.out` im aktuellen Verzeichnis.

Unter Windows öffnet man eine Eingabe-Aufforderung (auch als DOS-Box bekannt), wechselt in das Laufwerk, auf dem das ausführbare Programm „`myprog.exe`" gespeichert ist, und wechselt mittels `cd` (change-directory) in das Verzeichnis, in dem das Programm steht. Dann kann man ebenfalls mit „`myprog > test.out<RETURN>`" oder mit „`myprog.exe > test.out<RETURN>`" in die Datei `test.out` ausgeben.

Will man unter Windows mit der integrierten Entwicklungsumgebung VCC umlenken, so ist Folgendes zu tun:

- Öffnen der Projektoptionen (im Menü Projekt den Menüpunkt Einstellungen anklicken bzw. Alt-F7 drücken).
- Dort den Karteireiter „Debug" aktivieren.
- In dessen Textfeld „Programmargumente:" den Text „>test.out" (ohne Leerzeichen) eintippen.

Die Datei test.out steht dann im Verzeichnis des Arbeitsbereichs (solution), zu dem das Projekt gehört. Der Bequemlichkeit halber kann man diese Datei dann ebenfalls mit der Entwicklungsumgebung öffnen und die Ausgaben des Programms nach jedem Lauf inspizieren.

Die **Umlenkung der Standardeingabe** erfolgt wie im folgenden Beispiel:

```
myprog < test.inp
```

Damit kommen die Eingaben für das Programm myprog nicht mehr von der Tastatur, sondern aus der Datei test.inp. Auch hier merkt das Programm nichts davon. Es behandelt jedes Byte so, als wäre es von der Tastatur gekommen.

Umlenkung der Standardeingabe und der Standardausgabe

Beide Umlenkungsarten können auch kombiniert werden, das heißt, man kann Standardein- und -ausgabe gleichzeitig umlenken. Die Eingabe erfolgt dann nicht mehr von der Tastatur und die Ausgabe geht nicht mehr an den Bildschirm:

```
myprog < test.inp > test.out
```

Die Angaben zur Umlenkung der Standardeingabe und der Standardausgabe werden dabei nicht an das Programm weitergeleitet, sondern die Umlenkung wird vom Kommandointerpreter des Betriebssystems durchgeführt.

Standardfehlerausgabe

Damit Fehlermeldungen nach wie vor trotz erfolgter Umlenkung der Standardausgabe am Bildschirm erscheinen können, gibt es einen dritten, unabhängigen Standardkanal, die **Standardfehlerausgabe**. Auch diese kann mit Mitteln des Betriebssystems umgelenkt werden.

Pipelining

Durch **Pipes** werden mehrere Programme in der Weise verbunden, dass die **Standardausgabe des einen Programms** als **Standardeingabe des anderen Programms** verwendet wird.

Das Pipelining erfolgt auf der Kommandoebene des Betriebssystems unter Windows gleich wie unter UNIX in der Form:

```
Programm1 | Programm2
```

Der senkrechte Strich bedeutet, dass die Ausgabe von `Programm1` umgeleitet und zur Eingabe von `Programm2` wird. Diese Syntax soll durch ein bekanntes Beispiel aus der UNIX-Welt illustriert werden. Die mittels einer Pipe verbundenen Kommandos

```
ls | sort
```

geben eine sortierte Liste der Dateien des aktuellen Verzeichnisses aus. Hierbei wird die Standardausgabe des Programmes `ls` als Standardeingabe an das Programm `sort` gegeben.

> Die Standardausgabe eines Programmes wird durch den Operator | zur Standardeingabe für das nächste Programm.

Der dabei verwendete **Puffer**, in den das eine Programm hineinschreibt und aus dem das andere Programm herausliest, wird als **Pipe** bezeichnet. Der Mechanismus wird als **Fließbandverarbeitung** oder **Pipelining** bezeichnet. Der Vorteil ist zum einen, dass hierbei kein Zugriff zur Platte erforderlich ist, sondern nur zum Arbeitsspeicher. Im Arbeitsspeicher wird quasi eine temporäre Datei angelegt, die wieder automatisch gelöscht wird. Durch das Hintereinanderreihen von Programmen mit Hilfe von Pipes kann man mächtige Funktionen erzeugen. Die einzelnen Programme können dabei ziemlich klein sein.

> Ein Programm, welches nur Daten von der Standardeingabe liest, diese verarbeitet und sein Resultat nur auf die Standardausgabe schreibt, wird in UNIX als **Filter** bezeichnet. Verschiedene Filter können durch Pipes verbunden werden.

Im Folgenden seien `prog2` und `prog3` Filter. Das Programm `prog3` soll den Output von `prog2` auf die Standardausgabe als Input über die Standardeingabe entgegen nehmen. Dann lassen sich diese Filter mit `prog1`, welches Ausgaben an die Standardausgabe erzeugt, mit Hilfe einer weiteren Pipe verbinden:

```
prog1 | prog2 | prog3
```

Funktionen für die Standardeingabe und Standardausgabe

Wie man sieht, eröffnet die Programmierung mit der Standardein- und -ausgabe sehr viele Möglichkeiten: Diese Programme können sowohl mit Bildschirm und Tastatur arbeiten, bei Bedarf, beispielsweise wenn sie im Hintergrund arbeiten sollen, ihre Daten aber auch aus Dateien beziehen oder ihre Ergebnisse in Dateien ablegen. Sie sind nicht von speziellen Dateinamen abhängig, sondern bei jedem Programmstart kann eine andere Datei in einer Umlenkung berücksichtigt werden. Einfache Programme können über Pipes zu komplexeren Operationen verknüpft werden, ohne dass in eines der Programme eingegriffen werden muss.

Wegen dieser herausragenden Bedeutung stellt die C-Bibliothek eigene Funktionen für die Standardeingabe und die Standardausgabe zur Verfügung. Häufig sind diese nur als Makros implementiert, die vom Präprozessor auf Aufrufe von Funktionen des Betriebssystems umgesetzt werden. Sie stellen also nur Abkürzungen dar, da sie häufig benutzt werden. Ihre Existenz bedeutet nicht, dass die Standardein- und -ausgabe und "normale" Dateien unterschiedlich behandelt werden.

14.6 C-Bibliotheksfunktionen zur Ein- und Ausgabe

Die C-Bibliothek implementiert als Modell für die Eingabe und Ausgabe das Stream-Konzept, welches von UNIX her bekannt ist. Eine Datei wird als ein Array von Zeichen betrachtet. Arbeitet das Betriebssystem anders, so wird dies durch die Bibliotheksfunktionen von C verborgen.

Die Bibliotheksfunktionen zur Ein-/Ausgabe in C lassen sich unterteilen in

- High-Level-Funktionen und
- Low-Level-Funktionen.

Die **High-Level-Funktionen** sind standardisiert und bieten eine einfache und portable Schnittstelle für den Umgang mit Dateien. Wie oben bereits erwähnt, gibt es spezielle Funktionen, die auf die **Standardein-** bzw. **-ausgabe** zugreifen, wie z.B. scanf() und printf(), und Funktionen, die auf **Dateien auf einer Platte** zugreifen, wie z.B. fscanf() und fprintf().

Der Name printf() ist eine Abkürzung für "print formatted". printf() dient zur formatierten Ausgabe auf die Standardausgabe. So können z.B. int-Zahlen, die rechnerintern im Zweierkomplement gespeichert sind, formatiert, d.h. in einer lesbaren Form, als Folge von Zeichen ausgegeben werden. Das erste f von fprintf() kommt von "file". fprintf() dient also nicht speziell zur Ausgabe an die Standardausgabe, sondern allgemein zur formatierten Ausgabe in Dateien des Dateisystems.

Kapitel 14.7 befasst sich mit den speziellen High-Level-Funktionen für die Standardein- und -ausgabe. Kapitel 14.8 enthält die allgemeinen High-Level-Funktionen.

Die **Low-Level-Funktionen** für den Dateizugriff sind Bibliotheksfunktionen, die C-Aufrufe von Betriebssystemfunktionen bieten. Die Low-Level-Funktionen werden auch **elementare Ein-/Ausgabefunktionen** genannt. Die High-Level-Funktionen der Standardbibliothek sind – zumindest unter UNIX – mit Hilfe dieser Systemaufrufe implementiert. Die Low-Level-Funktionen sind in Anhang B beschrieben.

Low-Level-Funktionen bieten auch Möglichkeiten für die Ein- und Ausgabe, die es bei den High-Level-Funktionen nicht gibt. Diese Funktionen haben jedoch den Nach-teil, dass sie nicht unabhängig vom Betriebssystem standardisiert sind und deshalb vom Betriebssystem abhängig sind. Für UNIX-Betriebssysteme sind sie jedoch durch den POSIX-Standard standardisiert. Die Low-Level-Funktionen haben eine große Bedeutung für die Systemprogrammierung unter UNIX, z.B. für die Programmierung der Interprozesskommunikation zwischen Betriebssystemprozessen. Die High-Level-Dateizugriffsfunktionen hingegen verstecken das Betriebssystem. Damit sind Programme, welche die High-Level-Dateizugriffsfunktionen verwenden, **portabel**, d.h. sie können auf andere Rechner bzw. Betriebssysteme übertragen werden und laufen auch dort.

14.7 High-Level-Funktionen für die Standardeingabe und -ausgabe

Für die Standardein- und -ausgabe gibt es Funktionen zum

* formatierten,
* zeichenweisen
* und stringweisen

Lesen und Schreiben.

14.7.1 Formatierte Ausgabe mit der Funktion printf()

Die Funktion `printf()` („print formatted") dient zur formatierten Ausgabe von Werten von Ausdrücken auf der **Standardausgabe**. Ein **Ausdruck** mit einem Wert kann all das sein, was einen Wert hat, z.B. eine Konstante, eine Variable, ein Funktionsaufruf, der einen Wert zurückgibt, oder die Verknüpfung eines Ausdrucks mit einem anderen Ausdruck durch Operatoren und runde Klammern. Dabei soll der Wert der entsprechenden Ausdrücke formatiert, d.h. für den Menschen lesbar sein.

Der Funktionsprototyp von `printf()` lautet:

```
int printf (const char * format, ...);
```

Er steht in der Header-Datei `stdio.h`.

Die Funktion `printf()` muss in der Lage sein, beliebig viele Argumente, auszudrucken. Daher enthält der Prototyp auch die Auslassung (`...`). Die Auslassung wird meist als **Ellipse** bezeichnet (siehe Kapitel 9.7).

Das folgende Programm enthält Beispiele für den Aufruf von `printf()`:

```
/* Datei: printf1.c */
#include <stdio.h>

int main (void)
{
   int a = 6;
   char c = '0';
   printf ("\nAusgaben:");
   printf ("\nDer Wert von a ist %d", a);
   printf ("\nDas Zeichen c ist eine %c", c);
```

```
    printf ("\na hat den Wert %d. Das Zeichen %c hat den Wert %d\n",
            a, c, c);
    return 0;
}
```

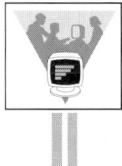

Die Ausgabe des Programmes ist:

```
Ausgaben:
Der Wert von a ist 6
Das Zeichen c ist eine 0
a hat den Wert 6. Das Zeichen 0 hat den Wert 48
```

Wie man aus dem Funktionsprototyp und diesen Beispielen sieht, funktioniert die Funktion `printf()` folgendermaßen:

`printf()` muss mindestens ein Argument (einen aktuellen Parameter) übergeben bekommen. Der formale Parameter hier ist vom Typ Pointer auf konstante Zeichen. Als aktueller Parameter kann also eine konstante Zeichenkette übergeben werden. Eine konstante Zeichenkette hat – siehe Kapitel 10.1.5 – als Rückgabewert einen Pointer auf das erste Element der konstanten Zeichenkette.

Erhält `printf()` keine weiteren aktuellen Parameter, so stellt diese Zeichenkette einfach einen String dar, der ausgegeben werden soll, wie im Beispiel:

```
printf ("\nAusgaben:");
```

Jeder weitere aktuelle Parameter ist vom Vorgänger durch ein Komma getrennt. Dadurch entsteht eine Liste von aktuellen Parametern. Für jedes dieser weiteren Argumente ist es zwingend notwendig, dass für jedes Argument ein sogenanntes **Formatelement** wie `%d` oder `%c` in die Zeichenkette des ersten Argumentes aufgenommen wird, wie im folgenden Beispiel zu sehen ist:

```
int zahl1;
float zahl2;
....
printf ("a = %d b = %f", zahl1, zahl2);
```

Formatelemente beginnen mit einem `%`-Zeichen. Die Zeichen `d`, `c`, `e`, `f` usw. werden als **Umwandlungszeichen** bezeichnet. An der Stelle der Zeichenkette, an der das Formatelement steht, erfolgt die Ausgabe des Argumentes mit einem Format, das durch das Formatelement festgelegt wird. Die Zeichenkette, die die Formatelemente enthält, heißt auch **Formatstring** oder **Steuerstring**.

Die Reihenfolge der Formatelemente im Formatstring und ihr Typ muss mit der Reihenfolge der weiteren Argumente überein-stimmen. Der Formatstring wird von links nach rechts abge-arbeitet. Gewöhnliche Zeichen in diesem String werden auf die Standardausgabe geschrieben. Die Formatelemente bestimmen das Format der auszugebenden weiteren Argumente.

Der **Rückgabewert** von `printf()` ist die Anzahl der von `printf()` ausgegebenen Zeichen. Tritt ein Fehler bei der Ausgabe auf, so wird ein negativer Wert zurückgegeben.

> Wenn die Datentypen nicht stimmen oder die Zahl der Argumente nicht stimmt, wird die Ausgabe von `printf()` falsch.   ◁Vorsicht!▷

Dies ist im folgenden Programm zu sehen, in dem **Formatelemente** und der **Typ der Argumente** nicht zusammenpassen:

```
/* Datei printf2.c */
#include <stdio.h>

int main (void)
{
   int zahl1 = 3;
   float zahl2 = 16.5f;
   int anzahl;
   printf("\n\n");
   /* Fall 1: Formatelemente korrekt */
   anzahl = printf ("%d %3.1f", zahl1, zahl2);
   printf ("\nZahl der geschriebenen Zeichen: %d", anzahl);
   printf("\n");
   /* Fall 2: Formatelemente falsch  */
   anzahl = printf ("%d %3.1f", zahl2, zahl1);
   printf ("\nZahl der geschriebenen Zeichen: %d\n", anzahl);
   return 0;
}
```

 Das Ergebnis eines Programmlaufs ist:

```
3 16.5
Zahl der geschriebenen Zeichen: 6
0 0.0
Zahl der geschriebenen Zeichen: 5
```

Wie Sie sehen, haben im zweiten Fall `zahl2` und `zahl1` beide das falsche Formatelement. Die Funktion `printf()` arbeitet, aber falsch.

14.7.1.1 Wichtige Formate für die Ausgabe von Gleitpunktzahlen

Nachdem sich das obige Beispiel mit der Ausgabe von **Zeichenketten** und **Ganzzahlen** befasst hat, soll im Folgenden ein Beispiel für die Ausgabe von **Gleitpunktzahlen** betrachtet werden:

```
/* Datei: printf3.c */
#include <stdio.h>

int main (void)
{
   double a = 0.000006;
   double b = 123.4;
```

```
    printf ("\na:\n%e \n%E \n%f \n%g \n%G", a, a, a, a, a);
    printf ("\nb:\n%g \n%G\n", b, b);
    return 0;
}
```

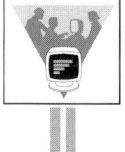

Die Ausgabe ist:

```
a:
6.000000e-06
6.000000E-06
0.000006
6e-06
6E-06
b:
123.4
123.4
```

Die Formatelemente %e und %E dienen zur Darstellung einer Gleitpunktzahl als Exponentialzahl mit Mantisse und Exponent, dabei wird das e, das den Exponenten charakterisiert, bei Angabe von %e als kleines e ausgegeben, bei Angabe von %E als großes E. Das Formatelement %f dient zur Ausgabe als Dezimalzahl. %g und %G geben je nach Größe der Zahl diese als Exponentialzahl oder als Dezimalzahl aus.

Mit Hilfe der Formatelemente von printf() zur Ausgabe von **Gleitpunktzahlen als Dezimalzahlen** kann die **Gesamtbreite der Ausgabe (Feldbreite)** und die **Zahl der Stellen hinter dem Dezimalpunkt** beeinflusst werden, wie aus den folgenden Beispielen ersichtlich ist:

%f   gibt eine Gleitpunktzahl im Default-Format des Compilers aus.

%5.2f   gibt eine Gleitpunktzahl mit insgesamt 5 Stellen aus, 2 hinter dem Punkt, 1 für den Punkt und 2 vor dem Punkt.

%5.0f   die Gleitpunktzahl wird mit 5 Stellen ausgegeben ohne Punkt und ohne Stelle nach dem Punkt.

%.3f   es sollen 3 Stellen hinter dem Punkt und der Punkt ausgegeben werden. Für die Zahl der Stellen vor dem Punkt erfolgt keine Anweisung.

Ist die auszugebende Zahl schmäler als die angegebene Gesamtbreite (Feldbreite), so wird links mit Leerzeichen bis zur Feldbreite aufgefüllt. Da die angegebene Feldbreite vom Compiler ignoriert wird, wenn sie nicht ausreicht, spricht man oft von der sogenannten **minimalen Feldbreite**.

Das folgende Programm verwendet diese Formatelemente:

```
/* Datei: printf4.c */
#include <stdio.h>

int main (void)
{
    float zahl = 12.3456f;
    printf ("\nzahl = %f", zahl);
    printf ("\nzahl = %5.2f", zahl);
```

```
      printf ("\nzahl = %5.0f", zahl);
      printf ("\nzahl = %.3f\n", zahl);
      return 0;
}
```

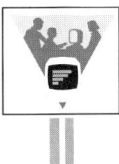

Hier die Ausgabe des Programms:

```
zahl = 12.345600
zahl = 12.35
zahl =       12
zahl = 12.346
```

14.7.1.2 Wichtige Formate für die Ausgabe von Ganzzahlen

Bei Ganzzahlen wird die **Feldbreite** der Ausgabe angegeben durch %nd. n legt dabei die Feldbreite, d.h. die Anzahl der Stellen, fest. Ist die Zahl schmäler als die angegebene Feldbreite, so wird mit Leerzeichen bis zur angegebenen Feldbreite aufgefüllt.[82]

Da die angegebene Feldbreite vom Compiler ignoriert wird, wenn sie nicht ausreicht, spricht man oft von der sogenannten **minimalen Feldbreite**.

14.7.1.3 Wichtige Formate für die Ausgabe von Zeichenketten und char-Arrays

Zeichenketten werden ausgegeben mit dem Formatelement %s wie im folgenden Beispiel:

```
/* Datei: printf5.c */
#include <stdio.h>

int main(void)
{
   char * s1  = "zeichenkette";
   char s2 [] = "string";
   printf ("\n%s", s1);
   printf ("\n%s", s2);
   printf ("\n%15s", s1);
   printf ("\n%15s", s2);
   return 0;
}
```

Die Ausgabe ist:

```
zeichenkette
string
    zeichenkette
          string
```

---

[82] Siehe hierzu beispielsweise das Programm zur Zinsberechnung in Kapitel 4.3.

Die Funktion `printf()` erhält einen Pointer auf das erste Zeichen eines `char`-Arrays und gibt die Zeichen des Arrays aus, bis ein Nullzeichen `'\0'` gefunden wird. Das Nullzeichen wird nicht ausgegeben. Zeichenketten mit Angabe einer Feldbreite werden rechtsbündig ausgegeben.

Steht in der Mitte einer Zeichenkette ein `'\0'`, so endet die Ausgabe von `printf()` an dieser Stelle. So wird beispielsweise von `printf ("abc\0def");` nur `abc` ausgegeben. Enthält ein `char`-Array kein Nullzeichen, so läuft `printf()` im Arbeitsspeicher weiter, bis ein Nullzeichen gefunden wird.

Vorsicht!

14.7.1.4 Linksbündige und rechtsbündige Ausgabe

Wenn man eine Feldbreite bei Zahlen oder Zeichenketten angibt, wird rechtsbündig ausgegeben.

Man kann auch linksbündig ausgeben. Dazu muss man ein Minuszeichen angeben, beispielsweise `%-6d` bzw. `%-15s`.

Eine linksbündige Ausgabe wird man bei Zahlen sehr selten brauchen, denn Zahlen werden in Tabellen in der Regel rechtsbündig ausgegeben, damit Einer unter Einer, Zehner unter Zehner usw. stehen. Eine linksbündige Ausgabe ist jedoch oftmals bei der Ausgabe von Texten erwünscht.

```
/* Datei: printf6.c */
#include <stdio.h>

int main (void)
{
    int zahl = 10;
    char * s1 = "zeichenkette";
    printf ("\n%d", zahl);
    printf ("\n%10d", zahl);
    printf ("\n%-10d", zahl);
    printf ("\n%-15s", s1);
    return 0;
}
```

Die Ausgabe ist:

```
10
         10
10
zeichenkette
```

14.7.1.5 Allgemeiner Aufbau der Formatelemente

Ein Formatelement ist gemäß der folgenden Syntax aufgebaut, Elemente in [ ] sind optional:

% [Steuerzeichen] [Feldbreite] [.Genauigkeit] Umwandlungszeichen [Längenangabe]

> Da die Funktion `printf()` eine variabel lange Parameterliste hat, muss `printf()` aus Umwandlungszeichen [Längenangabe] im Formatelement entnehmen, welchen Typ der Übergabe-parameter hat.

Dabei werden von `printf()` die folgenden Konvertierungen automatisch durchgeführt:

- Argumente vom Typ `signed/unsigned char` und `signed/unsigned short` werden automatisch in den Typ `signed/unsigned int` gewandelt.
- `float`-Argumente werden automatisch nach `double` gewandelt.

Wichtige **Umwandlungszeichen** sind:

Um-wand-lungs-zeichen	Typ des Arguments ggfs. nach automatischer Konvertierung[83]	Ausgabe erfolgt ...	Ausgabe als Typ
Ausgabe von Ganzzahlen			
d oder i	int	dezimal, gegebenenfalls mit Vor-zeichen.	int
o	unsigned int	oktal ohne Vorzeichen (ohne führende Null).	unsigned int
x, X	unsigned int	hexadezimal ohne Vorzeichen in Klein- bzw. Großbuchstaben (ohne führendes 0x bzw. 0X).	unsigned int
u	unsigned int	ohne Vorzeichen in dezimaler Form.	unsigned int
c	int	als Zeichen. Dabei wird das Argument in den Typ unsigned char gewandelt.	unsigned char
Ausgabe von Strings			
s	char *	als Zeichenkette. Zeichen des Arrays werden bis zum Null-zeichen (jedoch nicht einschließ-lich) geschrieben.	char *
Ausgabe von Gleitpunktzahlen			
f	double	als dezimale Zahl.	double

---

[83] Die automatischen Konvertierungen wurden vor dieser Tabelle beschrieben.

Um-wand-lungs-zeichen	Typ des Arguments ggfs. nach automatischer Konvertierung[83]	Ausgabe erfolgt ...	Ausgabe als Typ
e, E	`double`	als Exponentialzahl, wobei das den Exponenten anzeigende e klein bzw. groß geschrieben ist.	`double`
g, G	`double`	als Exponentialzahl bzw. als Dezimalzahl in Abhängigkeit vom Wert. Nullen am Schluss sowie ein Dezimalpunkt am Schluss werden nicht ausgegeben.	`double`
Ausgabe von Pointern			
p	Pointertyp	als Adresse[84].	
Ausgabe des %-Zeichens			
%[85]		als %-Zeichen.	
Speicherung der Anzahl geschriebener Zeichen			
n	`int *`	In das übergebene Argument wird die Zahl der von `printf()` geschriebenen Zeichen abgelegt.	keine Wandlung

Tabelle 14-1 Umwandlungszeichen der Funktion `printf()`

Wenn ein **Umwandlungszeichen** nicht zum **Typ des Argumentes** passt, ist das Verhalten undefiniert. Umwandlungszeichen können durch **Längenangaben** modifiziert werden. So bedeutet h bei einem Umwandlungszeichen d, i, o, u, x bzw. X eine Ausgabe als `short` bzw. als `unsigned short`[86], l bedeutet, dass ein folgendes d, i, o, u, x bzw. X Umwandlungszeichen sich auf ein `long int` bzw. `unsigned long int` Argument bezieht. Ein L bedeutet in Verbindung mit einem folgenden e, E, f, g bzw. G Umwandlungszeichen, dass das Argument `long double` ist. Es folgt ein Beispiel für eine Längenangabe:

```
/* Datei: printf7.c */
#include <stdio.h>

int main (void)
{
   long double zahl = 5.L;
   printf ("\n\nFuer long double werden %d Bytes gespeichert",
           sizeof (zahl));
   printf ("\n%Lf", zahl);
   printf ("\nGib einen Wert fuer zahl ein: ");
   scanf ("%Lf", &zahl);
   printf ("%Lf", zahl);
}
```

---

[84] Die Ausgabe ist implementierungsabhängig.
[85] Die vollständige Angabe ist `%%` im Steuerstring.
[86] Das Argument wird der Integer-Erweiterung (siehe Kapitel 7.7.1) unterworfen, aber der Wert wird nach `short int` bzw. `unsigned short int` vor der Ausgabe gewandelt.

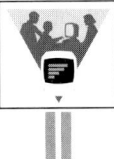

Der folgende Dialog wurde geführt:

```
Fuer long double werden 8 Bytes gespeichert
5.000000
Gib einen Wert fuer zahl ein: 7.5
7.500000
```

Wichtige **Steuerzeichen (flags)** sind:

−	erzeugt eine linksbündige Ausgabe.
+	auch eine positive Zahl wird mit ihrem Vorzeichen ausgegeben.
Leerzeichen	ein Leerzeichen wird vorangestellt, wenn das erste Zeichen kein Vorzeichen ist. Das Leerzeichen wird ignoriert, wenn ein +-Zeichen und Leerzeichen zugleich als Steuerzeichen auftreten.
0	bis zur definierten Feldbreite wird mit führenden Nullen aufgefüllt. Treten 0 und − als Steuerzeichen auf, so wird das 0-Steuerzeichen ignoriert. Wird bei d, i, p, u, x und X-Konversionen eine Genauigkeit spezifiziert, so wird das 0-Steuerzeichen ignoriert.
#	gibt in Verbindung mit o eine Oktalzahl mit einer führenden Null aus, in Verbindung mit x bzw. X eine Hexadezimalzahl mit einem führenden 0x bzw. 0X, falls der Wert nicht 0 ist. In Verbindung mit g oder G werden Nullen am Ende ausgegeben. In Verbindung mit e, E, f, g, G wird immer ein Dezimalpunkt ausgegeben, auch wenn keine Ziffern folgen[87].

Die Reihenfolge der Steuerzeichen ist beliebig. Hier ein Beispiel für die Verwendung von Steuerzeichen:

```
/* Datei: printf8.c */
#include <stdio.h>

int main (void)
{
   int zahl1 = -16;
   int zahl2 = 15;
   printf ("\nzahl1 = %-6d", zahl1);
   printf ("\nzahl2 = %-6d", zahl2);
   printf ("\nzahl2 = % -6d", zahl2);
   printf ("\nzahl2 = %- 6d", zahl2);
   return 0;
}
```

Die Ausgabe ist:

```
zahl1 = -16
zahl2 = 15
zahl2 =  15
zahl2 =  15
```

---

[87] Normalerweise erscheint ein Dezimalpunkt bei diesen Konversionen nur, wenn eine Ziffer folgt.

Die **Genauigkeit** hat nicht nur eine Bedeutung bei Gleitpunktzahlen, wo sie bei f, e oder E die Zahl der hinter dem
Dezimalpunkt auszugebenden Zeichen festlegt.

In Verbindung mit s legt die Genauigkeit die maximale Zahl der
Zeichen, die von einer Zeichenkette ausgegeben werden dürfen,
fest.

In Verbindung mit d, i, o, u, x und X bedeutet die Genauigkeit
die minimale Anzahl von Ziffern, die ausgegeben werden
müssen, wobei bis zur Genauigkeit führende Leerzeichen durch
führende Nullen ersetzt werden.

Das folgende Beispiel demonstriert die Genauigkeit bei der Ausgabe mit printf():

```
/* Datei: printf9.c */
#include <stdio.h>

int main (void)
{
   int zahl = 6;
   printf ("\nzahl = %6.4d", zahl);
   printf ("\nzahl = %8.4d", zahl);
   printf ("\n");
   return 0;
}
```

Die Ausgabe ist:

```
zahl =    0006
zahl =      0006
```

14.7.1.6 Parameter für die Feldbreite und die Genauigkeit

Gibt man bei der Feldbreite oder Genauigkeit keinen festen Wert an, sondern einen
*, so wird der Wert für die Feldbreite bzw. die Genauigkeit dem nächsten bzw. den
nächsten beiden Argumenten entnommen. Diese Argumente müssen vom Typ int
sein und stellen variable Parameter dar.

Das nächste Beispiel zeigt den Einsatz von variablen Parametern für die Feldbreite
und die Genauigkeit:

```
/* Datei: printf10.c */
#include <stdio.h>

int main (void)
{
   int minBreite = -21;
   char * s = "ich weiss nicht, was soll das bedeuten";
```

```
int maxZahlDerAuszugebendenZeichen;
printf ("\n");
for (maxZahlDerAuszugebendenZeichen = 11;
     maxZahlDerAuszugebendenZeichen <= 26;
     maxZahlDerAuszugebendenZeichen++)
   printf ("\n%*.*s:oh wie schoen", minBreite,
           maxZahlDerAuszugebendenZeichen, s);
return 0;
}
```

Das Programm gibt aus:

```
ich weiss n            :oh wie schoen
ich weiss ni           :oh wie schoen
ich weiss nic          :oh wie schoen
ich weiss nich         :oh wie schoen
ich weiss nicht        :oh wie schoen
ich weiss nicht,       :oh wie schoen
ich weiss nicht,       :oh wie schoen
ich weiss nicht, w     :oh wie schoen
ich weiss nicht, wa    :oh wie schoen
ich weiss nicht, was   :oh wie schoen
ich weiss nicht, was   :oh wie schoen
ich weiss nicht, was s:oh wie schoen
ich weiss nicht, was so:oh wie schoen
ich weiss nicht, was sol:oh wie schoen
ich weiss nicht, was soll:oh wie schoen
ich weiss nicht, was soll :oh wie schoen
```

Wenn die maximale Zahl der auszugebenden Zeichen die **minimale Feldbreite** überschreitet, so wird die minimale Feldbreite ignoriert.

14.7.2 Zeichenweise Ausgabe mit der Funktion putchar()

Die Funktion `putchar()` schreibt ein Zeichen in die Standard-Ausgabe (`stdout`). Der Funktionsprototyp von `putchar()` ist:

```
int putchar (int c);
```

Geschrieben wird das an `c` übergebene Zeichen nach Umwandlung in `unsigned char`. Häufig wird die Funktion `putchar()` als Makro implementiert (Makros siehe Kapitel 18). Der Funktionsprototyp von `putchar()` steht in `<stdio.h>`. Die Funktion `putchar()` ist äquivalent zum Funktionsaufruf `putc (c, stdout)`.

Bei erfolgreicher Ausführung gibt die Funktion `putchar()` das ausgegebene Zeichen als **Rückgabewert** zurück, im Fehlerfall wird das Fehlerflag für den Stream gesetzt (siehe Kapitel 14.8.1.1) und das Zeichen EOF[88] zurückgegeben.

---

[88] Das Zeichen EOF steht für "end of file" oder Eingabeende. EOF ist eine ganze Zahl, die in `<stdio.h>` als -1 vereinbart ist.

Das folgende Beispiel zeigt den Einsatz von `putchar()`. Die Funktion `fprintf (stderr, ...)` bei Kommentar (1), die in Kapitel 14.8.2.1 noch genauer beschrieben wird, dient der Ausgabe von Fehlermeldungen auf der Standardfehlerausgabe `stderr`.

```c
/* Datei: putchar.c */
#include <stdio.h>
int main (void)
{
   char c = 'A';
   if (putchar (c) == EOF)
   {
      /* Fehlerbehandlung: */
      fprintf (stderr,                                    /* (1) */
               "Zeichen %c konnte nicht geschrieben werden!\n", c);
      return 1;

   }
   /* Weiter im Programm ...*/

   return 0;
}
```

Das Programm gibt aus:

A

14.7.3 Stringweise Ausgabe mit der Funktion puts()

Die Funktion `puts()` schreibt den übergebenen String nach `stdout` (ohne das den String abschließende Nullzeichen) und positioniert den Cursor auf der nächsten Zeile durch die Ausgabe eines Zeilentrenners. Der Funktionsprototyp ist:

```c
int puts (const char * s);
```

Er steht in `<stdio.h>`. Bei erfolgreicher Ausführung wird ein nicht-negativer Wert zurückgegeben. Im Fehlerfall ist der Rückgabewert `EOF`.

Das folgende Beispiel zeigt den Aufruf von `puts()`:

```c
/* Datei: puts.c */
#include <stdio.h>
int main (void)
{
   const char * const str = "Ich bin die gewuenschte Ausgabe";
   if (puts (str) == EOF)
   {
      /* Fehlerbehandlung: */
      fprintf (stderr, "Zeichenkette '%s' ", str);
      fprintf (stderr, "konnte nicht geschrieben werden!\n");
      return 1;
   }
```

```
    /* Weiter im Programm ...*/
    return 0;
}
```

Die Programmausgabe ist:

```
Ich bin die gewuenschte Ausgabe
```

14.7.4 Formatierte Eingabe mit der Funktion scanf()

Die Funktion `scanf()` ("scan formatted") dient zum Einlesen von formatierten Werten von der Standardeingabe. Die Standardeingabe ist zeilengepuffert – das heißt, dass die Funktion `scanf()` solange wartet, bis eine Eingabezeile mit `<RETURN>` abgeschlossen wurde. Mit der Eingabe eines `<RETURN>` wird der Tastaturpuffer geleert und als Dateipuffer von `stdin` an `scanf()` gegeben. `scanf()` liest dann aus diesem Dateipuffer. Bild 14-4 gibt ein Beispiel für die **zeilenweise Pufferung** und die zeilenweise Übergabe des Tastaturpuffers an den Dateipuffer.

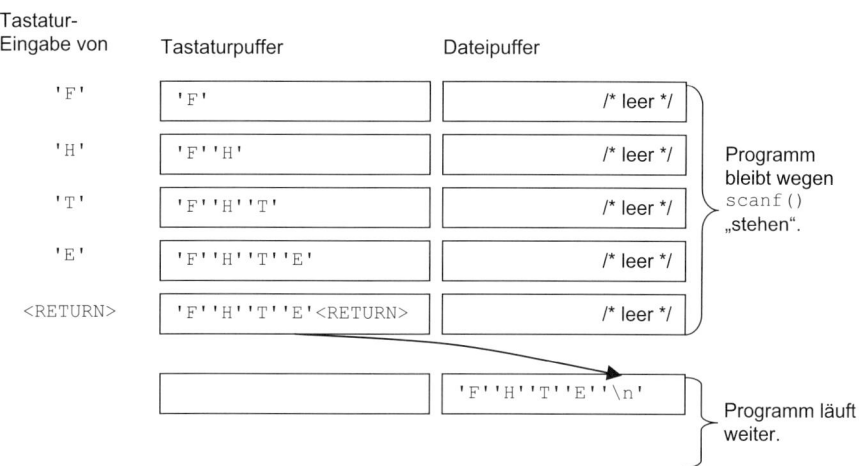

Bild 14-4 Zeilenweise Pufferung im Tastaturpuffer

Wie die Funktion `printf()` hat auch `scanf()` als erstes Argument einen **Formatstring**, welcher hier die Verarbeitung der Eingabe steuert. Da die Anzahl der einzulesenden Werte beliebig sein kann, wird auch hier die Ellipse verwendet. Der Funktionsprototyp von `scanf()` ist:

```
int scanf (const char * format, ...);
```

Der Prototyp steht in `<stdio.h>`.

Während die Funktion `printf()` als Argumente bis auf den Formatstring Ausdrücke mit Werten erwartet, erwartet die Funktion `scanf()` **Adressen von Variablen**.

An die Adressen dieser Variablen will `scanf()` die von der Standardeingabe eingelesenen Werte ablegen. Entscheidend für einen erfolgreichen Einlesevorgang ist, dass die Formatelemente in Anzahl und ihrem jeweiligen Typ mit den Adressen der Variablen verträglich sind.

`scanf()` liest zeichenweise von der Standardeingabe. Dies geht so lange gut, wie der Zeichenstrom in der Standardeingabe und der Formatstring zusammenpassen. Beim ersten Widerspruch bricht `scanf()` ab, ohne das Einlesen wieder aufzunehmen. Weitere Eingabefelder werden auch bei syntaktischer Korrektheit dieser weiteren Felder nicht mehr akzeptiert. Nur bei vollständiger Verträglichkeit zwischen Formatstring und Standardeingabe wird der Einlesevorgang vollständig abgeschlossen.

Als **Rückgabewert** gibt `scanf()` die Anzahl der erfolgreich eingelesenen Eingabefelder zurück. Stößt `scanf()` beim Lesen von der Standardeingabe sofort auf das Dateiende – erzeugt unter Windows durch ^z (gleichzeitiges Drücken der Taste <Strg> und der Taste <z>) bzw. unter UNIX durch ^d (<Strg> + <d>) – wird `EOF` als Rückgabewert geliefert. Geht das Einlesen beim ersten Formatelement schief, so ist 0 der Rückgabewert. Der Rückgabewert von `scanf()` muss stets überprüft werden, um nicht verträgliche Eingaben erkennen und behandeln zu können. Wenn ein **Umwandlungszeichen** nicht zum **Typ des Argumentes** passt, ist das Verhalten undefiniert.

Hier ein einfaches Programmbeispiel:

```
/* Datei: scanf1.c */
#include <stdio.h>

int main (void)
{
   int anzahl;
   int zahl;
   printf ("\n\nEingabe: ");
   anzahl = scanf ("%d", &zahl);
   printf ("%d Wert erfolgreich eingelesen, ", anzahl);
   printf ("\nder Wert war %d.\n", zahl);
   return 0;
}
```

Der folgende Dialog wurde geführt:

```
Eingabe: 3
1 Wert erfolgreich eingelesen,
der Wert war 3.
```

14.7.4.1 Der Formatstring

Im **Formatstring** von scanf() können

- Formatelemente,
- Whitespace-Zeichen
- und andere Zeichen

verwendet werden.

Ein **Formatelement** bestimmt den Typ des einzulesenden Wertes. Wird von der Standardeingabe ein nicht kompatibler Wert eingegeben, so resultiert ein Fehler. Wird in obigem Beispiel etwa anstelle einer ganzen Zahl das Zeichen 'p' eingegeben, so beendet scanf() seine Tätigkeit und stellt das unverdauliche Zeichen zurück in die Standardeingabe.

Steht im **Formatstring** ein **Whitespace-Zeichen** wie z.B. ein Leerzeichen oder ein new-line Zeichen '\n', so bedeutet es für scanf(), alle Whitespace-Zeichen, die von der Standardeingabe kommen, zu überlesen. scanf() liest diese Zeichen aus der Standardeingabe und wirft sie weg. Damit scanf() feststellen kann, ob ein Zeichen ein Whitespace-Zeichen oder ein anderes Zeichen ist, muss scanf() dieses Zeichen lesen. Falls es ein Whitespace-Zeichen ist, kann es weggeworfen werden, falls nicht, muss das Zeichen in die Standardeingabe zurückgestellt werden.

Ein unvorsichtigerweise im Formatstring an ungünstiger Stelle angegebenes Leerzeichen oder new-line Zeichen kann zu unerwarteten Effekten führen. Dies zeigt das folgende Beispiel:

```
/* Datei: scanf2.c */
#include <stdio.h>

int main (void)
{
   int zahl;
   int anzahl;

   printf ("\n\nEingabe: ");
   anzahl = scanf ("%d\n", &zahl);
   printf ("%d Wert erfolgreich eingelesen", anzahl);
   printf ("\nder Wert war %d", zahl);

   printf ("\nEingabe: ");
   anzahl = scanf ("%d\n", &zahl);
```

```
    printf ("%d Wert erfolgreich eingelesen", anzahl);
    printf ("\nder Wert war %d", zahl);
    return 0;
}
```

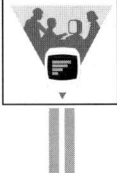

Der folgende Dialog wurde geführt:

```
Eingabe: 3


4
1 Wert erfolgreich eingelesen
der Wert war 3
Eingabe: 5
1 Wert erfolgreich eingelesen
der Wert war 4
```

Bild 14-5 veranschaulicht den Zeichenstrom in der Standardeingabe für dieses Beispiel.

> 3\n\n\n\n4\n5\n

Bild 14-5 Zeichenstrom in der Standardeingabe

Von der Tastatur wird zunächst als Eingabe eine 3<RETURN> eingegeben. `scanf()` kann die Eingabe nicht abschließen, da erst noch alle new-line Zeichen '\n' zu überlesen sind. Erst als der Bediener kein verzweifeltes <RETURN> mehr eingibt, sondern eine von einem Whitespace-Zeichen verschiedene Taste – hier zufälligerweise die Taste 4 – anschlägt, kann `scanf()` das Einlesen beenden. `scanf()` stellt die 4 wieder in die Standardeingabe zurück und gibt aus:

```
1 Wert erfolgreich eingelesen
der Wert war 3
```

Nun fordert die Funktion `printf()` zur Eingabe auf. Es wird eine 5 eingegeben. Jetzt kommt die nächste `scanf()`-Funktion zum Zuge. Diese liest von der Standardeingabe die 4, muss dann alle new-line Zeichen – in diesem Fall nur ein einziges – überlesen und darf aufhören, weil die 5 eingelesen wird. Die 5 wird in die Standardeingabe zurückgestellt und anschließend wird ausgegeben:

```
1 Wert erfolgreich eingelesen
der Wert war 4
```

Andere Zeichen im Formatstring

Wird eine Zeichenfolge im Formatstring angegeben, die natürlich von Formatelementen oder Whitespace-Zeichen begrenzt sein kann, so bedeutet dies für `scanf()`, diese Zeichenfolge zu überlesen – d.h. einzulesen und wegzuwerfen.

Hierfür ein Beispiel:

```
/* Datei: scanf3.c */
#include <stdio.h>

int main (void)
{
   float preis;
   printf ("\nGib den Preis ein in der Form   DM 100.42 :\n");
   scanf ("DM %f", &preis);
   preis = preis / 1.95583f;
   printf ("Der Verkaufspreis in EURO ist: %10.2f EUR", preis);
   return 0;
}
```

Der folgende Dialog wurde geführt:

```
Gib den Preis ein in der Form DM 100.42 :
DM 4.20
Der Verkaufspreis in EURO ist:        2.14 EUR
```

14.7.4.2 Löschen des Eingabepuffers

Wird scanf() wiederholt hintereinander aufgerufen, so beginnt der nächste Aufruf von scanf() im Zeichenstrom der Standardeingabe nach dem zuletzt erfolgreich eingelesenen Zeichen. Hat jedoch die scanf()-Funktion bei einem Lesevorgang eine fehlerhafte Eingabe nicht geschluckt, so steht diese immer noch im Puffer und wird der armen scanf()-Funktion beim nächsten Aufruf von scanf() erneut vorgesetzt. Hier hilft nur, mit Hilfe des Rückgabewerts zu überprüfen, ob scanf() alles erfolgreich eingelesen hat. Ist dies nicht der Fall, so sollte man den Eingabepuffer löschen, damit der darin stehende "Schrott" entfernt wird. Dies kann dadurch erfolgen, dass man bis zum Zeichen new-line, das eine Eingabe abschließt, die Eingabe zeichenweise ausliest und wegwirft wie im folgenden Beispiel. In diesem Beispiel soll solange versucht werden, eine ganze Zahl einzulesen, bis der Rückgabewert von scanf() signalisiert, dass die Eingabe geklappt hat.

```
/* Datei: scanf4.c */
#include <stdio.h>
int zahl;
int status;
int c;

int main (void)
{
   do
   {
      printf ("\n Eine ganze Zahl soll eingegeben werden: ");
      status = scanf ("%d", &zahl);
      if (status == 0)
         do
            c = getchar ();
         while (c != '\n');
```

```
   } while (!status);
   printf ("\n Die Zahl war: %d\n", zahl);

   return 0;
}
```

Der folgende Dialog wurde geführt:

```
Eine ganze Zahl soll eingegeben werden: eins
Eine ganze Zahl soll eingegeben werden: 1
Die Zahl war: 1
```

14.7.4.3 Allgemeiner Aufbau der Formatelemente

Ein Formatelement ist gemäß der folgenden Syntax aufgebaut:

% [*] [Feldbreite] [Längenangabe] Umwandlungszeichen

Dabei sind Elemente in [ ] optional.

Da die Funktion `scanf()` eine variabel lange Parameterliste hat, muss `scanf()` aus [Längenangabe] Umwandlungszeichen den Typ des Arguments, d.h. des aktuellen Parameters, ermitteln. Die folgende Tabelle 14-2 zeigt zum einen, welcher Datentyp als Argument welchem Umwandlungszeichen zugeordnet ist. Zum anderen zeigt die Tabelle, in welcher Form die Eingabe für ein Umwandlungszeichen erfolgen kann.

Um-wand-lungs-zeichen	Eingabe ist ...	Typ des Arguments
Eingabe von Ganzzahlen		
d	dezimal mit oder ohne Vorzeichen.	int *
i	oktal (mit 0 am Anfang) oder hexadezimal (mit 0x oder 0X) oder dezimal (keine 0, kein 0x bzw. 0X am Anfang), dabei mit oder ohne Vorzeichen.	int *
o	oktal, mit oder ohne führender 0, dabei mit oder ohne Vorzeichen.	int *
x, X	hexadezimal, mit oder ohne führendem 0x bzw. 0X, dabei mit oder ohne Vorzeichen. Keine Unterscheidung zwischen Klein- und Großbuchstaben.	int *
u	in dezimaler Form ohne Vorzeichen.	unsigned int *

Um-wand-lungs-zeichen	Eingabe ist ...	Typ des Arguments
Eingabe von Zeichen		
c	ein oder mehrere Zeichen. Bei einem Vektor werden die weiteren Zeichen in den entsprechenden Elementen des Vektors abgelegt. Ist eine Feldbreite angegeben (siehe unten), so erfolgt das Einlesen maximal bis zu dieser Feldbreite. Ein Nullzeichen `'\0'` wird nicht automatisch angehängt.	`char *`
Eingabe von Strings		
s	eine Folge von Zeichen (ohne einschließende Anführungszeichen). Alle Zeichen bis zum ersten Whitespace-Zeichen in der Zeichenfolge werden eingelesen. Das den String abschließende `'\0'` wird automatisch angehängt.	`char *`
Eingabe von Gleitpunktzahlen		
e, E, f, g, G	eine Gleitpunktzahl. Hierbei ist möglich: ein optionales Vorzeichen, ein optionaler Dezimalpunkt und ein optionaler Exponent mit oder ohne Vorzeichen.	`float *`
Eingabe von Pointern		
p	eine Adresse. Die Adresse wird notiert, so wie sie die Funktion `printf()` ausgibt.	Adresse einer Pointervariablen
Eingabe des %-Zeichens		
%	das %-Zeichen. Es wird nicht abgespeichert.	
Speicherung der Anzahl gelesener Zeichen		
n	die Zahl der bisher bei diesem Aufruf von `scanf()` gelesenen Zeichen wird im Argument abgelegt[89].	int *

Tabelle 14-2 Umwandlungszeichen für die Funktion `scanf()`

Längenangabe

Geht den Umwandlungszeichen d, i, o, u, x bzw. n ein l als Längenangabe voraus, so bedeutet es, dass in eine `long`-Variable eingelesen wird. Geht den Umwandlungszeichen d, i, o, u, x bzw. n ein h voraus, so bedeutet es, dass in eine `short`-Variable eingelesen wird.

---

[89] Die Ausführung der %n-Direktive erhöht den Rückgabewert von `scanf()` nicht, da die Anzahl der erfolgreichen Zuordnungen von eingegebenen Werten für den Rückgabewert maßgeblich ist.

Ist das an `scanf()` übergebene Argument ein Pointer auf eine `double`-Variable statt auf eine `float`-Variable, so muss den Umwandlungszeichen `e`, `E`, `f`, `g` und `G` der Buchstabe `l` vorausgehen. Soll in eine `long double`-Variable eingelesen werden, so muss einem Umwandlungszeichen `e`, `E`, `f`, `g` bzw. `G` stattdessen ein `L` vorangestellt werden. Ein Umwandlungszeichen `e`, `E`, `f`, `g`, `G` allein ohne Zusatz gilt für das Einlesen in eine `float`-Variable.

Das folgende Beispiel demonstriert die Eingabe einer Adresse:

```c
/* Datei: scanf5.c */
#include <stdio.h>

int main (void)
{
    int zahl = 10;
    int * pointer = &zahl;
    printf ("\n\nDie Adresse von zahl ist: %p", pointer);
    printf ("\nGib den Wert des Pointers ein: ");
    scanf ("%p", &pointer);
    printf ("\nDie Adresse ist: %p", pointer);
    printf ("\nDas Objekt an dieser Adresse hat den Wert %d",
            *pointer);
    return 0;
}
```

Hier der geführte Dialog:

```
Die Adresse von zahl ist: 0012FF7C
Gib den Wert des Pointers ein: 0012FF7C

Die Adresse ist: 0012FF7C
Das Objekt an dieser Adresse hat den Wert 10
```

Überlesen von Eingabefeldern durch einen * nach dem %-Zeichen

Das entsprechende Eingabefeld wird nur gelesen, aber nicht gespeichert. Daher kann es zu diesem Eingabefeld kein Argument geben. Das folgende Beispiel soll dies demonstrieren:

Gegeben sei die Text-Datei `text.txt`, die Zeilen der folgenden Struktur enthält:

```
Artikel: Heft   Stückzahl: 10   Preis_pro_Stück: 1.90
```

Der Gesamtwert des Lagerbestands soll berechnet werden. Das folgende Programm

```
/* Datei: scanf6.c */
#include <stdio.h>

int main (void)
{
   int anzahl;
   float stueckpreis;
   char s1 [20], s2 [20];
   char s3 [20], s4 [20];
   scanf ("%s %s %s %d %s %f", s1, s2, s3, &anzahl, s4,
          &stueckpreis);
   printf ("\nDer Wert des Lagerbestands ist %6.2f",
           anzahl * stueckpreis);

   return 0;
}
```

wird als ablauffähige Einheit `scanf6.exe` aufgerufen durch:

```
scanf6 < text.txt
```

Damit wird die Standardeingabe auf die Datei `text.txt` umgeleitet. Das Programm `scanf6.c` ist unnötig voluminös, denn die Variablen `s1`, `s2`, `s3` und `s4` werden nicht weiterverarbeitet. Besser ist das Programm `scanf7.c`:

```
/* Datei: scanf7.c */
#include <stdio.h>

int main (void)
{
   int anzahl;
   float stueckpreis;
   scanf ("%*s %*s %*s %d %*s %f", &anzahl, &stueckpreis);
   printf ("\nDer Wert des Lagerbestands ist %6.2f",
           anzahl * stueckpreis);

   return 0;
}
```

Hier werden die nicht relevanten Eingabedaten mit Hilfe des `*` einfach nicht abgespeichert.

Feldbreite

Die Feldbreite gibt an, wie viele Zeichen für eine bestimmte Variable eingelesen werden dürfen.

Von Nutzen ist die Feldbreite insbesondere bei `char`-Arrays, da ein Überschreiten der Größe des Arrays verhindert werden kann.

Das folgende Beispielprogramm zeigt die Vorgabe einer festen Feldbreite:

```c
/* Datei: scanf8.c */
#include <stdio.h>

int main (void)
{
   char text [21];
   printf ("\nGeben Sie eine Zahlenfolge ein ");
   printf ("[max. 20 Zeichen]\n");
   scanf ("%20s", text);
   printf ("\n%s", text);
   return 0;
}
```

Hier wird durch das Formatelement %20s dafür gesorgt, dass nicht mehr als 20 eingegebene Zeichen plus zusätzlich das abschließende Nullzeichen '\0' in text gespeichert werden (21 Zeichen passen maximal in text). Werden mehr als 20 Zeichen eingegeben, so werden die überzähligen Zeichen nicht abgespeichert und somit können keine Variablen im Arbeitsspeicher durch das Überschreiten der Array-Grenzen überschrieben werden. Die übrigen Zeichen werden einfach nicht abgeholt und bleiben in der Standardeingabe stehen.

Wird zum Beispiel

12345678901234567890123456789 0

eingegeben, so gibt das Programm aus:

12345678901234567890

Das folgende Beispiel verwendet eine Feldbreite in Verbindung mit %c:

```c
/* Datei: scanf9.c */
#include <stdio.h>

int main (void)
{
   char array1 [10];
   char array2 [10];
   int lv;

   for (lv = 0; lv <= 9; lv++)
   {
      array1[lv] = ' ';
   }
   for (lv = 0; lv <= 9; lv++)
   {
      array2[lv] = ' ';
   }
```

```
printf ("\n Eingabe von Zeichen: ");
scanf ("%10c", &array1[0]);
scanf ("%10c", &array2[0]);
printf ("\n");
for (lv = 0; lv <= 9; lv++)
{
   printf ("%c", array1[lv]);
}
printf ("\n");
for (lv = 0; lv <= 9; lv++)
{
   printf ("%c", array2[lv]);
}
printf ("\n");
return 0;
}
```

Eingegeben werde:

```
1234567890abcdefghijklmnopqrst
```

Die Programmausgabe ist:

```
Eingabe von Zeichen:
1234567890
abcdefghij
```

Ein Eingabefeld reicht normalerweise bis zum nächsten Whitespace-Zeichen. Hier wird es durch die explizit angegebene Feldbreite (10 Zeichen) begrenzt. In das Array `array1` werden 10 Zeichen geschrieben, der Rest bleibt im Eingabepuffer, in `array2` werden 10 Zeichen geschrieben, der Rest bleibt im Eingabepuffer.

14.7.4.4 Besonderheiten für Zeichen-Arrays

Gibt man für das Einlesen einer Zeichenfolge als Umwandlungszeichen in eckigen Klammern eine Folge von Zeichen an, beispielsweise durch

```
scanf("%[ABC]", array);
```

so bedeutet dies, dass die Funktion `scanf()` nur solange einliest, wie Zeichen aus der Menge der Zeichen in den eckigen Klammern kommen – hier A bzw. B bzw. C. Beim ersten davon verschiedenen Zeichen bricht `scanf()` ab und fügt an die eingelesenen Zeichen das Nullzeichen '\0' an.

Steht vor der Menge der Zeichen ein ^, beispielsweise

```
scanf ("%[^ABC]", array);
```

so darf keines der Zeichen aus der Menge der Zeichen erscheinen, sonst bricht `scanf()` ab. `scanf()` fügt an die eingelesenen Zeichen das Nullzeichen '\0' an.

14.7.5 Zeichenweise Eingabe mit der Funktion getchar()

Mit der Funktion `getchar()` wird ein einzelnes Zeichen vom Eingabestrom `stdin` gelesen. Das Zeichen wird als `unsigned char` gelesen und in `int` umgewandelt. Die Standardeingabe ist zeilengepuffert – das bedeutet, dass die Funktion `getchar()` solange wartet, bis eine Eingabezeile mit `<RETURN>` abgeschlossen wurde. Mit der Eingabe eines `<RETURN>` wird der Tastaturbuffer geleert und als Dateipuffer von `stdin` an `getchar()` gegeben. `getchar()` liest dann aus diesem Dateipuffer. Häufig wird die Funktion `getchar()` als Makro implementiert (Makros siehe Kapitel 18). Der Funktionsprototyp von `getchar()` ist:

```
int getchar (void);
```

Er steht in `<stdio.h>`. Die Funktion `getchar()` ist äquivalent zum Funktionsaufruf `getc (stdin)`. Im Fehlerfall wird das Fehlerflag, bei Dateiende das Dateiende-Flag des Streams gesetzt. Im Fehlerfall oder beim Dateiende ist der Rückgabewert der Funktion `getchar()` der Wert `EOF`, ansonsten das gelesene Zeichen.

Das folgende Beispiel zeigt den Einsatz von `getchar()`:

```
/* Datei: getchar.c */
#include <stdio.h>
#define STR_LEN 80

int main (void)
{
   char str [STR_LEN];
   int charIn;                      /* Laufend eingegebenes Zeichen */
   int index=0;
   while ((charIn = getchar ()) != EOF && index < STR_LEN-1)
   {
      str[index++] = (char) charIn;
   }
   str[index] = '\0';               /* Zeichenkette terminieren     */
   printf ("Zeichenkette str:\n%s", str);
   return 0;
}
```

Eingegeben wurde:
```
Hallo, guten Tag!<RETURN>
^z <RETURN>
```

Die Programmausgabe ist:

```
Zeichenkette str:
Hallo, guten Tag!
```

Das Zeichen ^z (gleichzeitiges Drücken der Taste <Strg> und der Taste <z>) wird von Windows als Dateiende (`EOF`) interpretiert. Dazu muss es als einziges Zeichen in einer Zeile stehen, daher das nachfolgende <RETURN> in der zweiten Zeile der Programmeingabe. Diese Eingabe ist erforderlich, da das Programm das Dateiende (`EOF`) abfragt und nur dann die Einleseschleife beendet wird. Unter UNIX wird das

Zeichen ^d (gleichzeitiges Drücken von <Strg> und der Taste <d>) als Dateiende interpretiert. Es kann an beliebiger Stelle eingegeben werden.

14.7.6 Stringweise Eingabe mit der Funktion gets()

Die Funktion `gets()` liest einen String von der Standardeingabe `stdin` in ein Array von Zeichen ein, auf das der Pointer s zeigt. Die Standardeingabe ist zeilengepuffert – das bedeutet, dass die Funktion `gets()` solange wartet, bis eine Eingabezeile mit `<RETURN>` abgeschlossen wurde. Mit der Eingabe eines `<RETURN>` wird der Tastaturpuffer geleert und als Dateipuffer von `stdin` an `gets()` gegeben. `gets()` liest dann aus diesem Dateipuffer. Es werden solange Zeichen eingelesen, bis ein Zeilenende-Zeichen oder das Zeichen `EOF` auftritt. Ein Zeilenende-Zeichen wird entfernt. An das letzte in das Array eingelesene Zeichen wird ein Stringende-Zeichen `'\0'` angehängt. Der Funktionsprototyp von `gets()`[90] ist:

```
char * gets (char * s);
```

Er steht in `<stdio.h>`.

Der Rückgabewert der Funktion `gets()` ist der Pointer s. Im Fehlerfall wird `NULL` zurückgegeben.

> Es wird nicht geprüft, ob das Array auf das s zeigt, groß genug dimensioniert ist! Falls es zu klein ist, kommt es zu Speicher-überschreibungen und unter Umständen zum Programmabsturz.

Vorsicht!

Es ist daher empfehlenswert, die Funktion `fgets()` (siehe Kapitel 14.8.4.2) zu verwenden, da diese die Länge von s beachtet.

Das folgende Beispiel zeigt den Aufruf von `gets()`:

```
/* Datei: gets.c */
#include <stdio.h>
#define STR_LEN 80
int main (void)
{
   char str [STR_LEN];
   if (gets (str) == NULL)
   {
      /* Fehlerbehandlung: */
      fprintf (stderr, "Kann str nicht lesen!\n");
      return 1;
   }
   /* Weiter im Programm */
   printf ("Zeichenkette str:\n%s", str);
   return 0;
}
```

---

[90] `gets()` hat gegenüber der Funktion `scanf()` den Vorteil, dass beim Einlesen auch Leerzeichen in den String übernommen werden. `scanf()` bricht bei jedem Whitespace-Zeichen – also auch bei einem Leerzeichen – das Einlesen sofort ab.

Eingegeben wurde:
```
Hallo, guten Tag!
```

Die Programmausgabe ist:

```
Zeichenkette str:
Hallo, guten Tag!
```

14.8 High-Level-Dateizugriffsfunktionen

Die Standardbibliothek von C bietet zum Lesen und Schreiben 4 Klassen von Funktionen, eine

- formatierte,
- zeichenweise,
- stringweise
- und blockweise (binäre)

Ein-/Ausgabe.

Außerdem gibt es noch:

- Funktionen zum **Positionieren in Dateien**. Damit wird ein **wahlfreier (direkter) Zugriff** ermöglicht,
- Funktionen zur **Fehlerbehandlung**,
- Funktionen für **Dateioperationen**[91] wie z.B. Öffnen einer Datei, Schließen einer Datei, Wegschreiben gepufferter, aber noch nicht geschriebener Daten.

Die folgenden Funktionen bzw. Makros werden in diesem Kapitel behandelt:

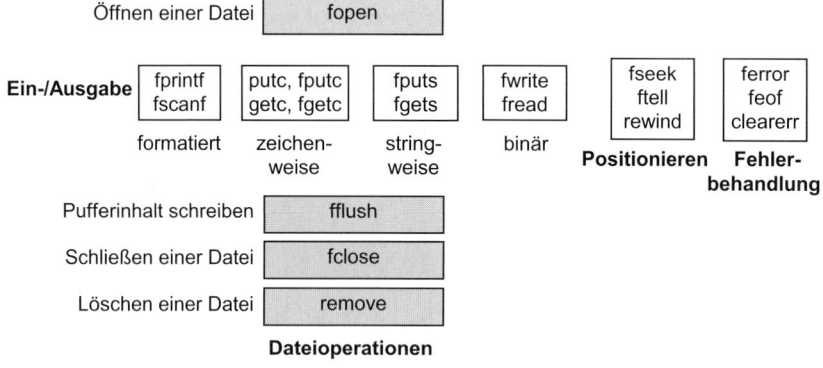

Bild 14-6 Die High-Level-Dateizugriffsfunktionen

---

[91] Dateioperationen sind in Bild 14-6 grau hinterlegt.

`fputc()` und `putc()` haben dieselbe Funktionalität. `fputc()` ist eine Funktion, `putc()` ist oftmals ein Makro. Entsprechendes gilt für `fgetc()` und `getc()`.

`fwrite()` und `fread()` sind besonders gut für Dateien geeignet, die aus vielen Sätzen gleicher Länge bestehen. Sie werden z.B. verwendet, um Strukturen binär in Dateien wegzuschreiben bzw. aus Dateien einzulesen.

14.8.1 Dateioperationen

14.8.1.1 Die Funktion fopen()

Syntax:
```
#include <stdio.h>
FILE * fopen (const char * filename, const char * mode);
```

Beschreibung:
Die Funktion `fopen()` öffnet die durch `filename` definierte Datei mit dem in `mode` angegebenen Modus. Der Datei wird beim Öffnen ein Stream zugeordnet. Der Parameter `filename` ist ein String, der den Namen der Datei und optional auch die Pfad- und Laufwerksangabe enthält. Der Parameter `mode` kann einen der folgenden Werte annehmen:

Wert	Beschreibung
r	Öffnen einer Datei ausschließlich zum Lesen.
w	Datei zum Schreiben erzeugen. Existiert die Datei bereits, so wird sie überschrieben.
a	Öffnen einer Datei zum Anfügen. Existiert die Datei bereits, so werden neue Daten an das Dateiende angefügt, ansonsten wird die Datei neu erzeugt.
r+	Öffnen einer Datei zum Schreiben und Lesen. Die Datei muss bereits existieren.
w+	Datei zum Schreiben und Lesen erzeugen. Existiert die Datei bereits, so wird sie überschrieben.
a+	Öffnen einer Datei zum Lesen und Anfügen. Existiert die Datei bereits, so werden neue Daten an das Ende angehängt, ansonsten wird die Datei neu erzeugt.

Tabelle 14-3 Der Parameter `mode` *der Funktion* `fopen()`

Wenn eine Datei mit dem Modus `+`, also `r+`, `w+` oder `a+`, geöffnet wird, kann sowohl aus der Datei gelesen als auch in die Datei geschrieben werden. Eine Ausgabe kann aber nicht sofort einer Eingabe folgen. Zwischen der Ausgabe- und der Eingabeoperation muss zuerst der Funktionsaufruf der Funktion `fflush()` oder der Aufruf einer Positionierungsfunktion (`fseek()`, `fsetpos()` oder `rewind()`) erfolgen. Ebenso kann nach einer Eingabe nicht sofort eine Ausgabe aus der Datei ausgeführt werden. Zwischen der Eingabe- und der Ausgabeoperation muss zuerst der Aufruf einer Positionierungsfunktion (`fseek()`, `fsetpos()` oder `rewind()`) erfolgen, wenn die Eingabeoperation nicht mit `EOF` abgeschlossen wurde.

Zum Öffnen einer Datei für binäre Ein-/Ausgabe muss zusätzlich der Buchstabe `b` bei `mode` angegeben werden wie z.B. `a+b` oder `ab+`. Bei manchen Compilern wird der Buchstabe `t` für das Öffnen einer Datei im Textmode angegeben, wie z.B. `a+t` oder `at+`. Nach dem ISO-Standard wird eine Datei ohne die Angabe von `b` als Textdatei geöffnet.

Durch

```
FILE * fp;
fp = fopen ("test.dat", "w");
```

wird eine Datei zum Schreiben im Textmodus geöffnet.

Der Unterschied zwischen einer Datei im **Text-** und im **Binärmodus** ist, dass im Textmodus – im Falle von Windows-Compilern – beim Schreiben eines Zeilenendes ein `LF` durch ein `CR LF` (Carriage Return, Line Feed) ersetzt wird, zum anderen wird beim Lesen ein `CR LF` durch ein `LF` ersetzt. Dieser Ersetzungsvorgang wird nicht durchgeführt, wenn die Datei im Binärmodus geöffnet wurde. Wird weder der Schalter `b` noch `t` angegeben, so benutzt der Compiler seine eigenen Voreinstellungen – in den meisten Fällen den Modus `t`.

Bei UNIX-Compilern wird der Schalter `b` zwar akzeptiert, es gibt jedoch keinen Unterschied zwischen Text- und Binärmodus. Es wird auf den Ersetzungsvorgang am Zeilenende komplett verzichtet.

Rückgabewert:
Die Funktion `fopen()` liefert bei fehlerfreier Ausführung einen Pointer auf `FILE` zurück. Im Fehlerfall wird `NULL` zurückgegeben.

Variablen vom Type `FILE *` bezeichnet man im Allgemeinen als **stream**. Die Struktur `FILE` ist in der Include-Datei `stdio.h` definiert.

Der Benutzer muss die Struktur `FILE` nicht kennen, da der Inhalt der Struktur nur für die Implementierung der High-Level-Dateifunktionen relevant ist und von diesen Funktionen gegenüber dem Programmierer verborgen wird.

Für diejenigen, die ein tieferes Verständnis gewinnen wollen, ist in Bild 14-7 der Aufbau einer Strukturvariablen vom Typ `FILE` sowie ihr Zusammenhang mit dem Dateipuffer und der zugeordneten Datei skizziert:

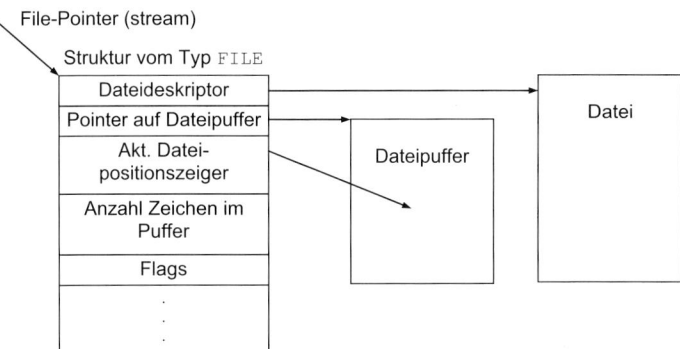

Bild 14-7 Struktur vom Typ FILE, Dateipuffer und Datei

Der Zugriff auf eine Datei über die High-Level Dateizugriffsfunktionen wird über einen **File-Pointer** durchgeführt. Der **File-
Pointer** wird beim Öffnen einer Datei von fopen() zurückgegeben und zeigt auf eine Struktur vom Typ FILE. Je nach
Betriebssystem und Compiler sind die Inhalte der FILE-Struktur
unterschiedlich.

Die hier aufgeführten Bereiche sind aber für alle einheitlich:

Dateideskriptor (Handle)	Da (zumindest in UNIX) alle High-Level-Dateizugriffe auf Basis von Low-Level-Routinen (siehe Anhang B) implementiert sind, muss zum Dateizugriff ein Datei-deskriptor (Handle) zur Verfügung stehen
Pointer auf Dateipuffer	Pointer (Anfangsadresse) des Dateipuffers
Aktueller Dateipositions-Zeiger	Zeiger auf das aktuelle Zeichen im Dateipuffer
Anzahl Zeichen im Puffer	Anzahl der Zeichen, die sich im Dateipuffer befinden
Flags	Statusflags der Datei, z.B. Dateiende, Fehler, Binär-modus, ...

Die Funktionen des High-Level-Dateizugriffs – auch bezeichnet als gepufferter
Dateizugriff – benutzen einen **Dateipuffer**, der zwischen den Daten auf Platte oder
Diskette und den Variablen im Hauptspeicher geschaltet ist. Die Funktionen greifen
zum Lesen und Schreiben immer nur auf den Dateipuffer zu. Das Schreiben und
Lesen zwischen der Datei und dem Dateipuffer wird vom Betriebssystem
durchgeführt.

In den Flags wird unter anderem der Dateiende-Status (End-Of-File; EOF) und der
Fehlerstatus des Streams vermerkt. Diese beiden Stati können mit den Funktionen
feof()[92] und ferror()[92] abgefragt werden.

---

[92] Siehe Kapitel 14.8.7.

Standard-File-Pointer

Es gibt bereits vordefinierte Standard-File-Pointer, die das Ansprechen der Ein- und Ausgabegeräte gestatten. Die folgenden File-Pointer sind in `<stdio.h>` als symbolische Konstanten definiert. Sie entsprechen konstanten Pointern auf den Typ `FILE *`.

File-Pointer	ansprechbare Ein-/Ausgabegeräte
stdin	Standardeingabe (Tastatur)
stdout	Standardausgabe (Bildschirm)
stderr	Standardfehlerausgabe (Bildschirm)

Tabelle 14-4 Standard File-Pointer

Unter dem Betriebssystem UNIX gibt es die drei reservierten Standardkanal-Namen `stdin`, `stdout` und `stderr`. Beim Start eines Programms werden die File-Pointer automatisch vom Laufzeitsystem mit den entsprechenden Standardkanälen und damit mit den in Tabelle 14-4 genannten Ein-/Ausgabegeräten verknüpft[93]. Die File-Pointer sind damit initialisiert – ein Aufruf von `fopen()` ist nicht nötig und auch nicht möglich.

Die **Standardfehlerausgabe** ist eine zusätzliche Einheit zu `stdout`. Schreibt man Fehlermeldungen nicht nach `stdout`, sondern nach `stderr`, so kann verhindert werden, dass die Fehlerausgaben beim Umlenken der Standardausgabe nicht mehr am Bildschirm sichtbar sind.

Man sollte es sich zur Angewohnheit machen, Fehler und Warnungen nie mit `printf(....)` oder mit `fprintf (stdout, ....)` nach `stdout` auszugeben. Man sollte sie immer nach `stderr` mit `fprintf (stderr, ....)` ausgeben.

Wird nämlich die Standardausgabe in eine Datei umgelenkt (mit >), so bleiben die Fehler- und Warnungsausgaben am Bildschirm sichtbar und man kann sehr leicht feststellen, ob und wie oft es Fehler und Warnungen gab.

14.8.1.2 Die Funktion fclose()

Syntax:
```
#include <stdio.h>
int fclose (FILE * stream);
```

Beschreibung:
Die Funktion `fclose()` sorgt dafür, dass Daten, die auf die Platte sollen und noch im Dateipuffer stehen, in die Datei geschrieben werden und die durch `stream` definierte Datei geschlossen wird. Irgendwelche noch nicht gelesenen gepufferten Eingabedaten werden gelöscht.

---

[93] Auf Ebene des Betriebssystems kann die Zuordnung der Standardkanäle zu Geräten bzw. Dateien aber auch geändert werden – etwa durch Umlenkung oder Pipelining. Siehe dazu Kapitel 14.5.

Grundsätzlich sollte eine Datei immer sofort nach Abschluss der Dateibearbeitung geschlossen werden. Dies verhindert einen eventuellen Datenverlust bei einem späteren Programmabsturz. Außerdem ist die Anzahl der gleichzeitig geöffneten Dateien durch das Betriebssystem begrenzt.

Vorsicht!

Rückgabewert:
Die Funktion `fclose()` liefert bei fehlerfreier Abarbeitung den Wert 0 zurück. Im Fehlerfall wird EOF zurückgegeben.

Beispiel:
Das folgende Programm öffnet die Datei `bsp.txt` zum Anfügen und fügt eine Zeile an. Danach wird die Datei geschlossen und wieder geöffnet – dieses Mal aber zum Lesen. Dann werden alle Zeilen der Datei ausgegeben. Da mit jedem Programmlauf eine Zeile angefügt wird, wird die Datei `bsp.txt` mit jedem Lauf um eine Zeile länger.

```c
/* Datei: fopen.c */
#include <stdio.h>
#define STR_LEN 80
int main (void)
{
   char str [STR_LEN];
   FILE * fp;
   const char * const filename = "bsp.txt";

   /* Datei oeffnen, eine Zeile anhaengen:                    */
   if ((fp = fopen (filename, "a")) == NULL)
   {
      /* Fehlerbehandlung:                                    */
      fprintf (stderr,
         "Datei '%s' konnte nicht zum Anhaengen"
         " geoeffnet werden!\n", filename);
      return 1;
   }
   fprintf (fp, "Noch eine Zeile...\n");
   fclose (fp);

   /* Datei wieder oeffnen, alle Zeilen ausgeben:             */
   if ((fp = fopen (filename, "r")) == NULL)
   {
      /* Fehlerbehandlung: */
      fprintf (stderr,
         "Datei '%s' konnte nicht zum Lesen geoeffnet werden!\n",
         filename);
      return 1;
   }
   while (fgets (str, STR_LEN, fp)) printf (str);
   fclose (fp);
   return 0;
}
```

Die Programmausgabe beim dritten Programmlauf ist:

```
Noch eine Zeile...
Noch eine Zeile...
Noch eine Zeile...
```

14.8.1.3 Die Funktion remove()

Syntax:
```
#include <stdio.h>
int remove (const char *filename);
```

Beschreibung:
Die Funktion `remove()` bewirkt, dass eine Datei nicht mehr unter dem Namen `filename` angesprochen werden kann. Besitzt die Datei `filename` keine anderen Dateinamen mehr bzw. besteht kein weiterer Betriebssystem-Verweis[94] mehr auf die Datei, so wird die Datei gelöscht. Das heißt, in den meisten Fällen wird die Datei sofort gelöscht. Sie landet auch nicht in einem Papierkorb und ist im Allgemeinen nicht mehr wieder herstellbar. Der Parameter `filename` muss den Dateinamen bzw. den absoluten Pfad und gegebenenfalls die Laufwerksangabe enthalten. Ein weiterer Versuch, die Datei mit diesem Namen zu öffnen, schlägt fehl. Das Verhalten der Funktion `remove()` bei einer noch geöffneten Datei ist compilerabhängig. Es ist jedoch generell anzuraten, jede Datei vor dem Löschen zu schließen.

Rückgabewert:
Die Funktion `remove()` liefert bei fehlerfreier Abarbeitung den Wert 0 zurück. Im Fehlerfall wird ein Wert ungleich 0 zurückgegeben.

Beispiel:
```
#include <stdio.h>

/* Datei: remove.c */
#include <stdio.h>
#define STR_LEN 80
int main (void)
{
   char filename [STR_LEN];
   char answer;
   printf ("Welche Datei wollen Sie loeschen? ");
   gets (filename);
   do
   {
      printf ("Wollen Sie die Datei %s wirklich loeschen [j/n]? ",
         filename);
      answer = getchar();
   } while (answer != 'j' && answer != 'n');
```

---

[94] Es gibt im Betriebssystem UNIX die Möglichkeit, sogenannte „links" auf Dateien zu legen. D.h., auf eine Datei kann durch mehrere Namen in verschiedenen Verzeichnissen zugegriffen werden.

```
   if (answer == 'j' && remove (filename) != 0)
   {
      fprintf (stderr, "Datei %s konnte nicht geloescht werden!\n",
         filename);
      return 1;
   }
   else
      printf ("%s wurde geloescht.\n", filename);
   return 0;
}
```

Die Programmein- und -ausgabe ist:

```
Welche Datei wollen Sie loeschen? remove.plg
Wollen Sie die Datei remove.plg wirklich loeschen [j/n]? j
remove.plg wurde geloescht.
```

14.8.1.4 Die Funktion fflush()

Syntax:
```
#include <stdio.h>
int fflush (FILE * stream);
```

Beschreibung:
Die Funktion `fflush()` sorgt bei einem **Ausgabestrom** `stream` dafür, dass alle in den Dateipuffern existierenden und noch nicht geschriebenen Daten auf Platte geschrieben werden. Dasselbe erfolgt für einen Update-Stream[95], wenn die letzte Operation keine Leseoperation war.

Die Wirkungsweise von `fflush()` auf einen **Eingabestrom** ist laut Standard undefiniert. Beim VCC werden die Puffer des Eingabestroms gelöscht. Unter UNIX geschieht dies nicht.

Um im Standardeingabestrom `stdin` eine Eingabe, die mit `<RETURN>` abgeschlossen wurde, zu löschen, kann folgende Anweisung programmiert werden.

```
do
{
   c = getchar ();
} while (c != '\n');
```

Unter VCC könnte diese Zeile durch

```
fflush (stdin);
```

ersetzt werden. Das Programm wäre dann aber nicht mehr portabel.

---

[95] Bei einem Update-Stream ist eine Datei zum Lesen und Schreiben geöffnet.

Rückgabewert:

Die Funktion `fflush()` liefert bei fehlerfreier Abarbeitung den Wert 0 zurück. Bei einem Schreibfehler wird `EOF` zurückgegeben.

Beispiel:

Das folgende Programm schreibt "wichtige" Informationen auf die Datei `bsp.txt`. Mit der Funktion `fflush()` wird nach dem Schreiben sichergestellt, dass der Inhalt auch auf der Platte steht. So führt ein Bedien- oder Programmierfehler nicht zu unnötigen Datenverlusten. Im Beispiel wird das Programm abstürzen, da bei Kommentar (2) durch Null geteilt wird.

```c
/* Datei: fflush.c */
#include <stdio.h>
int main (void)
{
   FILE * fp;
   const char * const filename = "bsp.txt";

   /* Datei oeffnen, eine Zeile Wichtiges anhaengen:          */
   if ((fp = fopen (filename, "a")) == NULL)
   {
      /* Fehlerbehandlung:                                    */
      fprintf (stderr,
         "Datei '%s' konnte nicht zum Anhaengen"
         " geoeffnet werden!\n", filename);
      return 1;
   }
   fprintf (fp, "Wichtige Information...\n");              /*(1) */

   if (fflush (fp) != 0)
   {
      /* Fehlerbehandlung:                                    */
      fprintf (stderr,
         "Fehler bei fflush. "
         "Achtung: Daten in %s nicht gesichert!\n", filename);
      return 1;
   }

   {
      /* Schlecht programmiert... Absturz              (2) */
      int i=0, j = 1 / i;
      /* Doch die Datei ist schon gesichert. Dank fflush().   */
   }

   return 0;
}
```

14.8.2 Formatierte Ein-/Ausgabe von Daten

14.8.2.1 Die Funktion fprintf()

Syntax:
```
#include <stdio.h>
int fprintf (FILE * stream, const char * format, ...);
```

Beschreibung:
Die Funktion `fprintf()` schreibt auf die durch `stream` definierte Datei. Geschrieben wird – so wie bei `printf()` – gemäß dem durch die Argumente ergänzten Formatstring `format`. Die Funktion `fprintf()` ist die allgemeine Form der Funktion `printf()`. Statt `printf (....)` könnte man auch `fprintf (stdout, ....)` schreiben. Dies bedeutet, dass der Aufbau des Formatstrings bei `printf()` und `fprintf()` identisch ist. Die Funktion `fprintf()` springt mit `return` zurück, wenn sie das Ende des Formatstrings erreicht hat.

Rückgabewert:
Die Funktion `fprintf()` liefert bei fehlerfreier Abarbeitung die Anzahl an geschriebenen Zeichen zurück. Im Fehlerfall wird ein negativer Wert zurückgegeben.

Beispiel:
Das folgende Programm ist ein Beispiel für das formatierte Schreiben in eine Datei.

```c
/* Datei: fprintf.c */
/* Schreiben einiger float-Zahlen */
#include <stdio.h>

int main (void)
{
   const char * const filename = "bsp.txt";
   FILE * fp;
   int lv;

   if ((fp = fopen (filename, "w")) == NULL)
   {
      fprintf (stderr,
         "Fehler beim Oeffnen der Datei %s\n", filename);
      return 1;
   }

   for (lv = 0; lv < 10; lv++)
   {
      if (fprintf (fp, "%f\n", (float)lv) <= 0)
      {
         fprintf (stderr,
            "Fehler beim Schreiben in die Datei %s\n", filename);
         return 2;
      }
   }
```

```
   if (fclose (fp) != 0)
   {
      fprintf (stderr,
         "Fehler beim Schliessen der Datei %s\n", filename);
      return 3;
   }
   return 0;
}
```

14.8.2.2 Die Funktion fscanf()

Syntax:
```
#include <stdio.h>
int fscanf(FILE * stream, const char * format, ...);
```

Beschreibung:
Die Funktion `fscanf()` liest aus der durch `stream` definierten Datei. Gelesen wird
– entsprechend der Funktion `scanf()` – anhand der Vorgabe durch den Formatstring `format`. Die Daten werden in Variablen geschrieben, deren Adressen
übergeben werden. Die Funktion `fscanf()` ist die allgemeine Form der Funktion
`scanf()`. Statt `scanf (....)` könnte man auch `fscanf (stdin, ....)`
schreiben. Dies bedeutet, dass der Aufbau des Formatstrings bei `scanf()` und
`fscanf()` identisch ist.

Rückgabewert:
Die Funktion `fscanf()` liefert bei fehlerfreier Abarbeitung die Anzahl der fehlerfrei
gelesenen Eingabefelder zurück. Kann kein Feld eingelesen werden, so wird der
Wert 0 zurückgegeben. Tritt ein Eingabefehler vor jeglicher Konversion ein, so liefert
`fscanf()` den Wert `EOF`.

Beispiel:
```
/* Datei: fscanf.c */
#include <stdio.h>
int main (void)
{
   FILE * fp;
   int zahl, anzahl;
   const char * const filename = "bsp.txt";

   /* Datei oeffnen:                                        */
   if ((fp = fopen (filename, "r")) == NULL)
   {
      /* Fehlerbehandlung:                                  */
      fprintf (stderr,
         "Datei '%s' konnte nicht zum Lesen"
         " geoeffnet werden!\n", filename);
      return 1;
   }
```

```
   /* Zahl von Datei lesen:                                     */
   if ((anzahl = fscanf (fp, "%d", &zahl)) == EOF)
   {
      /* Fehlerbehandlung:                                      */
      fprintf (stderr,
         "Konnte nichts aus '%s' lesen!\n", filename);
      return 2;
   }
   else
   {
      if (anzahl == 0)
      {
         /* Fehlerbehandlung:                                   */
         fprintf (stderr,
            "Konnte keine Zahl aus '%s' lesen!\n", filename);
         return 3;
      }
   }
   fclose (fp);
   printf ("Die Zahl in der Datei %s war %d.\n", filename, zahl);

   return 0;
}
```

In der Datei `bsp.txt` steht in der ersten Zeile 33. Dann ist die Programmausgabe:

```
Die Zahl in der Datei bsp.txt war 33.
```

14.8.3 Ein-/Ausgabe von Zeichen

14.8.3.1 Die Funktion fputc()

Syntax:
```
#include <stdio.h>
int fputc (int c, FILE * stream);
```

Beschreibung:
Die Funktion `fputc()` schreibt das (von `int` in `unsigned char` umgewandelte) Zeichen `c` in die durch `stream` definierte Datei.

Rückgabewert:
Die Funktion `fputc()` liefert bei fehlerfreier Abarbeitung das geschriebene Zeichen `c` zurück. Im Fehlerfall wird das Fehlerflag für den Stream gesetzt und `EOF` zurückgegeben.

Beispiel:

```
/* Datei: fputc.c */
/* Schreiben eines einzelnen Zeichens.*/
#include <stdio.h>

int main (void)
{
   const char * const filename = "bsp.txt";
   const char c = 'G';
   FILE * fp;

   if ((fp = fopen (filename, "w")) == NULL)
   {
      fprintf (stderr,
         "Fehler beim Oeffnen der Datei %s\n", filename);
      return 1;
   }

   if (fputc (c, fp) == EOF)
   {
      /* Fehlerbehandlung */
      fprintf (stderr, "Fehler beim Schreiben des Zeichen ");
      fprintf (stderr, "%c in die Datei %s\n", c, filename);
      return 2;
   }
   fclose (fp);
   return 0;
}
```

14.8.3.2 Die Funktion fgetc()

Syntax:

```
#include <stdio.h>
int fgetc (FILE * stream);
```

Beschreibung:
Die Funktion `fgetc()` liest – wenn vorhanden – das nächste Zeichen als `unsigned char` aus der durch `stream` definierten Datei und konvertiert es nach `int`.

Rückgabewert:
Die Funktion `fgetc()` liefert bei fehlerfreier Ausführung das in einen `int`-Wert konvertierte Zeichen zurück. Ist das Dateiende erreicht, so wird das Dateiende-Flag, im Fehlerfall das Fehlerflag des Streams gesetzt. Im Fehlerfall oder bei Erreichen des Dateiendes wird `EOF` zurückgegeben.

Beispiel:
```c
/* Datei: fgetc.c */
/* Zeichenweises Lesen aus einer Datei */
#include <stdio.h>

int main (void)
{
   const char * const filename = "bsp.txt";
   FILE * fp;
   int lc, lv=0;

   if ((fp = fopen (filename, "r")) == NULL)
   {
      fprintf (stderr,
         "Fehler beim Oeffnen der Datei %s\n", filename);
      return 1;
   }

   while ((lc = fgetc (fp)) != EOF)
      printf ("%4d. Zeichen in %s: '%c'\n", ++lv, filename, lc);

   fclose (fp);
   return 0;
}
```

In der Datei `bsp.txt` steht `Bsp.` in der ersten und einzigen Zeile. Dann ist die Programmausgabe:

```
1. Zeichen in bsp.txt: 'B'
2. Zeichen in bsp.txt: 's'
3. Zeichen in bsp.txt: 'p'
4. Zeichen in bsp.txt: '.'
```

14.8.3.3 Die Funktion ungetc()

Syntax:
```c
#include <stdio.h>
int ungetc (int c, FILE * stream);
```

Beschreibung:
Mit der Funktion `ungetc()` kann man das Zeichen `c` konvertiert nach `unsigned char` für eine erneute Leseoperation in die durch `stream` definierte Datei zurückstellen. Direkt nach dem Zurückstellen kann das Zeichen wieder z.B. mit der Funktion `fgetc()` gelesen werden.

Die Anzahl der Zeichen, die zurückgestellt werden können, ist abhängig vom Betriebssystem bzw. vom Compiler. Nach dem Standard muss mindestens 1 Zeichen zurückgestellt werden können. Beim VCC kann immer nur 1, bei UNIX (SunOS) können bis zu maximal 4 Zeichen zurückgestellt werden. Wird beim VCC ein weiteres Zeichen mit `ungetc()` zurückgeschrieben, ohne dass zuvor mit `fgetc()` gelesen wurde, ist das Ergebnis undefiniert.

Wird nach dem Zurückstellen mit `ungetc()` der Dateipositions-Zeiger mit `fseek()`, `rewind()` oder `fsetpos()` verändert, so geht das (gehen die) zurückgestellte(n) Zeichen verloren.

Rückgabewert:
Die Funktion `ungetc()` liefert bei fehlerfreier Ausführung das zurückgestellte Zeichen nach Konversion zu `unsigned char` zurück. Im Fehlerfall wird `EOF` zurückgegeben.

Beispiel:
Das folgende Programm öffnet die Datei `bsp.txt` und versucht, alle darin enthaltenen ganzen Zahlen zu summieren. Text, der zwischen Zahlen steht, soll dabei ignoriert werden. Dazu werden die Zeichen in der Datei mit `fgetc()` eingelesen. Stößt man dabei auf eine Ziffer (das kann mit der Funktion `isdigit()` bestimmt werden), so hat man den Dateipuffer schon zu weit geleert, um noch mit `fscanf()` formatiert eine ganze Zahl einlesen zu können. Deshalb wird dieses zu viel gelesene Zeichen mit `ungetc()` zurück in den Dateipuffer gegeben und dann die ganze Zahl mit `fscanf()` eingelesen.

```
/* Datei: ungetc.c */
/* Summieren aller ganzen Zahlen in Datei mit weiterem Text.      */
#include <stdio.h>
#include <ctype.h> /* Für Fkt. isdigit() */

int main (void)
{
   const char * const filename = "bsp.txt";
   FILE * fp;
   int lc, zahl, summe=0;
   if ((fp = fopen (filename, "r")) == NULL)
   {
      fprintf (stderr,
         "Fehler beim Oeffnen der Datei %s\n", filename);
      return 1;
   }

   while ((lc = fgetc(fp)) != EOF)
   {
      if (isdigit (lc)) /* Zeichen ist Ziffer -> zu viel gelesen  */
      { /* Zurueck damit in den Dateipuffer...                    */
         ungetc (lc, fp);
         /* Und jetzt formatiert eine ganze Zahl lesen:           */
         fscanf (fp, "%d", &zahl);
         summe += zahl;
      }
   }
   printf ("Die Summe aller ganzen Zahl in %s ist %d.\n",
      filename, summe);
```

```
    fclose (fp);
    return 0;
}
```

In der Datei `bsp.txt` steht „`17 + 4 gibt 21.`". Dann ist die Programmausgabe:

```
Die Summe aller ganzen Zahl in bsp.txt ist 42.
```

14.8.4 Ein-/Ausgabe von Strings

14.8.4.1 Die Funktion fputs()

Syntax:
```
#include <stdio.h>
int fputs (const char * s, FILE * stream);
```

Beschreibung:
Die Funktion `fputs()` schreibt den String, auf den der Pointer `s` zeigt, in die durch `stream` definierte Datei. Beim Schreiben wird das Stringende-Zeichen '`\0`' nicht in die Datei gestellt.

Rückgabewert:
Die Funktion `fputs()` liefert bei fehlerfreier Ausführung einen positiven Wert zurück. Im Fehlerfall wird `EOF` zurückgegeben.

14.8.4.2 Die Funktion fgets()

Syntax:
```
#include <stdio.h>
char * fgets (char * s, int n, FILE * stream);
```

Beschreibung:
Die Funktion `fgets()` liest aus der durch `stream` definierten Datei und schreibt das Ergebnis in den Puffer, auf den der Pointer `s` zeigt. Das Lesen wird abgebrochen, wenn entweder das Zeilenende-Zeichen '`\n`' oder das Dateiende erreicht ist oder n-1 Zeichen gelesen wurden. Das Zeilenende-Zeichen wird in den Puffer kopiert, ein Dateiende-Zeichen nicht. An die in den Puffer geschriebenen Zeichen wird als Stringende-Zeichen '`\0`' angehängt.

Rückgabewert:
Die Funktion `fgets()` liefert bei fehlerfreier Ausführung den Pointer `s` zurück. Im Fehlerfall oder bei Erreichen des Dateiendes wird `NULL` zurückgegeben.

14.8.4.3 Beispielprogramm zur Ein-/Ausgabe von Strings

```
/* Datei: fgets.c */
/* Auslesen von Strings aus einer Datei und Ausgabe nach stdout   */
#include <stdio.h>
#define STR_LEN 80
int main (void)
{
   const char * const filename = "bsp.txt";
   FILE * fp;
   char string [STR_LEN];

   if ((fp = fopen ("bsp.txt", "r")) == NULL)
   {
      fprintf (stderr,
         "Fehler beim Oeffnen der Datei %s\n", filename);
      return 1;
   }

   /* Datei zeilenweise auslesen und auf Bildschirm ausgeben,   */
   /* bis Dateiende erreicht:                                   */
   while (fgets (string, STR_LEN, fp) != NULL)
      fputs (string, stdout);

   fclose (fp);
   return 0;
}
```

In der Datei `bsp.txt` steht „Hallo, dies ist ein Test.".
Dann ist die Programmausgabe:

```
Hallo, dies ist ein Test.
```

14.8.5 Binäre Ein-/Ausgabe

Die binäre Ein-/Ausgabe wird meistens dann verwendet, wenn Daten gespeichert werden sollen, die in nicht lesbarer Form vorliegen, wie z.B. in Form einer Strukturvariablen.

Eine wichtige Voraussetzung für die binäre Ein-/Ausgabe unter Windows ist, dass die Datei im **Binärmodus** geöffnet wird. Unter UNIX wird zwischen einer Datei im Text- und einer Datei im Binärmodus nicht unterschieden.

14.8.5.1 Die Funktion fwrite()

Syntax:
```
#include <stdio.h>
size_t fwrite (const void * ptr, size_t size, size_t nmemb,
               FILE * stream);
```

Beschreibung:
Die Funktion `fwrite()` schreibt `nmemb` Objekte der Größe `size` aus dem Array, auf das der Pointer `ptr` zeigt, in die durch `stream` definierte Datei. Insgesamt werden `nmemb * size` Bytes geschrieben. Der Datentyp `size_t` ist in `<stddef.h>` als `unsigned int` definiert.

Rückgabewert:
Die Funktion `fwrite()` liefert die Anzahl der erfolgreich geschriebenen Objekte zurück. Im Fehlerfall ist die Anzahl der geschriebenen Objekte kleiner als `nmemb`.

Beispiel:
```c
/* Datei: fwrite1.c */
/* Schreiben von kompletten Arrays in eine Binärdatei        */
#include <stdio.h>

int main (void)
{
   int status = 0;
   float puffer [4] = {1.0f, 1.1f, 1.2f, 1.3f};
   const char * const filename = "bsp.bin";
   FILE * fp;
   if ((fp = fopen (filename, "wb")) == NULL)
   {
      fprintf (stderr,
         "Fehler beim Oeffnen der Datei %s\n", filename);
      return 1;
   }

   /* Die Groesse eines Objektes wird aus Portabilitaetsgruenden  */
   /* stets mit Hilfe von sizeof angegeben.                       */
   status = fwrite (puffer, sizeof (puffer), 1, fp);
   if (status < 1)
   {
      /* Fehlerbehandlung    */
      fprintf (stderr,
         "Fehler beim binaeren Schreiben auf Datei %s\n", filename);
      return 2;
   }
   else
   {
      printf ("%d Array-Objekt wurde geschrieben\n", status);
      return 0;
   }
}
```

Das Ergebnis eines Programmlaufs ist:

```
1 Array-Objekt wurde geschrieben
```

14.8.5.2 Die Funktion fread()

Syntax:
```
#include <stdio.h>
size_t fread (void * ptr, size_t size, size_t nmemb,
              FILE * stream);
```

Beschreibung:
Die Funktion fread() liest nmemb Objekte der Größe size aus der durch stream
definierten Datei aus und schreibt diese in das Array, auf das der Pointer ptr zeigt.
Insgesamt werden nmemb * size Bytes gelesen.

Rückgabewert:
Die Funktion fread() liefert die Anzahl der erfolgreich gelesenen Objekte zurück.
Im Fehlerfall oder bei Erreichen des Dateiendes ist diese Anzahl kleiner als nmemb.

Beispiel:
In diesem Beispiel wird die Datei bsp.bin aus dem vorherigen Beispiel, die mit
fwrite() geschrieben wurde, wieder eingelesen und ausgegeben:

```
/* Datei: fread.c */
/* Lesen eines kompletten Arrays aus einer Binärdatei           */
#include <stdio.h>

int main (void)
{
   float puffer [4];
   int index;
   /* Verwendung der Ausgabedatei aus dem vorherigen Beispiel:   */
   const char * const filename = "..\\fwrite1\\bsp.bin";
   FILE * fp;
   if ((fp = fopen (filename, "rb")) == NULL)
   {
      fprintf (stderr,
         "Fehler beim Oeffnen der Datei %s\n", filename);
      return 1;
   }

   /* Die Groesse eines Objektes wird aus Portabilitaetsgruenden */
   /* stets mit Hilfe von sizeof angegeben.                      */
   if (fread (puffer, sizeof puffer, 1, fp) < 1)
   {
      /* Fehlerbehandlung    */
      fprintf (stderr,
         "Fehler beim binaeren Lesen von Datei %s\n", filename);
      return 2;
   }

   /* Array ausgeben:                                            */
   printf ("Inhalt der Datei %s:\n", filename);
```

```
for (index = 0; index < sizeof (puffer) / sizeof (puffer[0]);
     index++)
   printf ("%f\n", puffer[index]);
return 0;
}
```

Die Programmausgabe ist:

```
Inhalt der Datei ..\fwrite1\bsp.bin:
1.000000
1.100000
1.200000
1.300000
```

14.8.5.3 Beispielprogramm zur binären Ein-/Ausgabe

Im folgenden Beispiel wird das Schreiben von Strukturvariablen in eine Binärdatei demonstriert:

```
/* Datei: fwrite2.c */
/* Schreiben von Strukturen in eine Binärdatei */
#include <stdio.h>

int main (void)
{
   const char * const filename = "bsp.bin";
   FILE * fp;
   int index;
   struct { int zahlInt;
            long zahlLong;
            char zeichen;
            double zahlDouble;
          } bsp_struct;

   if ((fp = fopen (filename, "wb")) == NULL)
   {
      fprintf (stderr,
         "Fehler beim Oeffnen der Datei %s\n", filename);
      return 1;
   }

   for (index = 0; index < 5; index++)
   {
      bsp_struct.zahlInt = index;
      bsp_struct.zahlLong = index * 100;
      bsp_struct.zeichen = (char)(index + 48);
      bsp_struct.zahlDouble = (double)index * 12.34;

      if (fwrite (&bsp_struct, sizeof(bsp_struct), 1, fp) < 1)
      {
         printf ("Fehler beim Schreiben mit fwrite\n");
         return 2;
      }
   }
   fclose (fp);
   return 0;
}
```

14.8.6 Positionieren in Dateien

14.8.6.1 Die Funktion fseek()

Syntax:
```
#include <stdio.h>
int fseek (FILE * stream, long offset, int whence);
```

Beschreibung:
Die Funktion `fseek()` setzt den Dateipositions-Zeiger der durch `stream` definierten Datei auf die Position, die `offset` Bytes von `whence` entfernt ist.

Für den Parameter `whence` sind in `stdio.h` 3 Konstanten definiert:

SEEK_SET	offset ist relativ zum Dateianfang
SEEK_CUR	offset ist relativ zur aktuellen Position
SEEK_END	offset ist relativ zum Dateiende

Die Funktion `fseek()` arbeitet unter Windows nur für Dateien, die im Binärmodus geöffnet wurden, problemlos. Die Umwandlung von `CR` in `CR LF` verhindert ein einwandfreies Arbeiten bei Dateien im Textmodus. Bei einem Binärstrom muss ein Aufruf von `fseek()` mit `whence` gleich `SEEK_END` nicht unbedingt unterstützt werden.

Bei Dateien im Textmodus sollte entweder der `offset` 0 betragen oder ein Wert für `offset` eingetragen werden, der vorher durch `ftell()` (siehe Kapitel 14.8.6.2) ermittelt wurde, wobei `whence` gleich `SEEK_SET` sein soll. Unter UNIX gibt es dagegen keine Probleme.

Ein erfolgreicher Aufruf von `fseek()` löscht das Dateiende-Flag des Streams und macht Effekte von `ungetc()` rückgängig. Ist die Datei zum Lesen und Schreiben geöffnet, so kann nach dem Aufruf von `fseek()` – unabhängig davon, was die letzte Ein-/Ausgabeoperation war – gelesen oder geschrieben werden.

Rückgabewert:
Die Funktion `fseek()` liefert bei fehlerfreier Ausführung den Wert 0 zurück. Im Fehlerfall wird ein Wert ungleich 0 zurückgegeben.

Das Beispiel `ftell.c` im Kapitel 14.8.6.2 demonstriert neben der Verwendung von `ftell()` auch den Einsatz von `fseek()`. Ein weiteres Beispiel zu `fseek()` ist in Kapitel 14.8.6.4 zu finden.

14.8.6.2 Die Funktion ftell()

Syntax:
```
#include <stdio.h>
long ftell (FILE * stream);
```

Beschreibung:
Die Funktion `ftell()` liefert die Position des Dateipositions-Zeigers der durch `stream` definierten Datei zurück. Bei einem Binärstrom wird die Position relativ zum Dateianfang in Bytes gemessen. Bei einer Textdatei ist die Differenz zweier Rückgabewerte von `ftell()` nicht notwendigerweise ein Maß für die inzwischen gelesenen oder geschriebenen Zeichen.

Rückgabewert:
Die Funktion `ftell()` liefert bei fehlerfreier Ausführung die aktuelle Position des Dateipositions-Zeigers zurück. Im Fehlerfall wird `-1L` zurückgegeben und ein implementierungsabhängiger positiver Wert in der Fehlervariablen `errno` gespeichert. `errno` wird vom Compiler als globale Variable vom Typ `int` für die Fehlerbehandlung in der Bibliothek `<errno.h>` zur Verfügung gestellt.

Beispiel:
```
/* Datei: ftell.c */
/* Länge einer Datei                                                       */
#include <stdio.h>

int main (void)
{
   const char * const filename = "ftell.c";
   FILE * fp;
   long len;

   if ((fp = fopen (filename, "r")) == NULL)
   {
      fprintf (stderr,
         "Fehler beim Oeffnen der Datei %s\n", filename);
      return 1;
   }
   /* Positionieren auf letztes Byte:                                       */
   if (fseek (fp, 0L, SEEK_END) != 0)
   {
      fprintf (stderr, "Fehler beim Positionieren mit fseek\n");
      return 2;
   }

   if ((len = ftell (fp)) < 0L)
   {
      fprintf (stderr, "Fehler bei ftell\n");
      return 3;
   }
   fclose (fp);
   printf ("Die Datei %s hat %ld Byte.\n", filename, len);
   return 0;
}
```

Die Programmausgabe ist:

```
Die Datei ftell.c hat 784 Byte.
```

14.8.6.3 Die Funktion rewind()

Syntax:
```
#include <stdio.h>
void rewind (FILE * stream);
```

Beschreibung:
Die Funktion `rewind()` positioniert den Dateipositions-Zeiger der durch `stream` definierten Datei an den Dateianfang. Der Aufruf `rewind (stream)` ist äquivalent zum Aufruf `(void)fseek (stream, 0L, SEEK_SET)` bis auf den Unterschied, dass `rewind()` im Gegensatz zu `fseek()` nicht nur das Dateiende-Flag, sondern auch ein gesetztes Fehlerflag löscht.

Rückgabewert:
Die Funktion `rewind()` hat keinen Rückgabewert.

14.8.6.4 Beispielprogramm zum Positionieren in Dateien

Das Positionieren in Dateien wird anhand eines Beispielprogramms, welches eine Fehlerkorrektur in einer Datei durchführt, vorgestellt.

```c
/* Datei: fseek.c */
/* Schreiben und Korrigieren in einer Datei                 */
#include <stdio.h>
#include <ctype.h>   /* Definition von toupper (Makro)       */

int main (void)
{
   const char * const filename = "bsp.txt";
   FILE * fp;
   char str[] = {'A', 'B', 'C', 'd', 'E', 'F', 'G'};
   int index;

   if ((fp = fopen (filename, "w")) == NULL)
   {
      fprintf (stderr,
         "Fehler beim Oeffnen der Datei %s\n", filename);
      return 1;
   }

   for (index = 0; index < 7; index++)
   {
      if (fputc (str [index], fp) == EOF)
      {
         fprintf (stderr, "Fehler beim Schreiben mit fputc\n");
         return 2;
      }
   }
```

```
    if (fseek (fp, 3L, SEEK_SET) != 0)
    {   /* Positionieren nach dem 3. Byte                     */
        fprintf (stderr, "Fehler beim Positionieren mit fseek\n");
        return 3;
    }

    /* Die Funktion toupper() wandelt Klein- in               */
    /* Grossbuchstaben um:                                    */
    if (fputc (toupper (str [3]), fp) == EOF)
    {
        fprintf (stderr, "Fehler beim Korrigieren mit fputc\n");
        return 4;
    }
    fclose (fp);
    return 0;
}
```

Die geschriebene Datei `bsp.txt` enthält nach dem Ende des Programms den String

```
ABCDEFG
```

14.8.7 Dateiende- und Fehlerbehandlung

In einigen der oben aufgeführten Funktionen zur Ein-/Ausgabe in Dateien kann nicht zwischen einem eigentlichen Fehler und dem Erreichen des Dateiendes unterschieden werden. Um den Stream in einem solchen Fall genauer zu analysieren, gibt es die Funktionen `feof()` und `ferror()`.

14.8.7.1 Die Funktion feof()

Syntax:
```
#include <stdio.h>
int feof (FILE * stream);
```

Beschreibung:
Die Funktion `feof()` überprüft das Dateiende-Flag[96] der durch `stream` definierten Datei.

Rückgabewert:
Die Funktion `feof()` liefert einen Wert ungleich 0 zurück, wenn das Dateiende-Flag der durch `stream` definierten Datei gesetzt ist. Ist das Dateiende noch nicht erreicht, so ist der Rückgabewert 0.

---

[96] Wenn beim Lesen z.B. durch `fgetc()` auf das Dateiende gestoßen wird, wird das Dateiende-Flag gesetzt. Leseoperationen am Dateiende liefern solange einen Fehler zurück, bis die Datei durch `rewind()` zurückgesetzt oder durch `fseek()` der Dateipositions-Zeiger neu positioniert wird. Vor jeder Schreiboperation wird das Dateiende-Flag gelöscht.

Beispiel:
```c
/* Datei: feof.c */
/* Auslesen aus einer Datei bis diese ganz gelesen ist.          */
#include <stdio.h>
#define STR_LEN 80
int main (void)
{
   const char * const filename = "bsp.txt";
   FILE * fp;
   char str [STR_LEN];

   if ((fp = fopen (filename, "r")) == NULL)
   {
      fprintf (stderr, "Fehler beim Oeffnen von %s", filename);
      return 1;
   }
   while (!feof (fp))
   {
      if (fgets (str, STR_LEN, fp) == NULL)
      {
         fprintf (stderr, "Fehler beim Lesen mit fgets\n");
         return 2;
      }
      printf ("%s", str);
   }
   fclose (fp);
   return 0;
}
```

In der Datei `bsp.txt` steht zweimal die Zeile
`"Hallo, dies ist ein Test."`.

Daher ist die Programmausgabe:

```
Hallo, dies ist ein Test.
Hallo, dies ist ein Test.
```

14.8.7.2 Die Funktion ferror()

Syntax:
```c
#include <stdio.h>
int ferror (FILE * stream);
```

Beschreibung:
Die Funktion `ferror()` prüft das Fehlerflag der durch `stream` definierten Datei[97].

Rückgabewert:
Die Funktion `ferror()` liefert bei gesetztem Fehlerflag einen Wert ungleich 0 zurück. Ist kein Fehlerflag gesetzt, so wird der Wert 0 zurückgegeben.

---

[97] Tritt bei der Dateibearbeitung ein Schreib- oder Lesefehler auf, so wird ein Fehlerflag gesetzt. Das Fehlerflag bleibt solange gesetzt, bis entweder die Funktion `rewind()` oder `clearerr()` aufgerufen oder die Datei mit `fclose()` geschlossen wird.

Im Beispiel `clearerr.c` im nächsten Kapitel wird auch die Verwendung von `ferror()` demonstriert.

14.8.7.3 Die Funktion clearerr()

Syntax:
```
#include <stdio.h>
void clearerr (FILE * stream);
```

Beschreibung:
Die Funktion `clearerr()` setzt das Dateiende- und das Fehlerflag der durch `stream` definierten Datei zurück.

Rückgabewert:
Die Funktion `clearerr()` hat keinen Rückgabewert.

Beispiel:
```c
/* Datei: clearerr.c */
#include <stdio.h>

int main (void)
{
   int c;
   int err;
   /* Fehler provozieren durch Schreiben nach stdin:        */
   putc('c', stdin);
   if ((err = ferror (stdin)))
   {
      fprintf (stderr, "Provozierter Fehler %d.\n", err);
      clearerr (stdin);
   }

   printf("Bitte weitere Eingaben... Immer noch Fehler?\n");
   c = getc (stdin);
   if ((err = ferror (stdin)))
   {
      fprintf (stderr, "Ja, echter Fehler %d,\n", err);
      clearerr (stdin);
   }
   else
   {
      printf ("Nein, alles OK.\n");
   }
   return 0;
}
```

Der Dialog, wenn ein „x" eingetippt wird:

```
Provozierter Fehler 32.
Bitte weitere Eingaben... Immer noch Fehler?
x
Nein, alles OK.
```

14.9 Übungsaufgaben

Aufgabe 14.1: Formatiert auf Platte schreiben bzw. von der Platte lesen

a) Schreiben Sie ein Programm, das im Dialog N Zahlen einliest und formatiert in eine Datei schreibt.

b) Schreiben Sie ein zweites Programm, das den Durchschnitt dieser Zahlen berechnet.

Aufgabe 14.2: Zeichenweise Ein- und Ausgabe.

Testen Sie die folgenden Programme. Erweitern Sie das zweite Programm so, dass es nicht nur die erste Zeile der Datei ausliest, sondern die ganze Datei. Verwenden Sie die Funktion `feof()`!

```c
/* Anhaengen einer interaktiv eingegebenen Zeile an die Datei   */
/* TEST.DAT                                                     */
#include <stdio.h>

int main (void)
{
    FILE * fp;
    int    c;

    if ((fp = fopen ("TEST.DAT", "a")) == NULL)
        fprintf (stderr, "Kann Datei %s nicht eroeffnen\n",
                "TEST.DAT");
    else
    {
        printf ("\nGeben Sie Zeichen ein, Ende durch ^Z:\n");
        while ((c = getchar()) != EOF)
        {
            /* Tastatureingaben an das Ende der Datei haengen    */
            fputc (c, fp);
        }
        fclose(fp);
    }
    return 0;
}

/* Liest eine Textzeile aus der Datei in einen String.          */
#include <stdio.h>
#define N 81

int main (void)
{
    FILE * fp;
    char puffer [N];
    int  c;
    int  i;

    fp = fopen ("TEST.DAT", "r");
```

```
for (i = 0; (i < (N - 1)) && ((c = fgetc (fp)) != EOF)
            && (c!= '\n'); i++)
{
   puffer[i] = c;
}
puffer[i] = '\0';
printf("\nDie Zeile lautete:\n%s", puffer);
fclose (fp);
return 0;
}
```

Aufgabe 14.3: Blockweise Ein- und Ausgabe.

Testen Sie das folgende Programm. Ändern Sie es so ab, dass nicht nur die 7 `int`-Zahlen, sondern auch die 3 `float`-Zahlen aus der Datei `TEST.DAT` eingelesen werden.

```
#include <stdio.h>
#define N 10

int main (void)
{
   int buffer [N];
   FILE * fp;
   int ergebnis;
   int lv = 0;

   if ((fp = fopen ("TEST.DAT", "rb")) == NULL)
      printf ("\nKann Datei nicht oeffnen");
   else
   {
      ergebnis = fread (buffer, sizeof (int), N, fp);
      printf ("\n");
      for (lv = 0; lv < ergebnis; lv ++)
      {
         printf ("\nIn den buffer[%d] wurde aus der Datei ", lv);
         printf ("TEST.DAT die folgende Zahl eingelesen: %d",
               buffer[lv]);
      }
      if (feof (fp))
         printf ("\nDateiende erreicht");
      fclose (fp);
      printf ("\nInsgesamt wurden %d Zahlen aus der Datei gelesen",
            ergebnis);
   }
   return 0;
}
```

Aufgabe 14.4: Stringweise Ein- und Ausgabe.

Testen Sie die folgenden Programme. Geben Sie die Anfangsadresse des Puffers `buffer` des zweiten Programms am Bildschirm aus.

```
/* Anhaengen einer Zeichenkette an die Datei TEST.DAT.              */
#include <stdio.h>

int main (void)
{
   FILE * fp;
   char * str = "Zeichenkette, die in die Datei geschrieben wird\n";

   if ((fp = fopen ("TEST.DAT", "a")) == NULL)
      fprintf (stderr, "Kann die Datei nicht oeffnen \n");
   else
   {
      fputs (str, fp);
      fclose (fp);
   }
   return 0;
}


/* Liest die 1. Zeile aus der Datei TEST.DAT in einen Puffer ein. */
#include <stdio.h>
#define N 81

int main (void)
{
   FILE * fp;
   char buffer [N];

   if ((fp = fopen ("TEST.DAT", "r")) == NULL)
      fprintf (stderr, "\n Kann die Datei nicht oeffnen\n");
   else
   {
      if (fgets (buffer, N, fp) != NULL)
      {
         printf ("\n 1. Zeile in der Datei TEST.DAT:\n %s",
                 buffer);
      }
      fclose (fp);
   }
   return 0;
}
```

Aufgabe 14.5: fflush()

a) Warum funktioniert das folgende Programm nicht korrekt, wenn statt einer Zahl ein Sonderzeichen eingegeben wird? Beseitigen Sie das Fehlverhalten des Programms unter Windows, indem Sie `fflush()` an der geeigneten Stelle aufrufen.

```
#include <stdio.h>
int a;
int status;

int main (void)
{
```

```
    printf ("\n Gib eine ganze Zahl ein: ");
    status = scanf ("%d", &a);
    while (!status)
    {
        printf ("\n Eine ganze Zahl soll eingegeben werden: ");
        status = scanf("%d", &a);
    }
    printf ("\n Die Zahl war: %d", a);
    return 0;
}
```

b) `fflush()` ist für `stdin` im ISO-Standard nicht definiert, d.h. die Funktion ist implementierungsabhängig. Will man portabel sein, so muss der Eingabepuffer von Hand geleert werden. Leeren Sie im Programm von Aufgabe a) den Puffer von Hand, wenn er "Schrott" enthält.

Aufgabe 14.6: Dateien und Strukturen

Gegeben seien Dateien, die der Verwaltung von Lagerbeständen dienen. Eine solche Datei, zum Beispiel "`lager.lst`", sieht typischerweise folgendermaßen aus:

Artikelnummer	Lagerbestand	Gewicht je Stück	Preis in Euro
9169;	500;	6,334;	19,47
4464;	962;	29,358;	15,48
9961;	827;	23,281;	28,15
5436;	827;	11,942;	4,00

Es kann davon ausgegangen werden, dass in jeder Zeile genau ein Artikel steht und dass zu jedem Artikel alle Angaben vollständig und korrekt sind. Es sind also keine Prüfungen auf negative oder fehlende Zahlen nötig.

a) Schreiben Sie eine Funktion zu folgendem Prototyp

```
unsigned int anzahlArtikel (char * dateiName);
```

die für einen gegebenen Dateinamen `dateiName` die entsprechende Datei lesend öffnet und ermittelt, wie viele Artikel (d.h. Zeilen) in der Datei hinterlegt sind.

Sollte die Datei nicht geöffnet werden können, so soll eine entsprechende Fehlermeldung ausgegeben und das Programm sofort mit `exit (-1)` beendet werden.

b) Schreiben Sie eine Funktion zu folgendem Prototyp

```
void transferInDollar (
                        char * dateiNameIn,
                        char * dateiNameOut
                       );
```

die für einen gegebenen Eingabe-Dateinamen `dateiNameIn` die entsprechende Datei lesend öffnet und eine Datei mit dem Namen `dateiNameOut` erzeugt, die in punkto Artikelnummer, Lagerbestand und Gewicht der Eingabedatei entspricht, jedoch den Preis in Dollar angibt. Der Umrechnungsfaktor Euro in Dollar soll zuvor von der Tastatur eingelesen werden. Sollte eine Datei nicht geöffnet werden können, so sollen entsprechende Fehlermeldungen ausgegeben und das Programm sofort mit `exit(-2)` beendet werden.

Aufgabe 14.7: Dateien, Strukturen und Arrays

Gegeben sei der folgende Strukturtyp, welcher der Verwaltung von Lagerbeständen dient:

```
#define NAME_LEN (15+1)
enum kategorieEnum {SCHREIBWAREN, DROGERIE, SONSTIGE};

typedef struct artikelTyp
{
    unsigned int nr;                /* Eindeutige Artikelnummer*/
    enum kategorieEnum kategorie;   /* Kategorie des Artikels  */
    unsigned int anz;               /* Anzahl auf Lager        */
    double preis;                   /* Preis pro Stueck        */
    char name [NAME_LEN];           /* Name des Artikels       */
} artikelTyp;
```

Ausgegeben werden solche Artikel durch folgende Funktion:

```
void artikel_print (FILE * f, const artikelTyp * const art)
{
    fprintf (f, "%d\n", art->nr);
    fprintf (f, "%d\n", art->kategorie);
    fprintf (f, "%d\n", art->anz);
    fprintf (f, "%f\n", art->preis);
    fprintf (f, "%s\n", art->name);
}
```

a) Wozu dienen die zwei Typ-Attribute `const` beim zweiten Parameter?

b) Mehrere Artikel in einem Array lassen sich mit folgender Funktion ausgeben:

```
    void artikel_printArray (FILE * f, artikelTyp arts[],
                             const unsigned int num)
    {
        unsigned int i;
        for(i = 0; i < num; i++)
        {
            artikel_print (f, &arts[i]);
        }
    }
```

Diese Funktion kann im Hauptprogramm zum Beispiel so aufgerufen werden:

```
int main (void)
{
   artikelTyp a[] = {{SCHREIBWAREN, 2, 100.,
                      "Cascardi Fueller"},
                     {DROGERIE, 200, 10., "LaBelle Seife"},
                     {DROGERIE, 100,  3., "R-Tips"},
                     {SONSTIGE, 400,  1., "Cq Banane"}
                    };
   artikel_printArray (stdout, a, 3);
   return 0;
}
```

Wie kann mit Hilfe des `sizeof`-Operators das gefährliche Festlegen der Anzahl der Elemente im Array a durch die literale Konstante "3" vermieden werden?

c) Schreiben Sie eine Funktion zu folgendem Prototyp

```
void artikel_printKategorienLagerWerte (
        FILE * f,             /* Dateideskriptor, auf dem   */
                              /* ausgegeben wird            */
        artikelTyp arts[], /* Array mit Artikeln         */
        const unsigned int num
                              /* Anzahl der Artikel in arts */
                                );
```

welche für das Array `arts` – nach Kategorien getrennt – das durch den Lagerbestand gebundene Kapital aufsummiert. Die Ausgabe für das Array a aus Teilaufgabe b) mit dem Aufruf

```
artikel_printKategorienLagerWerte (stdout, a, 3);
```

sollte dann so aussehen:

```
Summe Kategorie Nr.    0:       200.00
Summe Kategorie Nr.    1:      2300.00
Summe Kategorie Nr.    2:       400.00
```

d) Geben Sie mit der Funktion `artikel_printKategorienLagerWerte()` einen Bericht in der Datei `lagerKapital.lst` aus. Sie können dabei nicht sicher davon ausgehen, dass Sie die Datei auf die Festplatte schreiben können. Falls Sie nicht schreiben können, soll die Bearbeitung mit einer Fehlermeldung beendet werden. Sie dürfen jedoch alte Berichte ohne Nachfrage löschen.

Aufgabe 14.8: Funktionen. Dateien und statische lokale Variablen

Schreiben Sie ein Programm aus den Funktionen `main()`, `eingabe()` und `zaehlroutine()`. Die Funktion `eingabe()` soll einen ganzzahligen Wert N einlesen und an das Hauptprogramm übergeben (über die Parameterliste, nicht über globale Variablen). Das Hauptprogramm soll in einer Schleife die Funktion `zaehlroutine()` N-mal aufrufen.

Die Funktion `zaehlroutine()` soll mitzählen, wie oft sie aufgerufen wurde, und soll bei jedem Aufruf in die Datei `ZAEHL.DAT` mit Hilfe von `fprintf()` ausgeben:

```
function zaehlroutine wurde jetzt zum x-ten Mal aufgerufen.
```

Dabei muss `x` der aktuellen Anzahl der Aufrufe entsprechen.

Kapitel 15

Übergabeparameter und Rückgabewert eines Programms

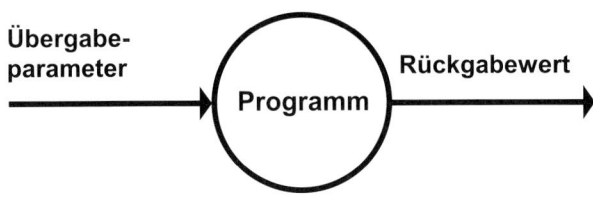

15 Übergabeparameter und Rückgabewert eines Programms

15.1 Übergabe von Parametern beim Programmaufruf

Informationen an das Programm können beim Start des Programmes in der Kommandozeile als Parameter (Kommandozeilenargumente) übergeben werden wie im folgenden Beispiel:

```
copy file_a.doc file_b.doc
```

In diesem Fall ist `copy` das ausführbare Programm und es erhält 2 Argumente (`file_a.doc` und `file_b.doc`). Hierbei soll von der Datei `file_a.doc` eine Kopie unter dem Namen `file_b.doc` angelegt werden.

Voraussetzung hierfür ist, dass die Funktion `main()` nicht als `main (void)` definiert ist.

Für die Übergabe von Parametern sind zwei spezielle formale Parameter vorgesehen – `argc` (**argument counter**) und `argv` (**argument vector**).

`main()` darf nur diese beiden formalen Parameter aufweisen. Es ist üblich, diese beiden Parameter als `argc` und `argv` zu bezeichnen, obwohl jeder beliebige Name möglich wäre, da es sich um die Namen von formalen Parametern handelt, die lokal zu ihrer Funktion sind. Die Typen dieser formalen Parameter müssen `int` und `char*[]` bzw. `char**` sein.

`argc` enthält die Anzahl der übergebenen Parameter. Diese beträgt immer mindestens 1, da der Programmname (z.B. `copy`) als erster Parameter zählt. `argv` ist ein Vektor (Array) von Pointern auf `char`. Der String, auf den der erste Pointer zeigt, ist der erste Parameter, d.h. der Programmname.

`main()` wird dann folgendermaßen definiert:

```
int main (int argc, char * argv[])
```

Beim Aufruf von `copy` (siehe oben) enthält `argc` die Anzahl der Parameter, d.h. die Zahl 3 und die Komponenten von `argv` enthalten Pointer auf die Parameter bzw. den `NULL`-Pointer.

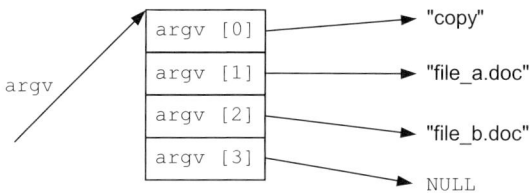

Bild 15-1 Der Argumentvektor beim Beispiel copy

Da `char * argv[]` ein offenes Array ist, können theoretisch beliebig viele Parameter übergeben werden. Im Standard wird verlangt, dass `argv[argc]` ein `NULL`-Pointer ist, wie in Bild 15-1 zu sehen ist.

Da es sich bei `argv` um einen Vektor von Pointern handelt, welcher als Übergabeparameter äquivalent zu einem Pointer auf Pointer ist, kann man statt

```
char * argv []
```

auch

```
char ** argv
```

schreiben. Beide Varianten werden vom Compiler akzeptiert.

Wichtig bei der Übergabe von Zahlen ist, dass eine Zahl als String übergeben wird und vor der Verwendung erst in einen `int`-Wert umgewandelt werden muss. Dies kann z.B. mit der Standardfunktion `atoi()` (**a**scii **to** **i**nteger) geschehen (siehe auch Anhang A).

Als Beispiel soll ein ausführbares Programm `addieren` geschrieben werden, bei dem die zwei übergebenen Zahlen addiert werden sollen.

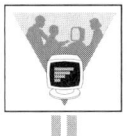

Der Dialog mit dem Programm soll sein:

```
addiere 3 8     Aufruf des Programms
3 + 8 = 11      Ausgabe des Programms
```

```c
/* Datei: addiere.c */
#include <stdio.h>
#include <stdlib.h>

int main (int argc, char * argv[])
{
   if (argc == 3)
      printf ("%s + %s = %d\n", argv[1], argv[2],
              atoi (argv[1]) + atoi (argv[2]));
   else
      printf ("Bitte 2 Argumente uebergeben\n");
   return 0;
}
```

Um Fehlfunktionen zu vermeiden, sollte natürlich immer überprüft werden, ob die korrekte Anzahl an Argumenten tatsächlich übergeben wurde. Beachten Sie auch die Umwandlung der Argumente mit der Standardfunktion `atoi()` vor der Addition.

15.2 Beendigung von Programmen

Programme können beendet werden

- im Hauptprogramm durch die `return`-Anweisung,
- an beliebiger Stelle des Programms durch Aufruf der `exit()`-Funktion,
- an beliebiger Stelle des Programms durch Aufruf der `abort()`-Funktion.

Wird ein Programm von der Kommandozeile z.B. durch

```
c:\>programm<RETURN>
```

gestartet, so wird in diesem Kommando der Rückgabewert nicht abgeholt.

Ruft man `main()` beispielsweise von einer Kommandoprozedur unter Windows oder UNIX aus auf, so macht es Sinn, den Rückgabewert von `main()` in der Kommandoprozedur abzuholen und je nach Ergebnis entsprechend zu reagieren.

15.2.1 Die Funktion abort()

Der Aufruf der Funktion `abort()` führt zu einem **abnormalen Abbruch** des Programms, es sei denn, das durch diese Routine ausgelöste Signal[98] `SIGABRT` wird durch einen eigenen Signalhandler abgefangen und verarbeitet, um ein normales Programmende zu erreichen.

Syntax:
```
#include <stdlib.h>
void abort (void);
```

Funktionsbeschreibung:
Da es implementierungsabhängig ist, ob Daten, die im Puffer stehen, noch in ihre zugeordnete Datei geschrieben werden, ist meist der Einsatz eines eigenen Signalhandlers erforderlich. Ein implementierungsspezifischer Fehlerstatus wird als Signal an die Umgebung geliefert.

Rückgabewert:
Die Funktion `abort()` kann nicht zu ihrem Aufrufer zurückkehren.

---

[98] Signale und Signalhandler können im Rahmen dieses Buches nicht behandelt werden.

15.2.2 Die Funktion exit()

Die Funktion `exit()` dient dazu, ein Programm „geordnet" abzubrechen und einen Statuswert zurückzugeben. Ein Statuswert gleich 0 bedeutet erfolgreiches Ende, während ein Statuswert ungleich 0 einen Fehlercode darstellt, der von der Anwendung, also dem Programm, abhängt.

Syntax:
```
#include <stdlib.h>
void exit (int status);
```

Funktionsbeschreibung:
Ein Aufruf der Funktion `exit()` bewirkt einen **normalen Programmabbruch**. Zuerst werden alle Funktionen, die bei der `atexit`-Funktion (siehe Kapitel 15.2.3) registriert worden sind, in der umgekehrten Reihenfolge ihrer Registrierung aufgerufen. Es werden dann alle noch nicht geschriebenen Ausgabepuffer in ihre zugeordnete Datei geschrieben und alle offenen Dateien geschlossen. Ferner werden temporäre Files, die mit der `tmpfile()`-Funktion erzeugt wurden – diese Funktion wird hier nicht behandelt – gelöscht. Dann wird die Kontrolle an die aufrufende Umgebung zurückgegeben. Es ist implementierungsabhängig, wie der `status` an die Umgebung geliefert wird. Wenn der Wert von `status` 0 ist oder `EXIT_SUCCESS`, bedeutet dies eine erfolgreiche Beendigung. Ist der Wert von `status` `EXIT_FAILURE`[99], bedeutet dies eine nicht erfolgreiche Beendigung. Andere Statuswerte sind anwendungsspezifisch. Auf diese Weise können Kommandoprozeduren auf eine erfolgreiche oder nicht erfolgreiche Programm-durchführung reagieren. Die Makros `EXIT_SUCCESS` und `EXIT_FAILURE` sind in `<stdlib.h>` definiert.

Rückgabewert:
Die Funktion `exit()` kann nicht zu ihrem Aufrufer zurückkehren, da das Programm abgebrochen wird. Daher kann sie keinen Rückgabewert liefern.

15.2.3 Die Funktion atexit()

Syntax:
```
#include <stdlib.h>
int atexit (void (* func) (void))
```

Funktionsbeschreibung:
Die Funktion `atexit()` registriert eine Funktion, auf die `func` verweist. Eine registrierte Funktion wird bei einem normalen Programmabbruch ohne Argumente aufgerufen. Nach dem Standard müssen mindestens 32 Funktionen registriert werden können.

---

[99] Normalerweise hat `EXIT_SUCCESS` den Wert 0 und `EXIT_FAILURE` den Wert 1.

Rückgabewert:
Bei erfolgreicher Registrierung wird von `atexit()` der Wert 0, ansonsten ein von 0 verschiedener Wert zurückgegeben.

Beispiel:
```c
/* Datei: atexit.c */
#include <stdio.h>
#include <stdlib.h>

void final_1 (void)
{
   printf ("\nfinal_1 ist dran");
}

void final_2 (void)
{
   printf ("\nfinal_2 ist dran");
}

void final_3 (void)
{
   printf ("\nfinal_3 ist dran");
}

int main (void)
{
   atexit (final_1);
   atexit (final_2);
   atexit (final_3);
   printf ("\nmain ist dran");
   exit (EXIT_SUCCESS);   /* aequivalent zu return EXIT_SUCCESS   */
}
```

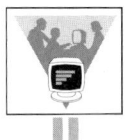
Das Ergebnis eines Programmlaufs ist:

```
main ist dran
final_3 ist dran
final_2 ist dran
final_1 ist dran
```

15.2.4 return aus dem Hauptprogramm

Es ist äquivalent, einen Wert an den Aufrufer mit `return` aus dem Hauptprogramm oder durch die `exit()`-Funktion zurückzugeben. Dabei muss die `exit()`-Funktion mit dem Wert des Ausdrucks, der durch die `return`-Funktion zurückgegeben wird, aufgerufen werden.

15.2.5 Beispiel für eine Abfrage des Rückgabewertes

Das folgende Beispiel ruft unter Windows in einer Kommandoprozedur open.bat das Programm open.exe auf. Der Exit-Status von open.exe wird vom Laufzeitsystem des Compilers an die ERRORLEVEL-Variable übergeben und von der Batch-Datei open.bat ausgewertet.

Hier die Batch-Datei open.bat:

```
ECHO OFF
OPEN
IF ERRORLEVEL 1 GOTO FATAL

IF ERRORLEVEL 0 ECHO Open erfolgreich gelaufen
GOTO ENDE

:FATAL
ECHO Fehler bei Open, Returnstatus = 1
:ENDE
```

Und nun der Quellcode des Programms open.exe:

```c
/* Datei: open.c */
#include <stdio.h>

int main (void)

{
    FILE * fp;

    if ((fp = fopen ("AUFGABE.C", "r")) == NULL)
    {
        printf ("\nAUFGABE.C nicht vorhanden\n");
        return 1;
    }
    fclose (fp);
    printf ("\nAUFGABE.C vorhanden\n");
    return 0;
}
```

Je nachdem, ob die Datei AUFGABE.C vorhanden ist oder nicht, gibt das Programm aus:

```
AUFGABE.C vorhanden
Open erfolgreich gelaufen
```

bzw.

```
AUFGABE.C nicht vorhanden
Fehler bei Open, Returnstatus = 1
```

Dynamische Speicherzuweisung, Listen und Bäume

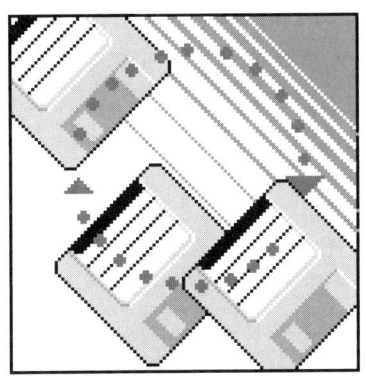

16 Dynamische Speicherzuweisung, Listen und Bäume

Prinzipiell unterscheidet man bei Programmiersprachen zwischen **statischen** und **dynamischen** Variablen. Statisch im Sinne des Unterschieds zwischen statisch und dynamisch hat überhaupt nichts mit den `static`-Variablen (statischen Variablen) von C zu tun. In diesem Kapitel kommen statische Variablen nur in ihrer allgemeinen Bedeutung als Gegensatz zu dynamischen Variablen vor.

Eine **statische Variable** ist eine Variable, die in einem Programm vereinbart wird. Dabei muss der Name und der Typ der Variablen angegeben werden wie in folgendem Beispiel:

```
int x;
```

Bei der Vereinbarung erhält die Variable einen **Bezeichner**, einen **Variablennamen**, hier den Variablennamen `x`. Nach der Vereinbarung kann auf die Variable über ihren Namen zugegriffen werden. Eine solche Variable heißt **statisch**, weil ihr Gültigkeitsbereich und ihre Lebensdauer durch die **statische Struktur des Programmes** festgelegt ist.

Ist die Variable extern, so steht sie während des ganzen Programmes zur Verfügung. Ist die Variable eine automatische Variable, so erstreckt sich ihre Lebensdauer über den Zeitraum der Abarbeitung des Blocks, zu dem sie gehört. Der **Gültigkeitsbereich** einer statischen Variablen umfasst alle Stellen im Programm, an denen ihr Name durch die Vereinbarung bekannt ist.

Die **Gültigkeit und Lebensdauer** einer **dynamischen Variablen** wird **nicht** durch die Blockgrenzen, d.h. nicht **durch die statische Struktur des Programms bestimmt**.

Dynamische Variablen erscheinen nicht explizit in einer Variablenvereinbarung. Sie tragen keinen Namen. Daher kann auf sie nicht über einen Bezeichner zugegriffen werden. Dynamische Variablen werden bei Bedarf zur Laufzeit des Programms durch Aufruf der entsprechenden Funktionen der Sprache oder von Library-Funktionen mit Hilfe des Laufzeitsystems auf dem Heap angelegt. Dabei kann beispielsweise durch Eingaben des Benutzers zur Laufzeit festgelegt werden, wieviele Variablen angelegt werden sollen.

Der **Heap** ist ein Segment eines Programmes neben den Segmenten Code (Programmtext), Daten und Stack. Aufgabe des Heaps ist es, Speicherplatz für die Schaffung dynamischer Variablen bereit zu halten. Der Compiler stellt Platz für einen Heap bereit, wenn er beim Kompilieren feststellt, dass dynamische Variablen im

Programm angelegt werden. Die Funktionen, die vom Anwendungsprogramm aufgerufen werden, um diese Variablen anzulegen, geben dem Anwendungsprogramm einen Pointer auf den im Heap reservierten Speicherbereich zurück. Die Verwaltung des Heaps erfolgt durch das Laufzeitsystem des Compilers. An welcher Stelle des Heaps Speicherplatz reserviert wird, entscheidet das Laufzeitsystem.

Um den **Pointer** auf den im Heap reservierten Speicherbereich aufnehmen zu können, kann man beispielsweise eine **statische Variable** vom Typ des entsprechenden Pointers verwenden. Über diesen Pointer kann man dann auf die reservierte Speicherstelle, die **dynamische Variable im Heap**, zugreifen. Diese dynamischen Variablen stehen von ihrer Erzeugung bis zum Programmende zur Verfügung, es sei denn, der Programmierer benötigt diese Variable nicht mehr und gibt den nicht länger benötigten Speicherplatz an das Laufzeitsystem durch Aufruf einer entsprechenden Funktion der Sprache oder einer Library-Funktion zurück.

Es ist nicht zwingend, dass der Pointer auf die dynamische Variable eine statische Variable ist. Dies stellt nur den einfachsten Fall dar. Bei verketteten Datenstrukturen wie Listen oder Bäumen liegen Pointer auch im Heap. Statisch ist dort nur der Pointer auf den Anfang der verketteten Datenstruktur.

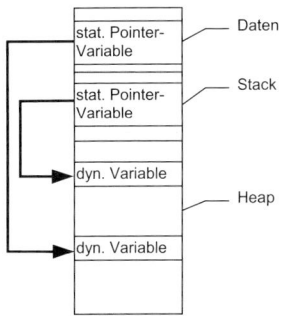

Bild 16-1 Beispiel für den Zugriff auf dynamische Variablen mit Hilfe von Pointern

Nicht jede Sprache stellt die Möglichkeit zur Verfügung, dynamische Variablen zu erzeugen. Beispielsweise kannte Standard-FORTRAN keine dynamische Variablen, Pascal hingegen stellte in der Sprache die Standardfunktionen `new()` und `dispose()` zum Anfordern und Freigeben von dynamischen Variablen zur Verfügung. In C erfolgt die Reservierung von Speicherplatz für eine Variable auf dem Heap mit den Library-Funktionen `malloc()` bzw. `calloc()`, die Freigabe erfolgt mit der Library-Funktion `free()`.

Die Größe des Heaps ist konfigurierbar, aber beschränkt. Daher kann es zu einem Überlauf des Heaps kommen, wenn ständig nur Speicher angefordert und nichts zurückgegeben wird. Mit zunehmendem Gebrauch des Heaps wird der Heap zerstückelt, so dass es sein kann, dass keine größeren Speicherobjekte mehr angelegt werden können, obwohl in der Summe genügend freier Speicher vorhanden ist, aber eben nicht am Stück.

In Sprachen wie Java oder Smalltalk werden Speicherobjekte im Heap nicht explizit freigegeben. Ein **Garbage Collector** gibt Speicherplatz, der nicht mehr referenziert wird, frei. Der Garbage Collector wird in unregelmäßigen Abständen durch das Laufzeitsystem aufgerufen. Er ordnet ferner den Speicher neu, so dass größere homogene unbenutzte Speicherbereiche auf dem Heap wieder hergestellt werden. In C gibt es keinen Garbage Collector.

Kapitel 16.1 und 16.2 befassen sich mit der dynamischen Reservierung und Freigabe von Speicher, Kapitel 16.3 mit verketteten Listen und Kapitel 16.4 mit Baumstrukturen. Listen und Baumstrukturen stellen Datenstrukturen dar, die dynamisch – nach Bedarf der Anwendung – auf- bzw. abgebaut werden können.

16.1 Reservierung von Speicher

16.1.1 Die Funktion malloc()

Syntax:
```
#include <stdlib.h>
void * malloc (size_t size);
```

Beschreibung:
In C erfolgt die Reservierung von Speicher im Heap mit der Funktion `malloc()`. Der Name `malloc()` kommt von **m**emory **alloc**ation. Ein solches Speicherobjekt existiert unabhängig von den Blockgrenzen, innerhalb derer es geschaffen wurde, bis zum Programmende oder bis zur Rückgabe des Speichers mit `free()`.

Im Gegensatz zu Pascal und C++, wo es jeweils eine Funktion `new()` gibt, welche Speicherobjekte des gewünschten Datentyps anlegt, ist die Sichtweise in C nicht so abstrakt. Der Programmierer muss der Funktion `malloc()` sagen, wie viele Bytes er haben möchte. Da der Programmierer selbst nicht weiß, wie viele Bytes eine Variable eines bestimmten Typs umfasst – und dies auf einem anderen Rechner wieder anders sein könnte – sollte er die Zahl der Bytes mit Hilfe des `sizeof`-Operators bestimmen.

Rückgabewert:
Die Funktion `malloc()` gibt einen Pointer auf den reservierten Speicherbereich zurück, wenn die Speicherreservierung durchgeführt werden konnte, ansonsten wird `NULL` zurückgegeben.

Der Rückgabewert von `malloc()` ist vom Typ Pointer auf `void`. Dieser Pointer wird dann bei einer Zuweisung implizit in den gewünschten Typ gewandelt. Es sei daran erinnert, dass abgesehen von `void *` kein Pointer auf einen Datentyp an einen Pointer auf einen anderen Datentyp ohne explizite Umwandlung zugewiesen werden kann (siehe Kapitel 6.2).

Beispiel:
```
/* Datei: malloc.c */
#include <stdio.h>
#include <stdlib.h>

int main (void)
{
   int * pointer;
   if ((pointer = malloc (sizeof (int))) != NULL)
   {
      *pointer = 3;
      printf ("pointer zeigt auf eine int-Zahl mit Wert %d\n",
              *pointer);
      free (pointer);
   }
   else
      printf ("Nicht genuegend Speicher verfuegbar\n");
   return 0;
}
```

Hier die Ausgabe des Programms:

```
pointer zeigt auf eine int-Zahl mit Wert 3
```

16.1.2 Die Funktion calloc()

Syntax:
```
#include <stdlib.h>
void * calloc (size_t num, size_t size);
```

Beschreibung:
Eine weitere Funktion zur Reservierung von Speicher im Heap ist die Funktion `calloc()`. Als Übergabeparameter erwartet die Funktion `calloc()` zwei Parameter. Als erster Parameter wird die Anzahl der benötigten Variablen erwartet. Der zweite Parameter entspricht der Größe einer einzelnen Variablen in Byte. Ein solches Speicherobjekt existiert unabhängig von den Blockgrenzen, innerhalb derer es geschaffen wurde, bis zum Programmende oder bis zur Rückgabe des Speichers mit `free()`.

Rückgabewert:
Die Funktion `calloc()` gibt einen Pointer auf den reservierten Speicherbereich zurück, wenn die Speicherreservierung durchgeführt werden konnte, ansonsten wird `NULL` zurückgegeben. Der Pointer ist vom Typ `void *` und wird bei einer Zuweisung implizit in den Typ des Pointers auf der linken Seite gewandelt.

Im Gegensatz zu `malloc()` initialisiert `calloc()` den bereitgestellten Speicher und setzt dabei alle Bits auf 0. Dadurch wird eine irrtümliche Weiterverwendung von zuvor mit `free()` freigegebenen Daten vermieden.

Beispiel:

```
/* Datei: calloc.c */
#include <stdio.h>
#include <stdlib.h>

int main (void)
{
   int * pointer;
   if ((pointer = calloc (1, sizeof (int))) != NULL)
   {
      *pointer = 3;
      printf ("pointer zeigt auf eine int-Zahl mit Wert %d\n",
              *pointer);
      free (pointer);
   }
   else
   {
      printf ("Nicht genuegend Speicher verfuegbar\n");
   }
   return 0;
}
```

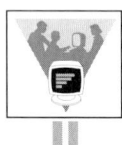

Hier die Ausgabe des Programms:

```
pointer zeigt auf eine int-Zahl mit Wert 3
```

16.1.3 Die Funktion realloc()

Syntax:
```
#include <stdlib.h>
void * realloc (void * memblock, size_t size);
```

Beschreibung:
Um den mit `malloc()` bzw. `calloc()` erzeugten dynamischen Speicherbereich auch nachträglich noch in seiner Größe ändern zu können, existiert die Funktion `realloc()`. Diese Funktion bekommt einen Pointer auf einen bereits existierenden dynamischen Speicherbereich übergeben und zusätzlich noch die Größe des gewünschten neuen Speicherbereiches. Kann der angeforderte Speicher nicht mehr an der bisherigen Adresse angelegt werden, weil kein ausreichend großer zusammenhängender Speicherbereich mehr frei ist, dann verschiebt `realloc()` den vorhandenen Speicherbereich an eine Stelle im Speicher, an der noch genügend Speicher frei ist.

Rückgabewert:
Die Funktion `realloc()` gibt einen Pointer auf den reservierten Speicherbereich zurück, wenn die Speicherreservierung durchgeführt werden konnte, ansonsten wird `NULL` zurückgegeben. Der Pointer ist vom Typ `void *` und wird bei einer Zuweisung implizit in den Typ des Pointers auf der linken Seite gewandelt.

Besonderheit:
Übergibt man an `realloc()` als Adresse auf einen vorhandenen dynamischen Speicherbereich den `NULL`-Pointer, dann arbeitet `realloc()` wie `malloc()` und gibt einen Pointer auf einen neu erstellten dynamischen Speicherbereich zurück.

Beispiel:
```c
/* Datei: realloc.c */
#include <stdio.h>
#include <stdlib.h>

int main (void)
{
   int * pointer;
   if ((pointer = malloc (sizeof (int))) != NULL)
   {
      *pointer = 3;
      printf ("Nach malloc():\n");
      printf ("pointer zeigt auf eine int-Zahl mit Wert %d\n\n",
              *pointer);
   }
   else
   {
      printf ("Nicht genuegend Speicher verfuegbar\n");
      return (-1);
   }
   pointer = realloc ((void *) pointer, 2 * (sizeof(int)));
   if (pointer == NULL)
   {
      printf ("Nicht genuegend Speicher verfuegbar\n");
      return (-1);
   }
   pointer[1] = 6;
   printf ("Nach realloc():\n");
   printf ("pointer zeigt auf eine int-Zahl mit Wert %d\n",
           *pointer);
   printf ("Das 2. Element von pointer hat den Wert %d\n\n",
           pointer[1]);
   free (pointer);
   return 0;
}
```

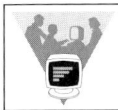

Hier die Ausgabe des Programms:

```
Nach malloc():
pointer zeigt auf eine int-Zahl mit Wert 3

Nach realloc():
pointer zeigt auf eine int-Zahl mit Wert 3
Das 2. Element von pointer hat den Wert 6
```

Hinweise zu `realloc()`:

Da die Funktion `realloc()` bereits reservierte Speicherbereiche im Speicher verschiebt, wenn die angeforderte Größe des neuen Speicherbereichs nicht am Stück verfügbar ist, wird der Speicher relativ stark fragmentiert. Um dieses Problem zu begrenzen, wird von `realloc()` häufig nicht nur Speicher für ein zusätzliches Element reserviert, sondern Speicher für eine größere Anzahl von Elementen, z.B. immer 10 bzw. 100 Elemente auf ein Mal. Dies verringert die Fragmentierung des Speichers.

16.2 Rückgabe von Speicher

Syntax:
```
#include <stdlib.h>
void free (void * pointer);
```

Beschreibung:
In C muss man den nicht mehr benötigten Speicher, der mit `malloc()`, `calloc()` oder `realloc()` beschafft wurde, mit Hilfe der Funktion `free()` an den Heap zurückgeben. Der entsprechende Speicherbereich kann dann erneut vergeben werden.

Der formale Parameter von `free()` ist vom Typ `void *`. Damit kann ein Pointer auf einen beliebigen Datentyp übergeben werden. Die Funktion `free()` ist mit dem Pointer, den `malloc()`, `calloc` oder `realloc()` geliefert hat, aufzurufen, ansonsten ist das Ergebnis undefiniert. Nach dem Aufruf von `free()` darf über diesen Pointer natürlich nicht mehr auf ein Speicherobjekt zugegriffen werden, da er auf kein gültiges Speicherobjekt mehr zeigt. Es ist aber selbstverständlich möglich, erneut `malloc()`, `calloc` oder `realloc()` aufzurufen und den Rückgabewert von `malloc()`, `calloc` oder `realloc()` dem vorher schon benutzten Pointer wieder zuzuweisen. Wird ein Pointer auf ein gültiges Objekt im Heap überschrieben, so dass keine Referenz auf dieses Objekt mehr besteht, so gibt es keine Möglichkeit des Zugriffs auf dieses Objekt mehr. Es ist dann unnütz Speicher im Heap verbraucht worden. Bei Sprachen, die einen Garbage Collector vorsehen, werden solche nicht referenzierten Speicherobjekte vom Garbage Collector ermittelt und dem zur Verfügung stehenden freien Speicher zugeordnet.

Beim Programmende erfolgt automatisch die Freigabe von noch reserviertem Speicher durch das Betriebssystem.

Beispiel:
```
/* Datei: free.c */
#include <stdio.h>
#include <stdlib.h>
#include <string.h>
```

```
int main (void)
{
   char * pointer;
   char string[] = "Ab in den Heap";
   if ((pointer = malloc (sizeof (char) * (strlen (string)+1)))
        != NULL)
   {
      strcpy (pointer, string);
      printf ("String im Heap: %s\n", pointer);
      free (pointer);
   }
   else
      printf ("Nicht genuegend Speicher verfuegbar\n");
   return 0;
}
```

Hier die Ausgabe des Programms:

```
String im Heap: Ab in den Heap
```

Anstatt einen Speicherbereich mit `malloc()` anzufordern und anschließend mit `strcpy()` einen String in diesen Speicherbereich zu kopieren, hätte diese Aufgabe auch mit der Funktion `strdup()` (siehe auch Anhang A) erledigt werden können. Diese Funktion ruft selbst `malloc()` auf, um Speicher anzufordern, und kopiert dann einen String in diesen Speicherbereich.

16.3 Verkettete Listen

Bei **statischen** Datenstrukturen ist deren Größe zu Beginn der Programmausführung bekannt. Bei **dynamischen** Datenstrukturen kann sich ihre Größe während der Ausführung des Programmes ändern. Eine Datei stellt beispielsweise eine solche dynamische Datenstruktur dar, da während des Programmlaufs neue Sätze angelegt werden können. Dadurch ändert sich die Größe der Datei dynamisch.

Eine weitere Möglichkeit, während des Programmlaufs dynamisch Daten anzulegen, ist die oben erwähnte Möglichkeit der Ablage der Daten auf dem Heap. Da aber nicht sichergestellt ist, dass die Daten, welche auf dem Heap abgelegt werden, immer hintereinander stehen, muss man zum Referenzieren der Daten entweder einen Pointer für jedes Datum anlegen oder aber die einzelnen Daten so miteinander über Pointer verknüpfen, dass jeweils ein Datum auf das nächste zeigt und es möglich ist, über einen Pointer auf ein Ausgangsdatum und die Verknüpfungen jedes einzelne Datum wiederzufinden. Bei dieser Art der Ablage spricht man von einer **verketteten Liste**.

Eine verkettete Liste besteht aus immer den gleichen Datenelementen. Um von einem Listenelement zum nächsten zu finden, muss ein Listenelement einen Verweis (Pointer) auf das nächste Listenelement besitzen. Ein Listenelement besteht aus einem **Datenteil mit Nutzdaten** und einem **Pointer**, der **zur Verkettung** der Listenelemente dient. Die Listenelemente werden im Heap angelegt. Sie können an beliebiger Stelle im Heap liegen. Wird ein Element in der Liste gesucht, so muss von einem Anfangs-Pointer, der auf das erste Element der Liste zeigt, solange von einem Element zum nächsten gegangen werden, bis entweder das letzte Element der Liste erreicht oder das gesuchte Element gefunden ist.

16.3.1 Datentyp eines Listenelements

Ein Listenelement wird als eine Struktur definiert, wie z.B.

```
struct element { float f;
                 struct element * next;
               };
```

Das Bemerkenswerte an dieser Struktur ist, dass, obwohl die Struktur `element` noch nicht definiert ist – die Definition ist erst nach der abschließenden geschweiften Klammer gültig – `struct element` bereits benutzt wird (`struct element * next`). Dies ist möglich, da – ähnlich zur Vorwärtsdeklaration von Funktionen – der Compiler den Namen der Struktur bereits mit der Deklaration `struct element` registriert. Für die Definition eines Pointers auf eine Struktur muss die Größe und der Aufbau der Struktur nicht bekannt sein, da alle Pointertypen dieselbe Anzahl Bytes beinhalten. Damit kann in der Definition einer Struktur eine Pointervariable als Komponente definiert werden, die auf eine Variable vom Typ der Struktur zeigt.

Die **Vorwärtsdeklaration** muss aber explizit durchgeführt werden, wenn zwei unterschiedliche Strukturen aufeinander verweisen.

```
struct B¹⁰⁰;

struct A { int a;
           struct B * b;
         };
struct B { int b;
           struct A * a;
         };
```

Eine Struktur darf natürlich nur einen Pointer auf sich selbst beinhalten, niemals sich selbst.

```
struct A { struct A a;   /* Fehler */
           ....
         };
```

Dies würde voraussetzen, dass im Definitionsteil von `struct A` die Definition von `struct A` bereits bekannt ist, was natürlich nicht der Fall ist, da die Definition noch nicht abgeschlossen ist. Außerdem würde dies zu einer Rekursion ohne Abbruchkriterium führen und somit eine Struktur unendlicher Größe werden.

---

[100] `struct B` ist hier ein sogenannter unvollständiger Typ. Er muss im selben Gültigkeitsbereich durch die Definition seiner Komponenten festgelegt werden.

16.3.2 Einfach verkettete Liste

Die einfachste Form einer verketteten Liste ist die **Einfachverkettung**. Eine einfache Verkettung besteht darin, dass jedes Element der Liste immer einen Nachfolger hat und auf diesen mit einem Pointer verweist.

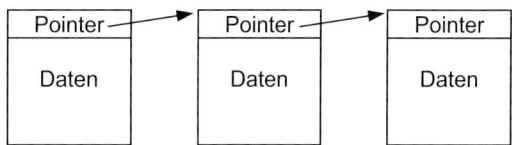

Bild 16-2 Einfach verkettete Liste

Die Ausnahme bildet das letzte Element. Um das Ende der Liste zu definieren, wird der Pointer des letzten Elements auf NULL gesetzt.

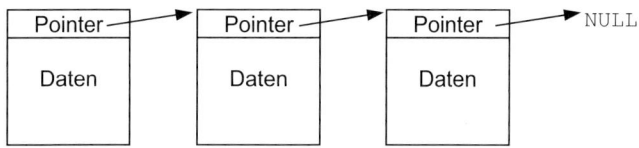

Bild 16-3 NULL als Endekennzeichen einer einfach verketteten Liste

Um die gesamte Liste im Heap zu finden, muss jetzt lediglich ein Pointer auf das erste Element der Liste angelegt werden. Dieser **Start-Pointer** (siehe Bild 16-4) wird oft auch als **Anker** bezeichnet.

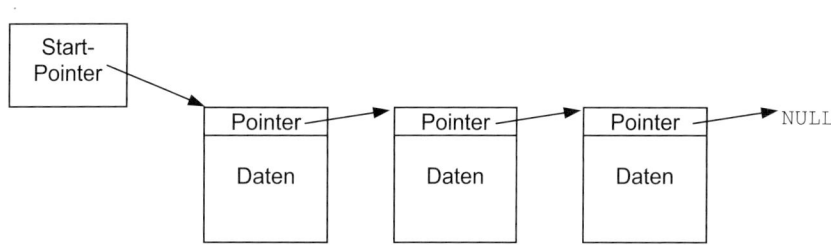

Bild 16-4 Der Start-Pointer identifiziert den Anfang einer einfach verketteten Liste

Um mit der Liste arbeiten zu können, werden zwei Aktionen benötigt: das **Einfügen** eines neuen Elements und das **Löschen** eines Elements (siehe Bild 16-5).

Neues Listenelement einfügen

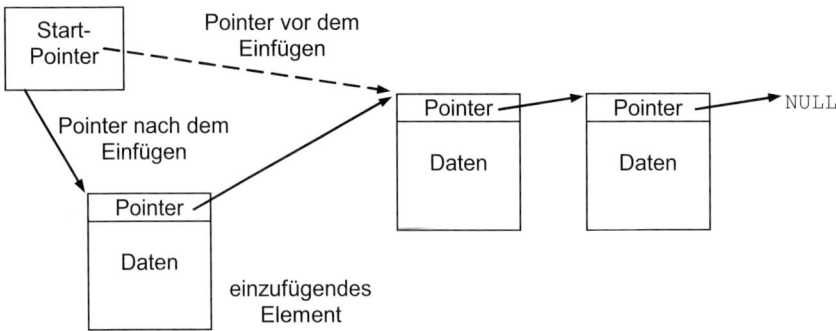

Bild 16-5 Element in eine einfach verkettete ungeordnete Liste einfügen

Ein neues Listenelement kann in eine ungeordnete Liste, in der die Listenelemente nicht nach einer vorgegebenen Reihenfolge in die Liste einsortiert werden, an einer beliebigen Stelle eingefügt werden. Damit nicht bei jeder Einfügeaktion die gesamte Liste bis an das Listenende durchsucht werden muss, um das neue Element an das Ende der Liste zu hängen, ist es einfacher, das neue Element an den Anfang der Liste zu stellen. Im Gegensatz dazu muss in einer geordneten Liste gemäß der Ordnungsreihenfolge zuerst die Liste durchsucht werden, um den passenden Platz für das neue Element zu finden.

Listenelement löschen

Um ein Listenelement aus der Liste zu löschen, muss im ersten Schritt das entsprechende Element gesucht, dann die Pointer der Liste[101] neu angeordnet und als letztes das Element aus dem Heap entfernt werden.

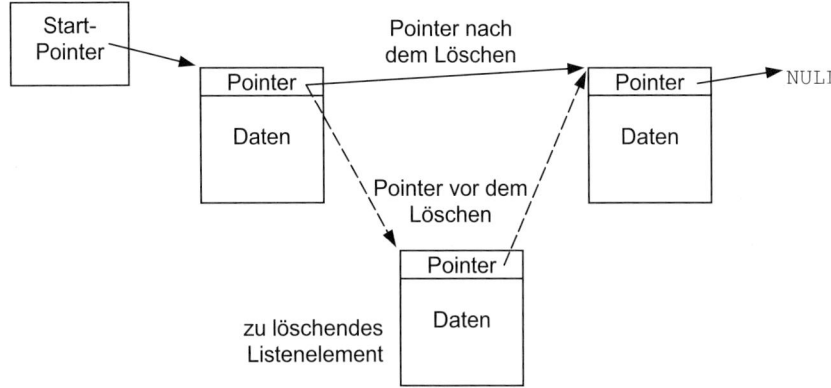

Bild 16-6 Element aus einer einfach verketteten Liste löschen

---

[101] Falls das erste Element der Liste gelöscht wird, muss der Start-Pointer berichtigt werden. Ansonsten muss der Pointer des Vorgängers des zu löschenden Elementes beim Löschvorgang auf den Nachfolger des zu löschenden Elementes gesetzt werden.

Hier ein Programmbeispiel für eine einfach verkettete, ungeordnete Liste. Die Liste besteht aus Listenelementen, von denen jedes einen Messwert und den Namen des entsprechenden Sensors enthält.

```c
/* Datei: liste.c */
#include <stdlib.h>
#include <stdio.h>
#include <string.h>

struct messdaten { struct messdaten * next;
                   char    sensorname[10];
                   float   messwert;
                 };

int element_hinzufuegen (char *, float);
struct messdaten * element_suchen (char *);
int element_loeschen (char *);
void elemente_ausgeben (void);

struct messdaten * start_pointer = NULL;

int main (void)
{
   int lv;
   int anzahl;
   char name [10];
   float mw;
   struct messdaten * ptr;
   struct messdaten * ptr_2;

   printf ("\nWieviele Elemente wollen Sie eingeben? ");
   scanf ("%d", &anzahl);

   for (lv = 1; lv <= anzahl; lv++)
   {
      printf ("\nGeben Sie den Namen des Sensors %d ein: ", lv);
      scanf ("%s", name);
      printf ("Geben Sie den Messwert ein: ");
      scanf ("%f", &mw);

      if(element_hinzufuegen (name, mw) != 0)
      {
         printf ("\nFehler beim Hinzufuegen eines Elements");
         return 1;
      }
   }

   /* Ausgabe der kompletten Liste */
   elemente_ausgeben ();

   printf ("\n\nWelchen Eintrag wollen Sie suchen? ");
   scanf ("%s", name);
```

```
   if ((ptr = element_suchen (name)) == NULL)
      printf ("\nElement mit Namen %s nicht vorhanden", name);
   else
      printf ("\nDer Sensor %s hat den Messwert %f",
                ptr->sensorname, ptr->messwert);

   printf ("\n\nWelchen Eintrag wollen Sie loeschen? ");
   scanf ("%s", name);

   if (element_loeschen (name) != 0)
   {
      printf ("\nFehler beim Loeschen eines Listenelements");
      return 1;
   }

   /* Ausgabe der kompletten Liste */
   elemente_ausgeben ();

   /* Restliche Elemente loeschen */
   ptr = start_pointer;
   while (ptr != NULL)
   {
      ptr_2 = ptr->next;
      free (ptr);
      ptr = ptr_2;
   }
   return 0;
}

/* Neues Element an den Anfang der Liste einfuegen */
int element_hinzufuegen (char * name, float messwert)
{
   struct messdaten * ptr;

   if ((ptr = (struct messdaten *)malloc (
                        sizeof (struct messdaten))) == NULL)
      return 1;
   else
   {
      strcpy (ptr->sensorname, name);
      ptr->messwert = messwert;
      ptr->next = start_pointer;
      start_pointer = ptr;
      return 0;
   }
}

/* Element in der Liste suchen */
struct messdaten * element_suchen (char * name)
{
   struct messdaten * ptr = start_pointer;

   while (ptr != NULL && strcmp (ptr->sensorname, name))
      ptr = ptr->next;
```

```
    /* der Pointer auf das gesuchte Element wird zurueckgegeben */
    return ptr;
}

/* Element aus der Liste loeschen */
int element_loeschen (char * name)
{
    struct messdaten * ptr = start_pointer, * vorgaenger;

    while (ptr != NULL && strcmp (ptr->sensorname, name))
    {
        vorgaenger = ptr;
        ptr = ptr->next;
    }

    if (ptr == NULL)
        return 1;
    else
    {
        if (ptr == start_pointer)
            start_pointer = ptr->next;
        else
            vorgaenger->next = ptr->next;

    free (ptr);
    return 0;
    }
}

/* Ausgabe der kompletten Liste */
void elemente_ausgeben (void)
{
    struct messdaten * ptr = start_pointer;

    while (ptr != NULL)
    {
        printf ("\nDer Sensor %s hat den Messwert %f",
                ptr->sensorname, ptr->messwert);
        ptr = ptr->next;
    }
}
```

Hier ein Beispiel zur Ausgabe des Programms:

```
Wieviele Elemente wollen Sie eingeben? 3

Geben Sie den Namen des Sensors 1 ein: s1
Geben Sie den Messwert ein: 1

Geben Sie den Namen des Sensors 2 ein: s2
Geben Sie den Messwert ein: 2

Geben Sie den Namen des Sensors 3 ein: s3
Geben Sie den Messwert ein: 3

Der Sensor s3 hat den Messwert: 3.000000
Der Sensor s2 hat den Messwert: 2.000000
Der Sensor s1 hat den Messwert: 1.000000

Welchen Eintrag wollen Sie suchen? s2

Der Sensor s2 hat den Messwert 2.000000

Welchen Eintrag wollen Sie loeschen? s2

Der Sensor s3 hat den Messwert: 3.000000
Der Sensor s1 hat den Messwert: 1.000000
```

16.3.3 Andere Listenarten

Neben einer einfach verketteten Liste gibt es noch verschiedene andere Listenarten. Belegt man z.B. das letzte Element einer einfach verketteten Liste nicht mit dem Wert NULL, sondern verbindet dieses Element wieder mit dem Anfang der Liste, so ergibt sich eine **Ringstruktur**.

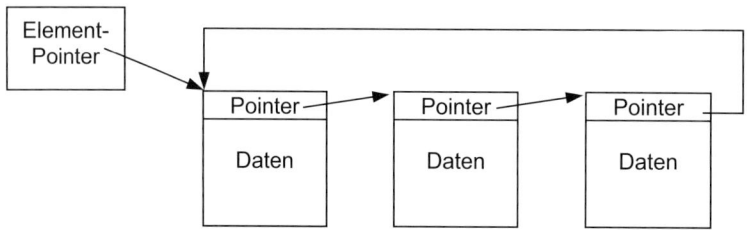

Bild 16-7 Verkettete Liste als Ringpuffer

Da ein Ring keinen Anfang hat, gibt es natürlich auch keinen Start-Pointer. Hingegen muss ein Pointer auf ein beliebiges Element der Liste (Element-Pointer in Bild 16-7) vorhanden sein. Durch die Ringstruktur kann dann immer noch jedes Element der Liste erreicht werden. Da kein 'einfaches' Abbruchkriterium wie der NULL-Pointer bei einer linearen verketteten Liste vorhanden ist, muss also beim Durchsuchen insbesondere darauf geachtet werden, dass keine Endlosschleife programmiert wird.

Speichert man in einem Listenelement außer der Adresse des Nachfolgers auch noch die Adresse des Vorgängers, so spricht man von einer **doppelt verketteten Liste** (siehe Bild 16-8).

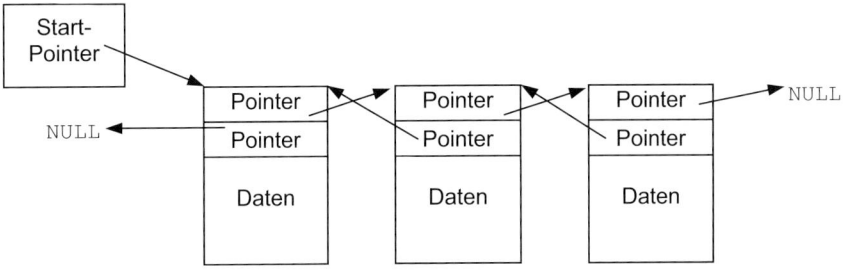

Bild 16-8 Doppelt verkettete Liste

Diese Liste kann natürlich ebenso zu einer Ringstruktur angeordnet werden (siehe Bild 16-9).

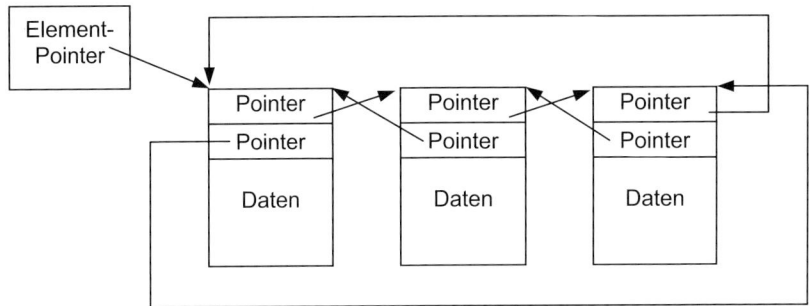

Bild 16-9 Doppelt verkettete Liste als Ringpuffer

Vorteil der doppelt verketteten Liste ist, dass man sowohl vor- als auch rückwärts in der Liste suchen kann. Dies kann für einige Anwendungen von Vorteil sein. Auch das Löschen ist einfacher, da ein zu löschendes Listenelement bereits den Pointer auf seinen Vorgänger und seinen Nachfolger enthält.

Auf ein Beispiel zu einer doppelt verketteten Liste wird an dieser Stelle verzichtet. Es sei aber darauf hingewiesen, dass die Aktionen Einfügen und Löschen mit Sorgfalt zu programmieren sind. Eine Handskizze der einzelnen Listenelemente hilft bei der Pointervielfalt oft weiter.

16.4 Baumstrukturen

Bäume als Datenstrukturen können sehr gut zum effizienten Abspeichern und Suchen mit Hilfe eines Schlüsselwertes eingesetzt werden.

16.4.1 Allgemeine Darstellung von Baumstrukturen

Zur Darstellung von Baumstrukturen gibt es verschiedene grafische und alphanumerische Möglichkeiten. In Bild 16-10 wird ein Baum durch einen Graphen aus Knoten und Kanten dargestellt. Die Darstellung der Knoten ist nicht genormt. Üblicherweise werden sie kreisförmig oder rechteckig dargestellt.

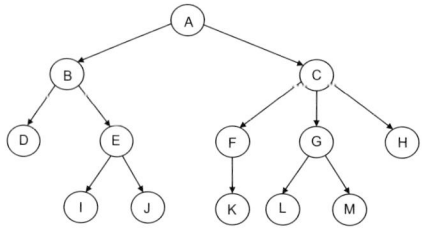

Bild 16-10 Darstellung einer Baumstruktur in Form eines Graphs aus Knoten und Kanten

Wie man leicht sieht, stehen in der Informatik die Bäume auf dem Kopf. Der oberste Knoten – in obigem Beispiel ist es der Knoten A – heißt **Wurzel**. Die terminalen Knoten heißen **Blätter** des Baumes. Terminale Knoten sind Knoten, die keinen **Nachfolger (Sohn, Kind)** haben. Im obigen Beispiel sind es die Knoten D, I, J, K, L, M und H.

16.4.2 Formale Definition eines Baumes

Formal kann ein Baum folgendermaßen definiert werden:

- Ein Baum besteht aus einer endlichen Anzahl Knoten, die durch Kanten verbunden sind. Dabei darf es keine disjunkten, d.h. losen Teile geben.
- Es gibt nur einen Knoten, der keinen Eingang hat. Dieser Knoten stellt die Wurzel dar.
- Alle übrigen Knoten haben genau einen Eingang.
- Ein Knoten kann eine beliebige endliche Zahl an Ausgängen haben.

Eine Kante beschreibt eine Vater-Sohn-Beziehung, d.h. den Zusammenhang zwischen Vorgänger (Vater) und Nachfolger (Sohn). Knoten, die denselben Vater haben, werden als **Geschwister** bezeichnet. Eine gerichtete Kante geht vom Vater weg und zeigt auf den Sohn[102].

Bild 16-11 Gerichtete Kante vom Vater- auf den Sohnknoten

---

[102] Steht der Vater in der Grafik stets höher als der Sohn, so wird damit implizit die Richtung ausgedrückt. Die Pfeilspitze kann dann der Einfachheit halber auch weggelassen werden.

In einem Baum kann man die Vater-Sohn-Ebenen durchnummerieren. Die Wurzel erhält die Ebene 0. Alle anderen Knoten sind in anderen Ebenen abgelegt.

Als **geordnet** wird ein Baum bezeichnet, wenn die Reihenfolge der Knoten einer vorgeschriebenen Ordnung unterliegt. Mit einer solchen Ordnung werden nicht nur die Vater-Sohn-Ebenen, sondern wird auch die Anordnung der Knoten innerhalb einer Ebene festgelegt. Die Ordnung ist in Bild 16-12 durch eine Dezimalhierarchie angegeben. Die Anzahl der Ziffern einer Knotennummer legt die Ebene fest. Die Nummer eines Sohnes wird berechnet, indem an die Nummer des Vaters eine Ziffer angehängt wird, wobei der Sohn ganz links eine 1 erhält, der nächste Sohn eine 2, und so fort.

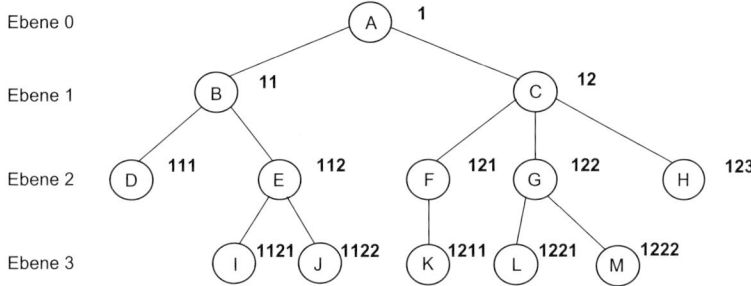

Bild 16-12 Geordneter Baum mit Knotennummern

Entfernt man die Wurzel eines Baumes, beispielsweise die Wurzel in Bild 16-12, so werden die Nachfolgerknoten zu den Wurzeln der entsprechenden **Teilbäume** (**Unterbäume**).

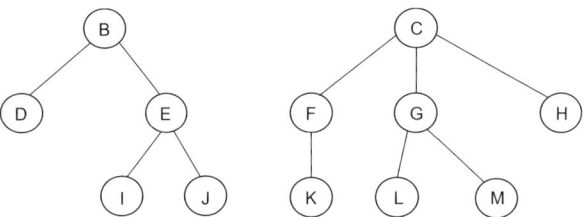

Bild 16-13 Teilbäume

Man kann den Begriff eines Baumes erweitern, wenn man auch **leere Knoten** im Baum zulässt. Leere Knoten sind Platzhalter, die bei Bedarf echte Knoten aufnehmen können. Verzweigungspunkte dürfen jedoch nie leer sein, da sonst der Baum unendlich groß werden könnte. Als spezieller Baum ergibt sich der **leere Baum**, der aus einer leeren Wurzel besteht und keinen einzigen echten Knoten hat.

Dieser erweiterte Baumbegriff enthält die binären Bäume als eine Teilmenge. **Binäre Bäume** sind geordnete Bäume gemäß dem soeben beschriebenen erweiterten Baumbegriff, für die gilt:

- Alle Knoten, die nicht leer sind, besitzen zwei Ausgänge.
- Maximal ein Sohn eines Vaterknotens kann leer sein.

Rekursiv kann ein binärer Baum folgendermaßen definiert werden:

Ein **binärer Baum**

- ist entweder leer (leerer Baum)
- oder besteht aus einem einzigen Knoten
- oder besteht aus einer Wurzel, die einen linken und einen rechten Unterbaum hat, die beide nicht zugleich leere Bäume sein dürfen.

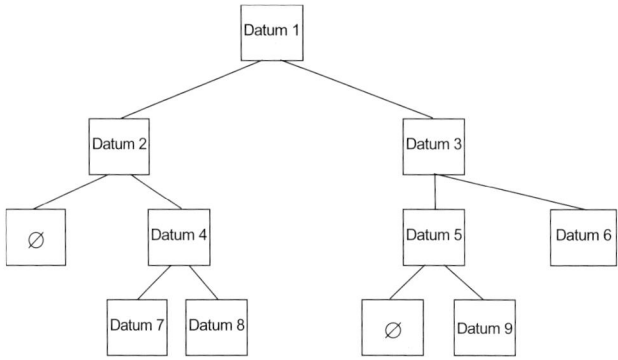

Bild 16-14 Beispiel für einen binären Baum.

Bei binären Bäumen spielt die Reihenfolge der Teilbäume eine wichtige Rolle. Man darf die Reihenfolge zwischen linken und rechten Teilbäumen nicht einfach vertauschen, da es sich hier um einen geordneten Baum handelt. Würde man die Positionen der Teilbäume vertauschen, so würde man den Informationsgehalt des Baumes unzulässig manipulieren.

Die im Bild 16-14 dargestellten Knoten mit dem Symbol ∅ stellen leere Knoten dar. Oftmals lässt man in der Zeichnung die leeren Knoten weg, dann muss aber aus der Anordnung der Knoten eindeutig hervorgehen, ob der rechte oder der linke Knoten leer ist.

Binäre Bäume eignen sich gut zur Darstellung von Ausdrücken mit zweistelligen Operatoren, wobei jeder Operator einen Knoten mit den zugehörigen Operanden als Teilbäume darstellt. Weiterhin werden sie bei lexikalischen Sortierverfahren einge-setzt (siehe Kapitel 16.4.5). Bekannte Beispiele für binäre Bäume aus dem Alltag sind der Stammbaum mit Vater und Mutter einer Person als deren Nachfolger, sowie die Aufzeichnung von Ausscheidungswettbewerben nach dem K.o.-System (Fußball-pokalwettbewerbe oder Tennisturniere), wobei in einem Knoten die Paarung und der Gewinner und in den beiden Nachfolgerknoten die beiden vorhergehenden Spiele der beiden Kontrahenten dargestellt sind.

16.4.3 Durchlaufen von Bäumen

Zum Durchlaufen allgemeiner geordneter Bäume gibt es zwei verschiedene Durchlaufalgorithmen, die Präfix-Ordnung und die Postfix-Ordnung. Je nach Anwendungsfall werden sie entsprechend eingesetzt. Im Folgenden werden diese Algorithmen vorgestellt. Sie sind rekursiv, da Teilbäume wiederum Teilbäume enthalten können:

- **Präfix-Ordnung**
  Zuerst wird die Wurzel verarbeitet, dann die Knoten des ersten, zweiten und der folgenden Unterbäume in Präfix-Ordnung

- **Postfix-Ordnung**
  Zuerst werden die Knoten des ersten, zweiten und der folgenden Unterbäume in Postfix-Ordnung und danach die Wurzel verarbeitet

Bei **binären Bäumen** kommt noch die **Infix-Ordnung** dazu:

- **Infix-Ordnung bei binären Bäumen**
  Beim Durchlaufen in Infix-Ordnung, dem **symmetrischen Durchlauf**, wird zuerst der linke Unterbaum der Wurzel im symmetrischen Durchlauf verarbeitet. Dann wird die Wurzel verarbeitet und zum Schluss wird der rechte Unterbaum der Wurzel im symmetrischen Durchlauf verarbeitet.

  Die Infix-Ordnung wird auch als **L-N-R-Ordnung** bezeichnet (L-N-R bedeutet Left-Node-Right). Wird zuerst der rechte Unterbaum verarbeitet, dann der Knoten und dann der linke Unterbaum, so spricht man von der **R-N-L-Ordnung**. Die Ordnungen L-N-R und R-N-L gehören also beide zur Infix-Ordnung, da es nicht entscheidend ist, ob zuerst der linke oder der rechte Unterbaum durchlaufen wird. Entscheidend ist das N in der Mitte.

- **Präfix-Ordnung bei binären Bäumen**
  Hier wird zuerst die Wurzel verarbeitet, dann der linke Unterbaum in Präfix-Ordnung und dann der rechte Unterbaum in Präfix-Ordnung (**N-L-R-Ordnung**). Bei der **N-R-L-Ordnung** wird zuerst die Wurzel verarbeitet, dann der rechte Unterbaum in N-R-L-Ordnung und schließlich der linke Unterbaum in N-R-L-Ordnung.

- **Postfix-Ordnung bei binären Bäumen**
  Hier wird zuerst der linke Unterbaum in Postfix-Ordnung, dann der rechte Unterbaum in Postfix-Ordnung und dann die Wurzel verarbeitet (**L-R-N-Ordnung**). Bei der **R-L-N-Ordnung** wird als erstes der rechte Unterbaum in R-L-N-Ordnung verarbeitet, dann der linke Unterbaum und schließlich die Wurzel.

Als ein Beispiel soll der in Bild 16-15 dargestellte binäre Baum in der durch diese sechs verschiedenen Ordnungen festgelegten Reihenfolge durchlaufen werden.

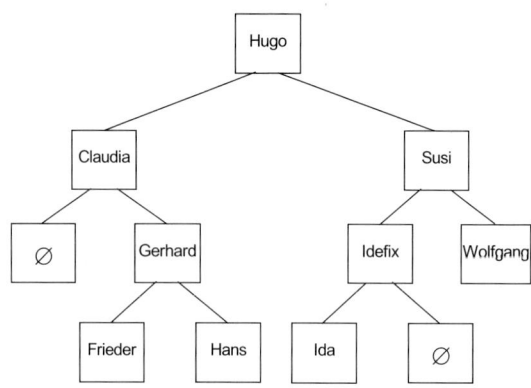

Bild 16-15 Zu durchlaufender Baum

Zur besseren Unterscheidung wird im Folgenden ein Knoten nur durch seinen Knotennamen und ein Unterbaum, der in einem Knoten beginnt, durch {Unterbaum Knotenname} dargestellt. Damit ergeben sich die folgenden Reihenfolgen für die Durchläufe durch die einzelnen Knoten:

Durchlauf in Infix-Ordnung

L-N-R:
{Unterbaum Claudia}, Hugo, {Unterbaum Susi}
= Claudia, {Unterbaum Gerhard}, Hugo, {Unterbaum Idefix}, Susi, Wolfgang
= Claudia, Frieder, Gerhard, Hans, Hugo, Ida, Idefix, Susi, Wolfgang

R-N-L:
{Unterbaum Susi}, Hugo, {Unterbaum Claudia}
= Wolfgang, Susi, {Unterbaum Idefix}, Hugo, {Unterbaum Gerhard}, Claudia
= Wolfgang, Susi, Idefix, Ida, Hugo, Hans, Gerhard, Frieder, Claudia

Durchlauf in Präfix-Ordnung

N-L-R:
Hugo, {Unterbaum Claudia}, {Unterbaum Susi}
= Hugo, Claudia, {Unterbaum Gerhard}, Susi, {Unterbaum Idefix}, Wolfgang
= Hugo, Claudia, Gerhard, Frieder, Hans, Susi, Idefix, Ida, Wolfgang

N-R-L:
Hugo, {Unterbaum Susi}, {Unterbaum Claudia}
= Hugo, Susi, Wolfgang, {Unterbaum Idefix}, Claudia, {Unterbaum Gerhard}
= Hugo, Susi, Wolfgang, Idefix, Ida, Claudia, Gerhard, Hans, Frieder

Durchlauf in Postfix-Ordnung

L-R-N:
{Unterbaum Claudia}, {Unterbaum Susi}, Hugo
= {Unterbaum Gerhard}, Claudia, {Unterbaum Idefix}, Wolfgang, Susi, Hugo
= Frieder, Hans, Gerhard, Claudia, Ida, Idefix, Wolfgang, Susi, Hugo

R-L-N:
{Unterbaum Susi}, {Unterbaum Claudia}, Hugo
= Wolfgang, {Unterbaum Idefix}, Susi, {Unterbaum Gerhard}, Claudia, Hugo
= Wolfgang, Ida, Idefix, Susi, Hans, Frieder, Gerhard, Claudia, Hugo

Druckt man also beispielsweise die Namen aller Knoten des Baumes aus, so kommt man je nach Durchlauf-Ordnung zu der soeben ermittelten Reihenfolge der Namen.

Während der **symmetrische Durchlauf (Infix-Ordnung)** bei **Suchbäumen** verwendet wird, sind **Präfix- und Postfix-Ordnung** bei der **Implementierung von Sprachumwandlern** von Bedeutung. Diese beiden Ordnungen erlauben die Umwandlung arithmetischer Ausdrücke, die als binäre Bäume dargestellt sind, in klammerlose Darstellungen – nämlich in die sogenannte **Polnische** bzw. in die **Umgekehrte Polnische Notation**.

Die hier vorgestellten Durchlaufalgorithmen für binäre Bäume bearbeiten durch die Rekursion immer zuerst Teilbäume. Bildlich gesprochen läuft man zuerst tief die Äste des Baumes hinunter bis zu den Blättern. Man spricht deswegen auch von **Tiefensuchverfahren** (depth first search). Im Gegensatz dazu bearbeitet man bei dem **Breitensuchverfahren** (breadth first search) zuerst alle Knoten auf einer Ebene. D.h. man bearbeitet zuerst alle Söhne der Wurzel, dann alle Söhne dieser Söhne, usw.

Auf Algorithmen für Breitensuchverfahren und weitere Algorithmen für Tiefensuchverfahren kann an dieser Stelle nicht eingegangen werden.

16.4.4 Transformation allgemeiner geordneter Bäume in Binärbäume

Ein allgemeiner geordneter Baum, wie er in Bild 16-12 dargestellt ist, kann unter Beachtung bestimmter Regeln in einen binären Baum transformiert werden. Erhält man bei der Transformation die sogenannte **Präfix-** bzw. **Postfix-Ordnung**, so spricht man von der **natürlichen Korrespondenz** bezüglich der Präfix-/Postfix-Ordnung.

Die 4 Schritte, die man stets als festen Regelsatz für die Abbildung eines allgemeinen Baumes auf einen binären Baum unter Beibehaltung der Präfix-Ordnung anwenden kann, sind:

1) Besitzt ein Knoten Nachfolger, so werden all seine Kinder gemäß ihrer Reihenfolge mit gerichteten Kanten miteinander verbunden.

2) Außer der Kante vom Vaterknoten zum ersten (linken) Nachfolger werden alle Kanten zwischen Vater- und Sohnknoten gelöscht.

3) Als Ergebnis erhält man einen Baum, bei dem für jeden Knoten sein erster Nachfolger die Wurzel des linken und sein unmittelbarer Geschwisterknoten die Wurzel des rechten Unterbaums wird.

4) Knoten, die nur einen Nachfolger haben, bekommen als Zusatz einen leeren Knoten. So besitzen alle Elternknoten immer zwei Nachfolger. Hat ein Knoten keine Nachfolger (Blatt), werden keine leeren Knoten angehängt.

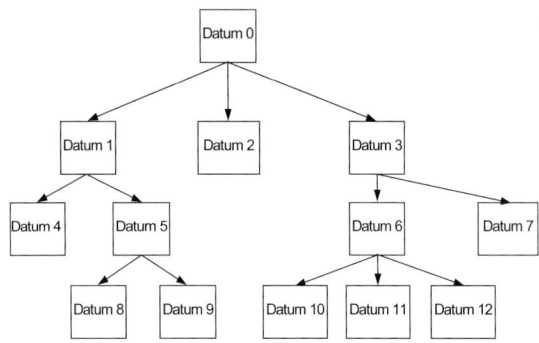

Bild 16-16   In einen Binärbaum unter Beibehaltung der Präfix-Ordnung
zu transformierende allgemeine geordnete Baumstruktur

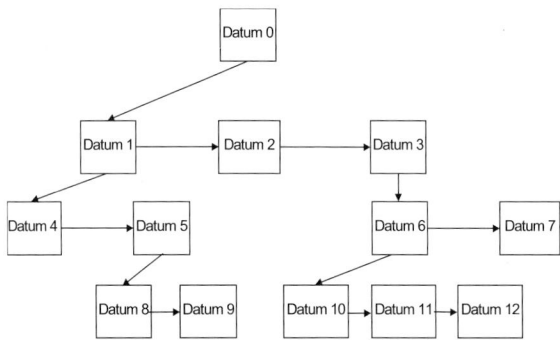

Bild 16-17 Transformation unter Beibehaltung der Präfix-Ordnung, Schritte 1 und 2

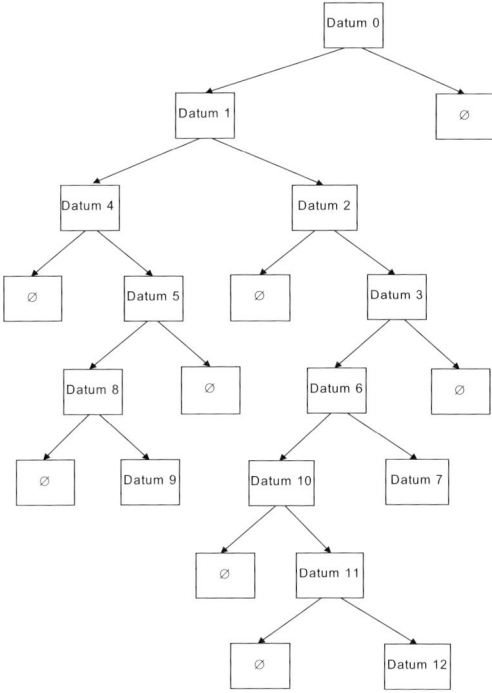

Bild 16-18 Transformation unter Beibehaltung der Präfix-Ordnung, Schritte 3 und 4

Für die Überführung eines allgemeinen Baumes in einen binären Baum unter Beibehaltung der Postfix-Ordnung wird auf die Literatur z.B. [12] verwiesen.

16.4.5 Binäre Suchbäume

Ein binärer Suchbaum wird folgendermaßen aufgebaut:

- Die Wurzel des binären Baumes erhält die erste Information, die aus einem Schlüsselwert und zusätzlichen Datenelementen bestehen kann.

- Soll eine zweite Information abgelegt werden, so wird deren Schlüsselwert mit dem Schlüsselwert der Wurzel verglichen. Ist der Schlüsselwert kleiner, so wird er mit dem Schlüsselwert des linken Nachfolgers verglichen. Ist der Schlüsselwert größer, so wird er mit dem Schlüsselwert des rechten Nachfolgers verglichen. Das wird solange wiederholt, bis es keinen Nachfolger mehr gibt. Der linke Teilbaum eines jeden Knotens besitzt also nur Informationen, deren Schlüsselwerte kleiner sind als die des rechten Teilbaums.

- Wenn es keinen Nachfolger mehr gibt, so wird ein neuer Nachfolgerknoten (Blatt) rechts oder links vom letzten Knoten gemäß dem Resultat des Vergleichs mit dem Schlüsselwert dieses Knotens erzeugt.

Wie man leicht nachprüfen kann, wurde der Baum in Bild 16-15 gemäß dieser Vorschrift aufgebaut. Die linken Teilbäume enthalten dabei Informationen, deren Schlüsselwerte kleiner als die Schlüsselwerte der Informationen der rechten Teilbäume sind. Kleiner bezieht sich hierbei auf die alphabetische Ordnung.

Beim Suchen wird dementsprechend verfahren. Man vergleicht als erstes den Suchbegriff mit dem Schlüsselwert der Wurzel. Ist der Suchbegriff kleiner, so sucht man im linken Teilbaum weiter, ist er gleich, so hat man den gesuchten Knoten gefunden, ist er größer, so sucht man im rechten Teilbaum weiter. Nach dieser Vorschrift sucht man weiter, bis der Knoten gefunden ist. Wird er nicht gefunden, so ist der Suchbegriff nicht im Baum enthalten. Die Höhe des Baumes (die maximale Anzahl der Ebenen) entspricht dabei der maximalen Anzahl von Vergleichen. Das gilt sowohl für die eigentliche Suche (daher der Name Suchbaum), aber auch für das Einfügen eines neuen Knotens.

Bild 16-19 zeigt neben Bild 16-15 ein weiteres Beispiel für einen binären Suchbaum. In diesem Baum werden nur Schlüsselwerte und zwar die Namen von Ortschaften abgelegt bzw. gesucht. In diesem Beispiel werden maximal 4 Zugriffe benötigt, um ein Objekt zu finden bzw. einzusortieren.

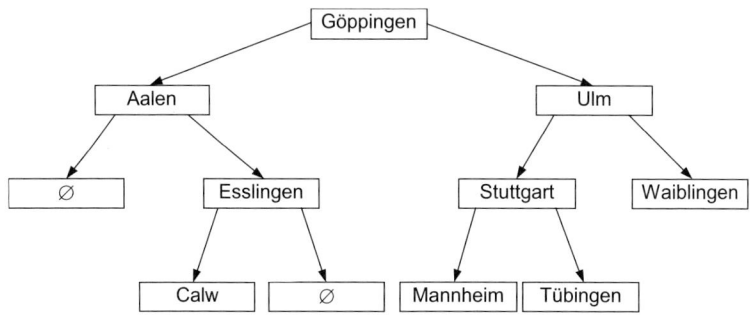

Bild 16-19 Beispiel für einen binären Suchbaum

Implementierung von binären Bäumen

Im Folgenden wird ein binärer Baum mit Hilfe von Strukturen und Pointern auf Strukturen realisiert. Eine Struktur repräsentiert einen Knoten. Jede Struktur enthält zwei Pointer. Diese Pointer referenzieren dabei die Wurzel des linken bzw. die Wurzel des rechten Teilbaums. Ist ein Teilbaum leer, so wird der NULL-Pointer als Pointer abgelegt. In einem Blatt wird folglich zweimal der NULL-Pointer abgespeichert.

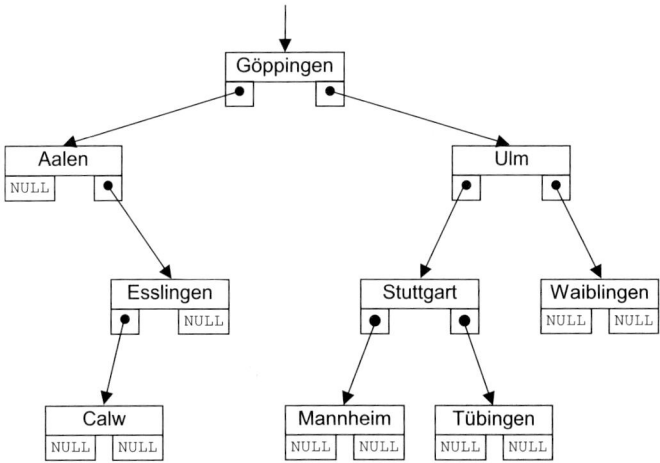

Bild 16-20 Beispiel für die Implementierung eines binären Baumes

Das folgende Programm

- baut einen binären Suchbaum auf,
- durchläuft ihn und druckt den im Knoten gespeicherten String sowie seine Nummer aus,
- und erlaubt, einen Knoten im Baum zu suchen und seine Knotennummer auszugeben.

```
/* Datei: baum.c */
#include <stdio.h>
#include <string.h>        /* enthaelt den Prototyp von strcmp() */
#include <stdlib.h>        /* enthaelt den Prototyp von malloc() */

struct knoten { char str[30];
                long nummer;
                struct knoten * pointer_links;
                struct knoten * pointer_rechts;
              };

const int ziffer_links  = 1;
const int ziffer_rechts = 2;

long berechne_knoten_nummer (struct knoten *, long, int);
struct knoten * knoten_einfuegen (struct knoten *, char *);
struct knoten * suche (struct knoten *, char *);
void drucke (struct knoten *);
void knoten_loeschen (struct knoten *);

struct knoten * pointer_auf_wurzel;
```

```
int main(void)
{
   char buffer [30];
   struct knoten * neu_element_pointer;
   struct knoten * ptr;

   printf ("\n\n\nEs werden nun Knoten eingelesen, ");
   printf ("(Abbruch mit $). \nGib den ersten Knoten ein: ");
   while  (gets (buffer) != NULL && strcmp (buffer, "$"))
   {
      if ((neu_element_pointer =
         knoten_einfuegen (pointer_auf_wurzel, buffer)) != NULL)
      {
         if (pointer_auf_wurzel == NULL)
         {
            /* Adresse der Wurzel                                    */
            pointer_auf_wurzel = neu_element_pointer;
            /* Nummer der Wurzel                                     */
            pointer_auf_wurzel->nummer = 1L;
         }
         printf ("\nneue Knoten-Nummer: %ld",
                 neu_element_pointer->nummer);
      }
      printf ("\n\nnaechsten Knoten eingeben: ");
   }
   printf ("\nNun werden die Knoten des Baumes ausgegeben\n\n");
   drucke (pointer_auf_wurzel);

   printf ("Suchen nach Knoten, bis ein $ eingegeben wird.");
   printf ("\nGib den Suchstring ein: ");
   while (gets(buffer) != NULL && strcmp (buffer,"$"))
   {
      if ((ptr = suche (pointer_auf_wurzel, buffer)) == NULL)
         printf ("\nKnoten %s nicht vorhanden", buffer);
      else
         printf ("\nKnoten %s hat die Knoten-Nummer %ld", buffer,
                 ptr->nummer);
      printf ("\n\nnaechsten Suchstring eingeben: ");
   }

   /* Zum Abschluss Loeschen aller Knoten */
   knoten_loeschen (pointer_auf_wurzel);
   return 0;
}

long berechne_knoten_nummer (struct knoten * zeiger, long nummer,
                             int ziffer)
{
   if (zeiger == pointer_auf_wurzel) nummer = 10 + ziffer;
           /* bei jedem Eintritt in die Wurzel muss wieder mit    */
           /* der Knotennummer 1 fuer die Wurzel begonnen werden  */
   else
      nummer = nummer * 10 + ziffer;
   return nummer;
}
```

```c
struct knoten * knoten_einfuegen (struct knoten * ptr, char * string)
{
    static long knoten_nummer;    /* Wurzel enthaelt die Nummer 1   */
    struct knoten * ptrneu;

    if(ptr == NULL)
    {
        /* wenn ptr auf leeres Blatt zeigt, wird Knoten erzeugt.    */
        if((ptrneu =
              (struct knoten *)malloc (sizeof(struct knoten))) != NULL)
        {
            strcpy (ptrneu->str, string) ;
            /* im Knoten wird die Zeichenkette string gespeichert    */
            ptrneu->pointer_links = ptrneu->pointer_rechts = NULL;
            /* der neu erzeugte Knoten hat noch keine Kinder         */
        }
        else
        {
            printf ("\nFehler bei malloc in Funktion knoten_einfuegen");
            return NULL;
        }
    }
    else if (strcmp (string, ptr->str) < 0)
    {
        /* es wird links weitergearbeitet */
        /* Bestimmung der Knotennummer    */
        knoten_nummer = berechne_knoten_nummer (ptr, knoten_nummer,
                                                ziffer_links);

        ptrneu = knoten_einfuegen(ptr->pointer_links, string);

        if ((ptr->pointer_links == NULL) && (ptrneu != NULL))
        /* Wenn Teilbaum leer, wird der neue Knoten eingehaengt      */
        {
            ptr->pointer_links = ptrneu;
            ptrneu->nummer     = knoten_nummer;
        }
    }
    else if (strcmp(string, ptr->str) > 0)
    {
        /* es wird rechts weitergearbeitet */
        /* Bestimmung der Knotennummer     */
        knoten_nummer = berechne_knoten_nummer (ptr, knoten_nummer,
                                                ziffer_rechts);
        ptrneu = knoten_einfuegen (ptr->pointer_rechts, string);

        if ((ptr->pointer_rechts == NULL) && (ptrneu != NULL))
        /* Wenn Teilbaum leer, wird der neue Knoten eingehaengt      */
        {
            ptr->pointer_rechts = ptrneu;
            ptrneu->nummer     = knoten_nummer;
        }
    }
}
```

```
   else
   {
      printf ("\nEintrag in Baum bereits vorhanden");
      return NULL;
   }
   return ptrneu;          /* Zeiger auf den neuen Knoten.              */
}
```

```
struct knoten * suche (struct knoten * ptr, char * string)
{
   struct knoten * ret;
   if (ptr == NULL)
   ret = NULL;
   else
   {
      if (strcmp (string, ptr->str) < 0)
         ret = suche (ptr->pointer_links, string);
      else if (strcmp (string, ptr->str) > 0)
         ret = suche (ptr->pointer_rechts, string);
      else
         ret = ptr;
   }
   return ret;
}
```

```
void drucke (struct knoten * ptr)
{
   if(ptr!= NULL)
   {
      drucke (ptr->pointer_links);  /* linken Teilbaum ausgeben   */
      printf ("Knoten-String: %s", ptr->str);
      /* Wurzel ausgeben                                           */
      printf (" Knoten-Nummer: %ld\n", ptr->nummer);
      drucke (ptr->pointer_rechts); /* rechten Teilbaum ausgeben   */
   }
}
```

```
void knoten_loeschen (struct knoten * ptr)
{
   if (ptr != NULL)
   {
      knoten_loeschen (ptr->pointer_links);
      knoten_loeschen (ptr->pointer_rechts);
      free (ptr);
   }
}
```

Als Beispiel soll nun der aus Bild 16-15 bekannte Baum aufgebaut werden.

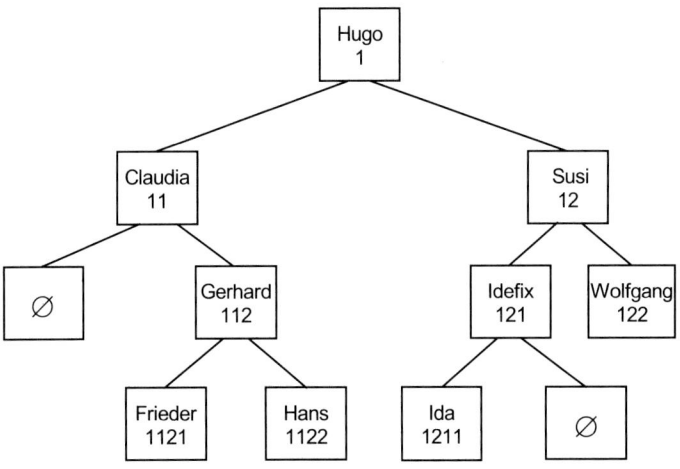

Bild 16-21 Binärbaum, der in einem Knoten einen Namen und die Knotennummer enthält

Hier das Protokoll des Programmlaufs:

```
Es werden nun Knoten eingelesen (Abbruch mit $).
Gib den ersten Knoten ein: Hugo

neue Knoten-Nummer: 1

naechsten Knoten eingeben: Claudia

neue Knoten-Nummer: 11

naechsten Knoten eingeben: Susi

neue Knoten-Nummer: 12

naechsten Knoten eingeben: Gerhard

neue Knoten-Nummer: 112

naechsten Knoten eingeben: Idefix

neue Knoten-Nummer: 121

naechsten Knoten eingeben: Wolfgang

neue Knoten-Nummer: 122

naechsten Knoten eingeben: Frieder

neue Knoten-Nummer: 1121

naechsten Knoten eingeben: Hans

neue Knoten-Nummer: 1122
```

```
naechsten Knoten eingeben: Ida

neue Knoten-Nummer: 1211

naechsten Knoten eingeben: $

Nun werden die Knoten des Baumes ausgegeben

Knoten-String: Claudia Knoten-Nummer: 11
Knoten-String: Frieder Knoten-Nummer: 1121
Knoten-String: Gerhard Knoten-Nummer: 112
Knoten-String: Hans Knoten-Nummer: 1122
Knoten-String: Hugo Knoten-Nummer: 1
Knoten-String: Ida Knoten-Nummer: 1211
Knoten-String: Idefix Knoten-Nummer: 121
Knoten-String: Susi Knoten-Nummer: 12
Knoten-String: Wolfgang Knoten-Nummer: 122
Suchen nach Knoten, bis ein $ eingegeben wird.
Gib den Suchstring ein: Claudia

Knoten Claudia hat die Knoten-Nummer 11

naechsten Suchstring eingeben: Hans

Knoten Hans hat die Knoten-Nummer 1122

naechsten Suchstring eingeben: Idefix

Knoten Idefix hat die Knoten-Nummer 121

naechsten Suchstring eingeben: $
```

Im Folgenden soll das Programm kurz vorgestellt werden:

Struktur struct knoten

Die Struktur `struct knoten` besitzt 4 Komponenten:

- Das Array `char str[30]` nimmt eine Zeichenkette, den Schlüsselwert, auf.
- `nummer` bedeutet die Knotennummer. Sie wurde vom Typ `long` gewählt, um einen frühen Zahlenüberlauf zu vermeiden.
- `pointer_links` und `pointer_rechts` sind Pointer, die auf die Wurzel des linken bzw. die Wurzel des rechten Teilbaumes zeigen.

Funktion main()

Die Funktion `main()` baut zunächst einen Baum auf. Dabei wird für jeden anzu-legenden Knoten ein Name eingegeben und an die Funktion `knoten_einfuegen()` übergeben. Der Aufbau des Baumes wird beendet, wenn ein $-Zeichen eingegeben wird. Anschließend gibt die Funktion `drucke()` den Inhalt des Baumes aus. Es wird dann die Funktion `suche()` aufgerufen. Es kann gesucht werden, ob bestimmte Namen im Baum vorkommen oder nicht. Die Knotennummer eines im Baum gefundenen Namens wird ausgegeben. Die Suche wird beendet, wenn ein $-Zeichen eingegeben wird.

Funktion knoten_einfuegen()

Der Funktion `knoten_einfuegen()` wird ein Pointer `ptr` auf einen Knoten und der in dem anzulegenden Knoten zu speichernde String übergeben. Ist der übergebene Pointer der `NULL`-Pointer, so wird auf ein leeres Blatt gezeigt. Deshalb kann an dieser Stelle der neue Knoten erzeugt und in den Baum eingefügt werden.

Ist der übergebene Pointer von `NULL` verschieden, so ist der Platz, auf den der Pointer zeigt, durch einen Knoten besetzt. Der einzufügende String wird mit dem String des vorhandenen Knotens verglichen. Ist der einzufügende String kleiner, so wird durch Aufruf von `knoten_einfuegen()` zum linken Sohn des vorhandenen Knotens gegangen, wobei der Pointer `ptr->pointer_links`, d.h. der Pointer auf den linken Sohn, an `knoten_einfuegen()` übergeben wird. Ist der einzufügende String größer, so wird in entsprechender Weise zum rechten Sohn gegangen. Die Funktion `knoten_einfuegen()` wird also rekursiv aufgerufen.

Ist nun der Sohn ein leeres Blatt, d.h. ist `ptr->pointer_links` bzw. `ptr->pointer_rechts` der `Null`-Pointer, so wird das rekursive Aufrufen beendet. Es wird nun ein Knoten angelegt und in ihm der übergebene String abgespeichert. Die durch den rekursiven Aufruf unterbrochenen Funktionen werden nun in umgekehrter Reihenfolge wie vor der Unterbrechung – wie in Kapitel 9.8 besprochen – aufgerufen und zu Ende gebracht. Die einzige Funktion, die dabei noch Anweisungen abarbeitet, ist die Funktion, die `knoten_einfuegen()` mit dem `NULL`-Pointer aufgerufen hat. Sie erhält als Rückgabewert dieser Funktion den Pointer auf den neuen Knoten und kann damit den neu geschaffenen Knoten mit dem bestehenden Baum verketten. Alle früher aufgerufenen Funktionen `knoten_einfuegen()` tun nichts weiteres, als den Pointer auf den neuen Knoten als Return-Wert an ihren Vaterknoten durchzureichen.

Funktion drucke()

Die Funktion `drucke()` gibt im symmetrischen Durchlauf (in der Ordnung Left-Node-Right, also sortiert) den gesamten Baum aus, wobei für jeden Knoten der in ihm gespeicherte String und seine Knotennummer ausgegeben werden.

Funktion berechne_knoten_nummer()

Diese Funktion bestimmt beim Anlegen eines neuen Knotens für jeden von der Wurzel an durchlaufenen Knoten die Knotennummer, damit der neu anzulegende Knoten die richtige Nummer erhält.

Funktion suche()

Die Funktion `suche()` beginnt die Suche eines Knotens in der Wurzel und vergleicht den Suchstring mit dem in der Wurzel gespeicherten String. Ist der Suchstring größer als der dort gespeicherte String, so wird zum rechten Sohn gegangen und der dort gespeicherte String wird mit dem Suchstring verglichen. Dieses Verfahren wird fortgesetzt, bis der Knoten gefunden ist bzw. bis der ganze Baum durchlaufen ist. Wird der ganze Baum durchlaufen und der Knoten ist nicht gefunden, so ist er auch nicht im Baum enthalten.

16.5 Übungsaufgaben

Aufgabe 16.1: malloc()

Überlegen Sie sich, was die folgenden Programme durchführen. Machen Sie im Anschluss an Ihre Überlegungen einen Probelauf.

a)

```c
#include <stdio.h>
#include <stdlib.h>
#include <string.h>

void pointer_auf_int (void);

int main (void)
{
    printf ("\nhier ist main");
    pointer_auf_int ();
    return 0;
}

void pointer_auf_int (void)
{
    int * ptr;
    ptr = malloc (sizeof(int));
    *ptr = 3;
    printf ("\nDer Wert des Objektes *ptr ist %d", (*ptr));
    free (ptr);
}
```

b)

```c
#include <stdio.h>
#include <stdlib.h>
#include <string.h>

void pointer_auf_record (void);
struct struktur {
                    int recordnummer;
                    char inhalt[10];
                 };

int main (void)
{
    printf ("\nhier ist main");
    pointer_auf_record ();
    return 0;
}

void pointer_auf_record (void)
{
    struct struktur * ptr;
    ptr = malloc (sizeof(struct struktur));
```

```
        ptr->recordnummer = 3;
        strcpy (ptr->inhalt, "hallo");
        printf ("\nDie Recordnummer ist %d", (*ptr).recordnummer);
        printf ("\nDer Inhalt ist %s", ptr->inhalt);
        free (ptr);
    }
```

Aufgabe 16.2: malloc()

Ergänzen Sie die fehlenden Stellen des folgenden Programms. Fehlende Teile sind durch . . . . gekennzeichnet.

Die Funktion `element_erzeugen()` soll eine dynamische Variable vom Typ `struct element_typ` im Heap erzeugen und an das Hauptprogramm einen Pointer auf die dynamische Variable als Rückgabewert zurückgeben. Die Funktion `edit_element()` soll als Namen „Frank" und als Alter die Zahl 24 in die dynamische Variable eintragen. Die Funktion `ausgeben()` soll die Komponenten der dynamischen Variable am Bildschirm ausgeben.

```
#include <stdio.h>
#include <stdlib.h>
#include <string.h>

struct element_typ {
                    char name [20];
                    int alter;
                    };

.....* element_erzeugen (void)
{
....
}

void edit_element (....)
{
    ....
}

void element_ausgeben (....)
{
    ....
}

int main (void)
{
    struct element_typ * ptr_objekt;
    ptr_objekt = element_erzeugen ();
    edit_element (ptr_objekt);
    element_ausgeben (ptr_objekt);
    free (ptr_objekt);
    return 0;
}
```

Aufgabe 16.3: malloc()

a) Schreiben Sie ein Programm, das im Heap eine Strukturvariable vom Typ `struct point` mit den Komponenten x und y mit den Werten 3.1 bzw. 3.2 anlegt. Geben Sie die Werte der beiden Komponenten am Bildschirm aus.

b) Schreiben Sie ein Programm, welches zwei Objekte vom Typ

```
struct listenelement {
                    double x;
                    double y;
                    struct listenelement * ptr;
                };
```

im Heap anlegt und mit x = 3.1, y = 3.2 und x = 7.4, y = 1.8 initialisiert. Die Erzeugung dieser Listenelemente soll in der Funktion `schaffe_listenelement()` durchgeführt werden. Das erste Listenelement soll auf das zweite zeigen. Die Funktion `schaffe_listenelement()` soll einen Pointer auf das erste Listenelement an das Hauptprogramm zurückgeben. Das Hauptprogramm soll nach dem Aufruf von `schaffe_listenelement()` die Funktion `drucke()` aufrufen, die die x- und y-Komponenten beider Objekte ausdruckt.

Aufgabe 16.4: Verkettete Liste und die Funktion malloc()

Testen Sie das folgende Programm:

```c
#include <stdio.h>
#include <stdlib.h>
#include <string.h>

int main (void)
{
   struct produkt {
                    char name [20];
                    int preis;
                } * pointer;

   pointer = (struct produkt *) malloc (sizeof (struct produkt));
   printf ("\n\nGib den Produktnamen ein: ");
   gets (pointer -> name);
   printf ("\nGib den Preis in Euro ein: ");
   scanf ("%d", &(pointer->preis));
   printf ("\nAusgabe der Produktdaten: ");
   printf ("Das Produkt %s kostet %d Euro",
           pointer->name, pointer->preis);
   free (pointer);
   return 0;
}
```

a) Erweitern Sie die Struktur `produkt` so, dass sie einen Pointer enthält, der auf das jeweils nächste Produkt zeigt, bzw. der `NULL` sein soll, falls es kein nächstes Produkt gibt.

b) Erweitern Sie das Programm so, dass zuerst eingelesen wird, wie viele Produkte eingelesen werden sollen. Danach werden in einer `for`-Schleife die Produkte der Reihe nach eingegeben und die Liste aufgebaut.

c) Schreiben Sie eine Funktion mit dem Funktionskopf

```
void ausgabe (struct produkt * pointer)
```

welche die Produktliste der Reihe nach ausgibt. Verwenden Sie dazu eine `while`-Schleife.

d) Schreiben Sie eine Funktion mit dem Funktionskopf

```
void ausgabe2 (struct produkt * pointer)
```

welche die Produktliste der Reihe nach ausgibt. Verwenden Sie dazu eine Rekursion. Setzen Sie die Rekursion auch dazu ein, die Reihenfolge der Ausgabe umzukehren.

e) Schreiben Sie eine Funktion mit dem Funktionskopf

```
void freigabe (struct produkt ** pointer)
```

die alle Produkte freigibt und die Pointer, die auf Produkte zeigen, auf `NULL` setzt.

Aufgabe 16.5: Verkettete Liste

Im folgenden Programm wird interaktiv eine verkettete Liste aus Artikeln erstellt.

Die Funktion `drucke()` dient zum Ausdrucken der Artikel der verketteten Liste auf dem Bildschirm (Ausgabe von Artikelname, Stückzahl und Preis pro Artikel) und zum Wegschreiben der Listenelemente in eine binäre Datei `ARTIKEL.DAT`.

Die Funktion `bilanz()` dient zum Berechnen des Gesamtwertes aller Artikel, die in der verketteten Liste gespeichert sind.

Fehlende Stellen des Programms sind durch . . . . gekennzeichnet.

```
#include <stdio.h>
#include <stdlib.h>
#include <string.h>

struct listenelement {
                        char artikelname [10];
                        int stueckzahl;
                        float preis;
                        struct listenelement * elementpointer;
                      };
```

```
void drucke (....)   /* Ergänzen Sie die fehlenden Teile            */
{
   FILE * fp;
   ....              /* ARTIKEL.DAT öffnen zum binären Schreiben   */
   while (....)      /* Ergänzen Sie die fehlenden Teile           */
   {
       printf ("\nArtikelname: %-10s", ....);
       printf ("    Stueckzahl: %8d", ....);
       printf ("    Preis: %6.2f", ....);
       ....          /* aktuelles Listenelement binär wegschreiben */
       .... = ....;  /* neuen Pointer bestimmen                    */
   }
   ....              /* ARTIKEL.DAT schließen                      */
}

void bilanz (....)                    /* Ergänzen Sie die fehlenden Teile */
{
   ....                               /* Ergänzen Sie die fehlenden Teile */
   printf ("\nDer Warenwert betraegt %8.2f EUR", summe);
}

int main (void)
{
   char buffer [10];
   struct listenelement * artikelpointer;
   struct listenelement * letztpointer = NULL;

   printf ("\nArtikelnamen eingeben, Ende durch ^Z: ");
   while (gets (buffer) != NULL)
   {
      artikelpointer = malloc (sizeof(struct listenelement));
      strcpy (artikelpointer -> artikelname, buffer);
      printf ("\n    Gib die Stueckzahl ein: ");
      scanf ("%d", & (artikelpointer -> stueckzahl));
      printf ("\n    Gib den Preis ein: ");
      scanf ("%f", & (artikelpointer -> preis));
      fflush (stdin);
      artikelpointer ->elementpointer = letztpointer;
      letztpointer = artikelpointer;
      printf ("\nArtikelnamen eingeben, Ende durch ^Z: ");
      return 0;
   }

   drucke (artikelpointer);
   bilanz (artikelpointer);
}
```

Hinweis: `gets()` gibt `NULL` zurück, wenn das Dateiende (`EOF`) erreicht ist, siehe Kapitel 14.7.6.

a) Ergänzen Sie die fehlenden Teile der Funktion `drucke()`.

b) Ergänzen Sie die fehlenden Teile der Funktion `bilanz()`.

Interne Sortier- und Suchverfahren

17 Interne Sortier- und Suchverfahren

Im Folgenden werden nur **interne Sortier- und Suchverfahren** betrachtet, d.h. solche Verfahren, bei denen die Elemente in Arrays oder verketteten Listen (siehe Kapitel 16.3) im Arbeitsspeicher stehen. Wenn die Objekte sich nicht im Arbeitsspeicher, sondern in Dateien befinden, können im Prinzip die gleichen Algorithmen angewandt werden, sofern die technischen Voraussetzungen – z.B. wahlfreier Zugriff zu allen Objekten – für das jeweilige Verfahren gegeben sind.

Zunächst werden zwei oft anzutreffende Sortierverfahren behandelt und verglichen. Erst dann werden die Suchverfahren vorgestellt, da eines von ihnen (Kapitel 17.2.2 – Halbierungssuchen) sortierte Arrays benötigt. Abschluss des Kapitels bildet die Suche nach Lösungen von Problemen mittels Backtracking, welches am Beispiel der Suche eines Weges im Labyrinth dargestellt wird.

Eine weitere effiziente Kombination von Such- und Sortierverfahren stellen natürlich auch die schon in Kapitel 16.4 vorgestellten Baumstrukturen dar.

17.1 Interne Sortierverfahren

Als weitere Einsatzmöglichkeit von Arrays (siehe Kapitel 10.1) und der Rekursion (siehe Kapitel 9.8) wird hier das Sortieren behandelt. Dabei werden zwei verschiedene Verfahren für das Sortieren betrachtet.

Unter Sortieren versteht man die Realisierung einer Ordnungsrelation innerhalb einer gegebenen Menge von Objekten. Die Objekte können dabei in einer Liste, einer Tabelle oder in einem Array stehen. Im allgemeinen Fall können die Elemente auch unterschiedliche Längen haben. Objekte werden sortiert, damit man später den Suchvorgang vereinfachen kann. Dabei kann das Sortierkriterium – die Ordnungs-relation – aus einem oder mehreren Schlüsseln bestehen. So kann man beispiels-weise eine Studentenliste zunächst nach Studiengängen sortieren und dann inner-halb der Studiengänge nach den Namen der Studenten suchen. Für das Sortieren existieren verschiedene Verfahren, die sich nach Aufwand, Speicherbedarf etc. unterscheiden. Im Folgenden sollen zwei grundsätzliche Algorithmen interner Sortierverfahren vorgestellt werden. Unter **internen Sortierverfahren** versteht man Verfahren, bei denen der Sortiervorgang im Arbeitsspeicher durchgeführt wird. **Externe Sortierverfahren**, die direkt in Dateien auf einem externen Speicher wie z.B. einer Platte durchgeführt werden, werden hier nicht behandelt.

Grundsätzlich werden für jedes Sortierverfahren Vergleichs- und Austausch-operationen benötigt. Der Aufwand wird zunächst immer für die **Anzahl der Vergleiche** (V) sowie die **Anzahl der Bewegungen** (B) von Elementen berechnet, wobei von einer Anzahl von „n" unsortierten Elementen ausgegangen wird. Aufwands- bzw. Komplexitätsbetrachtungen sind vor allem für eine größere Anzahl von Elementen wichtig. Dabei geht es insbesondere darum, wie der Aufwand des Verfahrens sich in Abhängigkeit zu der Anzahl der Elemente „n" verhält.

Um die Einführung einfach zu gestalten, werden hier nur eindimensionale Arrays mit ganzen Zahlen (`int`-Werte) nach aufsteigender Reihenfolge sortiert. Dabei werden die Verschiebe- bzw. Austauschoperationen direkt mit den Arrayelementen vorgenommen. Für den Vergleich von `int`-Werten genügen die Vergleichs- operatoren des C-Sprachumfanges. Die Verfahren können auf beliebige andere Schlüssel übertragen werden, wobei nur die entsprechenden Vergleichsrelationen vorhanden sein müssen.

Das nachfolgend aufgeführte Sortierverfahren ist vom Algorithmus her ein einfaches Verfahren. Das Quicksort-Verfahren (siehe Kapitel 17.1.2) ist vom Algorithmus her aufwändiger, benötigt aber zur Sortierung einer größeren Anzahl von Elementen weniger Rechenzeit.

17.1.1 Iteratives Sortieren durch direktes Auswählen

Dieses Verfahren arbeitet nach folgendem Prinzip:

1) Teile das Array in folgender Weise:
   a) eine linke, sortierte Teilliste, die zu Beginn leer ist,
   b) und eine rechte, unsortierte Teilliste
2) Suche in der rechten unsortierten Teilliste das Element mit dem kleinsten Wert
3) Tausche das erste Element der rechten Teilliste mit dem gefundenen Element
4) Verlängere die linke Liste rechts um 1 Element und verkürze die rechte Liste links um ein Element. Weiter bei Schritt 2.

Das Verfahren wird durch folgendes Bild veranschaulicht:

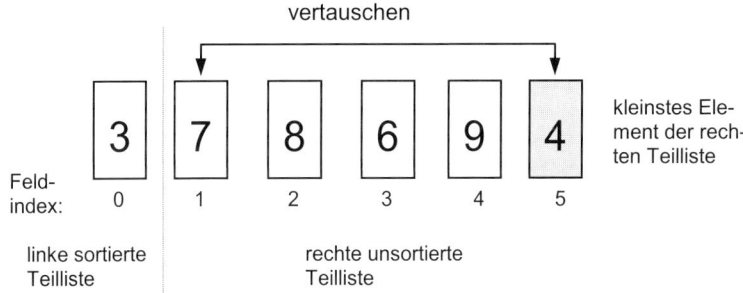

Bild 17-1 Sortieren durch Auswählen

Das Verfahren beginnt mit einer leeren linken Teilliste, während die rechte Teilliste zunächst das ganze Array enthält. Das Verfahren endet, wenn die rechte Teilliste nur noch 1 Element enthält.

Die folgende Tabelle zeigt den Ablauf des Verfahrens. Die linke sortierte Teilliste ist jeweils ohne Schattierung, die rechte unsortierte Teilliste mit Schattierung dargestellt. Die Elemente, die mit einem Pfeil gekennzeichnet sind, wurden miteinander ver- tauscht.

Arrayindex	0	1	2	3	4	5	
	7	3	8	6	9	4	
	3←	→7	8	6	9	4	1
	3	4←	8	6	9	→7	2
	3	4	6←	→8	9	7	3
	3	4	6	7←	9	→8	4
	3	4	6	7	8←	→9	5

Arbeitsschritt

Tabelle 17-1 Ablauf des Sortierens durch Auswählen

Im Folgenden wird als Beispiel eine C-Funktion für das Sortieren durch Auswählen angegeben:

```
/* Datei: auswahl.c (Sortieren durch Auswaehlen fuer ein Array  */
/* i mit Komponenten i[0] bis i[anzahl-1] vom Typ int)          */

#include <stdio.h>

int main(void)
{
   /* Definition und Initialisierung des Arrays:                */
   int i[] = {7,3,8,6,9,4};
   const int anzahl = sizeof i / sizeof i[0];
   /* Feld wird an Position zahl geteilt:                       */
   /* linkes Teilfeld am Anfang leer, dann zunehmend            */
   /* sortiert, rechtes Teilfeld unsortiert                     */
   int zahl;
   /* sort speichert kleinstes Element im rechten Teilfeld,     */
   /* min den Index dazu                                        */
   int sort, min;
   /* pos ist Laufvariable fuer rechtes Teilfeld                */
   int pos;

   /* Feld an Position zahl teilen. Das Verfahren beginnt       */
   /* mit einer linken leeren Teilliste                         */
   for (zahl = 0; zahl < anzahl; zahl++)
   {
      /* Element zahl koennte vielleicht das Minimum            */
      /* der rechten Teilliste sein                             */
      min = zahl;
      sort = i[zahl];
      /* Kleinstes Element und dessen Index im rechten,         */
      /* unsortierten Teilfeld suchen                           */
      for (pos = zahl + 1; pos < anzahl; pos++)
         if (sort > i[pos])
         {
            /* Kleinstes Element gefunden. Es wird das          */
            /* neue Minimum fuer die weiteren Vergleiche        */
            min = pos;
            sort = i[pos];
         }
```

```
        /* Austauschen des gefundenen kleinsten Elementes   */
        /* mit dem Element am Anfang der rechten             */
        /* unsortierten Teilliste                            */
        i[min] = i[zahl];
        i[zahl] = sort;
   }

   printf ("\n"); /* Ausgabe des sortierten Arrays          */
   for (zahl = 0; zahl < anzahl; zahl++)
      printf ("%i, ", i[zahl]);
   printf ("\n");
   return 0;
}
```

Der Mittelwert für die Anzahl der Vergleiche ist [13]:

$$V_{ges}(n) = \sum_{i=1}^{n-1} i = 1/2 * (n^2 - n)$$

Der Mittelwert für die Anzahl der Bewegungen ist [13]:

$$B(n) = n * (\ln n + g),$$

dabei ist g = 0.577216... (Euler'sche Konstante)

Der mittlere Aufwand steigt für Vergleiche proportional zu n^2 ($O(n^2)$) und für Bewegungen proportional zu **n * ln n** ($O(n * \ln n)$).

17.1.2 Rekursives Sortieren mit dem Quicksort-Verfahren

Dieses Verfahren wurde von Hoare [14] entwickelt. Es ist ein effizientes Sortierverfahren und ein gutes Beispiel für die Anwendung von rekursiven Algorithmen. Der Algorithmus wird hier nur in der einfachsten Form dargestellt.

Das Verfahren arbeitet nach dem **Teile-Und-Herrsche-Prinzip**: Man teilt das Array in zwei Teile – oder genauer – in zwei Teilarrays auf. Dazu wird ein beliebiges Vergleichselement aus dem Array benötigt. Es bietet sich an, das mittlere Element des Arrays als Vergleichselement zu wählen. Bedingung an die Teilarrays ist es dann, dass das linke Teilarray nur solche Elemente hat, die entweder gleich groß sind wie das Vergleichselement oder aber kleiner. Das rechte Teilarray hat weiterhin nur solche Elemente, die größer sind als das Vergleichselement oder aber gleich groß. Diese Teilarrays sind relativ einfach durch Vergleich und Austausch herzustellen. Danach wird das gleiche Teilungsverfahren auf das jeweilige linke und rechte Teilarray rekursiv angewandt, bis ein Teilarray weniger als 2 Elemente hat (Teilarrays mit einem Element sind ja trivialerweise sortiert).

Das Verfahren hat also folgende Schritte:

(1) Auswahl eines beliebigen Vergleichselements, z.B. des mittleren Elements des Arrays: `vergleichselementIndex = (startLinks + startRechts) / 2;` Dabei stehen `startLinks`, `startRechts` für den äußerst linken bzw. äußerst rechten Index des (Teil-) Arrays, am Anfang also für `0` und `n-1`.

(2) Linkes Teilarray mit kleineren (oder gleichen) und rechtes Teilarray mit größeren (oder gleichen) Elementen erzeugen. Das linke Teilarray umfasst die Positionen `startLinks ... vergleichselementIndex`, das rechte Teilarray die Positionen `vergleichselementIndex + 1` bis `startRechts`.

(2.1) Absuchen des linken Teilarrays von links her, bis ein größeres Element als das Vergleichselement an der Vergleichsposition `vergleichselement-Index` gefunden wird.

(2.2) Absuchen des rechten Teilarrays von rechts her, bis ein kleineres Element als das Vergleichselement gefunden wird.

(2.3) Vertauschen des gefundenen größeren Elements im linken Teilarray mit dem gefundenen kleineren Element im rechten Teilarray.

(2.4) Schritte 2.1 bis 2.3 wiederholen (fortsetzen hinter den letzten gefundenen Positionen), solange sich noch „verkehrte" Elemente in den Teilarrays befinden.

(3) Rekursive Zerlegung des linken und rechten Teilarrays gemäß (1) und (2) solange, bis die Teilarrays weniger als 2 Elemente haben.

Nach Ende von Schritt (2) stehen im linken Teilarray nur Elemente mit Werten, die kleiner als oder gleich groß wie der Wert des Vergleichselements und im rechten Teilarray nur Elemente, deren Werte gleich groß wie oder größer als der Wert des Vergleichselements sind.

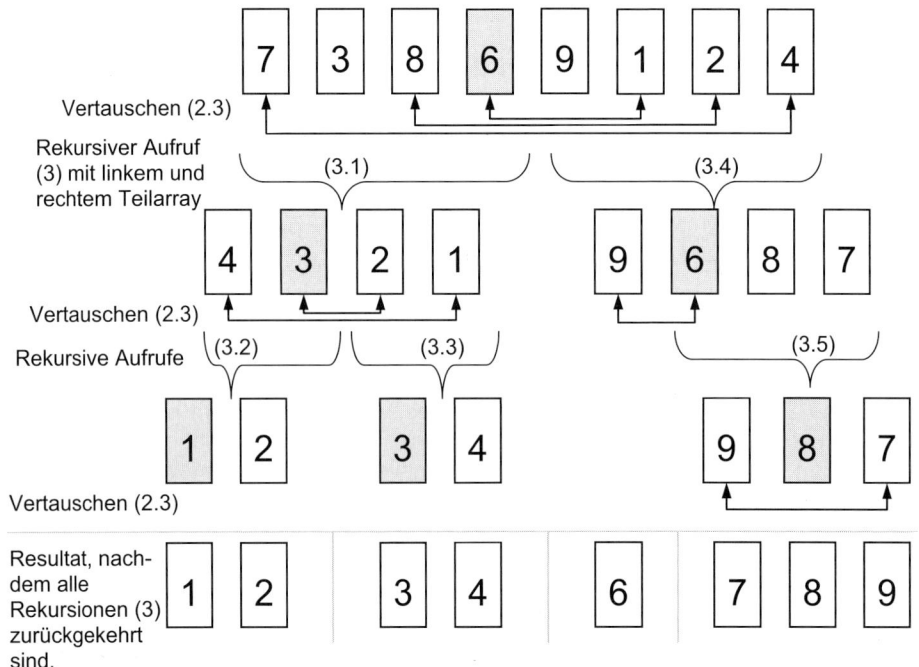

Bild 17-2 Quicksort

Der Ablauf der Sortierung ist anhand des obigen Bildes dargestellt. Die schattierten Felder stellen die ausgewählten Vergleichselemente aus Schritt (1) dar. Mit den großen, nach oben geöffneten geschwungenen Klammern sind die jeweiligen Rekursionsschritte (3.x) angegeben, wobei x für die tatsächliche Nummer der Rekursion steht.

Das Vergleichselement bei den gegebenen Beispielzahlen {7, 3, 8, 6, 9, 1, 2, 4} ist wegen der in Verfahrensschritt (1) beschriebenen Vorschrift die Zahl 6. Die Zahlen werden in den Schritten (2.1) bis (2.3) in zwei Teilarrays {4, 3, 2, 1} und {9, 6, 8, 7} geteilt, wobei im linken Teilarray alle Zahlen kleiner 6, im rechten alle >= 6 sind. Als nächstes wird im Schritt (3.1) dieser Zerlegungsvorgang rekursiv auf das linke Teilarray {4, 3, 2, 1} angewandt. Dieses wird mit der Vergleichszahl 3 durch Vertauschen in die Teilarrays {1, 2} und {3, 4} geteilt und jeweils in den Schritten (3.2) und (3.3) rekursiv weiterbehandelt. Da deren weitere Zerlegung jeweils ein Array mit einem Element ergäbe, ist das Teilarray {1, 2, 3, 4} jetzt sortiert und abgearbeitet. Das rechte Teilarray {9, 6, 8, 7} wird mit dem Vergleichselement 6 entsprechend in das Teilarray {6} (welches sortiert ist) und {9, 8, 7} zerlegt. Dieses wird schließlich durch Vertauschen von 9 und 7 fertig sortiert.

Im Folgenden wird als Beispiel eine C-Funktion für das Sortieren mit dem Quicksort-Algorithmus angegeben:

```
/* Datei quicksrt.c */
#include<stdio.h>
void zerlege(double teilListe [],
             int startLinks, int startRechts)
{
   int laufLinks = startLinks;
   int laufRechts = startRechts;
   int vergleichselementIndex =
      (startLinks + startRechts) / 2;                     /*(1)*/
   double vergleichselement = teilListe[vergleichselementIndex];

   do                                                     /*(2)*/
   {   /* Schleife, bis laufLinks und laufRechts zusammentreffen */
       /* Suche von links größere Elemente als              */
       /* Vergleichselement                            (2.1)*/
     while (teilListe[laufLinks] < vergleichselement)
        laufLinks++;
       /* Suche von rechts kleinere Elemente als            */
       /* Vegleichselement                             (2.2)*/
     while  (teilListe[laufRechts] > vergleichselement)
        laufRechts-- ;
     if (laufLinks <= laufRechts)          /* Vertauschen (2.3)*/
     {
         double zwischen = teilListe[laufLinks];
         teilListe[laufLinks] = teilListe[laufRechts];
         teilListe[laufRechts] = zwischen;
         laufLinks++; laufRechts--;
     }
   }
```

```
    while (laufLinks <= laufRechts);                        /*(2.4)*/

    /* Jetzt beide Teilarrays rekursiv gleich behandeln        (3)*/
    if (startLinks < laufRechts)
        zerlege (teilListe , startLinks, laufRechts);
    if (laufLinks < startRechts)
        zerlege (teilListe , laufLinks, startRechts);
}

void quickSort (double in [], int n)
{
    zerlege (in, 0, n-1);
}

int main(void)
{
    double test [] = {7., 3., 8., 6.,  9., 1., 2., 4.};
    int index, numInArray = sizeof(test)/sizeof(double);
    quickSort(test, numInArray);
    for(index = 0; index < numInArray; index++)
    {
        printf("%g", test[index]);
        if (index != numInArray - 1)
            printf(", ", test[index]);
    }
    return 0;
}
```

Beispiel für den Programmablauf:

```
    1, 2, 3, 4, 6, 7, 8, 9
```

Der Mittelwert für die Anzahl der Vergleiche ist:

$V_{ges}(n) = n * ld\ n$

Der Mittelwert für die Anzahl der Bewegungen ist:

$B_{ges}(n) = 1/2 * n * (ld\ n + 1)$

(ld N = Logarithmus Dualis der Zahl N – das ist der Logarithmus zur Basis 2)

Die optimistische Annahme, dass das gewählte Element das Array in genau 2 gleiche Hälften teilt, trifft zwar nur selten zu. Aber auch bei zufälliger Wahl des Vergleichselements steigt der durchschnittliche Aufwand an Tauschoperationen gegenüber dem günstigsten Fall nur um den Faktor 2 * ln 2 = 1.39 an (vgl. [14]). Dies ist keine wesentliche Verschlechterung des optimistischen Erwartungswertes.

Wenn allerdings **zufällig immer** das größte oder das kleinste Element als Teilungselement gewählt wird, so wird Quicksort zu einem extrem langsamen Verfahren. Bei der Zerlegung eines Arrays mit n Elementen würden jeweils ein Teilarray mit n-1 Elementen und ein Teilarray mit nur einem Element entstehen. Dadurch wird der

Aufwand an Zerlegungen und die Rekursionstiefe extrem groß, da jeweils Teilarrays der Länge 1 entstehen.

Da eine gute Wahl des Vergleichselements das schlechte Verhalten des Quicksort-Verfahrens im Extremfall (Vergleichselement == größtes oder kleinstes Element) vermeidet, gibt es Vorschläge für eine relativ gute Wahl, z.B. 3 Elemente zufällig aussuchen, das mittlere der 3 Elemente als Vergleichselement nehmen.

Im oben dargestellten Bild wird das Array 3 mal geteilt. Dies entspricht einer Rekursionstiefe von 3.

Bewertung

Der mittlere Aufwand steigt sowohl für Vergleiche als auch für Bewegungen proportional zu **n*ld n**. Dies ist eine erhebliche Verbesserung gegenüber dem in Kapitel 17.1.1 dargestellten iterativen Sortieralgorithmus. Um das schlechte Verhalten im Extremfall zu vermeiden, sollte das Quicksort-Verfahren gemäß den oben dargestellten Gesichtspunkten optimiert werden.

Sortierverfahren im Vergleich

Die beiden dargestellten Sortierverfahren werden hier bezüglich des Aufwandes für Vergleiche und für Bewegungen einander gegenübergestellt. Dabei wird als Ausgangssituation ein unsortiertes, mit zufällig erzeugten Zahlen belegtes Array gewählt. Als Ergebnis wird die Anzahl der Vergleiche und die Anzahl der Bewegungen für verschieden große Arrays dargestellt.

Verglichen werden hier die zuvor vorgestellten Sortierverfahren „Sortieren durch direktes Auswählen" (Kapitel 17.1.1) und „Quicksort" (Kapitel 17.1.2). Es gibt weitere Sortierverfahren wie z.B. „Bubblesort", „Sortieren durch direktes Einfügen", „Shellsort" und „Heapsort", die bezüglich des Aufwandes schlechter sind als „Quicksort".

Anzahl der Arrayelemente		32	64	128	256	512	1024
Direktes Auswählen	Vergleiche	496	2016	8128	32640	130816	523776
	Bewegungen	163	366	792	1781	4077	8700
Quicksort	Vergleiche	195	499	1198	2882	6120	13885
	Bewegungen	163	342	824	1910	4140	8809

Tabelle 17-2   Vergleich des Aufwandes der Sortierverfahren für verschieden große Arrays mit Zufallszahlen

Aus der Gegenüberstellung ist ersichtlich, dass der Aufwand der einfachen Sortierverfahren (direktes Auswählen) für Vergleiche quadratisch mit der Anzahl der Elemente ansteigt. Für eine große Anzahl von Elementen sollte daher immer eines der besseren Sortierverfahren wie Quicksort oder auch Baumstrukturen verwendet werden.

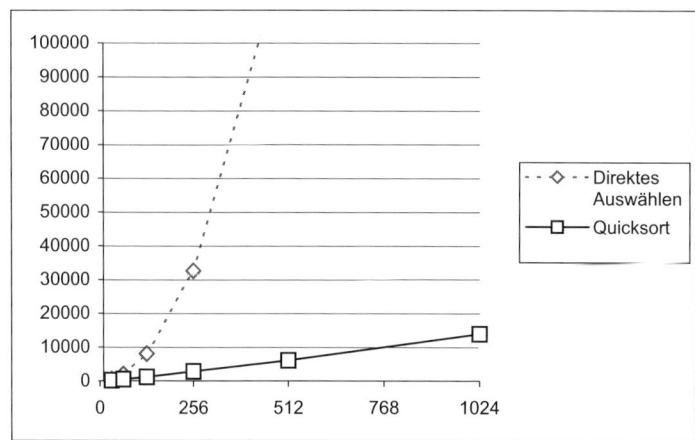

Bild 17-3 Anzahl der Vergleiche der Sortierverfahren[103]

17.1.3 Die Quicksort-Funktion der Standardbibliothek

Es gibt Optimierungen des Quicksort-Verfahrens bezüglich der Wahl des Vergleichselements und der Beschränkung der Rekursionstiefe (siehe z.B. [14]).

Die C-Standard-Library Funktion `qsort()` (Prototyp in `stdlib.h`) enthält eine optimierte Form des Quicksort-Algorithmus mit einer benutzerdefinierten Vergleichsfunktion, die mit Hilfe eines Funktionszeigers übergeben wird.

Der Prototyp ist wie folgt aufgebaut:

```
void qsort (void * base, size_t nmemb, size_t size,
            int (*compar)(const void *, const void *));
```

Vereinfacht bedeutet der Prototyp von `qsort()`, dass 4 Parameter übergeben werden müssen:

- 1. Parameter: Pointer auf das erste Element des Arrays, also in der Regel der Arrayname
- 2. Parameter: Anzahl der Elemente im Array
- 3. Parameter: Größe eines Arrayelementes in Byte (z.B. mittels `sizeof`)
- 4. Parameter: Funktionsname einer existierenden, selbst geschriebenen Vergleichsfunktion, die als Parameter zwei Pointer auf `void` übergeben bekommt, die auf zwei zu vergleichende Elemente aus dem Array zeigen. Die Funktion muss diese beiden Elemente vergleichen und das Ergebnis des Vergleichs als `int`-Zahl wie folgt zurückgeben: Falls beide Elemente gleich sind, wird eine 0 zurückgegeben. Ist das erste Element größer als das zweite Element, wird eine Zahl größer 0 zurückgegeben und im umgekehrten Fall eine Zahl kleiner 0.

---

[103] Die Anzahl der Vergleiche aus Tabelle 17-2 wird in Bild 17-3 dargestellt. Der Einfachheit halber wird zwischen den Punkten linear interpoliert.

Die `qsort()`-Funktion ruft im Zuge des intern ablaufenden Sortiervorganges immer wieder die Vergleichsfunktion auf und übergibt ihr als Parameter zwei Pointer auf zwei zu vergleichende Elemente. Dadurch ist es möglich, die `qsort()`-Funktion sehr flexibel einzusetzen. Da sie sich ja nicht um den Vergleich an sich kümmern muss, können damit alle möglichen Daten sortiert werden. Der Programmierer, der die Vergleichsfunktion programmiert, gibt ja vor, was für ihn größer, kleiner oder gleich ist. Dies muss dann für unterschiedliche Datentypen eben mit verschiedenen Vergleichsfunktionen erfolgen.

Diese `void`-Pointer können in der Vergleichsfunktion in einen entsprechenden Pointertyp gewandelt werden (siehe Kapitel 7.6.7), damit der Vergleich durchgeführt werden kann. Dieser Pointertyp muss so gewählt werden, dass mittels einer Dereferenzierung der Zugriff auf die zu vergleichenden Objekte möglich wird, wie im folgenden Beispiel zu sehen ist.

Beispiel zur Benutzung von `qsort()`:

```
/* Datei: qsort.c */
#include <stdio.h>
#include <stdlib.h>

int vergleicheZweiInts (const void *elem1, const void *elem2)
{
   int ret, i1, i2;
   i1 = *(int *) elem1; /* cast auf int *                       (1) */
   i2 = *(int *) elem2; /* cast auf int *                           */
   if (i1 < i2)
   {ret = -1;}    /* Rueckgabe -1, wenn Element 1 kleiner     (2) */
   else if (i1 == i2)
   {ret = 0;}     /* Rueckgabe 0 bei Gleichheit               (3) */
   else
   {ret = 1;}     /* Rueckgabe 1, wenn Element 1 groesser      (4) */

   return ret;
}

int main (void)
{
   /* Anlegen eines Test-Arrays mit int-Zahlen              (5) */
   int array []= {5, 3, 9, 20, 1, 3, 7, 18, 21, 0};
   /* Anzahl Elemente im Array                              (6) */
   size_t len = sizeof (array) / sizeof (int);
   unsigned int index;
   /* Ausgabe des unsortierten Arrays                           */
   printf ("\nUnsortiertes Array:\t");
   for (index = 0; index < len; index++)
   {
      printf ("%d ", array[index]);
   }
   /* Array mit qsort() sortieren                           (7) */
   qsort((void *)array, len, sizeof(int), vergleicheZweiInts);
```

```
/* Ausgabe des sortierten Arrays                            */
printf ("\nSortiertes Array:\t");
for (index = 0; index < len; index++)
{
    printf ("%d ", array[index]);
}
printf ("\n");
return 0;
}
```

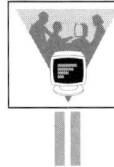

Beispiel für einen Programmablauf:

```
Unsortiertes Array:      5   3   9  20   1   3   7  18  21   0
Sortiertes Array:        0   1   3   3   5   7   9  18  20  21
```

Im Programm `qsort.c` legt die Funktion `main()` als erstes ein Array von `int`-Zahlen an, das dann sortiert werden soll (Kommentar `(5)`). Anschließend wird die Anzahl der Elemente im Array ermittelt, indem die Gesamtgröße des Arrays mit `sizeof` bestimmt wird und durch die Größe eines einzelnen Elementes geteilt wird (Kommentar `(6)`). Danach wird das Array einmal unsortiert ausgegeben und die Funktion `qsort()` aufgerufen, der auch ein Pointer auf `vergleicheZweiInts()` als Parameter übergeben wird (Kommentar `(7)`). Nach der Beendigung des Sortiervorganges wird das Array noch einmal sortiert ausgegeben. Die Vergleichsfunktion `vergleicheZweiInts()` konvertiert (castet) die zwei übergebenen `void`-Pointer zu `int`-Pointern, um diese dann mittels einer Dereferenzierung zwei neuen `int`-Variablen zuzuweisen (Kommentar `(1)`). Diese werden dann verglichen und abhängig vom Ergebnis des Vergleichs wird ein entsprechender Rückgabewert zurückgegeben (Kommentar `(2)-(4)`).

Wenn man diese Nutzung der `qsort()`-Funktion aus der Standardbibliothek mit dem zuvor gezeigten Quicksort-Beispiel vergleicht, sieht man, dass durch Anwendung von Standardbibliotheken viel Entwicklungszeit eingespart werden kann.

17.2 Interne Suchverfahren

Eine häufige Anwendung in der Informationsverarbeitung ist das Suchen eines Objektes in einer Menge von Objekten gleichen Typs, wie zum Beispiel das Suchen der Daten eines Mitarbeiters in den Personaldaten.

Personalnummer	Name	Vorname	Abteilung
125	Müller	Hans	EK1
015	Sommer	Elke	FE
093	Braun	Charly	FE
007	Bond	Johannes	SEC
...			

Tabelle 17-3 Personaldaten

Der **Suchbegriff** bzw. **Schlüssel** ist Teil des Objektes. Die Objekte (Elemente) können dabei in Listen, Tabellen oder Dateien stehen, wobei im allgemeinen Fall die Objekte unterschiedliche Größen haben dürfen. Beim Suchen kommt es dem Anwender darauf an, dass die gesuchten Elemente schnell gefunden werden. Falls die Elemente nicht bereits sortiert sind, kann nur sequenziell gesucht werden.

Sequenzielles Suchen ist eine ineffiziente Suchmethode, da im ungünstigsten Falle alle n Elemente einer Menge mit dem Suchbegriff verglichen werden müssen.

Wenn die Objekte sortiert sind, kann der Suchvorgang wesentlich effizienter gestaltet werden (siehe Kapitel 17.2.2 – Halbierungssuchen). Um die Einführung einfach zu gestalten, werden in Kapitel 17.2.2 als Suchbegriffe nur ganzzahlige Werte (int-Werte) betrachtet, wobei in der zu durchsuchenden Liste immer eine aufsteigende Sortierung vorausgesetzt wird.

Als weitere Suchtechniken werden in Kapitel 17.2.3 Suchverfahren in Listen mit Streuspeicherung (Hashverfahren) vorgestellt. Bei diesen Verfahren wird die Erstellung der Liste sowie das Suchen eines Objektes gemeinsam vorgestellt.

Die Methode des Suchens in Baumstrukturen wurde bereits im Kapitel 16.4 vorgestellt und wird hier daher nicht mehr behandelt.

17.2.1 Sequenzielles Suchen

Im Folgenden sollen die Elemente einer Menge in ungeordneter Form in einer Liste angeordnet sein. Ein Beispiel für eine solche Liste ist die Personalliste in Tabelle 17-3. Eine derartige Liste kann man im Arbeitsspeicher in Form eines Arrays implementieren. Auf einem Plattenspeicher würde sie als eine Datei mit fester Satzlänge vorliegen. Der Algorithmus "Sequenzielles Suchen" besteht aus dem Vergleich des Suchbegriffes – hier einer bestimmten Personalnummer – mit den Schlüsselwerten der Elemente. In Tabelle 17-3 stellt die Personalnummer den Schlüsselwert dar. Ein Element umfasst die Datenfelder Personalnummer, Name, Vorname und Abteilung. Das Suchen wird beendet, wenn das gesuchte Element gefunden oder das Ende der Liste erreicht wurde.

Im Mittel sind bei diesem Algorithmus n/2 Suchschritte erforderlich. Bei einer relativ kleinen Liste (z.B. unter 100 Elementen) kann dieser Aufwand noch akzeptabel sein. Diese Art des Suchens erspart einen vorherigen Sortiervorgang.

Die Effizienz eines solchen Verfahrens kann gesteigert werden, wenn die am häufigsten gesuchten Elemente an den Anfang der Liste geschrieben werden. In diesem Fall muss allerdings die Suchwahrscheinlichkeit bekannt sein und die Liste vorher entsprechend aufbereitet werden. Dieses Verfahren wird im Weiteren nicht mehr betrachtet.

17.2.2 Halbierungssuchen

Voraussetzung für dieses Verfahren, welches auch unter dem Begriff **„Binäres Suchen"** bekannt ist, ist eine **sortierte Liste** von Elementen. Bei der Herleitung des Verfahrens wird nur das Suchen des Elementes mit dem Suchbegriff dargestellt – die Sortierung (siehe Kapitel 17.1) ist ein Vorbereitungsschritt dazu. Die Elemente der Liste bestehen vereinfachend nur aus den Schlüsselwerten, die als ganzzahlige Werte gewählt werden.

Dabei wird wie folgt vorgegangen:

- Zu Anfang ist die gesamte Liste das Suchintervall.
- Das Suchintervall wird nun halbiert. Durch Vergleich mit dem Element an der Position, an der das Intervall geteilt wurde, kann festgestellt werden, ob dieses Element das gesuchte Element ist oder ob sich das gesuchte Element im oberen oder unteren Teilintervall befindet. Die Halbierungen der Teilintervalle werden solange fortgesetzt, bis das Element gefunden wurde oder das Teilintervall leer ist. Im letzteren Falle ist das gesuchte Element nicht in der Liste.

Das Verfahren arbeitet korrekt für beliebige N, der Aufwand ergibt sich zu ld N Suchschritten, d.h. der Algorithmus hat die Komplexität O(ld N).

Bei 1000 Elementen ergeben sich mit diesem Verfahren somit 10 Suchschritte (ld(1000) ~ 10), während bei sequenziellem Suchen im Mittel 500 Suchschritte notwendig gewesen wären.

Im folgenden Beispiel für binäres Suchen liegt ein geordnetes Array mit N = 4 Elementen vor. Gesucht wird das Element mit dem Wert 15.

Arrayindex	Wert
0	3
1	7
2	15
3	29

Tabelle 17-4 Beispiel für binäres Suchen

Im ersten Schritt wird die Tabelle hinter dem Element mit dem Index 1 geteilt. Dann erfolgt ein Vergleich des gesuchten Elementes mit dem Element an der Teilungsstelle (Arrayindex = 1). Das gesuchte Element „15" ist größer als das Element an der Teilungsstelle, welches den Wert „7" hat. Daher wird das Element nun in der unteren Teilhälfte – dem Teil des Arrays mit den höheren Feldindizes – gesucht. Die untere Hälfte des Arrays wird an der Stelle mit dem Index 2 geteilt. Das gesuchte Element „15" steht genau an der Teilungsposition mit dem Index 2.

Im Folgenden wird als Beispiel eine C-Funktion für das binäre Suchen angegeben:

```
/* Datei: b_suchen.c */
#include <stdio.h>
#define N 15

int binaer_suchen (int suchbegriff, int feld [], int n)
/* Sucht "suchbegriff" im int-array "feld" mit binaerem Suchen.    */
/* Parameter:      suchbegriff = zu suchendes Element              */
/*                 feld        = Array, in dem gesucht wird        */
/*                 n           = Laenge des Feldes                 */
/* Rueckgabewert: Position des gesuchten Elementes (0 .. n-1)      */
/*                oder -1, wenn das Element nicht gefunden wird.    */
{
   int low = 0;
   int high = n - 1;
   int mid;

   while (low <= high)
   {
      mid = (low + high) / 2;
      if (suchbegriff < feld[mid])
         high = mid - 1;
      else if (suchbegriff > feld[mid])
         low = mid + 1;
      else
         return mid;  /* gefunden       */
   }
   return -1;         /* nicht gefunden */
}

int main (void)
{
   int index, suchbegriff, x [N], lv;
   printf ("Inhalt\tIndex\n");
   for (lv = 0; lv < N; lv++)
   {
      x[lv] = lv * 2;
      printf ("%6d\t%5d\n", x[lv], lv);
   }
   printf ("Bitte Suchbegriff eingeben: ");
   scanf ("%d", &suchbegriff);

   index = binaer_suchen (suchbegriff, x, N);
   if (index == -1)
      printf ("Nicht gefunden \n");
   else
      printf ("Element = %d hat Index = %d\n", suchbegriff, index);

   return 0;
}
```

Hier ein Beispiel zur Ausgabe des Programms:

```
Inhalt   Index
     0       0
     2       1
     4       2
     6       3
     8       4
    10       5
    12       6
    14       7
    16       8
    18       9
    20      10
    22      11
    24      12
    26      13
    28      14
Bitte Suchbegriff eingeben: 4
Element = 4 hat Index = 2
```

17.2.3 Suchen nach dem Hashverfahren

Beim binären Suchen wurde der Aufwand gegenüber dem sequenziellen Suchen von O(N) auf O(ld N) reduziert. Bei 1000 Elementen werden somit bei binärem Suchen immer noch 10 Schritte benötigt. Wendet man diesen Algorithmus auf externe Daten (z.B. Dateien) an, so ist dieser Aufwand immer noch zu hoch. Wünschenswert wäre es, mit einem bis zwei Schritten direkt ein gesuchtes Element zu finden. Dies ist näherungsweise erreichbar, wenn aus dem Suchbegriff direkt durch Berechnung auf die Position im Array geschlossen werden kann. Dies soll an einem kleinen Beispiel erläutert werden.

Es seien 20 verschiedene Zahlen aus dem Bereich zwischen 0 und 99 gegeben. Diese 20 Zahlen werden in einem Array mit 100 Elementen so gespeichert, dass die jeweilige Zahl i an der Position i in dem Array gespeichert wird. Die anderen, unbenutzten Positionen des Arrays werden durch eine „Frei"-Markierung (z.B. -1) als unbesetzt gekennzeichnet. Wenn nun ein Suchbegriff x vorgelegt wird (Zahl zwischen 0 und 99), so kann man durch Vergleich der Zahl x mit dem Element an Position x des Arrays feststellen, ob die Zahl sich im Array befindet oder dort nicht enthalten ist.

In diesem einführenden Beispiel könnte man sogar auf die Speicherung des Schlüssels verzichten und bräuchte nur die gegebenenfalls vorhandenen restlichen Daten eines Elementes in der Liste zu speichern.

Einfache Schlüsseltransformation und einfache Konfliktstrategie

Die in dem einführenden Beispiel dargestellte Methode lässt sich für beliebige Schlüssel in der im Folgenden beschriebenen Form sinnvoll erweitern.

Es sollen N Elemente mit beliebigen ganzzahligen Schlüsseln (vom Typ `int`) in einer Tabelle gespeichert werden. Die Schlüssel seien beliebig verteilt über 0 ... K. Zur Speicherung der Elemente soll eine Tabelle mit M > N Elementen verwendet werden. Aus dem Schlüssel wird nun die Position in der Tabelle berechnet. An einer Position der Tabelle kann jeweils ein einziger Schlüsselwert gespeichert werden. Zunächst sei angenommen, die Tabellenlänge M sei eine Primzahl. Die Position eines Elementes mit dem Schlüssel x in der Tabelle kann dann durch folgende Transformation ermittelt werden:

Position = x modulo M

Damit können auch Schlüssel, die größer als M sind, in der Tabelle untergebracht werden. Durch die Modulo-Funktion wird – bildlich gesprochen – ein Teil des Schlüssels abgehackt (engl.: hashed). Daher stammt die englische Bezeichnung dieses Verfahrens als **„hash"-Verfahren**. Wenn nun N Elemente in eine Tabelle mit M > N Plätzen – zunächst sei M deutlich größer als N, z.B. M > 2*N – an die nach obigem Algorithmus berechneten Positionen eingetragen werden, so werden die Elemente in der Tabelle mit Lücken gespeichert sein. Daher stammt auch die deutsche Bezeichnung des Verfahrens **„Streuspeicherung"**.

Im folgenden Beispiel wird eine Tabelle mit M = 7 Plätzen und N = 3 Elementen gezeigt, deren Positionen über x modulo M berechnet wurden. Wie man sieht, sind die 3 Werte über die Tabelle gestreut, 4 Plätze der Tabelle sind noch frei.

Position	Inhalt
0	77
1	
2	9
3	
4	
5	40
6	

Tabelle 17-5 Beispiel für eine Tabelle mit Streuspeicherung

Zunächst wird angenommen, dass alle Schlüssel zu verschiedenen Positionen in der Tabelle führen. In einer derart organisierten Tabelle lässt sich nun ein Element sehr leicht finden, indem man mit dem Schlüssel des gesuchten Elementes die gleiche Transformation durchführt wie beim Eintragen eines Elementes in die Tabelle. Ein Vergleich mit dem Inhalt an der berechneten Tabellenposition zeigt nun, ob das gesuchte Element in der Tabelle ist oder nicht.

Leider stimmt die Annahme nicht, dass alle Schlüssel zu verschiedenen Positionen führen. Dies soll an einem Beispiel deutlich gemacht werden.

Schlüssel	Berechnete Position	Kommentar
19	5	
43	1	
218	1	Konflikt
13	6	
34	6	Konflikt

Tabelle 17-6 Berechnung für Position = x modulo 7, mit Konflikten bei Position 1 und 6

Die zugehörige Hashtabelle hat dann den in Tabelle 17-7 dargestellten Zustand beim Auftreten der Konflikte.

Position	Inhalt	Kommentar
0		
1	43	Konflikt durch Schlüssel 218
2		
3		
4		
5	19	
6	13	Konflikt durch Schlüssel 34

Tabelle 17-7 Hashtabelle ohne Konfliktlösung

Die zuletzt dargestellte Situation wird als **Konflikt** bezeichnet. Dieser Konflikt muss beseitigt werden. Dazu existieren verschiedene Strategien, die im Weiteren noch erläutert werden. Zunächst wird die im Folgenden dargestellte einfache Konflikt-strategie erläutert.

Wenn eine Position in der Tabelle schon besetzt ist und ein neuer Schlüssel zur gleichen Position in der Tabelle führt, so wird ab der berechneten Position linear aufwärts (modulo M) nach der nächsten freien Position gesucht und das Element dort gespeichert. Im obigen Beispiel werden die Konflikte dann in folgender Weise gelöst.

Schlüssel	Berechnete Position	Kommentar
19	5	
43	1	
218	2	Erhöhung um 1
13	6	
34	0	Erhöhung um 1

Tabelle 17-8 Berechnung für Position = x modulo 7 mit Konfliktlösung

Nach der Lösung des Konfliktes hat die Tabelle dann folgenden Inhalt:

Position	Inhalt	Kommentar
0	34	Konfliktlösung für Position 6
1	43	
2	218	Konfliktlösung für Position 1
3		
4		
5	19	
6	13	

Tabelle 17-9 Hashtabelle nach Konfliktlösung

Da N laut Vorgabe immer < M ist, kann jedes Element untergebracht werden. Beim Suchen wird dann das gleiche Verfahren angewandt. Zunächst wird aus dem Suchschlüssel die Position berechnet und das gesuchte Element mit dem dort gespeicherten verglichen. Bei Übereinstimmung ist das Element gefunden, bei Nichtübereinstimmung wird ab der berechneten Position linear aufwärts (modulo M) das Element in der Liste gesucht, bis es gefunden wurde oder ein Platz frei ist. Wenn ein freier Platz gefunden wurde, ist das Element nicht in der Liste und die Suche ist beendet. Es ist offensichtlich, dass dieses Verfahren bei häufigen Kollisionen sehr ineffizient wird. Die **Kollisionswahrscheinlichkeit steigt mit dem Füllgrad der Liste N/M** deutlich an. Dieses Verfahren wird als **Hash-Verfahren mit linearer Sondierung** als Konfliktstrategie bezeichnet.

Solche Hash-Verfahren, bei denen die Konflikte innerhalb der zur Verfügung gestellten Tabelle aufgelöst werden, werden auch als **geschlossene Verfahren** bezeichnet. Die Tabellenlänge muss vorher bekannt sein. Die Anzahl N darf M nie übertreffen. Im Gegenteil, die Tabelle sollte einen Füllgrad N/M von 80% bis 90% nicht übersteigen.

In diesem Verfahren wurden bei Kollisionen die neuen Positionen jeweils mit einer Erhöhung um die **Schrittweite** 1 berechnet. Man kann auch andere Schrittweiten, die größer als 1 und kleiner als die Tabellenlänge M sind, wählen, erhält aber dadurch keine Verbesserung des Verfahrens. Da die neuen Positionen unabhängig vom Schlüssel berechnet werden, bezeichnet man diese einfache Konflikt-lösungsstrategie präziser als **lineare schlüsselunabhängige Sondierung**.

Das **Löschen** von Elementen ist ebenfalls möglich. Ein Element wird gelöscht, indem eine Löschmarkierung als Schlüssel in die Tabelle eingetragen wird. Dies muss ein Wert sein, der sonst nicht als Schlüssel vorkommen darf und sich auch von der „Frei"-Markierung unterscheiden muss.

Beim Einfügen von Elementen in die Tabelle können gelöschte Plätze wieder benutzt werden, d.h. gelöschte Plätze sind beim Einfügen wie leere Plätze zu behandeln. Beim Suchen müssen aber gelöschte Elemente aufgrund eventuell aufgetretener Kollisionsfälle fast wie normale Elemente behandelt werden, da ja „hinter" ihnen noch Elemente stehen können, die zuvor mit den jetzt gelöschten Elementen kollidierten. Würde man einfach eine „Frei"-Markierung beim Löschen einsetzen, so würde die Suche an dieser „Frei"-Markierung stoppen, obwohl nach dem gelöschten Element noch weitere Kollisionsfälle liegen. Natürlich kommen die gelöschten Elemente selbst als Ergebnis des Suchlaufs nicht mehr in Betracht.

Falls die zu speichernden Elemente sehr umfangreich sind oder eine variable Länge haben, kann man in der Hashtabelle statt der Elemente auch nur Schlüssel und Pointer auf das jeweilige Element oder sogar nur Pointer auf Elemente speichern und die Elemente durch dynamische Speicherzuweisung (mit `malloc()`) erzeugen. Wenn nur Pointer verwendet werden, so könnte die „Frei"-Markierung z.B. der NULL-Pointer sein, während die Löschmarkierung ein Pointer auf ein einziges und eindeutiges „Löschelement" sein könnte.

C-Funktionen für Hashtabelle mit linearer Sondierung

Das folgende Beispiel errechnet gemäß der folgenden Formel:

$$hash("c_0 \ldots c_{k-1}") = \left(\sum_{i=0}^{i<k} ascii\_code(c_i)\right) \bmod M$$

die Tabellenposition einer Zeichenkette. Hierbei werden die einzelnen ASCII-Codes der Zeichen aufaddiert und dann diese Summe modulo der Tabellengröße geteilt.

```
/* Datei: hashtab.h */
/* Funktionen zur Verwaltung von Hashtabellen mit linearer     */
/* Sondierung (ohne Schluesselabhaengigkeit als Konfliktstrategie)*/
/* Elemente mit gleichem Namen seien in diesem Beispiel verboten, */
/* sind aber bei Hashtabellen prinzipell zulaessig. In diesem    */
/* Beispiel duerfen nur Namen != "0" und  != "1" vorkommen , da  */
/* diese Werte fuer die Markierung von freien bzw. geloeschten   */
/* Zellen genutzt werden                                         */

#define GRENZE     7       /* Anzahl der Tabellenplaetze         */
#define FUELLWERT 7        /* Anzahl der einzugebenden Elemente  */
#define FREI       "0"     /* Festlegung eines FREI-Zeichens     */
#define GELOESCHT "1"      /* Festlegung eines GELOESCHT-Zeichens */

typedef struct messwert
{
   char name[40];                          /* Name des Messgeraetes */
   double wert;                            /* Messwert des Geraetes  */
} MESSWERT;

MESSWERT tabelle [GRENZE];                 /* Anlegen der Tabelle    */

int hash (char *);
int rehash (int);
int einfuegen (MESSWERT, MESSWERT*);
int loeschen (char *, MESSWERT *);
int suche_schluessel (char *, MESSWERT*);
static void init_tabelle (MESSWERT*);
static void fuelle_tabelle (MESSWERT*);
void ausgeben_tabelle (MESSWERT*);
void eingabe_Puffer_loeschen (void);
```

```
/* Datei: hashtab.c                                              */
#include <stdio.h>
#include <stdlib.h>
#include <string.h>
#include "hashtab.h"

int main (void)
{
    int ind;
    char zeile [40];
    MESSWERT x;
    init_tabelle (tabelle);
    fuelle_tabelle (tabelle);
    ausgeben_tabelle (tabelle);

    /* Loeschen von Messgeraeten                                  */
    /* Hier kann ein Messgeraet zum Loeschen ausgewaehlt werden,  */
    /* indem man den Messgeraetenamen eingibt. Wenn Sie keine     */

    /* weiteren Messgeraete mehr loeschen moechten, dann q zum    */
    /* Beenden eingeben.                                          */

    while (printf ("\nZu loeschendes Messgeraet (Ende mit q)= "),
           gets (zeile), strcmp (zeile, "q"))
    {
        loeschen (zeile, tabelle);
        ausgeben_tabelle (tabelle);
    }

    /* Einfuegen von Messgeraeten                                 */
    /* Hier koennen, freie Tabellenplaetze vorausgesetzt, neue    */
    /* Messgeraete eingefuegt werden. Zum Beenden q eingeben.     */

    while (printf ("\nNeuer Messgeraetename (Ende mit q)= "),
           gets (zeile), strcmp (zeile, "q"))
    {
        ind = hash (zeile);              /* Berechnen der Position */
        printf ("\nGeben Sie bitte den zu %s gehoerenden Messwert ein:"
                ,zeile);
        scanf ("%lf", &(x.wert));    /* Eingabe des Messwertes     */
        eingabe_Puffer_loeschen();   /* Eingabepuffer leeren       */
        strcpy (x.name, zeile);      /* ELEMENT X fuellen          */
        einfuegen (x, tabelle);      /* Neues Element in Tabelle   */
                                     /* aufnehmen                  */
        ausgeben_tabelle (tabelle);  /* Tabelle ausgeben           */
    }
```

```
    while (printf ("\nZu suchendes Messgeraet (Ende mit q) = "),
           gets (zeile), strcmp(zeile, "q"))
    {
       if ((ind = suche_schluessel (zeile, tabelle)) != -1)
       {
          printf ("Schluessel = %d, Name = %s, Messwert = %f\n",
                  hash (zeile), tabelle[ind].name,
                  tabelle[ind].wert);
       }
       else
       {
          printf ("Schluessel %s ist nicht in der Tabelle\n", zeile);
       }
    }
    return 0;
}

int hash (char * name)
{
    int iSummeASCII = 0;
    char * ptrName = name;
    while (*ptrName != '\0')
    {
       iSummeASCII = (int) *ptrName + iSummeASCII;
       ptrName++;
    }
    return (iSummeASCII % GRENZE);
}

int rehash (int schl)
{
    return ((++schl) %GRENZE);
}

int einfuegen (MESSWERT x, MESSWERT * tab)
{
    int ind;
    int z = 0;
    ind = hash (x.name);
    while ((strcmp(tab[ind].name, FREI)) &&
           (strcmp(tab[ind].name, GELOESCHT)))
    {
       if (!(strcmp(tab[ind].name , x.name)))
       {
          printf ("Eintrag bereits in Tabelle\n");
          return 1;
       }
       ind = rehash (ind);
       z++;
       if (z == GRENZE)
       {
          printf ("Tabelle voll\n");
          return 1;
       }
    }
```

```
   strcpy (tab[ind].name, x.name);
   tab[ind].wert = x.wert;
   return 0;
}


int loeschen (char * name, MESSWERT * tab)
{
   int ind;
   ind = suche_schluessel (name, tab);
   if (ind != -1)
   {
      strcpy (tab[ind].name, GELOESCHT);
      tab[ind].wert = 0.;
   }
   else
   {
      printf ("Schluessel %s nicht in Tabelle\n", name);
      return 1;
   }
   return 0;
}


int suche_schluessel (char * name, MESSWERT * tab)
{
   int ind;
   int z = 0;
   ind = hash (name);
   while (strcmp(tab[ind].name, name))
   {
      ind = rehash (ind);
      z++;
      if (strcmp(tab[ind].name, FREI) || z == GRENZE)
      {
         return -1;
      }
   }
   return ind;
}


static void init_tabelle (MESSWERT * tab)
{
   int i;
   for (i = 0; i < GRENZE; i++)
   {
      strcpy (tab[i].name, FREI);
      tab[i].wert = 0.;
   }
}
```

```
static void fuelle_tabelle (MESSWERT * tab)
{
   int i;
   MESSWERT y;

   for (i = 0; i < FUELLWERT; i ++)
   {
      printf ("Geben Sie bitte den %d. ", (i+1));
      printf ("Messgeraetenamen ein: ");
      gets (y.name);
      printf ("Geben Sie bitte den zu Messgeraet %s", y.name);
      printf (" gehoerenden Messwert ein: ");
      scanf ("%lf", &(y.wert));
      eingabe_Puffer_loeschen();
      einfuegen (y, tab);
   }
}


void ausgeben_tabelle (MESSWERT * tabelle)
{
   int i;
   for (i=0; i < GRENZE; i++)
   {
      if (strcmp(tabelle[i].name, FREI))
      {
         printf ("\nSchluessel: %d Name: %s Messwert: %f",
                 hash (tabelle[i].name),
                 tabelle[i].name, tabelle[i].wert);
      }
   }
}


void eingabe_Puffer_loeschen (void)
{
   char c;
   do
   {
      c = getchar ();
   } while (c != '\n');
}
```

Andere Kollisionsbehandlungen

Bei Kollisionen sind jeweils neue Arrayindizes zu berechnen. Dabei ist anzustreben, dass die Indexfolgen für verschiedene Schlüssel sich möglichst wenig überlappen, da Überlappungen zu Häufungen von Elementen an bestimmten Indexwerten führen. Es können 2 Arten von Häufungen auftreten:

1) Primäre Häufungen

Sie treten ein, wenn die Indexfolgen von 2 verschiedenen Schlüsseln sich irgendwo treffen und dann gemeinsam weiter laufen.

Das folgende Beispiel zeigt das Auftreten von primären Häufungen im Falle einer linearen Sondierung mit Tabellenlänge M = 7 und Position = x modulo M.

Die Elementfolge 3, 2, 4 belegt zunächst die Positionen 3, 2, 4.
Schlüssel = 3; erste Position : 3 modulo 7 = 3
Schlüssel = 2; erste Position : 2 modulo 7 = 2
Schlüssel = 4; erste Position : 4 modulo 7 = 4

Wenn dann 17 und 16 auftreten würden, so würden folgende Positionen berechnet:
Schlüssel = 17; erste Position: 17 modulo 7 = 3, Folgepositionen: 4, 5 ..
Schlüssel = 16; erste Position: 16 modulo 7 = 2, Folgepositionen: 3, 4, 5 ..

Damit überlappen sich die Indexfolgen
für 17:   3, 4, 5 ..
für 16:   2, 3, 4, 5 ..
an den Positionen 3, 4, 5, ..

2) Sekundäre Häufungen

Sie treten ein, wenn von zwei verschiedenen Schlüsseln berechnete Indexfolgen identisch sind.

Als Beispiel soll eine lineare Sondierung mit Tabellenlänge M = 7 und Position = x modulo M betrachtet werden. Die Elementfolge 3, 10 hat bei Kollisionen wegen der Modulo-Bildung immer die gleiche Indexfolge.

Die lineare Sondierung führt sowohl zu primären als auch sekundären Häufungen. Man kann Häufungen auf verschiedene Arten vermeiden, wobei beide Häufungs-arten getrennt voneinander beeinflusst werden können. Hier werden 3 mögliche Vor-gehensweisen dargestellt:

1. Wird bei Konflikten nicht nur der Anfangsindex, sondern auch die Schrittweite „delta" vom vorgelegten Schlüssel abhängig gemacht, so entstehen bei unter-schiedlichen Schlüsseln auch unterschiedliche Indexfolgen bei linearer Sondie-rung. Dieses Verfahren wird auch als **„lineare schlüsselabhängige Sondierung"** bezeichnet. Wenn die Schlüssel gut über ein großes Intervall verteilt sind, so kann man z.B. den ganzzahligen Quotienten aus der Division des Schlüssels x durch die Tabellenlänge M (modulo M) als Schrittweite „delta" nehmen:

   delta = Maximum (1 , (x/M) modulo M)

   Die Verringerung der Häufungen wird im folgenden Beispiel gezeigt. Es wird eine lineare schlüsselabhängige Sondierung mit Tabellenlänge M = 7, Position = x modulo M und delta = Maximum (1, (x/M) modulo M) gewählt.

   Die Elementfolge 3, 2, 4 belegt zunächst die Positionen 3, 2, 4 mit delta = 1. Kommen die Elemente 17 und 24 dazu, so ergeben sich folgende Indexfolgen:

für 17:	Anfangsposition = 3,	Erste Folgeposition = 5,	delta = 2
für 24:	Anfangsposition = 3,	Erste Folgeposition = 5,	delta = 3
für 52:	Anfangsposition = 3,	Erste Folgeposition = 4,	delta = 1

Durch die schlüsselabhängige Schrittweite „delta" laufen die Indexfolgen bei gleichen Anfangspositionen auseinander.

C-Funktionen für Hashtabellen mit schlüsselabhängiger linearer Sondierung

```
/* Datei: hash2.c */
/* Funktionen zur Verwaltung von Hashtabellen mit linearer      */
/* schluesselabhaengiger Sondierung als Konfliktstrategie.      */
/* Die Funktion "hash (schl, &delta)" wird zur Berechnung der   */
/* Anfangsposition aufgerufen, waehrend "rehash (schl, delta)"  */
/* bei jedem Konflikt aufgerufen werden muss.                   */

unsigned hash (unsigned schl, unsigned * delta)
{  /* Einfache Hash-Funktion                                    */
   *delta = max (1, schl / grenze) % grenze;
   return (schl % grenze);
}
unsigned rehash (unsigned schl, unsigned delta)
{  /* Lineares Sondieren mit schluesselabhaengiger              */
   /* Schrittweite als Konfliktstrategie                        */
   return ((schl + delta) % grenze);
}
```

2. Eine weitere Methode zur Vermeidung von Häufungen ist die „**quadratische Sondierung**". Dabei wird in jedem Iterationsschritt zur Berechnung eines neuen Index bei Kollision der Abstand quadratisch erhöht:

$$\text{Position}_i = (\text{Position}_0 + i^2) \text{ modulo } M$$

3. Die dritte Variante der Vermeidung von Ballungen ist die **pseudozufällige Fortschaltung** bei Kollision. Dabei wird die Indexfolge aus dem ursprünglichen Schlüssel über eine reproduzierbare Pseudozufallsfolge erzeugt. Die Zufallszahlenfolge soll möglichst gleichförmig über alle Tabellenindizes verteilt sein und je Schlüssel ein anderes, jedoch eindeutiges Ergebnis liefern. Für die Erzeugung der Pseudozufallsfolgen können z.B. die Standardfunktionen `srand()` und `rand()` benutzt werden (siehe `stdlib.h()`).

Direkte Verkettung bei Kollisionen

Bei den bisher dargestellten Verfahren der Konfliktlösung mussten die Tabellen ausreichend groß sein, um Platz für alle Elemente zu haben. Die Konflikte wurden innerhalb der Tabelle gelöst. Eine andere Vorgehensweise der Konfliktlösung besteht darin, bei Kollisionen für die Elemente mit gleichem Tabellenindex eine verkettete Liste anzulegen, die dann linear verlängert und beim Suchen linear durchsucht wird. Bei dieser Organisation der Hashtabelle reicht es aus, dass die Hashtabelle nur Pointer auf die Elemente enthält. Die Elemente selbst enthalten den Schlüssel, die restlichen Daten des Elementes sowie einen Verkettungs-Pointer zum Aufbau der verketteten Liste im Kollisionsfall.

Das folgende Beispiel zeigt eine Hashtabelle mit verketteter Liste als Konfliktlösungsstrategie. Die Position ergebe sich zu Position = x modulo M, die Tabellenlänge sei M = 7. Es sollen drei Elemente mit den Schlüsseln 17, 3 und 5 eingetragen werden.

Der Schlüssel 17 ergibt eine Position von 3, der nachträglich einzutragende Schlüssel 3 ergibt ebenfalls eine Position von 3. Dieser Konflikt wird durch Aufbau einer verketteten Liste für alle Elemente mit der gleichen Position (hier 3) gelöst.

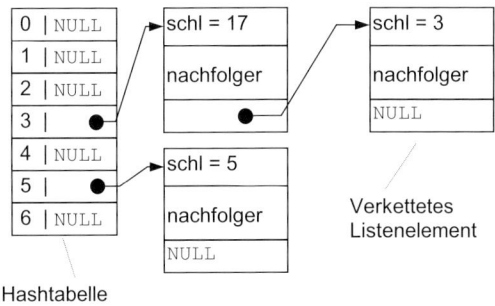

Bild 17-4 Hashtabelle mit direkter Verkettung

Bei diesem Verfahren müssen alle Arrayelemente der Hashtabelle zu Anfang mit dem `NULL`-Pointer belegt werden. Wird für eine Position ein Element eingetragen, so muss der Pointer an der Position der Hashtabelle auf dieses Element zeigen. Das Ende der verketteten Liste für Elemente mit gleichem Schlüssel wird durch den `NULL`-Pointer in diesem Element angezeigt. Wird für diese Position der Hashtabelle ein weiteres Element eingetragen, wird es an diese Liste angehängt. Das Suchen geschieht in der Weise, dass zunächst aus dem Suchbegriff die Tabellenposition berechnet wird. Anschließend müssen im ungünstigsten Fall alle an der Position vorhandenen Listenelemente untersucht werden, bis das Element durch einen direkten Schlüsselvergleich gefunden wird. Beim Löschen muss man zunächst das Element suchen und anschließend aus der verketteten Liste entfernen. Löschen ist in dem unten folgenden Programm nicht dargestellt.

C-Funktionen für Hashtabellen mit direkter Verkettung

```
/* Datei: hash3.c */
/* Funktionen zur Verwaltung von Hashtabellen mit direkter    */
/* Verkettung als Konfliktstrategie. Die Hashtabelle enthaelt nur */
/* Pointer auf die Elemente.                                   */

#include <stdio.h>
#include <stdlib.h>
#include <string.h>

#define GRENZE      11
#define FUELLWERT   20
#define FREI        NULL

typedef unsigned int uint;

typedef struct element { uint schl;
                         char name [6];
                         struct element * nachfolger;
                       } ELEMENT;

ELEMENT * tabelle [GRENZE]; /* Nur Pointer auf Elemente        */
```

```
void einfuegen (ELEMENT, ELEMENT * []);
void suche_element (uint, ELEMENT * [], ELEMENT **, int *);
uint hash (uint);
static void init_tabelle (ELEMENT * []);
static void fuelle_tabelle (ELEMENT * []);
void ausgeben_tabelle (ELEMENT * []);

int main (void)
{
   uint schl;
   ELEMENT * el;
   char zeile [80];
   int i;
   ELEMENT * ptr, * next;

   init_tabelle (tabelle);
   fuelle_tabelle (tabelle);
   ausgeben_tabelle (tabelle);

   /* Test der Suchfunktion                                        */
   while (printf ("\nSuchschluessel = "), gets (zeile),
          sscanf (zeile, "%d", &schl) != 0)
   {
      suche_element (schl, tabelle, &el, &i);
      if (el != NULL)
         printf ("Schluessel = %d Name = %s index = %d\n",
                 schl, tabelle[i]->name, i);
      else
         printf ("Schluessel %d nicht in der Hashtabelle\n", schl);
   }

   /* Loeschen der Tabellenelemente                                */
   for (i = 0; i < GRENZE; i++)
   {
      ptr = tabelle[i];
      while (ptr != NULL)
      {
         next = ptr->nachfolger;
         free (ptr);
         ptr = next;
      }
   }
   return 0;
}

static void init_tabelle (ELEMENT * tab [])
{  /* Alle Pointer der Tabellenelemente mit "FREI" markieren.     */
   int i;
   for (i = 0; i < GRENZE; i++) tab[i] = FREI;
}

uint hash (uint schl)
{  /* Einfache Hash-Funktion                                      */
   return (schl % GRENZE);
}
```

```
static void fuelle_tabelle (ELEMENT ** tab)
{  /* Generiert "FUELLWERT" Zufallszahlen zwischen 1 und 32767   */
   /* und "Zufallsnamen" von "A" .. "Z"                          */
   int i;
   ELEMENT y;

   srand(0) ;
   for (i = 0; i < FUELLWERT; i++)
   {  /* Zufaellige Schluessel erzeugen. Hier wird willkuerlich   */
      /* ein Name erzeugt, der nur einen Buchstaben (A..Z) hat.   */
      y.schl = 1 + rand() % 32767;
      y.name[0] = 'A' + i % 26;
      y.name[1] = '\0';
      einfuegen (y, tab);
   }
}

void einfuegen (ELEMENT x , ELEMENT * tab[])
{  /* Fuegt Element x mit Schluessel "schl" in die Hashtab. ein   */
   int ketten_laenge = 0;
   int ind;
   ELEMENT * el;

   ind = hash (x.schl);
   x.nachfolger = NULL;

   if ((tab[ind] == FREI))
   {
      if ((tab[ind] = (ELEMENT *)malloc (sizeof (ELEMENT))) != NULL)
         memcpy (tab[ind], &x, sizeof (x));
      else
         exit(1);
   }
   else
   {  /* Ende der Kette suchen                                     */
      for (el = tab[ind]; el->nachfolger != NULL;
           el = el->nachfolger)
         ketten_laenge++;
      /* Neues Element anhaengen */
      if ((el->nachfolger =
           (ELEMENT *)malloc (sizeof (ELEMENT))) != NULL)
         memcpy (el->nachfolger, &x, sizeof (x));
      else
         exit(1);
   }
}

void suche_element (uint schl, ELEMENT * tab [], ELEMENT ** x,
                    int * pos)
{  /* Sucht Element el mit Schluessel "schl" in Hashtabelle "tab".*/
   /* Wenn gefunden :   return (x , ind) ,                         */
   /*          Sonst :   return (x = NULL , ind = ??)             */
   uint ind;
   ELEMENT *el;
```

```
    ind = hash (schl);
    *pos = ind;

    /* Element in der Kette suchen                            */
    for (el = tab[ind]; el != NULL; el = el->nachfolger)
        if (el->schl == schl)
        {
            *x = el;
            return;
        }
    *x = NULL ;
}


void ausgeben_tabelle (ELEMENT * tab [])
{
    int i;
    ELEMENT * ptr;
    printf ("\nIndex | Schluessel | Name");
    printf ("\n------|------------|-----");
    for(i = 0; i < GRENZE;i++)
    {
        if (tab[i] != FREI)
        {
            ptr = tab[i];
            while (ptr != NULL)
            {
                printf("\n  %2d  |     %5d   |  %s", i,
                        ptr->schl, ptr->name);
                ptr = ptr->nachfolger;
            }
        }
    }
}
```

Weitere Schlüsseltransformationen

Geeignete Schlüsseltransformationen zur Berechnung der ersten Position innerhalb der Tabelle mit Hilfe einer Hash-Funktion hängen stark von der Beschaffenheit des Schlüssels ab. Es gibt viele Verfahren von Schlüsseltransformationen.

Das in diesem Kapitel dargestellte einfache Verfahren (Position = x MODULO M) arbeitet – bei einigermaßen gleichförmig verteilten Schlüsseln und wenn M eine Primzahl ist – recht gut. Man erreicht dadurch meist eine gute Verteilung über die ganze Tabelle. M muss aber nicht eine Primzahl sein [15]!

Andere Verfahren selektieren einige Bits aus dem Schlüssel zur Berechnung der Hash-Funktion (= Position). Häufig bestehen die Schlüssel aus Zeichenketten, z.B. bei Symboltabellen in Compilern oder bei Namenslisten. Die im Folgenden dargestellte Schlüsseltransformation für Namen berechnet die erste Tabellenposition in folgender Weise:

Der Namensstring bestehe von links nach rechts aus n Zeichen (der Einfachheit halber nur aus Großbuchstaben):

Name = $z_0\,z_1\,z_2\,z_3 \ldots z_{n-1}$

Den Namen kann man sich als variabel lange n-stellige Zahl zur Basis 27 (26 Buchstaben des Alphabets ohne Umlaute, 0 für Leerzeichen) vorstellen und daraus je unterschiedlichem Namen eine eindeutige Zahl erzeugen. Wenn man nun dem Buchstaben 'A' den Wert 1, dem Buchstaben 'B' den Wert 2, ... und 'Z' den Wert 26 zuordnet, so kann man daraus eine eindeutige Schlüsselzahl x wie folgt

$$x = z_0*27^{n-1} + z_1*27^{n-2} + z_2*27^{n-3} + z_3*27^{n-4} + \ldots + z_{n-1}*27^0$$

berechnen. So liefert beispielsweise der Name "ABC" die Zahl $x = 1*27^2 + 2*27^1 + 3*27^0 = 786$

Bei beliebig großen Namenslängen könnten sehr große Zahlen entstehen. Um die zugeordneten Schlüsselzahlen z.B. auf den Wertebereich der 32-Bit Zahlen einzuschränken, kann man die Umrechnung auf die ersten 6 Buchstaben des Namens einschränken und zusätzlich die Namenslänge n mit in die Umrechnung einbeziehen. Die Zuordnung ist dann nicht mehr eindeutig, d.h. ein Kollisions-verfahren ist erforderlich. Damit können den Namen z.B. folgende Schlüsselzahlen zugeordnet werden:

Schlüsselzahl $x = z_0*27^5 + z_1*27^4 + z_2*27^3 + z_3*27^2 + z_4*27^1 + z_5*27^0 + n$;

Mit dieser Berechnung ergeben sich Schlüsselzahlen, die kleiner sind als 27^6-1+n. Diese Werte sind selbst bei großen Namenslängen n (z.B. n = 40) deutlich kleiner als 2^{32}.

Im folgenden Programm wird die Ermittlung der Schlüsselzahl sowie die Berechnung der Hash-Funktion über die Modulo-Funktion dargestellt. Für Kollisionsbehandlung, Einfügen, Suchen und Löschen können die oben dargestellten Verfahren verwendet werden.

C-Funktionen für Schlüsseltransformation von Namen

```
/* Datei: hashname.c */
#define laenge 331

long int hash (char name[ ])
{
   long int help;
   int i;

   /* Schluessel aus ersten 6 Zeichen des Namens berechnen:     */
   /* Schluessel = z0*27^5 + z1*27^4 + z2*27^3 + z3*27^2 + z4*27^1 + z5*27^0   */
   /*               + Namenslaenge                              */
   help = toupper (name[0]) - 'A' + 1;
   /* toupper (c) wandelt Kleinbuchstaben in entsprechenden     */
   /* Grossbuchstaben um.                                       */
   for (i = 1; i < min (6, strlen (name)); i++)
      if (isalpha (name[i]))
         help = help * 27 + (char)toupper (name[i]) - 'A' + 1;
```

```
    /* Zur Vermeidung von Kollisionen bei 6 gleichen ersten      */
    /* Zeichen die Namenslaenge addieren.                         */
    help = help + strlen (name);

    return (help % laenge);
}
```

Vor- und Nachteile der Hashverfahren

Je höher der Füllgrad (N/M) einer Hashtabelle ist, umso höher ist die Wahrscheinlichkeit einer Kollision. Grundsätzlich ist zu vermeiden, dass die Hashtabellen zu voll werden, da dann bei allen Kollisionsbehandlungen der Tabellenzugriff sehr ineffizient wird. Bei guten Verfahren – d.h. guter Streuung der ersten berechneten Position und verschiedenen Indexfolgen bei Kollisionen – können Hashtabellen bis zu einer Auslastung von 80% bis 90% noch effizient arbeiten.

Bei den geschlossenen Verfahren muss die Listenlänge vorher bekannt sein. Dies ist der Hauptnachteil des Verfahrens. Wenn die direkte Verkettung verwendet wird, ist zwar im Prinzip eine variable Listenlänge möglich, aber bei Häufungen der primären Positionen (verschiedene Schlüssel führen zu gleicher Position) geht die Effizienz sehr stark zurück.

> Wichtig bei allen Hashverfahren ist eine gute erste Schlüssel-transformation, welche die verschiedenen vorkommenden Schlüssel möglichst gleichförmig über die Hashtabelle verteilt.

Bei extrem schlechter Schlüsseltransformation – wenn z.B. alle Transformationen zur gleichen Position führen – nähert sich das Hashverfahren im Aufwand dem ineffizienten sequenziellen Suchen.

> Das Hashverfahren arbeitet selbst bei einfachster Konflikt-strategie bei einigermaßen gleichförmig verteilten Schlüsseln und Tabellenauslastung bis ca. 80% sowohl im Aufbau als auch im Suchen sehr effizient und ist – bei einigermaßen bekannter Anzahl von Elementen – allen anderen Suchverfahren vorzuziehen.

Falls jedoch häufig Elemente gelöscht werden, sind Hashtabellen nicht mehr ganz so effizient, da – zumindest bei den internen Verfahren – die gelöschten Elemente nicht aus der Tabelle entfernt, sondern nur durch eine Löschmarkierung ersetzt werden dürfen, was bedeutet, dass bei jedem Vergleich mit dem Elementschlüssel die Löschmarkierung behandelt werden muss. Nur bei Kollisionsauflösung mit direkter Verkettung können gelöschte Elemente entfernt werden und beeinflussen daher nicht die Effizienz beim Suchen.

Ein weiterer (geringer) Nachteil der Hashverfahren gegenüber anderen Such-methoden ist der höhere Speicherbedarf, da Hashverfahren nur bei nicht voll besetzten Tabellen noch effizient arbeiten.

17.2.4 Rekursives Aufbauen von Suchbäumen – Backtracking

Nachdem am Beispiel des Sortierens zu sehen war, dass sich die Rekursion gut zum Erstellen von Algorithmen nach dem Teile-Und-Herrsche-Prinzip eignet und auf diese Art leistungsfähige Algorithmen gebaut werden können, soll hier ein weiteres Problemlösungsprinzip beschrieben werden, das auf Rekursion beruht: das sogenannte **Backtracking** (engl., in etwa „zurückwandern"). Als anschauliches Beispiel soll dabei die Suche des Ausganges in einem Labyrinth dienen. Aber auch viele wirtschaftliche und wissenschaftliche Probleme werden durch Backtracking-Algorithmen bearbeitet. Das Suchen optimaler Leiterplatinen-Layouts, die optimale Routen- und Tourenplanung in einem Fuhrunternehmen seien hier als Beispiele genannt. Auch bei Strategiespielen wie dem Schach setzen Computer meist Backtracking-Algorithmen ein.

Eine einfache Möglichkeit, ein Labyrinth in C zu modellieren, ist, ein zweidimensionales Array anzulegen, in dem die Wände durch das #-Zeichen dargestellt werden (siehe Bild unten). Das Ziel unten rechts wird durch ein 'Z' markiert. Start der Suche soll die Zelle zellen[1][1] oben links sein.

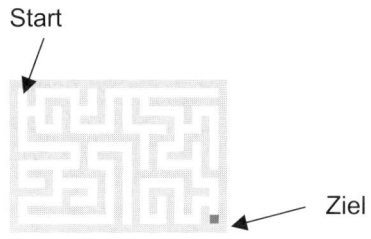

Bild 17-5 Ein Labyrinth

```
enum {ZEILEN=3000, SPALTEN=6000}; /* Maxima */
char zellen[ZEILEN][SPALTEN] = {
     "########################",
     "# #      # #          #",
     "# # ### # # # # ########",
     "#   # #   # # #     #   #",
     "# # # # ### # ##### # # #",
     "# #   #     #     #   # #",
     "# ############ ### ### #",
     "#         #    # #   # # #",
     "####### # ### # # ### # #",
     "#         #   # # #     # # #",
     "# ### ##### # ####### ###",
     "# #   #     # # #     #   #",
     "##### ### # # # ### ### #",
     "#     #   # # # # #     #",
     "# ######### # # # # # #",
     "#           # #   #   #Z#",
     "########################" };
```

Bild 17-6 Eine mögliche Repräsentation eines Labyrinths in C

Wenn man bei der Suche an einem beliebigen Punkt steht, so hat man theoretisch 4 Möglichkeiten, weiter zu laufen: nach Osten, Süden, Westen oder Norden. Bevor man jedoch in eine dieser Richtungen losläuft, markiert man die derzeitige Zelle, die man ja schon besucht hat, mit einem Zeichen, dem '+' zum Beispiel, um zu vermeiden, dass man im Kreis sucht (Kommentar (3) im folgenden Code).

Eine Grundidee des Backtracking ist es, dass man sich ausgehend von der Startposition mit diesen 4 Möglichkeiten rekursiv einen Schritt weiter bewegt (Kommentar (4)). Hat man diesen Schritt getätigt, bewegt man sich von dort aus wieder in alle 4 Richtungen und dann wieder in die jeweils 4 Richtungen. Man sieht, dass dies nach n Schritten 4^n verschiedene Wege ergibt, was sehr schnell zu astronomisch hohen Suchzeiten führt.

Hier kommt die zweite Grundidee des Backtrackings ins Spiel: sobald ein Weg als nicht frei erkannt wird, wird die Rekursion gestoppt (Kommentar (2)) und der aufrufenden Funktion mitgeteilt, dass diese Richtung unbrauchbar ist. Es gibt mehrere Gründe, warum eine Richtung unbrauchbar ist: Erstens kann in diese Richtung eine Wand (d.h. ein #-Zeichen) sein. Zweitens kann man mit dem neuen Schritt eine Zelle besuchen, die man schon auf einem zuvor verfolgten Weg betreten hat, die also schon markiert ist.

Weiter kann die Explosion der Suchschritte natürlich dadurch eingedämmt werden, dass man mit der Suche aufhört, sobald man einen Weg gefunden hat (Kommentar (5)). Führt jedoch keine der 4 Richtungen (und deren rekursiv weiter verfolgten Wege) zum Ziel, so weiß man, dass man sich in einer Zelle befindet, die einer Sackgasse angehört. Diese Zelle wird mit 'x' markiert, um bei weiteren Suchen diesen Weg nicht wieder einzuschlagen (Kommentar (6)).

```c
// DATEI: laby.c
#include <stdio.h>

/* Mögliche Richtungen beim Suchen: */
enum richtungen {OST, SUED, WEST, NORD};

/* Wie verlief die Suche in einem Teilast?: */
enum suchErgebnis {MISSERFOLG, ERFOLG};

enum suchErgebnis suche (unsigned int zeile,
                         unsigned int spalte)
{  if (zellen [zeile][spalte] != 'Z') /* Ziel gefunden?  (1)*/
   {
      if (zellen [zeile][spalte] != ' ') /* nicht frei    (2)*/
      {
         return MISSERFOLG;
      }
      else
      {
         enum richtungen lfdRichtung;
         zellen [zeile][spalte] = '+';        /* Weg markieren  (3)*/
         /* In jede Richtung rekursiv eine neue Suche starten: (4)*/
```

```
      for (lfdRichtung=OST; lfdRichtung <= NORD; lfdRichtung++)
      {
         enum suchErgebnis retWert;
         switch (lfdRichtung)
         {
         case OST:
            retWert = suche (zeile   , spalte + 1); break;
         case SUED:
            retWert = suche (zeile + 1, spalte   ); break;
         case WEST:
            retWert = suche (zeile   , spalte - 1); break;
         case NORD:
            retWert = suche (zeile - 1, spalte   ); break;
         }
         if (retWert == ERFOLG)
         {  /* Weitere Suche erübrigt sich, Ziel gefunden.   (5)*/
            return retWert;
         }
      }
      /* Ummarkieren, da Sackgasse (alle Wege erfolglos)     (6)*/
      zellen [zeile][spalte] = 'x';
      return MISSERFOLG;
   }
}
else
{
   return ERFOLG;
}
}

void printLabyrinth (unsigned int zeilen,
                     unsigned int spalten)
{
   unsigned int zeile, spalte;
   for (zeile=0; zeile < zeilen; zeile++)
   {
      printf("\n");
      for (spalte=0; spalte < spalten; spalte++)
      {
         printf("%c", zellen [zeile][spalte]);
      }
   }
}

int main(void)
{
   if (suche(1,1) == ERFOLG)
   {
      printLabyrinth (17, 26);
   }
   return 0;
}
```

Backtracking baut also einen Suchbaum auf, bei dem versucht wird, durch frühzeitiges Ausschließen unsinniger Lösungen den Suchbaum möglichst klein zu halten. Dies zeigt das folgende Bild:

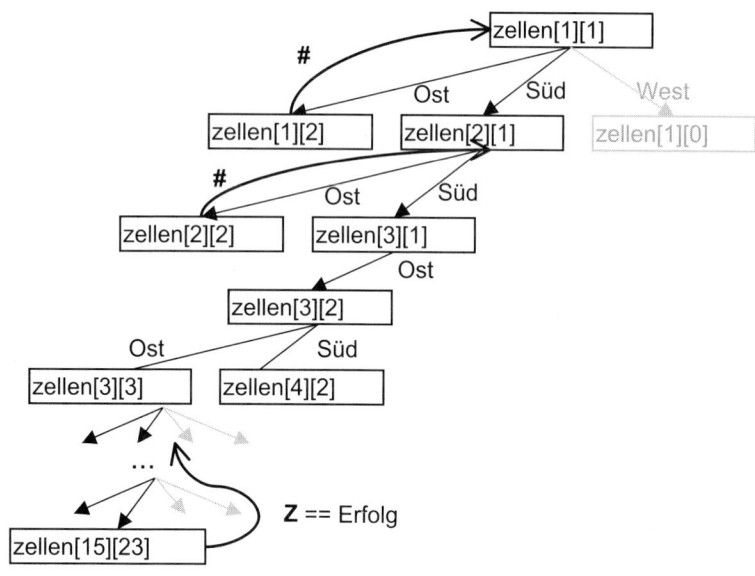

Bild 17-7 Suchbaum im Labyrinth

Von der Ausgangszelle `zellen[1][1]` ausgehend wird in der `for`-Schleife zunächst in `OST`-Richtung gesucht, also `suche(1,2)` aufgerufen. Da die Zelle `[1][2]` jedoch nicht frei sondern mit dem Zeichen # belegt ist, wird bei Kommentar `(2)` sofort mit der Rückgabe `MISSERFOLG` zurückgewandert (Backtracking). Sodann wird in `SUED`-Richtung gesucht. Da die Zelle `[2][1]` frei ist, wird in der `for`-Schleife wieder in `OST`-Richtung gesucht, also `suche(2,2)` aufgerufen. Auch hier wird sofort wegen des #-Zeichen zurückgewandert und im zweiten Schritt der `for`-Schleife in `SUED`-Richtung gesucht. Die rekursiven Aufrufe von `suche(y, x)` enden, sobald bei Kommentar `(1)` das `z`-Zeichen entdeckt wird und allen aufrufenden Suchen dieser `ERFOLG` mitgeteilt wird. Interessant ist dabei auch, dass die meisten Suchbäume, zum Beispiel die Suche in `WEST`- und `NORD`-Richtung von Zelle `[1][1]` aus gar nicht aufgebaut werden, da das Ziel schon auf anderem Wege erreicht werden kann. Diese Suchbäume sind daher im Bild grau oder gar nicht eingezeichnet.

Hier die Ausgabe des Programmes:

```
#########################
#+#++++++#x#++++++xxxxxxx#
#+#+###+#x#+# #+#########
#+++#x#+xx#+# #+++++#xxx#
# #x#x#+###+# #####+#x#x#
# #xxx#++++++#      #+xx#x#
# ############ ###+###x#
#        #     # #+++# #x#
####### # ### # #+### #x#
#       #     # # #+++++#x#
# ### ##### # #######+###
#   #     # # #      #+++#
##### ### # # # ### ###+#
#     #   # # # # #    +#
# ######### # # # # # #+#
#           # #   #   #Z#
#########################
```

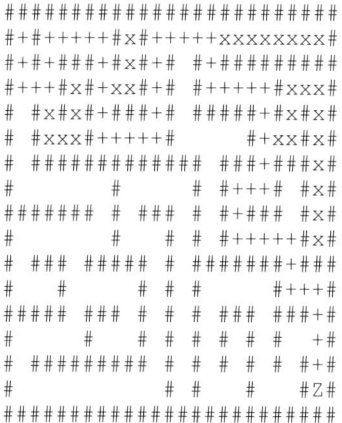

Etwas untypisch an diesem Beispiel für Backtracking ist dessen gutmütiges Laufzeitverhalten: es ist proportional zur Anzahl der Zellen. Im Allgemeinen ist es jedoch so, dass Backtracking-Algorithmen exponentielles Laufzeitverhalten haben (4^n zum Beispiel), da es nicht gelingt, hinreichend oft zurückzuwandern, also ganze Teilbäume des Suchbaumes auszuschließen. Ein Beispiel ist hier das Schachspiel, bei dem – wenn Rechner gegen Menschen antreten – enorme Rechnerleistungen eingesetzt werden, um dem exponentiellen Laufzeitverhalten Herr zu werden. Mehr zum Backtracking und dessen Analyse findet sich in [16].

Kapitel 18

Präprozessor

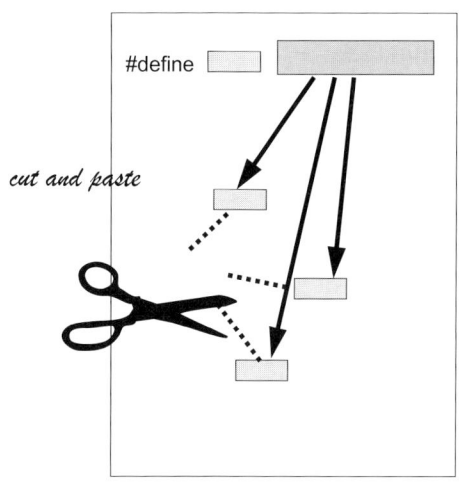

#define

cut and paste

18 Präprozessor

18.1 Aufgaben des Präprozessors

Beim Aufruf eines C-Compilers wird vor den eigentlichen Compiler-Läufen wie Syntax- und Semantik-Prüfung sowie Code-Generierung der Präprozessor (englisch Preprocessor) gestartet. Die wichtigsten Aufgaben des Präprozessors sind:

- Einfügen von Dateien (siehe Kapitel 18.2),
- Ersetzen von Text (siehe Kapitel 18.3),
- bedingte Kompilierung (siehe Kapitel 18.4).

Die allgemeine Syntax für einen **Präprozessor-Befehl** (**Präprozessor-Direktive, Präprozessor-Anweisung**) lautet:

```
#Direktive Text
```

Eine Präprozessor-Direktive beginnt grundsätzlich mit einem Nummernzeichen #. Vor dem Nummernzeichen können beliebige Whitespace-Zeichen stehen. Zwischen dem Nummernzeichen und der Direktive und ebenso zwischen der Direktive und dem Text können Leerzeichen, Horizontal-Tabulatoren oder Kommentare stehen. Während der eigentliche Compiler formatfrei arbeitet, wobei es dem Programmierer überlassen ist, aus Gründen der Lesbarkeit eine Anweisung durch die Eingabe von <RETURN> auch über mehrere Zeilen zu verteilen, arbeitet der Präprozessor grundsätzlich **zeilenorientiert**. Der Präprozessor-Befehl endet mit dem Zeilenende-Zeichen, während eine normale C-Anweisung durch einen Strichpunkt abgeschlossen wird. Ist eine Zeile für einen Präprozessor-Befehl nicht ausreichend, oder soll aus optischen Gründen die Zeile anders formatiert werden, so kann durch Abschluss der Zeile mit einem Backslash (\) der Präprozessor-Befehl in der nächsten Zeile weitergeführt werden. Ein Präprozessor-Befehl kann an einer beliebigen Stelle im Source-Code eingeschoben sein.

Bevor die einzelnen Präprozessor-Direktiven erklärt werden, ist es wichtig, die Arbeitsweise des Präprozessors und vor allem die Reihenfolge, in der der Präprozessor die Aufgaben durchführt, zu verstehen. Entscheidend ist vor allem, dass der Präprozessor nichts mit der eigentlichen Kompilierung des Source-Codes zu tun hat, sondern nur Vorbereitungen hierzu durchführt. Für gewisse Aufgaben kann der Präprozessor im Prinzip mit einem Textverarbeitungs-Programm verglichen werden, welches die Präprozessor-Befehle ausführt, indem Text bzw. Source-Code eingefügt und Text im Source-Code ersetzt wird.

Die folgenden Aufgaben werden durch den Präprozessor der Reihe nach vor Beginn des Kompilierlaufs ausgeführt:

- Falls erforderlich, Ersetzung von Zeilenende-Steuerzeichen in einer Datei durch das Zeichen new-line. Entfernen des Fortsetzungszeichens \ und Zusammen-fügen der Zeilen der Präprozessor-Anweisungen.

- Zerlegung eines Programms in Präprozessor-Token, die durch Zwischenraum-Zeichen getrennt sind. Dabei wird ein Kommentar durch ein Whitespace-Zeichen ersetzt.
- Bearbeiten der Präprozessor-Direktiven (Einfügen von Dateien, Ersetzen von Text (Makros)). Wird mit `include` eine Datei eingefügt, so werden in ihr alle bisher erfolgten Schritte nachgeholt.
- Ersetzen von Ersatzdarstellungen in Zeichenkonstanten und konstanten Zeichen-ketten durch die entsprechenden Zeichen.
- Zusammenfügen von benachbarten Zeichenketten.

Nach diesen Schritten liegen die lexikalischen Einheiten (Token) eines Programms vor.

18.2 Einfügen von Dateien in den Source-Code

Das Einfügen einer beliebigen Datei kann mit Hilfe der Präprozessor-Direktive

```
#include "filename"       oder        #include <filename>
```

erfolgen. Beim Einfügen der Datei wird die Zeile mit der Präprozessor-Direktive entfernt und der Quelltext der Datei eingefügt. Befindet sich innerhalb der eingefügten Datei ebenfalls eine `include`-Anweisung, so wird diese ebenfalls aus-geführt. Das Einfügen wird dabei in einer temporären, nur für den Kompilierlauf angelegten Datei durchgeführt. Die ursprüngliche Datei bleibt erhalten.

Ist der Filename innerhalb der `include`-Direktive in spitzen Klammern `<>` eingeschlossen, so sucht der Compiler in den für ihn typischen Include-Verzeichnissen. Unter UNIX ist das Standard-Include-Verzeichnis meist `/usr/include` und unter VCC `\vc\include`. Die meisten Compiler erlauben auch eine Erweiterung der Standard-Include-Verzeichnisse mit Hilfe von Compiler-Optionen.

Stellt man in der `include`-Direktive den Filenamen in Anführungszeichen, so wird zuerst in dem aktuellen Arbeitsverzeichnis bzw. in dem in der `include`-Direktive aufgeführten Verzeichnis gesucht. Wird die entsprechende Include-Datei dort nicht gefunden, so wird die Suche in den Standard-Include-Verzeichnissen fortgesetzt.

Das Einfügen von Dateien wird meistens verwendet, um Konstanten (`define`-Anweisung), Deklarationen von Typen und Funktionen, Makros und gegebenenfalls weitere `include`-Direktiven in einen Quelltext einzubinden. Als Beispiel kann hier die Datei `stdio.h` genommen werden. Unter anderem sind in der Datei `stdio.h`:

- Definitionen von Typnamen wie `size_t`, `FILE`, ...,
- Konstantendefinitionen für die Konstanten `EOF`, `stdin`, `stdout`, ...,
- Prototypen für die Funktionen `printf()`, `scanf()`, `fopen()`, ...
- und Makros wie z.B. `getc()`, `putc()`, ...

enthalten.

Nach dem Prinzip der Trennung zwischen Schnittstelle und Implementierung (siehe Kapitel 19.4) sollen aber auch eigene Header-Dateien entstehen, die über `#include` in den Quelltext eingebunden werden.

18.3 Symbolische Konstanten und Makros mit Parametern

Mit der Präprozessor-Direktive `define` wird das Ersetzen von Text festgelegt:

```
#define Bezeichner Ersatztext
```

Für die Form eines Präprozessor-Bezeichners gilt dieselbe Syntax wie für einen Variablennamen. Der `Bezeichner` wird infolge dieser Direktive in der kompletten Datei durch die beliebige Folge von Zeichen in `Ersatztext` ersetzt. Der `Ersatztext` ist der Text bis zum Zeilenende. Soll ein `Ersatztext` aus mehreren Zeilen definiert werden, so kann dies mit dem Backslash \ am Zeilenende erfolgen. Das Ersetzen von Text findet während des Präprozessor-Laufs ab der Stelle der `define`-Direktive bis zum Dateiende statt. Ersetzt werden nur komplette Namen. Nicht ersetzt wird:

- Text, der als Substring in einem Namen enthalten ist
- Text innerhalb von Zeichenketten
- Text innerhalb einer anderen Präprozessor-Anweisung

So wird durch die Anweisung

```
#define HUND DOG
```

jeder deutsche `HUND` in einen englischen `DOG` umgewandelt. `HUNDERT` bleibt aber unverändert, da `HUND` zum Ersetzen als eigenes Wort stehen muss. Genauso bleiben z.B. die Zeichenkette `"Wo ist der HUND"` und die Präprozessor-Anweisung `#define TIER HUND` unangetastet.

Generell wird das, was durch `define` definiert wird, als Makro bezeichnet. Ein **Makro ohne Parameter** wird auch als symbolische Konstante bezeichnet. So ist in

```
#define PI 3.1415
```

`PI` eine symbolische Konstante, die Zahl `3.1415` eine literale Konstante. Es hat sich eingebürgert, die Namen von symbolischen Konstanten stets groß zu schreiben. Im Falle eines Makros mit Parametern gibt es diese Konvention nicht.

Durch die Präprozessor-Direktive

```
#undef Bezeichner
```

kann eine zuvor durch `define` eingeführte Makrodefinition wieder aufgehoben werden. Da ohne den Einsatz von `undef` ein Makro immer ab der Stelle, an der es definiert wurde, bis zum Dateiende gilt, hat man mit einer Kombination von `define` und `undef` die Möglichkeit, die Gültigkeit nur auf einen bestimmten Abschnitt der Datei zu begrenzen.

Makros mit Parametern

Um einem Makro einen oder auch mehrere Parameter übergeben zu können, muss eine Parameterliste nach dem Bezeichner in folgender Form aufgeführt werden:

```
#define Bezeichner(Parameter1, ...., ParameterN) Ersatztext
```

Wichtig ist dabei, dass zwischen dem `Bezeichner` und der öffnenden Klammer kein Whitespace-Zeichen stehen darf, sonst wird die Parameterliste als Ersatztext interpretiert. Zwischen der öffnenden Klammer und dem Parameternamen `Parameter1` dürfen Whitespace-Zeichen stehen, müssen aber nicht. Die Parameter in der Parameterliste werden durch Kommas getrennt und enthalten keine Typangaben, was ein Makro im Gegensatz zu einer Funktion mit festen Datentypen etwas flexibler, aber auch weniger sicher macht. Das Ersetzen des Makros in der Datei erfolgt, indem der komplette Ersatztext eingesetzt und die Parameter des Makros durch die aktuellen Parameter ersetzt werden.

Im Kapitel 14 wurden bereits die Makros `putchar()` und `getchar()` vorgestellt. Diese Makros haben gegenüber der Implementation als Funktion den Vorteil, dass nicht wie im Falle einer Funktion jedes einzelne Zeichen als aktueller Parameter über den Stack an den formalen Parameter der Funktion übergeben bzw. der Rückgabewert über den Stack oder über ein Register zurückgegeben werden muss. Im Falle des Makros ist der aktuelle Parameter bereits in den Quelltext eingesetzt.

So wird das Programm

```
....
#define evalmac(z) z*=(z+1)/2    /* Formel zur Berechnung der Summe */
                                  /* von 1+2+3+...+(z-2)+(z-1)+z     */
....
int a = 5;
evalmac(a);
....
```

durch den Präprozessorlauf wie folgt verändert:

```
....
int a = 5;
a*=(a+1)/2;
....
```

Bei dem Ersetzen von Parametern können aber einige Komplikationen auftreten, auf die in den nächsten Beispielen etwas genauer eingegangen werden soll.

```
/* Datei: makro1.c */
/* Probleme bei Makrodefinitionen Teil 1*/
#include <stdio.h>
#define square(x) x*x
#define twotimes(x) x+x
```

```
int main (void)
{
    int zahl = 4;
    printf ("\na = %d\n", zahl);
    printf ("1) square(5) = %d\n", square(5));
    printf ("2) square(5+1) = %d\n", square(5+1));
    printf ("3) square(zahl) = %d\n", square(zahl));
    printf ("4) square(zahl++) = %d\n", square(zahl++));
    printf ("5) a = %d\n", zahl);
    printf ("6) twotimes(5) = %d\n", twotimes(5));
    printf ("7) twotimes(5) * twotimes(6) = %d\n",
            twotimes(5) * twotimes(6));
    return 0;
}
```

Die Ausgabe des Programms ist:

```
zahl = 4
1) square(5) = 25
2) square(5+1) = 11
3) square(a) = 16
4) square(a++) = 16
5) zahl = 6
6) twotimes(5) = 10
7) twotimes(5) * twotimes(6) = 41
```

Wie man bei genauerem Nachrechnen bemerkt, sind zwar die Berechnungen bei Punkt 1, 3, 4 und 6 korrekt, bei Punkt 2, 5 und 7 aber leider falsch. Im Folgenden wird die Textersetzung im Einzelnen betrachtet:

1) 5 * 5 = 25	**korrekt**	
2) 5 + 1 * 5 + 1 = 11	**falsch** - erwartet wurde 36	
3) a * a = 16	**korrekt**	
4) a++ * a++ = 16	**korrekt**	
5) a = 6	**falsch** - erwartet wurde 5	
6) 5 + 5 = 10	**korrekt**	
7) 5 + 5 * 6 + 6 = 41	**falsch** - erwartet wurde 120	

Die einfache Textersetzung führt also in einigen Fällen zu Problemen. So führen z.B. zusammengesetzte Parameter wie in Fall 2 und 7 bei dieser Makrodefinition nicht zu dem gewünschten Ergebnis. Dies kann aber durch den Einsatz von Klammern um die Makroparameter verhindert werden.

```
/* Datei: makro2.c */
/* Probleme bei Makrodefinitionen Teil 2*/
#include <stdio.h>
#define square(x) (x)*(x)
#define twotimes(x) ((x)+(x))
```

```
int main (void)
{
   int zahl = 4;
   printf ("\na = %d\n", zahl);
   printf ("1) square(5) = %d\n", square(5));
   printf ("2) square(5+1) = %d\n", square(5+1));
   printf ("3) square(a) = %d\n", square(zahl));
   printf ("4) square(a++) = %d\n", square(zahl++));
   printf ("5) a = %d\n", zahl);
   printf ("6) twotimes(5) = %d\n", twotimes(5));
   printf ("7) twotimes(5) * twotimes(6) = %d\n",
           twotimes(5) * twotimes(6));
   return 0;
}
```

Die Ausgabe des Programms ist:

```
zahl = 4
1) square(5) = 25
2) square(5+1) = 36
3) square(a) = 16
4) square(a++) = 16
5) zahl = 6
6) twotimes(5) = 10
7) twotimes(5) * twotimes(6) = 120
```

Ein weiteres Problem kann auftreten, wenn ein Makro aus mehreren Befehlen beispielsweise in einer Schleife aufgerufen wird:

```
/* Datei: makro3.c */
/* Probleme bei Makrodefinitionen Teil 3*/
#include <stdio.h>
#define double_increment(a,b) a++; b++;

int main (void)
{
   int x;
   int y = 1;
   int z = 1;

   for (x = 0; x < 5; x++)
      double_increment (y, z);
   printf ("\ny = %d\n", y);
   printf ("z = %d\n", z);
   return 0;
}
```

Die Ausgabe des Programms ist:

```
y = 6
z = 2
```

Das verfälschte Ergebnis kommt daher, dass die Schleife nach dem Ersetzen durch den Präprozessor folgendermaßen erscheint:

```
. . . .
for (x = 0; x < 5; x++)
   y++; z++;
. . . .
```

Dies führt dazu, dass lediglich y innerhalb der Schleife erhöht wird und z danach nur einmal. Dieser Effekt würde bei einer Funktion natürlich nicht in Erscheinung treten. Aber mit entsprechenden Klammern lässt sich dieses Problem beseitigen. Diesmal muss aber der Makroaufruf im Programm mit entsprechenden geschweiften Klammern versehen werden:

```
. . . .
for (x = 0; x < 5; x++)
{
   double_increment (y, z);
}
. . . .
```

18.4 Bedingte Kompilierung

Zur bedingten Kompilierung stehen folgende Präprozessor-Direktiven zur Verfügung:

```
#if konstanter_Ausdruck
#elif konstanter_Ausdruck
#else
#endif
#ifdef Symbol
#ifndef Symbol
```

Bedingte Kompilierung bedeutet, dass zur Kompilierzeit anhand von Ausdrücken und Symbolen entschieden wird, welcher Teil des Source-Codes kompiliert werden soll. Diese Aufgabe übernimmt der Präprozessor in der Weise, dass anhand der oben aufgeführten Direktiven nicht in Frage kommender Source-Code entfernt wird.

Die bedingte Kompilierung wird z.B. für Programme benutzt, die auf unterschiedlichen Betriebssystemen bzw. Prozessoren laufen sollen. Benutzt ein Programm außer der Standard-Bibliothek von C noch andere Bibliotheken wie z.B. die der Bedienoberfläche, so können diese je nach Betriebssystem verschieden sein.

Ebenso kann mit der bedingten Kompilierung eine Testversion eines Programms mit besonderen Trace-Ausgaben generiert oder können auch maschinenabhängige Programmteile (Programmteile, die speziell auf die jeweiligen Prozessoren zugeschnitten sind) gesondert programmiert werden. Es ist also möglich, mit Hilfe der bedingten Kompilierung mehrere Versionen eines Programmes aus einem einzigen Source-Code zu generieren. Dies erleichtert die Pflege und Wartung der Software erheblich.

Definiert man in Header-Dateien Datentypen und Konstanten, so braucht man ebenfalls die `#ifndef`-Direktive um mehrfache Definitionen bei mehrfachem Inkludieren einer Header-Datei zu vermeiden.

Die Präprozessor-Direktiven `if`, `elif`, `else`, `endif` entsprechen einer `if-else`-Anweisung in C. `elif` und `else` sind dabei optional. `if` und `elif` müssen einen konstanten Ausdruck als Bedingung erhalten. Der Wert des konstanten Ausdrucks wird wie in der `if`-Anweisung in C als `TRUE` oder `FALSE` interpretiert (`FALSE` ist 0, `TRUE` ist ungleich 0). Der Präprozessor entfernt alle Programmteile, die in einem Zweig enthalten sind, der als `FALSE` interpretiert wird.

Hier ein Beispiel zum Erzeugen einer Programmversion für ein 16-Bit und ein 32-Bit Betriebssystem:

```
/* Datei: bdgtcomp.c */
/* Beispiel für die bedingte Kompilierung */
#include <stdio.h>
#include <limits.h>

#define TESTVERSION 1

int main (void)
{
   /* Die Konstante INT_MAX ist der Maximalwert, den eine Integer-*/
   /* Konstante annehmen kann. INT_MAX ist in limits.h definiert  */
#if INT_MAX > 32767
    int i;
#else
    long i;
#endif

#if TESTVERSION
    printf ("Testausgabe: sizeof (int)  = %d\n", sizeof (int));
    printf ("Testausgabe: sizeof (long) = %d\n", sizeof (long));
#endif

   i = 300;
   printf ("%ld * %ld = %ld\n", i, i, i*i);

   return 0;
}
```

Die Ausgabe des Programmes ist (auf einem 16-Bit Betriebssystem):

```
Testausgabe: sizeof (int)  = 2
Testausgabe: sizeof (long) = 4
300 * 300 = 90000
```

Anhand der Sequenz

```
....
#define TESTVERSION 1
....
#if TESTVERSION
      printf ("Testausgabe: sizeof (int)  = %d\n", sizeof (int));
      printf ("Testausgabe: sizeof (long) = %d\n", sizeof (long));
#endif
....
```

wird eine Testausgabe erzeugt. Anstatt das Makro TESTVERSION auf einen bestimmten Wert zu prüfen, kann mit dem Präprozessor-Operator defined geprüft werden, ob TESTVERSION überhaupt definiert ist:

```
....
#define TESTVERSION
....
#if defined TESTVERSION
      printf ("Testausgabe: sizeof (int)  = %d\n", sizeof (int));
      printf ("Testausgabe: sizeof (long) = %d\n", sizeof (long));
#endif
....
```

Der Ausdruck #if defined TESTVERSION kann wiederum durch #ifdef TESTVERSION ersetzt werden, was eine einfachere Schreibweise bedeutet. Mit den Direktiven ifdef bzw. ifndef kann also festgestellt werden, ob ein bestimmtes Makro definiert wurde oder nicht.

In den bisherigen Beispielprogrammen zur bedingten Kompilierung ist aber von Nachteil, dass für jede Generierung einer neuen Programmversion der Source-Code modifiziert werden muss. So muss zur Erzeugung einer Testversion des Programms das Makro TESTVERSION explizit definiert werden. Zu diesem Problem bieten die meisten Compiler eine Compiler-Option an, mit deren Hilfe beim Aufruf des Compilers beliebige Makros definiert werden können.

Der VCC bietet zum Beispiel die Compiler-Optionen -D und -U an. Mit der Option -D kann man Makros definieren (define) und mit -U Makros entfernen (undef). So könnte zum Beispiel das Test-Programm von oben folgendermaßen compiliert werden.

```
cl -DTESTVERSION test.c
```

Somit entfällt die explizite Definition #define TESTVERSION im Programm. Das Programm kann nun, ohne dass der Source-Code editiert werden muss, einmal als Test- und einmal als Normalversion kompiliert werden.

18.5 Informationen über den Übersetzungskontext

Um Informationen über den Übersetzungskontext während der Übersetzung selbst in das Programm übernehmen zu können, gibt es die folgenden vordefinierten Makros:

`__DATE__`	Datum der Kompilierung des Programms
`__STDC__`	= 1, wenn Programm in Übereinstimmung mit dem Standard kompiliert wurde
`__STDCVERSION__`	= `199409L`, wenn das Programm in Übereinstimmung mit der Berichtigung des ISO-Standards (siehe [8]) kompiliert wurde
`__FILE__`	Name der Quelldatei
`__LINE__`	Nummer der Zeile im Quelltext
`__TIME__`	Uhrzeit der Kompilierung des Programms

Die Präprozessor-Direktive line

```
#line Konstante [dateiname]
```

Mit der `line`-Direktive können die Inhalte der vordefinierten Makros `__LINE__` und `__FILE__` gezielt verändert werden. So kann man beispielsweise mit

```
#line 0
```

leere Zeilen vor der ersten Anweisung unterdrücken.

Fügt man beispielsweise ein Programm vor dem Kompilieren im Editor aus mehreren Dateien zusammen, so kann man mit

```
#line 0 "hallo.c"
```

bewirken, dass ab dieser Stelle der Dateiname `hallo.c` lautet und die Zeilenzahl wieder bei 0 beginnt.

Die Präprozessor-Direktive error

```
#error Fehlertext
```

Die Präprozessor-Direktive `error` erzeugt einen Fehler mit entsprechendem Fehlertext beim Kompilieren des Programms. Diese Direktive kann beispielsweise bei bedingter Kompilation sinnvoll eingesetzt werden, wenn verhindert werden soll, dass das Programm auf einer Hardware kompiliert wird, für die es nicht vorgesehen ist.

18.6 Weitere Präprozessor-Direktiven

Mit # Parameter in Strings umwandeln

Parameter, vor denen der Präprozessor-Operator # steht, werden wie ein normaler Parameter durch den aktuellen Parameter ersetzt. Dabei wird aber das Ergebnis anschließend als konstante Zeichenkette behandelt.

```
#define Varausgabe(a) printf (#a " = %d\n", a)
```

Die Programmzeilen

```
long z = 123456;
Varausgabe(z);
```

werden mit Hilfe des Präprozessors ersetzt durch

```
long z = 123456;
printf ("z = %d\n", z);
```

Beachten Sie, dass hierbei "z" " = %d\n" verkettet wurde zu "z = %d\n".

Mit ## Parameter verknüpfen

Mit Hilfe des Präprozessor-Operators ## können dynamisch Bezeichner gebildet werden. Dabei können Argumente zu einem Bezeichner verkettet werden. Bei dem Ersetzungsvorgang während des Präprozessorlaufs werden der Operator ## und die umgebenden Leerzeichen entfernt. Das resultierende Token wird erneut geprüft, ob es nochmals einer Ersetzung unterzogen werden kann. Nachfolgend ist ein einfaches Beispiel zum Präprozessor-Operator ## bei einem Parameter dargestellt:

```
/* Datei: dyn_symb.c */
#include <stdio.h>

#define DYN_SYMB(a, b) a ## b

int main (void)
{
   int i1 = 1, i2 = 2, i3 = 3;

   printf ("i1 = %d\n", DYN_SYMB(i,1));   /* Verkettung zu i1   */
   printf ("i2 = %d\n", DYN_SYMB(i,2));   /* Verkettung zu i2   */
   printf ("i3 = %d\n", DYN_SYMB(i,3));   /* Verkettung zu i3   */
   return 0;
}
```

Die Ausgabe des Programms ist:

```
i1 = 1
i2 = 2
i3 = 3
```

Kapitel 19

Software Engineering in C

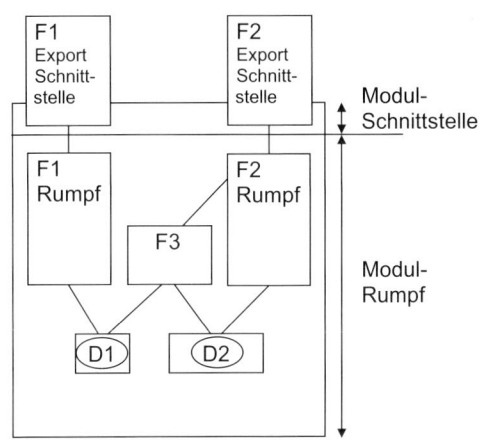

19 Software Engineering in C

Jede Programmiersprache unterstützt durch ihre Konzepte bestimmte Vorgehens-
weisen beim Programmentwurf. Neue Programmiersprachen werden geschaffen als
Antwort auf neue Konzepte und Vorgehensweisen, die sich als nützlich und effizient
erwiesen haben. Beispielsweise wurde Pascal entworfen mit dem Ziel, das
Strukturierte Programmieren zu unterstützen. Modula wurde entworfen, um das
Programmieren mit Modulen zu unterstützen.

Das einzige Strukturierungsmittel, welches C anbietet, sind Funktionen, die im
Mittelpunkt des Structured Design standen. Auch wenn die Programmiersprache C
damit für das Structured Design besonders geeignet ist, so wie Modula-2 für das
Modular Design, so kann man dennoch mit Sprachmitteln von C ein Modular Design
unterstützen. Das soll in den folgenden Kapiteln erläutert werden.

19.1 Structured Design

Beim **Structured Design** wird das Programm in Unterprogramme zerlegt, die zu
anderen Unterprogrammen möglichst wenig Querbeziehungen haben. Dies bedeutet,
dass man das Programm in Funktionen (Prozeduren) strukturiert, die wenig
Schnittstellen zu ihrer Umgebung haben, d.h. wenig Übergabeparameter benötigen.
Es wird eine Hierarchie von Funktionen entworfen.

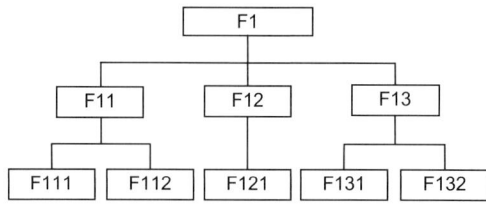

Bild 19-1 Aufrufhierarchie von Funktionen beim Structured Design

Im Mittelpunkt des Structured Designs steht also der Funktionsbegriff aus den
anfangs der siebziger Jahre vorherrschenden Programmiersprachen. Die Funktionen
dienten vornehmlich dem „Programmieren im Kleinen".

19.2 Modular Design

Basierend auf den Erkenntnissen von Parnas [17] und den Entwicklungen im
Programmiersprachenbereich – wie z.B. das Entstehen von Modula-2 – war es
notwendig, den Begriff des Moduls, der zunächst eine kompilierfähige Einheit – also
eine Datei – bezeichnete, zu erweitern. Nicht nur einzelne Funktionen standen nun
im Mittelpunkt, sondern die Zusammenfassung von Funktionen und/oder Daten zu
größeren Einheiten. Man sprach vom „Programmieren im Großen" und die dafür
entwickelte Methode erhielt den Namen „Modular Design". Der Begriff des Moduls
wurde dabei nun für die größeren Einheiten verwendet.[104]

---

[104] Heute noch wird der Begriff „Modul" in zweierlei Hinsicht verwendet: Modul als kompilierfähige
Einheit und Modul im Sinne des Modular Designs.

Zentraler Gedanke ist dabei einerseits die **Kapselung der Daten und Funktionen als Einheit** und andererseits die Definition der Schnittstellen zwischen diesen größeren Einheiten, um so zu mehr Prüfbarkeit zwischen den Einheiten zu kommen: Über eine **Export-Schnittstelle** stellt ein Modul Ressourcen für andere Module zur Verfügung. Alle anderen Interna sind verborgen **(Information Hiding)**. Die Exportschnittstellen stellen eine **Abstraktion** der nach außen angebotenen Funktionen dar.

Zur Implementierung eines Moduls kann man andere Module benutzen, die man in der Importschnittstelle auflistet. Mit dem neuen Schnittstellenkonzept hat man Folgendes erreicht:

- Ein Modul ist ersetzbar durch ein Modul mit gleicher Export-Schnittstelle.
- Die Korrektheit eines Moduls ist ohne Kenntnis seiner Verwendung nachweisbar, in dem man die Realisierung gegen seine Export- und Import-Schnittstelle prüft.
- Der Modulentwickler hat die Kontrolle darüber, was von seinem Modul benutzt werden kann (**Export-Schnittstelle**) und was verborgen bleibt (**Information Hiding**).

Im Gegensatz zum Structured Design, wo eine Hierarchie aus einzelnen Funktionen betrachtet wird, werden nun Module aus mehreren Funktionen betrachtet. Hierbei wird zwischen der Schnittstelle (Export und Import) und dem Rumpf des Moduls unterschieden.

Bild 19-2 Trennung eines Moduls in Schnittstelle und Rumpf

Funktionen, die in der **Export-Schnittstelle** eines Moduls auftreten, werden als Export-Funktionen bezeichnet. Sie stellen die Schnittstellen eines Moduls nach außen dar. Dabei wird nach außen nur die Schnittstelle einer Funktion, d.h. der Funktionskopf sichtbar. Auf die Rümpfe dieser Funktionen, die Modul-lokalen Funktionen (Service-Funktionen) und auf die Daten wird das Prinzip des **Information Hiding** angewandt. In Bild 19-3 sind also die Rümpfe von F1 und F2, die Modul-interne Funktion F3 und die Daten D1 und D2 nach außen nicht sichtbar. Daten können von außen nur über Aufrufe der Export-Funktionen F1 und F2 abgeholt oder geändert werden.

Diese Zerlegung in Schnittstelle und Rumpf eines Moduls bringt den Vorteil, dass Änderungen im Rumpf, wie z.B. Verbesserung der Performance durch einen anderen Algorithmus, nach außen nicht sichtbar werden, wenn die Schnittstelle durch die Änderungen nicht beeinflusst wird. Dies trägt zur Stabilität in einem Projekt bei.

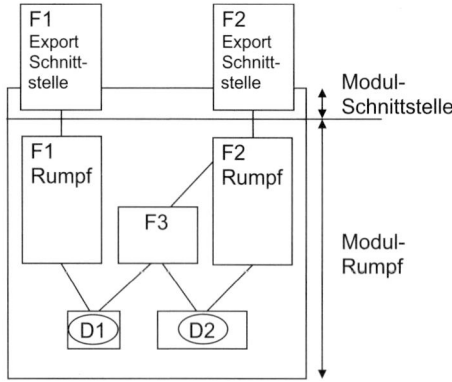

Bild 19-3 Modul mit Export-Funktionen F1, F2

Grundlage des Systementwurfs sind solche Module. Ein Modul kann ein anderes Modul benutzen, indem eine Funktion des einen Moduls eine Funktion des anderen Moduls aufruft. Im Rahmen des Modular Designs müssen Module bekannt geben, dass sie Funktionen anderer Module benutzen wollen. Dies wird als **Import-Schnittstelle** eines Moduls bezeichnet. Im Rahmen des Modular Designs wird eine zyklische Benutzung der Module ausgeschlossen. Bezüglich der Module entsteht eine Baumstruktur.

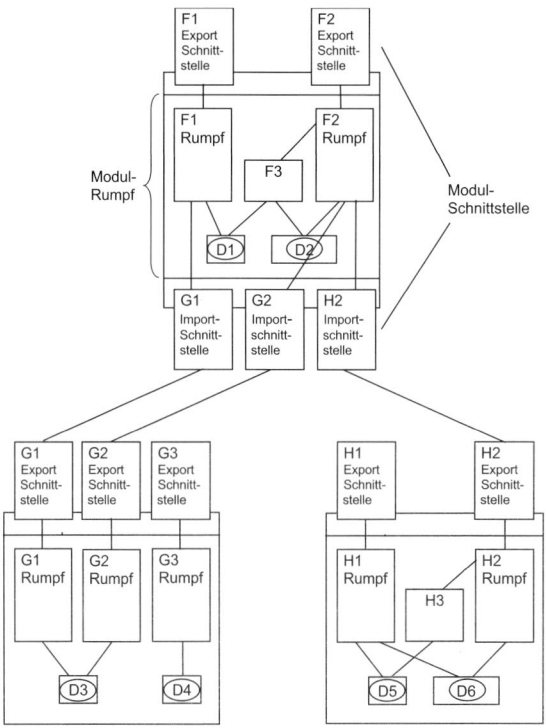

Bild 19-4 Import-Schnittstellen müssen spezifiziert werden

Das Modulkonzept – eine Vorstufe der Objektorientierung

Die Kapselung von Daten, Funktionsrümpfen und Service-Funktionen in einem Modul als Einheit entspricht bereits dem Ansatz der Objektorientierung, dass die Funktionen bei den Daten, die sie bearbeiten, stehen müssen und die Schnittstelle von diesen Daten zur Außenwelt darstellen (siehe Bild 19-5).

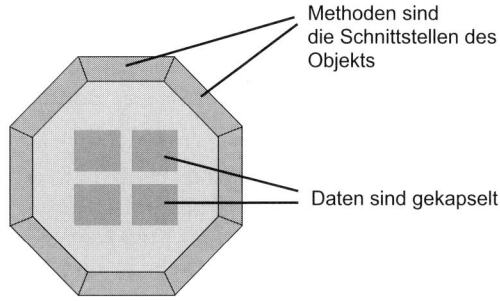

Bild 19-5 In der Objektorientierung kann ein Zugriff auf die Daten eines Objekts nur über dessen Methoden erfolgen

Dass in der Objektorientierung Funktionen als Methoden bezeichnet werden, tut hierbei nichts zur Sache.

Auch der Ansatz der Trennung von Schnittstelle und Implementierung entspricht bereits der Objektorientierung: ein Objekt kann mit einem anderen Objekt nur über die Aufrufschnittstelle der Methoden dieses Objektes reden. Die Implementierung der Methoden eines Objektes ist nach außen nicht sichtbar.

Im Gegensatz zur Objektorientierung, wo eine Klasse, die nach außen nur Schnittstellen anbietet und die Methodenrümpfe, Daten und Service-Methoden kapselt, einen Datentyp darstellt, ist ein Modul kein Datentyp. Ein Modul stellt eine prozedurale Strukturierungseinheit dar.

19.3 Umsetzung des Modular Designs in C

Ein Modul im Sinne des Modular Designs wird in C umgesetzt in eine übersetzbare Einheit, also eine Quelldatei, landläufig auch als C-Datei bezeichnet. Hierbei werden die externen Variablen und Funktionen eines Moduls, die im Modul verborgen gehalten werden sollen, mit dem Schlüsselwort `static` versehen. Dadurch können sie von Funktionen aus anderen Dateien nicht verwendet werden – auch nicht unter Verwendung der `extern`-Deklaration. Damit ist das Geheimnisprinzip (Information Hiding) gewahrt.

In C lassen sich nun die Export-Schnittstellen eines Moduls in einer Header-Datei spezifizieren. Die Header-Datei enthält insbesondere Funktionsprototypen für alle Funktionen, die ein Modul nach außen zur Verfügung stellt. Dazu können Typdefinitionen (meist Strukturen) und Konstanten kommen, die für den Umgang mit den Funktionen wichtig sind (z.B. Fehlercodes, Bitmasken etc.).

19.4 Trennung von Schnittstelle und Implementierung in C

Entwirft man nach der Methode des **Structured Designs** – und nicht nach der Methode des Modular Designs – so wird das Prinzip des Information Hiding und der Kapselung nicht verwendet.

Dennoch macht es Sinn, stets zwischen Schnittstelle und Implementierung zu trennen. Hierzu dient in C die Technik der Header-Dateien, die mit der Präprozessor-Anweisung `#include` inkludiert werden können. Die **Header-Datei** eines Moduls enthält die Funktionsprototypen und entspricht damit der **Schnittstelle**, die **C-Datei** stellt die **Implementierung** dar.

Wenn eine Datei `datei2.c` eine andere Datei `datei1.c` (oder Teile davon) benutzen möchte, dann muss sie die entsprechende Header-Datei `datei1.h` inkludieren (siehe Bild 19-5). Da die Header-Datei Funktionsprototypen enthält, hat der Compiler damit die Möglichkeit, Funktionsprototypen und Aufrufschnittstelle auf Konsistenz zu prüfen.

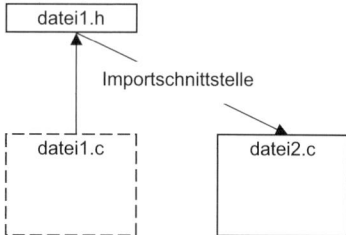

Bild 19-6 Importschnittstelle realisiert durch Header-Datei

Es ist in C nicht möglich, dass eine Datei eine Exportschnittstelle spezifiziert, gegen die der Compiler die Implementierung (die C-Datei also) prüfen könnte. Vielmehr ist es üblich, auch in der C-Datei die Modul-eigene Header-Datei, die eigentlich als Importschnittstelle für andere Dateien dient, zu inkludieren (siehe Bild 19-6). Da die Header-Datei die Funktionsprototypen der Funktionen der C-Datei enthält, hat der Compiler die Möglichkeit, Funktionsprototyp und die Implementierung auf Konsistenz zu prüfen.

Dies führt zu dem scheinbar merkwürdigen Effekt, dass nach dem Präprozessorlauf, der die `#include`-Anweisungen durch komplettes Einfügen der Header-Datei in die C-Datei auflöst, in der C-Datei eine Funktion als „`extern`" mit ihrem Prototyp angekündigt wird, dann aber in der C-Datei kodiert wird und somit alles andere als „`extern`" ist.

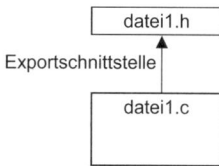

Bild 19-7 Exportschnittstelle beim Modular Design

Eine Header-Datei in C hat also sowohl die Funktion einer Exportschnittstelle als auch einer Importschnittstelle, wie in Bild 19-8 schematisch dargestellt wird.

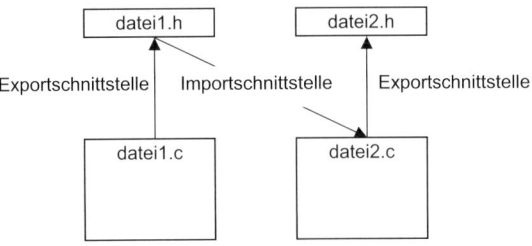

Bild 19-8 Import- und Exportschnittstelle beim Modular Design

Bezogen auf das vorige Bild, sehen die `#include`-Präprozessor-Direktiven (siehe auch Kapitel 18) wie in Bild 19-9 gezeigt aus:

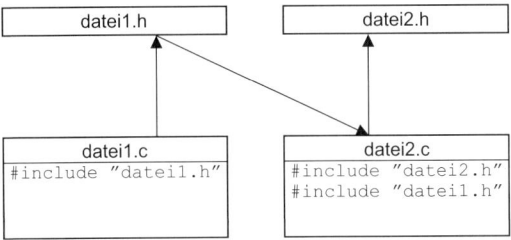

Bild 19-9 `#include`-Direktiven für die Import- und Exportschnittstelle beim Modular Design

Anders als beim Import von Schnittstellen, die aus Standardbibliotheken stammen, ist es dabei üblich, dass wie im Bild oben `#include "datei1.h"` geschrieben wird, die zu inkludierende Datei also in Anführungszeichen, nicht in spitze Klammern, gesetzt wird. Zum einen hat diese Schreibweise den Vorteil, dass der Compiler die Header-Datei zuerst dort sucht, wo auch die Quelldateien liegen, ohne dass dem Compiler ein weiterer Include-Pfad mitgeteilt werden muss. Zum anderen unterstützt es die Lesbarkeit, da so besser zwischen „eigenen" Dateien und solchen aus Standardbibliotheken unterschieden werden kann.

Wenn die Abhängigkeiten zwischen den Dateien komplizierter werden, kann es leicht passieren, dass eine Header-Datei mehrfach inkludiert wird. Das führt ohne weitere Vorkehrungen jedoch zu Fehlermeldungen, da zum Beispiel eine Struktur oder eine symbolische Konstante dann mehrfach definiert wird, was nicht erlaubt ist. Dieses Problem kann mit Hilfe der `#ifndef`-Präprozessor-Direktive (siehe auch Kapitel 18) gelöst werden, wie im folgenden Beispiel gezeigt:

```
/* Datei person.h */
#ifndef _PERSON_H_
#define _PERSON_H_
#define PERSON_SLEN (80+1)

typedef struct person {
    char   vorname  [PERSON_SLEN];
    char   nachname [PERSON_SLEN];
    short  geburtsjahr;
} person;

void person_print (const person * const p);

/* Weitere exportierte Funktionsprototypen ...                    */
#endif
```

Wird in einer Quelldatei das erste Mal die Header-Datei `person.h` inkludiert, so wird die symbolische Konstante `_PERSON_H_` definiert. Wird in derselben Quelldatei die Header-Datei `person.h` ein weiteres Mal inkludiert (meist durch eine `#include`-Präprozessor-Direktive in einer anderen Header-Datei), so ist die symbolische Konstante `_PERSON_H_` schon definiert, und deshalb werden alle Zeilen bis zur nächsten `#endif`-Präprozessor-Direktive weggelassen. Die Struktur `struct person` wird also nicht noch ein weiteres Mal definiert – der Compiler-Fehler ist vermieden.

19.5 Realisierung eines Stacks mit Modular Design in C

In diesem Kapitel sollen die Konzepte des Modular Designs in C an einem einfachen Beispiel vorgestellt werden. Ziel ist es, einen Stack zu implementieren, in dem nach dem „Last In – First Out" (LIFO)-Prinzip `int`-Zahlen gespeichert werden können. Wie schon in Kapitel 9.8 gezeigt, ist die Rekursion ein mächtiges Mittel, um zum Beispiel Algorithmen nach dem Teile-Und-Herrsche-Prinzip oder nach dem Backtracking-Prinzip zu implementieren. Wie in **Bild 9-5** gezeigt, bedient sich C selbst bei der Abwicklung von Rekursionen des Stack-Prinzips, weshalb solche Algorithmen meist rekursiv implementiert werden. Mitunter führen Rekursionen aber zum Beispiel wegen der begrenzten Programm-Stack-Größe[105] zu Problemen, die man dann durch „selbst gebaute" Stacks, wie sie in diesem Kapitel vorgestellt werden, lösen kann.

Das folgende Programm besteht aus drei Dateien `main.c` (Testrahmen), `stack.h` (die Export-Schnittstelle des Moduls `stack`) und `stack.c` (die Implementierung des Moduls `stack`).

---

[105] Beim VCC 6.0 ist die Standard-Stack-Größe 1 MB, was zum Beispiel beim Suchen von Wegen in sehr große Labyrinthen mit Backtracking (siehe Kapitel **17.2.4**) nicht ausreichend ist. Zwar kann man mit der Compiler-Option „/F" die Stackgröße verändern, das Arbeiten mit „selbst gebauten" Stacks hat aber neben der Unabhängigkeit von der gegebenen Stackgröße oft auch den Vorteil der besseren Laufzeit.

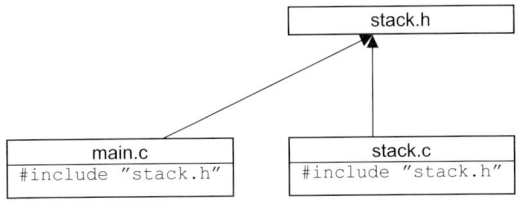

Bild 19-10 #include-Direktiven für die Import- und Exportschnittstelle beim Stack-Beispiel zum Modular Design

Hier zunächst die Datei stack.h:

```
/* Datei: stack.h */
#ifndef _STACK_H_
#define _STACK_H_
enum stack_errors {
   STACK_OK,/* Kennnummer fuer korrekt abgelaufene Stack-Operation*/
   STACK_VOLL,                      /* Kennnummer fuer vollen Stack */
   STACK_LEER                       /* Kennnummer fuer leeren Stack */
};

/* Extern-Deklarationen der exportierten Funktionen:               */

/* Eine int-Zahl auf den Stack legen.                              */
/* Parameter: int-Zahl, die auf den Stack soll.                    */
/* Return: Fehlercode.                                             */
extern enum stack_errors stack_push (const int);

/* Eine int-Zahl vom Stack abholen.                                */
/* Parameter: Pointer auf int-Zahl, die mit dem obersten           */
/*            Stack-Wert gefuellt wird.                            */
/* Return: Fehlercode.                                             */
extern enum stack_errors stack_pop (int * const);
#endif
```

Zunächst wird wieder durch den Einsatz der #ifndef-Präprozessor-Direktive sichergestellt, dass die Header-Datei nicht mehrfach in dieselbe Quelldatei inkludiert werden kann.

Danach wird der Aufzählungstyp enum stack_errors definiert, in dem Kennnummern für die Rückgabewerte (OK oder Fehler) der folgenden Funktionen festgelegt werden. Damit kann ein anderes Modul auf einen Fehler, der im Modul stack entsteht, entsprechend reagieren.

Dann werden die exportierten Funktionen (stack_push() und stack_pop()) als Prototypen deklariert. Damit weiß jedes Modul, welches die Datei stack.h inkludiert, welche Funktionen das Modul stack anbietet. Ein inkorrekter Aufruf einer Funktion (falsche Parameteranzahl, falsche Parametertypen, fehlerhafte Verwendung des Rückgabewertes) wird vom Compiler erkannt. Zusätzlich werden durch Kommentare die Aufgaben der bereitgestellten Funktionen, deren Parameter und die Rückgabewerte beschrieben.

Es ist gängige Praxis, den eigentlichen Namen der Funktionen des Moduls (`push` und `pop`) noch den Modul-Namen voranzustellen (daher **stack**_`push` und **stack**_`pop`) um zu vermeiden, dass es zu Namensüberschneidungen mit anderen Modulen kommt, die denselben Namen für ihre Funktionen brauchen. Das ist vor allem bei „Allerwelts-Funktionsnamen" wie zum Beispiel `init()`, `close()` und `open()` dringend geboten, wobei die letzteren ja sogar Funktionen aus den Standardbibliotheken sind.

Mit der bloßen Kenntnis der Export-Schnittstelle des Moduls `stack` kann diese jetzt im Hauptprogramm verwendet werden, ohne weiteres Wissen über die eigentliche Implementierung in der Datei `stack.c` zu haben. Die folgende Datei `main.c` kann sogar übersetzt werden, unabhängig davon ob die Datei `stack.c` überhaupt existiert, fehlerhaft ist oder schon korrekt übersetzt wurde. Die Programmierer dieser beiden Dateien können also unabhängig voneinander beginnen, triviale Fehler aus ihren Dateien zu entfernen und stören sich dabei nicht gegenseitig. Dadurch wird eine arbeitsteilige Programmentwicklung ermöglicht. Erst beim Versuch, das Programm zu binden, müssen alle vom Hauptprogramm benötigten Dateien und Bibliotheken korrekt übersetzt vorliegen, damit sie zu einem ausführbaren Programm zusammengefügt werden können. Man spricht dann auch davon, dass die einzelnen Module zu einem ablauffähigen System integriert werden.

```
/* Datei: main.c */
#include <stdio.h>
#include "stack.h"    /* Import der Funktionen und Konstanten   */
                      /* des Moduls "stack"                     */

int main (void)
{
    int anzahl;                 /* Anzahl einzulesender Zahlen   */
    int lv;                     /* Laufvariable                  */
    int zahl;                   /* Laufende Zahl                 */
    int status = 0;             /* Rueckgabewerte von            */
                                /* stack_push(), stack_pop()     */

    printf ("\nWieviel Zahlen wollen Sie eingeben?: ");
    scanf ("%d", &anzahl);
    for (lv = 0; lv < anzahl && status == STACK_OK; lv++)
    {
        printf ("Geben Sie bitte eine Zahl ein: ");
        scanf ("%d", &zahl);
        status = stack_push (zahl); /* Zahl auf Stack ablegen    */
    }
    if (status == STACK_OK)
    {
        printf ("\nNun erfolgt die Ausgabe der Zahlen: ");
        for (; lv > 0 && status == STACK_OK; lv--)
        {
            status = stack_pop (&zahl); /* Oberste Zahl vom Stack  */
                                    /* holen                     */
            printf ("\nDie %d-te Zahl war %d", lv, zahl);
        }
    }
    printf ("\n");
    return 0;
}
```

Im Hauptprogramm, das hier als Testrahmen des Moduls `stack` dient, wird die Anzahl der Zahlen abgefragt, die auf dem Stack abgelegt werden sollen. Diese Zahlen werden dann in der ersten `for`-Schleife interaktiv abgefragt und mit der Funktion `stack_push()` auf dem Stack abgelegt. Kommt es dabei zu einem Fehler, so wird die `for`-Schleife abgebrochen und die zweite `for`-Schleife, die der Ausgabe des Stacks dient, erst gar nicht aufgerufen.

Hier ein Beispiel zur Ausgabe des Programms:

```
Wieviel Zahlen wollen Sie eingeben?: 3
Geben Sie bitte eine Zahl ein: 1
Geben Sie bitte eine Zahl ein: 2
Geben Sie bitte eine Zahl ein: 3

Nun erfolgt die Ausgabe der Zahlen:
Die 3-te Zahl war 3
Die 2-te Zahl war 2
Die 1-te Zahl war 1
```

Die Datei `stack.c` schließlich dient der Implementierung des Moduls `stack`:

```c
/* Datei: stack.c */
#include <stdio.h>
#include <stdlib.h>

#include "stack.h"

/* Modul-globale, aber nicht exportierte                    */
/* Konstanten und Variablen                                 */
#define MAX 5

static int array [MAX];
static int topOfStack = 0;

/* Nicht exportierte Service-Funktionen                     */

/* Eine Fehlermeldung ausgeben.                             */
/* 1. Parameter: Fehlernummer der Fehlermeldung.            */
/* 2. Parameter: Zeilennummer, in der der Fehler auftrat.   */
static void printError (const enum stack_errors errNr,
                        const unsigned lineNr)
{
   /* Fehlertexte passend zur enum stack_errors aus stack.h:   */
   static char * errorStrings [] = {
      "\nOK",
      "\nStack ist voll.",
      "\nStack ist leer."
   };
   char * errString;
   if (errNr < 0 || errNr > STACK_LEER)
      errString = "Undefinierter Fehler.";
   else
      errString = errorStrings [errNr];
   fprintf (stderr, "\nFehler Nr. %d in Datei %s Zeile %d: %s",
      errNr, __FILE__, lineNr, errString);
}
```

```
/* Exportierte Funktionen                                                  */

enum stack_errors stack_push (const int zahl)
{
   if (topOfStack == MAX)
   {
      printError (STACK_VOLL, __LINE__);
      return STACK_VOLL;
   }
   else
   {
      array [topOfStack] = zahl;
      topOfStack ++;
      return STACK_OK;
   }
}

enum stack_errors stack_pop (int * const zahl)
{
   if (topOfStack == 0)
   {
      printError (STACK_LEER, __LINE__);
      return STACK_LEER;
   }
   else
   {
      * zahl = array [--topOfStack];
      return STACK_OK;
   }
}
```

Die Datei enthält als modul-globale Daten einen Stack bestehend aus einem Array von int-Zahlen (array) und einem Füllstandsanzeiger des Stacks (topOfStack). Alle diese Daten sind durch das Schlüsselwort static gegen versehentlichen Zugriff von außen gesichert. Daher kann hier auch auf das Voranstellen des Präfixes „stack_" verzichtet werden. Der C-Linker ist durchaus im Stande, mehrere, gleich benannte static-Variablen aus verschiedenen Modulen parallel konsistent zu verwalten. Aus anderen Dateien ist der Zugriff auf den Stack nur indirekt, das heißt über die Funktionen stack_push() und stack_pop() möglich. Die Stack-Variablen array und topOfStack müssen innerhalb der Datei stack.c modul-global sein, da auf sie sowohl stack_push() als auch stack_pop() zugreifen müssen. Weiter wird die symbolische Konstante MAX vereinbart, die ebenfalls nur innerhalb des Moduls stack bekannt ist.

Eine modul-globale, aber nicht nach außen sichtbare Funktion stellt die Funktion printError() dar. Sie ist ebenfalls durch das Schlüsselwort static gegen versehentlichen Zugriff von außen gesichert. Wieder ist es wie bei den modul-globalen Daten möglich, dass static-Funktionen des gleichen Namens in anderen Modulen implementiert werden. Da die Fehlertexte nur innerhalb der Funktion printError() gebraucht werden, werden diese als static-Array im Funktions-rumpf von printError() deklariert.

Die Funktion `printError()` benutzt das vordefinierte Makro `__FILE__` bzw. erwartet, dass der an den formalen Parameter `lineNr` von den aufrufenden Funktionen übergebene aktuelle Parameter mit dem vordefinierten Makro `__LINE__` generiert wird. Diese Makros (weitere finden sich in Kapitel 18) sind bei der Ausgabe von Fehlermeldungen sehr nützlich, da sie genau angeben, in welcher C-Datei – also in welchem Modul – und in welcher Zeile in dieser Datei es zu dem Fehler kam. So kann man recht rasch einen Fehler, der zum Beispiel von einem Kunden über Telefon gemeldet wird, einkreisen. Das folgende Beispiel zeigt eine solche Fehlerausgabe, bei der die vorgesehene maximale Anzahl von Stack-Einträgen überschritten wird.

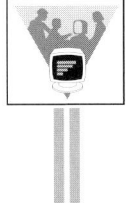

Hier ein Beispiel zur Fehler-Ausgabe des Programms:

```
Wieviel Zahlen wollen Sie eingeben?: 6
Geben Sie bitte eine Zahl ein: 1
Geben Sie bitte eine Zahl ein: 2
....
Geben Sie bitte eine Zahl ein: 6

Fehler Nr. 1 in Datei
e:\c-buch\vk\cprog\kapitelSE\main\stack.c Zeile 43:
Stack ist voll.
```

Die Funktionen `stack_push()` und `stack_pop()` dienen dazu, mit Hilfe der Variablen `topOfStack` ein neues Datenelement auf die Spitze des Stacks zu schreiben (Funktion `stack_push()`) bzw. das oberste Datenelement vom Stack abzuräumen (Funktion `stack_pop()`).

Schreibt die Funktion `stack_push()` eine `int`-Zahl auf den Stack, so muss sie den `topOfStack` erhöhen, liest die Funktion `stack_pop()` vom Stack, muss sie `topOfStack` erniedrigen. `topOfStack` zeigt immer auf den nächsten freien Platz.

Hier ein Bild des Stacks zur Veranschaulichung:

Vor `stack_push(7)`: Nach `stack_push(7)`: Vor `stack_pop()`: Nach `stack_pop()`:

	topOfStack	topOfStack	
topOfStack	7	7	topOfStack
6	6	6	6
5	5	5	5
4	4	4	4
3	3	3	3

`stack_push(7)` schreibt die 7   `stack_pop()` gibt die 7 zurück

Bild 19-11 Funktionsweise der Funktionen `push()` *und* `pop()`

Der Stack ist hier also programmtechnisch durch ein Array `int array [MAX]` realisiert. `topOfStack` ist ein `int`-Wert, der den Index des Arrays, das als Stack dient, darstellt. Der Index `topOfStack` gibt das nächste freie Element des Stacks (also des Arrays) an.

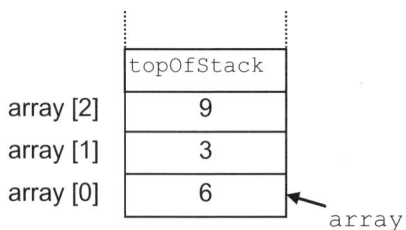

Bild 19-12 Realisierung des Stacks

Damit liegt hier ein Beispiel für die Umsetzung eines Modularen Designs nach C vor: Der Stack ist in dem Modul `stack`, das die zwei Funktionen `stack_push()` und `stack_pop()` enthält, verborgen (siehe Bild 19-13). Ein potentieller Nutzer von `stack_push()` und `stack_pop()` braucht sich mit der oben skizzierten programmtechnischen Realisierung des Stacks nicht auseinanderzusetzen.

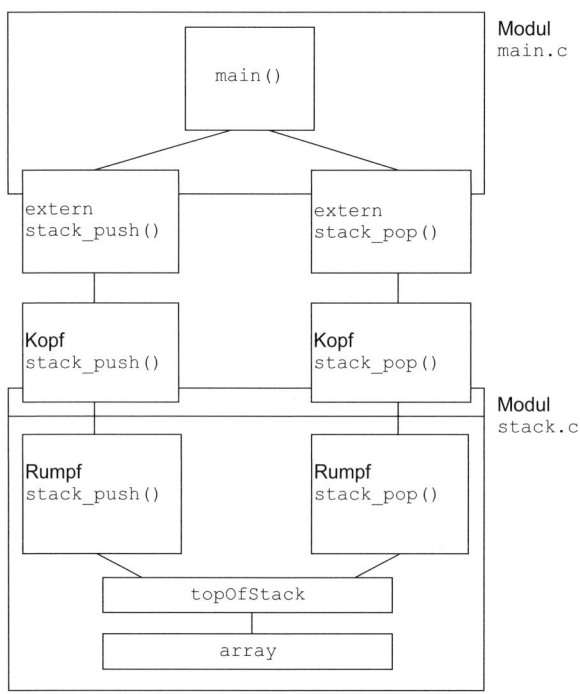

Bild 19-13 Modular Design für einen Stack in C

Der Zugriff auf den Stack ist nur über die Schnittstellenfunktionen `stack_push()` und `stack_pop()` des Moduls `stack` möglich. Zu anderen Modulen ist nur die Schnittstelle von `stack_push()` und `stack_pop()`, nicht jedoch ihre Implementierung und nicht der Stack selbst sichtbar. So wäre es auch möglich, den Stack statt durch ein Array durch eine verkettete Liste (siehe Kap. 16.3) zu realisieren. Diese Modul-interne Änderung würde nach außen nicht sichtbar.

Ein Schlüssel zur Modularisierung in der Programmiersprache C ist also das Schlüsselwort `static`. Da in der Programmiersprache C immer von einer anderen Datei auf Funktionen und globale Variablen zugegriffen werden kann, muss man, um ein globales Datum bzw. eine Funktion nach außen zu verbergen, das Schlüsselwort `static` verwenden.

19.6 Übungsaufgaben

Aufgabe 19.1: Modular Design: Erweiterung und weitere Nutzung des Stack-Moduls

a) Oft ist es bei Stacks nützlich, zu wissen, ob dieser leer ist, bzw. wie viele Elemente dieser gespeichert hat. Erweitern Sie das Modul `stack` aus Kapitel 19.5 um eine Funktion `stack_num()`, welche die Anzahl der im Stack gespeicherten Elemente als `int`-Zahl zurückgibt.

b) Schreiben Sie unter Verwendung des erweiterten Moduls `stack` aus Teilaufgabe a) ein weiteres Modul `basis` mit einer Funktion `basis_printBinaer (unsigned n)`, welche die Berechnung und das Drucken der Binärdarstellung einer Zahl `n` so implementiert, wie das in der Funktion `binaerZahlReku()` im Kapitel 9 gemacht wird. Allerdings sollen Sie zum Abspeichern der Zwischenwerte (`zahl / 2`) den Stack des Moduls `stack` verwenden und nicht den, den C beim Aufruf einer rekursiven Funktion automatisch aufbaut.

c) Schreiben Sie in der Datei `main.c` einen Testrahmen, der Ihre Funktion `basis_printBinaer()` interaktiv testet. Die Ausgabe sollte in etwa wie im Folgenden dargestellt aussehen. Sie können also, falls es zu einem Stack-Überlauf kommt, das Programm einfach beenden (mit `exit()`).

Hier ein Beispiel zur Ausgabe des Programms:

```
Stack-basierte Berechnung der Binaerdarstellung:

Geben Sie bitte eine Zahl ein (0: Ende): 1

1 in Binaerdarstellung: 1

Geben Sie bitte eine Zahl ein (0: Ende): 7

7 in Binaerdarstellung: 111

Geben Sie bitte eine Zahl ein (0: Ende): 8

8 in Binaerdarstellung: 1000

Geben Sie bitte eine Zahl ein (0: Ende): 32

Fehler Nr. 1 in Datei stack.c Zeile 43:
Stack ist voll.
Programmabbruch.
```

Anhang A Standardbibliotheksfunktionen

Nach dem ISO-Standard werden folgende Klassen von Bibliotheksfunktionen definiert:

- Funktionen zur Fehlersuche (`assert.h`)
- Funktionen zur Klassifizierung und Konvertierung von Zeichen (`ctype.h`)
- Funktionen zur Einstellung von länderspezifischen Darstellungen (`locale.h`)
- Mathematische Funktionen (`math.h`)
- Funktionen für globale Sprünge von einer Funktion in eine andere (`setjmp.h`)
- Funktionen zur Signalbehandlung (`signal.h`)
- Funktionen zur Behandlung einer variablen Parameterliste (`stdarg.h`)
- Funktionen für die Ein- und Ausgabe (`stdio.h`)
- Funktionen zur Stringkonvertierung, Speicherverwaltung, Zufallszahlen-generierung und zum Beenden von Programmen (`stdlib.h`)
- Funktionen zur String- und Speicherbearbeitung (`string.h`)
- Funktionen für Datum und Uhrzeit (`time.h`)

Nachfolgend werden alle Funktionen mit ihrem Funktionsprototyp und einer kurzen Beschreibung aufgeführt. Detaillierte Informationen und Informationen über `errno.h`, `float.h`, `limits.h` und `stddef.h` entnehmen Sie bitte dem Compiler-Handbuch.

A.1 Fehlersuche (assert.h)

`void assert ( int expression);`	ist `expression` gleich `FALSE` (also 0), so wird eine Fehlermeldung über den fehlgeschlagenen Aufruf an die Standardfehlerausgabe mit dem Übergabeargument, dem Filenamen und der Programmcode-Zeilennummer geschrieben und das Programm beendet.

A.2 Klassifizierung und Konvertierung von Zeichen (ctype.h)

`int isalnum (int c);`	Testen, ob `c` alphanumerisch ist
`int isalpha (int c);`	Testen, ob `c` ein Buchstabe ist
`int iscntrl (int c);`	Testen, ob `c` ein Steuerzeichen ist
`int isdigit (int c);`	Testen, ob `c` eine Dezimalziffer ist
`int isgraph (int c);`	Testen, ob `c` ein druckbares Zeichen ist (ohne Blank)
`int islower (int c);`	Testen, ob `c` ein Kleinbuchstabe ist
`int isprint (int c);`	Testen, ob `c` ein druckbares Zeichen (einschließlich Leerzeichen (Blank)) ist

`int ispunct (int c);`	Testen, ob `c` ein Sonderzeichen ist
`int isspace (int c);`	Testen, ob `c` ein Whitespace-Zeichen ist
`int isupper (int c);`	Testen, ob `c` ein Großbuchstabe ist (ohne Umlaute)
`int isxdigit (int c);`	Testen, ob `c` eine Hexadezimalziffer ist
`int tolower (int c);`	Umwandlung Groß- in Kleinbuchstaben
`int toupper (int c);`	Umwandlung Klein- in Großbuchstaben

A.3 Länderspezifische Darstellungen und Zeichen (locale.h)

`struct lconv *localeconv (void);`	Festlegung der Formate von numerischen Größen wie Währungen usw.
`char *setlocale (int category, const char *locale);`	Auswählen oder Setzen von länderspezifischen Darstellungen und Zeichen z.B. für Datum oder Währung

A.4 Mathematische Funktionen (math.h)

`double acos (double x);`	Berechnet Arcuscosinus
`double asin (double x);`	Berechnet Arcussinus
`double atan (double x);`	Berechnet Arcustangens
`double atan2 (double x, double y);`	Berechnet Arcustangens von x/y
`double ceil (double x);`	Aufrunden der Zahl x auf einen ganzzahligen Wert
`double cos (double x);`	Berechnet Cosinus
`double cosh (double x);`	Berechnet Cosinus hyperbolicus
`double exp (double x);`	Berechnet Exponentialfunktion e^x
`double fabs (double x);`	Berechnet Absolutwert einer Gleitpunktzahl
`double floor (double x);`	Abrunden der Zahl x auf einen ganzzahligen Wert
`double fmod (double x, double y);`	Berechnet den Rest von x geteilt durch y
`double frexp (double value, int *exp);`	Zerlegt Gleitpunktzahl in eine Mantisse und eine ganzzahlige Potenz von 2
`double ldexp (double x, int exp);`	Berechnet $x * 2^{exp}$
`double log (double x);`	Berechnet den natürlichen Logarithmus
`double log10 (double x);`	Berechnet den Logarithmus zur Basis 10
`double modf (double value, double *iptr);`	Berechnet Vor- und Nachkommateil von `value`
`double pow (double x, double y);`	Berechnet x^y
`double sin (double x);`	Berechnet den Sinus

`double sinh (double x);`	Berechnet den Sinus hyperbolicus
`double sqrt (double x);`	Berechnet die positive Quadratwurzel
`double tan (double x);`	Berechnet den Tangens
`double tanh (double x);`	Berechnet den Tangens hyperbolicus

A.5 Globale Sprünge (setjmp.h)

`void longjmp (jmp_buf env,` `int val);`	Ausführung eines langen Sprungs (`goto`) an die Stelle, an der vorher `setjmp()` ausgeführt wurde und Wiederherstellen des vorigen Zustands der Task
`int setjmp (jmp_buf env);`	Speichert den Zustand der Task

A.6 Signalbehandlungen (signal.h)

`int raise (int sig);`	Senden eines Signals an das Programm
`void (*signal (int sig,` `       void (*func)(int)))(int);`	Installieren eines Signalhandlers

A.7 Behandlung einer variablen Parameterliste (stdarg.h)

`<type> va_arg (va_list ap,` `              <type>);`	Nächsten Parameter aus Parameterliste holen
`void va_end (va_list ap);`	Freigeben der Parameterliste
`void va_start (va_list ap,` `               parmN);`	Setzen des Pointers auf ersten Parameter in der Parameterliste

A.8 Ein- und Ausgabe (stdio.h)

`void clearerr (FILE *stream);`	Fehler und Dateiende-Flag zurücksetzen
`int fclose (FILE *stream);`	Schließen eines Streams
`int feof (FILE *stream);`	Prüfung, ob Streamende erreicht
`int ferror (FILE *stream);`	Prüfen eines Streams auf Fehler
`int fflush (FILE *stream);`	Schreiben des Streampuffers in die Datei
`int fgetc (FILE *stream);`	Lesen eines Zeichens aus einem Stream
`int fgetpos (FILE *stream,` `fpos_t *pos);`	Ermittlung der aktuellen Position in einer Datei
`char *fgets (char *s, int n,` `FILE *stream);`	String aus einem Stream auslesen
`FILE *fopen (const char` `*filename, const char *mode);`	Öffnen eines Streams

`int fprintf (FILE *stream, const char *format, ...);`	Formatiertes Schreiben in einen Stream
`int fputc (int c, FILE *stream);`	Schreiben eines Zeichens in einen Stream
`int fputs (const char *s, FILE *stream);`	String in einen Stream schreiben
`size_t fread (void *ptr, size_t size, size_t nmemb, FILE *stream);`	Objekte aus einem Stream lesen
`FILE *freopen (const char *filename, const char *mode, FILE *stream);`	Einem offenen Stream wird eine neue Datei zugeordnet
`int fscanf (FILE *stream, const char *format, ...);`	Einlesen formatierter Eingaben aus einem Stream
`int fseek (FILE *stream, long offset, int whence);`	Positionieren eines Dateipositions-Zeigers
`int fsetpos (FILE *stream, const fpos_t *pos);`	Positionieren eines Dateipositions-Zeigers
`long int ftell (FILE *stream);`	Liefert Position des aktuellen Dateipositions-Zeigers
`size_t fwrite (const void *ptr, size_t size, size_t nmemb, FILE *stream);`	Objekte in einen Strom schreiben
`int getc (FILE *stream);`	Zeichen aus einem Stream lesen
`int getchar (void);`	Zeichen aus `stdin` lesen
`char *gets (char *s);`	String aus `stdin` lesen
`void perror (const char *s);`	Gibt Fehlernummer in `errno` als Fehlermeldung aus
`int printf (const char *format, ...);`	Formatiertes Schreiben nach `stdout`
`int putc (int c, FILE *stream);`	Zeichen in einen Stream schreiben
`int putchar (int c);`	Zeichen nach `stdout` schreiben
`int puts (const char *s);`	String nach `stdout` schreiben
`int remove (const char *filename);`	Löschen einer Datei
`int rename (const char *old, const char *new);`	Umbenennen einer Datei
`void rewind (FILE *stream);`	Dateipositions-Zeiger auf Stream-Anfang setzen
`int scanf (const char *format, ...);`	Formatiertes Lesen aus `stdin`
`void setbuf (FILE *stream, char *buf);`	Puffer zu einem Stream zuordnen
`int setvbuf (FILE *stream, char *buf, int mode, size_t size);`	Puffer zu einem Stream zuordnen

`int sprintf (char *s,` `const char *format, ...);`	Formatiertes Schreiben in einen String
`int sscanf (const char *s,` `const char *format, ...);`	Formatiertes Lesen aus einem String
`FILE * tmpfile (void);`	Öffnet eine temporäre Datei im Binärmodus
`char * tmpnam (char * s);`	Erzeugt einen eindeutigen Namen für eine temporäre Datei
`int ungetc (int c, FILE` `*stream);`	Zurückstellen eines gelesenen Zeichens in einen Stream

`int vfprintf (FILE * stream,`
`const char *format,`
`va_list arg);`
	Formatiertes Schreiben in einen Stream

`int vprintf (const char` `*format, va_list arg);`	Formatiertes Schreiben nach `stdout`
`int vsprintf (char *s, const` `char *format, va_list arg);`	Formatiertes Schreiben in einen String

A.9 Zahlenkonvertierung, Speicherverwaltung, Zufallszahlengenerierung und Beenden von Programmen (stdlib.h)

`int abs (int j);`	Absoluten Betrag einer Integer-Zahl
`void abort (void);`	Beenden eines Programms
`int atexit (void` `(*func)(void));`	Registrierung von Funktionen, die vor dem Programmende aufgerufen werden sollen
`double atof (const char *nptr);`	String in eine Gleitpunktzahl konvertieren
`int atoi (const char *nptr);`	String in eine Integerzahl konvertieren
`long atol (const char *nptr);`	String in einen `long`-Wert konvertieren

`void bsearch (const void * key,`
`const void * base,`
`size_t nmemb, size_t size,`
`int (*compar) (const void *,`
`const void *));`
	Binäres Absuchen eines Arrays

`void *calloc (size_t nmemb,` `size_t size);`	Speicher im Heap reservieren und mit `'\0'` initialisieren.
`div_t div (int x, int y);`	Berechnet Quotient und Rest von x/y
`void exit (int status);`	Beenden eines Programms
`void free (void *ptr);`	Reservierten Speicher im Heap freigeben
`char *getenv (const char` `*name);`	Lesen einer System-Umgebungsvariablen
`long labs (long int j);`	Berechnet absoluten Betrag eines `long`-Wertes
`ldiv_t ldiv (long int x, long` `int y);`	Berechnet Quotient und Rest von x/y

Funktion	Beschreibung
`void *malloc (size_t size);`	Speicher im Heap reservieren
`int mblen (const char *s,` `size_t n);`	Länge eines Multibyte-Zeichens ermitteln
`size_t mbstowcs (wchar_t *pwcs,` `const char *s, size_t n);`	Multibyte-String in `wchar_t` Array konvertieren
`int mbtowc (wchar_t *pwc,` `const char *s, size_t n);`	Multibyte-Zeichen in ein Wert des Typs `wchar_t` konvertieren

`void qsort (void * base, size_t`
`nmemb, size_t size, int`
`(*compar)(const void *, const`
`void *));`
	Sortieren der Elemente eines Arrays nach dem Quicksort-Verfahren

`int rand (void);`	Zufallszahl erzeugen
`void *realloc (void *ptr,` `size_t size);`	Größe eines reservierten Speicherbereichs im Heap ändern
`void srand (unsigned seed);`	Zufallszahlengenerator initialisieren
`double strtod (const char` `*nptr, char ** endptr);`	String in `double`-Wert konvertieren
`long strtol (const char *nptr,` `char **endptr, int base);`	String in `long`-Wert konvertieren

`unsigned long stroul (`
`const char *nptr,`
`char **endptr, int base);`
	String in `unsigned long`-Wert konvertieren

`int system (const char *s);`	Aufruf des Kommandointerpreters des Betriebssystems mit Kommando `s`

`size_t wcstombs (char *s,`
`const wchar_t *pwcs,`
`size_t n);`
	`wchar_t` Array in String aus Multibyte-Zeichen konvertieren.

`int wctomb (char *s,` `wchar_t wchar);`	Wert des Typs `wchar_t` in ein Multibyte-Zeichen konvertieren

A.10 String- und Speicherbearbeitung (string.h)

Funktion	Beschreibung
`void *memchr (const void *s,` `int c, size_t n);`	Puffer nach Zeichen durchsuchen
`int memcmp (const void *s1,` `const void *s2, size_t n);`	Vergleich zweier Datenblöcke
`void *memcpy (void *dest,` `const void *src, size_t n);`	Kopieren eines Datenblocks
`void *memmove (void *dest,` `const void *src, size_t n);`	Verschieben eines Datenblocks
`void *memset (void *s, int c,` `size_t n);`	Kopiert `n` mal das Zeichen `c` in den Datenblock `s`
`char *strcat (char *dest,` `const char *src);`	Anhängen des Strings `src` an den String `dest`
`char *strchr (const char *s,` `int c);`	String nach dem Zeichen `c` durchsuchen

`int strcmp (const char *s1, const char *s2);`	Vergleich zweier Strings
`int strcoll (const char *s1, const char *s2);`	Vergleich zweier Strings
`char *strcpy (char *dest, const char *src);`	Kopieren eines Strings in einen anderen
`char * strdup (const char * str_source);`	Kopiert den String, auf den `str_source` zeigt, in einen neuen Bereich auf dem Heap und gibt den Zeiger auf den duplizierten String zurück. Dieser Speicher muss mit `free()` wieder freigegeben werden.
`size_t strcspn (const char *s1, const char *s2);`	Länge des Teilstrings, der keines der Zeichen des anderen Strings enthält
`char *strerror (int errnum);`	Pointer auf einen Fehlerstring der entsprechenden Nummer
`size_t strlen (const char *s);`	Berechnet Länge des Strings
`char *strncat (char *dest, const char *src, size_t n);`	Anhängen eines Teilstrings an den anderen
`int strncmp (const char *s1, const char *s2, size_t n);`	Vergleich einer Anzahl von Zeichen beider Strings
`char *strncpy (char *dest, const char *src, size_t n);`	Kopieren einer Anzahl von Zeichen in einen anderen String
`char *strpbrk (const char *s1, const char *s2);`	Absuchen eines Strings nach dem ersten Vorkommen eines Zeichen
`char *strrchr (const char *s, int c);`	Absuchen eines Strings nach dem letzten Vorkommen eines Zeichen
`size_t strspn (const char *s1, const char *s2);`	Länge des Teilstrings, der nur aus Zeichen des anderen Strings besteht
`char *strstr (const char *s1, const char *s2);`	Absuchen eines Strings nach einem Teilstring
`char *strtok (char *s1, const char *s2);`	Absuchen eines Strings nach einer von mehreren Zeichenfolgen
`size_t strxfrm (char *dest, const char *src, size_t n);`	Umwandeln eines Strings nach einer bestimmten Sortierreihenfolge

A.11 Datum und Uhrzeit (time.h)

`char *asctime ( const struct tm *timeptr);`	Ortszeit in String konvertieren
`clock_t clock (void);`	Zeit seit dem Start des Programmes
`char *ctime ( const time_t *timer);`	Kalenderzeit in String (Ortszeit) konvertieren
`double difftime (time_t time1, time_t time0);`	Differenz zwischen 2 Zeiten in Sekunden berechnen
`struct tm *gmtime (const time_t *timer);`	Kalenderzeit in die Greenwich-Zeit umrechnen

`struct tm *localtime (` `const time_t *timer);`	Kalenderzeit in Ortszeit umrechnen
`time_t mktime (struct tm` `*timeptr);`	Ortszeit in die Kalenderzeit konvertieren

`size_t strftime (char *s,`
`size_t maxsize, const char`
`*format, const struct tm`
`*timeptr);`
	Ortszeit für Ausgabe formatieren

`time_t time (time_t * timer);`	Kalenderzeit liefern

Die Kalenderzeit `time_t` ist in `time.h` definiert und gibt die Zahl der Sekunden seit einem Stichtag an, in der Regel ab dem 1.1.1970.

Anhang B Low-Level-Dateizugriffsfunktionen

Die **Low-Level-Dateizugriffsfunktionen** wurden ursprünglich geschrieben, um **System Calls**, d.h. Aufrufe von Betriebssystemroutinen, die normalerweise in Assembler erfolgen, aus einem C-Programm heraus durchführen zu können. Sie haben auch heute noch eine große Bedeutung bei der Systemprogrammierung unter UNIX. Auch für andere Betriebssysteme wurden in der Folge Low-Level-Dateizugriffsfunktionen zur Verfügung gestellt. Diese Funktionen hängen jedoch stark vom jeweiligen Betriebssystem ab.

Die Low-Level-Dateizugriffsfunktionen werden auch als **ungepufferte Datei-funktionen** bezeichnet, da im Gegensatz zu den High-Level-Dateizugriffsfunktionen keine Struktur FILE mit einem Datenpuffer für die Dateibearbeitung zur Verfügung steht, sondern direkt Betriebssystemroutinen des Kernels zum Dateizugriff aufgerufen werden.

Der Vorteil der Low-Level-Funktionen ist, dass sie auch Zugriffsmöglichkeiten bieten, die es bei den High-Level-Zugriffsfunktionen nicht gibt. Nachteil dieser Low-Level-Funktionen ist, dass diese im ISO-Standard nicht definiert sind und auch nicht werden. Dies kann zu erheblichen Portabilitätsproblemen eines Programms führen, das diese Funktionen nutzt. Wie bereits in Kapitel 14.6 erwähnt, sind die Low-Level-Dateizugriffsfunktionen für UNIX-Betriebssysteme nach dem IEEE-POSIX-Standard, der die Hersteller-Unabhängigkeit von UNIX zum Ziele hat, standardisiert. Im Folgenden werden die Low-Level-Dateizugriffsfunktionen nach POSIX behandelt.

Unter POSIX erfolgt der Zugriff auf Dateien mit einem sogenannten **Handle** oder **Dateideskriptor**, der beim Öffnen einer Datei durch das Dateisystem zurückgegeben wird. Ein Handle ist eine Zahl vom Typ int, die für jeden weiteren Dateizugriff benutzt werden muss. High- und Low-Level-Funktionen sollten aus freien Stücken nicht gemischt werden. Sollte ein solcher Mix erforderlich werden, so sind hierbei die Regeln für das Mischen von High- und Low-Level-Funktionen (siehe [10]) zu beachten.

Die folgenden Funktionen der Low-Level-Dateizugriffe werden hier behandelt:

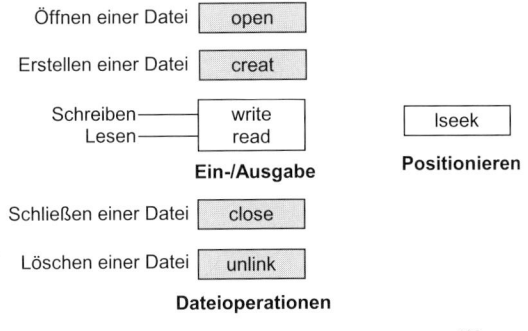

Bild B-1 Low-Level-Dateizugriffsfunktionen[106]

---

[106] Dateioperationen sind grau hinterlegt.

Für die Low-Level Dateizugriffsfunktionen werden 4 Header-Dateien benötigt:

`sys/types.h`	enthält die Definitionen von POSIX-Datentypen.
`sys/stat.h`	enthält u.a. Konstanten für die Vergabe von Zugriffsrechten auf eine Datei.
`fcntl.h`	enthält u.a. die Prototypen von `open()` und `creat()` und Konstanten für das Öffnen von Dateien.
`unistd.h`	enthält zahlreiche Prototypen der Low-Level Dateizugriffs-funktionen.

B.1   Dateioperationen

B.1.1 Die Funktion open()

Syntax:
```
#include <sys/types.h>
#include <sys/stat.h>
#include <fcntl.h>
int open (const char * path, int oflag, ...);
```

Beschreibung:
Zum Öffnen einer Datei, d.h. zur Herstellung der Verbindung eines Handles zu einer Datei, wird die Funktion `open()` benutzt. Der Parameter `path` muss beim Aufruf den Dateinamen oder den absoluten Pfad und optional auch den Laufwerksnamen beinhalten.

Mit dem `oflag` wird die Art des Zugriffs auf die Datei `path` beschrieben. Der Programmierer muss für `oflag` genau eine der folgenden Konstanten angeben:

O_RDONLY	Datei zum Lesen öffnen
O_WRONLY	Datei zum Schreiben öffnen
O_RDWR	Datei zum Lesen und Schreiben öffnen

und kann diese mit weiteren Konstanten kombinieren. Im Folgenden sind einige dieser weiteren Konstanten angegeben:

O_APPEND	Setzen des Dateipositions-Zeigers beim Öffnen auf das Ende der Datei.
O_CREAT	Erstellen der Datei, falls diese noch nicht existiert (wenn die Datei bereits existiert, wird dieser Wert ignoriert). Wird `O_CREAT` gesetzt, so muss auch der Parameter `mode`, der die Zugriffsrechte regelt, gesetzt werden.
O_TRUNC	Löschen des Dateiinhaltes, falls die Datei vor dem Öffnen bereits existiert.

Die Kombination erfolgt mit dem bitweisen-ODER-Operator, wie z.B. `O_RDWR | O_CREAT | O_APPEND`.

Durch die Ellipse ... wird ermöglicht, der Funktion `open()` zusätzlich zu den festen Parametern optional noch einen weiteren Parameter zu übergeben. Dies ist der Parameter `mode_t mode`, der die Zugriffsrechte der Datei steuert. Die Angabe von `mode` beim Funktionsaufruf ist außer bei der Angabe von `O_CREAT` optional. Der Datentyp `mode_t` ist in `sys/types.h` definiert. Der Parameter `mode` wird als 12 Bit-Wert interpretiert, der die Zugriffsrechte für die Benutzergruppen USER, GROUP und OTHER angibt. Für den Parameter `mode` sind in `sys/stat.h` die in der Tabelle B-1 dargestellten Konstanten definiert. Die Konstanten dieser Tabelle können mit dem bitweisen ODER-Operator beliebig kombiniert werden.

`S_IRGRP, S_IROTH, S_IRUSR`	Leserechte für GROUP (G), OTHER (O) bzw. USER (U)
`S_IRWXG, S_IRWXO, S_IRWXU`	Lese-, Schreib- und Executerechte für GROUP (G), OTHER (O) bzw. USER (U)
`S_IWGRP, S_IWOTH, S_IWUSR`	Schreibrechte für GROUP (G), OTHER (O) bzw. USER (U)
`S_IXGRP, S_IXOTH, S_IXUSR`	Executerechte für GROUP (G), OTHER (O) bzw. USER (U)

Tabelle B-1 Konstanten für den Parameter `mode`

Rückgabewert:
Wird die Datei geöffnet, so gibt `open()` den Dateideskriptor der gewünschten Datei als einen `int`-Wert größer 0 zurück. Im Fehlerfall wird `-1` zurückgegeben.

Beispiel:
```
#include <sys/types.h>
#include <sys/stat.h>
#include <fcntl.h>
....
int fd;
....
if ((fd = open ("Test.dat", O_RDWR | O_APPEND)) < 0)
{
   /* Fehlerbehandlung */
}
else
   /* weiter im Programm */
....
```

B.1.2 Die Funktion creat()

Syntax:
```
#include <sys/types.h>
#include <sys/stat.h>
#include <fcntl.h>
int creat (const char * path, mode_t mode);
```

Beschreibung:
Die Funktion `creat()` erzeugt eine neue Datei mit dem Dateinamen `path` und den Zugriffsrechten `mode`. Entsprechend der Funktion `open()` muss der Parameter `name` den Dateinamen oder den absoluten Pfad und optional das Laufwerk beinhalten. Existiert eine Datei mit demselben Namen bereits, wird diese überschrieben.

Der Parameter `mode` enthält die Zugriffsrechte, die für die Datei vergeben werden sollen. Für die Zugriffsrechte können mit dem bitweisen ODER-Operator Kombinationen der in Tabelle B-1 vorgestellten Konstanten gebildet werden.

Der Aufruf von

```
creat (path, mode);
```

ist äquivalent zu

```
open (path, O_WRONLY | O_CREAT | O_TRUNC, mode);
```

Rückgabewert:
Wird die Datei korrekt erstellt, so gibt die Funktion `creat()` einen Wert > 0 zurück, den Dateideskriptor auf die neue Datei. Im Fehlerfall ist der Rückgabewert -1.

Beispiel:
```
#include <sys/types.h>
#include <sys/stat.h>
#include <fcntl.h>
....
int fd;
....
if ((fd = creat ("test.dat", S_IRUSR | S_IWUSR)) < 0)
{
    /* Fehlerbehandlung */
}
else
    /* weiter im Programm */
....
```

B.1.3 Die Funktion close()

Syntax:
```
include <unistd.h>
int close (int fildes);
```

Beschreibung:
Die Funktion `close()` dient zum Schließen der durch `fildes` angegebenen Datei.

Rückgabewert:
Bei erfolgreicher Ausführung gibt die Funktion den Wert 0 zurück, im Fehlerfall -1.

Beispiel:
```c
#include <unistd.h>
....
int fd;
....
if (close (fd) < 0)
{
    /* Fehlerbehandlung */
}
else
    /* weiter im Programm */
....
```

B.1.4 Die Funktion unlink()

Syntax:
```c
#include <unistd.h>
int unlink (const char * path);
```

Beschreibung:
Die Funktion `unlink()` bewirkt, dass eine Datei nicht mehr unter dem Namen `path` angesprochen werden kann. Besitzt die Datei `path` keine anderen Dateinamen mehr bzw. besteht kein weiterer Verweis mehr auf die Datei, so wird die Datei gelöscht[107]. Der Parameter `path` muss den Dateinamen bzw. den absoluten Pfad und gegebenenfalls die Laufwerksangabe enthalten.

Die bei den High-Level-Dateizugriffsfunktionen beschriebene Funktion `remove()` ist äquivalent zu der Funktion `unlink()` und kann für die Low-Level-Dateibehandlung ebenfalls verwendet werden.

Rückgabewert:
Nach korrektem Löschen der Datei liefert die Funktion den Rückgabewert `0`, im Fehlerfall den Wert `-1`.

Beispiel:
```c
#include <unistd.h>
....
if (unlink ("test.dat") < 0)
{
    /* Fehlerbehandlung */
}
else
    /* weiter im Programm */
....
```

---

[107] Es gibt im Betriebssystem UNIX die Möglichkeit, sogenannte „links" auf Dateien zu legen. D.h. auf eine Datei kann durch mehrere Namen in verschiedenen Verzeichnissen zugegriffen werden.

B.2 Ein-/Ausgabe

B.2.1 Die Funktion write()

Syntax:
```
#include <unistd.h>
int write (int fildes, const void * buf, unsigned int nbyte);
```

Beschreibung:
Die Funktion `write()` schreibt `nbyte` Bytes aus dem Puffer, auf den der Pointer `buf` zeigt, in die mit `fildes` angegebene Datei. Der Dateipositions-Zeiger wird nach dem Schreiben um die Anzahl an geschriebenen Bytes weiter bewegt.

Rückgabewert:
Der Rückgabewert der Funktion ist bei korrektem Schreiben gleich der Anzahl an geschriebenen Bytes. Ist der Rückgabewert `-1`, so ist ein Fehler aufgetreten.

Beispiel:
```
#include <unistd.h>
....
char str [] = "Ich will in eine Datei";
int fd;
....
if (write (fd, str, 23) < 23)
{
   /* Fehlerbehandlung */
}
else
   /* weiter im Programm */
....
```

B.2.2 Die Funktion read()

Syntax:
```
#include <unistd.h>
int read (int fildes, void * buf, unsigned int nbytes);
```

Beschreibung:
Mit der Funktion `read()` werden `nbyte` Bytes aus der durch `fildes` angegebenen Datei gelesen und in den Puffer, auf den `buf` zeigt, geschrieben. Nach dem Lesen wird der Dateipositions-Zeiger um die Anzahl der gelesenen Bytes erhöht.

Rückgabewert:
Der Rückgabewert entspricht der Anzahl der tatsächlich gelesenen Bytes. Diese Anzahl kann kleiner sein, wenn das Ende der Datei erreicht wurde. Tritt ein Fehler auf, so wird `-1` zurückgegeben.

Beispiel:
```
#include <unistd.h>
....
int fd;
char buf [100];
....
if (read (fd, buf, 100) < 0)
{
    /* Fehlerbehandlung */
}
else
    /* weiter im Programm */
....
```

B.3 Positionieren in Dateien

B.3.1 Die Funktion lseek()

Syntax:
```
#include <sys/types.h>
#include <unistd.h>
off_t lseek (int fildes, off_t offset, int whence);
```

Beschreibung:
Die Funktion `lseek()` positioniert den Dateipositions-Zeiger der durch `fildes` angegebenen Datei um `offset` Bytes von der durch `whence` definierten Ausgangsposition. `whence` kann die Werte

SEEK_SET	offset ist relativ zum Dateianfang
SEEK_CUR	offset ist relativ zur aktuellen Position
SEEK_END	offset ist relativ zum Dateiende

annehmen. Der Integer-Typ `off_t` ist in `sys/types.h` definiert.

Rückgabewert:
Bei fehlerfreier Ausführung liefert `lseek()` die neue Position des Dateipositions-Zeigers zurück, im Fehlerfall den Wert −1.

Beispiel:
```
/* Die Datei test.dat enthaelt den Text */
/* "Irgendwo ist hier der Fehlerteuvel" */

#include <sys/types.h>
#include <unistd.h>
....
int fd;
....
```

```
if (lseek (fd, -3L, SEEK_END) < 0)
{
   /* Fehlerbehandlung */
}
else
   /* hier kann der Fehler korrigiert werden */
write (....);
....
```

B.4 Beispiel zur Dateibearbeitung mit Low-Level-Funktionen

In der Datei source.dat sind eine Anzahl Daten vom Typ struct adresse gespeichert. Diese Daten sollen in umgekehrter Reihenfolge in die Datei dest.dat kopiert werden.

```
/* Datei: lowlevel.c */
#include <sys/stat.h>
#include <sys/types.h>
#include <fcntl.h>
#include <stdio.h>
#include <unistd.h>

int main (void)
{
   int source_fd;
   int dest_fd;
   int zaehler;
   int i;

   struct adresse { char name [30];
                    char ort [30];
                    char strasse [30];
                    long plz;
                  } adr;

   if ((source_fd = open ("source.dat", O_RDONLY)) < 0)
   {
      printf ("Fehler beim Oeffnen der Datei 'source.dat'\n");
      return 1;
   }

   if ((dest_fd = creat ("dest.dat", S_IWUSR | S_IRUSR)) < 0)
   {
      printf ("Fehler beim Erstellen der Datei 'dest.dat'\n");
      return 1;
   }

   /* Zaehler, wieviele Elemente in der Source-Datei sind */
   zaehler = 0;
   while (lseek (source_fd, sizeof (struct adresse),
               SEEK_CUR) > 0) zaehler++;
```

```
    /* Umkopieren der Datensätze */
    for (i = 0; i < zaehler; i++)
    {
        if(lseek (source_fd,
                  (zaehler - i - 1) * sizeof (struct adresse),
                  SEEK_SET) < 0)
        {
            printf ("Fehler beim Positionieren in der ");
            printf ("Datei 'source.dat'\n");
            return 1;
        }

        /* Daten aus Source-Datei auslesen */
        if(read (source_fd, &adr, sizeof (struct adresse)) < 0)
        {
            printf ("Fehler beim Lesen aus der Datei 'source.dat'\n");
            return 1;
        }

        /* Daten in Destination-Datei eintragen */
        if (write (dest_fd, &adr, sizeof(struct adresse))
            < sizeof (struct adresse))
        {
            printf ("Fehler beim Schreiben in die Datei 'dest.dat'\n");
            return 1;
        }
    } /* End of for */

    /* Schliessen der geoeffneten Dateien */
    if (close (source_fd) < 0)
    {
        printf ("Fehler beim Schliessen der Datei 'source.dat'\n");
        return 1;
    }


    if (close (dest_fd) < 0)
    {
        printf ("Fehler beim Schliessen der Datei 'dest.dat'\n");
        return 1;
    }
    return 0;
}
```

Anhang C Wandlungen zwischen Zahlensystemen

Im Folgenden wird gezeigt, wie natürliche Zahlen zwischen den Zahlensystemen Dezimalsystem, Dualsystem und Hexadezimalsystem gewandelt werden können.

C.1 Vorstellung der Zahlensysteme

Dezimalsystem

Die Basis B des Dezimalsystems ist 10, d.h. B = 10. Die möglichen Ziffern sind 0 bis B - 1, d.h. also 0, 1, 2, 3, 4, 5, 6, 7, 8, 9. Ein Beispiel für eine Zahl im Dezimalsystem ist: 3241. Zur eindeutigen Kennzeichnung wird eine tiefer gestellte 10 angehängt: 3241_{10}. Im Folgenden wird diese Zahl in eine Stellenwerttabelle eingetragen:

Stellenwerttabelle

	T	H	Z	E
Dezimalsystem	3	2	4	1

E = Einer $= 10^0$
Z = Zehner $= 10^1$
H = Hunderter $= 10^2$
T = Tausender $= 10^3$

Die in der Stellenwerttabelle eingetragene Zahl lautet:

$$3 * 10^3 + 2 * 10^2 + 4 * 10^1 + 1 * 10^0 = 3241_{10}$$

Dualsystem

Die Basis B des Dualsystems ist 2, d.h. B = 2. Die möglichen Ziffern sind 0 bis B - 1, d.h. also 0 und 1. Ein Beispiel für eine Zahl im Dualsystem ist: 10111. Zur eindeutigen Kennzeichnung einer binären Zahl wird eine tiefer gestellte 2 angehängt: 10111_2. Im Folgenden wird diese Zahl in eine Stellenwerttabelle eingetragen:

Stellenwerttabelle

	2^4	2^3	2^2	2^1	2^0
Dualsystem	1	0	1	1	1

Hexadezimalsystem (Sedezimalsystem)

Die Basis B im Hexadezimalsystem ist 16, d.h. B = 16. Die möglichen Ziffern sind 0 bis B - 1, d.h. also 0, 1, 2, 3, 4, 5, 6, 7, 8, 9, A, B, C, D, E, F; dabei haben die Ziffern A bis F folgende Werte:

Ziffer	A	B	C	D	E	F
Wert	10	11	12	13	14	15

Tabelle C-1 Werte der Hexadezimalziffern A bis F

Ein Beispiel für eine Zahl im Hexadezimalsystem ist: FA6B. Zur eindeutigen Identifikation einer Hexzahl wird hier die Basis 16 tiefer gestellt an die Hexzahl angehängt: $FA6B_{16}$. In der Literatur schreibt man stattdessen oftmals ein H für Hex hinter eine Hexzahl, im Falle von $FA6B_{16}$ also FA6BH. Im Folgenden wird diese Zahl in eine Stellenwerttabelle eingetragen:

Stellenwerttabelle

	16^3	16^2	16^1	16^0
Hexadezimalsystem	F	A	6	B

C.2 Umwandlung von Dual/Hexadezimal in Dezimal

Umrechnung einer Binärzahl in eine Dezimalzahl

Gegeben sei die Dualzahl 10111. Die Stellenwerttabelle ist gegeben durch:

	2^4	2^3	2^2	2^1	2^0
Dualsystem	1	0	1	1	1

Die in der Stellenwerttabelle eingetragene Zahl lautet im Dezimalsystem:

$$1 * 24 + 0 * 2^3 \quad + 1 * 2^2 \quad + 1 * 2^1 \quad + 1 * 2^0$$
$$= 16 \quad + 0 \quad + 4 \quad + 2 \quad + 1$$
$$= 23_{10}$$

Umrechnung einer Hexadezimalzahl in eine Dezimalzahl

Gegeben sei die Hexadezimalzahl $FA6B_{16}$. Die Stellenwerttabelle ist gegeben durch:

	16^3	16^2	16^1	16^0
Hexadezimalsystem	F	A	6	B

Die in der Stellenwerttabelle eingetragene Zahl lautet im Dezimalsystem:

$$15 * 16^3 + 10 * 16^2 + 6 * 16^1 + 11 * 16^0 = 64107_{10}$$

C.3 Umwandlung von Dezimal in Dual/Hexadezimal

Im Folgenden wird gezeigt, wie eine Dezimalzahl in eine Zahl der Basis B umgerechnet werden kann. Anschließend wird dann an einem Beispiel für die Basis B = 2 und einem Beispiel für die Basis B = 16 die Umrechnung in das Dual- und das Hexadezimalsystem demonstriert.

Beispiel für die Umwandlung einer Dezimalzahl z_{10} in eine Zahl der Basis B

$$z_{10} = c_4 * B^4 + c_3 * B^3 + c_2 * B^2 + c_1 * B^1 + c_0$$

Die Zahl z_{10} im Zehnersystem sei gegeben, die Koeffizienten c_4, c_3, c_2, c_1 und c_0 und damit die Zahl im Zahlensystem mit der Basis B sollen bestimmt werden. Dabei ist jeder dieser Koeffizienten kleiner gleich B - 1.

Der erste Schritt ist eine Umformung in die folgende Form:

$$z_{10} = B [B \{ B (B c_4 + c_3) + c_2\} + c_1] + c_0$$

dabei wurden der Übersichtlichkeit wegen nicht nur runde Klammern, sondern auch geschweifte und eckige Klammern verwendet.

Durch Ausmultiplizieren kann man sich überzeugen, dass diese Darstellung äquivalent zu der oben gezeigten ist.

Damit kann man auch schreiben:

$$z_{10} = B [...] + c_0 \text{ , wobei } [...] \text{ gegeben ist durch die eckige Klammer oben.}$$

Diese Zahl ist teilbar durch die Basis B bis auf einen Rest c_0. c_0 ist kleiner als B, da es der Koeffizient von B^0 ist.

Also wird geteilt:

$$z_{10} / B = [...] \text{ Rest } c_0$$

ausgeschrieben sieht das folgendermaßen aus:

$$z_{10} / B = [B \{ B (B c_4 + c_3) + c_2\} + c_1] \qquad \text{Rest } c_0$$

Damit wurde auf diese Weise c_0 ermittelt.

Nun wird $[B \{ B (B c_4 + c_3) + c_2\} + c_1]$ geteilt durch B:

$$[B \{ B (B c_4 + c_3) + c_2\} + c_1]/ B = \{B (B c_4 + c_3) + c_2\} \qquad \text{Rest } c_1$$

Damit ist der Koeffizient c_1 ermittelt.

Jetzt wird $\{B (B c_4 + c_3) + c_2\}$ durch B geteilt:

$$\{B (B c_4 + c_3) + c_2\}/B \qquad = (B c_4 + c_3) \qquad \text{Rest } c_2$$

Anschließend wird $(B c_4 + c_3)$ durch B geteilt:

$$(B c_4 + c_3) / B \qquad = c_4 \qquad \text{Rest } c_3$$

Zuletzt wird c_4 geteilt durch B:

$$c_4/B \qquad = 0 \qquad \text{Rest } c_4$$

Damit sind alle Koeffizienten bestimmt!

Beispiel für die Umrechnung einer Dezimalzahl in das Dualsystem

Die Zahl 53 dezimal soll in das Dualsystem gewandelt werden. Der Algorithmus ist:

$$
\begin{aligned}
53 : 2 &= 26 \ \text{Rest } 1 \quad &\Rightarrow c_0 &= 1 \\
26 : 2 &= 13 \ \text{Rest } 0 \quad &\Rightarrow c_1 &= 0 \\
13 : 2 &= 6 \ \text{Rest } 1 \quad &\Rightarrow c_2 &= 1 \\
6 : 2 &= 3 \ \text{Rest } 0 \quad &\Rightarrow c_3 &= 0 \\
3 : 2 &= 1 \ \text{Rest } 1 \quad &\Rightarrow c_4 &= 1 \\
1 : 2 &= 0 \ \text{Rest } 1 \quad &\Rightarrow c_5 &= 1
\end{aligned}
$$

Damit ist die Binärzahl gegeben durch:

$$1 * 2^5 + 1 * 2^4 + 0 * 2^3 + 1 * 2^2 + 0 * 2^1 + 1 * 2^0$$

oder abgekürzt dargestellt: $1\,1\,0\,1\,0\,1_2$

Probe:

$$1 * 2^5 + 1 * 2^4 + 0 * 2^3 + 1 * 2^2 + 0 * 2^1 + 1 * 2^0$$
$$= 32 + 16 + 0 + 4 + 0 + 1 = 53_{10}$$

Beispiel für die Umrechnung einer Dezimalzahl in das Hexadezimalsystem

Die Zahl 493 soll in das Hexadezimalsystem umgerechnet werden. Der Algorithmus ist:

$$
\begin{aligned}
493 : 16 &= 30 \ \text{Rest } 13 \quad &\Rightarrow c_0 &= 13 \\
30 : 16 &= 1 \ \text{Rest } 14 \quad &\Rightarrow c_1 &= 14 \\
1 : 16 &= 0 \ \text{Rest } 1 \quad &\Rightarrow c_2 &= 1
\end{aligned}
$$

Damit ist die Hexadezimalzahl gegeben durch:

$$1 * 16^2 + 14 * 16^1 + 13 * 16^0$$

in abgekürzter Schreibweise ist dies gleich: $1ED_{16}$

Probe:

$$1 * 16^2 + 14 * 16^1 + 13 * 16^0 = 256 + 224 + 13 = 493_{10}$$

C.4 Umwandlung von Dual in Hexadezimal und von Hexadezimal in Dual

Die folgenden Potenzreihenentwicklungen zeigen, wie mit Hilfe eines Koeffizientenvergleichs die Umrechnung zwischen dem Dual- und dem Hexadezimalsystem erfolgt.

Zunächst werde die Zahl Z durch 2er-Potenzen dargestellt:

$$Z = \ldots a_5 {*} 2^5 + a_4 {*} 2^4 + a_3 {*} 2^3 + a_2 {*} 2^2 + a_1 {*} 2^1 + a_0 {*} 2^0$$

Und nun wird Z durch 16er-Potenzen dargestellt:

$$Z = \ldots c_2 {*} 16^2 + c_1 {*} 16^1 + c_0 {*} 16^0$$

Berücksichtigt man, dass

$2^4 = 16$, $2^8 = 16^2$, etc.

so ergibt der Koeffizientenvergleich bezüglich der Potenzen von 16:

$$c_0 = a_3 * 2^3 + a_2 * 2^2 + a_1 * 2^1 + a_0 * 2^0$$

$$c_1 = a_7 * 2^3 + a_6 * 2^2 + a_5 * 2^1 + a_4 * 2^0 \quad \text{etc.}$$

Umwandlung von Dual in Hexadezimal:

Dualzahl:	1	1	0	1		1	0	1	1
	a_7	a_6	a_5	a_4		a_3	a_2	a_1	a_0

Die Umwandlung von dual nach hexadezimal erfolgt jeweils tetradenweise (eine **Tetrade** = 1 **Halbbyte** = 1 **Nibble** = 4 Bit).

Dabei werden die niederwertigsten Koeffizienten zuerst zusammengefasst, mit anderen Worten, die Dualzahl wird von rechts in 4-er Gruppen zusammengefasst und die der 4-er Gruppe entsprechende Hexadezimalziffer zugeordnet. Eine Tabelle finden Sie im Anhang "Tabellen für den schnellen Zugriff".

$$\Rightarrow c1 = 1 * 2^3 + 1 * 2^2 + 0 * 2^1 + 1 * 2^0$$
$$= 1 * 8 + 1 * 4 + 0 * 2 + 1 * 1 = D_{16}$$

$$\Rightarrow c0 = 1 * 2^3 + 0 * 2^2 + 1 * 2^1 + 1 * 2^0$$
$$= 1 * 8 + 0 * 4 + 1 * 2 + 1 * 1 = B_{16}$$

Damit ist das Bitmuster $1101\ 1011_2$ im Dualsystem äquivalent zu DB_{16} im Hexadezimalsystem.

Die Probe erfolgt über die Umwandlung der Dualzahl und der Hexadezimalzahl in das Dezimalsystem:

$$1101\ 1011_2 \ = \ \ \ \ 2^7 + \ \ 2^6 + \ \ 2^4 + \ \ 2^3 + \ \ 2^1 + \ \ 2^0$$
$$= \ \ 128 \ + \ 64 + \ \ 16 + \ \ 8 + \ \ 2 + \ \ \ 1 \ = 219_{10}$$

$DB_{16} = 13 * 16 + 11 = 219_{10}$

Umwandlung von Hexadezimal in Dual

Jede Hexzahl wird in 4 Bits, d.h. in eine sogenannte Tetrade umgewandelt.

Beispiel:

$$FA5_{16} \ \ \ \ \ \ = \ \ \ \ (1111 \ \ 1010 \ \ 0101)_2$$
$$F \ \ \ \ \ \ A \ \ \ \ \ 5_{16}$$

Literaturverzeichnis

[1] Edsger W. Dijkstra ‚Go To Statement Considered Harmful, Communications of the ACM, Vol. 11, No. 3, pp. 147-148., March 1968

[2] Nassi I., Shneiderman B.: Flowchart Techniques for Structured Programming, in SIGPLAN, S. 12-26, Aug. 1973

[3] DIN 66001, Sinnbilder und ihre Anwendung, Beuth-Verlag, Berlin, 1983

[4] DIN 66261, Sinnbilder für Struktogramme nach Nassi-Shneiderman, Beuth-Verlag, Berlin, 1985

[5] Barnes J.P.G., Programmieren in Ada, Hanser, München 1983

[6] Meyer, B., Object-Oriented Software Construction, 2nd ed., Prentice Hall, 1997

[7] Kernighan B.W./Ritchie D.M., The C Programming Language, Prentice-Hall, 1978
Kernighan B.W./Ritchie D.M., Programmieren in C, 2. Ausgabe, Hanser, München, 1990

[8] ISO/IEC 9899 Programming languages – C, First edition 1990-12-15
ISO/IEC 9899 Programming languages – C, Technical corrigendum 1, 1994-09-15
ISO/IEC 9899 Programming languages – C, Amendment 1: C Integrity, 1995-04-01
ISO/IEC 9899 Programming languages – C, Technical corrigendum 2, 1996-04-01

[9] ISO/IEC 9899 Programming languages – C, Second edition 1999-12-01

[10] Lewine, D. A., POSIX Programmers Guide, O'Reilly, 1994

[11] Bach, M.J., UNIX – Wie funktioniert das Betriebssystem?, Hanser, 1991

[12] Ollmert, H.J., Datenstrukturen und Datenorganisation, Handbuch der Informatik, Oldenbourg, München, 1989

[13] Wirth, N., Algorithmen und Datenstrukturen, B.G.Teubner

[14] Hoare, C.A.R., Quicksort, Computer Journal No. 1, 1962

[15] Wettstein, H., Systemprogrammierung, Hanser, 1980

[16] Robert Sedgewick, Algorithmen in C, Addison-Wesley, 1992

[17] D.L. Parnas, On the Criteria to be used in Decomposing Systems into Modules, Communications of the ACM, 1972.

Index

Tabellen für den schnellen Zugriff

In den folgenden Tabellen – die meist Wiederholungen oder Zusammenfassungen aus den vorangegangenen Kapiteln darstellen – finden Sie schnell Informationen, die man im täglichen Programmierbetrieb oft braucht...

Datentypen und ihre Wertebereiche:

Datentyp			Bytes	Wertebereich (dezimal)	
Integerzahlen					
	char		1	-128 bis +127 (alle ASCII-Zeichen bis 127)	
unsigned			1	0 bis +255 (erweiterter ASCII-Zeichensatz)	
signed			1	-128 bis +127 (alle ASCII-Zeichen bis 127)	
short			2 in der Regel	-32 768 bis +32 767	
unsigned short			2 in der Regel	0 bis +65 535	
	int		4 in der Regel	-2 147 483 648 bis +2 147 483 647	
unsigned			4 in der Regel	0 bis +4 294 967 295	
signed			4 in der Regel	-2 147 483 648 bis +2 147 483 647	
long			4 in der Regel	-2 147 483 648 bis +2 147 483 647	
long unsigned			4 in der Regel	0 bis +4 294 967 295	
Gleitkommazahlen					Genauigkeit
	float		4 in der Regel	$-3.4*10^{38}$ bis $+3.4*10^{38}$	6 Nachkommastellen
	double		8 in der Regel	$-1.7*10^{308}$ bis $+1.7*10^{308}$	15 Nachkommastellen
long			10 in der Regel	$-1.1*10^{4932}$ bis $+1.1*10^{4932}$	15 Nachkommastellen, 18 bei Unix

Tabelle zu Datentypen unter C. Siehe auch Kapitel 5.2.

Verwendung des Schlüsselworts `const`:

Ziel	Schreibweise	Beispiel
symbolische Konstante	`const` Datentyp Name	`const double PI = 3.14159;`
Der Variablen PI kann kein anderer Wert mehr zugewiesen werden.		
konstante Arrayelemente	`const` Datentyp Name	`const int feld [] = {1, 2, 3};`
Den Arrayelementen können keine anderen Werte mehr zugewiesen werden.		
Pointer auf konstante Zeichenkette	`const` Datentyp Name	`const char * text =` `"Konstante Zeichenkette";`
Die Zeichenkette darf nicht mehr verändert werden, aber dem Pointer kann eine andere konstante Zeichenkette zugewiesen werden.		
konstanter Pointer	Datentyp `const` Name	`char * const text =` `"Konstanter Pointer";`
Dem Pointer kann keine andere konstante Zeichenkette zugewiesen werden. Von Seiten des Compilers ist es unter Umständen möglich z.B. text[7] = 'z'; auszuführen. Dies entspricht aber nicht den C-Konventionen.		
konstanter Pointer und konstante Zeichenkette	`const` Datentyp `const` Name	`const char * const text =` `"Pointer und Zeichenkette konstant"`
Hier ist sowohl der Pointer als auch die Zeichenkette konstant, d.h. es kann weder dem Pointer eine andere konstante Zeichenkette zugewiesen, noch die Zeichenkette selbst geändert werden.		

*Tabelle zur Verwendung des Schlüsselwortes `const`. Siehe auch Kapitel **10.4**.*

Beispiele zur Verwendung von `const` in Verbindung mit `char`-Arrays:
Die durchgestrichenen Zuweisungen sind durch die Verwendung von `const` nicht erlaubt.

manuelle Initialisierung		Zuweisung	Zuweisung
char *	text = "abcd";	text[1] = 'x';	text = "jkl";
char * const	text = "abcd";	text[1] = 'x';	~~text = "jkl";~~
const char *	text = "abcd";	~~text[1] = 'x';~~	text = "jkl";
const char * const	text = "abcd";	~~text[1] = 'x';~~	~~text = "jkl";~~

Wie man sieht, entspricht die Position des `const` (links oder rechts vom Datentyp) immer der nicht erlaubten Verwendung in der rechten Tabellenhälfte (linke oder rechte Spalte nicht erlaubt).

Modi für `fopen(filename, mode)`:

Wert	Beschreibung
r	Öffnen einer Datei ausschließlich zum Lesen.
w	Datei zum Schreiben erzeugen. Existiert die Datei bereits, so wird sie überschrieben.
a	Öffnen einer Datei zum Anfügen. Existiert die Datei bereits, so werden neue Daten an das Dateiende angefügt, ansonsten wird die Datei neu erzeugt.
r+	Öffnen einer Datei zum Schreiben und Lesen. Die Datei muss bereits existieren.
w+	Datei zum Schreiben und Lesen erzeugen. Existiert die Datei bereits, so wird sie überschrieben.
a+	Öffnen einer Datei zum Lesen und Anfügen. Existiert die Datei bereits, so werden neue Daten an das Ende angehängt, ansonsten wird die Datei neu erzeugt.
t	Zum Öffnen einer Datei im Textmodus. Der Buchstabe muss zusätzlich angegeben werden wie z.B. `a+t` oder `at+`.
b	Zum Öffnen einer Datei für binäre Ein-/Ausgabe. Der Buchstabe muss zusätzlich angegeben werden wie z.B. `a+b` oder `ab+`.

Umwandlungszeichen für `printf()` **und** `scanf()`:

printf()		scanf()		Ein- bzw. Ausgabe
Umwandlungs-zeichen	Datentyp	Umwandlungs-zeichen	Datentyp	**Ein- bzw. Ausgabe**
Ein- bzw. Ausgabe von Ganzzahlen				
`%d` oder `%i`	`int`	`%d` oder `%i`	`int *`	dezimal, bei negativen Zahlen mit Vorzeichen
`%o`	`unsigned int`	`%o`	`int *`	oktal ohne Vorzeichen, ohne führende Null.
`%x` oder `%X`	`unsigned int`	`%x` oder `%X`	`int *`	hexadezimal, ohne Vorzeichen in Klein- bzw. Großbuchstaben.
`%u`	`unsigned int`	`%u`	`unsigned int *`	dezimal, ohne Vorzeichen
Ein- bzw. Ausgabe von Gleitpunktzahlen				
`%f`	`double`	`%f`	`float *`	dezimal, `printf()` konvertiert `float` auto-
		`%lf`	`double *`	matisch nach `double`
`%e` oder `%E`	`double`	`%e` oder `%E`	`float *`	als Exponentialzahl, wobei das e klein bzw.
		`%le` oder `%lE`	`double *`	groß geschrieben wird
`%g` oder `%G`	`double`	`%g` oder `%G`	`float *`	dezimal oder als
		`%lg` oder `%lG`	`double *`	Exponentialzahl

Ein- bzw. Ausgabe von Zeichen				
%c	unsigned char	%c	char *	als Zeichen. Bei scanf() können mehrere Zeichen in ein Array eingelesen werden.
Ein- bzw. Ausgabe von Strings				
%s	char *	%s	char *	als Zeichenkette
Ein- bzw. Ausgabe von Zeigern				
%p		%p		als Adresse

Siehe auch printf() Kapitel 14.7.1 bzw. scanf() Kapitel 14.7.4.

Wandlung von Binär in Hexadezimal nach Dezimal:

Binär	Hexadezimal	Dezimal
0000	0	0
0001	1	1
0010	2	2
0011	3	3
0100	4	4
0101	5	5
0110	6	6
0111	7	7
1000	8	8
1001	9	9
1010	A	10
1011	B	11
1100	C	12
1101	D	13
1110	E	14
1111	F	15

Priorität und Assoziativität von Operatoren:

Priorität	Operatoren		Assoziativität
Priorität 1	( )	Funktionsaufruf	links
	[ ]	Array-Index	links
	-> .	Komponentenzugriff	links
Priorität 2	! ~	Negation (logisch, bitweise)	rechts
	++ --	Inkrement, Dekrement	rechts
	sizeof		rechts
	+ -	Vorzeichen (unär)	rechts
	(Typname)	cast	rechts
	* &	Dereferenzierung, Adresse	rechts
Priorität 3	* /	Multiplikation, Division	links
	%	modulo	links
Priorität 4	+ -	Summe, Differenz (binär)	links
Priorität 5	<< >>	bitweises Schieben	links
Priorität 6	< <=	Vergleich kleiner, kleiner gleich	links
	> >=	Vergleich größer, größer gleich	links
Priorität 7	== !=	Gleichheit, Ungleichheit	links
Priorität 8	&	bitweises UND	links
Priorität 9	^	bitweises Exklusives-ODER	links
Priorität 10	|	bitweises ODER	links
Priorität 11	&&	logisches UND	links
Priorität 12	||	logisches ODER	links
Priorität 13	?:	bedingte Auswertung	rechts
Priorität 14	=	Wertzuweisung	rechts
	+=, -=, *=, /=, %=, &=, ^=, |=, <<=, >>=	kombinierte Zuweisungs-operatoren	rechts
Priorität 15	,	Komma-Operator	links

Diese Vorrangtabelle enthält die Priorität der Operatoren, die in C Verwendung finden. Siehe auch Kapitel 7.6.8.

Hier ein paar der häufigsten Fehler im Zusammenhang mit Operatorprioritäten:

Programmcode	Fehler	Problem
`if` `(i = time() < 100000)`	`i` ist entweder 0 oder 1 und nicht der Rückgabewert von `time()`.	Der Operator = hat eine niedrige Priorität, so dass zuerst der rechte Ausdruck ausgewertet wird. Da der <-Operator linksassoziativ ist, wird der Rückgabewert von `time()` mit `100000` verglichen. Dieses Ergebnis wird dann `i` zugewiesen.
`*p++`	`*(p++)`, um das Objekt auf das der Zeiger `p` zeigt um 1 zu erhöhen muss so geklammert werden: `(*p)++`.	Da der *- und der ++-Operator gleiche Priorität besitzen, wird aufgrund der Assoziativität von rechts ausgewertet. Damit zeigt der Zeiger nach der Ausführung des Codes um ein Element des Datentyps weiter.
`if (a && b)`	Ergibt WAHR, wenn `a` und `b` WAHR sind.	Diese beiden Varianten werden gerne miteinander verwechselt.
`if (a & b)`	Verknüpft `a` und `b` bitweise miteinander.	
`if (a == b)`	Ergibt WAHR, wenn `a` gleich `b` ist.	Diese beiden Varianten werden gerne miteinander verwechselt.
`if (a = b)`	Weist `a` den Wert von `b` zu und ergibt dann WAHR, wenn `b != 0`.	

Wichtige Escape-Sequenzen:

Escape-Sequenz	Bedeutung (DOS bzw. DOS-Box)	UNIX	
\n	Zeilenendezeichen	Zeilenendezeichen	
\t	Tabulator	Tabulator	
\v	Vertikal-Tabulator	Vertikal-Tabulator	
\b	Backspace	Backspace	
\r	Wagenrücklauf	Wagenrücklauf	
\f	Seitenvorschub	Seitenvorschub	
\a	Klingelton	Klingelton	
\\	Backslash	Backslash	
\?	Fragezeichen	Fragezeichen	
\'	Einfaches Hochkomma	Einfaches Hochkomma	
\"	Anführungszeichen	Anführungszeichen	
\xhh	hexadezimale Zahl, hh entspricht den Hexadezimalziffern	hexadezimale Zahl	
\ooo	oktale Zahl, ooo entspricht den Oktalziffern	oktale Zahl	
\x81	Zeichen ü	\xfc	ü unter Unix und Windows
\x84	Zeichen ä	\xe4	ä unter Unix und Windows
\x94	Zeichen ö	\xf6	ö unter Unix und Windows
\x8e	Zeichen Ä	\xc4	Ä unter Unix und Windows
\x99	Zeichen Ö	\xd6	Ö unter Unix und Windows
\x9a	Zeichen Ü	\xdc	Ü unter Unix und Windows
\xe1	Zeichen ß	\xdf	ß unter Unix und Windows

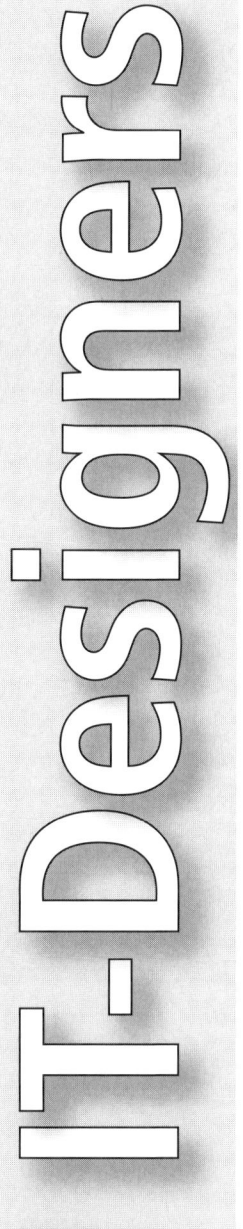

msdn
academic alliance

MSDN Academic Alliance –
Upgrade your Future!

MSDN Academic Alliance ist ein Programm für informatik- und ingenieurwissenschaftliche Studiengänge. Das darin enthaltene Abonnement bietet Ihnen unter anderem alle Microsoft Desktop Betriebssysteme, Development Kits für Software und Treiber, Betas und neue Versionen (für Studenten kostenlos!).

Sichern Sie sich zukunftsorientierte Softwarelösungen! Infos gibt's beim Lehrstuhl-Inhaber oder im Internet: www.msdnaa.de

Microsoft